珍藏本·增订本

纪念版

汉译世界学术名著丛书

性与社会

〔英〕霭理士 著

潘光旦 胡寿文 译

商务印书馆
SINCE 1897
The Commercial Press

Havelock Ellis
SEX IN RELATION TO SOCIETY
Studies in the Psychology of Sex,Vol.VI
Published by F.A.Davis Company,1913
本书根据 F.A. 戴维斯出版公司 1913 年版译出

霭理士（Havelock Ellis,1859—1939）

汉译世界学术名著丛书
（120 年纪念版 · 珍藏本）
增订本出版说明

2017 年 10 月，为纪念商务印书馆创立 120 周年，本馆推出“汉译世界学术名著丛书”（120 年纪念版 · 珍藏本），计七百种。近五六年来，仰赖学界同人倾力支持，订正旧译，增补新译，拓展新著，积累日多。为满足读者需要，本馆在七百种的基础上，继续推出“汉译世界学术名著丛书”（120 年纪念版 · 珍藏本 · 增订本）三百种。至此，“汉译世界学术名著丛书”累计出版已达千种。

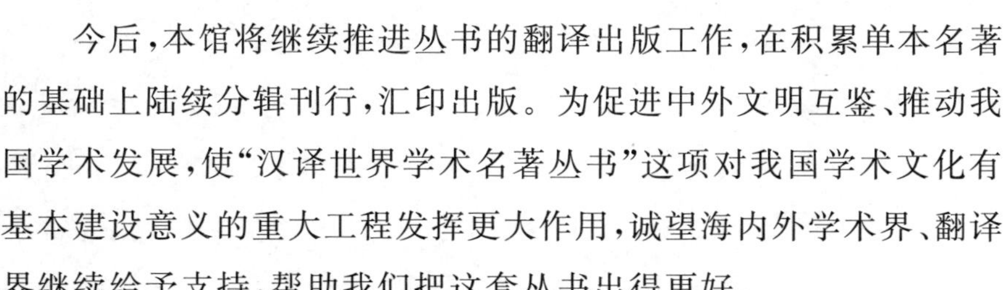

今后，本馆将继续推进丛书的翻译出版工作，在积累单本名著的基础上陆续分辑刊行，汇印出版。为促进中外文明互鉴、推动我国学术发展，使“汉译世界学术名著丛书”这项对我国学术文化有基本建设意义的重大工程发挥更大作用，诚望海内外学术界、翻译界继续给予支持，帮助我们把这套丛书出得更好。

商务印书馆编辑部

2024 年 2 月

汉译世界学术名著丛书
（120 年纪念版·珍藏本）
出 版 说 明

2017 年 2 月 11 日，商务印书馆迎来 120 岁的生日。120 年前，商务印书馆前贤怀揣文化救国的理想，抱持“昌明教育，开启民智”的使命，立足本土，放眼寰宇，以出版为津梁，沟通中西，为中国、为世界提供最富智慧的思想文化成果。无论世事白云苍狗，潮流左右激荡，甚至战火硝烟弥漫，始终践行学术报国之志，无改初心。

迻译世界各国学术名著，即其一端。早在 20 世纪初年便出版《原富》《天演论》等影响至今的代表性著作，1950 年代后更致力于外国哲学和社会科学经典的译介，及至 1980 年代，辑为“汉译世界学术名著丛书”，汇涓为流，蔚为大观。丛书自 1981 年开始出版，历时三十余年，迄今已推出七百种，是我国现代出版史上规模最大、最为重要的学术翻译工程。

丛书所选之书，立场观点不囿于一派，学科领域不限于一门，皆为文明开启以来，各时代、各国家、各民族的思想与文化精粹，代表着人类已经到达过的精神境界。丛书系统译介世界学术经典，引领时代思想，为本土原创学术的发展提供丰富的文化滋养，为推动中国现代学术和现代化进程做出了突出的贡献。

为纪念商务印书馆成立120周年，我们整体推出“汉译世界学术名著丛书”120年纪念版的珍藏本，寄望既利于文化积累，又便于研读查考，同时向长期支持丛书出版的译者、编者和读者致以敬意。

两甲子后的今天，商务印书馆又站在了一个新的历史时间节点上。我们不仅要铭记先辈的身影和足迹，更须让我们的步伐充满新的时代精神。这是商务人代代相传的事业，更是与国家和民族的命运始终紧密相连的事业。我们责无旁贷，必须做好我们这代人的传承与创造，让我们的努力和成果不仅凝聚成民族文化的记忆，还能成为后来人可以接续的事业。唯此，才能不负前贤，无愧来者。

商务印书馆编辑部

2017年10月

译　　序

（一）*

谁都承认性是当代许多重大问题里的一个，同样谁都承认霭理士（Havelock Ellis）是对于这个问题研究得最渊博、最细到，也是最有健全的见地的一个人。他的《性心理学研究录》，到1910年为止，一共出了六辑，他几乎把性心理的各方面都已包举在内了。但霭氏犹以为未足，以后又陆续有些新的研究文字发表，到1928年，归纳为一个第七辑。这七大辑里的笔墨，都是直接以性的题目做对象的，其他比较间接的作品还多，其中有科学的研究，如《男与女》（*Man and Woman*），有艺术的欣赏，如《生命之舞》（*The Dance of Life*），也有问题的讨论，如《社会卫生工作》（*The Task of Social Hygiene*），旨趣虽殊，其中心一贯的思想则一，就是，性与人生。

《性心理学研究录》的第六辑的问题是"性与社会的关系"，其中包括母与子、性的教育、性教育与裸体、性爱的估值、贞操的功用、禁欲问题、娼妓、花柳病的征服、性道德、婚姻、爱的

---

* 此译序第一部分为潘光旦先生早年翻译本书第二章《性的教育》时所写的译序。

艺术、生殖的科学等十二个分题。在各分题中，自然要推它为最基本，与青年生活的关系，也最较密切，所以我拿它做一个最初的尝试，倘若成功，当进而选择其他的分题。

任何一本讨论问题的书总有它的时间和空间的限制，本书当然不是一个例外。就时间而论，从最初在美国出版以至今日，它已经有二十四年的历史，二十四年前的资料，到今日当然有一部分已经不很适用，例如，叙“性教育的书籍”的第十四节。就空间而论，一本在英国写、在美国印的书，移到中国来读，即使假定民族文化之间没有多大的歧异，已不能期望它完全适用，何况民族文化之间确乎有许多不同之点，而目前的题目又不是别的，而是变化万端的性的题目呢？

这空间上的限制，亦即文化背景的限制，是最显明不过的。原始民族对于性的看法，总是很健全的。文化发达以后，此种健全的程度，便有减少的倾向，但也不一定，例如希腊的文化与罗马初期的文化。中国也是很好的一例。文化的发达一定得转个弯，把人类自身的重心与自身的福利看模糊了，健全的看法才会一变而为病态的看法。例如基督教发达以后的西洋文化。中国文化，在佛教东来以后，也几乎步西洋文化的后尘，我们在篇末译注里所引的那一首达摩禅师的《皮囊歌》，就十足代表着一种病态的看法，后世善书里所刊行的种种“戒淫”文字，便十九是这种看法的推演，或至少采用此种看法，把它当作“淫”所以不得不戒的一大理由。但是就大体而论，在中国文化里，这种看法究竟是外铄的，不是固有的。我们心目中的性，始终是一种现象、一个事实，从来既没有把它捧上三十三重天，也没有把它推下十八层地狱。我们应付性生活的原则，始终是一个“节”字，一面固然反对纵欲，一面却也从没有主张过禁欲。淫字的原意之一便是“溢出”、“过甚”、“失当”，所以久雨而溢，叫作“淫雨”（《礼记》）；执法过度，叫作“淫刑”（《左传》）；滥施恩惠，叫作“淫惠”（《申鉴》）。两性之间的关系，自然也不例外，所以“不能以礼化”（《诗序》）的结合，便叫作“淫奔”，所谓礼，所指也就是分寸与节制的原则。就是后世的戒淫文字，虽则夹杂上一些释氏臭皮囊的看法与因缘果报的宗教笔墨，究其极，也不过志在劝人安于婚姻生活罢了。至于根本以性为秽恶、以性行为为罪过的态度，终究是没有。

我们在性教育的方面，不用说，也是向来没有什么设施的。但因为我们传统的对于性生活的态度还算健全，真正可以阻碍性知识的获得与性发育的自然的势力，倒也很少。做男子的，在这方面，七拼八凑的，总可以取得一些将就得过的准备，是可以无疑的；做女子的，至少在出嫁的前夕，总可以从母亲那边知道一些婚姻生活的实际与意义。我们虽不明白的指导子女，我们却也并不对他们一味的缄默、特别的掩饰，到不能缄默与掩饰时，便满嘴的撒谎。在这种比较任其自然与不干涉的局面之下，我们的性生活虽未必圆满，但性的变态心理与变态行为也似乎并不多见。德国性心理学家赫希菲尔德（Magnus Hirschfeld）三年前到中国来演讲，也就注意到这一点，并且曾经说过几句赞许的话。

在西洋，情形可就不同了。因为他们所见的性是龌龊的，所见的性行为是有罪的，于是便不能没有“缄默的政策”，不能没有“造作的神秘主义”，不能没有“伪善的贞洁观念”。于是对于婴儿的由来，大家不能不说谜话，让儿童自己去摸索；对于婚姻生活的究竟，大家更不能不守口如瓶，让女儿自己去碰运气。于是在上级的社会里，连一个腿字都不能说；在男女杂沓的场合里，身体可以半裸，可以有种种皮里阳秋的诱惑挑逗，但若裤子上撕破了指头大的一块，全场空气，便可以突然黯淡起来。这种精神生活上的自作自受的禁锢与自甘下流，在最近四五十年之间，虽已经减轻不少，但依然时常可以遇到。霭氏这篇文章，一半是以解放、澄清做职志的，所以有很大的一部分是消极的清道夫的工作。对于中国的读者，这一部分虽不无相当的趣味，可作海国奇谈读，但并非必要。

然则这本小书的价值又在哪里呢？我在上文说过，中国人对于性的看法不过是大体上比较的健全而已，若就其细节目而言，则不健全的地方正复不少。这些不健全处便须纠正。此其一。自西化东渐，西洋文化中的糟粕，包括旧的性观念在内，也成为输入品的一部分，而竭诚接受它的也大有人在。一部分基督教的信徒就在其内。对于这些人，这本小书也自有它的贡献。此其二。这还都是消极一方面的话，若就积极的价值而言，它终究是一篇专论性教育的文字，于清除粪秽、摧拉枯朽之外，毕竟大部分是建设的笔墨。这种建设的笔墨却是我们向来所没有的。此其三。

这种建设的笔墨中间，也有好几点是值得在这里特别提出的。第一，性的教育原应包括性与人生关系的全部。所谓全部，至少可以分作三部分，一是性与个人，二是性与社会，三是性与种族。坊间流行的性教育书籍，大率只讨论性与个人卫生的关系，最多也不过因为花柳病的可惧，勉强把社会生活也略略提到罢了。霭氏便不然。他是各部分都顾到的，我在此不必举例，这种能抓住问题的全部的精神，也绝不是一二单独的例子所能充分的传达，总得让读者自己去随在理会。第二，在霭氏心目中，性教育的施教方法也是和生活的全部打成一片的。教育家说，生活就是教育，社会就是学校；霭氏对于性教育也有同样的见地；所以家庭里的母亲与学校里的教师而外，医师有医师的责任，牧师有牧师的贡献；自然历史的训练而外，文学可以助启发，艺术可以供观摩。必也全部的社会与文化生活能导人于了解、尊重与欣赏性的现象与经验之域，性的教育才算到达了它的鹄的，否则还是片段、偏激的、畸形而不健全的。霭氏之所以不斤斤于教授方法的细节目，所以十分信任儿童在发育时代那种天然纯洁的心理与自动的能力，所以主张做母亲的人但须有正确的观念、光明的态度、坦白的语气，以激发儿童的信托之心，而无须乎多大专门的知识——原因也在于此。第三，霭氏于一般的启发功夫之外，又主张在春期开始以后，举行一种所谓诱掖的仪式，使青年的新发于硎的心理生活可以自动的控制与调节它的含苞乍放的生理生活，而无须乎外界的制裁。他说，“我们总得明了，‘春机发动’中所指的春机，不但指一种新的生理上的力，也指着一种新的精神上的力。……在春机发动期内，理想的世界便自然会在男女青年的面前像春云般的开展出来。审美的神妙的能力、羞恶的本性、克己自制力的天然流露、爱人与不自私的观念、责任的意义、对于诗和艺术的爱好——这些在这时候便都会在一个发育健全、天真未失的男女青年的心灵上，自然呈现……。”又说，诱掖的仪式的目的是在“帮助他们，使他们自己可以运用新兴的精神的力量，来制裁新兴的生理的与性的力量”。（第120—121页）这种见地与建议真是得未曾有。性教育到此便和伦理教育、宗教教育、艺术教育打了一笔统账，而一个囫囵的人格，便于此奠其

始基。这种诱掖的仪式原是健全的原始民族所共有的一种经验，霭氏相信我们不谈性的教育便罢，否则此种民族的经验总有换了方式复活的一天。第四、霭氏一面极言性教育的重要，一而却也深知性教育的限制。凡是谈教育的人，大都以为教育是一种万能的力量，远自中国古代的孟荀，近至哥伦比亚大学师范学院毕业的教育专家，几乎谁都有此笃信。霭氏却是一个例外。他开宗明义，就讨论到遗传与环境的关系。遗传健全的人，固然可因恶劣的教育的阻挠摧残，以致不克充分发展，但对于遗传恶劣的人，就是在性的生理与心理方面，天然便有缺陷的人，良好的教育亦正无能为力。这一层精意他在第一节以外也曾再三的提到。一个人的智慧，应从了解一己的弱点始；教育的功能，也应从从事教育的人明白它的限制始。近年来时常有替性教育的题目过事铺张的人，观此也可以废然思返了。

最后，我要把这一本小书作为纪念先父铸禹公（鸿鼎）之用。先父去世二十一年了，因为他去世得早，生前又尽瘁于乡国的事务，对于儿辈的教育没有能多操心，但对于性教育的重要，他是认识得很清楚的。记得有一次，因为有一位世交的朋友有手淫的习惯，他在给我的大哥的信里，便很详细的讨论到这个问题。他曾经从日本带回一本科学的性卫生的书，我在十三岁的时候初次在他的书橱里发现，他就容许我拿来阅读。明知书中叙述的种种，不是我当时的脑力所能完全了解，但他相信也不会发生什么不健全的影响。有时候我们看些有性的成分的小说，他也不加禁止。他当时那种态度，如今追想起来，竟和霭氏在下文第125—129页上所采取的很有几分相像。显而易见他是一个对于青年有相当信任心的人；他虽不是一个教育专家，他却深知在性的发育上，他们需要的是一些不着痕迹的指引，而绝不是应付盗贼一般的防范与呵斥禁止。

（二）*

译了《性的教育》以后，进而续译霭氏的《性道德论》，似乎是很合情理的，性教育的效果所及，以个人方面为多，性道德的，则以社会方面为大。性教育是比较现实的，性道德是比较理想的。由个人推而至社会，由现在推而至未来，所以说很合情理。

霭氏的《性道德论》，实在有五根柱石：

一、婚姻自由

二、女子经济独立

三、不生育的性结合与社会无干

四、女子性责任自负自决

五、性道德的最后对象是子女

这五根柱石的实质与形式，具详本文，无须重复的介绍。不过它们的价值，不妨在此估量一下。

一、婚姻自由的理论，我想谁都不会持异议。不过有两点应该注意。西洋的婚姻制度，历来受两种势力的束缚，一是宗教；二是法律，这法律的一部分又是从宗教中来，所以束缚的力量是分外的大。唯其如此，霭氏在这方面的议论，便不能不特别的多；好比因为西洋人对于性的现象根本认为龌龊的缘故，他就不能不先做一大番清道夫的工作一样。这是一点。霭氏这里所称的自由，似乎目的端在取消宗教、法律与其他外来的束缚，是

* 译序第二部分为潘光旦先生早年翻译本书第九章《性的道德》时所写的译序。

很消极的；至于怎样积极的运用自由，使婚姻生活的效果对于个人、对于社会、以至于对种族，可以更加美满，霭氏却没有讨论到。而所谓“积极的运用”里面，往往自身就包含相当客观条件的节制，这一层霭氏也没有理会。自由是应该受客观条件的范围的，否则便等于自放，等于“盲人骑瞎马、夜半临深池”，没有不遭灭顶的惨祸的。霭氏在下文说（第 503 页）：“往往有很有经验的男子，到选择女子做妻子的时候，便会手不应心、身不由己起来；他最后挑选到的结果未始不是一个很有才貌的女子，但是和他的最初的期望相较，也许会南辕北辙似的丝毫合不拢来。这真是一件奇事，并且是万古常新的奇事。”霭氏写这几句的时候，也许精神分析派的心理学说还不大发达，从这一派学说看来，这种手不应心的婚姻选择实在并不是一件奇事，并且只要当事人在事前稍稍受一些别人的经验的指导，即稍稍受一些客观条件的限制，而不完全诉诸自由行动，它就不会发生。这是第二点。就中国与今日的形势而论，我以为第一我们不必像霭氏那般的认真。中国以前的婚姻，也是不自由的，但是束缚的由来，不是宗教，也不是法律，而是家族主义的种种要求，无论这种种要求的力量在以前多大，到现在已经逐渐消散，而消散的速率要比西洋宗教与法律的还要来得快。结果，尤其在大一些的都会里，不自由已一变而为太过自由，而成为一种颓废的自放。好比自鸣钟的摆一般，以前走的是一个极端，现在又是一个极端。要挽救以前的极端，我们固不能不讲些自由，要免除目前的极端，更不能不讲求些客观条件的节制。霭氏所自出的民族，是一个推尊个人与渴爱自由的民族，所以他的议论也很自然的侧重那一方面。但我们的文化背景与民族性格未必和盎格鲁-撒克逊人的完全相同，斟酌采择，固属相宜，全部效颦，可以不必。

二、女子经济应否独立的一个问题，到现在可以说是已经解决了的；但究宜独立到何种程度，和男子比较起来，是不是宜乎完全相等，还始终是一个悬案。霭氏在这一方面的议论，好比他在别的方面一样，是很周到的。在原则方面，他不但完全承认，并且把它认为讲求性道德的第一个先决条件。不过在实际上他也认为有很严重的困难。霭氏写这篇文字的时候，原是西方女权运动最热烈的时候，但是热烈的空气并没有蒙蔽他的视线，别人也许忙着替极端的男女平等论鼓吹，心切于求、目眩于视的把男女生理作用的区别完全搁过一边，认为无关宏旨，但是霭氏没有。他说：

> 但上文种种还不过是一面的理论。女子的加入工业生活，并且加入后所处的环境又复和男子大同小异，这其间也就无疑地引起了另一派的严重的问题。文化的一般的倾向是要教女子经济独立，也要教她负道德的责任，是没有问题的。但是不是男子所有的职业以及种种业余职务，女子都得参加，都得引为己任，而后不但女子自身可得充分发展之益，而社会全盘亦可收十足生产之功，我们却还不能绝对的看个清楚。但有两件事实很清楚。第一，社会现有的种种职业与业余职务既一向为男子所专擅，则可知它们的内容和设备的发展是在以男子的品格与兴趣做参考，而与女子不太相谋。第二，种族绵延的任务与此种任务所唤起的性的作用，在女子方面所要求的时间与精力，不知要比男子的大上多少。有此两点的限制，至少我们可以了解，女子之于工业生活，绝不能像男子的可以全神贯注，而无遗憾。

不能无遗憾的话是对的，二十几年前，霭氏写这篇文章的时候，这种遗憾还不很明显，但男女职业平等的试验又添上二十多年的经验以后，这种遗憾已一变而为切肤的痛苦。英人蒲士（Meyrick Booth）在他的《妇女与社会》（*Woman and Society*，即刘译《妇女解放新论》）一书里，在这方面讨论得最精到。霭氏那时候，因为情形还不严重，但在我们看来，以为它的重要并不在其他段落之下。

我以为时至今日，我们对于女子职业自由与经济独立的问题，实在已经可以有一个比较圆满的解决办法。在原则下它是毫无疑问，上文早就说过。就实际而论，我们折中近年来一部分通人的见地，以为有一种看法与两三种办法，值得提出来商量。一、就健全的女子而论，我们总得承认生育是她们一生最主要的任务，不论为她们自身的健康计，或为种族全般的发展计，这任务都是绝对少不得的。至少就她们说，——不就她们说，又就谁说——职业的活动与经济的生产只得看作一件附属的任务，一件行有余力方才从事的任务。这是看法。由这看法，便产生下列的一些办法。无论一个女子将来从事职业与否，她应该有一种职业的准备，应该培植一种经济生产的能力。宁使她备而不用，却不能不备。在她受教育的时期里，除了普通的教育以外一切有职业训练的机会，也应当为她开着，就是那些平日专为男子而设的，也不应稍存歧视的态度，目的是在让她们各就性之所近，有一个选择的自由。同时我们当然不希望一班极端的女权运动者出来吹打鼓噪，因为这种吹打鼓噪的功夫也未始不是自由选择的一个障碍。有了职业与经济独立的准备，用也行不用也行，要用的话，我们以为不妨采取两种方式的任何一种。一是直接适用上文所提宾主的看法的结果。一个精力特强的女子，尽可于生育与教养子女之外，同

时经营一种或一种以上的事业，但总以不妨碍子女的养育为限；二是精力寻常或觉得同时不能兼顾两种工作的女子便不妨采取罗素夫人所提的分期办法，就是，在婚姻以后，最初十年间或十五年作为养育子女的时期，过此便是从事职业的时期。这两个办法，我认为都很妥当。这两个办法又可以并作一个说，就是上文所说宾主的地位到了后来，不妨逐渐地对掉，起初养育子女的工作是绝对的主，后来子女渐长，不妨变作相对的主，到了子女都能进学校以后，职业的活动即作“夺主”的“喧宾”，亦无不可。

三、霭氏主张凡是不生育的性行为、性结合，与社会无干，社会不当顾问。这个主张可以说是富有革命性的。西洋社会对于这种主张，到现在当然还是反对的多，赞成的少。在赞成的少数人中间，在美国我们至少可以举一个做过三十年青年法庭的推事林赛（B.B.Lindsey）。在英国，则至少有哲学家罗素。他根据了三十年间应付青年性问题的经验，起初做了一本《现代青年的反抗》（*The Revolt of Modern Youth*, 1925），所谓反抗，十分之九是对于旧的性道德观念的反抗，对不合情理的宗教、法律与社会制裁的反抗；全书的理论与所举的实例，几乎全部可以做霭氏的“婚姻自由论”的注脚。林氏后来又发表一本《伴侣婚姻》（*Companionate Marriage*, 1927）。要是《反抗》一书所叙的是问题，这本书所要贡献的便是问题的解决方法了。这方法是很简单的，就是：男女以伴侣方式的结合始，一到有了子女，才成为正常的婚姻，在没有子女以前，双方离合，却可不受任何限制。所谓伴侣的方式，就是一面尽可以有性交的关系，而子女来到的迟早则不妨参考经济和其他的环境情况，运用生育节制的方法，而加以自觉的决定。这种见解，可以说是完全脱胎于霭氏的学说的。罗素的见地则详他的《婚姻与道德》一书中（*Marriage and Morals*,

1929，中译本改称为《婚姻革命》），大体上和林氏的没有分别。

至于反面的论调，我们至少可以举马戈尔德（C.W.Margold）做代表。他做了一本专书，叫作《性自由与社会制裁》（*Sex Freedom and Social Control*，1926）。马氏以为人类一切行为都有它们的社会的关系，性行为尤其是不能做例外，初不问此种行为的目的在不在子女的产生。他以为霭氏在性心理学方面，虽有极大的贡献，但因为他太侧重生物自然与个人自由，对于社会心理与社会制裁一类的问题，平日太少注意，所以才有这种偏激的主张。这是马氏的驳论的大意；他还举了不少从野蛮、半开化，以及开化的民族的种种经验，以示社会制裁的无微不入、无远弗届。

对于这个问题，我很想做一个详细一点的讨论，并且很想贡献一种平议，但现在还非其时。不过这平议的大旨是不妨先在这里提出的。霭氏因为看重个人自由，所以把性道德建筑在个人责任心的基石之上，因为看重生物的事实，所以主张自然冲动的舒展，主张让它们自动的调节，而自归于平衡。自然的冲动既然有这种不抑则不扬、不压迫则不溃决的趋势，那么，只要再加上一些个人意志上的努力，即加上一些责任心的培植，一种良好的性道德的局面是不难产生与维持的。这种见地，我以为大体上虽可以接受，却有两个限制。一是霭氏所假定的对象是去自然未远的身心十分健全的人，这种人在所谓文明的社会里似乎并不很多。他们自然冲动的表现，不是不够，便是过火，而能因调剂有方、发皆中节的，实在并不多见。中国古代的圣哲不能不说“不得中行而与，必也狂狷”的话，原因也就在此。第二个限制是责任心的产生似乎也不是一件轻而易举的事，而究竟应该用什么方法来培植它，霭氏也并没有告诉我们。要是马氏和其他特别看重社会制裁的人的错误在过于侧重外力的扶持，霭氏的错误就在太责成个人，而同时对于个人自己制裁的能力，并没有给我们一个保障。

性道德应以社会为归宿的对象，是不错的，应以个人的自我制裁做出发点，也是不错的。制裁不能不靠责任心的培植，也是一个不可避免的结论。但制裁与责任心的养成，一面固然靠一个人的身心健康，一面也不能完全不仗外力的扶持。但这层霭氏却没有完全顾到。但所谓外力，我以为并不是一时代的社会的舆论，更不是东西邻舍的冷讥热笑，而是历史相传文化的经验。这又是马氏的观察所未能到家的地方，说到这里，我们中国儒家的教训就有它的用处了。以前儒家讲求应付情欲的方法，最重一个分寸的节字（后世守节的节字已完全失却本意），所谓“发乎情，止乎礼义”，便是这节字的注脚，我们和西洋的宗教人士不同，并不禁止一个人情欲的发动，和西洋的自然主义者也不同，并不要求他发动到一个推车撞壁的地步，但盼望他要发而中节、适可而止，止乎礼义的义字便等于宜字，等于适可而止。这适可的程度当然要看形势而定。夫妇之间的性生活的适可程度是一种，男女朋友之间的当然又是一种。张三看见朋友李四的妻子，年轻、美貌、人品端庄，便不由得不怦然心动，不免兴“恨不相逢未嫁时”之感。这就叫作“发乎情”，情之既发，要叫它立刻抑制下去，事实上当然不能，理论上也大可不必，要让它完全跟着冲动走，丝毫不加隔阻，势必至于引起许多别的问题，非特别喜欢多事的人也绝不肯轻于尝试。所以张三要是真懂得情理的话，就应当自己节制自己，他尽可以增加他敬爱李四妻子的程度，提高他和他们的友谊关系，而不再作“非分”之想，那“非分”的“分”就是“分寸”的“分”，这就叫作“止乎礼义”。发乎情是自然的倾向，止乎义也未始不是，不过是已经加上一番文化经验的火候罢了。“发乎情，止乎礼义”七个字，便是一种文化的经验，谁都可以取来受用，来培植他的自

我制裁的能力，来训练他对人对己的责任心肠。

这样一说，不以生育为目的的性关系究竟是社会的还是私人的，也就不成为性道德问题的症结，问题的症结在大家能不能实践“发情止义”的原则。西洋社会思想的系统中间，总有一套拆不穿的“群己权界”的议论，任何道德问题，说来说去，最后总会掉进这权界论的旧辙，再也爬不出来。这在我们却并不是不可避免的。我们只知道此种行为不但不干社会全般的事，更不干第二个旁人的事，而完全是我个人的操守问题，而此种操守的准绳，既不是社会的毁誉，鬼神的喜怒、宗教的信条、法律的禁例，而是前人经验所诏示的一些中和的常道；中和的常道之一就是“发乎情，止乎礼义”。霭氏曾说（第 508 页）：“我们不会对不起道德，我们只会对不起自己”，发乎情而不能止乎礼义，所对不起的不是礼义，不是道德，不是社会，而是自己。

四、关于第四根柱石——女子性责任的自负自决——不比以前的三根，我想谁都认为是毫无问题的。性责自负，当然和经济独立的条件，有密切的关系。霭氏的理想，大约假定能够实行新性道德的社会，也就是所有的健全妇女经济上能够自给的社会。对于这一点，我们在上文已经略有修正，到此我们更不妨进一步的假定，以为所谓经济独立不一定要完全实在的。在教养子女之余，或教养子女以后，经营一种职业的女子，当然有她的实际的独立，不过在没有余力经营职业的女子，或平日有此余力而适逢分娩的时期以致不能工作的女子，我们始终得承认他们有与经济独立有同等价值的身份。有到这种“等值”（Equivalent）的身份，不论她实际赚钱与否，一个女子的责任、权利与社会地位，便应该和实际从事一种职业的人没有分别。至于性责自决，也是一样的不成问题，若就生育子女的一部分的责任而论，她不但应该自决，并且应有先决之权。在生育节制方法已经比较流通的今日，这不但是理论上应该、也是事实上容易办到的事。

要女子能够自负自决她的性的责任，经济的条件以外，还有一个教育的条件。也许教育的条件比经济的还要紧，因为经济的条件，往往可以假借，有如上文云云，而教育的条件却绝对不能假借。所谓教育的条件，又可以分为两部分说。第一是一般的做人的教育。这当然是应该和男子的没有分别。这部分的教育也包括专业的训练，目的在使她前途能经济独立，或有独立的“等值”。第二是性的教育，目的在除掉启发性卫生的知识以外，要使她了解女子在这方面的责任，要比男子的不知大上多少倍，并且假若不审慎将事，她在这方面的危险，也比男子要不知大上多少倍。有了第一部分的教育，一个女子就可以取得性责自负的资格；有了第二部分的教育，她更可以练出性责自决的能力。资格与能力具备以后，再加上经济自给的事实或准备，女子在新性道德的局面里，才算有了她应得的女主人的地位。霭氏在全篇议论里，对于这一层似乎没有加以相当的考虑。他对于“性的教育”，固然已另有专篇，但是对于上文所说的第一部分的教育，他既没有讨论，对于这两部分的教育和女子性责自负自决的密切关系，又没有特地指出。这实在是全篇中的一个遗憾。

五、上文说过性教育的对象是社会，但这话还不完全。性道德的最后的对象是未来的社会，若就一人一家而论，便是子女。对于这一点，除了极端的个人主义者以外，我想也是谁都不能不首肯的。霭氏说：

> 就已往、目前与未来的形势而论，我们便可以得像法国女作家亚当夫人（Madame Juliette Adam）所说的一个综合的

> 观察，就是，已往是男子的权利牺牲了女子，目前是女子权利牺牲了小孩儿，未来呢，我们总得指望小孩儿的权利重新把家庭奠定起来（页八五）。

又说：

> 社会要管的是，不是进子宫的是什么，乃是出子宫的是什么。多一个小孩儿，就等于多一个新的公民。既然是一个公民，是社会一分子，社会便有权柄可以要求：第一他得像个样子，可以配在它中间占一个地位；第二他得有一个负责的父亲和一个负责的母亲，好好的把他介绍进来。所以爱伦·凯说，整个儿的性道德，是以小孩子做中心的。

爱伦·凯不但这样说，并且还为了这说法写了一本《儿童的世纪》(*The Century of Child*)的专书咧。

自从优生学说发达以后，子女不但成为性道德的中心，并且有成为一般的道德的对象的趋势。在民族主义发达的国家，这趋势尤其是明显。优生学家有所谓种族伦理的说法，以为伦理一门学问，它的适用的范围，不应以一时代的人物为限，而应推而至于未来的人物。有一位优生学的说客，又鼓吹“忠恕的金律应下逮子孙”的道理。六七年前，我曾经不揣谫陋的写了一本《中国的家庭问题》，站的也完全是这个立场。

以子女为最后对象的性道德或一般道德，终究是不错的。我们为什么要生命？不是为的是要取得更大的生命的么？这更大的生命究竟是什么，当然各有各的见解。一班个人主义或享乐主义者以尽量满足一己的欲望为尽了扩大生命的能事；一班狭义的宗教信徒，以避免痛苦于今生，祈取福祉于来世，做一个努力的对象；但是另有一班人以为更大的生命实在就是下一代的子孙，而使此种生命成为事实的责任，一大部分却在这一代的身上。

*　*　*

说到这里，西洋近代的性道德就和中国固有的性道德，慢慢的走上了同一的大路。霭氏在这篇文字里，曾历叙西洋性道德的两种趋势，在中国的历史里，我们当然也有我们的趋势，读者要知道它的梗概，不妨参考陈东原《中国妇女生活史》一类的作品，我们不预备在此多说。但这趋势里的最昭昭在人耳目的一点事实，是不能不一提的。就是，子孙的重要。“宜子孙”三个字始终是我们民族道德的最大理想。女子在婚姻上的地位，大众对于结婚、离婚、再醮、守寡等等行为的看法，虽因时代而很有不同，女子所蒙的幸福或痛苦也因此而大有出入，但最后的评判的标准，总是子女的有无与子女的能不能维持一姓的门楣与一宗的血食。贞操一事，始终似乎是一个目的的一种手段，而自身不是目的。“饿死事小，失节事大”终究是一两个理学家的私见，而不是民族经验的公言，民族经验的公言是：失节事小，子孙事大。俞樾（曲园）的《右台仙笔馆记》里，记着这样一段故事：

> 松江邹生，娶妻乔氏，生一子名阿九，甫周岁而邹死，乔守志抚孤；家尚小康，颇足自存。而是时粤贼已据苏杭，松江亦陷于贼。乔虑不免，思一死以自全；而顾此呱呱者，又非母不活，意未能决。其夜忽梦夫谓之曰：“吾家三世单传，今止此一块肉，吾已请于先亡诸尊长矣；汝宁失节，毋

弃孤儿。”乔瘖而思之：夫言虽有理，然妇人以节为重，终不可失；意仍未决。其夜又梦夫偕二老人至，一翁一媪，曰：“吾乃汝舅姑也。汝意大佳，然为汝一身计，则以守节为重，为我一家计，则以存孤为重；愿汝为吾一家计，勿徒为一身计。”妇瘖，乃设祭拜其舅姑与夫曰：“吾闻命矣。”后母子皆为贼所得，从贼至苏州。

乔有绝色，为贼所嬖，而乔抱阿九，无一日离。语贼曰：“若爱妾者，顾兼爱儿，此儿死妾亦死矣。”贼恋其色，竟不夺阿九。久之，以乔为“贞人”，以阿九为“公子”，——“贞人”者，贼妇中之有名号者也。

方是时贼踞苏杭久，城外村聚，焚掠殆尽，雉豚之类，亦皆断种，贼中日用所需，无不以重价买之江北。于是江北诸贫民，率以小舟载杂货渡江，私售于贼。有张秃子者，夫妇二人操是业最久，贼尤信之，予以小旗，凡贼境内，无不可至。乔闻之，乃使人传“贞人”命，召张妻入内与语，使买江北诸物。往来既稔，乃密以情告之，谋与俱亡。乘贼魁赴湖州，伪言己生日，醉诸侍者以酒，而夜抱阿九登张秃子舟以遁。

舟有贼旗，无谁何者，安稳达江北。而张夫妇意乔居贼中久，必有所赢，侦之无有，颇失望；乃载之扬州，鬻乔于娼家，乔不知也。

娼家率多人篡之去，乔仍抱阿九不释，语娼家曰：“汝家买我者，以我为钱树子耳，此儿死，我亦死，汝家人财两失矣。若听我抚养此儿，则我故失行之妇，岂当复论名节。”娼家然之。乔居娼家数年，阿九亦长成，乔自以缠头资为束修、俾阿九从塾师读。

俄而贼平，乔自蓄钱偿娼家赎身，挈阿九归松江，从其兄弟以居。阿九长，为娶妇；乃复设祭拜舅姑与夫曰："黾奉命存孤，幸不辱命。然妇人究以节为重，我一妇人，始为贼贞人，继为娼，尚何面目复生人世乎？"继而死。

俞曲园曰："此妇人以不死存孤，而仍以一死明节，不失为完人。程子云，饿死事小，失节事大，然饿死失节，皆以一身言耳。若所失者，一身之名节，而所存者，祖父之血食，则又似祖父之血食重而一身之名节轻矣！"

我记得以前看见这一段笔记的时候，在"天头"上注着说，"推此论而用之于民族，虽千万世不绝可也。"我现在还是这样想。*

* 1986年社会学家费孝通先生在为潘先生译霭氏《性心理学》重刊写的"书后"中提到"我虽不敢说封建时期意识形态领域里所凝结成的坚冰已经破冻，历来成为禁区的'两性之学'将能得到坦率和热情的接受，但我相信霭氏所说的那支'密集着由传统和假冒为善所组成的队伍'可能已失去了过去那样巩固的阵地了。这本书的遭遇正是我国文明水平的测验。"费先生这句话里表达的心情在潘先生八十多年前写的这两篇序文中是没有的。潘先生认为中国社会中对于性的病态的看法是外铄的，不是固有的。他重视的是霭氏书中建设性的笔墨；说书里那些清除粪秽摧枯拉朽的清道夫的文字，中国读者可作海国奇谈读，并非必要。我认为这可能是因为潘先生对儒学经典的抽象的评价太高，而对中国长期的封建和专制制度影响下滋生的性文化里的变态的心理和变态的行为看轻了。时至今日，我国社会里可以和那些海国奇谈比类而观的现象，或明或暗，或文或武，大俗大雅，不胜枚举；偶尔还会看到一些把两性关系当作勿须自宫的吸功大法来搬弄的大场面，顷刻之间置人于死地，不分男女。始作俑者不以为耻，不以为下流，不以为愚昧；围观者不以为野蛮，不以为残忍，不以为可鄙。这不是因为把性本能看得多么神圣，而是因为在意识的深处把性本能看成是秽恶的，把性行为看成是罪过，本质上和中世纪基督教的意识形态是一丘之貉。所以，我认为，霭氏这部充满人道精神的书，无论是消极的清道夫的文字还是积极的建设性的笔墨，仍然是值得我们认真借鉴的。不同的文化之间由于发展的时空不同而有许多差别，但在以性本能为根据滋生演化出来的性文化却惊人地相似，不同之处，多半是表面的和文明程度的参差罢了。——胡寿文注

目　　录

序

我在《性心理学研究录》的前五辑里，主要是讨论与其具体对象有关的性冲动，把旁人和环境对它的影响暂时搁置不论，但实际上它们对这种性冲动和它的满足的影响是很有力量的。我们无论如何都无法把一个人的性冲动和旁人以及和具有种种古老传统的整个社群的瓜葛忽略过去，我们不得不认真考虑性与社会的关系。

当我们着手斟酌其中的关系时，对于摆在眼前的这些繁杂而重要的问题，我们的论述可能会比较前面几辑来得扼要和概括。先前我们在思考性心理学的一些比较专门的问题时，常常会一脚踏入某个被人忽略的领域，必须对其中的许多要点下一通前人没有下过的工夫，做一番掰肌分理的细密的分析。但是，当触及性与社会的关系的问题时，却多半触碰不到这种疏漏。用这辑《研究录》的每一章的标题为名，都不难撰写成一部专著，而事实上我们已经常常拜读到了以本辑中许多章节的题目为名立论的文献，卷帙之繁已经汗牛充栋。因此我们这部书的主要目的就不是去收集各种详尽的资料，而是把大家都承认的近日社会存在的现象和先前五辑《研究录》中提出的性心理学的基本原则的瓜葛提出来，分别放到每个有关的题目之下，做一番尽可能清晰简要的铺陈。

也许在某些人看来，我应该把评述的范围局限于当前的社会现象，而不必纵观人类的历史和周览其种族的传统。尤其是有些人可能会认为我把基督教在模铸理想与建立习俗定制上的影响看得太重。但是我确信这些想法是一个错误。因为社会历史上不断发生种种运动，任何一个时期都不会停止，而许多人又常常对我们中间发生的这些运动有很深的误解，把它们都看作是进步的现象。我们无法摆脱传统的约束。从来就未曾有过，也不可能有任何“理性的时代”。最执着的所谓“自由思想家”幻想把从前的基督教的权威恝置不顾，其实他还是受到旧时的羁束，脱不了干系。如果过去的传统没有完全溶化进他的血液里，也势必侵染了一切社会制度的细腻的肌理，他生于斯长于斯，所受的影响之深甚至可以达到左右他的思维模式的程度。我们的制度的最新近的种种变通不可避免地要受到这些制度的旧形式以及旧结构的影响。除非我们知道从何处来，否则我们就不可能知道身在何处，也不会知道我们将去向何方。如果我们不了解种种没有穷期的搅动着全部文明的伟大运动的趋势和主旨，我们就不能理解我们周围的变化的意义，也不能愉快地面对它们而不感到彷徨。

因此，我们在讨论和社会卫生（Social Hygiene）[1]有很大关系的性的问题时仍旧遵循心理学上的观点。用这种观点对待这类事情不仅合理，而且必要。用单纯医学的，或单纯法律的，或单纯道德的，或单纯神学的观点来讨论社会卫生，引出的结论不仅常常相互抵触，而且，面对复杂的此人不同于彼人而又尽人具备的个性时，这些结论也就捉襟见肘，明显的不能完全适用了。摆在我们面前的任务就是要探明和确定哪些事物在总体上最周全地表达了文明的男女的性冲动和性的观念，哪些事物又使它获得了最好的满足。因此，一面我们要把在某些方面符合某些人或社会的需要的医学、法律和道德等等的要求放在心上，一面我们要牢牢记住，主要的问题在于满足全部具有完整人性的囫囵的人的需求。

我之所以认为有必要强调这种心理学的观点，是因为在论述性的卫生和道德问题的作者中，最常犯的一个错误就是忽视心理学的立场或观点。例如，他们偏执一端，不是左袒克制性欲，就是右袒主张性的解放，但不论左袒还是右袒，都没有认识到这种狭隘的见地是不足以应付复杂的人类的需求的。从更开阔的心理学的观点来看，追溯到心理的源泉，性欲的抑制和性欲的释放这两种对立的冲动，本来就同样是人的心理或精神机构的基础而不分轩轾的。我们不得不加以调和折中。

在先前几辑《研究录》中，我力求避免发表个人的任何主张，而尽可能采取严格、客观的态度。我得到了各界人士的同情和赞许，其中既有许多理性主义的自由思想家，也有许多正统教派的信徒，他们之中，有些人接受当前社会最流行的道德标准，同样也有些人持反对的态度；如果我们可以根据这个事实来评判，我相信我先前的这一番努力已经成功了。这是理所当然的，因为不论我们对人的情绪和行为抱持什么样的价值标准，我们都必须准确地了解人的情绪，以及这些情绪又是怎样趋向于影响他们的行为，这样做总是有裨益的。在本辑中，写到有些地方不得不盘诘社会的传统，有些地方不得不推敲到那些传统在过去的成长以及它们前途大概会怎样演进。尽管我在这些地方一如既往地抱持客观的态度，但是我不敢乐观我能同样使读者清楚地感受到这一点。我在这里不得不写的事情，不仅涉及人的真实的情绪和行为，而且还有我揣度的他们的情绪和行为的倾向。无论我研究得多么周全和多么谨慎，它们毕竟只是一种估计或判断；这不可能是一种完全实证的问题。我深信，过去一向对我十分关心的人，尽管他们对我个人达成的种种结论不可能全部同意，还是会同样宽容和支持我的。

哈夫洛克·霭理士（Havelock Ellis）

英国，康瓦尔郡，卡比斯湾

注释

1　卫生与健康彼此通用，个人卫生和公共卫生都是指后天的个人或群体的健康养护和疾病防治。种族卫生或民族卫生则专指先天的血缘或遗传上的健康，有些时候与优生学同义。社会卫生，狭义地说专指后天的花柳病和各种流行病的防治，但广义地说却把先天的种族卫生网罗进来了，霭氏这里以及下文各处说到的社会卫生显然都是这种广义的用法。——译者

第一章　母与子

孩子选择祖先的权利——怎样实现这种权利——母亲是孩子的至尊亲人——母道和女权运动——母道的无比重要——婴儿死亡率及其原因——母亲的主要课程——妊娠期必须休息——早产的频数——国家的功能——婴幼儿文化或幼儿学的新进展——妊娠期的性交问题——哺乳期必须休息——母亲哺乳亲子的责任——经济问题——国家的责任——保护母亲行动的新进展——国家保育幼儿的谬误。

人的性冲动的本性，与他其他所有最基本的本性一样根深蒂固，远在他出世之前就已经形成了。在这方面，和在其他每个方面一样，他的生命的各种元素，都是从他的祖先那里获得的。不论这些元素在他身上经过怎么样的重新组合，也不论后来的生活条件怎样把它们修饰得面目全非，但它们的祖授祖传的渊源却是抹杀不了的事实。一个人的命运不是坐落在未来，而是本乎既往。经过仔细思量，我们可以肯定这是全部生命事实中最富有生机的部分。既然如此，每一个孩子便有选择他自己祖先的权利。当然，只有通过父母的代理他才能实现这种选择的权利。将为人父者必须为他将来的孩子选择一半的祖先和遗传的品质，这是他应当担当的最庄严神圣的责任；而这个同样庄严而神圣的责任的另一半，则相应要由将为人母者承担起来[1]。他们彼此选择的结果就为他们的孩子选择了囫囵的全部祖先了。他们决定了将要左右这个孩子命运的星宿。

从前对于这种决定孩子命运的择偶问题通常都是懵懂无知，无能为力，只能向占星家问短长，甚至根本就不把它放在心上的。要么是男女双方都由着性子两情相悦，结婚生子，总体上看这样的结果还算不错；要么嫁娶受经济利益左右，这类情况复杂且结果难料；甚至还有禽兽般的苟合，单图一时性欲之满足，置日后风险于不顾，如此行事，除却造孽，还能有什么好结果？前途我们只能寄命于一种信仰，相信人类会有某种新的择偶动机，它增强自然本性的力量，两者相辅相成而逐渐结合起来，指导文明的人类在种族的自然演化中健康发展，人类的全部希望都必须寄托在这个信仰上。总之，过去人种是经由包括性选择在内的自然选择陶铸形成的，这种选择本身是无意识的，也不知道最终会走向何方。瞻望未来，当自然的创造力逐渐变成人类文明头脑中的自我意识的时候，未尝不可以像自然选择一样用经过深思熟虑的有意识的选择来模铸人种，讲究人种的健康。这并不是一种出自朦胧的希望的信仰。个人生活的种种问题与种族生存的命运是联系在一起的，当我们反复思考这里讨论的个人性生活方面的各种问题时，穷原竟委，就会发觉他们最后全都要汇集到这个种族的健康的问题上，要对它有一个交代[2]。

因为我们这一辑《研究录》将始终讨论个人的性生活与社会的关系，所以，我们到此适可而止，把祖宗的问题搁置一旁，而把个人在母亲子宫里坐胎时遗传素质已经决定了的事实接受下来，由此开始，书归正传。

母亲是孩子至尊的亲人。我们现在知道的属于母性的那些功用，在动物演化的过程中的几个节点上，公的一方似乎也可能曾经担当过相当大的一份，甚至达到和母的一方平均担待的程度。大自然曾经沿着这个方向做过各种各样的试验，在鱼类，甚至在鸟类都有这方面的例子。虽然这些实验合情合理十分美妙，有关的动物种类也一直很健全地绵延生存到今天，但是，人类的兴起命中注定要走的却不是这些路线，这也是一个事实。在人类所由演化而来的全部哺乳纲的先辈中，雄性在求爱的最初几天所扮演的角色显得很显赫、很重要。但是，雌性一旦成功怀孕成为母亲，她便在种族的生存中发挥主要的作用了。雄性则必须尽心尽意地外出觅食，在家的时候要待在巢穴前站岗护院。雌性动物一旦受孕便立刻愤怒地拒绝厮鬓摩挲，而之前她却是搔首弄姿地欢迎这类调情的举动的，即便演化到了人类的段落，一个男人，在他的孩子诞生后，他做父亲的地位也看不出有多么尊贵和惬意。大自然给雄性成员在家中，在种族方面安排的地位不过是比较卑微的二等角色；如果他愿意，他可以到江湖上去惹是生非和沽名钓誉，聊以自慰。母亲是孩子的至尊亲人，从受孕到生产这段时间，对未来人类种族的卫生的种种影响只有通过她才能发挥作用。

母亲在种族的生存方面占据主导地位，这是一个最基本的、最重要的事实，对于一路批阅本《研究录》下来直到这段文字的读者来说，似乎应该没有什么可争议的了，可是也还必须承认，有时候还是会遗忘或忽视。在提倡人道的伟大时代，大家的确是接受这种极端重要而神圣的事实的。在古罗马，有一个时期，孕妇的房屋都要装饰象征光荣和荣誉的花环，而在雅典，这种地方是神圣而不可亵渎的，甚至可以成为罪犯的庇护所。在文艺复兴爆发前有一段百家争鸣众说纷纭的时期，从当时留下来的一些绘画可以看出来，甚至把怀有身孕的妇女当作理想化的美人。但是这种认识并不是一成不变的。例如当前，肯定开始出现一些苗头，对于这个事实在理论和实践两个方面都常常争论不休或根本否定，甚至连妇女本身都参加进来。英美两国就是这种情况，这或许大部分都要归咎于一种令人遗憾的错误观念，即女子在各个方面都着迷地以男性化为理想，目前，又受到其他国家的妇女推进女权运动的鼓舞。母道和种族的前途的价值被故意贬低了。有一种议论说，父亲的身份在男人的生活中不过是小事一桩，为什么母亲的身份就不仅仅是女人生活中的一件小事而多出了许多的分量？在英国，由于一种奇怪的、变态的性的诱惑，女人被男人身边的各种事物的魔力迷惑了，以至于想要压制或忘掉自己在体质上有别于男人的全部事实，把自己的荣耀当作羞耻，处处和男人攀比，追求同样的教育、同样的职业，甚至同样的体育运动。据我们所知，这种动机在发动时有一个叫作公平或者权利的元素[3]。若仅就从人为的桎梏中争取解放和要求经济独立而论，这是完全正确的，但是，如果发展到热衷于在一切方面的做事都和男人一样那就是不伦不类和有害的了；反过来，如果一个男人一门心思要模仿起女人的做派和爱好来，那种不伦不类和有害的程度也是可想而知的。当你追求的自由是遵从你自己天性的裁制的自由时，这种自由才是好的东西；如果你刻意盲从地去模仿他人，那就不成其为自由了，而如果真能模仿成功则很可能会是一场灾难[4]。

今天这场运动在理论方面已经衰微，没有几个有分量的名头响亮的代表人物了。但在实际推行的后果方面仍然触目可及，尤其是在英国和其他几个经验过这场运动的国家。婴儿的死亡率很高，无论如何英国是这样，现在刚开始见到一点下降的趋势；母道不神圣了，母亲的活力被迅速地扼杀了，结果，她们常常连哺乳自己的孩子都不会了；这些懵懂无知的小妈妈把土豆和杜松子酒拿来喂她们的婴儿；我们从各方面听到有关种族退化的证据，即使不上升到种族的高度，也无论如何表明了今天的年轻人有些退化的迹象了[5]。

母道与种族命脉之荣衰攸关，把这点看轻淡了很愚蠢。实际上已经造成了许多不良的后果，把这些问题一一加以论述未免扯得太远。在这里我们只要点一点过高的婴儿死亡率的问题就足够了。

在英国——就社会条件说，比较大多数国家，如奥地利和俄国，不是最糟糕的，但婴儿死亡率还是较高，即使婴儿死亡率较低的澳大利亚和新西兰也还是偏高——一周岁之内的婴儿死亡数占了每年人口死亡总数的四分之一。主管卫生的医学官员是最有资格对这个题目发表意见的人，他们粗略估计，这个死亡率大约有一半是完全可以避免的。况且，这个死亡率是否真有逐渐下降的进展还很难说；在过去的半个世纪里，它有时轻微上升，有时略微下降，在几年前，英格兰和威尔士的儿童死亡率普遍在千分之五十以下，显出一种下降的趋势，在伦敦，三个月以下的婴儿死亡率从 1888—1892 年的千分之六十九上升到 1898—1901 年的千分之七十五［这是根据赛克斯（J. F. J. Sykes）的统计，但墨菲（Shirley Murphy）爵士却认为这个数据不足以说明问题，要知道这些数据都是在施行出生通报条例之前统计的］。不管怎么说，虽然人口总的死亡率有明显改善的趋势，但婴儿的死亡率却肯定没有相应的改善。当我们了解到我们的婴儿的养育条件不但一直没有改善，而且还有变得越来越坏的情况时，这种现象也就

不足为奇了。霍尔（William Hall）对英国约克郡的里芝（Leeds）的贫民区做过前后长达五十六年的详尽研究，除了考察过120000个以上的男女孩子，判断他们是否适合于工厂的劳动之外，他还测量过贫民区的成千上万个儿童的身高和体重。他说："和今天比起来，五十年前贫民区里做母亲的人要稳重得多，更清洁，更爱操持家务，更会当妈；她们自己小的时候受到比较好的喂养，而她们也总是更愿意用自己的奶汁哺乳自己的孩子，断奶之后又用很有营养的肉骨头熬制的食物喂养他们，她们还会在家里烹饪更加有益于健康的饮食。"强迫教育制度一直对做父母的人有一种紧张的压力，使家庭的境况变得不如从前了，这很叫人遗憾。因为教育本身虽然很有价值，但它并不是生活第一位的需要，生活中另外还有一些比教育更加基本的，同样是非做不可的事情，现在被排挤到教育后面去安排了。这样高的死亡率完全可以避免，不用拿好样的澳大利亚和新西兰的例子来比，只要把英国的一些小城镇互相比较一下就清楚了；譬如，当基尔福德（Guilford）的婴儿死亡率为千分之六十五的时候，伯士林姆（Burslem）的婴儿死亡率却高达千分之二百零五，由此可见，强迫教育的规定真是多此一举。

有人说，婴儿死亡率的高低是一个经济上的问题，如果增加大家的收入，婴儿死亡率自然就会下降。这种意见是在有限的范围和某些条件下才是符合实际的。在澳大利亚，没有赤贫的情况，但是一岁以下的婴儿死亡率仍然高达千分之八十到九十。按照胡珀（Hooper）的说法，这种死亡率中三分之一是由于做母亲的无知和不愿意给孩子哺乳造成的，本来并不难避免。已婚妇女的就业大大减少了家庭的贫困程度，但对于做母亲的妇女和她们的孩子的健康及幸福来说，却没有什么比这更糟糕的了[6]。里德（Reid）是斯塔福郡（Stafford Shire）的卫生医官，他那里有两个手艺人口集居的地区，卫生条件差不多。其中位于北部的一个有大量的妇女在工厂里就业，妇女怀孕后频频流产，死胎的数目是南部地区的三倍。在南部，实际上没有什么活计让妇女去干，两个地区的畸形儿的出生率也有上述比例的差异。还有，犹太人的孩子比基督徒的孩子发育得好，他们的婴儿死亡率也比较低，这些似乎要完全归功于一件事，即犹太女子更懂得做一个好的母亲。霍尔（William Hall）根据大量精确的研究说："贫民区里的犹太人的孩子，体重，牙齿，以及身体的全面发育情况都比其他族群的孩子好，似乎也比较不常生病。可是，这些犹太人住得非常拥挤，他们也很少运动，而且环境显然很不卫生。不管怎么说，他们的孩子比别人家养育的好得多，这是一个事实。怀了孕的犹太妇女受到更好的照顾，这无疑也会供给胎儿更好的营养。出生后 90% 的婴儿由母乳哺乳，稍后的儿童时期一直食用用肉骨头熬制的食品；在他们的饮食中，鸡蛋、油脂、鱼、新鲜蔬菜和水果都是很丰富的。"[7]纽曼（G. Newman）写过一部重要的包罗万象的书，书名叫作《婴儿的死亡率》（*Infant Mortality*）。他在书中强调这样一个结论："首先，我们需要有一个为母之道的较高的合乎自然的标准。"他认为婴儿死亡率的问题不单单是一个环境卫生或者居所的问题，或者是像大家说的那样是贫穷所致，"而主要是一个为母之道的问题"。（纽氏书第 259 页）

孕妇最基本的需要是休息。做母亲的人得不到充足的休息就谈不上讲究婴幼儿文化或幼儿学（Puericulture）[8]。造人是一项繁重的工作，需要女人竭尽所能，特别是产前的三个月这段时间，不可以让她们承担任何体力或脑力的重负，甚至连劳神费力的社会活动和娱乐都不能参加。近年来，一些妇产科医院做过许多实验和观察，特别是在法国，都确凿表明母亲在妊娠的最后一个月中的休息是否充分，不仅会极大地影响到她现在和将来的幸福以及即将到来的分娩是否顺利，而且还会极大地影响到孩子的命运。“每一位女工在妊娠的最后三个月里都有休息的权利。”这句名言已经在 1900 年被国际卫生会议采纳，但除非有整个社区的合作，否则还是不能付诸实施的。因为光说妇女怀孕期间应该休息是不够的；确保这种休息得到不折不扣的实行是社区的职责。我们敢肯定，妇女本人和她的雇主都会尽力欺瞒社区，结果，当这个妇女把她那个差劲的孩子带到这个世界上来的时候，受累的还是社区，经济上受到损害，道德的水准也可能受到败坏，所以社区为了自己的利益也就被迫把雇主和雇工双方都管起来。布沙古（Bouchacourt）曾经说过，“今天，人种的最底层——瞎子、聋哑人、退化者、精神病人、浪子、白痴、弱智、呆小侏儒、癫痫等等，都已经得到了比孕妇更好的保护。”今后，我们再也不能容忍这种事态出现了[9]。

皮纳尔（Pinard）是优生学的众多奠基人之一，大家应该永远敬重他，他和他的学生们一起做了许多基础的工作，把这条虽然简单但很重要的原则的根据弄得一清二楚，为促使大家接受优生学扫清了道路。皮纳尔对各阶层的妊娠妇女做过长期的观察，他得出结论说，妊娠时得到休息的妇女生下的孩子比当时没有休息的妇女生下的孩子要健康。皮氏发现，孕妇在妊娠后期的几个月里劳动，除了会造成更多的常见的病痛之外，还常常会压迫子宫进入盆腔，因此造成尚未发育完全的婴儿早产，劳动也增加分娩的困难和危险[10]。

勒图尔诺（Letourneux）曾经研究过从事轻微劳动的妇女妊娠期间是否要歇工休息的问题。他考察过732位相继在巴黎包德罗克（Baudelocque）医院分娩的妇女，他发现，137位从事劳累工作（仆人、厨师等等）的妇女在妊娠期间都没有休息，她们生产的婴儿平均体重为3081克；115位从事轻微劳动（裁缝、制帽等等）的妇女，妊娠期间也没有休息，她们产下的婴儿的平均体重是3130克；两者差别很小但却是有意义的。前一组妇女个个是粗壮的大个子，而后一组都是身材瘦弱，文雅的女子。再者，和几组怀孕期间得到休息的妇女比较就发现，其中，平时从事劳累工作的妇女的新生婴儿平均体重为3319克，而平时从事轻微体力劳作的妇女的新生婴儿的体重是3318克。歇工休息和不休息的差别是这样明显，妊娠期间的休息使从事劳累职业的粗壮的妇女虽然没有超过、但却赶上了从事轻微劳作职业的纤弱的妇女。我们也看到，即使是从事制帽等等这样一些比较轻松的职业的妇女，怀孕期间的休息仍然是很重要，而不可掉以轻心地随便认为这是不必要的。勒图尔诺做结论说："社会必须保证处境并不宽裕的妇女在妊娠期也有一段时间的休息，这样做所付出的代价会从由此而生产出来的、更多生龙活虎般的儿童身上得到回报。"[11]

德维拉-贝恩松（Dweira-Bernson）医生对四组孕妇（轻微劳动、繁重劳动、农妇、裁缝）按产前有三个月休息的和产前没有休息的两类情况做一番比较，他发现两类孕妇生产的婴儿的平均体重的差别说明产前得到休息的几组孕妇明显好过没有休息的几组。值得注意的是农妇们的例子，她们大概是这四组人中最粗

壮、而劳动又是最辛苦的。她们中间孕妇产前得到休息和产前没有休息的新生儿的平均体重的差别是最大的[12]。

通常妊娠的时间是274—280天（或者从最后一次月经期算起则是280—290天），偶尔也许会延后几天。至于延后最长能到几天则说法不一，有些专家说可以延长到300天，甚至还有说能延长到320天的[13]。米勒（Müller）在1898年发表在法国《南锡论坛》（*Thèse de Nancy*）上的一篇论文中提出一种意见，认为文明趋向于缩短妊娠的时间。在早先，妊娠的时间比现在长一些。布沙古曾经指出，文明对于神经的兴奋刺激造成这种早产的倾向，动物中的家养驯化也有类似的作用[14]。粗壮的农村妇女变得越来越文雅，但同时也变得越来越脆弱，城市的妇女经常需要照顾和讲究卫生，乡下的妇女虽然由于神经系统比较坚强而往往可以省掉一些这类麻烦，但就像我们看到的那样，她们在替身怀的孩子受累，或许自己也感到妊娠期间劳动的辛苦。塞罗皮安（Séropian）发现，法国大约有三分之一（32.28%）的婴儿都是早产儿，只是早产的日子长短略有不同。这表明文明促成的早产趋势的性质是严重的，孕妇在妊娠期间得不到休息也只不过是其中几个重要的原因之一罢了[15]。妊娠并不是一种病态，相反，孕妇都是处在她生活中最正常的生理状态的鼎盛时期，但是由于妊娠的紧张力，使她对任何轻微的震动或辛苦都特别容易感觉到有些吃不消的疲累。

我们必须注意，促成早产的趋势的原因中，一部分可能来自一般的文明的倾向，另外还有一些非常明确的可以避免的原因。梅毒、酗酒、蓄意堕胎等等，都是屡见不鲜的造成早产的原因[16]。

早产是应该防止的，因为婴儿出生得太早，还没有发育完全，不足以应付他面临的功课。阿司滕戈（Astengo）在巴黎的拉利伯瓦希医院（Lariboisière Hospital）和妇产医院处理过大约19000例新生儿。他发现，从产妇最后一次来月经的日期算起，新生婴儿的体重和母亲怀孕的时间长短成正比。妊娠的时间越长，婴儿越是健康[17]。

在英国，早产的频数大概和在法国的情况一样。巴兰坦（Ballantyne）说［见《妊娠病理学手册：胎儿》（*Manual of Antenatal Pathology*: The Foetus，p. 456）］，从临床处理的角度看，在妇产医院里分娩的婴儿中，早产的频数大概是20%。但如果把出生体重低于3000克的所有婴儿都算早产的话，这个频数就升高到41.5%。在过去二十五年里，英国早产儿的死亡率不断上升，似乎表明了早产的情况有增无减的趋势。麦克利里（McCleary）对此有过一番探讨，认为这种增加的趋势是确实的，他做结论说："我们生产的婴儿在数量上下降了，在质量上似乎也同样下降了。"[18]

身体发育不成熟不仅是活下来的婴儿变得衰弱的原因，它本身就是造成本来可以生存的婴儿大量死亡的祸首。纽曼也说，在英国，多数的大城区里，新生婴儿的发育不成熟是造成婴儿死亡率居高不下的主要原因，在婴儿的死亡中大概30%左右是它造成的（见前文引用的纽曼文章）；甚至在伦敦的伊斯林顿（Islington），哈里斯（Alfred Harris）发现它对婴儿死亡数目中将近17%负有责任（见 *British Medical Journal*，*Dec., 14, 1907*）。纽曼估计，在这些因为发育不良而死亡的婴儿的母亲中，大约有一半是病体羸弱的人；因此她们不适合当母亲。

妊娠期间的休息是防止早产的最强大的力量。萨罗特－劳力埃医生（Dr. Sarraute-Lourié）在这方面做过一些比较研究，一边是米舍列收容所（Asile Michelet）里的1550名分娩前得到休息的妇女，一边是同样数目，在拉里波瓦西耶医院（Hôpital Lariboisière）分娩的妇女，她们分娩前没有享受到这份福气。她发现，后者的平均妊娠期都比前者缩短了至少20天[19]。

利博夫（E. Leyboff）主张妇女在妊娠期间绝对需要休息，既是为了照顾到她怀孕的重负，也是为了防止忽视妊娠期间的休息带来的种种恶果。他认为，坐火车旅行、骑马、骑自行车、航海等等都容易伤害到妊娠的进行。利博夫知道在目前工业化的条件下妇女生儿育女的困难，所以，他得出结论："迫切需要立法制止妇女在妊娠的最后三个月里继续劳动；每个地区，都要设立母亲基金；妇女在这段强制休息的时间内，工资应该照常全额发放"他还说，未婚母亲的小孩应该由国家抚养，所有工人都实行每日八小时工作制，十六岁以下的儿童禁止做工等等[20]。

佩鲁克（Perruc）说，妇女在分娩前至少要强制休息两个月，在这段时间内还应该得到按国家规定的补偿。他主张采用强制保险的方式来实施，投保金额由工人，雇主和国家三方共同承担[21]。在妊娠最初的几个月里，只要不过于繁重和劳累，劳动大概很少或不会产生坏的影响；譬如，巴基蒙特（Bacchimont）发现，休息三个月的母亲的新生儿的体重明显增长，而休息超过三个月的母亲的孩子的体重并没有相应的增加[22]。只有在妊娠的最后三个月里才必须停止例行的工作，自由自在的休息。这是皮纳尔的主张，他是这方面的权威。但是许多人担心经济上和工业生产上的一些条件会使这样长时间的休息很难付诸实施，而同意克拉皮耶（Clappier）和纽曼（Newman）的意见，认为最少有两个月的休息时间，也算差强人意；萨尔伐（Salvat）只要求分娩前有一个月的休息，在这段时间里，不论妊娠的妇女已婚或未婚，一律给予金钱补助，医药和护理的费用也全部免除。巴兰坦（Ballantyne）和尼文（Niven）两人同样都只要求妊娠期间要有一个月的带补助的强制休息［见《妊娠病理学手册：胎儿》（*Manual of Antenatal Pathology*: The Fetus, p.475）］。但是，赫尔姆（Authur Helme）综合了全部有关的因素通盘考察之后，写了一篇很宝贵的论文，文章的结论说："重要的问题是完全禁止妊娠的妇女劳动，这也是为孩子着想，这项禁令应该把妊娠的早期和末期一样包罗在内。"[23] 在英国，有关妇女在妊娠期间休息的问题还没有什么进展，甚至在大众舆论的教育方面动静也不大。曼彻斯特的维多利亚大学的产科学教授辛克莱（William Sinclair）爵士出版过一篇名为《呼吁建立市立母亲之家》（"A Plea for Establishing Municipal Maternity Homes"）的论文。英国小儿胚胎学方面的一位大权威，巴兰坦（Ballantyne）也发表过一篇题为《呼吁建立预备母亲医院》（"Plea for a Pre-Maternity Hospital"; *British Medical Journal*, April, 6, 1901）的文章，后来，他又用这个题目发表了一篇重要的演讲（见 *British Medical Journal*, Jan, 11, 1908），在他的《妊娠病理学手册》一书的胎儿一章（*Manual of Antenatal Pathology*: The Foetus, Ch. XXVII）中又进一步讨论了这个问题；但是，他对建立处理妊娠疾病的医院有浓厚的兴趣，而对于一般孕妇的休息这样一个更广泛更基本的问题却没有这样大的兴趣。在英国，真的很少有专门的机构接纳怀头胎的未婚先孕的妇女，即使她品行良好，行为端正也不管，布沙古（Bouchacourt）说，这是因为古代英国有许多偏见，认为未婚先孕有罪，对于被指控屡犯未婚先孕罪的妇女是不许有任何同情的。

实际上，目前只有法国真正清晰地理解了妇女在妊娠最后几个月里必须休息的迫切性，并尝试采取某种认真的官方的措施来保证施行。克拉皮耶（Clappier）在1907年的巴黎论坛上发表了一篇有趣的论文，题目是“出世前的幼儿文化或胎养胎教”（“De la Puériculture avant le Naissance”, 1907）。文中搜集了大量的资料，都是一些有关现在实际处理这一问题的努力的结果。在巴黎，设立了许多孕妇收容所，最好的一个是米歇勒收容所（Asile Michelet），是由巴黎公众救援机构（Assistance Publique de Paris）于1893年建立的。这是一所怀孕达到七个半月的孕妇的疗养院。名义上只接纳在巴黎定居超过一年的法国妇女，但实际上它对来自法国各地的妇女似乎都照样收留。她们偶尔也为这所机构做一些轻松的有报酬的劳动，还忙于为即将出世的娃娃缝制一些衣装。从母道着眼，妊娠的妇女不论婚否都一视同仁的收留，但实际上来米歇勒收容所的妇女中大部分都是未婚的母亲。某些女孩子甚至是从布列塔尼（Brittany）和法国其他穷乡僻壤艰难地步行来到这里的，她们到大城市的这些收容所来寻找一个待客的僻静地方隐居下来，避开她们的朋友。这些收容所最大的好处就在于它们保护了未婚的母亲和她们的孩子，使他们逃过周围种种邪恶的伤害，因此也会减少许多犯罪和痛苦的折磨。除了这些母亲收容所之外，在法国还有一些机构，负责为喜欢留在家里的孕妇提供援助和咨询，从而使她们能够避免原本不得不做的不适当的家务劳动。

在未婚先孕被指控为几乎犯罪的情况下，就像我们英国和另外几个号称文明的国家的现实那样，应该毫不犹豫地采取紧急的适当的措施来帮助那些即将成为母亲的未婚女子们，使她们在秘密的状态下得到有力的保护和照顾，又能保持她们的自尊与社会地位。之所以必须这样做不仅仅是因为它符合人道的原则和公共的经济利益，而且有利于提升道德的水准，这一点常常被人遗忘。我们可以断然地说，如果忽略了给这些女子提供这种性质的适当的帮助，就是驱赶她们去杀婴、去行险为娼。在早先更为讲究人道的时候，秘密收留和照顾这些不合法的私生婴儿的安排通常都是行善积德之举。在法国，1833—1862 年的几十年间，曾经采用中世纪的压制方法来处理这类事情，导致杀婴和堕胎逐年增加，这完全是鼓励犯罪和纵容伤风败俗。1887 年赛茵省（Seine）议会试图改变普遍忽视这类问题的情况，解放思想，建立了一个秘密收容所（Bureau Secret d'amission）收容怀孕的妇女。从那以后，弃婴和杀婴的事件都大大减少，而在法国其他没有这种措施的地方它们还在继续增加。舆论认为，国家应该把保障需要保密的母亲的事情统一安排，并且为这项事业拨款，因为它也符合国家本身的利益。1904 年法国立法，规定未婚母亲享有保守秘密的权利，以保护这些未婚的母亲，但是普遍建立秘密母亲收容所的事没有办成，而是把这件伟大的人道的公共事务交给了它的先驱者——医生[24]。生育率下降也是一个很大的刺激，有助于推动这项慈善运动的开展。

工业体制的发达使人的身体和灵魂都沦落到拜金主义的地步，有一个时期，不但不容社会关心种族的荣衰，甚至连个人的利益也因此置之不顾。但是大家要知道，这种情况不是一成不变的，也不是到处都一样的。虽然世界上有些地方，朴野民族的妇女怀孕后还照常劳动直到分娩，但是要知道，朴野生活中的劳动不像现代工厂的劳动那样辛苦和不能有片刻的停顿。不管怎么说，世界上还是有许多地方，妇女在妊娠期间是不允许从事辛苦工作的，而且要从各个方面关心和照顾她们。例如，在帕布罗印第安人（Pueblo Indians）和墨西哥印第安人中的情况就是这个样子。西太平洋的加洛林群岛（Caroline）和吉尔伯特（Gilbert）群岛，以及遍布世界的其他许多地区都有类似的照顾。有些地方，怀孕的妇女要深居简出，还有些地方要强迫她们遵守许多大体算得上善俗美德的清规戒律。事实上，这些限制本意是为了驱逐她们心中时时惧怕的凶神厉鬼，但依然常常具有讲究卫生的价值。世界上许多地方，一旦发现女子有了怀孕的征兆，都要把它当成喜庆，多少有一点礼俗表示祈福，说许多吉利的话语来劝勉这位未来的母亲。现代信奉穆斯林的人很注意保护他们的妊娠妇女的健康，中国人也是这样[25]。克拉皮耶（Clappier）注意到，即使是在欧洲，十三世纪一些实业公司有时候也关心这类事情，不允许怀孕的妇女在妊娠期间继续工作。在冰岛，现在依然保留着欧洲斯堪的纳维亚人的许多原始的生活习惯，对于妊娠的妇女总是给予特别小心的照顾。她们的生活必须过得恬静，不能穿紧身的衣服，不能大吃大喝，不许喝酒，避免一切惊动；她们的丈夫和周围其他人都要尽力呵护她们，对她们要有宽容和忍耐，使她们无忧无虑[26]。

我们着重指出这些事情是很有必要的，因为我们必须知道，现代提倡的要深情关怀妊娠妇女的运动绝对不是文明的弱化和退化的结果，而大概是向先民的心智健全的习俗回归达到了一个更高的水准，是他们奠定了人类的伟大文明的基石。

在妊娠的最后几个月里需要休息是妇道的主要的德操，同时，在她们的起居饮食中还有一些非常重要的养生之道，因为关系到孩子的命运所以也必须遵守。其中一条就是母亲饮酒的问题。毫无疑问，饮酒贪杯是成瘾狂悖的一个原因。主张禁酒的人往往慷慨陈词，过度夸张，但是我们却不能因此不去正视酒精有害这个千真万确的事实，尤其是对生殖过程，对乳腺、对儿童，酒精都有妨碍它们发育甚至使它们退化的作用，可以说是有百害而无一利的。动物试验和对人的观察都证明，妊娠的妇女喝酒，酒精可以无屏障地通过母体的血液循环进入胎儿的血液循环。费雷（Féré）进一步表明，把酒精和醛类物质注射到正在孵化的鸡蛋里，可以使鸡胚停止发育和孵出畸形的小鸡来[27]。正在子宫里养育着孩子和正在哺乳孩子的妇女一定要知道，酒精也许对她本人无害，但对她的尚未成熟、要靠她的血液供养的孩子来说则是一副毒药，一点益处也没有。她应该控制自己，只适度地喝一点酒精含量极低的饮料，最好是滴酒不沾，只喝牛奶。她现在是婴儿生命的唯一源泉，不能有丝毫的大意，要小心翼翼地竭尽全力为他创造一个洁净和健康的氛围。在这个阶段造成的任何错误，今后无论采取什么措施都永远无法补救[28]。

这里说的是酒精的作用，还有一些其他猛药和毒药，妇女在妊娠期间也应该同样尽量避免服用和接触，因为它们的有害影响会直接伤及胎儿。讲究卫生比服药好，注意调配饮食营养，这些绝不是可有可无的事。有人认为，妊娠期的妇女需要比平常吃更多的食物，这是一种错误，有许多理由使我们相信，吃肉太多不但容易造成不育，而且不利于孩子在子宫里的发育[29]。

已经确定坐胎之后，如果想要性交，是不是还可以进行，或到什么时候必须禁止，这是一个常常提到但始终不容易回答的问题。因为在人类，情侣之间有许多的考虑使问题变得很复杂而难于回答。连天主教的神学家在这个问题上都没有一致的意见。教宗亚历山德里亚的克莱门特（Clement of Alexandria）就曾经说过“当田地已经播种就要等待收获之后再去耕耘。”但我们可以断言，作为一种教规，教会对于妊娠期间的性交行为，如果没有流产的危险，最多不过算是一种可以赦免的轻罪。例如，奥古斯丁（Augustine），格列高利一世（Gregory the Great），阿奎那（Aquinas），登斯（Dens）等等宗教界的权威人物似乎都是这种意见；实际上，除了很少的几个例子之外，根本就算不上罪孽[30]。在动物中，这类法则简单一律；雌性动物在发情期间一旦怀孕，立刻就离雄性动物而去，再也不让它们亲近，直到产仔和停止哺乳后的另一个发情期为止。在人类朴野的族群中倾向不大一致，妇女妊娠期间的禁欲基于自然本能的成分比较少，而多半出于对礼仪制度的遵循或是因循传统的风俗习惯，现在这些风俗习惯要靠迷信来维持。在许多原始的族群中，整个妊娠期间都强制禁欲，因为他们认为精液会杀死胎儿[31]。

犹太法典（*Talmud*）是不赞成妊娠期间性交的。而根据可兰经，整个妊娠期，连同哺乳期，一律禁止性交。印度教徒另有规矩，妊娠期间，直到生产前的两周都允许性交，他们甚至还认为射入的精液可以营养胎儿[32]。但是印度的一代名医苏斯卢达（Susruta）反对妊娠期间性交。中国人显然也是站在反对这一边的。

当人从半开化的状态中兴起走向文明时期的时候，妇女就完全失去了在妊娠后拒绝性交的动物本能，这时候，对于早先像本性一样束缚着他们的那些节制性交的礼仪，男女双方都表示出越来越不屑一顾的态度。于是妊娠后多半照先前一样依据通常的“婚姻权利”实行性交，不过有时候还是有一点点怀疑，反映在教会的举棋不定的态度上。它拐弯抹角地提到，这类性交可能是一种造孽的纵欲。想来想去还是把道德招来防范这类纵欲的罪过。有争论说，如果妊娠期间丈夫被拒绝婚内的性交，他会去拈花惹草，搞婚外的性交，世界上也真的有些地方承认这种行为是合理合法的。因此，一方面妻子担心失去丈夫的忠诚，一方面基督教的道德要维护一夫一妻的制度，两方面联合起来，便允许夫妻在妊娠期间照常性交。总之，文明时代的妇女对于妊娠期间性交的欢娱通常不逊平日，而有些妇女在这段时间内更喜欢性交，这样一来，这种习惯便更加通行无阻。还有另外一层考虑，有些夫妇想避孕，他们更乐意在妊娠期性交，因为这时他们不用担心珠胎暗结了[33]。站得更高一点看，这种性交也是正当的。所有对于性冲动最吹毛求疵的道学家现在都同意，如果性爱的价值不只是限于生儿育女，而且也有助于个人的发展和增进夫妻之间的平安和睦，那么妊娠期间的性交在道德上也成为无可指摘的了。

但是，从古至今，一直都有一些大权威宣布他们反对这种允许在妊娠期间性交的习俗。在公元一世纪末，首席妇科大权威索拉纳斯（Soranus）在他的一篇论妇女疾病的论文中就说过，妊娠期间的任何性交都是有害的，因为性交会震动子宫，到了妊娠后期的几个月，这种伤害就尤其严重。后来的一千六百多年间，这个问题落到了神学家的手中，医学方面的考虑似乎被忽视了。直到 1721 年，法国的一位著名的产科医生毛里索（Mauriceau）才说，怀孕的妇女在妊娠期的最后两个月里不应该实行性交，在妊娠期间不性交的妇女没有一个流产的。但是，在随后的一个多世纪里，附和毛里索这位先进者的人仍然寥寥无几。主张禁止妊娠期间性交的意见即使道理上不错，但在现实中也还是很尴尬和难于施行的[34]。

但是近年来，在产科医生中有一种有力的倾向，明确地发表自己对于妊娠期间性交的问题的意见；或者申明它完全不当，或者吩咐要谨慎小心。根据达雷斯特（Dareste）对鸡的胚胎的经典试验判断，震动和骚扰人的胚胎也很有可能对它的生长发育产生有害的作用。妊娠早期性交对胚胎的骚扰有可能引起新生婴儿畸形的后果。如果一对夫妇，身心健康、朝气蓬勃、性格也文静，却生出一个畸形的胎儿来，这很可能就是他们在妊娠早期的性交中鲁莽纵欲，影响到胚胎的后果。就像在较低等动物身上做的震动刺激胚胎的实验结果显示的那样。无论如何，妊娠期间的性交都有可能造成早产的后果，而对于本身就有早产倾向的妇女来说，则可以肯定无疑；有时候性交几分钟后就开始出现分娩的阵痛[35]。动物的本能是拒绝妊娠期间进行性交的；初民遵守的礼仪同样多半属于这一路数；医学科学的呼声虽然目前还只停留在口头上，也正在开始发出同样的警告，可能不用多久就能拿出更加充实清晰的证据来。

皮纳尔（Pinard）是婴幼儿文化方面最大的权威。他坚持认为，在整个妊娠期间必须完全停止性交，他在包德罗克医院（Clinique Baudelocque）自己的诊疗室里立了一块大的告示牌，宣告“重要通知”，而内容大意就是这个主张。费雷（Féré）坚信妊娠期间的性交，尤其是动作鲁莽的性交，是造成孩子神经系统的麻烦的一个重要原因。这些孩子在遗传上是很健全的，在妊娠的发育期间也没有感染过任何疾病；他详细记录过一个例子，而且认为确凿无疑[36]。布沙古（Bouchacourt）在他的《论妊娠》（*La Grossesse*, pp.117-214）一书中充分讨论过这个问题，他认为妊娠期间应该尽可能避免性交。富尔布林格（Fürbringer）建议，从妊娠的第六个或第七个月以后实行禁欲，而有流产倾向的妇女，在妊娠期间自始至终都要禁欲，同时还一定要对她们悉心地照顾[37]。

布勒诺（H. Brénot）在一篇发表于巴黎论坛上的论文中对这个题目做了全盘的探讨，他做结论说，妊娠期间任何时候进行性交都是有危险的，往往会引起早产或流产，而且对怀头胎的妇女危险更大[38]。

前面说过的妊娠卫生和需要休息的所有要注意的事项，在孩子出世之后接下来的一段时间内，都还要继续实施。这时仍然有必要讲究卫生和休息，它们对母亲有利，对刚出生的孩子也有益。产后的这类措施，和妊娠期的情况比较起来，得到更普遍的认同和实行。有几个国家立法规定产妇在产后要强制休息一段时间，还有些国家试图为强制休息期间的母亲提供报酬。实际上没有一个国家能够全盘贯彻实行这条原则，休息时间的长短也不尽如人意，但这是一个正确的原则。好像一个胚芽，将来会欣欣向荣，枝繁叶茂。无论有多少事情可以放心地交给个人去自由裁决，这类事情肯定不少，但毫无疑问，照顾母亲和她的孩子这件事是不在此列的。它比其他任何事情都更加牵动到社区的全局。社区必须当仁不让地把掌控这件大事的权威和责任担当起来而不能掉以轻心。国家需要健康的男女，要全心全意地照顾这种需要，任何的疏忽都会使国家自作自受，蒙受各种各样沉重的打击，同时也影响到它在世界上的实力，而把自身置于危险的境地。国家已经开始认识到办教育是前途光明，值得追求的事业，但是他们还没有开始想到健康的国家化，把国人的健康担当起来甚至是比教育更重要的事业。如果不得不在让孩子受教育和让孩

子身体健康、有一个清白的家世二中选一的话，最好还是放弃教育而选择健康。曾经有过许多伟大的民族从未梦想过把教育纳入国家的制度，但是不讲究生产健康活泼的孩子的艺术，这样的伟大民族却一个也没有。

在英国、美国和德国这样的一些大的工业国家里，这个问题变得特别重要，因为正在出现一股罪恶的暗流企图使国家的利益屈从于个人的利益，从而在实际上造成种族退化的后果。例如在英国，这种倾向特别明显，已经造成触目惊心的人祸。被雇佣的妇女的利益倾向于和雇主的利益合为一体，他们狼狈为奸，挤压代表种族的孩子的利益，打败了为保障种族的利益、即社区的整体利益而制定的法律。受雇佣的妇女想尽量赚更多的工钱，只要还能干活儿，她就不想停工；女工在满足赚取工钱的愿望的同时也在为雇主的利益操劳，这些雇主也在小心翼翼地避免妨碍她们。

受雇佣的妇女的这种冲动并不总是完全由贫穷造成的，因此，即使增加她们的工资也无助于打消这种冲动。早在结婚之前，当她还只是一个小孩子的时候，就经常出去打工，打工成了她的第二生命。她精通自己的工作，享受某种地位和在她看来是相当高的工资；她和许多朋友和同伴在一起；车间或工厂的喧哗和热闹已经成了一种让人愉快的“兴奋剂”，她陶醉于这种生活，须臾不可或离。另一方面，她的家对她来说已经毫无意义；她回家只是去睡觉，第二天清晨，甚至天还没发白便离家去上工了，她对于如何操持家务一窍不通；她在自己的家里转来转去，像一个陌生人，一个笨手笨脚的孩子。单单是结婚这件事并不能使她改弦易辙，一切都依然故我；无论结婚时她多想成为一个家庭主妇，但她还是做不到，既不喜欢操持家务，也没有这方面的技巧。甚至常常不由自主地跑回工厂或作坊，回到那个她真正感受到家的感觉的地方。

在德国，妇女生产后必须停止工作休息四周，之后两周内，如果没有医生开具许可工作的证明，就还必须继续休息。强制性的医疗保险涵盖妇女的产期保障，它保证给予产妇的补偿大体相当于这段产休假期内应得工资的数目。已婚的母亲和未婚的母亲的福利待遇一样，不分轩轾。奥地利这方面的法律也是按照这个模式制订的。这类措施使婴儿死亡率大幅下降了，也因此使存活的婴儿的健康获得长足的进步。但是，大家认为这还远远不够，在德国发起了一个运动，要求延长产后休息的时间，并且把这套制度推广应用到更多的妇女，进一步使它具有更加明确的强制性质。

在瑞士，1877 年以来，工厂不许接受产后没有经过八周或至少六周的休息的产妇进厂劳动，否则就是违法。1898 年以后，瑞士又立法保护女工，禁止她们在妊娠期间从事繁重的劳动和其他各种可能使她们受伤的工作。但实际上她们常常逃避执行这种法律，因为它没有给女子提供相应的补偿。1899 年，有关提供这种补偿的法律修正案又遭到人们的反对而没有通过。

在比利时和荷兰，有法律禁止妇女产后立刻上岗工作，但不提供补偿。于是雇主和雇员勾结起来规避执行这项法律。在法国虽然还没有这种法律，但是未雨绸缪，已经时常有舆论在强调这种必要性了[39]。

在英国，在“明知”妇女产后未满四周的情况下雇佣她进厂工作是非法的，但是该项法律没有规定相关的赔偿条款，这就要求这些妇女为了国家的利益而牺牲自己。她们和雇主心照不宣地串通一气规避这条法律；雇主总有法子否认“明知”她们刚刚生过孩子的事，从而逃避承担雇佣这些母亲的法律责任。这样一来，工厂的监督员就不能采取行动，而法律也就成了一纸具文；1906 年只有一例控告雇主违反这条法律的诉状提交法庭。在这条法律中嵌入“明知故犯”的限制条件就是奖励无知。制定法律的人一向都是或多或少地清楚知道，这种事前制定奖励无知的做法是不明智的，早在奉行十诫（*Ten Commandments*）和汉谟拉比法典（*Hammurabi*）的时代就清楚了。真的不知情而需要酌情通融是法庭的事，是那些执法者的事；立法者该做的事不是为开脱犯法的人找借口。显然，现在还有一些立法者就是这样拘泥细节或者说这样愚蠢，立法时就规定一个小偷如果能够发誓宣称他不“知道”他偷的钱包是属于那位失主的，这个小偷就不应该被当作扒手起诉。

英国工厂的监督员年度报告让人觉得这项法律简直就是一个笑柄，它看上去人道且道貌岸然，但却空洞无物，没有一点儿力量，对变革丝毫不起作用。此外，这些报告还表明，处理这类案件的困难越来越大，譬如一位名叫马丁代尔（Martindale）的工厂监督员说，在她视察过的所有城镇，从宁静的宗教气氛浓厚的小镇到制造业发达的市镇，雇佣已婚妇女的数量迅速增加。她们一生在各种大大小小的工厂里做工，已经很不习惯于烹饪、操持家务、照顾孩子，所以，已婚之后，即使并不贫困，也宁愿像先前一样去工厂做工。另一位工厂监督员瓦因斯（Vines）小姐重复工厂的一位老女工的话说：“我不需要为钱去打工，但我不喜欢待在家里。”另一位妇女说：“我一百个愿意到工厂里去上班而不愿片刻待在家里，在家里蹲着我会发疯的。”[40]

我们不妨再补充说一点，问题还不仅仅是强制产妇产后休息四周的英国法律实际上无法操作，就连休息的时间规定也极不合理。因为四周的时间对于母亲的休息来说确实够了，但是从国家来说，它更关心的是孩子而不是他的母亲。刚出生的孩子需要母亲精心的照料，养育一段比较长的时间，四周时间太少。赫尔姆（Helme）主张，国家规定母亲生产后禁止工作的时间至少要有六个月。有些地方的工厂附设育儿室，使尚在哺乳的母亲能够在工作的间隙有场所给孩子喂奶，即便如此，哺乳时间的仓促也还是显而易见的。

有一点很重要，我们必须知道，在整个妊娠期间通常仍痴心于工作，和生产后短暂休息几天后立刻就恢复工作的，绝不仅仅限于在工厂工作的妇女。基督教社会联盟的研究委员会（伦敦分会）在 1905 年对受雇佣的妇女的产后工作的情况做了一次问卷调查，调查的对象不包括在大小工厂里工作的妇女，只针对从事家务劳动，家庭手工业和临时工种，结果发现，大部分被调查的妇女在整个妊娠期间直到分娩那天一直都在干活，产后休息十天到十四天就恢复工作了。只干家务活的妇女的婴孩死亡率大大低于其他佣工妇女的孩子，同时还发现，和哺乳自养的婴儿相比，用代乳品他养的方式喂养的婴儿死亡率总是高得多[41]。

在法国克勒佐（Creuzot）地方的造枪炮和装甲的大型工厂，给雇员中即将成为母亲的妊娠妇女加薪，为她们安排相关的咨询及医疗照顾；妊娠中期过后必须停工休息，产后要有医生开具的适于工作的证明才能重返工作岗位。据说结果非常好，不仅保障了母亲的健康，更降低了早产的频数和婴儿的死亡率，普及了母亲哺乳自养的良好习惯。希望盎格鲁－撒克逊国家里的雇主也采用这种政策或许是痴人说梦，他们太“实际”了，他们认为人命轻如鸿毛值不了几个钱，在我们这里必须有国家的干预。

毫无疑问，总体上说，现代文明社区都正在开始认识到，在当今的社会和经济境况一路高歌猛进的情况下，为了他们自身的利益，必须保证母亲在产前和产后两个阶段都能精力充沛地奉献给孩子，全心全意地养育他们。他们也正在察觉到，除非他们提供适当的条件使这些母亲依法放弃佣工去专心养育她们的孩子，否则他们就担当不起在这方面应负的责任。在这个问题上我们看到个人主义和社会主义的意见是一致的。个人主义者不能不看到必须不惜包括放弃个人利益在内的一切代价去改革一些社会状况以免他们把一切个人都铲除干净；社会主义者不能不看到，在生产个人这个核心的、生死攸关的问题上，掉以轻心，不制定和推行一些适当的规则，这个社会必将迅速崩溃灭亡。

如果母亲身体健康，她应该哺乳自养她的孩子，这是母子关系臻于圆满应有的事情。近年以来，这个问题逐渐受到大家的重视。十八世纪中叶，法国的上层妇女滋生了一种倾向，不愿哺乳自养孩子。卢梭（Rousseau）大声疾呼痛斥其非，使妇女尽其天职哺乳自养孩子再次成为一件时尚的事情。目前，这种不自养的恶习又再次出现，而且呈现出愈演愈烈的局面，因为现在不是少数的上层阶级，而是连广大的下层阶级也卷进来了。一个卢梭的辩才已经无能为力，因为这已经不再是一个追求舒服的时尚问题，而是涉及一个特别棘手的经济因素，这是问题的要害。为了促使为人母者自养她们的孩子，必须刻不容缓地给妇女、特别是给做母亲的妇女提供一个合理的经济基础。

一个女人，要有一对美丽的乳房和便利婴儿吮吸乳汁的奶头，需要它们发挥作用时能够派得上用场，否则便称不上完好、健康和美满。今天这个问题显得越来越严重起来，我们时常看到一些女子缺少这个女性的基本元素。有人说，今天的青年男子娶妻，时常“只娶到女人的一半，另一半被摆到医药商店的展柜里，变身为一个玻璃奶瓶”。布莱克（Blacker）发现，在大学医院的产科就医的一千位患者中，有三十九人从未哺乳过孩子，七百四十七人完全哺乳自养，二百一十四人马马虎虎喂过几天。不哺乳的主要理由是没有奶或奶汁不够；其他的原因，有说不会喂的，有说不想喂的，也有说孩子拒绝吃奶的[42]。从这些调查结果来看，伦敦贫民的情况比妇女婚后照常务工的许多工业城镇的情况好得多。欧洲其他几个大国的情况同样不能叫人满意。在巴黎，德武斯卡（Dluska）夫人曾经证实，到包德罗克（Baudelocque）医院来分娩的209个妇女中，只有74人哺乳自养孩子；在135位不哺乳的妇女中，35位是因为病理原因不能哺乳或没有乳汁，100位是因为她们的工作脱不开身。即使那些哺乳自养的妇女，哺乳期也很少有超过七个月的，原因是工作的生理压力太大，身体支持不住[43]。在德国的一些地方也做过许多统计。维多（Weidow）就发现，在弗莱堡产科医院（Freiburg Maternity）生产的525名妇女中能够在头两周全程哺乳的人只有一半，49例乳头有缺陷，还发现乳头的发育情况和乳房作为分泌器官的价值大小有直接的关系[44]。埃舍里希（Escherich）和布勒（Büller）发现，在慕尼黑，下层妇女中有60%的人没有能力哺乳她们的孩子，而在斯图加特有四分之三的产妇处于这种境况。

为什么孩子应该由他们的母亲哺乳自养，这个道理比有些人的一般见识要深一些。首先是一个极为重要的心理学的理由。乳房有一个和性器官交感协颤的极度敏感的乳头。它提供了一种培植母爱的正常的机制。从未哺乳过孩子的妇女当然也是爱自己的孩子的，但是这种爱是依靠其他的机制，在根基和本能方面就难免有些缺陷。的确有一些妇女，我们不敢肯定说她们不正常，母爱的情绪怎么都提不起来，一直要等到孩子吮奶把这套机制开动之后，母爱的感情才油然而生。

比较更普遍地认识到的哺乳孩子的另一个理由，当然也是很基本的一个理由是，如果母亲的健康正常，她的奶汁必定是婴儿唯一理想的最合适的食物。有些人迷信科学，认为有可能制造出和母乳一样的甚至比母乳更好的婴儿食品来代替母乳；他们以为牛奶既然是小牛犊的最佳食物，也一定同样是婴儿的最佳食物，不管这两种动物的差别有多大。这些都是幻想，婴儿的最佳食物都是在他自己母亲的身体里精心制造的。其他也许或多或少可以当作代乳品用的一切食品，要制作得当很麻烦，再说这些制造的过程都是暴露在外部环境中，有各种风险，而母乳在体内生成，可以完全避免这些风险。

另外有一个反对使用任何人为加工食品的理由，尤其要提醒穷人注意，有些人习惯于围着孩子，用食物逗他们，试着喂这些孩子。他们错误地以为，任何食物，只要是他们觉得好吃的，对于婴儿也会是好吃的。于是，面包、土豆、白兰地、杜松子酒都被送入婴儿的嘴里。哺乳自养的孩子比较容易处理，只要简单地交代，没有医生的许可，不准喂孩子任何别的食物。

为什么母亲要哺乳自养孩子，另外又有一个和这些孩子有密切关系的理由。对孩子不但要照顾周到，而且对孩子的生活训练和良好习惯的养成这类事情，母亲也是不能置身事外的。哺乳自养使母亲从一开始就能够学着了解孩子的天性，可以因材施教。

母亲不能哺乳自养和婴儿的死亡有关，甚至有可能在很大程度上是导致婴儿死亡的一个直接原因。如果我们能认识到这层关系，就会懂得这个问题的严重性和它的深刻的意义。人工他养的婴儿在周岁之内的死亡率是同期哺乳自养婴儿死亡率的两倍，有时甚至高达三倍或三倍以上。譬如，在德比郡（Derby），人工他养的婴儿在出世十二个月内的死亡率为51.7%，而哺乳自养的婴儿的死亡率只有8.6%。那些存活下来的孩子也注定多灾多难，满周岁时测量体重，人工他养婴儿的体重比哺乳自养的孩子轻了25%，身材也矮小得多；他们更容易罹患结核和佝偻病，遭受这些疾病带来的种种折磨和不幸；有些理由使人相信，人工他养的孩子的牙齿发育不良，牙痛，龋齿时常发生。在慕尼黑儿童医院就诊的40000个儿童中，86%的患儿是用人工他养的方式养大的，少数曾经吮吸过母乳，但通常时间都很短，这个情况充分说明了人工他养导致退化的病征，由此造成的恶果甚至可以一直影响到他们成年的生活。在法国的有些地方，奶妈这个行业很兴隆，几乎所有的孩子都是由她们养大的。我们发现，这些地方招兵时应征被拒的人数的百分比是法国其他地方平均数的两倍。弗里德永（Friedjung）对德国的一个大型的体育协会做过调查，发现在被调查的155个运动员中有65%是婴儿期哺乳自养的（哺乳期平均六个月），但是，在最优秀的运动员中，哺乳自养喂大的人上升到72%（哺乳期平均九至十个月），而在运动水平最低的一组，56个人当中，哺乳自养长大的所占百分数却下降到57%（哺乳期平均只有三个月）。

就算由奶妈养育是哺乳而不是人工他养，但对孩子来说还是自己的母亲哺乳自养的益处大。维特雷（Vitrey）曾经针对这

种情况说过，他从里昂的中心医院（Hôtel-Dieu）公布的统计数字中发现，由自己的母亲哺乳自养的婴儿的死亡率只有12%，而由不相干的他人哺乳喂养的婴儿死亡率却高达33%。还可以再补充说一点，哺乳自养是孩子的美满幸福的最基本的保证，同时为母亲的健康着想，这也是一种非常理想的处理，真是两全其美[45]。

十八世纪中叶，瑞典好像曾经有过一项法规，如果一位女子有能力哺乳自己的婴儿却委诸奶瓶拒不自养的，可以定罪惩罚。近年来，维也纳的冯·门格教授（Prof. Anton von Menger）在他的一篇题为《平民的权利和无产阶级》的论文中坚决主张，我们的后代有权提出这个要求，他还提议立法规定母亲必需哺乳自养她的孩子，除非医生证明她没有这种能力。施罗德（E. A. Schroeder）在《性别秩序法》（*Das Recht in der Geschlechtlichen Ordnung*, 1893, p. 346）一书中也坚决主张应该立法规定母亲哺乳自养她的孩子，为期至少九个月，不执行者要举出充分的理由。这个要求是理所应当的，因为如果她能哺乳自养她的孩子，这既是做母亲的特权同样也是她的责任，许多人也都有同样的主张。魏因贝格（Weinberg）写了一篇文章，从法律的角度表示支持，发表在《保护母亲》（*Mutherschutz*, Sept. 1907）这份期刊上。在法国，卢瑟法（Loi Roussel）规定，妇女在自己的孩子长足七个月之前禁止从事奶妈这个职业，这项法律在降低婴儿死亡率上起了很好的作用[46]。在德国，有些地方规定工厂必须设立育婴室，让母亲可以在工作的间隙到这里来哺乳孩子。这些育婴室的管理和维持费用，包括付给医生和护士的报酬，都由市政当局承担（见 *Sexual-Problems*, Sept. 1908, p. 573）。

照现代工业国家目前的情况看，不能听天由命把纠正这些错误的事置之不管，这样就等于把它交给那些无知无识又没有经过什么训练的人，任凭他们心血来潮去随意处理，而他们整天在这个花花世界里忙忙碌碌，人性的呼声都被湮没了。我们通常都以为做母亲的人谁不清楚和不为她的孩子谋幸福的，别人指手画脚地去帮忙没有必要，甚至是“不道德的”。如果我们看到一位在蓝卡郡的工厂里劳动的年轻母亲不得不在家照料他生病的孩子时的那番情景，不管你的心肠有多硬，想必也会唤起很多的同情。平常她都是天不亮就起床去工厂做工，很少在白天见到她的孩子，她对他的需要茫然无知。她的手非常灵巧，能熟练地操作飞速转动的织布机，但却无法用它来抚摸这个生病的孩子，让他得到安慰和平静下来。这位母亲两眼迷离地低头看着他，一筹莫展，不言不语，愁容满面，这种场景任谁见了都会终生难忘。

法国率先发起了一场关怀出生前后的孩子的运动，既符合科学又切实可行。也是在法国，我们可以找到目前正在逐步采用的遏制婴儿死亡率的几乎所有措施的雏形。在靠近黄金海岸的狄戎（Dijon）实行过一种冠名维里叶（Villiers-le-Duc）公爵的乡村制度，显然就是这类富有成果的雏形中的一个。这里每个妊娠的妇女如果处境尴尬，不能为她自己和她正在怀着的孩子谋得适当的生活条件，就可以向乡村当局申请救助；她有资格免费看医生，请助产护士，分娩时还可以领取一个法郎。这个村子采取的这套办法切实有效地消灭了母亲和婴儿的死亡现象。前几年英国哈德斯菲尔德市（Huddersfield）的一位医官，穆尔（Samson Moore）医生，听说这个村子的事，便偕同该市市长布罗德本特

（Benjamin Broadbent）先生一起去拜访了这个维里叶公爵村庄。回到英国后便决定在该市发动一场与死婴现象做斗争的运动，由此出现了一个闻名遐迩的胡德尔斯菲尔德方案，它成绩辉煌，硕果累累。这个方案的要点有以下四项：1. 婴儿出生后 48 小时内必须知会卫生当局；2. 指派女性助理医官进行家访调查，提供咨询救助等等服务；3. 组织妇女义工协助执行方案中属于市政管辖部分的任务；4. 如果发现不在医护中的婴儿发育不够健壮，要向医院投诉并要求帮助。由于方案的实施，胡德尔斯菲尔德市的婴儿死亡率大大地下降了[47]。

可以说，胡德尔斯菲尔德方案是《英国生育通报法案》的肇始，它在 1908 年开始实行。这个法案是在英国由国家发动的改善种族的一种计划，它最后的结果究竟如何我们目前还无法预见。但当这个法规全面铺开付诸实行之后，这个国家的每一个婴儿，从出世的那一天起，便有资格靠法律保障——而不是靠个人突发的慈悲心肠而得到恩赐——的医疗照顾，每个母亲都可以随时和市政当局联系，向受过训练的女士咨询有关事宜，求得帮助。这于医学，国家的效能，以及人道的原则都是一场空前的伟大胜利。即使从比较狭窄的财政方面说，也不难看出，实行这个法规后也必将有效地节省大笔的公共开支和私人的财富。这个法规是提供便利而不是强制性的，这是一种聪明的做法。因为这类法规除非被选择试行它的社区全面彻底地实行，否则是不会有效果的，而当社区对它的好处和获得这些好处的方法还没有清楚地认识之前也是不会接受它的。

为母亲设置传授母道的学校，是这种体制的一个重要附件。这类学校现在已经遍地开花，到处都在建立。可以说，它们是

起源于 1892 年比丹（Budin）教授创建的“乳儿咨询所”（连同名为“一滴奶”的分支机构），它们遍布整个法国，其影响之深远，真是绝后空前。在咨询所为婴儿做身体检查，每周称重，给母亲提供建议，鼓励她们哺乳自养孩子。“一滴奶”实际上是免费派发牛奶的机构，如果母亲无法哺乳自养，就可以到这里来，在医护人员的监督下用他们提供的牛奶喂养。母亲学校是这一类方案的扩大，把传授各种各样做母亲必须知道的知识都包括在内。在波恩（Bonn），在魏森伯格（Weissenberg）的巴瓦利恩城（Bawarian Town），在根特（Ghent），分别有几所最早建立的这类学校。根据贝特朗·罗素夫人（Mrs. Bertrand Russell）在《十九世纪》（*Nineteenth Century*, 1906）一书中的描写，建在根特的几所母亲学校很有点名气，他们迈出的重要一步是训练十四至十六岁的年轻女孩子，教她们学习婴儿的解剖学和生理学，怎样给牛奶消毒，给幼儿称重，测量体温，怎样管理日间托儿所等等。学习两年后就可以就业赚取工资了。在英国有几个地区，正在按这些路子为年轻的母亲和年轻的女孩子开办这类学校，第一所建在伦敦，由彭克里阿斯区的医官赛克斯医生（J. F. J. Sykes）主持[48]。还可以补充说一点，英国的一些市政当局已经建立了一些供应站，为母亲们提供价廉物美的牛奶。但是，如果它助长了以他养替代哺乳自养的歪风邪气，那这些供应站又可能弊大于利了。除非与开办母亲学校的措施结合起来，否则就绝不应该建立这种牛奶供应站，因为母亲学校能够发挥教育的作用，可以抑制它的负面影响，还可以规定，如果母亲没有出示医生处方证明她无法哺乳自养，就不许供应她牛奶[49]。值得注意的是，英国的一些地方当局不久就会得到法律授权开办母亲学校了。

在法国，这些制度惠风广被，既降低了婴儿死亡率，又促进了对母亲的教育，提高了为母者的自豪，加深了她们对孩子的关爱[50]。

这个运动现在已经推广到整个欧洲，并且组成了一个国际联盟，把全部有关的机构都网络在内，特别是为了保护儿童和促进婴幼儿文化而建立的机构。联盟的常设委员会位于布鲁塞尔，每隔两年举行一次讨论保护婴儿的大会，由“一滴奶”机构赞助。

我们将看到，现在发动的这一切运动都是想要通过关心孩子和孩子的母亲来改善种族。它们认识到母亲和她的孩子之间的密切关系，想方设法去帮助她们，甚至在必要时施加一些压力，使母亲发挥对自己孩子的自然的功用。有些以慈悲为怀的理论家，热衷于在纸面上改造世界，在他们看来要祛除目前育儿方面的弊端是最简单不过的事情了。他们认为母亲有孕在身是快乐的，或许真有这种事，但生养婴儿总会有些麻烦，只要由国家兴办托儿所，立刻就可以使母亲从这些麻烦中解脱出来，让孩子离开家，在托儿所中用健全的，经济的和科学的方式来养育他们[51]。似乎没有比这种事更简单的了，但从根本的心理学观点来看，也没有什么事比它更荒谬的了。这种国家观念是君临天下把国家置于社区之上的，它是驱使路易十四宣称“朕即国家”（“L’ Etatc’estmoi!”）的那种过时的古老观念，这里不过是借尸还魂，换了一副面孔罢了。认为构成国家的那些个人，都无力履行自己最神圣的和自己密切不可分离的功能，要由国家代替他们把这些功能揽到它身上，由它来做。即使假设它有可能完成任务，也实在不是什么得人心的事情。我们必须知道，一个提议它的成员卸掉她们的天赋的功能和责任并且自己打算做点什么的国家，和想方设法帮助他的成员去更妥善地完成她们自己的生物学和社会的功能的国家是有天壤之别的。国家设法让它的成员中的母亲在养育孩子的时候得到休息是在担当一项合理的任务；国家接管这些母亲们的孩子却是把慈善或博爱搞成荒谬的笑话。如果我们把这些“国家托儿所”（State-Nurseries）的制度的必经之路一步一步加以推敲，就不难发现其中的问题了。孩子刚生下来就把他从妈妈身边抢走，但又不得不找一位不相干的人来承担起做母亲的责任；因此，为了这项任务，这位代理妈妈要接受适当的训练，而在万事如意的条件下；天长日久，孩子和这位代理妈妈之间便会发生一种母子的关系。而这位代理母亲无疑也具备自然的母道的本能，虽为人母但却与这位孩子没有自然的或血缘上的骨肉关系。这种在养育中建立起来的关系，双方在生活和情感上都会倾向于将其演变为真正的母子关系。我们常常有机会看到这样的关系后来会变得有多别扭和令人失望。这位代理母亲开始感觉他是自己的孩子时，孩子却被人带走了；孩子的种种感情牵挂被破坏，分裂和扭曲；亲生母亲也苦不堪言，因为她的孩子并不把她视作自己真正的母亲。如果国家换一种做法，鼓励它的这支受过训练，有能力去替别人履行母道的妇女大军去养育自己的孩子，那情况岂不是要好得多了吗？那些没有能力对自己的孩子履行母道的妇女，就应该叫她们不要生育。

爱伦·凯（Ellen Key）在她的《儿童的世纪》（*Century of the Child*）和其他文稿中提倡所有的年轻女子都应该强制“服役”一年，类似大多数国家对青年男子强制服兵役的情况。在这段时间里，要训练这些女孩子合理操持家务，学习基本的卫生原理，照顾病人，特别是照顾婴儿和处理一切有关儿童的身心发育的事

情。这项建议所根据的原则从此被广泛接受。冯·施密德（Marie von Schmid）在她的《母亲的地位》（*Mutterdienst*, 1907）一书中更进一步提倡，对年轻女子的这些一般的训练可以交给经过扩充和改善了的助产学校来执行。服役期限一年，期满后还有三年的预备役，必要时随时应召去执行任务。对于这种建议大家肯定会有许多意见，比起对强制服兵役的意见来恐怕要多得多。因为男子是否一定要被征召去打仗很值得怀疑，而认为大多数女子有义务应征去操持家务或照看孩子，不管是为她们自己还是为别人，这种事都一样很值得怀疑。

注释

1 当然，父母给他们的孩子提供的遗传性并不总是严格的各自一半，因为我们平常看到的禽畜中，他们的后裔有时像父，有时像母，弗里斯（De Vries）等人都曾经说过，在植物中遗传性的等分现象显得更加不平均。

2 达尔文在 1871 年对人类的择偶问题有过一番评论，他说："人在对他的马、牛、狗进行配种之前，总要不遗余力地把它们的性格和谱系仔细察看一番；但一到他自己的婚姻，却极难得，或从来不肯费上任何这一类的心思。尽管由于他高度地珍赏心理上和道德上的种种优美的品质，他要比这些低于他的动物卓越得多，但就驱使他走上婚姻之路的一些动机而言，他却和不受人工驯育的限制而得以自由择偶的这些动物几乎是一样的。然而人的配偶选择却是另一路的，对他有着强烈的吸引力的未必是一些优美的品质，而是单纯的财富或社会地位。但通过真正的选择，他对它的后代不仅在身体的素质和形态方面，而且在理智和道德的品质方面，是可以做出一些成就来的。……但在遗传的一些法则彻底被人发现以前，这一类的希望是乌托邦一路的空想，即便是部分地加以实现也是不可能的。"见达尔文著《人类的由来》中文译本下册第 937 页（商务印书馆出版）。——译者

3 无须赘言，主张母道是妇女至高无上的功能绝不是主张她只

能打理家务。这种意见现在已经被大家认为是过时的陈词滥调了。连那些尊妇女履行母亲功能为裕后光前的伟业的人都不说这种话。瑙曼（Friedrich Naumann）和其他几个人曾经很正确地指出过，一位女子总要经历过生活的磨炼和具备一种就业的本领，才能具有相当的能力去圆满地完成她做母亲和训练孩子的各种功能。

4　布朗在《妇女问题》（Lily Braun, *Die Frauenfrage*, p.207）这本书中说得好："假如男女在心智和勇气上都相等，那么女子加入社会公众生活对于人类就没有任何价值，甚至还会引起更广泛的竞争。只有承认女子的先天的禀性是有别于男子的，这是人类生活中的一个生趣盎然的原则，有了这种新的认识，才能使妇女运动摆脱来自敌视者和拥护者的种种误解，成为一种社会的革命。"[也可参阅霭理士的《男与女》，（*Man and Woman*）, Fourth Edition, 1904，特别是第十八章]

5　这里以及下文中时常用到的退化（degeneracy）这个名词是泛指生理与心理上的种种可遗传的或后天产生的变态与病态。这是因为早期西方学者误解生物进化为进步和有进无退，于是对许多不正常与不健全的变态与病态就非解释为退化不可了。20 世纪初，遗传学和进化论综合成为新达尔文主义之后，认识到进化只是生物的演化现象，本无进退之理，从此以后退化这个字眼就很少用来泛指上述不健全的状态了。——译者

6　胡珀的文章刊登在《英国医学杂志》（Hooper, *British Medical Journal*, 1908 , Vol.Ⅱ, p.289）。

[译者附注：这类有关引用文字的细注在原著中都是直接插在正文中，对于中文读者来说也许不大习惯。所以在中译本中基本上都从正文中摘出，另附于该章节之后，个别文字不多的细注仍照原著插在正文之中。这类细注列举的文稿题目和刊登的刊物绝大部分都是各种文字的专门研究论文和各类学术期刊，几乎全部都没有中文的译稿。如果有读者需要查找这些文字，势必要直接查阅有关各国的文献，另加中文传译似乎多此一举。只是为了行文方便或有助于中国读者理解正文时，才将引文的主题用中文翻译出来，其余原文照录以备需要直接搜求原文的读者查阅。]

7　哈尔文见《英国医学杂志》（*British Medical Journal*, Oct.,14, 1905）。

8 “婴幼儿文化”或“幼儿学”这个词是由卡伦（Caron）博士在1866年发明的，用来表示儿童出世后在培养方面应该讲究的学问。后来法国的一位名叫皮纳尔（Pinard）的产科医生把产前的孩子培养问题也网罗进来，使幼儿文化的意义更加扩大和准确。现在它被定义为“一门探讨与人类种族的生殖，保存和改良等有关的知识的科学”，见佩尚《出生前的婴幼儿文化》（*Péchin, La Puéricultureavent la Naissance*, Thèse de Paris, 1908）。

9 见布氏《论妊娠》这部书的第450页及其后数页。（*La Grossesse*, p. 450, et seq.）他在这部书里对婴幼儿文化有一些详细的讨论。

10 皮纳尔文见《医院新闻》和《妇科学年鉴》（Pinard, *Gazett de Hôpitaux*, Nov., 28, 1895, Id., *Anuales de Gynécologie*, Aug., 1898）。

11 勒图尔诺:《论母亲的职业对于婴儿体重的影响》（Letournaux, *De L'lnfluence de la Profession de la Mèresur le Poids de l'Enfant*, Thèse de Paris, 1897）。

12 德维拉-贝恩松医生:《产科和儿科医疗评论》（Dr. Dweira-Bernson, *Revue Pratiqued'Obstetriqueet de Pédiatrie*, 1903, p.370）。

13 见里歇《生理学词典》中有关皮纳尔的文字；泰勒的《法医学》；艾伦的《延后的妊娠期》等（Pinard, in Richet's *Dictionnaire de Physiologie*, Vol.Ⅶ, pp. 150-162; Taylor, *Medical Jurisprudence*, Fifth Edition, pp. 44, 98 et seq.; L. M. Allen, “Prolonged Gestation”, *American Journal Obstetrics*, April, 1907）。

14 布沙古:《论妊娠》（Bouchacourt, *La Grossesse*, p. 113）。

15 塞罗皮安:《各种原因造成的早产频数的比较》（Séropian, *Frèquence Comparée des Causes d l'Accouchment Prématuré*,Thèse de Paris, 1907）。

16 可参考麦克利里:《妊娠期间的境况对于婴儿死亡率的影响》（G. F. McCleary; “The Influence of Antenatal Conditions on Infantile Mortality”, *British Medical Journal*; Aug., 13, 1904）。

17 阿斯滕戈:《关于婴儿体重与妊娠时间长短的关系》（Astengo, *Rapport du Poids des Enfants à la Durée de la Grossesse*, Thèse de Paris, 1905）。

18 另外可参阅道森·威廉士的一篇论文《体质衰降》（Dawson

Williams, “Physical Deterioration” , *British Medical Journal*, Oct. 14. 1905）。

19　萨罗特-劳力埃夫人:《休息对于妊娠期长短的影响》（Mme. Sarraute-Lourié, *De I'Influence du Repos dur la Durée de la Gestation*, Thèse de Paris, 1899）。

20　利博夫:《妊娠期的卫生》（E.Leyboff, *l'Hygiene de la Grossesse*, Thèse de Paris, 1905）。

21　佩鲁克:《援助孕妇》（Perruc, *Assistance aux Femmes Enceintes*,Thèse de Paris, 1905）。

22　巴基蒙特:《婴幼儿文化史资料》（Bacchimont, *Documents pour Sersir à l'Histoire de la Puériculture Intra-utérine*, Thèse de Paris, 1908）。

23　赫尔姆:《未出世的孩子：它的将养和它的权力》（Arthur Helme, The Unborn Child: Its Care and Its Rights, *British Medical Journal*, Aug., 24. 1907）。

24　梅拉德-布鲁恩,《防止杀婴的措施：庇护所，产科医院，秘密收容所》（*A. Maillard-Brune, Refuges, Maternités, Bureauxd'Admission Secrets, comme Moyens Préserratires des Infanticide*, Thèse de Paris, 1908）。

25　见贾尔斯《中国文献中记载的妇女》（H. A. Giles, “Woman in Chinese Literature”, *Nineteenth Century*, Nov., 1904.）文中提到中国人在一千年前就很清楚胎儿时期的婴幼儿文化的重要性，譬如，陈夫人（Madame Cheng）就曾经写道：那时，“在胎儿出生前就可以开始对他进行教育了；所以古时候，有孕在身的母亲，卧要平，坐要正，站要直。她不可以吃有异味的东西，也不可以和鬼神有牵连；如果给她的食物切的不整齐，她就不要吃，如果坐垫摆的不平整，她就不要坐。她不可以看任何异样的事物和景色，也不要去听任何不堪入耳的声响，自己也不要口出污言秽语，不要去拿任何不洁净的东西。晚上，她要读一些公认的好书，白天她要听音乐和践行各种礼仪。因此，她的儿子的才能和操守得以端庄卓越，这些都是胎教的结果。”

［译者附注：原注中的陈夫人不知所指何人。中国古代文献《烈女传》、《博物志》、《大戴礼记》等都有讲胎教的文字，例如“烈女传”中有一段关于文王母亲的话：“文王之母，性专一；及其有身，目不视恶色，耳不听恶声，口不出恶言，以胎教也”；《大戴礼记》中说：“周后娠成王于身，立而不跂，坐而不差，独处不倨，虽怒不骂，胎教之谓也”；

又张华《博物志》里的一段描述："妇人妊娠，不欲见丑恶物，异鸟兽，食亦当避异常味，……割不正不食，听诵诗书讽咏之声，不听淫声，不视邪色。以此产子，子贤明端正寿孝。"到了霭理士著书的时代，遗传学的发达足以断定胎教之说是不能成立的了，但妊娠期间的妇女的饮食起居和卫生的讲究会影响胎儿的健康和发育则是肯定无疑的。霭氏这里的议论着眼点显然也是限制在这个方面而不在于以改变胎儿遗传本性为宗旨的所谓胎教。]

26　见巴托士:《伊斯兰的习俗》等文（Max Bartels, "Islandischer Brauch" etc., 载 *Zeitschriftfür Ethnolgie*, 1900, p. 65）；另见普洛士和巴特尔斯合著的《论妇女》（Ploss & Bartels, *Das Weib*, Sect. XXIX），这部书对各个不同民族对待妊娠的风俗习惯有一番综述。

27　关于妊娠期间饮酒对于胎儿的影响，可以参考的文献很多，例如纽曼的《婴儿的死亡率》、沙利文的《酗酒》（G. Newman, "Infant Mortality", pp. 72-77, W. C. Sullivan, *Alcohalism*, 1906, Ch. XI），他们概括地说明了酒精是使人退化的因素。

28　甚至还有人头头是道地说，母亲自己的父亲酗酒都可以伤害她为母的能力。邦格（Bunge）考察过2000个以上的家庭，他发现父亲嗜酒成癖引起的慢性酒精中毒，是造成女儿失去哺乳自己婴儿的能力的重要原因，这种能力的丧失历经几代都很少有复原的。见邦格《妇女丧失哺乳自己孩子的能力的倾向》（Bunge, *Die Zunehmende Unfahigkeit der Frauen ihr Kinder zn Stillen*, 5th Edition, 1907）。但是，布卢姆博士（Dr. Agnes Blukm）写了一篇题为《缺乳的困境》的论文，布卢姆博士反对他们的意见（见 Die Stillungsnot, Zeitschriftfür Soziale Medizin, 1908）。布卢姆在《性的问题》杂志上另有一篇更详尽的总述（*Sexual-Problem*, Jan., 1909）。

29　这方面的文章也不少，例如赫尔姆《未出生的孩子》（T. Arthur Helme, "The Unborn Child", *British Medical Journal*, Aug., 24. 1907）。当然，营养也要适当，帕通（Noel Paton）就指出，孕妇营养不良会使她的孩子体重下降。相关文字见 *Lancet*，July., 4. 1903。

30　德布赖恩:《宗教戒律文选》（Debreyne, *Moechialogie*, p.277）。基督教在这方面的意见可参考诺斯戈德的文章"基督教精神和性的问题"（Northcote, *Christianity and Sex Problems*, Ch. IX），他是同意妊娠期

间允许性交的。

31　见本《研究录》第三辑的附录 A；也可参考前注引用的普洛士（Ploss）和巴特尔斯（Bartels）的资料。

32　苏德兰:《英属东印度群岛的农妇的日常生活和民间的传统医学》（W. D. Sutherland, "Ueber das Alltagsleben und die Volksmedizin unter den Bauern Britischostindiens", *Münchener Medizinische Wochenschrift*, Nos. 12 & 13, 1906）。

33　在这方面，有一位女士写道:"我只有一个孩子，但我可以说，在整个妊娠期间我的欲火都很旺盛，比平常任何的时候都更加渴望性交。"布沙古在《论妊娠》这部书里说，性欲并不因为妊娠而淡薄，有时甚至更加炽盛，这好像是一条定律（Bouchacourt, *La Grossesse*, pp. 180-183）。

34　直到今日，这种"尴尬"还在困扰着许多最优秀的权威，成为他们绕不过去的障碍。科斯曼（Kossmann）说:"除非有流产倾向，我们才必须提高警惕，禁止妊娠期间进行性交。"（Senator and Kaminer, *Health and Disease in Relation to Marriage*, Vol. Ⅰ, p. 257）巴兰坦也谨慎地说，这个问题很难决定（*The Foetus*, p.475.）佛瑞尔（Forel）也承认它是一个相当难对付的问题，他不想为正常的妊娠期间完全禁欲的主张辩护（*Die Sexuelle Frage*, Fourth Edition, p. 81）。

35　例如，塞罗皮安就在巴黎论坛上发表过一篇题为《不同原因造成的早产的频数的比较》的文章（Séropian, "Fréquence Comparée des Causes de l' Accouchement Prematuré", 1907），他的结论是，妊娠期间的性交造成早产的频数比其他原因大，超出大家的设想，特别是对怀头胎的孕妇，妊娠将近第九个月的时候性交引起早产的频数同样显著。

36　费雷:《妊娠期间纵欲对于后代的影响》（Féré, "L' Influence de l' Incontinence Sexuelle pendant la Gestation sur la Descendance", *Archives de Neurologie*, April., 1905）。

37　见塞纳托尔与卡米尔:《与婚姻有关的健康和疾病》（Senator and Kaminer, *Health and Disease in Relation to Marriage*, Vol. Ⅰ, p. 226）。

38　布勒诺:《论妊娠期间性交的影响》（H. Brénot, *De l'Influence de la Copulation pendant la Grossesse*, 1903）。

39　例如萨尔伐:《法国人口的下降》（Salvat, *La Dépopulation de la*

France,Thèse de Lyon, 1903）。

40　见《1906 年工厂督察长的年度报告》(*Annual Report Chief Inspector of Factories and Workshops for 1906*, p. 325, etc.)。

41　见《英国医学杂志》(*British Medical Journal*, Oct. 24. 1908, p. 1297）。

42　布莱克:《医学编年史》(Blacker, *Medical Chronicle*, Feb. 1900）。

43　德武斯卡:《对于研究母亲哺乳问题的贡献》(Dluska, *Contribution a L'Etude de l'Attaitement Maternel*, Thèse de Paris, 1894）。

44　维多文见《妇科学大事记》(*Centralblattfür Gynaekologie*, No. 29, 1895）。

45　维特雷:《论婴儿的死亡率》(Vitrey, "De la Mortalite Infantile", *Thèse de Lyon*, 1970）。还可以参考发表在《英国医学杂志》上的另一篇"论婴儿的死亡率"的论文（British Medical Journal, Nov. 2, 1907）, 其中概述了一些重要的统计数字。此外，博林格尔还发表了一篇题为《论人类乳腺遗传性萎缩与婴儿的死亡》(Bollinger, "Ueber Sanglings-Sterbliechkeit und die Erblichefunctionelle Atrophie der Menschlichen Milchdruse", 载 *Correspndenzblatt Deutschen Gesellachaft Anthropologie*, Oct., 1899），文中详尽地讨论了哺乳婴儿的各种各样的问题。

［译者附注：原文 Hotel-Dieu 直译为"神舍"古代法国各个城市的主要医院都统称为"神舍"。此处姑且意译"中心医院"。]

46　阿莱:《婴幼儿文化与卢瑟法》(A. Allee, *Puericulture et la loiRoussel*, Thèse de Paris, 1908）。

47　见《婴儿死亡率：胡德尔斯菲尔德方案》("Infantile Mortality: The Huddersfield Scheme", 载 *British Medical Journal*, Dec., 1907）；　另见穆尔:《婴儿死亡率》(Samson Moore, "Infant Mortality", 载同上期刊, August, 29, 1908）。

48　可以参考一部名为《母亲学校》的书(*A School for Mother*, 1908）, 巴洛爵士（Sir Thomas Barlow）为它作序，这部书描写在索墨尔斯城（Somers Town）创建这类学校的情况；在《柳叶刀》杂志（*Lancet*, Sept., 26, 1908）上也可以看到有关伦敦近来打算改进护理婴儿工作的报道。

49　拜尔斯:《女医生与大众健康问题》(Byers, "Medical Women and Public Health Question", 载 *British Medical Journal*, Oct., 6, 1906）。

50　有两篇发表在巴黎论坛上的文章可以参考，一篇为谢尼翁的《乡村婴儿咨询的组织机构》（G. Chaignon, “Organisation des Consultations de Naurrissions á la Campagne”, 1908）；另一篇是阿·亚历山大的《哺乳婴儿的咨询与一滴奶的争论》（Alcide Alexandre, “Consultation de Nourrissions et Goutte de laitd’Argues”, 1908）。

51　爱伦·凯（Ellen Key）在她的《论爱情和婚姻》（*On Love and Marriage*）这部文稿中对这类建议做过一些不错的讨论，[斯特森（C. P. Stetson）曾经引用并加以发挥。] 她反对这些建议，并提议说，应该给这些妇女一些如何担当母亲的适当训练，如果她们在履行这些责任时经济上捉襟见肘无力承担，国家应该对孩子三岁以前的生活给予补助。还可以再加上一句话，莱比锡已经提出了对哺乳自养的母亲给予补贴的计划（要有适当的医学和其他方面的监督）。

第二章　性的教育

环境与遗传——性冲动的早熟的表现——是否应该把它们看作正常？——童年的性的游戏——儿童时期的恋爱的情绪——城乡儿童成熟先后的比较——儿童对于婴儿由来的解释——早年实施性教育之益——早期培植儿童保护自己的责任心的重要性——昔日对性的问题的缄默政策之害——对女子的影响尤其恶劣——母亲的导师资格——造作的神秘与其恶劣的影响——年轻人的性启蒙的书——母亲的责任——学校中的性教育——植物学与动物学的价值——抵制庸医们欺人之谈的必要——春机发动后的性教育——女子月经初期应有的准备——对于女子性生活应有的态度——经期卫生与女子的教育机会及社会地位——女子的卫生、体育、与剧烈运动——性的尊严与女子自视的态度——性教育与妇女婚姻的幸福——性卫生的演讲——医生的责任——精神生活的发蒙与伦理导师的责任——野蛮民族中诱掖的仪式——文学的性的影响——艺术的性的影响。

作者讨论的总题目是性的心理学，现在又忽然讨论起儿童来，并且把儿童的祖先、父母、受孕、胎养，甚而至于婴儿时期，都看得很重要，读者不是要说离题太远了么？事实上却不是这样。我们这样讨论，不但没有离开题目，并且讲到了性的问题的根本了。近来日积月累的科学知识都告诉我们，一个孩子的心理或精神方面的本性，和生理与结构方面的本性一样，也是根据着遗传和教养的，换一种说法，就是一端根据他所隶属的血统的品质，一端也看他早年的将护，是不是适当，能不能维持他原有的良好的血统。

我们当然要记得，血统和教养对于一个人的命运所发生的影响是很难分轩轾的。教养的影响比较显明得多，所以不大容易受人忽视。但是血统的影响却没有那样明显，所以就在今日，我们还可以碰见一些比较知识浅薄或成见满胸的人整个儿的否认它的存在。但是这一方面的新知识逐渐增加以后，使大多数人知道遗传的力量是怎样的无微不至，我们相信这种错误与可以败事的见地自然会像烟消云散般的化归乌有。要知一个社群里的民众大体上一定得同时兼具良好的血统和良好的教养，健全的文化才能够在他们中间发展。遗传对于生命的影响，固然到处可以看出来，但是在性的范围以内，尤其是来得深刻，来得清切。我有一位俄国朋友，他的出身极好，做人也极斯文，他曾经把他幼年的生活详详细细地告诉我听，从他这一番话里，我们就可以找寻一些材料，来证明我上面所说的话。他说他从小和他的弟兄姊妹一起长大，中间有一个姊妹却是从别处来的；她是一个娼妓的私生子，生产后不久，母亲就死了，后来就归了他家里抱养。但是在待遇上，她和其余的小孩没有分别，所以大家一向没有知道她是外边领来的。可是从小她的脾气就和其余的小孩不同，喜欢撒谎，喜欢捣乱和虐待别人，并且很早就表现下流的性的冲动；虽则和其

余的儿童一样受教育，她终于步了她母亲的后尘，在她二十二岁的时候，并且因为抢劫和杀人未遂的罪名，被充军到西伯利亚。一个碰巧的父亲和一个当娼妓的母亲所产生的子女不一定都是坏的；不过目前这一例的遗传大概是坏极了，遗传既坏，虽有好的教养，结果还是凶多吉少。

我们的讨论进入婴儿时期的时候，事实上我们早已走过了性生活的最先的基础和原有的可能性；有时候我们并且已经可以观察到真正的性生活的起点。一个不到十二个月的婴孩往往已经会有所谓“自恋”的表示[1]。这种表示究属是不是属于常态，是不是可以当作属于常态看待，学者议论不一，我们在此并不预备讨论[2]。在初生的时候，些少月经的作用和乳腺的分泌作用，有时也会发生[3]。在这时期内，神经方面和精神方面的性的活动，似乎已经像水的源头一般，在汩汩的流动，过此以往，便逐渐扩大，流域越来越广，到得春机发动的时期，便像长江大河，一泻千里了。

有人说一个十分健全的人，在婴儿与孩提时期在神经和精神方面不会表现什么性的活动。这话也许有些道理，并且也许是确实的。但是这种活动依然是一种比较时常遇见的东西，既属时常遇见，我们就不能说一定要等春机发动期来到，才有注意到性卫生与性教育的必要了。

早熟的体格方面的性的发展，是一种比较不常见的变异，但非完全没；有威廉士（W. Roger Williams）在这方面有过一些很重要的贡献[4]。这种早熟的现象，本以女子为多。威氏的研究中包括二十个男童与八个女童，他在女童中不但发现早熟的人数多，并且早熟的程度也要深，其中有在八岁时[5]即受胎的，至于男童，则至早须十三岁方能证实真有生殖的能力。这大概是不错的，因为十三岁也是男子精液中最早发现有精子的年龄，在此以前则但有液而无精。反是，富尔布林格（Fuerbringer）与冒尔（Moll）发现有到了十六岁，甚至于十六岁以后，依然没有精子的。在男童中间，性的早熟往往和一般体格的进展有连带关系，但是在女童中间，这种连带关系比较要少，性的部分尽管早熟，一般的体格也许和其他同年龄的女子无异[6]。

早熟的性的冲动大都是模糊的，也是不常有的，并且多少是近乎天真的。但也有例外，美国底特律城（Detroit）的里奇（Herbert Rich）医士曾经叙述过一例：一个早熟的男孩子，从两足岁起，对于女孩子和妇人，便感觉到深切的性的兴趣，他的一切思想和行为都集中在她们身上，想和她们发生性的关系[7]。至于早熟现象的一般的证据、它的普遍性的大小、它的意义等等，美国心理学者推孟（L. M. Terman）曾经把它们从旧的记载里选辑起来，成为一篇专门的文章[8]。

男婴阴茎时常发生的挺直作用大率是没有性的意义的，因为它不过是一种反射作用；但冒尔说过，一经引起婴儿的注意以后，它也许会取得性的意义。有几位专家，尤其是弗洛伊德（Freud）以为婴儿的种种活动的表现中，有一部分是有性的来源的，例如，大拇指的吮咂；弗氏也信性的冲动往往可以表现得很早。普通以为孩提期内是没有性的本能的，这一点弗氏认为是很严重而同时也是极容易借观察来改正的一个错误；极容易改正而依然不免成为普通的误解，他也觉得很诧异。他有一次说：“实际上性的本性是与生俱来的，自哺乳时期以入孩提时期，谁都可以有一些性的感觉，至于性的活动与情绪，虽发现较迟，但在孩提时期结束以前，即春机发动期以前，也是几乎谁都可以经验到的。”[9] 弗氏这一番话，冒尔认为是形容过甚之词，我们不应该接受，但同时他也承认孩提时期的情绪，究竟哪一部分是性的，哪一部分是非性的，确乎是不容易分析，甚而至于无法分析[10]。冒尔自己也以为八足岁以后的性心理的表现是一种常态，而不是病态，又以为体气虚弱或遗传恶劣的儿童往往不免早熟的倾向，但同时他自己也发现过若干例子，虽在八九岁的时候已呈早熟之象，而此种早熟并没有妨碍他们的健全的发育以至于成人。

孩提时期一些雏形的性的活动，和连带的一些性的情绪，只要不太引人注意，或太过成熟、像成人一般，总得看作常态的一部分，而不是变态；同时我们固然得承认，假若他们和恶劣的遗传同时存在，便不免要闹出乱子来。但在健全的儿童，过了七八岁以后，这种活动与情绪便不会产生什么恶果，并且和其他的游戏或“好弄”性的活动丝毫没有分别。据德国学者格鲁士（Groos）网罗得异常丰富的材料而论，可知游戏一道，实在是一种良好的教育的过程，对于一切高等动物如此，对于人也是如此；教育的功用在准备，儿童时代在游戏中的所作所为，便是成人时代所作所为的雏形。格氏在他的那本名著《人类的游戏》（*Spiele der Menschen*）里，便把这一层见地应用到儿童的性的游戏上去，并且从文学作品里引了些证据，来加以坐实，例如凯勒在他的《村中的罗密欧与朱丽叶》（Keller, *Romeo und Juliet auf dem Dorfe*）里，便十足的描写着童年的种种恋爱关系；又如苏尔兹麦柯斯基（Schultze-Malkowsky）叙述一个七岁的女子的生活，也很能够把这时期内女童的性的表现，充分的烘托出来[11]。

布洛克（Bloch）所谈到过的那种儿童期内的性交[12]是在许

多地方可以遇到的；但在他们的老辈看去，只当作一种游戏，并不认真。例如在非洲德兰士瓦（Transvaal）地方的巴温达人（Bawenda）中间[13]，以及西太平洋德皇威廉岛（Kaiser Wilhelms-Land）上的派普恩人（Papuans）中间[14]，都有这种情况，虽不大张晓谕，至少是得到了父母的允许的。法人高达氏（Godard）也曾经在埃及的京城开罗地方目击到男女儿童间的性的游戏[15]。海孟特氏（W. A. Hammond）在美国新墨西哥也观察到男女儿童做同样的游戏，并且看见还有成年的男子在那里从旁鼓励；他在纽约也遇见三四周岁的男女孩子，当了父母的面，从事性交的游戏，做父母的最多不过是带着笑呵斥一两句罢了[16]。这种所谓“装扮爹娘”的把戏在儿童中间实在是很普通的，并且是完全出乎天真，丝毫没有淫恶的意味存乎其间；并且也并不限于下流的阶级。冒尔也曾经提到这种把戏普遍的程度[17]；同时德国有一个牧师组织的委员会，在调查德国乡村的道德状况的时候，也发现未到学龄的儿童做性交的尝试[18]。儿童性的游戏也不限于所谓“装扮爹娘”的把戏，他如大声亲嘴、下体的裸裎、验看等等，亦所在都有，那其间所装扮的不是“爹娘的把戏，而是医生与病人的把戏了，因为唯有医生才有验看的权能”。有一位青年的英国妇女曾经对我说：“我们女子在学校里的时候（大约十一二岁的光景），我们当然不免以彼此的身体做游戏的工具；我们常常跑到校外的田地里，假装做医士，彼此检验；我们也时常撩起了衣服，用手来觉察彼此的下体。”

这一种的游戏并不一定是出乎性的冲动，其间更谈不到什么恋爱的成分。但是恋爱的情绪，往往也可以发展得很早，并且和成年人的性爱没有多大分别。就广义言之，它们实在也是一种游戏，因为广义的游戏是包含一切对成年生活含有准备性的行为而说的，但同时也和一般的游戏（如球戏之类）不同，因为从事的人并不把它们当作游戏看。朗图尔（Ramdohr），在一百多年以前，便提到男孩子对于成年妇女的恋爱事件，并且认为是常有的事[19]。此种恋爱的对象大都是异性的，但也有同性的，年纪上虽不相差好远，却多少要比发动恋爱的一方大得一些。这一类的情形比朗氏所提到的更要来得普通。关于这个题目的科学的研究，大约要推美国人贝尔（Sanford Bell）的研究最为面面俱到了[20]。贝氏根据了二千三百件个案的材料，发现三岁到八岁之间的性的情绪的表现大率不出挤在一堆、亲吻、彼此拥抱举起、耳鬓厮磨的并肩而坐、彼此互诉衷曲、在别人前面彼此时刻提起、只爱彼此的淘伴、不爱别人在场、别离时分外伤心、彼此馈送礼物、彼此特别体贴、牺牲、表示妒意——之类。大体说来，女童要比男童为急进，也不怕人家窥破或揭穿秘密。过了八岁以后，女的越来越怕羞，而男的急进的程度却并不增加，并且似乎越来越讳莫如深。在这时期内，性的感觉大率并不集中在性器官上；假若男童的阴茎在此时便能挺直，或女童的阴部已有充血的现象，那贝氏认为是一些过于早熟的例外，而不是常例。但是一般的血的充盈、神经的紧张以及精神上的兴奋是应有的现象，并且和成年时期与成人所经验到的很能够相比，不过程度上稍差一些罢了。贝氏末后很稳健地说，大体讲来，“男女儿童的恋爱和成年男女的恋爱的异同，好比花与果的异同，它中间所包含的生理的爱的成分好比苹果花中所包含的苹果的成分一样，都是很少罢了”。冒尔[21]也认为儿童时期性冲动的初期的表现总不出亲吻与其他皮肤上浮面的接触。冒氏把这种接触特地叫作“厮磨的现象”（Phenomenon

of Contrectation)。

人家常说乡村儿童的性的天真要比城市儿童的易于保持，因为城市里的性的活动要比乡村里显著与热闹得多。这话是不确的，不但不确，并且有时适得其反。固然，乡村的儿童，因为工作比较劳苦，生活比较单纯，习惯比较自然，而耳目闻见又不很广，在思想与行为上往往要来得纯洁，一直要到成年期终止，才有性的经验。德人亚蒙（Ammon）说从巴登（Baden）征到的士兵，因为习于乡村生活，便是很天真的；他虽没有给什么证据，这观察大概是可靠的。同时，在城市方面，耳目的濡染既多且广，或直接与性的现象有关，或间接可以引起性的欲望，也自不免影响到儿童们的性的发展，使它特别的提早。但是，话虽这样说，我们也得注意，在城市中间，欲望的发展虽早，而满足这种欲望与好奇心的机会却不多。城市是一个比较公开的所在，到处都是耳目，到处有人指摘，到处大家不能不讲些体面——这些情形虽不足以遮掩一切性的刺激，至少这种刺激在成人方面的反应，既满足性欲的行为，又是可以隐藏得过的。在乡村中可不同了；城市中所有的藩篱，虽不能说是尽行撤去，至少要低得许多。一方面，各种家畜的性的行为是遮掩不来的；另一方面，体面是不大讲的，说话也比较坦白粗俗，而儿童在田亩与林木间的生活，事实上又无从管理；于是性经验的机会就俯拾即是了。总之，城市生活对于儿童性的早熟所发生的影响，是在思想与观感方面，乡村生活的影响，则在行为与实际经验方面。

几年以前，德国路德会的牧师们曾经组织一个委员会，来调查性的道德，发现在德国的乡村里，性的活动是很不受限制的[22]；同时冒尔也说淫书淫画的流行，似乎以村镇及乡间为多，而大城

市反较少[23]；冒氏始终以为乡村的性生活并不比城市的为大，所以他这种观察，特别值得注意。俄国都市生活与乡村生活的分途发展，比较没有其他国家的显著，但就性生活的自由的程度而论，似乎也有同样的情形。有一位俄国朋友写信告诉我说："我不知道左拉（Zola）在他那本《田地》（*La Terre*）一书里所描写的法国乡村生活究属正确不正确。但无论如何，我是在俄国乡村生活里长大的一个人，知道俄国的乡村生活和左氏所描写的很有几分相像。在这种生活里，几乎到处含蓄着性爱的气息。举目四顾，几乎到处可以看见兽欲的蠢动，丝毫没有隐讳。所以人家以为乡村中的儿童比较纯洁，我却以为市镇中的儿童比较容易保守他的天真。这其间自然也有例外，我不否认。但大体说来，性的作用，在市镇中总要比陇亩间容易遮掩些。性的羞恶之心（不论其为真实的抑或比较浮面的），在都市人口里也总要比较发达些。一样谈论性的事物，在城市里大家总要婉转一些；就在未受教育的阶级也比乡下的农夫知道一些节制，知道用一些体面的字眼。所以在城市里，成年人可以在儿童面前毫无禁忌的闲谈，而不致引起儿童的惊怪。我们可以说，城市的淫恶，唯其隐蔽，便越见得比乡村的为深。这话也许是的，但既较隐蔽，可以免掉儿童们的耳濡目染，终究是一桩好处。城市的儿童天天可以看见娼妓在街上徘徊，但假若没有人告诉他，在他的观感中，她和寻常女子是没有分别的。但是在乡下，他就随时可以听见东家的姑娘被人'称私盐'，西家的姑娘和人'麦园会'[24]，并且往往描摹得淋漓尽致；至于性交、胎孕、生育等等事实，自然更其听得烂熟了。城市里的儿童，见闻极广，不限于一事一物；但是乡下所习见的，日去月来，无非是田间的工作，对儿童是不生兴趣的，其余便是动物的交尾、孳乳、和东邻西舍偷婆娘、偷汉子一类的故事了。我们有时说起都市的环境里到处有强烈的刺激，那是想到了成年人才说的，但是要知道这种刺激对于儿童是大率不会引起性的反应的。在乡间却又不然了。假若平日之间，随时可以窥见东邻的大脚姑娘和西舍又长又大的青年汉子在麦田里拥抱，试问一个儿童可以历久不受性的影响么？总之，城市生活里的性的行为比较细密周章，乡村生活里比较粗率坦白，在儿童身上所唤起的反应自然很有分别的。我知道普通总以为凡在对于性的现象讳莫如深的国家里，那种藏垢纳污的情形往往很厉害，也许比坦白率直的国家还要厉害。但我相信这是一个错误的印象。例如英国是一个比较不坦白的国家，在英国社会里我们可以看见不少的遮遮掩掩的光景；走马看花的外国人，比较不老实的，到了英国，往往被这种遮遮掩掩的光景所引逗，从而做种种放浪形骸的举动；但是要知道引逗这种外国人的固然是这种遮遮掩掩的光景，保全一部分英国青年的令节的也未始不是这种同样的光景。无论如何，我们遇见的英国男子里，淫佚放浪的固多，而二十岁以外，犹贞洁如处子的，亦复所在而有；但是对于法、意、西班牙等国的青年，我这句话就不敢说了。”俄国朋友的这一番话中间，当然有一部分是很对的，但是读者不要忘记，贞操虽然是好东西，假若没有理智的根据，而完全建筑在不识不知之上，是可以陷人于极危险的境地的。

上面这一番关于早熟的话固然很要紧，但是性的卫生尤其是性的启蒙工作，倒并不因此种早熟的现象，方才感觉到必要。少数儿童的早熟，原是一大事实，但我们还有一个更大的事实在，使我们不能不领悟到性教育的严重。儿童智力的活动是很早就发生的，儿童们对于生命的种种基本的事实，每喜欢寻根究底的问个不休，这便是智力活动的一大表示，而此种基本的事实终不免归结到性的现象上去。儿童们在这一方面的问题里，最粗浅也是最普遍的是：小孩子是从哪里来的？这个问题是最自然不过的，而儿童的哲学观念里，“本源”或“由来”的问题是必然的最基础的一个；其实在成人的哲学观念里又何尝不是如此，所不同的是，更要来得具体罢了。大多数的儿童对于小孩子的由来的问题，往往很早就有了一个解释的学说，大率由老辈谈话的暗示与一己的观察，拼凑堆砌而成，其错误的程度虽有不齐，其为足供解释之用则一。

美国心理学界的前辈霍尔（Stanley Hall）在这方面曾经搜集过不少的材料[25]。下面就是好几个儿童的回答。“小孩子是上帝在天上做成的，但是圣母甚至于圣诞老公公也会做。做好以后，让他们在天上掉下来，或把他们扔下来，然后娘儿们或大夫把它拾起来。也有时候上帝把他们留在路过的人行道上，或从木梯子上把他们倒退着送下地来，然后再把梯子抽回天上，让母亲、大夫或看护去接领；小孩子也有坐了氢气球下来的，也有用翅膀飞下来的，但将近地上的时候，就把翅膀丢过一边，跳向耶稣的怀里，由他向各处分送，至于翅膀遗落在何处，他们便记不得许多了。有的儿童说，小孩子是面粉桶里出来的，面粉是黏的，他们就很久地黏在里面，掉不出来；也有小孩子是从卷心菜里生出来的，上帝把他们摘下来放在水里，或路旁的水沟里，再由大夫把他们拾出来送给喜欢小孩子的病人（按即坐褥的产妇，儿童不知，以为卧病），要不然就由送牛奶的人一早把他们送上门来；小孩子是从地下掘出来的，一说是从小孩店里买来的。”

在英美两国，儿童要寻根究底的盘问时，父母或别人总喜欢对他说，是在花园里一棵树底下或别的地方拾到的；或者说，是医生送来的；这后一说比较要通行，也比较近理。在德国，最普通的讲法是小孩子是鹳鹤送来的。至于这种说法，从何而来，历来也有过不少的解释，大都是根据各地方的民情土俗，加以推测，但都似乎有些牵强[26]。内克（Näcke）以为彼德曼教授（Petermann）的解释似乎最较近情，就是，鹤是一种吃田鸡的水鸟，一只田鸡在鹤嘴里的挣扎便很像一个四肢划动的婴儿。巴特尔斯（Max Bartels）说冰岛地方所流行的这一类的故事是半真半假，而不全出乎向壁虚造（鹤在那里并没有分，鹤的故事只限于西欧南部的国家，丹麦以北便没有了），在冰岛北部流行的是：婴孩是上帝造成之后，而由母亲生产的，母亲的卧床不起，便因生产之故。其在西北部，则以为是上帝将婴儿造成之后，把他交给母亲的。此外，也有以为婴儿先由上帝送了下来，再由收生婆带到房里，母亲之所以卧床不起，为的是可以接近他（彼处习俗，婴儿初生，不放摇篮中，而放床上）。但也有说婴儿是一只小绵羊或一只鸟送来的，这就和鹤的故事差不多了。也有说婴儿是半夜里自己从窗子里进来的。最像事实的一种说法是：婴儿是母亲的奶（乳峰）里出来的，或奶部的下面出来的，因此母亲便卧病在床[27]。

儿童们有时虽知婴儿由母体内出来，这种知识往往十分模糊，并不准确。例如，在许多文明国家里，他们常把肚脐当作出来的关口。这样一个见解是很自然的，一则因为脐孔是很像一个可以通到里面的关口，再则因为脐眼在平日是毫无用处的。同时他们不容易疑心到阴部，因为在女童的心目中，阴部不过是便溺的关口而已，既有便溺的作用，也就不疑有它（至于男童，自然更不会疑到这一点了）。把脐孔当作产门的见解，不但很普遍，并且很持久，在所谓受教育的阶级里的女子，往往有到了成年还不放弃的；这种女子，一壁既以此种问题为不雅驯，平日不想和已婚的朋友多所讨论。一壁又自以为脐孔之说已足以解释一切，更无寻根究底的必要；所以很少有机会发现她们的错误。脐孔之说，初看好像没有什么害处，但在成年期内，是很可以发生危险的，因为她们所注意的既是假的关口，那真的关口反而要受忽略，那危险便可从此种忽略而生。在阿尔萨斯地方（Elsass，德法两国交界处地，欧战后归法国），便流行着不少的民间故事，证明青年女子们，因为溺于脐孔之说，以至于未婚前即失贞的，不一而足[28]。

这一类的故事虽多，精神分析学家弗洛伊德却以为儿童们大都不很相信。据他研究的结果，可知儿童们根据了自己平日的观察与思想，另外创立了种种说法来解释婴儿的来到。据他看来，这种说法和原始民族对于世界的由来的说法很有几分相像，往往很聪明，但也总是很不完全的。他在结论里很对地说，这一类的说法，最普通的大约不外三个：第一个，也是三个中最流行的一个，是这样的。男孩子和女孩子在解剖学上实在没有真正的分别；要是一个男孩看见他的小妹妹没有很显著的阴茎，他的解释是妹妹的年岁还不够大，否则便和他自己一样；在妹妹自己也以为这看法是对的。弗氏以为这种看法多少有一些事实的根据，原来在孩提的时期里，女子的阴蒂或阴核相对的见得大些，并且有一些像男子的阴茎。从这一点解剖学上的事实，又产生出两种倾向来。一是成年期内的女子做性梦的时候，有时自以为具备着阴茎。二是凡属有同性恋的倾向的人，便容易把他这种倾向发展出来。第二个说法可以叫作大便说。小孩子一面既也许以为母亲是有阴茎的，一面又不知道有阴道的存在，于是不免疑心到大便所从出的一个关口，以为生产是和大解差不多的一种作用。第三个说法，大概也是三个中比较最不普通的一个，弗氏叫作性交的虐淫说。儿童想起自己的由来问题时，总疑心到他的父亲绝不会完全没有关系。性交和暴力脱不了干系的学说原有一二分真理，但弗氏这个学说究属怎样形成的，我们看不大出来。但无论如何，这说法是并非没有一些依据的。例如，一个儿童和一个同伴打架或角力的时候，往往忽然之间会经验到平生第一次的性的感觉。又如父母居家的时候，有时彼此不免半真半假的做一些含有性的意味的活动，如拥抱亲吻之类，父亲是追逐者、压迫者，母亲是回避者、抗拒者，在此种迎拒挣扎之中，儿童们也不免疑心到性结合与生育的一些底蕴来。弗氏也提到儿童们对于婚姻状态的解释，他发现在儿童心目中，婚姻的状态是一个取消了羞涩的心理的状态；在此种状态中，大家可以面对面小解，或把私处供彼此观看，而不再有什么顾忌。[29]

读了上文种种，可知假若我们不谈性的启蒙问题则已，否则此种启蒙的工作很早就得开始。在文化大开的今日，性的启蒙原早就不该成什么问题的，但在我们西洋人中间，这确乎依然是一个问题。三千五百年前，埃及有一位父亲对他的孩子说："我给了你一个娘，你娘在她的身体里独自负了你许久，一个很重的担子，都是为了你。后来你出了世，她又心甘情愿的继续挑这副担子，你在她的怀抱里，在她的乳头上，足足有三年之久。你的大小便也从来没有叫她打过恶，也没有叫她不耐地说，'我在这里干什么呀？’你上学堂读书的时候，她天天送家里做的面包和啤酒给你的先生吃。你将来结了婚生育孩子的时候，千万要学你的母亲，她这样生你育你，你也这样生育你的孩子。”[30]不想过了三千三百年，这一类的话我们反而不会说了。

我认为这一点是可以无须多说的。性的启蒙工作应于何时开始，或怎样开始，也许成为问题；但是这种启蒙工作的非做不可，非仔细与谨慎做去不可，万不能再把它交给无知识的甚至于居心不良的同伴或仆妇手中，是再也不能怀疑的了。时至今日，谁都渐渐看出没有知识做保障的天真烂漫是有绝大的危险的。

在芝加哥的白特勒博士（G. F. Butler）[31]说：父母所能给的一切慈爱，宗教所能给的一切的良好影响，耳目接触与友朋来往所能给一切修养——也许可以在一刹那之间化为乌有。到那其间，伦理的计较是没有地位的，甚而至于往往连自非的意识都抛向九霄云外，所剩下的不过是马吉利姑娘所说的“真是甜蜜呀”[32]。白氏又说［这话以前另有人说过，例如葛瑞克夫人（Mrs. Craik）］，在基督教徒中间，体格越是细致、感觉越是灵敏的分子，便越容易感到性的情绪。在男孩一方面，李德尔顿（Canon Lyttleton）说得好，我们总是把性的教训、把最中心最神圣的一件事实的教训，交给“心地龌龊的同学、男仆、园丁或任何早年便受了充分恶浊的影响以至于不能不在这题目上胡乱发言的人”。至于女孩子呢，法国小说家巴尔扎克（Balzac）很早就说过，“一个母亲尽可以用十分严厉的方法训练她的女儿，可以把女儿卫护在她的羽翼之下，到十六七年之久，但是只要仆妇丫鬟一句话，一个手势，就能够把她的苦心孤诣，一笔勾销。”

下流的仆妇在这方面可以有什么一种恶劣的贡献，我以前在我的《性心理学研究录》第三辑《女子的性冲动》里，已经有过很详细的叙述，现在不必再说。但此种仆妇虽时常遇见，我们绝不能说她们占仆妇中的大多数。在这点上我不妨加上几句话。例如在德国，肯特博士（Dr. Alfred Kind）最近把他自己的经验记载着说："我在青年居家的时候，虽则仆妇丫鬟们的进退好比四月天的阳光与阵雨一样，我却从来没有从她们那边听见过半句不正当的关于性关系的话；她们和我们小主人中间，始终维持着一种友谊和伴侣的关系。"至于在英国，我也可以把我自己的经验和肯特博士的相提并论。这原是不足为奇的。仆妇丫鬟也是好人家的儿女，发育上也未必有什么缺陷，她们的德操纵然未必能做出什么惊天动地的事，至少她们对于儿童们的天真大率能自然而然的知所尊重，不欲在性的方面去引诱或挑逗他们，同时她们也有一种很自然的了解，以为有性的局势发生的时候，主动的该是男的，而不是女的。有此了解，她们纵然有性的兴趣，也不至冒主动的不韪了。

晚近在稍有知识之辈也稍稍感觉到，毫无知识根据的天真烂漫不但是一种过于脆弱的东西，不值得保留，并且是一种极危险的东西，尤其是对于女子；其危险所在，就正因为它没有知识的依据。古德察尔博士（Dr. F. M. Goodchild）说，"把我们的青年送到大城市里去，在种种诱惑和刺激中间讨生活，同时所给他们的准备，却等于零，好像他们此去，是进天国一般，——真可以说是一件作孽的事了。"[33] 在女子一方面，性知识的缺乏，还有一重危险，就是使她们对于别的女子不能有一种有理解的同情。女子对于其他女子所以不能表示一些同情的缘故，往往是因为她们太不明白生命的事实，否则绝不至此。一个很明了这一点的已婚的女子写信给我说："我真不懂，为什么女子在发育的过程中，对于一己以及别的女子的本性，竟会这样的不理会，不过问。她们在几十年里所获得的对于其他女子的了解，还不到一个最平庸的男子在一日之间所得的一半。"我们于事前既不能在性的方面给女子以相当的教育，我们便只好于事后把保护女子以及维持道德的责任一股脑儿推在警察以及其他有维持治安之责的人的身上，真可以说是"不揣其本，而齐其末了"。冒尔不坚持着说么：贞操的真正的问题，绝不在多规定几种法律或多添上几个警察，而在使女子知道性的危险性，从而培植她们在这一方面的责任心[34]？就现状而论，我们一天到晚忙着通过保护儿童的法律，同时也不断地叫巡警随时注意。但是法律与巡警的功用，不论是好是歹，事实上是没有效力的。等到要用到它们，往往已经太迟，它们只会在事后责罚，却不会在事前防杜。所以我们还得在根本上去做些工夫。我们得教育儿童们到一个程度，使他们自成为法律，自成为巡警。我们得给他们相当的知识，使他们能够保护自己的人格[35]。我记得有一个真实的故事。一个女子正在学习游泳，教堂里的牧师听见了很不以为然，认为游水绝不是闺阁千金应做的事。她不服气，辩着说，"假若我因事坠水，有淹死的危险，便怎么样？"那牧师说，"那你就应该等着，让有男子来到，把你救起。"在这个故事里，我们就可以看出对付女子的两种不同的得救的方法来，一是旧的，一是新的。从来女子可以陷溺的深坑也不止一个了，但是最危险、最容易坠入的自无过于性的深坑了。刚才所提的新旧两种拯救的方法，究属哪一个好，到此自不言而喻。

在近代的情形之下，我们要寻找反对性教育的重要的议论，已经是不很容易。所以我们如今读到法国写实派小说家杜德（Alphonse Daudet）所说的话，便觉得顽固得可笑。有一次有人在性教育的问题上征求杜氏的意见，杜氏代表着当时一般男子的见地，表示反对。他认为对于男子这是不需要的，因为他们在街上和从报纸上自然会得到一切的知识，无须特地介绍。“至于女子呢——那就绝对不行。我不愿意把生理的事实教给她们。要教的话，我只看见坏处，看不见好处。这些事实是丑得很，对于女子的本性是极不相宜的，她们知道之后，要震惊，要厌恶，要觉得一切理想都是空的，都是骗人的，因而灰心丧志。”这一类的话就无异于说：街道上既经有许多水潭在那里，可以供给任何人做饮料，我们又何必开掘自流井或创办自来水厂呢？和杜氏同时的那位英国诗人，柏德谟（Coventry Patmore），在他那篇《贞洁观念今昔观》的论文里[36]所持的见地恰恰与杜氏的相反，他对于所谓“不贞洁的病症”很下了几分针砭，并且认为这种病症是从“我们近代不神圣的缄默”中产生出来的。这种不神圣的缄默，恰好就是杜氏所竭力辩护的那种东西。较柏氏略后，俄产而法籍的医学家麦奇尼哥夫（Metchnikoff），也从科学方面申说道德行为绝不能没有知识做依据的道理，并且说，“最不道德的行为要算是知识的缺乏了”，他这一番话尤其是为了女子才说的[37]。

比利时著名的小说家乐蒙念（Camille Lemonnier），在他那本《恋爱中的人》（*L'Homme eu Amonr*）里，便拿性教育的重要做了一个题目。书中的情节是这样的。一个青年男子，从小就在一个普通所谓循规蹈矩的环境里生长起来，一向把性和裸体一类的事实当作又污秽又可耻的东西。因此，在成年期内，错过了好几次自然的与健全的恋爱的机会，到了最后，竟坠落到一个淫荡的女子怀里，受她的支配宰割，做她淫欲的工具；在他上场以前她已经玩弄过一大串的男子；他实在是最后来填她刀头的一个。乐氏这本书是性教育的一个贡献，他苦口婆心的要人了解性的教育是卫生的、健全的、自然的一种功夫。不幸一九〇一那年，他在勃吕奚（Bruges）地方受了法律的检举。后来虽被判决无罪，但已经很可以反映出近代一般人在这方面的感想了。

上文所引杜德所表示的一类旧的见地，以为性的事实既龌龊得令人厌恶，又可以使青年人的心灵上起剧烈变动，以至于灰心失望——实在完全是错误的。李德尔顿以为这种事实应该由母亲讲给儿女听，并且根据了经验说："儿女们听这种讲解的时候所表现的那种天然的尊敬之心、那种了解的真切、那种天真细腻的神情，真是一种绝大的启示，教你知道自然的美是没有穷期的，没有涯涘的。我常听见人家讲到童年天真的美有非笔墨所能形容。但是我敢说他们但知其一，不知其二，他们但知天真的美，而不知世间更有美于天真的东西在，那就是把生命、生育以及儿童们自身来历的奥秘讲给他们听的时候你所得到的一些经验。但是这种审美的权利只有绝少数的开明的父母可以享受得，一般人就谈不上了。就一般的情形而论，我们不但不能给儿女们以适当的知识的准备，并且自己也常把可以多得一些神圣经验的机会轻轻的断送了。"卡彭特（Edward Carpenter）也有同样的见地，认为把母子的生物关系打头就讲给儿女听是一件又容易又自然的事。他说，"一个在春机发动期内的儿童，因为潜在的情绪的与性的本质逐渐的像花一般的开放出来，是最能够体认性的意义的，并且此种体认的功夫往往很细腻、很能不涉邪念（在今日比较开明的情势之下，儿童尤其是能如此，至少要比他的父母或保护人要高

明得多了）；因此，只要教的人能够有相当的同情，他是最肯领教的，他的羞耻之心绝不会因此而受打击。羞耻之心是青年人的一种自然的有价值的保障，原是不该受打击的，但如今只要教得得法，也就不成问题了。”[38]

近年以来，舆论已大有变动，比较开明些的社会领袖大都承认性知识的教育不应仅仅施于男童，亦应施于女童。不多几年以前，有人把欧美各国各界男女领袖在这方面的意见收集在一起[39]，发现真正反对这一层见地的只有两位［犹太教牧师亚德雷（Adler）与林顿夫人（Mrs. Lynn Lynton）］，而赞成的却有法著作家亚当夫人（Mme Adam）、名诗人哈代（Thomas Hardy）、英国小说家贝赞特爵士（Sir Walter Besant）、丹麦戏剧家边恩孙（Bjoernson）、英国小说家凯恩（Hall Caine）、作家格兰特女士（Sarah Grand）、退化论者诺杜（Nordau）、英节制运动家萨默赛特爵士夫人（Lady Henry Somerset）、奥国小说家苏德纳子爵夫人（Baroness von Suttner）和美国节制运动者威拉德女士（Frances Willard）。女权运动的领袖们，不用说，自然是在赞成的一方面的。一九〇五年，德国妇女保护协会（Bund für Mutterschutz）在柏林开会的时候，便全体通过了一个议决案，认为早年的性教育是绝对不可少的，当投票之际，几乎没有一张是反对票。至于医学界的分子，也不用说，很早就赞成这种启蒙的工作[40]。例如英国《医学杂志》（*British Medical Journal*）在一八九四年六月九日的那一期的社论里便说：“大多数的医学界中人，假如要在这时代里在这一方面得到人家的信仰，但须翻一翻记忆的旧账，把以前因为知识的缺乏而产生过悲剧的女子举几个例出来，要不是为了这些悲剧，我们简直可以很无情地说，这种知识的缺乏可以令人发一

大噱。要是青年男女对于性的关系以及选择配偶的重要，能够得到一些必要的认识，我们以为人世间定可以减少不少的悲哀与疾病。这种知识不一定是龌龊的，即使真正龌龊的话，至少要比因为没有知识而产生的胡思乱想要龌龊得好一些。”再如美国医学会（American Medical Association）有一次开年会的时候，芝加哥的刘易斯博士（Dr. Denslow Lewis）也长篇大论的申说青年男女性卫生性教育的重要；刘氏以后的九位讲员，就中有好几位是举世闻名的医师，也都异口同声的赞助这种主张[41]。又如，霍华德（G. E. Howard）在他那部巨著《婚姻制度史》的结尾里也认为要根本解决婚姻问题，性的教育是万不可不讲的。他说，“在未来的教育设施里，性的问题一定得占很有荣誉的地位”[42]。

读上文种种，可知对于性教育的重要，在理智的认识一方面，已经是很普遍。但这种认识已经变成实际的措施与否，却是另一问题。也有不少的人一面虽承认性教育的不可不讲求，一面对于施教的年龄，却又踌躇不决。观察他们的态度，好像他们的内心始终以为性是一种不祥之物，因此，性教育无非是一件不可避免的恶事，虽不能不做，至少是越迟越好。这种态度可以说是完全错误的。一个儿童对于它自身的由来，要求相当的了解，这种要求是极其自然的、诚实的，也是毫无危险的，只要做长辈的不加以遏止而使折入歧途罢了。一个四岁的小孩子也许就会很自然的单纯的提出些问题来。这种问题一经提出，尤其是在再三提过以后，我们以为便应立刻答复，答复的态度要同样的自然与单纯，并且还要真实，不应有一句哄骗的话，至于答复的内容，应周密到何种程度，那便须看儿童的智力与成熟的程度而定，未可一概而论。这便可以说是初期的性教育，这初期的来到，早则四岁，迟则六岁，不应迟至六岁以后，要是做父母的真正留心的话，也不会迟至六岁以后。六岁以后，无论保护得怎样周到，总免不了外来的濡染了。至于男女两性在这一方面的分别，冒尔以为不论在哪一个时期里施教，女的总该比男的早一些；这分别是合理的，因为在春机发动期以前的发育，女的要比男的早。

性教育的要素，既须于孩提期内相机授予，那么，做教员的应该是谁，便不言而喻了。这个权利无论如何是应该属于做母亲的，也当然不成问题。除了从小就失恃或与家庭分开的小孩以外，也唯有做母亲的才有自然的机会来接受和答复这一类的问题。就寻常的形势而论，做母亲的无须乎先发动。一个小孩子的智力和好奇心自然会发展，发展到相当程度以后，自然会供给许多的机会，使她的慈爱之心与循循善诱的能力有用武之地。她也无须乎有什么专门知识的准备。只要她对于母子之间生物关系的纯洁与尊严，有绝对的信仰，谈话的时候，能温存，能坦白，不作忸怩之态，不说哄骗的话，就行。只要这些条件都能具备，任何母亲都可以说已经有了充分的准备，不怕不能应付她儿女的需要了。

各先进国最有权威的学者，不论是男是女，现在似乎都已经承认，母子生理关系的事实应该由做母亲的相机讲给子女听，所谓相机，就是指一经儿女开始发问，便须答复。例如冒尔在德国便曾经再三这样的立论；他始终以为性教育是私人与个人的事务；在学校里面，学生如有手淫等习惯，也不宜由当局向大众或个人发出警告（但冒氏认为在学生年长以后，对于花柳病的警告与训诲是应该的）；冒氏以为唯有做母亲的才配传授这种切身的知识，同时也以为此种传授的工作的开始，可以不拘年龄，但须

所授的内容与儿童的年龄相称，便不成问题[43]。

德国消灭花柳病会（German Society for Combating Venereal Disease）在曼海姆（Mannheim）举行会议的时候，曾经采取性的教育为唯一的讨论题目，当时大多数的意见，也主张由母亲从早下手。葛罗根堡夫人（Frau Krukenberg）在会场上说："以前小孩子所往往不能有的对于性的了解，理应由母亲负责供给，这一层做到了，我们再说别的。"[44]有一位教师叫作恩德林（Max Enderlin）的也在这会议里说："一些初步的解释理应由母亲供给，因为儿童最初也最自然的找到而问到的人便是她，不是别人。"[45]又如在英国，李德尔顿说，母亲对于儿子在性的启蒙与性的保护两方面的责任是极端的重要的，并且此种责任便应及早负起[46]。李氏是英国公立学校校长中间有数的人物，他在这方面的言论一向以干脆清切见称，值得我们的注意。另有一位校长，柏特莱（J. H. Badley）也承认母亲的一份工作应在任何人之先[47]。诺士柯德（Norlthcote）也以为在这一件工作上，父母的责任是最基础的，至于家医与教师的责任，乃是后来的事[48]。在美国也是如此。阿伦夫人（Dr. Mary Wood Allen）主张只要小孩子一有问题，做母亲的便该讲给它听，最初发问的年龄大概是四岁，做母亲的不应以其年岁太小而恝置不理。夫人一面叙述此种讲解的方法，一面又举例以示只要讲解得法，便可以增加母子间的感情与信任[49]。

研究性教育的人中间，也有少数认为此种教育的开始应在十岁以后，不应过早。我们很不以为然。因为十岁或甚至十岁以后，便发生一种困难。就是，讲解的时候一定不及早年的那样自然，也不能再用简单的语意。同时儿女的身材日就高大，几与成人无大分别，做母亲的也不免觉得难以启齿，要是从小讲惯了的，自然是不成问题，但若是第一次，那真是不好开口。既不容易开口，或自审开口以后，说得不好，或说了不能发人深省，她也许索性完全不说，以不了了之。这样一来的结果，性的事实便依然是一种神秘的东西，让儿女们自己去暗中摸索，于是种种令人难堪与误入歧途的经验又在所不可免了。

把性教育开始的年份展迟，是有害无益的，我们可以从另一方面看到。一个儿童的性的冲动，虽很模糊不清，却往往紧紧追着，驱遣不开；对于这种儿童，尤其是对于其中比较聪明些的，你越是把性的事实遮遮掩掩，他越要窥探，结果可以产生一种病态的性的好奇心理，寻至比较平淡的事实不足以餍其欲壑。这是很早就有人承认的事实。在十九世纪的初年，白都士医师（Dr. Beddoes）就说过："我们用尽法子来减少男女儿童对于彼此形态上的好奇心，但总是空的。无论做家长怎样的讳莫如深，也无论他们用什么转弯的方法，把这本小说藏过，把那本笔记放开，总不能把儿童们这一类的好奇心压一个透不出气。全部人类的思想史里，离奇诡变的部分亦不为不多了，但什么都比不上青年男女在这一方面所用的种种出奇制胜的心思，任你用天大的秘密，他们总有法子来刺探。只要他们自己刺探到什么，那刺探到的东西，对于他们的想象，便无异火上添了油一般，越发不可收拾。"[50] 卡衡（Kaan）在最早的一本专论性的病态的书里，也把隐讳认作性的精神病的一个因缘。马罗（Marro）也说隐讳非徒无益，而又害之，因为越是遮掩，越容易集中人家的视线[51]。荷兰名作家墨尔达陀利（Multatuli），在他的书信中间，有一次也提到隐讳的危害，认为隐讳反足以增加儿童的好奇心，并且指出因掩饰而造成的知识的缺乏不特不能保全儿童的纯洁，反足以促

进他们的胡思乱想，使愈益的畸形化。（弗洛伊德曾经引用这一番话，并且加以赞许。）阿伦夫人也曾为此向一般的母亲下一忠告，以为千万不应让遮遮掩掩、教人难堪的神情在性的事实上表现出来[52]。她说："要是一个教师，在答复这一类问题的时候，怕难为情，那他就不配做教师，因为那种怕难为情的神情有一种潜移默化的力量，使儿童们感觉到一件好东西受了糟蹋一般的不愉快。这种不愉快的感觉不但要不得，并且是很可以免去的，只要做教师的对于性的纯洁，能够先自认识一番。"她又接着说，"生死同样是生命的大关口，讲起死，我们就有一种庄严肃穆之感，何以讲起生来，便不怎样？难道生命的取消反要比生命的产生来得严重么？"瑞丘蒙夫人（Mrs. Ennis Richmond）写过一本关于母教的书，中间说了不少的有道理有经验的话，有一段说："我要三令五申地说，我们对于身体某部分所守的秘密实在是儿童思想中危险成分之所由来。从很小的年岁起，大人就告诉他们说，这部分是神秘的，不但神秘，并且是龌龊的，那神秘就从这龌龊中来。"因此，小孩子对于这部分，是没有什么名字的。有时你要提到它的时候，你总是吞吞吐吐地低着脖子说"你那你不应当谈到的小部分"，或其他类似的语气。所以如今我们谈起性的知识，第一你的孩子对于这部分的身体和它的生理作用得有一套便于引用的名字，第二得教他听惯这些名字，也知道自己使用它们，目的要使他很自然地公开地习惯这些名字，好比他习惯耳目手足一类的名字一样。这种说法，因为社会的风尚关系，不能在公众地方通行，但至少你可以在保抱期内，把这种风尚打破，要知道在这期限以内，这种风尚是有百害而无一利的。你的孩子，在公众地方，或在客人面前，有时不免信口的说出你认为不好听或难为情的话或字眼，照寻常而论，你原可以很方便告诉他："孩子，我对你说，你这话可以对你爹爹讲，也可以对我讲，但因为各种的理由，在客人面前，人家总是不讲起这一类东西的。"你以后可不要如此，让你的孩子去说好了，不要阻止他（假如你的客人要吓一跳的话，也只好让他去）[53]。性固然终究是一个神秘的东西，但是瑞夫人也曾经很对的说："生殖与生产的真正的神秘与通俗的那种鬼鬼祟祟的神秘实在有天壤之别，不可以不辨。"

至于生殖与便溺的器官和它们的作用应该用什么名字来明白指出，也确乎是有些问题。在这些地方，我以为每一个母亲只有用她自己的聪明，参照她所处的社会环境与背景，斟酌办理。我以前在另一个地方讨论"害羞心理的演化"时，曾经提过，在这些地方，人类大都喜欢采用种种新的好听的名词。英文中有许多旧的与简单的名词，在大诗人乔叟（Chaucer）引用的时候还是很正当很自然的，但后来就被俗人认作泥溷中的东西、不足以登大雅之堂。但事实上它们却是毫无疑义的最雅驯的一些名词，并且就字的来源而论，也是最庄严最达意的。所以近来有许多人主张把它们从泥溷中拯救出来，把它们原有的庄严的意义教给儿童们。有一位医界的朋友写信告诉我，他总是对他的儿女们说，那些关于性的粗俗的名词实在是很美的古字，所以我们只要认识得正确，我们绝不会把它们当做开玩笑的资料。它们既很单纯简洁，又很庄严稳重，确乎能够把生命的中坚的事实传达出来，只有那些最低级的鄙俚不堪的人才会把它们看作淫秽的事物，因而资为笑乐。有一位美国的科学家对此也有同样的见地，他曾经私自不出名的编印过几本关于性问题的小册子，在这些小册子里他就通体很不客气采用这些古雅的简单的名字。我以为这是我们应

该追寻的理想，固然我们也承认在今日之下要达到这种理想，也有很显明的困难。但无论如何，做母亲的应该在这方面有充分的准备，对于儿童随时要提到或问到的那些身体的部分与其生理作用，应该都有正确的名词，而废弃模糊暗射的名词不用。

我们有时候听见人家说，在这样幼小的时候，我们不应该把生命由来的真事实讲解给儿童们听，无论你讲解得怎样简单，总是不相宜的，最好是采用神仙故事的方法，把真事实用象征的事物表达出来。我们绝对不赞成这个办法。神仙故事在儿童教育里有重要的地位，可以激发儿童的想象力，我们是充分承认的。此种故事对于儿童有真切的价值，是儿童的理智的养料，没有了就要感受饥荒；在幼小的时候不供给他这一类的养料，那就是对不起儿童，并且以后再也不能希望有什么方法可以补救。这些我们都承认。但是，性的事实却不能用作神仙故事的材料。这其间有两层理由。第一是性的事实太真实，太关紧要，即在童年，亦有丝毫不能假借处；第二是性的事实本身原是极神奇的，其引人入胜的能力，其足以激发儿童的想象力，并不在普通一般神仙故事之下。

即使说上文所提的几个理由不能成立，我们至少还有一个最坚决的理由来反对用神仙故事的方法来传授性的事实。真正以慈爱为怀而明白母教的重要的母亲，看到了这层理由，便不再会有什么怀疑。这理由就是无论你把那神仙故事讲得怎样天花乱坠，你的小孩子不久便会因一己的聪明或别人的告语，而发现你撒了一个大谎；他问的原是关于他的经验里一点简单的事实，你答的却是一派神话，不就等于撒谎么？你越说得天花乱坠，便越见得那谎的大。从此以后，母亲对于他在这一类事故上的一些好影响一定会烟消云散，再也收不回来。小孩子是最怕上当的，他一次受了别人的欺骗，再也不愿意有第二次的尝试，以自讨没趣。他以为性的疑问既得不到直截爽快的答复，足见这种疑问原是不该提出的，提出而受别人的冷待，岂不是一种羞辱？从此以后，关于这一类的事故他绝不再向他的母亲提什么问题，他已经不能再信任她；一样要讲性的“神仙故事”，他以后自己也会学得讲，不必再劳母亲的驾。他当初向他的母亲发问的时候，原是出乎十分信托的心理，可是她的答复却出乎一种提防的心理；这样不能推心置腹的一个母亲、费尔德女士（Henriette Fuerth）说得好、是要自贻伊戚的，她迟早会看见“她儿子对她的情爱与信仰生生的被一个街头巷尾没有多少家教的孩子偷了去”。假若做母亲的到此境地还不知幡然变计，依然拿那些无聊的故事来搪塞，结果，于失却信仰与情爱之外，更可以引起儿女们对她瞧不起的心理。儿女们早就在街头巷尾检得了一些真相，你却还在那里说梦话，又怎样叫他们瞧得起你呢？（冒尔在这方面曾经举过一个真实的例子。）没有眼光的母亲，起初认定了儿女们的天真烂漫，以为他们不会受外界的濡染，因此自己不加努力，后来总有一天忽然发现儿女们对她的感情大非昔比，遇有难题的时候，也不再向她求助，因此贻终身之戚的——所在而是。谈起信托这一点，原应该由母亲发端的；凡是不信托他们母亲的那些儿童总有一个缘故的，那缘故便是当初坐在母亲怀里的时候，多少上过一些当。

讨论到性教育问题的小书或小册子，不论其为儿童自用或父母教师用作参考，近年来在英美等国已经增加了许多，德国的出版量尤其是可以惊人。新近故世的艾尔美氏（Ben Elmy），曾经

用过艾息尔默尔（Ellis Ethelmer）的假名，编印过两本小书，叫作《婴儿的花芽》和《人的花朵》[54]，虽则在科学的一方面似乎不能算十分的可靠，却能够把性的事实很简单很细腻的传达出来。在卡彭特《爱的成年》（Edward Carpenter, *Love's Coming of Age*）一书的篇末附载着从法国方面来的一篇母子的谈话，也是很美。又有一本《我们是怎样出世的》（*How We Are Born*）也很满意，作者叫作 N. J. 夫人（大约是一个能够写英文的俄国妇人）。我们也不妨提到普尔夫人做的那本《生命的奇观》（Mary Tudor Pole, *The Wonder of Life*）。美国出版的那本穆雷女士的《生命之歌》（Margaret Morley, *Song of Life*），我是没有见过，但是很受读者的赞美。这一类的书，大都是为了很小的儿童写的；关于婴儿的来源，多少都还解释得清楚；他们差不多总是从植物的性生活下手；对于性的交合这一点，他们不是只提到一点，便是完全不提。

瑞丘蒙夫人所著的各书，大部分是以母亲做对象的；她的议论大率很健全、很直接，文笔也美；李德尔顿的各书虽无一定对象，也是很好。下文所提的各书却属于第三类，他们的对象是已达春机发动期的男女儿童。他们都提到性的交合，有的详些，有的略些；他们也大都讲起手淫。《生命的故事》（*The Story of Life*）是一个已故的很有才的女子叫作霍普金斯（Ellice Hopkins）的手笔，有些失诸模糊印象，不很显豁，中间高妙的宗教观念也太多。邱鲁比的《健康的童年》（Arthur Trewby, *Healthy Boyhood*）是一本小小的书，倾向很健全；是以手淫做专题的。葛克（Edward Bruce Kirk）做的两本书，《男童摄生一夕谈》与《女童摄生一夕谈》（*A Talk with Boys about Themselves* 与

A Talk with Girls about Themselves），是把性的卫生和身体一般的卫生相提并论的（关于女童一书实系葛氏与一女作家合作的结果）。比上面所提的各书都要更有价值的是华伦的《差不多十四岁了》（M. A. Warren, *Almost Fourteen*）。华氏是美国的一位教师，他以一八九二年写成这本书；笔墨的雅驯细腻，真是得未曾有，就教一个感觉最锐敏不过的闺女读去，也绝不会有什么触眼的地方。拿这样的一书给正在春机发动期内的青年男女阅读，真是再好没有的了。可是对于性的伪善者，真可以说没有一本书是圣洁的，他们居然在这本书里也找到了“淫秽”的东西，因此，在一八九七年间，他们就串通了法律，禁止这本书的流行。这还有什么可说的？凡是可以打动一个性的伪善者的性欲的东西，无论本身怎样圣洁，对于那伪善者的心，总多少有一些“淫秽”，否则何以能打动他呢？不过，薛吕德（Theodore Schröder）说得好，“书不淫人人自淫，淫秽是读者自己对于一种书的贡献。”唯其如此，我们觉得世间更不能没有这种书，唯独这种书才有希望把性的伪善者逐渐减少。所以用法律来禁止这一类绝对的好书，不特不能促进性道德，适足以增加性的不道德。后来有人告诉我，这本书后来再版过，但最精彩的部分已被篡去；薛吕德又在他的文章[55]里提起作者自己亦终于被教育当局停职，不能再做那公立小学的校长。德国李希纽士加女士的那本《儿童的性教育》（Maria Lischnewska, *Geschlechtliche Belehrung der Kinder*）[56]是最详尽最值得佩服的一篇讨论，不过作者的兴趣侧重在教员的一方面，而不侧重在母亲的一方面。但假若做母亲的想多得一些参考，不妨查阅莎罗士的《小孩子是哪里来的？》（Hugo Salus, *Wo Kommen die Kinder her?*）、许蒂尔的《母亲的天

职之一》（E. Stiehl, *Eine Mutterpflicht*）和许多别的书籍。肯特博士（Dr. Alfred Kind）则竭力地推荐戈理德的《和我儿女的一席谈话》（Ludwig Gurlitt, *Der Verkehr mit meinen Kindern*），对于这本书的能够把性教育和审美的教育相提并论，他尤其是觉得难能可贵。布洛克在他那本《现代的性生活》的第二十六章里也提到了许多同类的书（Bloch, *Sexual Life of our Time*）。

我不惮烦琐的把这许多小书提出来，因为它们的发行往往是半公开性质的，平日不但不容易买到，并且根本就不大听见。在现状之下，大家似乎依然把这一类书的流通当作一种不名誉的行为，只好私下传递，不便公开卖买。这种态度也不能说是不自然；像《差不多十四岁了》那样的一本有益的书，不但得不到鼓励，反而要受禁止，它的作者，不但得不到荣誉，反而要受排挤，以至于终身不能希望再有什么发展；在名为很文明的国家像美国犹且如此，其他又何足怪呢？

参考的书籍固然重要，但我不妨在这里加一句，就是，当一个母亲和她的子女做实际谈话的时候，最好还是多多的靠她自己平日的知识和随机应变的能力，不要把书上的知识当作泰山之靠。

母亲对于儿女们早年所施的性的启蒙教育是不会专门的，也不应该专门的。她应该知道这是她的义务、也是她的权利，来做这一件事。也应该知道这种教育的性质是一种私人的与亲密的启发，而不是一种正式的指导。做母亲的固然自己先得受些教育[57]，但这种教育的重心并不在专门的知识的增加，而在她的慈爱和见识的培养；在这最初的时期里她所需要的科学事实是很简单的。她的主要的任务是把她的儿女和她自己的密切的关系很明白的让它们知道，同时也应该把世间许多小的生物和它们的母亲的关系，分别叙述清楚，做一种陪衬；她又可以把这许多母子关系的事实，用卵的观念概括起来。卵是一个固体的原始所采取的最基本最简单的方式；卵的概念——包括植物种子在内——不但对人适用，对世间一切动物植物也都适用。在这初期的解释里面，父子的关系还牵涉不到，不妨留作第二步的材料，或至少应该让子女发问到它的时候，再替它们说明。

除了他自己的由来问题以外，儿童对于他自身的性器官以及父母兄弟姊妹的性器官，也时常表示相当的兴趣，不过在他看来，这些不过是专做便溺用的器官罢了。做母亲的，到此便不妨用很简单很自然的语气来满足他的简单与自然的一点好奇心，她不妨很老实、很不含糊地把这些器官的名字叫出来，至于这些名字应该是通俗些的呢，还是不普通的呢，她不妨审情度势，斟酌办理。这样一来，做母亲的无异间接的打头就筑成一道提防，使儿女们年事稍长以后，不至于接受那些伪善的性的见解。同时她也可以于不知不觉之间，使儿女们对于自己的性器官逐渐养成一种敬而远之的态度，和不敢狎玩的习惯。这样，儿女们因母亲的循循善教，一壁既了解自身生命的由来，一壁又明白生殖器官的功用，无论他们所了解与明白的是怎样粗浅，至少他们已经走上性知识与性卫生的大道，前途正常的发展是已经比较有把握的了。

这样一个能够以真诚和儿女相见的母亲是有很光明的前途的。再加上一些聪明、一些随机应变的能力，她便会永久维持儿女们对她的信任，一直到春机发动的时期，甚至于到那难关重重的成年期以内。但就今日的文化组织而论，她的狭义的教育家的任务，在春机发动期来到的前后，便可以告一结束。到那时候，儿女们所需要的性知识宜乎比较以前为专门，更应比较以前为客观化，完全无须再用母子的关系等等做参考；这种知识的供给，普通该是学校的责任。

那个伟大而同时却有些不可捉摸的教育家巴泽多（Basedow），真不愧为卢梭的弟子，他是一个性教育的先进，他在学理上和实验上都有过几分贡献，他所施教的范围以十岁和十岁以上的儿童为限。在他那本大著作叫作《基本学程》（*Elementarwerk*，一七七〇——一七七四年间出齐）里，他也坚持这个题目的重要。他说，小孩子有问题的时候，应该据实答复，同时也应该教导他们，切不可把神圣的性的关系当作开玩笑的资料。胎产的图画，应该给他们看；不规则的性行为的危险，也应该打头就解释给他们听。更应当把他们领到医院里去，让他们目睹花柳病的种种恶果。巴氏也知道他这种书本里的主张和他实地的教授工作可以教许多父母与教员神经上受莫大的震撼，但是，他说，这些人见了基督教的《圣经》，便该受些震撼[58]。总之，巴氏是太过超越他自己的时代了，不但是他自己的时代，并且还超越了我们的时代，所以当时的影响既不大，他死后也并没有几个继起的人。

比巴氏较迟的，又有一位著名的英国医生，就是白都士（Thomas Beddoes）；他也用公开演讲和展览图解的方法，来推广性的知识。在他一八〇二年出版的那本《卫生论》里（*Hygeia,* 第一册，第四篇）他揭穿普通那种见地的不合情理，他以为世俗之见，一面要人家不做伤风败俗之事，一面却又把性的事实瞒在鼓里，实在是一大矛盾；他说“聪明的操守和盲目的无知绝不能存在同一的胸襟里。”他在那本书里也很详细地讨论到手淫和性教育的需要。生物界的种种现象，他认为大可以用演讲的方法，让大家知道，并且据他自己的经验，听讲的时候，尽可以让男女共同入座，绝不会发生什么有碍观听的事。在他自己的经验里，他又发现植物、两栖类、母鸡与卵、人体解剖的图说、各种疾病，甚至于真的病的表现，对于性的教育，都是有帮助的。一个小孩子对于性差异的知识，如能从解剖的题材方面得到，他认为是很适当的；所以他以为解剖室是施教的良好场所，因为死的尊严可以留下一种很深刻的印象，使儿童们可以把病态的性的伪善的观念彻底地打消。但关于最后这一点，我们不用说，白氏并没有找到许多赞成和提倡的人；我们只要想起儿童们的锐敏的感觉，就觉得这种印象是很不相宜的，同时我们也觉得并没有把死人抬出来的必要；生的尊严不是和死的尊严一样的可以感人很深么？

至于学校在这方面的责任，近年以来也很有人提倡，其中尤以李希纽士加女士（原名及作品见前）为最有力最能干。她对于儿童教育和儿童的生活以及他们的家庭环境，有过三十年的经验，所以说来头头是道。她说在今日大批民众的家庭生活中间，到处可以遇见很粗率的性的事实，儿童耳濡目染，日久视为当然，但是比较纯洁的与开明的介绍，便可以说是绝无机会，原因自然是在父母的知识缺乏与道德能力的薄弱。在这种形势之下，她以为性教育的责任，大部分自然应该由学校负去，并且这种责任也是和近代文明文治的趋势完全符合的。她主张一种分期教授的方法，对于第五年级或第六年级的儿童，应该借重图案之法，让他们知道高等哺乳动物的性器官的形态与功能，取材应以牡牛与牝牛为上。所谓功能，胎产的事实自然也包括在内。这一部分教过以后，教员就可以很容易地过渡到人的一方面，他不妨轻描淡写地说，“小孩子在母亲肚子里长大，就好比小牛在母牛肚子里长大一样。”

李女士这一番议论，自不容易否认的，她所提出的那种教授法，也似乎是和现代文明所进行的路，很相符合。她那种教法是正式的、冷静的、不牵涉到个人的；她并不把性的事实特别提出来教，却把它当作自然历史的一部分教。这种教法，仅仅在知识一方面，可以补母亲所教的不足，但同时倒也不会把母子间或母女间早就培养成功的那种信托和亲密的关系给打消。这种信托和亲密的性知识的启发，我们上文已经讨论过，虽不能望于今日没有受过多大教育的大众，终究是最妥当的办法；白氏所提的方法虽妥善，却不能取而代之。

生理学的基础知识的教授，在将来大约不免以学校为最相宜，但在目前确乎还行不通，尤其是要是这种基础知识里要包括性与生殖的一部分，而不像以前那般把人当作一种没有性的动物的话。一个教育程度低下而粗劣的社会可以说是老在一个恶圈子里兜着。这样一个社会中的分子从小就受了一种教育，认为性的事物是肮脏的；他们长成了和自己有了孩子以后，自然也竭力反对孩子们在这方面得到什么认识。一个学校教员处此境地，想有所作为，不用说是万分困难的；假若这个社会是一个比较民本的社会，谁都有出头说话的机会与权利，那就不但困难，简直是完全不行了。所以在最近的将来，我们不能希望把性的生理介绍到学校里去，就是把它当作一般生理学的一部分来介绍，不另立课目，也还有绝大的阻碍。性的生理原应该这样介绍的，但无奈即此还行不通啊！

但在学校以内，至少植物的生理学是可以全盘教授的。反对教动物生理的空气虽浓厚，并不影响到植物生理的课程。所以我们以为在春机发动期以前的青年，应该在这方面取得一些知识。这至少有两层理由。第一，植物对于性现象的初步，表现得最赤裸，也最扼要；对于性的性质、由来和意义，表现得也最清楚，一点也不含糊。第二，教员讲解的时候，不管学生是男是女，是多大年岁，尽可以坦白地说去，不受什么抑制，因为在今日之下，大家对于植物的性现象，至少已经能不以为忤。同时做教员的还有一点便宜，就是他对于植物性作用的美丽与富有诗意可以尽量地指点出来。动物的性作用又何尝不是同样的美，只可惜我们平日粗劣的习惯、陈腐的教育、伪善的联想作用早把我们的心地给弄糟了，在教的人既不易开口，在受教的人也不容易入耳。从植物的性现象到低等动物的性现象，相差不过一间，过渡是不难的，教员可以斟酌办理。

距今一百五十年前，便有一位教育界先辈查尔兹曼（Salzmann）主张实施儿童性教育的时候，应先授植物学，继以动物学。以植物学为初步的方法，到现在已经很普遍的有人提倡，例如马罗（Marro）[59]，又如胡德-墨诺（J. Hudrey-Menos）[60]。桑墨（Rudolf Sommer）在一篇论文里[61]也主张从简单的自然历史知识入手；他说，“性教育的初步的机会真是不一而足，讲神仙故事的时候，乡间散步的时候，一个水果、一个鸡蛋、农夫的下种、鸟儿的筑巢——哪一个不是大好的机会？”李德尔顿也主张同一的方法，并且特别申说母子间彼此信托的必要；他说，“关于动物界的性现象，如需参考到，应以儿童一般的知识程度为限，不宜急进，目的在使儿童对于此种知识，认为是一般知识的一部分，而并不是分立的或隔离的；但无论如何，最关紧要的一点是随时应注意到儿童对于母亲的情感和那种因母子关系而产生的一种天然的敬意”；同时又说，无论这样见得困难，父和子的关系也应该和儿女们一视同仁的讲解明白[62]。基士（Keyes）也主张从植物的性事实入手，其次为昆虫及其他下等动物，由此递进，以至于人类；这样循序渐进的做去，便可以免除那种不健全的神秘的意味[63]。瑞丘蒙夫人（原名见前）以为儿童应该有机会到乡间村庄上去居住一时，因为在那里不但对于自然界的一般的事实可以认识，对于普通不容易用言语来讲解的动物的性事实，也可以直接观察得到[64]。卡瑞因夫人（Karina Karin）有一次把她和她九岁的儿子几次谈话的一部分的结果记下来，也说她的儿子最初发问的时候，她也用植物做教材，后来用鱼用鸟，最后才讲到人类怀胎的事实，把一本产科必备的书所载胎孕的图画给他看[65]。德国拒梅毒大会有一次开特别会，以性教育为总目，许多演讲员也再三主张此种教育应从植物的现象入手[66]。

自然历史的过程，从植物到低等动物，再从低等动物引到人类的解剖与生理，是很单纯也很自然的。在春机发动期以前教授这一类的事实，大约不会十分详细。但无论详略，性是每一种课目中必然有的一部分，所以无论所授为男童或女童，都不应该故意把它剔出不教。以前有许多完全不讲生殖系统的生理教科书应该早就束之高阁，不再采用。睾丸的性质和分泌、卵巢和月经的功能、代谢作用与泌尿作用的意义等等，不等春机发动来到，无论男女儿童，都应该明白一个大要。

及春机发动期来到，男女儿童自然更有新的和有力的理由来接受切实的性的知识。在这时期以前，冥顽不灵的父母还可勉强想象他们的儿女始终在那里过着天真烂漫的生活[67]。到此可是不行了。性器官的发展、腋胯等处短毛的出现、内部一般有机状态的变迁、男童方面的遗精、女童方面的月经、性欲冲动的突然发觉、性器官的新奇的感觉和这些所间或引起的手淫的习惯——这一切事实难免不在男女儿童的心中，引出一种新的好奇心，急切要求解答，但往往越急切越没有办法，因为许多青年一向把这种好奇心看作太阴私、太可羞、不配在人面前多说的缘故。在男童中间，要是神经比较锐敏一点，这种求不到解答的痛苦不但要迁延时日，并且是很剧烈的。

有一位很著名的哲学博士，有一次写信给美国心理学界前辈霍尔（Stanley Hall）说："我的全部的青年时代，从六岁一直到十八岁，因为缺乏凡是懂得一些春机发动期的性质的人所都能给的一些知识，不知吃了多少苦；一方面既感觉到身体上陷阙不全，一方面又怕经医生的手术，羞恶之心与忧惧之心，两相交战，就留下了一些再也不能磨灭的创痕。"[68]这一类的经验之谈，除了这位哲学博士以外，能说的还多着呢。朗卡士德（Lancaster）讲起性卫生知识缺乏的祸害以及庸医贻误青年的事实，至于声色俱厉；青年们因为缺乏性卫生方面的准备，误信庸医之言，以为偶尔的梦遗是一件极端危险的事，可以陷人于癫狂或痨瘵一类的病态，因而寝食难安、形神俱疲的，真何止数百万人。朗氏很郑重地说，"这绝不是一件轻轻可以放过的事，它可以教我们内心生活的基础根本发生动摇。它所影响到的又是我们生殖的一部分。所以一定有深刻的遗传的影响。在目下对于性问题多方掩饰与虚伪的空气中，它也是一种自然的产果。所以当务之急，是要使青年男子都了解性生理的那些简单的事实，使不再受庸医的糟蹋，以至于终身废弃，万劫不复"[69]。朗氏手中有

一千封函件，大多数是青年写给庸医们的；这些青年都是一些普通健全的青年，但在那时候，正受着庸医的欺骗。我们在报纸上时常可以看见青年自杀的消息，其中有一部分的理由据说便是上了庸医的当，我们也相信其中确乎有一部分不知死由的案件，是可以推到庸医身上去的。英国《医学杂志》有一次[70]在社评里说："我们时常接到灰心丧志的信件。是谁写寄的呢？便是那些被毒蛇疯狗咬了以后无可告语的青年。他们看见报纸角上有一块小小的广告，以为登广告的人可以救他们的急难，于是登门请益，却不道一上门便被劫夺，被鞭挞，以至体无完肤；那登这广告的报纸还算是很冠冕、很有价值，甚而至于受人敬重的咧。"那社评里又说，这些报纸的老板不但有钱，并且很有几分慈善的名气，但非特不能自动设法改良，等到有人提出请他们改良的时候，还要竭力推诿，说这是经理的事，不便干涉；实际的理由还是怕丢了一笔收入。所以那篇社评里最后便提议请官场出来检查取缔。但我们以为这一层不但不易做到，并且事实上也是并不需要，只要青年人能够从他们的自然的保护人那边多受一些相当的诲训，能在这方面自己辨别利害，那庸医和滥登广告的报纸等便无所施其技了。

非法出精或手淫，无论其为偶一为之的或已成习惯而过后改正的，在青年的心理里，也往往成为一种忧郁惶恐的泉源，因为他们以为这种超越常轨的行为已经在健康上种下无可救药的祸根。因此，便引起这时期里性教育的又一问题来，就是，儿童应否在这一方面受相当的警告。学者们对于这个问题的答案，至今也已聚讼了很久。不列颠医学协会心理分会前几年开会的时候，有好几个人演讲到这一点，其中四个，包括主席白伦福特博士

（Dr. Blanford）在内，很坚决地赞成下这种警告，另外三个却很坚决地反对，他们持两个理由：一、儿童中间不知道手淫为何物的人也不在少数，往往有读过高等小学而始终没有听见过这种习惯的，所以便不必警告；二、本来完全不识手淫为何事的，一经警告的暗示与介绍，或反而要领上这条路，所以便不宜警告。但近年以来，大多数的意见以为隐瞒这种办法，即使可以始终维持，终究是一种含有危险性的行为，而一个慈母的谆谆训诲，对于自己性器官的部分，应如何尊重，应如何保护，一定会发生防微杜渐的效果，假若不能而终于不免引起手淫的行为的话，那总是因为他的行为倾向里早就种下一些根苗，到此已积重难返，即慈母的恩爱也已经无能为力了。目下流行的许多性教育书籍，对于手淫的危险，往往说得过火；这种过火的笔墨是不相宜的，因为它所能引起的害处比手淫本身的害处要大得多。学校方面实施性教育时，除非在特殊情形之下，手淫的警告一层是应该避免的。学校教育不比家庭教育，凡百训迪，以绝对的客观和不牵涉私人关系为是，性的教育如此，其他课目也莫不如此。

讲到这里，我们却又碰上一个难关了：那就是未来施教的人的无知识与不聪明。这困难是很普通的，在家庭里和学校里都随时可以遇到。施教的人的知识和聪明既有问题，于是即使有良好的教材或书本，也不免要被糟蹋。做母亲的人，论理在这个性教育的题目上，原应该是小孩子的心腹与导师，并且她的健全的天性也自然会把她引上这条心腹与导师的路；但不幸得很，她自己就是一个在不健全的传统观念里长大的人，要纠正这种观念的影响，就非有坚强的志愿与高深的智慧不可。在学校里的教员呢，情形也正复相同，他也是这种传统观念里的产物，一提到性的题目，他那种伪善的羞恶之心便不禁油然而生，所以平日就请他担任动植生理等科目，已经不免畏缩不前，性的教育更可以不必说了。少数在这一方编辑教材或编著通俗教本而以师道自居的人，虽能不受传统观念的支配，却又往往不免走另一极端，就是把他的一知半解，甚或错误的见解，用很不科学的、很武断的笔墨传达出来。冒尔[71]说得好，性的教育虽属万分重要，但若从事启迪别人的人自己尚须师长启迪，前途的结果，我们就不由得不怀疑了。白氏又提到一点附带的困难，就是，在许多问题上，专家的意旨也还不能一致，例如，手淫是否是性欲发展初期里的一种生理的现象，禁欲到何种程度，方属有益无害之类。但同时我们也承认传统的观念逐渐改变、健全的知识逐渐推广以后，上文所说的困难自不怕不日趋减少的。

在春机发动期内的女子，对于性的本性的自觉，性质上既和男子的不同，程度上也并没有像男子那般的确实与深刻。但是因为缺乏知识而引起的可能的危险却反而比男子的要来得不可捉摸和更不易平反。她对于性的事实，也往往十分十二分的关心，青春期内女子的思想和同伴中间的谈话，也往往以性和其他连带的神秘现象做一个中心的题目。她对于性冲动的自觉，性质上虽和男子不同，却也是常有的事，她的接受外界恶浊影响的机会，也就不在少数。一部分人以为女子深居简出，一片天真，性的教训适足以破坏这种天真的完整，从而阻挠性教育的实施；未免太愚妄得可笑了。

意国作家奥比基（Obici）和马歇西尼（Marchesini）说起，他们认识的几位女师范毕业生有一次告诉他们说，在意国的大学与中等以上的学校里，人性的神秘，尤其是生殖的神秘，是日常谈话里极普通的一个题目。在英国，就在办得最好、最新式和对于女子体育有相当设备的大学里，有人说起，“大多数的女子对于性的问题，真可以说是茫然一无所知。但是她们未尝不好奇，未尝不时常谈论到它”[72]。几年以前，有一位颇负时誉的医生在他的书里[73]写着：“女子生活的范围比较狭窄，心理的活动又比较要受拘束，所以她们日常可以做思想的资料的事物要比男子为少。她们所受的叮咛训诲，无非要她们掩饰、隐讳；所以从外面看去，一个女子真是幽娴贞静，动中法度，但是心中却很不干净。她从小到大，所养成的对于性的态度，既然是一种伪善的态度，于是不提到性的题目则已，不唤起性的冲动则已，一经提到，一经唤起，她的注意与联想所及，自然只会向龌龊的一方面走去。健全的思想是不容易发生的，偶一发生，也一定要被强制的抑制。平日耳闻目见，无非是增加她心神郁结的程度，或逼她向一种不健全以至于淫秽的小说或文学作品里去寻出路，结果，自然是心思愈益黯淡，想象愈益龌龊了。为她自己的利益着想，一个女子，到了相当的年龄，对于她自身与自身的天性，是应当有一番清切与正确的观念的；所以阻挠这种观念的取得，便无异剥夺了女子的幸福。许多青年女子，刚刚踏上生命的关口，便一蹶不振，自己既受耻辱，又玷污了门楣的清白，推究起原因来，知识的缺乏，至少也要算到一半。因为没有知识或知识不足，所以一经诱惑，便无丝毫抵抗的能力。从此可知女子前途的祸福并不系于她自己，而须视她所处的社会环境能否给她以充分的保障为断。”美国社会号称自由，但在这方面的情况倒也和英国的没有多大分别。丹佛地方（Denver）青年法庭的推事林赛氏（B. B. Lindsey）有一次发表了一篇很能发人深省的文章[74]。以青年法庭推

事的资格说话，自然是很有权威的。他说，青年中无论男女，往往在他们的手册里写上许多极粗俗的性的东西。这种男女儿童大都是很和蔼可亲，一言一动也很聪明雅驯，他们也往往有很体面的父母；但是在性的知识一道，却除了顽劣的同学和下流的不相干的成年人以外，谁都没有给他们什么指导。经仔细的查问后，林氏发现每二十个人中，只有一个的父母，是和他或她谈起过性的题目的，其余十九家的父母都是装聋作哑。凡是知道一些性的事实的，无论准确或错误，几乎没有一个承认是从父母那边得来的，也就是几乎没有一个不承认是从街头巷尾拾得来的。做父母的大率以为子女们始终在这一点上维持着那不识不知的状态，一旦发现事态竟大谬不然，于是便引为万分诧异。林氏说，“父母并不知道子女的需要，并且对于子女不在他们面前的时候学些什么、做些什么，也是茫然不知。”这种漠不相关与不负责任的父母，林氏以为实在是子女的罪人。据他和儿童接触的经验，他发现凡属失足的女子，不论失足以后是否日趋下流或自能振拔，十个里有九个可以推原到父母的大意与放任上去，有许多后来做妓女的往往在十二岁以前便已受人诱惑；林氏说，“凡是我当面查问过的误入歧途的女子都对我这样说，所以我相信上文的结论必与一般的真局面相去不远。”林氏又以为无论在城市或在乡村的学校男女儿童，对于性的事实，十个里有九个都表示十足的好奇心，并且女子所表示的也不在男子之下，对于这一点，他起初自己也觉得奇怪。

做母亲的对于女孩子的责任和对于男孩子的责任起码应该相等，她应该打头就留心她的发育，并且在个人的性的问题上，应该得到她的信任，让她凡事有一个问讯或告诉的去处。这一类的事，学校是不便顾问的。但后来年事渐长，凡属一般的性卫生的知识，尤其是关于月经的，因为人尽相同，学校教师便有一种随在注意的责任，并且在安排课程、支配作息时间的时候，须得参考到它，有必要时，她也得设法使在经期内的学生得到相当的休息。这种注意的功夫原是女子教育中最基本的一部分。要是教师做不到或不做的话，她就根本不配做教育的工作，应该取消资格。但事实上这是女子教育中间最最受忽略的一点。因为母亲与教师的失职，大部分的女童，在月经初次来到的时候，竟有丝毫未加准备，以致在生理与心理方面种下祸根的，也大有人在。[75]

有一位著名的妇科专家，普莱费尔爵士（Sir W. S. Playfair），有一次在文章里说："男女青年之间，最大最绝对的分别自无过于月经的现象，但据我所知，没有一个规模大一些的女子学校对于这问题是有相当的设备的。不但没有设备，并且一般做校长的女子都觉得这是一个不屑一谈的题目。她们的见解是：发育期内的男和女实在没有什么分别；凡是对于男子有益的事，对于女子也是同样的有益；至于目前浮面上的一些差异，那完全是不良的风俗习惯的恶果，风俗习惯既不许女子参加男子可以自由从事的种种作业与活动，女子自不免相形见绌了，所以新时代来到以后，风俗一经改革，这些差异自然会烟消云散的。要是这种女校长的见解是准确的话，我们倒要请教为什么每一个对于学校生活有过服务经验的医生都在女学生中间发现不少的犯贫血病和萎黄病的分子，不但一般的血色不健全，并且还要加上月经闭塞、月经过多、头痛、心悸、消瘦和其他衰弱与委顿的症候，而同时在男学生中间却几乎连一个都找不到呢？"[76]

上文这一番话是很对的，但我们同时也承认，这种对于女子

健康的漠不关心并不自今日始，不过对于这种漠不关心与忽略的说辞却是新的。五六十年以前，在女子教育运动还没有发轫的时候，另外有一位妇科专家，悌尔德（Tilt），在他的著作里也说[77]，他曾经对于女子月经初次来到的问题，做过一些统计的调查，在差不多一千个女子里，“他发现百分之二十五是完全没有准备的，这二十五个里的十三个，不是惊吓得发呆，便是失声叫喊，甚至于搐搦惊厥，有若癫痫；这十三个中间又有六个以为不知如何自己受了伤，亟亟地用冷水洗濯，满想借此可以把血止住。这百分之二十五的一般的健康，后来都因此受了很大的创伤”。

后来美国有一位妇科专家，恩格尔曼（Engelmann），对于悌氏上文这一番调查很表同情，因为他在美国也有同样的经验；他说：“女子在春机发动的初期里，因惊慌、因神经与情绪的震动、因受寒而酿成疾病的，正不知凡几。一个身心健全而知识不足的女子，忽然之间发现身上流起比较多量的血来，自不免惊慌失措，认为是一种没来由的内部的损伤，从而设法加以阻止。普通止血的方法，自然也不外用冷水洗涤或用冷手巾之类贴住创口，但有的也有洗冷水浴的。我就认识一位女子，她在初次通经的时候，便洗过冷水浴，后来一场大病几乎不起，经多年长期的调养以后，才复了原。现在她是一位很小心谨慎的母亲，她并没有忘记她自己的那一番惨痛的经验，所以对于自己的儿女，能于事前给她们一些别的母亲所不能给的指导——就是，年轻女子在经期以内的个人卫生。”[78]

美国肯纳第博士（Dr. Helen Kennedy）有一次研究一百二十五个中学女学生在这一方面的经验。她说起通常流行的那种虚伪的羞恶心理往往在母女之间引起一种隔阂，使对于月经一类的题目，也讳莫如深，不相问闻。“这一百二十五个中间，有三十六个对于她们所以从女童变作妇女的道理，始终没有了解，她们所有的一知半解，还只得是零星拾来的。另外有三十九个比较好些，但也并不高明，她们多少受过一些正式的指导，但同时也承认，在这个题目上，她们从来不会有过自由谈论的机会。对于极切身的、也是极感兴趣的题目，而不能自由谈论，可见所谓正式的指导，也无非是教她们自己当心，和‘不必多问’一类急于打发开的语气罢了。真正觉得能和她们的母亲自由谈论这个问题而不受呵斥的，不到半数！”[79]

英美以外各国的情形，大概也很仿佛。其在法国，小说家德·刚果（Edmond de Goncourt）在他那本《爱人儿》（*Cherie*, pp. 137—139）里描写女主角在她月经初次来到的时候那种惊惶与恐怖的心理，十足表现她事前一无知识，一无准备。作者在后面还加上按语：“对于这件迟早必得发生的事，女人们确乎是难得谈到的。做母亲的很怕在女儿面前下什么警告，做姐姐的不愿意和妹妹谈这种亲切的心事，一班做保姆的，自然是更守口如瓶，尤其要是她们所当心的女儿是没有母亲或姐姐的话。”

青年女子不明白月经的道理，竟有因此而引起自杀的惨剧的。不多几年以前，法国报纸上便登载着这样一件事。一个十五岁的女子，忽然在圣旺地方（Saint-Ouen）向塞因江里投水自杀，经人救起以后，她在警察当局面前说她近来被一种无名的病魔纠缠不清，没奈何只好自杀。后来经婉转与体贴的查问，才知道那不知名的病症是任何女子都犯的，实在并不稀奇。警察当局于是把她送还给她的在理论上应该重重受罚的父母。

五六十年以前，女子的性的生活所以受父母与教师的忽略，原因是在上文已经提过的那种虚伪的羞恶心理；到了今日，女子教育的观念既经大变，宜乎是不再受忽略了，事实上却也不然，不过所以忽略的理由却也跟了发生变迁，就是说，女子对于生理的生活应该像男子一般的超脱与不受拘泥牵制。既要超脱，既不愿意受牵制，性的题目自然也在不闻不问之列了。时代既变，情形亦既变，而大家对于女子性生活的漠不关心与置若罔闻却没有变，足征前后所提出的所以忽略的理由无非是一些所谓好理由，说来见得漂亮，听去可以自圆，而不是真理由，真理由还是知识的缺乏。所以性的知识发达以后，目前足以在幼年时代便破坏女性以至于母性的健全的一些坏习惯可以逐渐消除，至少，月经与摄生的关系那一点可以充分的受人了解。但这还是一些前途的希望，若就现状而论，则所见无非是一些很惨痛的事实：一方面，经期腹痛、经期不正，甚至于停经闭经的青年女子或妇女，几乎到处皆是；另一方面，先天原来很健全的女子，因为在发育初期、月经初到的年龄里，在日常生活方面不知善自调节休养，以至引起巨大与永久的损伤的，也随时可以遇见。医学界的领袖，无论是男是女，对于这一点的观察，可以说几乎是完全一致，没有例外。几年以前，有一位女医学家雅各比夫人（Dr. Mary Putnam Jacobi）还写了一本专书，叫作《妇女的休息问题》（*The Question of Rest for Women*）。她在那本书里有这样的一个结论，她说“普通健康”的女子可以让月经自来自去，不必管它，但同时她也承认女子之中有百分之四十六是算不得“普通健康”的。百人中够不上普通健康的多至四十六人，即几乎等于半数，我们也就未便等闲相视了。在学校或业务中的女子，对于一种工作或一种游戏，往往热心过火，以致不计利害，把一己的健康做孤注之一掷。但做教员的人，对于青春期内休息与将护的重要，已逐渐能一致地承认，并且慢慢地也觉感到，要是最初行经的一年之内，一个女子能善自调节，虽有工作，也不过于奋勉的话，不但于健康有益，即就教育的效率而论，也并不是一个失着。这些都是很好的现象，所以再过一时，大家对于性的知识日益增进，对于旧的成见，日益放弃以后，我们就不难希望女子们可以从传统的虚伪的文化里解放出来，不再像以前那般把个人生活中最可以自豪的一方面引为奇辱大耻，从而加以粉饰遮掩；要知在健全的原始民族里，性与生殖始终是一件很坦白荣誉的事。美国心理学与教育界前辈霍尔（Stanley Hall）在他那本巨细不遗的名著《成年》（*Adolescence*）里也同样地希望着这解放的一天，他有一段很可以教我们欢欣鼓舞的话，说："我们应当教女子们知道，这月经的作用不但不是一种耻辱，而是一种值得尊敬的事物，从而加以提携将护，在最初几年以内，尤宜以时休息，务使循着安全与正常的路径走去，至可以稳健地成立为止。要是世间再有比我们高的本体，如神仙之类，能在上面鉴临我们，好比我们鉴临花草一般，那么女子月经初到的几年，便无异一棵植物开着花的几个钟头，是最美丽最有趣不过的。将来对于个人的知识比较发达以后，女子在这时期里，一定会特别地尊重自己，不妄自菲薄作践。野蛮民族名为野蛮，却很能尊重这个时期，并且因此而对于女子能肃然兴畏敬的心态。前途也许会有这么一天：我们因为女子的缘故，将更改我们分岁时的方法，对于男子，我们依旧保留那星期或来复的作息的办法，但对于女子，则不妨把四个来复的休憩日子合作一大来复，可以连上休息四天。有一天女子们真能为她们的权利抗争的话，她们一定会把这一层做一个起点，并

且要一反以前的心理，把男子教她们自认为耻辱的这件事认为一桩荣誉。目前流行的所谓妇女解放运动里，那一班领袖们便不明此理；以前男子看作是女子身上的一件奇耻，她们也竟依样画葫芦的看作一件耻辱，并且比一般她们所要劝导的女子还要看得厉害，名为解放，实同变本加厉的陷溺，天下伤心之事更有甚于此的么？”[80]

霍氏这一番至理名言真是颠扑不破。也许近年以来，情形已稍稍比以前为开明，但即就前数年而论，霍氏所引为可以长叹息的事真是百喙莫辞。所谓女权运动的领袖往往就是出卖女权的人。她们所采取的一些理想，原是男人的理想，她们敝舌焦唇以劝告别的女子的，无非是要她们做一些第二级的男子；以女学男，画虎不成反类犬，自然是只好屈居第二级了；她们对大众宣告说，凡是健康的、天然的女子是不用管月经作用的来到的。这真是以真作假、以假作真的见地。恩格尔曼说，“这些女权运动的领袖口口声声说，在自然状态之下，女子的体格是和男子的相平等的，又时常喜欢引原始民族与野蛮民族的女子做一个证据。不错。但同时她们也知道野蛮民族怎样的了解女子体格上那种有时期性的特点么？她们也知道在这种时代里野蛮民族里的男子怎样细心保护他们的女子么？我相信她们并不知道。月经可以说是女性生活一种高潮，潮来的时候，女子应受特殊的保护，使丝毫不受毁损——这原是凡属去自然未远的任何民族所能领会与见诸行事的一点；他们的宗教生活虽简陋，但是对于可以使女子在经期中得到休息的宗教习惯，却是最牢不可破。”我以为普天之下，唯有在白种人中间，可以找到很普遍的因为不注意性的健康而引起的女性病废现象，也唯有在白种人中间，才会发生目下这种因

噎废食的现象。以前女子之所以深居简出，名为是宗教习惯所养成，实际上最初却出诸月经作用的要求，如今主持女权的人不明此理，以为宗教习惯一经改变以后，深居简出的生活便可以完全推翻，岂不是正合着因噎废食的一句老话？[81]

德国学者托勃雷（Tobler）曾经研究过一千个德国女子的月经的经验[82]。他发现在绝大多数的女子的生活里，月经往往和健康的退步与活力的减少发生了连带的关系。在百分之二十六的女子中间，月经一到或将到，腹部的疼痛，周身的不快，心神的烦乱，便纷至沓来，不一而足。其他单单感觉腹部疼痛、或周身不快、或心神烦乱的，为数自然更多。在这几方面都不发生问题的，只有百分之十六。此外又有少数女子，居然能在经期内感觉到体力与精神特别健旺，但此中也有一半在两个经期的中间发生身心不快之感。托氏的结论是：月经固然是生理的，但是这些症候却是病理的。

在英国方面，我们也有一些零星的观察。一九〇八年不列颠女医师协会举行会议的时候，对于正常的月经与疼痛的月经有过一次讨论。当时边沁女士（Miss Bentham）说，地位或职业良好的女子中间，患痛经的要占到百分之五十。邓纳脱夫人（Mrs. Dunnett）以为痛经的发生大率以二十四岁至三十岁之间为多，因为早年行经时不知休息，才有此种现象；格兰杰夫人（Mrs. Grainger）发现凡属患痛经的小学教员，总是因为在学生时代为了考试过于努力的缘故。

美国的材料比较多。许多的调查和研究都证明青年女子性生活的不健康是一种很普遍的现象。肯纳第博士很详细地搜集了关于一百二十五个女中学生的月经生活的资料。这些女学生的平均年龄是十八岁。一百二十五个人中间，经期内不感觉痛苦的只有二十八人；一半数总是在经前感觉到种种症候，如头痛、一般的不快、心神烦躁之类；四十八人则于行经腹痛以外，又感觉到别的症候，尤以头痛与全身软弱无力为多。散宾夫人（Jane Kelley Sabine）在新英伦诸州的女学校里，发现在两千个学生中间，月经发生问题的多至百分之七十五；百分之九十患有白带和卵巢神经痛；百分之六十每月总得辍学两天[83]。这一些发现似乎是特别的坏，但也未尝不富有意义，因为二千之数，不能算小，它一定有相当的代表性。其在太平洋沿岸诸州，情形也未必见佳。女医师瑞德尔（Dr. Mary Ritter）在加利福尼亚大学的六百六十个一年级生中间，发现月经生活不健全的多至百分之六十七，其中患头痛的占百分之二十七，背脊痛的占百分之三十，大解秘结的占百分之二十九，心跳声音不正常的占百分之十六；只有百分之二十三完全不受这种种症候的支配[84]。又麦默尔切女医师（Dr. Helen MacMurchey）发表过一篇有趣的论文，叫作《经前与经期内的生理现象》[85]；她事前曾向多伦多（Toronto）地方的女医生、看护和女教员发出一百份征求案，征求案中载明二十一项不正常的行经时候的现象，请应征的人在每项下面填明本人有无此种经验。归纳的结果，她发现百分之五十至六十患着睡眠不稳、头痛、心神抑郁、消化不良或感官迟钝等症候；百分之二十五至五十则患神经痛、头晕、神经过分的紧张有力、神经与肌肉衰弱、触觉特殊锐敏、血管舒缩不正常、便秘、腹泻、小解过量、皮肤发疹、易于伤风或经前经后泌水等症候。这一番的调查很有趣味，因为它足以证明月经期中不健全的状态的普遍。此种状态虽非严重，但也足够影响到一个女子的活力，一面既不免减少她抵抗外来足以致病的势力、如病菌之类，一面更不免降低她工作的效率。

月经的失调足以为女性生活的一大障碍，有一件事可以做旁证。大率做一番事业或享盛名的女子似乎不大受它的影响，反过来说，就是绝大多数的不能成就什么事业的女子至少一部分是受了月经不调的牵制。妇女运动里的领袖所以不把月经当作一回事的理由，一部分也许在此。她们自己既比较不受牵制，于是推己及人，以为别的女子也大都这样，殊不知事实却并不如此。德国女士格哈特（Adele Gerhard）与西蒙（Helene Simon）在她们那本《母性与知识工作》（*Mutterschaft und Geistige Arbeit*）一书中，发现（原书第 312 页）她们所研究的许多著名的有才干的女子，生平并没有受过月经问题的多大的牵制。

晚近有些医学界与教育界的人士时常主张凡属正在长发期内的女子，不但每逢经期，应该有两天的休息，并且应该于月经初来的一年以内，完全不进学校。在上文所提的不列颠女医师协会会议席上，施窦琪女士（Miss Sturge）说起某女学校里办过这一类的试验，凡属月经初来的女子，在最初两年内，每逢经期，总要让她们卧床两日，完全不习功课；所得的结果，很为满意。几年以前，葛克医师（Dr. G. W. Cook）在一篇杂志文章里[86]一面举了许多例证，一面说：“这是我的坚决的信仰，以为凡属月经初来的女子，在第一年内，不应受功课的包围，而应多多的享受户外生活。”有一位大学毕业的女子，用了“老校友”的笔名，写了一篇《校友的儿女》[87]，专门讨论美国女子性生活方面的多愁善病和因生育频繁而引起的虚弱委顿；作者并不是一个对于目前的女子教育有什么反感的人，她并且以为这种教育并没有什么不健全之处，但既经鉴及一班女校友的生活的愁苦，她也未尝不再三申说这一点，就是，女子在春机发动期以内，应该有充分的休养。她说，“要是脑子把女子的精力完全霸占去的话，试问还有什么健全与圆满的发育可言？好比在脑子发达以前，幼童们总先得把全部的精力用到体格的发展上去，女子在智力生活发达以前，也总得先给这最关重要的生殖系统一个自由发展的机会。所以我们至少应该给她一年的悠游自在的生活，心理上与神经上丝毫不让她用力过度；在这一年以后，终她的学校生活的时期，也该让她以时休息，不太用心也不太用力。”惠泰格夫人（Nellie Comins Whitaker）在性质相类的一篇文章里也提出过同样的主张[88]。她说，“有许多女子，在春机发动的时期里，应该完全离开学校，多则一年，少则数月。以前我是不肯这样想的，但事实胜于雄辩，终于渐渐把我折服，教我不能不作此违心之论。”她在下文里又说，这种主张的最大的障碍是女子自己的任性与不受劝告，和她的母亲的缺乏知识，这种母亲始终以为痛苦是女子分内应得的事，不必也不宜设法避免。

这样的休息，在身体方面固然可以增加健康而促进将来的抵抗力，就是在教育一方面，也未必是一种损失，因为教育原不限于学校的教育，学校教育不过是全部教育的一部分而已。这休息的方法也应该是普遍通用的，不应该仅仅适用于多病和弱不禁风的一类的女子。目前的女子教育在这方面的忽略，最惨痛的结果，倒不在脆弱的女子变本加厉的日趋衰颓，而在一部分本来极健全极优秀的女子亦于不知不觉之间，日归消沉淘汰。在目前紧张的生活状况之下，据说英伦的警察人员，也不过二十五年，便已筋疲力尽，呈衰老的状态。警察人员是任何人口中少数体力特别充盈、精神特别饱满的分子，他们犹且如此，何况一个人口中的花一般的女子呢？

要知目前女子在学校里所处的环境，其为煞费精力，实在和警察在十字街头所处的车马喧阗的环境没有多大分别咧。

女子的多愁善病，其主要的原因似乎是已经很明显，就是，太不讲卫生。第一，月经期内的忽略，上文已经从详讨论过。第二，是一般的习惯上的不卫生。日常生活里凡属攸关摄生的行为与习惯本来就不很高明，但是在女子方面似乎尤其是黑暗，在盎格鲁–撒克逊民族里，这一点更来得显明。在女子生活里，这一类攸关卫生的举措往往会被一时紧急的工作或有趣的情境所搁置一边；她们穿的衣服往往是逼窄而妨碍动作的；她们对于一日三餐，往往不按时刻，不论饥饱；不容易消化的食品，既不反对，滋养力薄弱的食品，尤在所欢迎；逢到大解或小解的时候，或因懒展缓，或因忙搁置，或因虚伪的羞恶之心而竭力忍耐；甚而至于对于身体的清洁，有时也很不注意[89]。还有许多零星的习惯，分开来看好像是无足重轻，但是合拢起来，对于女性健康的影响，却也不小。社会所造设的环境，本来没有十分参考到女子的需要，即使女子们平日能小心翼翼，善自适应，尚且要费上九牛二虎之力，何况自己还要添上这许多不良善的习惯呢？美国某女子大学有一次对于紧身褡和学业的关系做过一次调查，发现全校之中，服用紧身褡与不服用紧身褡的女生大约各占一半，但是成绩优异因而得到荣誉或奖金的学生几乎是全部不在服用之列。做这个调查的人，麦克勃拉德（McBride）因此说，“假若单单服用紧身褡的一个习惯，而且服用的时候又正值女子一生中最年富力强的时期，已足够产生如许恶劣的影响，要是一二十个不卫生的习惯荟萃在一个人身上，并且终身不改的话，试问那恶劣影响的总和还堪设想么？”[90]

讲起女子疾病的预防，茄埃尔士氏（A. E. Giles）说："女子只要能注意一般的卫生和教育，痛经的问题似乎很显明的可以避免。所谓一般的卫生，无非是指工作时间不宜太长，尤其是要是工作时须得站立的话；充分的户外运动，如网球、划船、骑自行车、各式的器械的运动之类，如环境不许可，设备不周到，则安步当车，亦无不可；食物应有定时、定量和适当的品质——老是吃一些茶、面包、牛油、再间或添上一些干点心之类，是不够的；用心用力，都不宜过分，已觉疲乏时，便该停止，不再勉强——这都是应该注意的一些要目。读书尽管读书，但应出诸从容不迫；要知无论读得怎样慢，也终有卒业的一日。"[91] 茄氏这一番话是很切实的。全身运动的好处，原是极明显的，不但对于一般的健康如此，就是对性的发育以及精神生活的调整，也无不如此；但是要做到这一点，第一先得废弃重笨与逼窄的衣服，尤其是在胸部一带，女子体格不及男子之处不止一端，尤以呼吸的力与量为甚，若再加以压迫，岂不是更相形见绌[92]。以前女子不能行动自由，原因在大家抱着一种理想，以为女子身体的一举一动应以拘谨为宜，越是多方的约束，越见得端庄稳重。现在这种理想固已不大受人重视，但是它的积重难返的影响至少还保留着一部分，同时从事女子教养工作的人，又不给她们充分的时间、机会与鼓励，使她们摆脱这种习惯，而把她们喜欢活动的天性从根培植起来。这种天性的培植，实在是教育的极重要的一部分，因为只有运动自由才可以把神经与肌肉系统建立起来，而神经与肌肉系统也就是一切活力所由表见的基础。独可惜目前的教育太不注意这一层了，女子体格上的许多瑕疵便是铁证。伦敦州政府技术教育股的医事检察员贝礼医师（Dr. F. May Dickenson Berry）发现在一千五百个成绩优异得有升学奖金的女学生中间，

百分之二十二的脊柱，多少患着侧面即弯曲，即不向右弯，便向左弯，但是在同等的男学生中间，便几乎一个都找不到[93]。散朋女士（Miss Lura Sanborn）在美国芝加哥师范学校里，也发现同样的情形，一批很优异的女生中间，脊柱弯曲不正的也有到百分之十七，其中有几个并且弯曲得很厉害[94]。我们看不出来，为什么做了女子便不该有一根挺直的脊柱，像男子一样，其所以不能有的缘故，显而易见是在肌肉与韧带的得不到正常的发展；肌肉系统的发展一有错误，全身骨干的布局自难免不受影响；所以他们发现凡是脊柱不健全的人，大多数也是筋肉发展不健全的人，并且有时候也是患着贫血病的人。在现状之下，中上阶级的女子，对于个人的肌肉系统，如欲有相当的训练，机会倒也不少；但要寻一些比较普遍的设备，使大众可以享受，尤其是要使工人阶级或中下阶级里前途不能不靠卖力气吃饭的女子们，也得到一些训练、一些准备，那就绝对不可多得了。美国巴尔的摩地方（Baltimore）的色尔曼医师（Dr. W. A. Sellman）也申说适量的运动、卫生的注意与神经系统的休息，对于女子，确有极好的效验[95]；旧金山的女医师勃朗氏（Dr. Charlotte Brown）竭力的主张在一切村镇中间，设立公共的女子体育场，同时凡属比较大一些的学校应附设专馆一所，供女子习练自然科学、手工和家事学之用。勃氏特设女子体育场的建议很不错，因为在女子体育初倡的地方，难免男子们不少见多怪，争相观看，平添许多麻烦出来。但同时我们也承认，有许多女子体育比较发达的地方，例如西班牙的乡村中，女子的运动，往往就在本村的公用的大草地上举行，男子们视若无睹，久成惯例；我以前在西班牙旅居，见西国女子大率躯干健硕，与众不同，大概一部分便得益于此种习惯

了。又游戏一项，在男学校中不但再三鼓励，并且久已成为一种强迫的作业，与课程相等，但是在女学校中间，这种情形只不过是偶一遇见，并非通例。这一番话并不是说女子所做的游戏或比赛在品类上应和男子的一样。那不是，此种品类不但不必相同，并且很不该相同。就英国一隅而论，女子的行动似乎特别见得笨拙，一弯腰、一举足之间，生硬有余，圆转不足，当然更不宜袭取男子的游戏与运动方式，使此种不美观的程度更变本加厉；要知力的表现固然是我们的期望，但若表现时不免生硬急遽，便足证神经与肌肉系统的训练，去协调与纯熟的地步还远。用这种眼光来看，游泳和好几种的舞蹈，是最合于女子体格的，它们不但可以促进力量，并且可以增加行动时和谐的程度；游泳的机会不可多得，但遇有机会，便应充分的利用[96]。一九〇七年国际学校卫生会议（The International Congress of School Hygiene）[97]席上，曾任纽约市公立学校的体育监督的居礼克氏（L. H. Gulick）说，在纽约全市的小学与中学校里经过多次的试验以后，他们认为对于女子最合宜的运动，要推各式的土风舞。“此种土风舞对于周身大一些的肌肉集团，都能加以训练，使再三地伸缩，因此，对于呼吸、循环与营养各方面，都能有很良好的影响。且这种伸缩的活动，因为比较的从容不迫，所以可以历久不觉惫疲，与普通跑、跳或器械运动所需要的伸缩不同；普通运动也许十分钟便可以教人疲乏，此种舞蹈却可以延长三四倍的时光。有许多土风舞是富有模仿性质的，其中有模仿播种的，有模仿收获的，也有模仿手工业的活动的（例如鞋匠），也有模仿武术的攻势和守势的，更有模仿打猎的。所以它们所唤起的神经与肌肉的动作是和种族的历史一样的悠远，也就是种族的习惯的一部分；最宜于代表人

类所由表现自己的艺术生活。假若我们用这种眼光来看土风舞，并且承认它实在是人类全部神经与肌肉的活动史的一个缩影，而不是一些杂凑的动作，那么，根据生物学的理由，我们以为应该正式的接受土风舞为女子最合理的运动，其价值要在它种舞蹈之上；它种舞蹈中也有被认为合乎生理原则而受选择的，但与土风舞相较，总嫌缺少经验的依据；从审美的立场看去，当然一切的舞蹈，其足以表现人的审美的天性，自然要比歌唱、绘画与雕塑等活动为多。”

但我们得永远记住，我们虽主张对于女子的天性要特别注意，我们并不以为女子便不宜受高深的教育。女子应否受高等教育问题是早经解决了的，丝毫不用我们怀疑。所以今日之下，为女子教育而奔走呼号的人，也就无须劳心焦思地来设法证明女子受教育的能力并不亚于男子，而女子教育的成绩也并不在男子教育之下。当务之急，倒在要让大家知道女子有女子的特殊需要，好比男子有男子的特殊需要一样，要是不能顾到这种特殊需要，而强其接受适用于男子的一些原则与限制，那么，不特对于女子自身有害，对于社会生活全般也是毫无益处。我们对于男子，也可以说同样的话。总之，男女之间，无论在学校里或社会上，我们虽则希望他们能共同工作，相须相成，但彼此所由达到生活的鹄的的路径，终究因天性的不同而有歧异，鹄的能否到达，即凭能否遵循这天性的法则为断。我们在这里要牢牢记住的一点，就是，女子之于男子，不但躯体比较短小，组织比较细腻，并且她们生活的重心也极容易受一种富有节奏的、性的波浪所震撼动摇；这种重心易受颠簸的现象，在男子可以说是完全没有，但在女子，却几乎无时无刻不受它的支配。所以名为同是圆颅方趾，

而实则女子的生活，好比一座持平的天平，动不动便有不能保持均势的危险——无论大脑也罢、或神经的全部也罢、或肌肉部分也罢，只要受一些有分量的压迫，便要比男子容易引起严重的纷乱。上文所谓特殊的需要，与此种需要的不能不体贴，在此。

上文所说有分量的压迫倒不一定指不良的教育影响，大凡生活中过度的用心或用力的事都可以算得。这一层若是还需要证据的话，我们只要举一个例也就够了。就是，女子性发育的中途停止和神经的衰弱委顿，以至非长期休息不可一类的现象，在商店和工厂中是极普通的；她们中间往往有从没有进过学堂的，但这类不幸的现象照样可以发生。运动总算是好事情了，但若过火的话，影响也是很坏，而过火的运动，因为以前妇女太不注意体育，物极必反，也是目前常有的事。骑自行车是对于女子很有益的，但总以对于在骑的时候腹部不感觉疼痛或其他不舒适的人为最相宜。渥德金氏（Watkins）甚至于说对于盘骨不健全或不正常的女子，往往也有益处。但无论如何，过火了也有种种害处，最危险的是使会阴部分硬化，以致将来生产时发生困难，甚至于非动手术不可。讨论到这一层，我不妨随便添一句，就是，女子骑马太多，也有同样的危险。由此推而论之。凡属有震撼性的运动，对于女子大都可以产生危害，因为女子体内的子宫，是一件很细巧的器官，部位既不易持平，分量又以时轻重，偶一不慎，就会发生问题；凡属剧烈的运动或竞赛，如橄榄球之类，对于女子绝不相宜，这便是一个解释了。瓦萨女子大学（Vassar College）的体育馆主任白兰亭女士（Miss H. Ballantine）某次写信给汤玛士教授（W. Thomas）说，“无论怎样努力训练，我不信女子在体育方面的成绩有赶上男子的一天”；紧接着她又很有

见地的添上一句话："我也看不出来她们有什么赶上的必要。"[98]这话真对，我们从上文里便可以看出来，不特没有赶上的理由，并且有许多不必赶上的理由，尤其要是她们是准备有一天要做母亲的话。我个人观察所及，便看见许多强有力的平日擅长户外运动的女子，一到临盆的时候，不但不比别的女子容易，反而比她们要困难，甚至于危及胎儿的生命。普通我们以为讲究体育的女子，生产应比较便捷，殊不知结果却适得其反。有一次我和去世不久的恩格尔曼医师（Engelmann）提到这一点，一则因为他是一个妇科专家，再则因为他平日主张妇女体育最力；他说他自己的观察也是如此，同时英美两国的体育教员也对他说起过在她们的学生中间，也往往有因运动过火而后来发生难产问题的。恩医师在信上答复着说，"'对于女子肌肉发达的影响的不良好'，我和你的见解恰好相同。剧烈的运动如各式田径赛之类，及过火的体育训练，无论这种训练是自动的出于体育馆中，或被动的出于工厂中，都可以使女子体格渐渐趋向男子的状态。凡属浸淫于此种活动中的女子，在品质上也会潜移默化，渐和男子相似；最彰明昭著的一些，是性欲力量的减少、生产困难的增加、最后再要添上生殖能力的降低。卫生的习惯对于女子的品质，确有促进之功，但是近乎男性的肌肉发展，却有杀伐之力，虽则同时我们也承认农工的妇女的生产倒并不见得困难。我向来所再三提倡的，只是女子体格的训练，而并不是肌肉的锻炼，也许我说话说得太多了，或者把训练的重要，说得太好了些，以致别人误会为肌肉的锻炼。但即在今日，各级学校以内的女子体育，还嫌不及，不嫌过火；只有那些阔人家的女儿才把高尔夫球玩过了火，或浸淫于各式的田径运动而不知节制。我目下正搜集一些新鲜的材料，

但就已经搜得的而论，便觉得你的见解极有根据，在我的脑筋里已经留下一个深刻的印象，不久我希望可以给它一个更详细的解释”[99]。但这个解释，或其他关于这一点的笔墨，我们始终没有得见，因为不多几年以后，恩医师便去世了。

对于女子特殊的天性、个别的需要以及独有的尊严，有了相当的认识以后，不但教育与卫生的事业要蒙到益处，我们还可以发现一些更远大的意义。女子在这一方面所接受的传统习惯与训练，对她都有深远的潜移默化的影响，好的影响固然好，坏的影响却很坏，所以，要是从小到大，社会或用明说，或用暗示，教她看不起自己的种种特点，即女性本身的性格，那么，她自然而然会把合乎男性性格的生活理想引为自己的生活理想，故而在她的人生观上和日常生活里引起种种的不和谐和不调协来；有人研究过英美两国的年轻女子，发现美国女子中间以男子的理想为理想的，多至百分之五十，而自悔不该生作女儿身的，美国女子中有百分之十五，英国女子中更多至百分之三十四，同时男子中喜欢做女子的却几乎一个都没有[100]。和这种趋向可以连在一起讲的还有一点，就是近代的女子教育太不注意情绪的训练；以前的女性生活也许太偏重情绪一方面了，这显而易见是一个不可避免的反动，但矫枉过正，不但不得其平，反而造成了置情绪于不问不闻的局面，其为殃祸，且甚于太讲情绪。一个发育得健全与细到的女子，往往用情绪来解释理智，来参赞理智，要是教育的培植过于偏重理智，一种不和谐不调协的趋向便会发生，以致使人格受局部的损伤或全部的破碎。所以德国有位学者瑞普玛尔（A. Reibmayr）曾经引证美国的女子，以为发育不全的一个炯戒[101]。我们讨论至此，更不妨指出，就在情绪范围以内，女子便已经不

免不和谐与不协调的倾向；传统的观念时而把女子当作神仙，时而把她当作鬼怪，安琪儿是她，魔鬼也是她，爱之欲其生，恶之欲其死，女子从小就处这种毁誉无常、爱恶靡定的环境中，在情绪方面自难免不常起冲突。这种传统观念又是有极悠久的历史的，原始民族把圣洁和极污浊的东西混为一谈，便是此种观念的滥觞；所以女子对于自身所发生的情绪上的冲突也许是和我们的文化史同其悠久。德国学者黑尔曼（R. Hellmann）是研究这个矛盾观念的一个先进，他曾经做过一本书，加以发挥，中间说话有极过火处，但下面的几句是再对没有的。他说，“每一个女子或妇女，传统的见解都教她把她自己的生殖的部分看作一个最名贵最神圣的区域，普通只有丈夫可以近得，或在特殊情形之下，做医生的人也可以近得。但传统的见解也教她把这部分看当一种茅厕似的肮脏东西，有了它，是一件奇耻，提到它，脸上便该忍痛地发红。”[102]一个普通不用脑筋的女子对于这两个天南地北的见解，总是毫无问题地接受下来，时而引用这个见解，时而引用那个见解，时而以为荣，时而以为辱，一任境遇变迁的摆布，表面上很像相安无事，在比较用脑筋的女子，则往往自己造作出一些私人的见地来。但女子中间因为此种矛盾的见解，而在人生观与自然观上引起错误与谬妄的影响的，终究大有人在。至其中少数性情特别锐敏的，往往全部的精神人格要吃不少的亏，甚或至于破灭。

精神病学者息狄士（Boris Sidis）曾经在他的著述里记下一个例子，证明以性为污秽的说教对于一个神经极度锐敏的女子，可以产生极坏的结果。他举了一个在天主教寺院里受过教育的女子。“她在寺院里的时候，她就留下一个深刻的印象，以为女子好比一只粪缸，满缸是蛆虫粪秽[103]。这个见解好像是一个持戒极严以圣洁著闻的尼姑教给她的。那时候她年纪还小，后来月经来了，又发现别的女子也有同样的经验，于是粪缸的见地便更深深的印在她的锐敏的心上，再也不能磨灭。”后来年事日长，这见地好像是忘怀了，但所谓忘怀，不过是从自觉的记忆陷入不自觉的潜意识中罢了，所以做了几年公司里的业务以后，身心交疲之余，这见解的恶劣影响终于爆发。她后来结了婚，但从此以后“她对于一切妇女便发生一种极大的厌恶与恐惧的心理。在她看来，女子便是垃圾，便是粪秽，便是淫恶的化身。家里的衣服拿出去洗，绝不可以找有女子在那里工作的洗衣作。她又坚持‘路不拾遗’的主张，无论怎样贵重的东西，她以为都是捡不得的，因为保不定它是一个妇女所遗失的”。[104]这是以前所谓女教的必然的结果。所幸地，神经比较健全的女子对于这种教训多少都有一些天然抗拒的能力，绝不完全接受；但同时我们总得承认，即使接受一部分，也已经足够在女子的心灵上盘踞起来，迟早会产生一些孽果。

虚伪的传统观念，影响所及，不但使女子对于自身的关系，和对于同性的关系，见解上与感情上要发生种种谬误；同时，她婚姻中的幸福，与前途的一生，都要受到支配。一个天真烂漫的青年女子，一朝突然地加入“终身不改”的婚姻生活，那危险真是大极了；她既不明白她的丈夫的真相，她又丝毫不明白男女情爱的法则，她也完全不知道自己会发生什么可能的变化，最可怜的是，她对于自己这种种知识的缺乏，始终蒙在鼓里一般的不识不知。好比一个人玩一种球戏，还丝毫没有学会，便须出场竞赛，其不至一败涂地不止，是可以无疑的了。一个女子不能先学养子而后嫁人，所以在她的天性没有因婚姻的经验而唤起以前，社会一定要她牢牢地和一个男子相依为命，这一类盲人骑瞎马、夜半临深池的情形原是多少不能免的。一个青年女子自信她有她的品格；她依据了这种品格，来安排她的前途；她终于结婚了。就在这种自动的情形之下，还有一大部分的女子［小说家蒲石（Bourget）小说六个中有五个］在多则一年半载，少则一二星期以内，发现她以前对于自己和对于对方的认识完全错了；她在自己身上发现了另一个自我，而这个自我，对于新婚未久的夫婿，却是一眼也看不中的。这种不幸的可能的遭遇，只有一个有过恋爱的经验的女子，才有相当回避的能力。一班平日讲究恋爱自由与选择自由的女子还是一样的不能避免。

学养子而后嫁，虽属不可能，因此我们不能给女子以充分的自动的保护；但至少有一种保护，是未来做新妇的人可以取得、而无碍于最通俗的婚姻观念的。就是，我们以为一个女子在结婚以前，至少应该预先知道她和她的丈夫会在身体上发生什么一种关系，并且应该知道得很正准，庶几临时不致引起什么精神上的打击或事后失望与上当的心理。对于两性关系的真相，我们讳莫如深的心理已经改去不少，但即在今日，所谓知识阶级的女子，在结婚的前夕，恐怕大多数还是莫名其妙，间或有一知半解，也是暗中拾人牙慧，不足为依据的。一个富有才学的女子像亚当夫人（Madame Adam）说她在未婚以前深信因为一个男子向她接过吻，她便非嫁给他不可，原来她以为接吻便是性结合的最极度的表现。[105] 亚当夫人犹且如此，其他便可想而知了。有时候一个女子嫁了一个有同性恋爱的变态性心理的女子，却以为所嫁的是一个男子，而始终未能发现自己的错误。不久以前，美国便发生过这样的一个案子；三个女子连上嫁给同一的另一个女子，但三个之中，似乎谁都没有发现她们的“丈夫”究属是雌是雄。卡彭特（Edward Carpenter）说，“一个文明生活里的女子，当她被牵到‘神坛’前面的时候，对于将近举行的礼节和此种礼节所含蓄得很浓厚的牺牲的意义，往往不是完全不了解，便是完全误解。”因为此种知识的缺乏与准备的毫无，婚姻的行为实际上便无异强奸的行为，并且我敢说，婚姻以内的强奸比婚姻以外的还要来得多[106]。一个将嫁未嫁的女子，一心期望着以为恋爱是一种怎样甜蜜的经验，但所谓甜蜜，在她却也很模糊，最多不过是普通所谓“浪漫的”亲热罢了；于此种期望之外，又添上她在小说书里看来的那些私订、落难、发迹、团圆一类千篇一律的凭空捏造的故事，以为神仙眷属的生活，便应尔尔。这种小说书里，因为传统的性观念的虚伪，又往往把健美的性的事实，完全搁过不提。瑟南古（Senancour）在他那本《论爱情》（*De l'Amour*）里描写此种女子的心理说，“她真是一派信赖的天真，一个缺乏经验的人所有的欲望，一个新生命的种种要求，一个正直不私的心肠的期望，也都在那里候着。她有的是恋爱的种种能力、她一定得把她自己的爱发放出去；她有的是种种可以令人陶醉的媒介，她一定得把别人的爱接受过来。一切都表现着爱，也都要求着爱：一双手是生来预备做甜蜜的拥抱用的，一双眼睛竟是一个幽深不可测度的东西，除非，在盈盈脉脉之中，它会对人说，你的爱是可以接受的；一个胸膛，要是没有爱，便不会动，也没有用，要是不受崇拜，也终必归于凋谢。这些都是一个处女的情感，宽大得可以笼罩一切，柔和得可以融化一切，浓艳得了以荡人心魄，是心坎里出来的愿望，是至情的豪放的流露！宇宙的法则既有那么一条细腻的规矩要她遵循，自然她也只有遵循的一法。至于那陶醉

的一部分、真个销魂的一部分，她也自然很明白的知道，一切都可以叫她联想到它，白天则感触时至，夜间更梦寐以求，又有哪一个年轻、敏慧、富有情爱的女子不准备着来经历的呢？”这一番话固然写得很美，但真正到爱的这幕喜剧在她的面前展开的时候，尤其是当她霍然惊觉在那“陶醉与销魂的部分”里，她应该扮演什么一种脚色的时候，形势往往便会突然变更，而喜剧竟不免化为悲剧！她发现自己对于这一部分竟全无准备，于是便不免惊惶失措，在心理引起严重的变化来。在这种形势之下，她的一生的幸福便已不绝若线，那一线便是丈夫的应付能力与体贴心肠和她自己的心神镇定了，赫希菲尔德（Hirschfeld）在他的作品里记载着一件事。一个十七岁的天真烂漫的女郎出嫁，结婚之夕，便坚拒着与新郎同房。新郎无法，便请求丈母娘把结婚以后应履行的“妇道”向新娘解释一番。解释了以后，新娘对她的母亲说，“要是妇道是这样的，你做母亲的事前为何不告诉我？要是我早知道这一点，我就打算终身不嫁人的。”后来发现这个女郎本来是一个同性恋者，对于异性恋是不可能的。但她的母亲和丈夫都不明白这一层；丈夫本异常爱她，守了她八年，要她回心转意，但是徒然，后来终于分居了[107]。这固然是一个极端的例子，不足以代表一般的状况，但在婚姻的佳期里，下面两种情形是一定时常发生的：一是同性恋者的突然发现她们自己的特性；二是发育与性倾向很健全的女子，因为事前毫无准备，以致惊惶失措，使早年幽美的爱的“诗境”未能如春云一般的逐渐展开，终于演成了更加健美的“实境”。婚姻原是进入实境的必经的步骤，但在实境中脚还没有踏稳，而一个筋斗便把诗境跌成一个落花流水的女子，必定大有人在。

在春机发动期以前，性教育的开始似乎应当是母亲的——或有母亲责任的人的——独有的特权；学校中的动植物学当然也可以供给一些关于科学一方面的知识，但那是例外。达到了春机发动期的时候，也许母亲所能或所肯传授的便不够了；儿童的一般知识既加多，他们所需要的性知识自然也得更精确、更显得要有权威才行。在这时候，做母亲的应当把流行的关于性教育的书籍介绍给他们（见上文第九节），让他们对于性生活的生理、卫生、道德等方面，可以有更清楚的了解。到这时候，我们料想，他们对于胎产的道理、婴儿的由来，以及父亲对于这些，究竟有什么贡献等等，已经有了相当的认识。所以无论介绍什么书籍，这书籍中间对于性交的一点，总得有相当的叙述，短一些不妨，但总要说得清楚，含混是不行的。对于主要的自我恋的种种现象[108]，也该论到，字里行间虽不能不存劝诫之意，却不宜故作惊人之笔；所谓自我恋的现象既不止一端，所以也就不该专就手淫或非法出精立论。把这样选择精当的书介绍给他们以后，便让他们自己去浏览去，绝不会出什么岔子；这样一两本书，不但可以代替母亲所已教给他们的，并且也无异上了几点钟性教育的课，或和医生谈了一点钟的话；儿童在这时候也许正在学校里听受这种课程，将来比较长大以后，也许会有向医生咨询的机会，有了这本书的准备，也就不难互相参证了。有人以为这办法是不妥当的，因为儿童不免利用书中的资料、胡思乱想起来，因而得取一种不正当的心神上的愉快。这固然是很可能的。男女儿童，要是从小丝毫没有得到过性的教诲，所闻所见，无非是一些虚伪的掩饰的暗示，那么，一朝有机可乘，可以满足他们很自然的而久经抑制的好奇心理，他们的想入非非，不能自制，当然是不免的。但

是对于教养得很自然、发育得很健全的女童，这种危险绝不会发生。至于春机发动期已过之后，青年已渐入成年的境界的时候，则目下已很通行——尤其是在德国——的演讲与个人谈话的方法就很可以适用了。演讲与主持谈话的人应该是一个特地挑选出来的教员、医生或其他有资格有特殊准备的人。

霍尔一面既主张传授性教育时，男童应该由父亲教，女童应该由母亲教，一面接着又说，“也许在将来，这种性的启蒙，又会变作一种艺术，像原始民族里所履行的迹近冠笄的仪式一般，到那时候便有专门家指导我们，教我们在各式各样的特殊情形之下，就各种年龄不同品质不同的青年，可以放手做去，尽我们诱掖之责；同时也教我们认识，在这种责任前面，我们不但不应该觉得一筹莫展，左右为难，甚至于自甘暴弃，并且要明白了解在这时候教导青年，用这题目教导青年，是教育学与教授术的至高无上的一个开宗明义的机会，教育之所以能感人化人，也在这些地方最可以看出来；同时也要知道对于宗教的教师这也是一个最大的机缘，因为性的发育与宗教性的发展有连带的关系。”[109]这位著名的教育家又说，“我在威廉姆斯（Williams College）、哈佛、约翰·霍普金斯（Johns Hopkins University），和克拉克（Clark University）各大学里，先后曾在我所主持的一系里向学生们讲解这个题目，所讲以简洁明了为主，越是在团体前面讲，越要求其赅括显明，有必要时，也偶作私人谈话，则可以比较详细；我生平对于学生们的贡献，比较有益的，自问这要算是第一件事。这我始终以为是我应尽的责任，固然我也承认是一种痛苦的责任，并不容易尽；一则要会随机应变，再则要有相当刚不吐柔不茹的常识，至于专门的知识，倒在其次。”[110]

普通的男女教师，对于性卫生知识的传授，在能力上是很欠缺的；这是谁都知道的一点，可以无须多赘。唯其如此，所以教师的训练是目前当务之急，即使教师们不能一一受此种训练，至少一部分是万不可少的。在德国，这种训练工作已经有了一个开端，就是集合了许多教师，向他们举行多次的演讲会，总题自然是性的卫生了。在普鲁士一邦内，最先尝试这办法的地方是布雷斯劳（Breslau），该地的教育当局请一位医师叫作旭村（Dr. Martin Chotzen）的向当地一百五十个教师举行了这样的一个演讲会，听众都表现十分十二分的兴趣；演讲的内容包括下列的几方面：性器官的形态与解剖、性本能的发展、性能的重要变态、各种花柳病和培植节制力的重要[111]。医师路透氏（Dr. Fritz Reuther）也曾经把他向一个教师讲习会演讲的大要发表出来，他所讲的内容和旭村的没有多大分别。

至于对于学生的直接的演讲，尤其是对于行将毕业的学生，至少在英国的教育当局还没有什么准备。但在普鲁士却不然，彼邦的教育部对于此种办法，早就表现很活跃的兴趣，并且已经开始推广演讲的集会，让学生自由参加，并不加以强迫。这在不多几年以前还是行不通的。记得一九〇〇年间，有一个德育促进的团体，向柏林市政当局提议举办一个演讲会，利用各学校的一部分的课堂，分期向市中高级的学生讲性卫生的道理，起初市政局答应了，但后来终于把许可证收回了，理由是“这种演讲对于青年听讲的人的道德观念是极端危险的”。法国的市政当局，在同类的情形之下，也表示过同样的态度。但无论如何，德国的舆论近年来已日趋开明。英国方面的进步，虽不多或几乎没有，但美国则和德国一样，也已经开始这一类的工作，例如芝加哥的社会卫生促进会（Chicago Society for Social Hygiene），便是提倡此种工作最力的一个团体。我们到此，不能不向那些反对性教育的人特别说一句话：要知在大城市里反对性教育的宣传，便无异等于和当地的种种淫恶与不道德的势力携手，而朋比为奸，说得厉害一些，其罪应与那些陷人于淫行的人同科。

在德国，上面所讲的一类的演讲有时也专为女子而设，无论贫富，凡属将近毕业的青年女子都有机会在这方面受些教益；有人以为贫家的女子生活比较自然，可以无须乎这种设备，其实不然，她们的需要并不比富家女子为小，在有的地方并且需要得更见急迫。例如有一位海登汉医师（Dr. A. Heidenhain）便编印过一种演讲稿，稿末又附有解剖的图案[112]，他把稿子的内容向将近毕业的女学生演讲，演讲以后又把原稿每人一份的送给她们。法人萨尔伐（Salvat）在他的里昂大学的博士论文[113]里主张此种演讲中应包括娠孕期里的卫生与婴孩的将护两部分的知识。但据我的意见，此种知识，在这时期里，还嫌略早，不妨留待将来。

但是男女青年在这时期里的需要，尚有大于一两次演讲所能供给者。凡属做父母的或居师保的地位的人，在这时候应该替一个青年和相熟可靠的医师安排一次约会，让他或她，在没有第三者干涉和过问之下，有机会在性卫生方面做一度友谊的推诚相与的长谈。这种约会至少应该有一两次。所约的医师自以普通全家所最信托的——即西方所称的家族医师——为最相宜，因为唯有他才充分了解这家人家的历史和青年本人的性格[114]。对于青年女子，若能得一女医师做长谈的人，自然更好。性原是一个神妙的事物，也应该是神妙的；对于一个很天真的青年，也是自然而然的神妙的；唯其神妙，所以严格讲来，实在是不宜于做演讲的题目的，演讲所能传达的，最多不过是一些抽象的与专门的一点知识罢了。但在私人的谈话里却不然。在这种谈话的机会里，专家和未经世变的青年拼在一起，便有许多在大众面前不必说而又必须说的东西，可以尽量地说出来；同时，青年人因为怕羞和谨慎自守的心理，就是在父母面前也不大敢吐露的问题，到此也可以很自然地也很自由地向专家提出讨教。大多数的青年有他们特殊的要问明白的事实、特殊的要解答的困难；往往辗转寻思、一无办法的难题，专家可以片言而决。但若得不到这种机会，或没有能力和自信力去创造这种机会，这种知识的缺乏和难以解决的问题往往会拖长到壮年期以内，那就很不幸了。

同时我们要认识清楚这一类的私人谈话应该完全是医学的、卫生的与心理的，而并不是道德的；是朋友对朋友的质疑问难，而不是道学先生对学生的谆谆告诫。要不然，就是一个极大的错误。青年人对于通常的一些道德的戒条，大都抱一种反抗的态度，并且疑心它们实在是空无一物的；这种态度也未始没有相当的理由。所以我们始终应该拿启迪与发蒙当作目的。知识这样东西是绝不会不道德或违反道德的；把知识和道德文章"《金刚经》"一般的混在一起，事实上也毫无好处。

我们一面很看重医师的责任，以为只要他能够就启迪与发蒙的目标做去，便可以收很好的果子，我们同时却也绝不否认道德、宗教及其他精神生活的要素在这方面的贡献。我们不但不否认，并且承认它们对于性的卫生可以有极大的价值。此种精神生活的启发，大体上虽不是医师的分内事，但谁也承认它是和性的生活有密切的关系的，所以每一个青年男子和青年女子，在春机发动期开始的时候（但不在开始之前）应当有一种权利，可以因年长的人的启发，而开始经验到宇宙中此种生活的神妙不测。注意，我说的是权利，是在成年期内的人心灵上应有的作用，而不是外界强制加上去的一种义务、一种责任。但讲到这些，我们就踏入了宗教家与道德家的范围了。一个宗教或道德的导师应当认清楚青年的春机发动期是他因才设教的无上的时期，是万不宜错过的。当性的作用像花一般的在身体方面含苞渐放的时候，在心灵方面也有一种搭档的东西，在那里像花一般地开着。自古以来的教会一向看出这时期的宗教的意义，所以就把它规定做举行坚信礼（Confirmation）或其他同性质的仪式的时期。自人文日渐累积，此种仪式固然已经一天比一天地呆板，已经从有意义的活动变作无意义的僵尸。但实际上它们还是有价值的，我们要把它们的活力挽回转来，也并不是不可能。同时我们也不要把这种仪式的精神与意义和超自然主义的与凭借启示的宗教混为一谈，以为唯有此种宗教才能有这种精义。要知洗礼与坚信礼一类的仪节虽属于神道的宗教，而大觉大悟的心灵的转变却是一种普遍的事实，在神道的宗教以外，同样的可以找到。所以一切在道德或伦理方面做导师的人，在这时期里都应该特别注意与努力。他们应该了解春机发动期是种种高大的理想与志愿自然而然会在男女青年的心灵上发生的时期，而他们的任务就在贡献一些精神上的感奋与扶持，使此种理想与志愿不至于苗而不秀、秀而不实[115]。

我在上文讲的种种全都是适用于春机发动期已经开始以后。至若在春机发动以前，比较精神方面的恋爱的情绪虽往往已经逐渐发展，甚至于生理方面的恋爱的情绪有时也模糊隐约的可以经验到，但确切不移并且限于一两器官的性的感觉总究是稀有的。对于发育健全的男童或女童，恋爱大都是一种比较笼统散漫而还没有专门化的感觉或情绪；瞿瑶（Guyau）说得好，它是“一种状态，在此种状态中肉体所占的地位是极小的”。诗人勃雷克（Blake）所描写的日出的情景，也可以引来做一个很妙的譬喻；在性的太阳在东方初出的时候，一个男青年或女青年所见从天际冉冉上升的并不是一个浑圆的黄色的球，也并不是其他什么物质的现象，而是一群歌唱着的天使。但在体内的性的冲动与欲望初次很明白的感觉到以后，一种新的扰乱心神的影响就应运而生了；此种冲动之来也许在春机发动的时候，也许在后来的成年期以内，但其为足以扰乱心神则一。要对付这种新的影响，只是一点理智上的启发排解，也许就无能为力，就是母氏的爱护备至的一点叮咛告诫也未必有多大效果。这两种力量，我们在上文都已经充分讨论过，到此既已都不适用，我们便不能不考求第三种的力量了。这第三种可以帮忙的力量，也就是我们刚才正在讨论的精神生活的激发。我们总得明了，春机发动中所指的春机，不但指一种新的生理上的力，也指着一种新的精神上的力。这精神上的力便是我们目前的救星了。唯有这新的精神上的力才能制裁那新的生理上的力。在春机发动期内，理想的世界便自然会在男女青年的面前像春云般地开展出来。审美的神妙的能力、羞恶的本性、克己自制力的天然流露、爱人与不自私的观念、责任的意义、对于诗和艺术的初步的爱好——这些在这时候便都会在一个发育健全、天真未失的男女青年的心灵上，自然呈现出来。我用“天真未失”四个字，并没有什么特别的意义，不过是指在这个时期以前，父母或其他长辈没有把这许多东西强制地堆砌在青年的心灵上。要是以前有过勉强堆砌的痕迹，那么，到他真正可以了解这些东西的时候，他也许反而不会做自然的与正当的反应。

不幸世俗的父母师长大都不明此理，往往在这些地方采用强制的手段，尤其是在宗教观念方面，也无怪春机发动期内真正发育健全的人的不多了。但在比较自然的社会状态之下，春机发动期也就是最宜于精神生活启蒙与诱掖的时候。宗教或伦理的导师在这时候便不妨把引导青年的责任负担起来，他的最大的目的是在扶植他们的精神上的发育，他也尽可以谈论到生理与性的一方面，但是谈论的方法应随机应变，而不宜草率，谈论的用意也并不在增加他们的知识，而在帮助他们使自己可以运用上文所提的新兴的精神的力量，来制裁新兴的生理的与性的力量，以免走入歧途，或沉湎于逸乐而不知自返。所以我们在上文说，新兴的精神的力是这时期里一大救星。我们在这里所说的宗教或伦理导师，不用说，自然也并不限于任何一种特殊的宗教或伦理系统。

这种精神的诱掖工作，我们应当在这里声明，并不限于把青年引进宗教情操的范围。宗教的情操固然重要，但尤其重要的是成人之道的全部。所以真正的诱掖工作是把青年引进这条成人的大路。所谓成人之道自然指许多男性与女性的刚柔相济的美德，但对于男性的美德，应该格外注意。凡是品质优异发育健全的原始民族，对于这一层，是很能够了解的。男女青年一到春机发动之期，它们大都举行一种仪式（Initiation），就不妨叫作诱掖的仪式[116]；这种诱掖的工作所包括的，不但有普通所称的教育，同时也有品格的锻炼、操行的察勘、与勇力与毅力的试验，一切都是极严格的。

此种诱掖的仪式，在全世界的野蛮民族里是很普通的；仪式所包含的大半为身心的训练，已如上述。男女所经历的绝不完全一样。所占的时间有多至数星期或数月的。此种仪式十之八九都包含一些习劳、耐苦，以至忍痛的成分；这种训练是极有益处的，它是成人之道的一个基本条件，可惜文明进步以后，大家习于安逸，我们很早就把它忘掉了。近代的教育顺了此种文化的风气，也是爱逸恶劳，不求振作，青年刚毅果敢的气概，几乎完全无从发展；尼采（Nietzsche）的哲学与人生观倒是一服对症的良药，多少有点以前诱掖的仪式的价值。

我们在下文略举几个诱掖仪式的例子。

人类学家英人海登（A. C. Haddon）对于陶瑞斯海峡群岛（Torres Straits）的土人的男童诱掖仪式，有过很详细的记载[117]。在那里，此种仪式例必延长一月，体力与能耐的锻炼既极严厉，道德的训诲也很周详。海氏加以评论说，这种磨炼确是很好；又说，“再要想一个比它再有效的速成训练法，怕是不容易的。”

至于澳大利亚洲维多利亚地方土人的诱掖仪式，则有麦休士（R. H. Mathews）的记载[118]。全部仪式要跨七个月，也是极有效力的。部落中的长辈把男童领到一个特别的所在，用种种方法教他们习练痛苦和难堪的境遇，甚至于要他们饮便溺、食粪秽；又教他们和素不相识的外族发生接触，教他们学习部落的法律和种种传说；最后，便举行一种集会，使他们和部落中的女子订婚。

澳洲中部偏北的一些部落也有极严厉的诱掖仪式；男童须行割礼，即将阴茎前部的包皮割去，同时又须将尿道的下部划开；此外又须做些很苦的手工和其他艰难的事。女童则须把阴道割开。详见斯宾塞（Spencer）与格林（Gillen）所合作的报告。[119] 英属东非洲的各民族，包括马赛埃族（Masai）在内，也举行盛大的诱掖仪式，也要延长到几个月。男童所行的也包括割礼，女童则所割去的是阴核，在一部分部落以内，兼割小阴唇。女童要是在奏刀的时候，有退缩或哭泣的情形，便要被同族的妇人所驱逐出境，终身不齿。仪式完全以后，男女便算已经成人，可以论嫁娶[120]。

有一位在非洲的传教师，讲起巴温达族（Bawenda）的诱掖仪式，说是有三个段落：第一个段落是教育的，男女青年所受教的是民族的传说、信仰、武术、自制力与能耐；从此他们就成年了。第二个段落是舞蹈的，日间男女两性分别舞蹈。第三个段落是性的，性的诱掖便于此段落内完成；到此男女便于夜间共同舞蹈，当时的景象，据那位牧师说，是“不堪叙述的”；从这时候起，这些男女便和其他成年的族人没有分别，在权利和义务上，都是一般无二。[121]

至中非洲阿精巴兰地方（Azimba Land）的女子诱掖仪式，则安格士（H. Crawford Angus）叙述得最详尽、最有趣[122]。一个女童的月经初次来到的时候，她的母亲便把她引到一所特地为她搭造的草屋里住下，在这个屋子里，只有女子可以来看她。经期过了以后，她又被领到一个僻静的所在，其他的妇女便在她四围舞蹈；男子是不许看的。安格士用尽了心机，才得到一个到场目击的机会。舞蹈已毕，便有人同她讲经期以内的卫生。“接着大家又唱些男女相悦的歌词；又有人讲些她将来做妻子时应尽的种种责任……如忠于丈夫和生育儿女之类。大家把这仪式的全部看作一件很家常的事，并没有什么可耻，也没有遮掩的必要；因为有了这种公开与率直的精神，因为婚姻一类的题目并没有什么讲不得的奥妙，所以这一族中的女子全都是很忠贞的。已婚的女子受孕以后，族中的妇女又要举行一次围了她舞蹈的仪式，但这一次大家都是裸体的，同时有人教她在分娩的时候应该怎样应付。”

美国加利福尼亚州的尤马族（Yuman）的印第安人也举行诱掖的仪式。鲁厄斯特（Horatio Rust）说他们把受诱掖礼的女子用绒毯裹住，安放在一个烘暖的坑里，让她们躺着，随时可以伸出头来满面春风地张望。这样她们要躺四天四夜（吃东西的时候偶然可以起来），同时族中年老的妇女便在坑的四围不住地舞蹈。她们又再三地把银钱向坑里抛去，为的是要她们嫁后待人慷慨。又把布料和大麦抛下，目的在教她们矜老怜贫；同时又把野草的籽在坑面与四围散播，目的是要她们多生子息。最后，将观礼的客人送走以后，便把受礼的女子扶起，头上各加花冠，把她们引到某处山脚下的一块神圣的大石旁边；这块大石是女性生殖器官的象征，在形态上也确有几分相像，并且据说又有保护女子的神力，所以非来此瞻拜不可。瞻拜既毕，又有人把五谷之类向大众一撒，便算礼成[123]。

我们最后再提一提美洲西北隅的特林基特（Thlinkeet）族的爱斯基摩人（Eskimos）。这族的女子是向以品质优秀著称的。在春机发动期内，她们也照例要受隔离，有时至一年之久，始终在黑暗、困苦和肮脏的中间讨着生活。这样的诱掖仪式不能不说是不高明的了，但是彭克洛夫脱（Bancroft）有一次讲起这一族中女子的美德的时候，便征引一位朗斯道夫（Langsdorf）的话说："她们的操行的基础也许恰好在这幽闭的时期里奠定的；沉静的生活、自省的机会、坚定了她们操守的力量，一旦出幽谷而入乔木，她们的身心便像洗刷过了的一般。"[124]

在我们中间，这些古老的与极有价值的诱掖的仪式已经遗失，同时把它们的道德的好处也给掉了；最多也不过把仪式的躯壳保留了下来，那精髓早就不知去向。在未来，我们相信，这种仪式是可以花样翻新的恢复的。但就目前的情形而论，男女青年的由发蒙而进入成年之道，几乎完全是一种碰巧的事，就是碰得得法，也往往偏于理智一方面，并不是很健康的，至少也是极不完全的。

理智方面的诱掖，也就是大脑方面的诱掖，普通总是假手于文学的读物的。所以文学读物在性教育一方面的影响之深且大，要远在那些专论性卫生的书籍之上；性卫生的书，无论写得怎样好，总只能就狭窄的性的范围说话，而顾不到性和其他生活方面的错综联络的地方。但是文学的读物里，大部分总是插着一些恋爱或自我恋[125]的意识和描写；而那些富于想象力的文学作品，又几乎全部以性做出发点，而以一种无美不臻的理想的极乐世界做归宿。但丁的《神曲》便是这样的一个例，它所叙述的是一个诗人自身生命的演进，富有代表性，可以垂诸不朽。此种在演进中的青年，在它和恋爱的实境发生接触以前，总先和想象的恋爱的诗境发生一些关系，所以贝格（Leo Berg）说得好，“凡是已经开化的民族，它的恋爱的途径是先得穿过想象的境界的。”所以，对于在成年期内的人，一切文学的读物便成为性教育的一部分[126]。文学的读物多至可以汗牛充栋，其中很大方、很能感化人的也复不少，要教青年男女得到阅读的益处，一部分自然得靠负教育风化之责的人的眼光与选择；我说一部分，因为要是全部得仰仗他们的话，其间也有危险。

一切伟大的文学作品，对于性的中心事实，总是很坦白、很平心静气地说出来。在这个伪善的、假斯文的时代里，这是应该牢牢记住而引以自慰的一点。对于这种健全的时代所遗留下来的作品，在不健全的时代里的人虽想随心所欲的把它施宫刑一般的改窜割裂，或把它禁锢起来，使青年人无从问津，在事实上也很难做到。这又是可以教我们踌躇满志的一点。例如《圣经》一书，或莎士比亚的作品，虽含有多量的性的成分，却历来始终受宗教与文学的传统思想所拥护。有一位时常和我通信的文学界的读者，有一次在信里说，“童年的时代，从《旧约全书》里获得性的观念的男女，真是多极了，所以我们要是把《旧约》当作一本性爱的教科书，也没有什么不可以。和我接谈过的许多男女朋友，大都说《旧约》中摩西的各书、俄南与他玛的故事，罗得和他的女儿的故事，波提乏的妻子和约瑟的故事[127]等等，都可以引起他们的好奇心和种种遐想，因而悟到性交的关系。我又有两个男女朋友，现在都三十以外的人了，但在十五岁的时候，每逢星期日到主日学校查经，他们就一心一意检查《圣经》中讲性爱的段落，检到以后，便在同班中彼此传观，同时还把指头按在那段落上，好教别人易于阅读。”在同样的好奇心之下，许多青年女子往往向人借阅莎士比亚的乐府，但是她们所注意的并不在乐府本身，而在《爱神与亚都尼司》(*Venus and Adonis*)中热烈的爱情的诗境；女朋友们既和她们提起这一点，她们便想一觑究竟。

但我们不妨说，要把《圣经》做一种性教育的入门的作品，却也不是各方面都相宜的。但虽不完全相宜，却也有利无害。即如所论马利亚因神感而生耶稣，又如所论多妻、纳妾和其他性的习惯，都能以自然的笔墨，不加丝毫矫饰，在习于有名无实的一夫一妻等制度的西洋青年看去，也大有扩大眼界的功效，让他们知道西洋世俗所流行的性的习惯未必是亘万古而不变、达四海而皆准的东西。至于笔墨的坦白与率直，也是和世俗粉饰隐讳的态度，迥乎不同，自然也可以一新青年的耳目。

世人往往把坦白率直的笔墨或所谓赤裸裸的笔墨，和不道德与淫秽的笔墨混为一谈，不但不学无术的人如此，就是在知识阶级里也在所不免。这是我们要再三抗议的一点。记得十九世纪英国上议院对于拜伦的雕像应否占威斯敏斯特大寺（Westminster Abbey）的一角，有过一次讨论，当时有一位博罗恩勋爵（Lord Brougham）替拜伦辩护，因而牵涉到莎士比亚，他以为"莎士比亚并不比拜伦更尊重道德。莎氏实在比拜伦要不道德。这位勋爵说他可以在莎氏的作品里，单单举出一节来，其中淫秽的资料，要远出拜伦全部作品所能供给之上"。所以这位勋爵的结论是，一样是一个作家，拜伦的道德与莎翁的不道德，其间不可以道里计。把此种议论推到一个逻辑的终点，世间的笔墨，岂不是将无往而不淫秽？但说也奇怪，当时便没有人把他这种鄙陋的思想上的混乱指点出来。

伟大的文学作品，因为率直坦白之至，对于青年的心理，有时候也有不很相宜的地方。青年乍见这一类的作品，不免好奇过甚，因而发生不健全的反应。但要知此种过度的好奇心并不是凭空而来，乃是因为历来关心他的教育的人，对于这题目太守秘密的缘故。你一壁越是遮掩，他一壁越是好奇，这是必然的趋势。同时我们也该知道，大作家关于天然事实的叙述，从不做丝毫佻仫的表示，并且要是一个青年发育健全的话，也绝不会唤起性的冲动。有一位女作家（Emilia Pardo Bazan）说她小的时候喜欢看《旧约》中有历史的意味的各书，遇到涉及性的段落的时候，她也不过照常看下去，她脑海里想象方面的活动并不因此而起丝毫的微波暗浪。我以为这一类的健全的经验，是大多数的儿童所都可以有的。所以我以为古书中这一类的段落尽可任其自然，不应妄加割裂。虽没有多大积极的好处，至少对于坊间流行的那些低级趣味的性的读物，可以有点抵消的影响。

这种见地原不是我们的创见。1907 年，德国性病预防会（Gesellschaft zur Bekämpfung der Geschlechtskrankheiten）举行第三次大会的时候，一班提倡性教育的都是这样主张。例如小学校校长恩德霖（Enderlin），便竭力反对把儿童用的诗词与民间故事任意改窜，使他们对于纯洁的性的表现与高尚的情爱的流露，得不到一个最温良蕴藉的引进；而同时我们对于坊间的低级趣味的刊物与报纸，却一任它风行无阻，随时随地可以把儿童的天真的心地摧残毁灭。要知"若是儿童的年纪还小，对于涉及性爱的诗词还不能做相当的反应，即还不能了解，那么，这种诗词根本就不会有什么坏处；一旦他们的年岁到了可以了解的程度，那么，所有的影响应该是只有好的而无坏的，因为他们从此可以领略什么是人类的情绪所由发展的最高尚最纯洁的路径"[128]。谢芬那格教授（Schäfenacker）也发表过同样的意见，说，"那些眼光浅近、心地狭窄的教师往往喜欢把书中涉及性的部分，任意删节，以为否则便于青年有害——这种风气是绝对应该铲除的"[129]。我们也以为每一个发育健全的男童或女童，一到春机发动的年龄，便不妨让他在任何像样一些的图书馆里自由浏览，无论馆中藏书的内容这样复杂，总是有益而无害的。他们在选择读物的时候不但用不着大人的指导，并且反而比大人要显得更有眼光。在这个年龄以内，他们的情绪好比植物初茁的芽，异常娇嫩，所以遇到过于写实的东西、丑的东西、有病态的东西，它们自然会搁置一边。成年以后，阅历较多，心理的生活比较老练，那时再遇见这一类的刺激，它们也就同样的很自然的接受，而不再回避了。

爱伦·凯在她那本《儿童的世纪》(*The Century of the Child*)的第六章里提出了好几个理由，反对替儿童选择所谓“相当”的读物；她认为这是近代新式教育事业里一种很蠢的举动。儿童应当有领略一切伟大的文学作品的自由，至于那些他的程度还够不上的读物，他自然会放下不读。凡是可以教成年人看了动情的景物，在他并不理会，他的冷静的心地并不因此而发生不安之像。就是后来年纪较大，那足以混淆黑白、因而污损他的想象、破坏他的鉴别力的东西，倒也并不是伟大文学作品的赤裸的笔墨，而是近代小说的那种矫揉造作的文字。矫揉造作了，便不坦白，不坦白便无异隐讳，而隐讳的结果，总是使青年的心地越来越入歧途，越来越鄙陋粗率，终于会到达一个程度，连《圣经》也会变作打动情欲的刺激物。古今大作家的笔墨，原是儿童的一种粮食，一有缺乏，他的想象力便无从发展，即使其中有涉及性爱的部分，可以打动他的情感，那部分也是很短促的，绝不会引起什么有力的冲动。爱伦凯又说，一个人年纪越大，和伟大的文学作品接触的机会便越少，所以在儿童的时代里，尤其是应当让他们有浏览的自由。许多年以前，露斯金(Ruskin)在他那本《芝麻和百合》(*Sesame and Lilies*)里，很有力的主张我们应该让青年子女在图书馆里自由涉猎。

上文所说关于文学的种种，也都适用于艺术。艺术和文学一样，也可以间接做性教育与性卫生工作的一个有价值的助手。用这种的眼光来看，我们便不妨把近代的艺术搁起不提，因为它并没有多大帮助，但是古希腊的裸体的雕塑，以及文艺复兴时代意大利名家的裸体画像，在这方面便可以有很大的贡献。所以我们要让儿童们很早就有观摩这些塑像和画像的机会，并且越早越好。恩德霖比喻得好，观摩得越早，儿童便越可以养成一种抵抗力，庶几将来可以不受低级趣味的裸体作品的诱惑。此种早年的观摩还有一种好处，就是使儿童对于自然的纯洁，早早就养成一个正确的观念。许雷（Höller）有一次说，“凡是对于艺术中的裸体现象已经有过一种素养、而能够冷静的欣赏的人，他对于自然界里的裸体现象，一定也能同样的欣赏。”

根据上文的理论，我们以为希腊罗马的塑像的石膏模型，以及意大利名画家裸体造像的印本，都很可以用作教室的点缀品。这种点缀的用意倒不在狭义的教育，而在使儿童们可以耳濡目染、于不知不觉之间对于人体养成一个正确与自然的观念。意大利的小学教师，听说时常把全班的学生领到画院里去参观；结果很好；又听说这种参观是国家规定的教育的一部分。

艺术上的裸体的美，是谁都应该能领略的。可惜这种领略的能力太不普遍。许多国家和许多阶级的人士，对于这种能力太没有训练。唯其太没有训练，所以在英美的社会里，为了美术院里陈列了个把石像，或商店的橱窗里放了张把名画的印本［例如极平常的雷登的《女灵澡身图》（Leighton's “Bath of Psyche”）］，又或街道两旁新添了几个代表各种美德的雕塑的像，便有人结队游行，向官厅请愿，不达撤去的目的不止。市上的民众，在这方面既同样的没有训练，所以一经人家鼓吹，也便随声附和；结果，那些伪善的、以风化为怀的人也竟会如愿以偿。这种举动，对于社会的真正的道德生活，实在是不利的。就是用宗教的眼光来看，这种过分的所谓整顿风化的干涉行为也是说不过去的。诺士戈德（H. Northcote）曾经从基督教的立场，对于艺术上的裸体现象，有过一度很有见地、也很和平中正的讨论。他以为艺术中的裸体现象自有它的价值，不应不分皂白的排斥；他又指示给大家看，裸体和性爱并没有不可分离的关系，即使有时候有关系，而引起反应，那种反应，正是艺术最良好最纯洁的表现所能激发的人情，是极正当的，无所用其隐讳。我们要反对性爱的艺术作品的话，《圣经》上的许多故事，便无法充分的传达出来[130]。

除了艺术上的裸体现象以外，到了春机发动期的青年男女也应当有观摩健美的人体照相的机会——二者应该相辅而行。以前行此种照相或包含此种照相而可以使少年人观览的书，是不容易觅到的。现在此种困难已不复存在。海牙的施特拉兹博士（Dr. C. H. Stratz）是在这方面的一位先进，他精造了许多健美贞洁的裸体照相，编成了好几种书[131]。略后，美京华盛顿的舒费尔脱医师（Dr. Shufeldt）也编印一本书，叫作《人类形体研究》（*Studies of the Human Form*），把他多年关于裸体现象的研究的结果，归纳在一起，那种客观的精神和施氏的一般无二[132]。对于这种人体的照相的研究，我们在此有一点小小的纠正。以前的名塑名画，或因时代的风尚，或因世俗的伪善，往往未必把人体的庐山真面和盘托出；近代的裸体照相也竟有因袭此种故智的。这实在是大可不必的。因伪善而有所保留，本属不可；而所谓时代的风尚，则事隔已一两千年，更无盲从的必要。例如以前裸体画像不绘阴毛，这也许是伪善的结果，但东方社会里，即在今日，也有拔除阴毛的习惯，古代的艺术区域逼近东方，难免不受相当影响，而逐渐成为一种艺术的习惯。这原是无可厚非的。但时至今日，再要维持这种习惯，那就太不自然，太不合理了。然而说也奇怪，即在今日也还有人替此种习惯辩护的。海厉生氏（F. Harrison）在一篇杂志[133]文章里说："我们有一桩极古老、极必须、

极普遍的习惯，要是我们故意要把它破坏的话，我们可以叫极不正经的人青筋暴涨，叫女子立刻退避三舍。”[134] 要是男女儿童，从小对于裸体的照相便已司空见惯的话，这一类可以令人作三日呕的臭文章也就没有人写了。

在我们西方人中间，儿童对于裸体现象的单纯的态度，很早就受一度打击，所以到了后来要加以挽救，势非特地的用一些教育工夫不可，否则它也许终身不免把“性”和“淫”混为一谈。对于一个赶牛的田舍儿或一个当大姐的乡下姑娘，一切裸体的现象，都是可耻的，连希腊的塑像也不是例外。一个乡下人见了一张极健美的裸体女子的照相，便指着它说，“我有一张女人的相片，和她很像，还抽着香烟咧。”欧洲北部诸国的民众，在这方面的辨别力，至今还没有超过这一个境界。什么是美，什么是淫，他们的了解还不过是田舍郎和傻大姐的了解罢了。

注释

1 一人性的发育，自幼至壮，可分为“母子认同”、“母恋”、“自恋”、“同性恋”与“异性恋”等段落，详见拙著《冯小青》，原系新月书店出版，现改归商务印书馆。——译者

2 婴儿“自恋”的种种表示，详见作者所著的《自恋论》（*Autoeroticism*），载在《性心理学研究录》，第一辑。又德国学者冒尔（Moll）曾于1909年刊行一书，叫作《幼儿的性生活》（*Das Sexualleben des Kindes*）。

3 关于初生后与幼婴时期中性腺及乳腺的活动，法人瑞努夫曾于1905年作一论文加以推敲，文名《性的重要关头与胎儿及初生婴儿的性的表现》（Camille Renouf, “La Crise Génital et les Manifestations Connexes chez le Foetus et les Nouveau-né”）。唯瑞氏对于此种表现未能有圆满的解释。

4　威氏曾著一论文曰“一百余个性发育特早的例子”，并附有摘要总论（“Precocious Sexual Dovelopment with Abstracts of over 100 Cases”）见 1902 年 5 月《不列颠妇科杂志》（*British Gynaecological Journal*）。

5　本篇所用年龄概照西式算法。——译者

6　德国曾有一 5 岁之女童，其性发育特早之情形曾经某学者详细加以叙述，并附有图说，见 1896 年《民族学期刊》（*Zeitschrift für Ethnologie*）第四种，第 262 页。

7　见 1905 年 11 月之《医学家与神经学家杂志》（*Alienist and Neurologist*）。

8　即《早熟之研究》，见 1905 年 4 月《美国心理学杂志》（*American Journal of Psychology*）。

9　引自《儿童的性的启蒙》（“Zur Sexuellen Aufklä rung der Kinder”）载在 1907 年出版的《社会医学与卫生》（*Soziale Medizin und Hygiene*）第二册。读者如欲得一更详细的讨论，则宜参阅弗氏于 1905 年所出版之《性学说三论》（*Drei Abhandlungen zur Sexualtheorie*）。

10　见冒氏所作《儿童之性生活》（*Das Sexualleben des Kindes*），第 154 页。

11　见《性与社会》（*Geschlecht und Gesellschaft*）第二册，第 370 页。

12　见勃氏《研究录》（*Beiträge*, etc.）第二集，第 254 页。

13　同注 6 所印书，第 364 页。

14　同注 6，1889 年出版之期刊第一种，第 16 页。

15　《埃及与巴勒斯坦》（*Egypte et Palestine*），1867 年出版，第 105 页。

16　见海氏自著书，《性的痿废》（*Sexual Impotence*），第 107 页。

17　《性欲论》（Libido Sexualis）第一册，第 277 页。

18　《德国的性与道德的关系》（*Geschlechtliche-sittliche Verhaeltnisse im Deutschen Reiche*）第二册，第 102 页。

19　见 1798 年出版之《司天的女爱神》（*Venus Urania*）。

20　《美国心理学杂志》1905 年七月号，论文题为《两性间爱的情绪的初步研究》（“A Preliminary Study of the Emotion of Love between the Sexes”)。

21　同注 10 所引书，第 76 页。

22　同注 18。

23　同注 10 所引书，第 137—139、239 页。

24　此二者俱为江南乡间之土语，“称私盐”指被人玩看阴部，“麦园会”即在麦田中苟合。——译者

25　《入学儿童心理的内容》，(“Contents of Children’s Minds on Entering School”)，载在 1891 年 6 月之《教授学杂志》(*Pedagogiecal Seminary*)。

26　例如德人黑尔曼（G. Herman）所作《性的神话论》(“Sexual-Mythen”)，载在《性与社会》第一册第五种，第 176 页，1906 年出版。又如内克（P. Näcke）所论，见《神经研究简录》(*Neurologische Centralblatt*)，第十七号，1907 年出版。

27　《冰岛岛民的习惯与信仰》等文（“Islaendischer Brauch und Volksglaube”)，1900 年《民族学期刊》第二三两种。

28　*Anthropophyteia*，第三册，第 89 页。

29　见弗氏所作《论幼儿的性学说》(“Üben Infantile Sexualtheorien”)，载在 1908 年 12 月出版的《性的问题》(*Sexual Probleme*) 中。

30　阿美利奴:《古埃及人之道德》(Amélineau, *La Morale des Egyptiens*)，第 64 页。

31　《情爱和它的联类》(*Love and Its Affinities*)，1899年出版，第83页。

32　兹所云马吉利姑娘，当系一种比较通俗之典称，唯不审究出何书耳。“真是甜蜜呀！”云云，颇类我国小沙弥见老虎之故事。小沙弥自幼即居庙中，未尝越庙门一步，及长，某日因事外出，途中初次遇一妇人，诧为奇事，归而语其师，师曰，若所见为虎，善吃人；小沙弥曰，“美哉此虎！”——译者

33　《费城之淫业》，载在《论战之坛》(*Arena*)，1896 年三月号。

34　冒尔:《难以驾驭的性情绪》(*Konträre Sexualempfindung*)，第 592 页。

35　此种法律与警力的无能为力，向为法界熟知此事者所公认。故维尔搭注（F. Werthauer）在他那本讲大都市的道德的书

（*Sittlichkeitsdelikte der Grosstadt*，1907 年）里始终主张做父母的人应负性教育的责任。

36　柏氏尝著一富有艺术价值的书，叫作《诗的宗教》（*Religio Poetae*），此文即为书中之一篇。

37　见麦氏文集《乐观之文集》（*Essais Optimistes*），第 420 页。

38　《爱的成年》（*Love's Coming of Age*），原书，第 9 页。

39　见《知识之树》（"The Tree of Knowledge"）一文，载在 1894 年 6 月之《过眼新录》（*New Review*）杂志。

40　《保护母亲》（*Mutterschutz*），1905 年，第二小册，第 91 页。

41　1903 年 6 月至 9 月之《法医杂志》（*Medico-Legal Journal*）。

42　见霍氏所著《婚姻制度史》（*History of Matrimonial Institutions*），第三册，第 257 页。

43　同注 10 引书，第 264 页。

44　《母亲之责任》（"Die Aufgabe der Mutter"），载在《性教育学》（*Sexualpädagogik*），第 13 页。

45　同注 44 所引书，第 35 页，但另为一文，曰《民众学校中的性问题》（"Die Sexualle Frage in die Volksschule"）。

46　《母与子》（*Mothers and Sons*），第 99 页。

47　《性的难题》（"The Sex Difficulty"），载在 1904 年 6 月之《广识杂志》（*Broad Views*）。

48　《基督教与性问题》（*Christianity and Sex Problems*），初版，第 25 页。

49　《儿女的信托与其酬报》（*Child-Confidence Rowarded*）及其他小册。

50　《卫生论》（*Hygeia*）1802 年出版，第三册，第 59 页。

51　《春期论》（*La Pubertà*），第 299 页。

52　同注 49 所引小册，第 5 页。

53　《童年》（*Boyhood*），第 60 页。

54　艾尔美夫人（Mrs. Wolstenholme Elmy）印行（通信处为英国 Buxton House，Congleton）。

55　《言论与出版的自由对于贞洁宣传之重要》（*Liberty of Speech and*

Press Essential to Purity Propaganda），第 34 页。

56 同注 40 所引参考物第四册、第五小册，有单行复印本。

57 基士（E. L. Keyes）说，“父母要知道怎样把性知识传授给子女，自己先得受相当的教育，而此种父母教育便应该从他们自己做儿童的时候开始，”见《性的教育》一文（“Education upon Sexual Matters”），载在 1906 年 2 月 10 日《纽约医学杂志》（*New York Medical Journal*）。

58 此方面的参考物不止一种，例如平洛希之《十八世纪德国教育之改造：巴西道与慈善主义》（Pinloche, *La Rèforme de l'Education en Allemagne audixhuitième sicède: Basedow et le Philanthropinisme*），第 125、256、260、272 页。

59 同注 51 所引书，第 300 页。

60 《教育中之性问题》（“La Question du Sexe dans L' Education”），载 1895 年 6 月之《社会主义杂志》（*Revue Socialiste*）。

61 《女子教育欤人格培养欤？》载在《性与社会》第一年，第三小册。

62 《性的法则与儿童的训育》（*Training of the Young in Laws of Sex*），第 74 页以下。

63 1905 年 2 月 10 日之《纽约医学杂志》（*New York Medical Journal*）。

64 同注 53 所引书，第 62 页。

65 《儿童自觉的贞洁与其教法》（*Wie erzieht man ein Kind zur wissenden Keuschheit?*），同注 61 所引书，第四小册。

66 同注 44 所引书，尤其第 36、47、67 页为重要。

67 要使儿童完全不见不闻与性生活有关的事实，事实上是不可能的。冒尔于此曾反复的加以申论，见《幼儿的性生活》，第 224 页。

68 《成年》（*Adolescence*）上册，第 452 页。（此人所患，想系阴茎包皮过长，既不知就医施手术于先，及其既引起梦遗甚或手淫之习惯，又不能力自振拔于后，故信中有此种语气。——译者）

69 《心理学与成年期教育》（“Psychology and Pedagogy of Adolescence”），载在《教授学杂志》，1897 年七月号，第 123—125 页。

70 《从最近的一次自杀案论到庸医作品的危险》(“Dangerous Quack Literature：The Moral of A Recent Suicide”)，载在 1892 年 10 月 1 日的《不列颠医学杂志》(*British Medical Journal*)。

71　见冒氏所作《儿童之性生活》(*Das Sexualleben des Kindes*)，第 276 页。

72　霭氏《性心理学研究录》，第二辑，附录丁，《论女学校中的同窗友谊》(The School-Friendships of Girls)。

73　医师名福实吉尔（J. Milner Fothergill)，尝著一书，亦名《成年》，1880 年出版，所引各语见第 20、22 页。

74 《女子走入歧途的原因》(“Why Girls Go Wrong?”)，载在 1907 年 1 月之美国《妇女家居杂志》(*Lady's Home Journal*)。(林氏从事于此种青年之救护工作，垂 30 年，尝于 1925 年及 1927 年先后作书曰《现代青年之反抗》(*The Revolt of Modern Youth*) 及《伴侣婚姻》(*Companionate Marriage*) 二书，二书内容实为此文 [参见注 74] 之推演与充实，唯前者所以示问题之迫切，后者则目的端在设法解决耳。二书均曾哄传一时。——译者)

75　即对于阴毛的发生，有一部分的女子亦大率毫无准备。因此也有引起精神上的不谧静，而私自加此剪薙的。

76　见《青春期内女童的教育与训练》(“Education and Training of Girls at Puberty”)，载在 1895 年 12 月 7 日之《不列颠医学杂志》。

77　见悌氏所著《健康要素与妇女卫生》(*Elements of Health and Principles of Female Hygiene*)，1852 年出版，第 18 页。

78 《美国少女之健康》(“The Health of the American Girl”)，载在 1890 年《南方外科与妇科学会工作录》(*Transactions of the Southern Surgical and Gynaecological Society*) 中。

79 《中学教育期内的努力对于少女的影响》(“Effects of High School Work upon Girls during Adolescence”)，载在 1896 年 6 月之《教授学杂志》。

80　见《成年》一书，上册，第 511 页。几十年以前，1875 那年，有一位克拉克博士，在他的《教育中的性问题》一文（Dr. Clarke，“Sex in Education”）中，谈到经期休息的必要，便时常引起了一番很剧烈的非难。这在今日，便已不会再发生，因为大家对于女子的特殊的生理情形与其可能的危险，已经逐渐地明白了解。

81 欲知经期中身心现象的详细情形，可参看作者所著的《男与女》（*Man and Woman*），第十一章。至原始民族对于月经的观念，则作者的《性心理研究录》的第一辑里（附录甲），也有一番短短的讨论；而比较详细的，则可以查看弗瑞泽尔的《金枝》一书（J. G. Frazer, *The Golden Bough*）。经期隔离的风俗，流行极广，事实也极多，可参看普洛士与巴德尔士合著的《妇女》（Ploss & Bartels, *Das Weib*）。至陶瑞斯海峡群岛的女子在春机发动期内的隔离，则色立格曼（Seligmann）曾经有过一番特别的研究，见《陶瑞斯海峡群岛人类学探访报告》（*Reports Anthropological Expedition to Torres Straits*）第五册，第六章。

82 见 1905 年 7 月份之《产科与妇科月报》（*Monatsschrift füer Geburtshülfe und Gynäkologie*）。

83 1904 年 9 月 15 日出版的《波士顿医学与外科杂志》（*Boston Medical and Surgical Journal*）曾加以征引。

84 见瑞氏于 1903 年在《加州医学会》（*California State Medical Society*）席中所读论文。

85 见 1901 年 10 月 5 日之《柳叶刀》（*Lancet*）。

86 《月经不调之几种》（“Some Disorders of Menstruation”），载 1896 年 4 月之《美国产科杂志》（*American Journal of Obstetrics*）。

87 见 1904 年 5 月之《通俗科学月刊》（*Popular Science Monthly*）。

88 《美国女子的健康》（“The Health of American Girls”），载《通俗科学月刊》，1907 年 9 月份。

89 芝加哥师范学校体育主任散朋女士（Lura Sanborn）发现两星期洗浴一次的女子，并不稀奇。逢到经期，许多女子对于用水一点，还抱着一种迷信的畏惧心理。实则凡为女子，应知在这个时期里，清洁是应该十分、十二分注意的一件事。晨兴和就枕以前，应该用温水举行“坐浴”一次，阴道的濯洗（切忌冷水），于清洁和舒适两方面，都有裨益。经期内对于水的畏惧，是绝对没有理由的。不多几年以前，《不列颠医学杂志》曾经讨论过这一点，各家的意见真是完全一致。有一位著名的美国产科医生，艾特格尔博士（J. Clifton Edgar）对于这个题目的种种意见与事实，经过一番仔细研究以后说，要是审慎将事，而生活习惯的转变不太急剧的话，女子在经期内也未尝不可、亦未尝不宜举行冷水浴（但非海水浴），见《论经期洗浴》（“Bathing during the Menstrual Period”），载在1900年9月的《美国产科杂志》（*American Journal of Obstetrics*）。艾氏此论虽非人人可以采用，但即就海水浴而论，身体健硕的农家妇女或渔家妇女往往可以在海水中做长时期的浸渍，结果不但没有害处，反有益处。胡泽尔（Houzel）曾就123个去法国滨海的妇女的经期经验，发表过一种统计。她们都是捉虾的渔妇，每次到海中捉虾，总得在深可没腰的水里浸上好几点钟，上岸以后，接着就到街上去卖，要卖完归家，才换干的衣服。她们都说凡逢到工作的月份，她们的月经反而比普通要方便。就一般而论，她们的经期也很准确，生殖力也强。详见1894年12月出版之《妇科年册》（*Annales de Gynécologie*）。

90　见麦氏《我们的女子的生活与健康和她们的前途》一文（“The Life and Health of Our Girls in Relation to their Future”），载在1904年2月份的《医学家与神经学家》杂志（*Alienist and Neurologist*）。

91　《妇人病预防诊察之管见》（“Some Points of Preventive Treatment in the Diseases of Women”），载在1897年4月10日出版之《医院杂志》（*The Hospital*）。

92　此方面之参考物甚多，例如霭氏自著之《男与女》（*Man and Woman*），第九章。

93　1904年5月28日出版的《不列颠医学杂志》。

94　1900年12月之《医师杂志》（*Doctor's Magazine*）。

95　《月经不调之几种》（“Some Disorders of Menstruation”），载1896年4月之《美国产科杂志》（*American Journal of Obstetrics*），1907年11月份。论文名《未婚妇女痛经之原因》（“Causes of Painful Menstruation in Unmarried Women”）。

96　霭氏自著之《男与女》（*Man and Woman*），第七章。

97　关于此次会议之记载可查者不止一处，例如1907年8月24日之《不列颠医学杂志》。

98　见汤教授所著的《性与社会》（*Sex and Society*），第22页。

99　《美国少女之健康》（“The Health of the American Girl”），载在1890年《南方外科与妇科学会工作录》（*Transactions of the Southern Surgical and Gynaecological Society*）中。

100　见秦勃士所作《理想之演化》一文（“The Evolution of Ideals”），载在1903年3月的《教授学杂志》（*Pedagogical Seminary*）。又铎德女士（Catharine Dodd）曾作《学校儿童的理想》一文（“School Children's Ideads”），见1900年2月、12月及1901年6月的《国家评论》（*National Review*）。德国女子没有一个承认过喜欢做男子；她们说这是一个恶念。在比利时根特（Ghent）地方的费莱明（Flemish）族的女子中间，伐朗唐克（Varendonck）发现有26%是拿男子做理想的，见1908年7月的《心理学研究存卷》（*Archives de psychologie*）。

101　见瑞氏《奇术异禀之发育史》一书（*Die Entwicklungsgeschichte des Talentes und Genies*），1908，第一册，第70页。

102　见黑氏所著《论性的自由》（*Ueber Geschlechtsfreiheit*），第14页。

103　按中国人对于性之见解，向称健全。但文中所叙之看法，亦非完全无有，文昌帝君等戒淫文字中以女子比“带肉骷髅”、“蒙衣漏厕”，即其一例。《红楼梦》中贾瑞所见之幻象亦即从此种见地中化出。又达摩《皮囊歌》曰：“尿屎渠，脓血就，算来有甚风流趣；九窍都为不净坑，六门尽是狼藉铺。落三涂，沉六趣，尽是皮囊教我做。如今识你是冤家，可以教人生厌恶！”——译者

104　《精神病理学研究录》（“Studies in Psychopathology”），载注83《波士顿医学与外科杂志》，但为1907年4月4日出版之号。

105　以接吻为两性极度结合的谬解，似乎在欧洲大陆上比较普遍。法国小说家普利佛（Marel Prevost）所作《女子的书信》（*Lettres de Femmes*），即拿它做题目之一。其在奥国，弗洛伊德也认为不能说不普遍，但仅仅限于女子中间。

106　但是，依英国法律而论，强奸一罪在丈夫对于妻子，是不可能的，可以参考之物很多，例如祁瑞的《婚姻法》（Nevill Geary, *The Law of Marriage*）第十五章，第五节。

107　此例见赫氏所编的《性的间性现象的年鉴》（*Jahrbuch für Sexuelle Zwischenstufen*），1903年，第88页。在这里我们不妨补一笔，对性交的恐怖心理未必一定是教育不良的结果，不健全与退化的遗传也未始不是一个原因，有此种遗传的家族，表现此种或类似的变态心理的人往往不止一代，也不止一人。此种变态的心理或行为叫作“功能的性

痿”（Functional impotence）。1906 年意国的精神病学研究存卷（*Archivio di psichiatria*）第六册，第 806 页中即载有一例。一个意国的女子，年二十一，已婚，除性欲外，一切都健全，对丈夫的感情也很好。但后来终于解除婚姻关系，理由是因为她“犯着一种初步的性欲的或情绪的夸大狂”，故虽有健全的性器官，终不免因极端倔强与反抗的变态性格，酿成了精神上的功能痿废。

108　一人性的发育，自幼至壮，可分为“母子认同”、“母恋”、“自恋”、“同性恋”与“异性恋”等段落，详见拙著《冯小青》，原系新月书店出版，现改归商务印书馆。——译者

109　《成年》（*Adolescence*），上册，第 469 页。

110　同上书，上册，第 465 页。

111　见《性与社会》（*Geschlecht und Gesellschaft*），第一册，第七篇。

112　演讲录名《民众学校卒业女生之性的教育》（*Sexuelle Belehrung der aus den Volksschule entlassenen Mädchen*），1907 年出版。

113　《法国人口的减退》（*La Dépopulation de la France*），1903 年出版。

114　此举的合理，是显而易见的，初无待乎特别的申说。内克（Näcke）说，“学校男女儿童在这方面的训诲，最宜乎请老成的医师来担任。”克劳士顿（Clouston）在《心理的卫生》（*The Hygiene of Mind*），第 249 页上，也说，“我竭力主张请家庭的医师，来担任这种责任，有了父母和学校教师左右加以辅翼，他确乎是一个最好的劝导和告诫的人。”冒尔也有同样的意见。

115　我以前在《宗教与儿童》（“Religion and the Child”）一文中，曾于此点加以发挥，见《十九世纪与以后》（*Nineteenth Century and After*），1907 年卷。

116　此种仪式之译名，颇不易定，如言“冠”、“笄”，则嫌过于刻板，不适一般之用。如言“启蒙”，年龄上亦殊不称。今用“诱掖”，一则取其亦为一种成语，再则“前导曰诱，旁扶曰掖”，于意义亦尚近情。——译者

117　《陶瑞斯海峡群岛人类学考察报告录》（*Reports Anthropological Expedition to Torres Straits*）第五册，第七与十二两章。

118　《几个诱掖的仪式》（“Some Initiation Ceremonies”），载《民族学期刊》（*Zeitschrift für Ethnologie*），1905 年，第六册。

119 《中澳洲的北方部落》(*Northern Tribes of Central Australia*),第十一章。

120 见比德奈尔所作《英属东非土人之男女割礼》(C. Marsh Beadnell, “Circumcision and Clitoridectomy as Practiced by the Natives of British East Africa”)一文,载1905年4月29日出版之《不列颠医学杂志》。

121 见教士葛奇龄所作《巴温达人》(“E. Gottschling, The Bawenda”),载1905年7—12月之《人类学会杂志》(*Journal Anthropological Institution*),第372页。又另一教士未思曼亦尝于其所著之《巴温达人》一书中叙述及此(Wessmann, *The Bawenda*,第60页以下)。

122 《“庆新华礼”,即女子之诱掖仪式》(“‘Chensamwali’, or Initiation Ceremany of Girls”)载在《陶瑞斯海峡群岛人类学考察报告录》(*Reports Anthropological Expedition to Torres Straits*)第五册,1898年,第六篇。

123 《教会印第安(印第安派别之名)之诱掖仪式》,载《美国人类学家》杂志(*American Anthropologist*),1906年1—3月,第28页。

124 《太平洋之土著种族》(*Native Races of the Pacific*)第一册,第110页。

125 一人性的发育,自幼至壮,可分为“母子认同”、“母恋”、“自恋”、“同性恋”与“异性恋”等段落,详见拙著《冯小青》,原系新月书店出版,现改归商务印书馆。——译者

126 诗与美术对于性欲的密切关系,即在对于生活中自恋活动的憧憬尚未臻若何广大的境界的人,也大率有片段的认识。麦奇尼古夫在他的《乐观文集》(*Metchnikoff, Essais Optimistes*,第352页)里也说,“诗是必然的和性的作用有连带关系”;他同时又引摩皮曷斯(Möbius)的说法,而加以赞许,以为“艺术的旨趣也许必得看作第二性征的一部分”(按此说摩氏以前,已经有许多人说起过,例如弗瑞罗 Ferrero)。

127 俄南奸其妹他玛,见《撒母耳记下》,第十三章。罗得之二女与其父淫,见《创世记》,第十九章。波提令之妻诱奸约瑟未成,见《创世记》,第三十九章。——译者

128 《母亲之责任》(“Die Aufgabe der Mutter”),载在《性教育学》(*Sexual Pädagogik*),第60页。

129 《母亲之责任》(“Die Aufgabe der Mutter”),载在《性教育学》

（*Sexual Pädagogik*），第 98 页。

130 《基督教与性问题》（见前），第十四章。

131　其中尤著者为《儿童之身体》《女体美》《女性的种族美》三种（*Der Körper des Kindes, Die Schönheit des Weiblihen Korpers*，*Die Rassenschoenheit des Weibes*），概为司徒卡特城之恩克公司（Enke, Stuttgart）出版。

132　舒氏此书成后，即献给施氏，以示景仰先进之意。

133　见 1907 年 8 月份的《十九世纪与以后》（*Nineteenth Century and After*）。

134　此所云习惯，显系指造像者于男子阴部必做一桐叶，以为隐蔽。尝见巴黎某幽默杂志载画一幅，中示一新成之石像，方将揭幕之顷，雕塑师某忽自远处狂奔而来，手持一大桐叶，向坛上大呼曰，“且慢揭幕，余忘却最重要之一事矣！”——译者

第三章　性教育与裸体

希腊人对于裸体的态度——罗马人对于这种态度的修饰——基督教的影响——中世纪黑暗时代的裸体问题——对于裸体的恐惧和厌恶心理的演变——与裸体观念的变化伴生的现象——假正经——浪漫运动——对于裸体的新情绪的兴起——裸体的卫生观——如何教儿童习惯于裸体——裸体无害于羞涩心理的健康——对身躯感觉骄傲的本能——裸体的教育价值——裸体的美学价值——人的体态身段是生命的滋补药——怎样培养正确的裸体观念——裸体的道德价值。

讨论艺术中的裸体的价值把我们引导到另一个相关的自然的裸体问题。熟悉裸体对于心理会有什么影响？应不应该让儿童熟悉裸体，熟悉到什么程度？对这个问题，众议纷纭，莫衷一是，在不同的时代有不同的见解。近些年来，一些实际从事教育工作的人在思想上有了显著的变化。

在斯巴达（Sparta），在希俄斯（Chios），以及在希腊的其他一些地方，在体操，耍把戏和跳舞等等活动中女子都曾经一度是裸体的，和男子在一起表演，或者有男子在现场观看[1]。柏拉图（Plato）在他的《理想国》（*Republic*）一书中赞成这种习俗，认为那些奚落嘲笑这类习俗的人都是一些“知行浅薄之徒”。柏拉图对许多问题的见解都有过修改，但偏偏对这个问题的意见从未有过改变。《法律篇》（*Laws*）这部巨著是他老年时对哲学思考的最终成果，他在这部书中一仍旧贯地主张类似男女合校的教育以及人生的一切工作都实行男女合作[2]，这类主张多少包含着一些要把过于敏锐的性欲磨钝的意思；抱着同样的目的，他倡导男女青年交际的时候，不要禁止穿着暴露形体的着装。

值得注意的是，比希腊人粗俗的罗马人，用我们狭隘的现代见识来评判却比希腊人更讲“道德”，他们没有领悟裸体具有促进人类道德和文明的作用。在他们看来，裸体就是纵淫放荡，即使他们在享受裸体的快乐时还鄙薄它。裸体被限制在舞台上，一群乌合之众在戏园里狂呼乱叫。特别是在女花神节（Floralia），戏台下熙熙攘攘的人群似乎认为自己有权利要求演员进行裸体表演，有人认为这是一种民间礼俗的遗风。罗马人虽然嗜好戏剧和歌舞，但除了蔑视演员之外，似乎不带其他任何感情。“剥去市民的衣服让人赤身裸体是可耻的犯罪。”（Flagitii principium est, nudare inter cives corpora.）照奇切罗（Cicero）的说法，老恩尼斯（Ennius）就是这样想的。这种正宗的罗马情绪一直保持不变。“多么邪恶呀！”（Quanta perversitas!）德杜连（Tertullian）惊呼道。“伟大的艺术家，他的作品是可耻的。”（“Artemmagniticant, artificemnotant.”）[3]在这个问题上，古罗马人虽然使基督教徒感到憎恶，但却也真正为基督教奠定了道德的基础。

基督教在许多问题上和柏拉图的见解有相得之处，但是，和柏拉图的裸体观完全不相干，也领悟不了他对裸体观在心理学上的正确意义。道理很简单，就是头脑太简单了。教会满腔热情一心要和它所谓的“肉欲”做斗争，以至头脑混乱到看朱作碧的程度，本来是要对付主观的“肉”或性欲，却把客观的“肉”或裸体的形象当成斗争对象了。“肉”欲是恶的；因此“肉”体必需包起来以避人眼目。他们用衣装把它遮起来，他们不懂，这样做并不能压制大家对于人体的渴望，相反，由于多了一层禁止的神秘感而教人神魂颠倒，更加火上浇油般使它越发炽烈。

伯登（Burton）在他的那部题为《忧郁的解剖学》一书中，在提到柏拉图的建议时又附带说：“欧西比乌斯（Eusebius）和狄奥多莱（Theodoret）都为此抨击他；这些大人物也许很有道理：因为其中一位说，面对着那些裸露的部分，个个看得一清二楚，会睹貌动情，搅得这些男男女女个个欲火如焚[4]。”但是，伯登自己在这部书的同一节中又不加反对地补充说，“有些人认为，观看裸体女人能左右他的情欲，法国人蒙田（Montaigne）在他的文集中说，一些擅长调情的老手认定，饱览人体的丽质秀色，是医治和祛除放纵色情的良药，这个说法值得考虑[5]。”

毫无疑问，能起到激发性欲的春药的作用的是化妆打扮，半遮半裸，而不是完全裸露，这是众所周知的事实。我在“羞涩心理的演化”一文中收集了一些这方面的证据。埃里奥特（G. F. Scott Elliot）说：“在马达加斯加、西非和好望角，我总看到一条同样的规律，贞操的讲究和穿着遮体的程度成反比。”[6]现在大家都普遍认为，穿着打扮的主要目的之一是刺激性欲，艺术家的模特儿都很清楚，她们赤条条的时候最安全，可以防止讨厌的男性侵犯。舒费尔脱医生（Dr. Shufeldt）是著名的《人类形体研究》（*Studies of Human Form*）一书的作者，他说：“我喜欢的一位模特儿告诉过我，说她有一个习惯，一跨进艺术家的工作室就立刻把衣服脱掉，越快越好，因为男人不能始终负责任地控制住自己。她觉得，当她完全裸体的时候，可能反而比半遮半裸的时候更少唤起或刺激男人的情欲。”[7]艺术家的模特儿实际上都很懂这种事。如果人的一生从小到老就只琢磨克服性欲这一件事的话，那么禁止穿衣比禁止裸体或许更加合理。

当基督教同化了整个欧洲的时候，这种甚至连“肉”的肌肤形貌也不许看的严格的回避态度，虽然在名义上已经被大家接受，认为是一种理想的模范，但也只能在修道院里完全彻底实行。在修道院外的世俗社会生活中，尽管基督教的原教旨主义还有些影响，但各种各样的异教徒和初民喜欢裸体的传统依然继续存在，在平常的习惯中和在一些特殊的场合都同样允许身体的肌肤有某种程度的裸露。

偶尔或惯常的裸露现象在世界上很普及，它究竟普及到一个什么程度以及它如何居然能与最敏感的羞涩心理完全协调等等问题，我在《研究录》的第一辑的“论羞涩心理的演化”一文中都曾有所铺陈。

即使在基督教时代，都还时常有情不自禁地想要裸露身体的冲动，还常常感觉这种习惯特别神圣。公元第二世纪，阿达米特宗派（Adamites）[8]在训谕和祈祷时是裸体的，行圣礼时也是裸体的，根据圣·奥古斯丁（St. Augustine）摘录的说法，如果他们只在举行圣礼的时候裸体似乎没有人表示过反感。到了十三世纪，德国的博瑞特仑自由精神教派（Brethreny of the Free Spirit）[9]，聚会时男女裸体混杂同样崇尚贞操，但正统的天主教则视之为魔鬼附身。又过了很久，法国人皮卡尔（Picard）创建了一个以皮卡尔命名的宗教团体（Picards）[10]，坚决主张公开裸体。他们相信，上帝已经把他们的领袖当作一个新的亚当派到人间重建大自然的法则。后来他们被胡斯派（Hussites）[11]的信徒残害，连根铲除了。

无论如何，在中世纪的日常生活中，对于袒裼裸体还是相当宽容的。从一件事可以格外清楚地看出来，即公共浴池里经常是男女不分地泡在一起的。阿尔温·舒尔茨（Alwin Schultz）[12]就说过，贵族阶级的妇女——可不是男子——时常到这种公共浴池来沐浴，一丝不挂，只戴一顶有檐的帽子和一条项链。

有人说，中世纪的宗教戏剧中，亚当和夏娃都是赤裸的。钱伯斯对此表示怀疑，认为他们穿有肉色的紧身衣，或者像后来这类戏剧中那样穿上了“白色的皮质下装”[13]。也许他说的对，但是，在公共场合裸体，甚至对性器官都不加遮掩，都是准许的，在贵族的家中也是允许的，索尔兹伯里的约翰（John of Salisbury）还对这种风俗表示过抗议就是一个证明[14]。

拉克莱维尔（R.de Mauldela Clavière）在《艺术评论》一书中说，十六世纪时法国的女权主义者酬谢崇拜她们的人，请他们到自己的盥洗室，甚至浴室都不算什么丢人的丑闻[15]。到了世纪末，她们有些人在性的问题上开始变得皮里阳秋起来，但是这种假正经的人为数还不算多，在社会名流中许多女子都允许别人给她们作裸露达到腰部的画像，我们在尚蒂伊（Chantilly）就看到过一幅“加布里埃尔·德·埃斯特雷（Gabrielle d' Estrées）在沐浴”的油画像[16]。

到了十七世纪中叶，英国都还没有禁止在公共场合赤身露体，庇泼士（Pepys）告诉我们说，1667 年的 7 月 29 日，一位教友派的教徒跑到威斯敏斯特（Westminster）大教堂里，大声呼喊着“悔悟了，悔悟了！”他全身裸裎，只是把私处文雅地包住，怕引起别人的反感。[此人无疑是埃克尔斯（Solomon Eccles），他在王政复辟前后惯于这种装束，到处游逛。他曾经是一位著名的音乐家，行为有些古怪，但明显不是疯子。]

瑟南古（Senancour）在他的一部题名《论爱情》的书中有一章“论裸体”，他在这一章和在这部书的附录里提供了在欧洲偶然一见的裸体的一些实例，并且加上一些他自己的有趣的评论[17]；迪洛尔（Dulaure）著《论生殖崇拜》一书中也有这类的记载[18]。

在十九世纪之前，反对裸体的运动从未达到过完胜的地步。而十九世纪则演出了凯旋的一幕，所有反对裸体的势力联合起来，彻底禁止在一切公开场合裸体。普多尔（Pudor）强调裸体代表贵族身份而奴隶身份的衣着是平民特征，它是上层阶级用来为难下层阶级的东西，贵族自己则保留着体育的特权。如果真如普多尔所说，我们或许就可以把这件事和民主的平民风气的突然高涨联系起来。尼采（Nietzsche）就曾指出，这种平民主义在十九世纪达到了顶峰。无论如何，值得注意的是，反对裸体的运动这时候已经完全改变了它的性质。它已经逐渐普及，但同时也改变了它的初衷，它原本的根基已经崩塌，这个运动基本上失去了它的宗教的和道德的特性，在大家的心目中已经只是一个习俗的问题。生活在十九世纪的人，当他突然看见一副赤裸的身躯闪动在阳光下，再也不会像在中世纪修道的苦行僧那样感觉到正在面临需要拯救他的不朽灵魂的危险，或者，正在使他的道行腐化堕落；他只是觉得这个样子很“粗鄙”，或至多不过觉得“恶心”罢了。这就是说，他把这件事简单地看作礼俗问题，最坏也不过是习尚的高低，审美趣味的雅俗而已。就这样，他把自己对于裸

体的强烈的抵触情绪在层次上降低了，一直降低到大家普遍都能接受的水准，同时也就把它先前有过的伦理约束或良心制裁的意义给抹去了。十九世纪的人对裸体的深深厌恶，只是因为觉得它太轻佻、行为不检，这是他反对裸体的根据。

但是，我们千万不可以低估这种对裸体抱强烈反感态度的顽固性质。看看基督教传教士在世界各地的朴野人中的作为吧，在热带地区，他们都还坚持要皈依基督教的信徒们穿着北欧人的传统服装，这真是残忍，再没有别的字眼可以用来形容这件事了，也没有任何一件事能比这更生动地说明十九世纪对于裸体的深入腠理的厌恶情绪了。许多旅行者的游记里都对此有大量的记叙，说传教士很重视这种改服易装的事，这件事既伤害了当地人的健康，又降低了他们做人的尊严，使他们丢脸。我们只要举出一份权威的证词就足以说明这个问题了。史丹摩勋爵（Lord Stanmore）是斐济的前任总督，他于 1894 年在英国圣公会传教士会议上宣读了一篇冗长的论文，题目是“论不当地引进西方生活方式”。他举了一个典型的例子 [事情发生在汤加（Tonga）不在斐济]，他说“在这个村子的中央，有一个木质的粮仓式的建筑，是一个教堂。如果刚好碰上星期天，我们就会看到一位本地的牧师，很正式地穿一件泛绿的黑色燕尾服，围着一条曾经一度是白色的围脖，戴一副眼镜，对他来说这副眼镜可能只是一种点缀而非必需的物件，对来参加礼拜的教友宣讲圣经，听众里面，男人的穿着和这位牧师基本相同，妇女们则盛装打扮，头上戴一顶破旧的帽子，有带边的，也有无檐的，身上套着一件不成形的像洗澡时穿的浴衣似的长袍，或者穿一条老式的用筐撑开的褶裙。有势力的首领和出身名门的妇女，他们早先的土著衣着让人一看就

知道他们的身份肯定是贵妇和绅士，而现在，他们的主日的华丽服饰则打扮得很像花车游行中那些伺候花屋主人的侍者。如果游客在当地人上午工作结束后被邀请到镇上的人家里观光，就会看到他们一家人个个正襟危坐在椅子上，无精打采的没有一点舒适的样子，屋子里到处都是乱扔的零星杂物。在高等土著牧师的家里，还有更多模仿西式生活的情景，椅子都用椅背套和罩单罩着，怎么看都不顺眼，还摆着一些圆形的做工粗糙的小衬垫，衬垫上摆着空的花瓶，显得很俗气。另外还有很多难看的，廉价的，粗俗的瓷片，本该是用来装饰烟囱的，但屋里没有壁炉，当然也就没有烟囱了，于是这些瓷片就整整齐齐地陈列在一张摇摇晃晃的木板桌上。这些村民的整个生活就像一场不真实的戏剧表演。他们不断自问，是否触犯了那张大表格上开列的一长串禁律中的哪一条而该受惩罚了，又问自己穿这套外国服装是不是正在遵循教规修道。他们大部分人的面部表情都显得闷闷不乐，好像受了委屈，他们默默地到处行走，一点也不快乐，心里面对这个拘束着他们的规则十分反感，但是他们不敢把它扔掉，一来是有点担心可能遭到现世报，二来是他们以为如果把这些东西扔掉，他们就做不成一个好的基督徒了。他们有很正当的理由不满。当我去访问这些村落的时候，我特别留心检查，亲眼看到穿土著服饰的人被罚款和拘禁；不穿衬衣和长裤，有些地方连不穿外套和鞋子都要罚款和拘禁；除了法律强迫遵守苛刻的清教徒的安息日的规定之外，还不准在星期日洗澡，一旦发现就要罚款或拘禁。其他有些地方，星期日洗澡要受鞭刑；据我所知，妇女受到鞭笞的都是因为星期日洗澡，没有任何其他的犯科。男子在这种境况下，随时都可能造反，有时真就出现这种反抗的场面了。”

把对裸体的厌恶情绪化成一种不合理的过分逼人的习俗的结果，明显地使假装正经逐渐成风。我们都知道，这是一种假装羞涩的姿态，他不是一种自然的感情而是一种习俗，它是愈演愈烈泛滥无归的。这种事绝不仅仅局限于现代，也不仅仅局限在奉行基督教的欧洲。古代希伯来人并没有完全从假装正经的俗气中超脱出来，我们在圣经的旧约中有时可以看到一个奇怪的婉词“下部”（The Feet），用来指称性器官。土耳其人是很擅长假正经的，其实就连古希腊人也都是这样。克莱门特（Clement of Alexandria）说：“哲学家迪翁（Dion）告诉我们，有一位名叫李西迪卡（Lysidica）的女子，由于过度害羞而穿着衣服洗澡，另一位叫菲罗特拉（Philotera）的女子走进澡堂，下到水里待水淹过了要裸露的部位才慢慢脱去束腰外衣，洗完澡慢慢站起来把罩衣穿上。”[19] 扭扭捏捏的假正经的人在早期的基督徒中也是有的。吉罗姆（St. Jerome）在他写给欧斯托齐乌姆（Eustochium）的一封信中就曾经有过很生动的叙述，他说：“这些女人透过牙缝说话，细声细气只露一丝牙缝，或者抿着嘴唇，咬着舌头说话，含含糊糊地连字音都拼不准，因为她们把一切自然的事都当作是粗俗的东西。”吉罗姆是一位在心理上克服了禁欲主义的学者，他断言，“诸如此类的假正经甚至连语言都给败坏和摧毁了。”一旦用某种新式的，假装的“羞涩”来蒙骗朴野的人，假正经的势头就会兴起。海登（Haddon）对陶瑞斯海峡（Torres Straits）的土著人中的这种情况有过描述，那里就连儿童现在都苦于过度的假正经，而在从前，一丝不挂都不会害羞的。[20]

十九世纪见证了在裸体问题上的胆怯和假正经的得势，也产生了新的裸体观念的胚芽，它后来硕果累累。这些胚芽在伟大的，反古典的浪漫主义的运动中，有某种程度的表现。卢梭（Rousseau）大力鼓吹回归自然，可是他并没有特别强调裸体是一个回归自然的元素。但是，在这个问题上的新的感情出现了，成为大革命的插曲中略带夸张性质的一幕。这时，在德国，施勒格（Friedrich Schlegel）是浪漫运动中的一位典型人物。他的作品中有一位先进的人物叫露辛达（Lucinde），通过她，以一种严肃真挚的精神，陈述了当时大家还不熟悉的有关人体的新的观念。

在英国，勃雷克（Blake）用他奇特的激情的天才，公开宣布一个神秘的福音，包含赞美人体在精神上的荣耀和对衣着的文明价值的蔑视（他写道，“说到现代的人，把他身上那些衣着穿戴一件一件脱光之后，他就好像一具死尸”）差不多同时，或稍晚一些时候，在美国，梭罗（Thoreau），惠特曼（Whitman）和伯勒斯（Burroughs）等人异口同声地主张必须回归自然，而且说得更加明确。

莫尔先生（Sir Thomas More）在十六世纪时写过一本名叫《乌托邦》（*Utopia*）的书，里面包含相当丰富和有益的新思想。我们在书中看到，他为了避免婚前的骗局提出过一种要重视查看人的体貌的意见，虽然眼界很狭隘。按照莫尔的说法，在乌托邦里，结婚之前，女方，不论是少女新婚还是寡妇再醮，都要由一位稳重端庄的已婚妇女领着，一丝不挂地去见那位求婚的男子。同样，要由一位贤明而审慎的男子把这位求婚男子赤身露体地带到这位女士的面前，让他们互相检视一番。这种习俗真叫我们忍俊不禁，实在是愚蠢之极，让人无法苟同。但是，在他们这边又另有一说，他们看到所有其他国家买卖小马驹的时候，只卸去马鞍还不行，非要卖方把小马身上的一切马具全都卸掉，否则就拒绝做这笔买卖，因为他担心马身上的皮肤擦伤或溃烂被遮盖住了；乌托邦里的人认为，横竖不过几个小钱，不值当这样仔细地搜检，他们对这种做法惊讶不已，认为实在太蠢了。但是，他们觉得，婚嫁是大事，择妻非同小可，结婚之后，不论彼此是否相宜，快乐也好，不快乐也好，两人都要白头偕老共同生活一辈子，他们认为只看到一块手帕大小的脸部，身体的其他所有部位都看不见，这样就决定娶她为妻，联为一体，如果以后对她身体的什么地方忽然不喜欢，嫌弃了，但木已成舟，这岂不是太鲁莽而在冒盲人瞎马夜半深池的巨大危险了吗？婚后丈夫才发现妻子身体上真有当初被衣服遮挡住的可怕的残缺或畸形而心生厌恶想要分手，这时两人要一拍两散已经不合法了。如果这些形体上的缺陷是结婚圆房之后偶然发生的意外，这样除了忍耐就没有任何办法了。但是他们妥善地制定了这条法律防患于未然，避免这种欺骗得逞。可以称之为裸体的精神价值的清晰观念的兴起和莫尔的观点没有一点关系，它是广义的自然卫生的一个部分，是美的使人纯洁和高尚的功能的高级和特殊的方面，这是发生在莫尔以后很久的事了。在十九世纪初浪漫运动肇始前，这样的观念还没有明确的表达。直到瑟南古（Senancour）《论爱情》一书出版（第一版，1806 年；增订的第四版，1834 年）之后，我们才看到他精彩地把它发表出来，从恋爱道德的角度看，它至今仍然是最好的书中的一种。他在评述裸体不会泯灭人的羞耻心理之后，接着就主张不妨偶尔实行部分袒露或一丝不挂。他用有点柏拉图的神气说："假设有一个国家，在某种大众的节庆上，妇女想宽衣袒裼甚至一丝不挂都无拘无束。在游泳、跳舞、散步时，只要认为脱掉衣服更相宜，即使有男人在场也会照脱不误。可以肯定，这样的情景不会引起性爱的幻觉，性的激情会自然地归于平静。但是有人要问，没有性的热情怎么行，难道通常不正是性的激情在提升着世间人事的价值吗？我们需要忠实的爱慕，需要优雅的乐趣，当我们还有常识的时候，所有这些美好的东西我们都会得到的……这样的裸体自由要有相应的制度，既有力又简单，还要十分尊重那些世代相传的习俗。”[21]

从那时以降，在所有的文明国家里，可供参考的讨论裸体的价值和心愿的文献日渐增多，还夹杂着一些针对这方面的历史传承下来的错误习俗的冷嘲热讽。譬如，梭罗（Thoreau）在他的 1852 年 6 月 12 日的日记中就曾经记载他在远处观望一些孩子在河里洗澡的事，其中写道："他们身体的熠耀的色彩在阳光下，叫我心旷神怡，我听到他们戏水的声音了。至今我们中还没有一个禀乎自然图其天趣的人，所以在到访人间的天使看来这是一个多么奇特的事啊，她会把这一切记下来，带回天堂去，说世上的人都被种种严刑峻法禁止赤身露体了。"

布洛克（Iwan Bloch）在他的《现代的性生活》一书的第七章中，用现代的眼光推敲裸体的问题，并且得出结论说："裸体是符合自然的观念，这是未来生活的口号，我们现代的一切卫生的，美学的和道德的努力都指向这个方向。"[22]

施特拉兹（Stratz）为了人类的健康和美曾经很艰苦地做过一番研究，有资格发表这方面的意见，他很好地说明我们现在进步到一个什么阶段了。他在《妇女的服装》这部书中指出，异教徒的泛神论崇拜裸体的女神，而基督教却反其道而行之，演变出一种观念，认为裸体就是性欲，因此是不道德的，接着他就说了："但是我们所到之处，在十字架的神圣的高高的位置上，救世主的裸体光彩熠熠。在他的保佑下，经过长期的斗争，裸体的一种新观瞻从杂沓的观念中逐渐挣脱出来，我把它叫作‘艺术的裸体’（Artistic Nakedness），因为这种裸体形象本身就是古希腊人通过艺术使它流芳千古的，我们今天要靠艺术去重新认识它的活力。艺术的裸体，究其本质而论，既高于自然的裸体，也高于性欲观念中的裸体。天真单纯的孩子对裸体什么都不想，没有丝毫杂念；穿戴的人面对脱去衣装的裸体只领会性欲的刺激。但是，当人自觉地回归自然，用极目观天的远大眼光去看，就会辨认出在人类编织的重重衣冠之下，遮掩着的竟是上帝制造的一个庄严美丽的生灵。面对这番景象，一些人会肃然静立，怀着敬仰的心情惊讶不已，另一些人可能会情不自禁地模仿着向他的同类展示他在那神圣的一刻所看到的一幕。这两种人悟性虽有不同，但都欣赏人体的俊美，头脑很清醒，很开明，很纯洁。”[23]

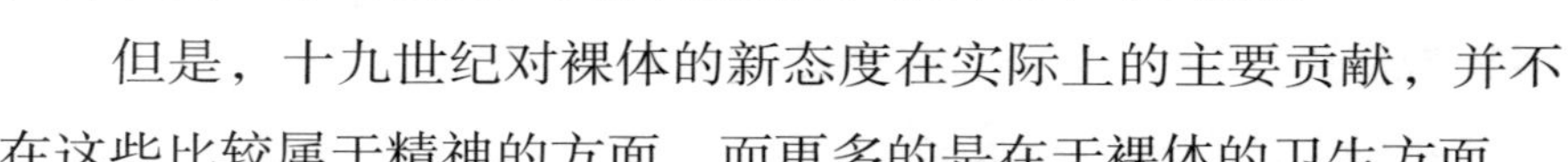

但是，十九世纪对裸体的新态度在实际上的主要贡献，并不在这些比较属于精神的方面，而更多的是在于裸体的卫生方面。

苏格兰的一位高级法官蒙博多（Monboddo）阁下是许多现代思想的先进，早在十八世纪的时候，他就已经认识到“空气浴”的卫生价值，现在大家都熟悉的这个名词还是他当时发明的。博斯韦尔（Boswell）在 1777 年说：“蒙博多阁下告诉我，他每天早上四点钟醒来，然后，为了他的健康，起床把窗户打开，在屋里裸体踱步，他把这叫‘空气浴’。还有人说，他教他的几位美丽的女儿每天清早都在大阳台上裸体实行‘空气浴’。但我无法证实是否真有其事。”[24] 在同一个世纪，另外还有一位大名鼎鼎的人物，富兰克林（Benjamin Franklin），为了健康的缘故，常常要花点时间在他的书房里光着身子踱来踱去。有记载说，有一次，一位女佣打开书房门时，蓦然看到主人这幅脱去盛装的场景，吓得茫然不知所措[25]。

黎克里（Rikli）可能是倡导把空气浴和日光浴当作锻炼身体的常规方法的先进人物。半个世纪前，他在特里雅斯德（Trieste）和奥地利的其他一些地方，建立了阳光浴场和空气浴场，他的座右铭是："阳光、真理和自由是推动身体和道德的健康向最高峰攀登的动力。"他声言：人不是鱼，阳光和空气是高等生物必需的首要的环境。日光浴治疗室（Solaria）现在很普及，用来处理若干种小毛病，大多数自然疗法都把日光和空气摆到主要的地位，同时，在医学方面，也普遍开始认识到它们的作用是绝对不容忽视的。桑多医生（Dr. Fernand Sandoz）写了一部名为《体育和营养的自然疗法导论》的书，详细陈述了这些方法[26]。在德国，"日光浴"已经被广泛采用；譬如，伦凯伊（Lenkei）在一篇论文中对患有结核病、风湿病、肥胖病、贫血、神经衰弱等等疾病的患者就开了这个对症的处方，他认为日光的作用对他们有特别的价值。芝加哥的海德教授（Prof. J. N. Hyde）甚至认为，牛皮癣是由于缺少阳光造成的，用阳光可以完全治愈这种皮肤病。牛皮癣多半出现在身体的裸露部分，他虽然巧妙地利用这个事实来支持自己的主张，他说这部分可以自然的得到所需要的最大量的阳光，生活在炎热地区或国家的黑人就没有罹患这种皮肤病的。但是，他这种泛泛的说法没有被大家普遍接受。

世界各地的通行裸体的朴野人，身体健康强壮，表明了裸体的卫生价值。爱尔兰人男男女女，甚至包括社会上层阶级的人，都通行裸体，只罩一件斗篷，在边远地区更为常见，一直到十七世纪都还保持着这种习俗，就像莫里森（Fynes Moryson）在

他的《旅行记》(*Itincrary*)中描写的那样，爱尔兰人的身体健壮，精力旺盛和他们的这种生活方式不无关系。无论什么地方的原始人，一旦放弃裸体穿上衣服，立刻就百病丛生，死亡率和退化的现象显著增加，当然也不要忘记，和穿衣戴帽同时引进的还有其他一些坏的习惯，也要对这种退化负上几分责任。博伊尔(Frederick Boyle)在他的《朴野人和衣着》的论文中说："裸体是体魄强壮和健康的朴野人中唯一的一种普遍的生活状况，在其他方面他们也许各有所不同。"他收集了大量的材料，证明"一丝不挂"(all face)的自然的人类状态是有益于健康的[27]。

在德国有人毫无保留的大力提倡回归裸体。普多尔医生(Dr. H. Pudor)在他的《裸体文化》(*Nackt-Cultur*)中，和翁格维特(R. Ungewitter)在他的《论裸体》(*Die Nacktheit*)中表现得最明显，翁氏的书多次再版，曾经广为流传。这些作者热心提倡裸体，不仅是立足于卫生，而且还有道德上和艺术上的理由。普多尔更是多次强调："裸体，尤其是在体育运动中的裸体，是康复治疗的好办法。"他主张不分男女共同践行这种裸体文化。虽然普多尔大声疾呼，鼓吹裸体，认为所有忽视这些主张的国家都会迅速衰败，但是，在裸体文化和抵制它的种种偏见的较量中，他不像翁氏那样乐观，对于裸体文化会迅速取胜不抱太多希望。他认为当务之急是教育，最好先从脚开始实行，这个部分是特别需要讲究卫生和锻炼的；他的书的第一卷的很大一部分是专门拿脚做题目的。

照今天的情况看，许多教育家对于讲究卫生和有关性的问题同样敏感，认为一切裸体的主张，只要涉及年轻人就既是有关身体健康的问题，又是有关道德健康的问题，两者分量一样重。赤

身裸体直接接触空气、水和阳光有助于身体的健康；熟悉身体的形象能湮灭猥亵低级的色欲，陶冶美感，有益于灵魂的健康。有这双重的好处，无疑使那些现在称赞裸体习俗的教师更加重视裸体的问题。几年前，他们都还不假思索地斥之为“下流”而不屑一顾呢。至于裸体的实行究竟要不要设定某种限制，实施限制的范围如何，限制的程度又如何，几岁以后开始限制，等等问题仍然意见纷纭，见仁见智。现在这一代成年人是在既往憎恶裸体的习俗的影响下成长起来的，这件事，对于任何有关裸体的革命性的改革都是一种不可避免的阻力。

李希纽士加（Maria Lischnewska）是大力提倡在性的问题上对儿童实行按部就班的启蒙教育的倡导者之一，他很清楚对人体的健全的态度是健全的生活教育的根本。她发现，实施这种教育所遇到的主要障碍，如在一些学校的高年级实行的那样，是“文明的人害怕暴露自己的身体”。她指出，毫无疑问，要消除这种盲目的害怕心理是一项艰巨的任务，从事这项工作的人是在处理头等重要的道德问题。

格哈德（Walter Gerhard）有一篇题为《教育问题的一章》的论文，很有思想，也很敏感，他在文章中指出，在这个问题上——和在其他许多有关性的启蒙教育问题上一样——必需受教育的恰恰是成年人，他们比儿童的问题更多[28]。做父母的从小就教孩子过分的拘谨，枉费心机地自以为他们的孩子会因此益增其羞耻心和道德修养。格氏在文中记载了他自己儿时在热带大陆的生活，从一开始就习惯于赤身露体。“将近二十岁时才回到德国，此前从来不懂得人体是下流而不堪入目的，赤身露体会引起邪欲。直到衣装整齐我再也看不见人的身体了，以后又有人不断告诉我，衣服后面藏着某种不体面的东西，于是我才懂得这件事……以前我不知道，裸体，而且仅仅是裸体这一件事，就能唤起性欲。我以前知道性欲，但它不是看一眼裸体就能唤起，而是从我们的灵魂结合中像花一样逐渐绽放出来的”。他得出的最后的道德结论是，即使只为我们的孩子考虑，我们也必须学会教育自己。

佛瑞尔（Forel）在《性的问题》一书中，说了一些和格氏的意思完全一致的话，他说，儿童表现出来的过于拘谨的所谓假正经的问题，既可以造成，也可以治愈。过度操心他们的着装是否整齐，过度忧虑他们窥视别人的身体，都可能引起这种问题。这种病态也可以治愈，只要让他们认识到身体并没有什么不自然的可以教我们羞耻的东西，鼓励他们男女在一起沐浴。他指出，允许孩子们了解成年人的身体形态，让他们知道自己也会有一天长成这个样子有好处，他谴责那些蠢笨的人行为不当，他们以为孩子已经具有成年人对身体的性的欲望。事实完全不是这样，当这些孩子脱去衣服之后还常常区分不出彼此的性别来[29]。

在德国抗花柳病协会的曼海姆（Mannheim）会议上，特别关注性的问题，发言者接二连三地提到有必要大力促进对裸体的认识。譬如，奥埃仑堡（Eulenburg）和马尔库塞（Julian Marcuse）强调空气浴的重要性不仅是因为它增进年轻人的身体健康，也因为它有利于训练他们正确地对待性的问题。赫勒（Höller）是一位教师，他在这次会议上发言，主张通过艺术和文学作品熟悉裸体，而且反对以年轻人不宜的名义删除诗歌中不够典雅的词句，接着说道：“穿内裤的法令至今没有从道德沦丧的泥溷中拯救出一个灵魂。一个人学会平和地欣赏艺术中的裸体，那么生活中的裸体对他的煽情也只不过和艺术中的裸体对他的挑逗一样罢了。”另一位名叫恩德林（Enderlin）的教师，也讲了一番意思一样的话，他指出，裸体无法在性欲上或道德上影响孩子，因为性冲动还不确切，不强烈。他接触生活中的或艺术中的裸体越早，性欲早熟的事就可能越少，这是当然的。小时候的这类经验，实际上，会变成他对淫秽影响的免疫，将来，当有人把一个赤身裸体的形象摆到他面前，并企图以此挑起他淫荡的举动时，它们自然无力去伤害他了。恩氏又说，在上学时要在艺术的学习中熟悉裸体，就像西伯特（Siebert）说的那样，对我们大多数人来说，必须学会通过艺术净化自己的灵魂。

博尔朔（Bölsche）在《自然的爱情生活》一书中说，在浴场沐浴时裸体，这是已经向前迈出的一小步，接着我们要在体育锻炼中实行裸体，开始时男女有别，等到我们对这种观念习以为常之后，偶尔也可以安排男女在一起裸体锻炼。我们必须获得一种自我节制的能力，一种自然的本能，当看到异性的身体时不觉得他们有任何性欲的意思，可以在注视他们时不带丝毫性欲的情绪。他说，艺术表明，在文明中这是可能的。他还补充说，科学也支持这种观点[30]。

翁格维特（Ungewitter）在《论裸体》（*Die Nacktheit*, p.57）一书中也主张男女儿童在一起游戏和体操时，实行裸体，沐浴空气。他相信：“采取这种措施，体操就会成为提升道德修养的课堂，通过彼此自然的互相习惯，年轻人的正在成长的器官和行为举止就能尽量长期保持纯洁。同时，他们的身体变得强壮发达起来，对于美丽和自然的体态身段的感知也会觉醒。”有些人对于这件事总觉得在“道德”上有些尴尬，他提醒他们应该参考一下边远乡村的生活习惯，那里的孩子们男男女女在一起洗澡时都是一丝不挂的，他们也没有因此引起性意识的问题。桑墨（Rudolf Sommer）在一篇题为《非女子教育即男子教育吗？》的好文章中建议，孩子们应该从小通过家庭生活，在花园里的玩耍，游戏，特别是洗澡等等活动中，习惯于彼此的相处；他说，只有男孩或只有女孩的父母应该为孩子着想，和只有另一性的同龄孩子的家庭培植密切的关系，让他们可以在一起成长[31]。

裸体习惯的培植必须始终和自然的羞涩的本能相宜和协调，这是不用多说的。如果裸体的实践导致这些年轻人对自己的人格或对他人的人格尊严有所贬损的话，那么无论裸体的益处如何都是不值当的，付出的代价太高昂了。裸体的实践，部分出于健全的本性，部分出于明智的训练。我们现在知道，不穿衣服不是因为缺少羞涩心理。两者的消长成反比例。因为朴野的种族通行裸体，他们通常比那些穿衣服的族群有更强的羞涩心理。希罗多德（Herodotus）说早先在希腊，基督教的神父布道时常说："女人把羞涩心连同衣裙一齐除去了"，这是他们常念的经。但在希腊末期，另外有一位道德学家，普鲁塔克（Plutarch），反对这种意见，他说："一位羞涩的女人，当她脱下束身衣时，绝不会因为羞涩而穿上整齐的衣服。"比肖普夫人（Mrs. Bishop）是一位旅行家，她曾经对贝尔茨医生（Dr. Baelz）说过，在日本，"一个女人可以赤身露体，但仍然不失为一位举止高雅的贵妇人"。[32]

在我们这里问题比较复杂，因为刻板的衣着整齐的传统已经培养出一种淫秽好色的恶习，而这种恶习对裸体的羞涩心理是一种冒犯和侮辱。在许多国家，妇女在她们的同族人面前敞衣露体甚至一丝不挂，而当她们意识到欧洲人的色眯眯的眼神时立刻就

把身体遮住了。施特拉兹（Stratz）说过，在日本羞涩心受到侵犯时立刻遮住裸体的冲动是很流行的，他自己则从未引起过这种事，因为大家都知道他是一个医生，而且，他长期生活在爪哇（Java），那里裸体的习俗也是很流行的。只要这种不自然的恶习存在一天，实行自由的无条件的裸体就会困难重重。

但是，在讨论裸体的习俗时要斟酌到的自然冲动的问题不只是羞涩一端。在培植裸体的实践中，除了要坚持一些道德和卫生的规定之外，或许还要合理地容许某种出自本性的行为，即要承认在人生的某些阶段，特别是青春期，有一种本性是不由自主和自然的，甚至可能是种族在性选择方面的传统的良好基础。顽固的习俗使我们想不到要去发现其中的自然规律，因为它刚要露头就被制止了。最好是在羞涩的冲动和这种想炫耀或想展示外观的美丽的冲动之间有一种有节奏的协调一致，但是我们现在却竭尽全力用我们人为的愚蠢怪癖的"清规戒律"把这条自然规律掩盖起来。

霍尔（Stanley Hall）强调裸体的重要性，他说，我们有足够的理由设想，在自然状态下，春机发陈的期间，伴随着身体局部的新出现的发育会兴起某种本能的自豪和想展示的欲望，他还说根据西尔利医生（Dr. Seerley）的观察，有些发育不完全的青年男子想遮盖性器官的冲动就特别明显，而那些发育超常的年轻人这种冲动就不明显。霍氏还说："不只是品行端正的青年男子，甚至连窈窕淑女也常常很坦然地自我展示和对自己的心上人炫耀她们的形体身段的俊美并以此为荣，有时还会找一些恰当的托词对不相干的人摆弄一番。"[33]

想必许多人都曾注意到这种倾向，尤其在女子身上，主要是那些自以为身段优美的人。勒努斯夫人（Céline Renooz）相信这种倾向符合女人身上的一种根深蒂固的本能，在男子身上极少有或者完全没有这种本能。因此，他们就想要用他们自己的男性的羞涩观念来为难女子。“在现代青年女子的实际生活中有一种不为人知的返祖现象，使她有时突然为自己的性别感到骄傲，有一种道德上优越的直觉，而且不明白为什么她必须把唤起这种情绪的原因掩藏起来。在这一瞬间，她在自然法则和社会习俗之间摇摆不定，她没有把握，对裸体是应该吃惊还是不应该吃惊。一种模糊的返祖记忆把她召回到人类懂得穿衣之前的那个时期，向她启示了人类纪元时代的习俗就像一个乐园的理想”。[34] 也许这就是那位德国女孩的朦胧感觉［在卡尔贝克（Kalbeck）的《布拉姆斯的一生》（*Life of Brahms*）一书中提到过这件事］，她说：“有人好像是一丝不挂地在欣赏音乐。”

从我们这里讨论到的基本立场看，在争取公众舆论逐渐支持的条件下，培植裸体习惯能发挥三个方面的作用：（1）它是推进青年人讲究性卫生的重要因素，对先前一度沉溺于假正经和纵淫好色的青年人介绍了有益于身心健康的知识，破除不健康的好奇心理。（2）对于那些年龄较大比较成熟的人来说，裸体也很有益，它有助于培植爱美的心理，起到一种固本培元的作用，焕发他们的自然的活力和使他们保持优雅的风度。（3）裸体的习惯，在道德方面有一种动力的心理学影响，使原先统治这个领域的一味消极和懦弱的道德心理逐渐被奋发的积极向上的道德心理所替代，无论如何在开始实行时有这种作用。

也许没有多少成年人知道，许多男孩和有些女孩非常关心异性的身体结构，在他们的心里默默地萦回着这个念头，不惜时间，耐心等待和绞尽脑汁一定要去解决这个问题。在大多数情况下这些思想活动都是秘而不宣的，但也有不少时候，这种掩藏着的冲动会突然强烈地表现出来，这种情况用法律的死眼光看，其鲁莽的程度形同犯罪。一位德国律师维尔搭洼尔博士（Dr. Werthauer）不久前说过，如果对异性的自然的性器官及其功能有恰当的认识，则男青年对女童的猥亵行为会减少 90%，因为这样的例子中，大多数不是暴力攻击，而是由于天真无知，控制不住平时压抑着的自然的好奇心理的结果。实际生活中真有不少胆大的孩子敢召集一些男男女女的同伴，互相合作，使大家都满意地解开这个心理的疙瘩。但这样也不是完全妥善的解决办法，因为问题的解决不是公开的，也不够健全，不能正确地把性的细节摆在次要的位置上，而是用一种自觉在干坏事的心态，而且不计其余的只顾注意身体的性的部位，它直接唤起性欲的兴奋。如果让孩子从很小的时候起，就在工作和玩耍中，体育锻炼中，跑步中，沐浴中自然地熟悉异性的裸体的形态，公开而且没有任何失礼或不当的意识，这样自然地获得异性体格形态的知识是不会产生任何不健全的后果的。在此之前曾经毒害了性生活的纵淫好色的心理和假正经也一样无由产生或难于为害了。

但是，裸体的作用远远不止于缓和年轻人自然的好奇心理和阻止产生病态的情绪，它在卫生价值和精神层面上同样具有很大的影响。对于早就没有年轻人的好奇心的成年人来说也是一种激发灵感的力量。人类基本的永恒的体格身材，是世界上距离我们最近的东西，他的形象，他所表现的活力，俊美和优雅，看见他不仅赏心悦目，而且对人的生命健康大有裨益。欣顿（James Hinton）说：“女人的身体的力量，就本身来说并不足道，就像音乐的力量，本身不过是空气的震动而已。”可是，她比花，比星星，比海洋，比世界上一切美丽的而富于刺激性的东西更加美丽，更加令人鼓舞。历史，传说，和神话都向我们启示，裸体具有神圣的，令人敬畏的影响力。就像霍尔（Stanley Hall）说的，裸体是“一种人和神都可以托庇的，具有奇特力量的护身符”。人们渴望一睹人体形象的心是极其强烈的——即使到了今天，经过许多世代反复灌输一种蔑视人体形象的观念，说观看这些东西是不雅的，甚至是令人作呕的等等如何如何之后，都还一成不变。有许多事实可以证明，不少人热衷于寻找展现人体形象的作品，连不完美甚至是虚有其表的作品，都在他们搜求之列，虽然这些作品肯定有着令人兴奋和刺激的成分，这在感人的单纯的自然的裸体美中是绝对不可能看到的，但他们照样热心搜求。古代马达加斯加（Madagascar）一年一度的沐浴节的那番景象离我们很远了，当时，美丽的后妃们当着群集在宫廷院子里的臣民的面脱掉她们高贵的长袍，一丝不挂地步下大理石的台阶走向浴池。当我们把穿衣的习俗弄到僵化的地步时，也就同时摆开了纵欲的盛宴，把我们自身作为一种保持自己健康，振奋自己精神的固本培元的力量给否定了。

一位澳大利亚的作家在一部尚未出版的自传中写道：“我沿着墨尔本的一条大街垂头丧气地走着，心情坏极了。忽然有三个孩子从一条小巷窜了出来，在明亮的阳光下跑过马路。他们沐浴在空气中的赤裸的腿，肌肤清晰美丽，让我感到非常快活。看着他们，我忘掉了一切烦恼。这是突如其来的天堂的一瞥，光辉的启示录，清风拂面，使他们金色的美生趣盎然。这些受贫穷折磨的孩子们全身上下，他们的身材，纯净的血脉，细腻的皮肤，使我快乐，至今仍心怀感激。他们的天生青春美丽的腿像盛开的玫瑰一样保留在我的记忆中，比它们一直被衣服遮掩的时候神圣得多。还有一回，我第一次造访阿德勒德（Adelaide），也是看到一些年轻人的裸露的腿，使我心中的沮丧和郁闷的情绪一扫而空。一位裸裎的男孩倚靠在浴场旁边的围栏上，我向他走去，他的美丽的脸庞，躯干，漂亮的腿胫和精致的脚丫，都使我非常快活而升起新的希望。眼睛饱含泪水，我对自己说‘世界上还有美，我一定要自强不息’。”

正像博尔朔（Bölsche）说的那样，我们必须使自己习惯于熟视裸露的人体，就像我们观赏一朵美丽的鲜花一样，不只是像医生那样怀着同情之心注视人体，而是快活地欣赏他的力量，健康和美丽，博氏又真诚地补充说，一朵花不只是“裸体”而已，它是身体的最神圣的区域，是植物的性器官。

欣顿说过：“对于女孩来说，裸体跳舞是至纯至真的舞蹈形式，因此，总有那么一天，时机成熟，这一幕就会出现。这是真的：女子裸着身体在跳舞，男人中和静心地注视着她们。”他在另一处文稿中说，在希腊早就已经是这样了，今天的日本也是这样（施特拉兹最近也有详细的描写）。自从他写下这些预言的话以来，已经过去将近四十年了，也许欣顿本人都可能对于这方面的进步感到吃惊，它正一步一步地朝着这个目标缓缓前进（因为一切真正的进步必定都是缓慢的。）甚至新的更自然的口传指画的法度也开始在欧洲的舞台上流行开来。还在不多几年之前，一位英国的女演员因为有人撰文说她光着脚丫出现在舞台上便认为那是诽谤，并以诽谤罪提出控告，结果胜诉，还得到一大笔赔偿金。这样的结果在今天可以说是匪夷所思而不可能出现的。以邓肯（Isadora Duncan）为先锋的一场运动导致部分地废除了舞蹈演员身上的一些讨厌的紧身装束，使通常遮掩住的许多部位的肌肤都展现在观众面前，而不再被人认为是有悖礼仪或不雅观的了。

但是，说到这里我们还应该补充一点，作为真正的艺术家，舞蹈演员有资格决定什么条件最有利于他们的艺术，近年来国际上时髦的什么"活的雕像"和"活的绘画"之类的评论对于培植健全的裸体文化没有任何补益，他们是完全置之度外的。这些事在杂耍一类的表演上大概是合理的，但它们和什么顺乎自然呀，艺术呀之类的事没有什么瓜葛。被人称为最早提倡裸体文化的导师的普多尔医生（Dr. Pudor）就极力反对这类演出[35]。他正确地指出，健全地实践裸体需要清新的空气，草地，阳光，而那些杂耍之类的表演却是在晚上，在音乐厅里，用舞台的灯光烘托，面对的观众却人人穿戴整齐，也根本扯不上道德或不道德的问题。在偏远的乡村地区的远足活动中，有些零零星星企望培植异性之间彼此以某种程度的裸体相处的活动在静静地进行。在翁格维特（Ungewitter）的《论裸体》（*Die Nacktheit*）一书中可以找到有关这类实验的记录。其中有这样一个例子，参加聚会的一群人，男男女女，每个星期日都要寻找一个偏远的地点，或在树林里，或在草地上安营扎寨，然后野餐，快乐地游戏。"他们尽可能让自己过得舒服满意，男人们把他们的外衣，背心，靴子和袜子全部脱掉，放到一旁；女人也脱去她们的上衣，罩衫，裙子，鞋袜等等衣装；随着他们的心中有关裸体的道德观念的发展，着装的意识渐渐淡薄，到后来，男人只剩一条衬裤，女人也只穿一件宽松的内衣。大家就这样一身装束在一起玩耍，过着正常的田野露营的生活。女士们（有些还是未婚的女子）躺在吊床里，我们男士

们则在草地上自由交际，十分愉快。我们都觉得是一家人，举止当然也大方得体。我们完全顺乎自然和无拘无束地让自己完全沉浸在阳光和空气浴唤起的自由的心情中，忘乎所以。像顽皮的孩子，摆脱了错误的文明的桎梏，在欢乐的歌唱和跳舞中度过这些美妙的时光。当然必须寻找到一些远离大马路的地点，避免受到干扰。彼此都是互相照顾的，我们绝不会因此失去自然的羞涩的心理。允许儿童一丝不挂，允许他们参加成年人的这些聚会，这样一来他们长大以后就可以摆脱那种病态的假正经了。”（翁氏书，第 58 页）

我们可以有把握地说，在这种问题上理想的做法是，如果有机会要允许赤身裸体一丝不挂。这也许会被采纳，不过，只要出现这种情况，我们的种种顽固的治安条例一定会全力去鼓励去帮助他们穿上衣服，这完全是人自己造出来的规矩，没有任何的自然本性的根据。舒费尔脱（Shufeldt）医生在他的《人类形体研究》（*Studies of the Human Form*）一书中叙述过一件事，有一次，他在摄影旅行的途中，在一个森林里遇到两个男孩，光着身子，只穿一条衬裤，正在尽力伸手去够水塘里的睡莲。他发现他们的样子正是他想拍下的一个好的题材，但是他们无论怎么说都不肯脱去衬裤，这绝不是出于羞涩，也不是假装羞涩，而纯粹是因为害怕可能会被抓走和拘留。我们必须承认，一般大众的情绪目前还没有养成一种习惯，可以完全不理会在公开场合必须遮盖性的中央部位的风俗，在力求放宽裸露程度的限制时，必须正视和尊重这种风俗。在布雷斯高（Breisgau），弗莱堡的莱尔（Valentin Lehr of Freiburg）为妇女设计了一款衣服，适合于在公共沐浴池沐浴或实行空气浴时穿着。因为它符合公共场合限制身

体裸露程度的要求，即必须遮盖住性的中央部位，其他部位的裸露断然不会招致反对。这款衣服包括两件，用多孔的衣料制作，一件遮住乳房，用带子跨过肩部系住，另一件则盖住肚脐以下的腹部并从两腿之间拽过。这套两件头的微型服装既不理想，也不美观，但恰好遮住了身体的性的区域，而让臂腰、臀和腿等等部位完全暴露。

最后，裸体还有一个涉及道德方面的问题。虽然在过去的半个世纪中许多人都对这个问题着力地用过一番笔墨，但大多数人还是不了解。我们千万不要把人的身体小看了，把它们当成一件不足挂齿的小东西。睿智的教育家会关心让男女儿童在成长的过程中自然地，健康地熟悉彼此的身体。但是，人体的观瞻总会引起某种惶恐的情绪和美的感觉，吸引力和推拒力掺杂并存。因为它有着这种力量，所以它自然而然地会对那些观赏人体的人唤起一种从善的道德心，使他们不可能轻易地由着性子鲁莽造次。即使我们裸体的观瞻是对性欲的一种挑战，但它也还不失为召唤自我节制的高尚品德的挑战。为了害怕受到某种事物的诱惑而躲到沙漠里去不过是一种粗俗无力的德操。我们必须懂得，企图在文明世界中间，在我们的周围创造出一个沙漠把我们包围起来，隔离那些诱惑，这就更糟糕了。我们不可能免除性欲，即使我们想这样做也办不到；明智的做法正如霍尔巴赫（Holbach）说的那样，是培养能正确地自我节制情欲的艺术，通过教育，在人类的心里播种和培植这种发皆中节的艺术。裸体的观瞻有它的道德的价值，教导我们要学会欣赏我们所不具备的东西，这对于任何一种良好的社会生活来说都是基本训练的必修的一课。儿童必须学会观赏花朵但不要去采摘它；男人必须学会好色而不淫，欣赏女

人的美而不萌生占有的欲望。爱伦·凯说得好，心意欢悦克服了“性欲的盗窃癖”，这启示了一种美好的文明正在蓬勃兴起。在我们想象中以为这种克服或节制一定很困难，甚至难于上青天。但实际并不是这样。性的冲动，和人的其他冲动一样，在自然条件下的发挥都是趋向于中和适度与有益身心健康的。我们用一只愚蠢和冷酷的手人为地压制它，把它驱赶到两个对立的不自然的极端，一个极端是绝欲，另一个极端是滥淫，两个极端都是极有害的而且有害的程度其致不二。

允许人的裸体观瞻在生活中展示，对儿童教育，卫生和美学有好处，对道德的修养也同样有益；对于那些在恶劣的环境中长大的人来说，想要把他们对这个问题提升到希腊人和其他古代善良的雅人那样的水准看来可能真是没有什么希望了[36]。但是，除非我们付诸实践，否则我们将在沿着文明之路前进时不可救药地束缚住自己，同时，把为我们自己提供道德力量和欢乐灵感的源流也给截断了。韦斯利（Wesley）曾经问道，为什么魔鬼总有最好的调子可以为所欲为，我们今天也不妨照样问一句，为什么人的身体会被允许变成那些淫秽的色狼的赏钱。要知道人的身体是天地随了最好的因缘创造出来的神圣的一曲。有些人更进一步确信人的身体具有至纯至强的品质，他横空出世，像一道森严的壁垒，抵挡住亵渎生命的邪恶观念和由它产生的蔑视性的思想的侵犯。以上的种种事情，不管那些不动脑筋的人怎样强烈反对，我们再也不能置之不顾，无所作为了。

卡彭特（Edward Carpenter）说：“世人唯恐这种东西会唤起情欲，毫无疑问，这些东西可以发挥这方面的作用。但是，我们要问，难道大家应该担心唤起情欲吗？情欲毕竟是人的生命的最大的驱动力啊”。卡氏接着说，我们的习惯的道德规范的力量已经不足以恰当的控制情欲，就像是用一台锈迹斑斑的腐蚀透了的锅炉在烧制蒸汽一样。“矫正的办法不是割掉情欲，或是软弱地畏惧它们，而是要去寻找一种左右我们的情欲的、新的、健全而有益于健康的道德和常识。”[37]

但据我所知，欣顿（James Hinton）是最先探索究竟有多少把握能够以裸体，美和性的作用力为基础建立起积极的道德的人。他把这些因素看成是动力学的力量，当它受到压制，就会使人生走向腐败堕落，而如果能够聪明地利用，就能鼓舞人生，使人变得高尚。他从 1870 年开始，直到两年之后去世，写了一部文稿，记录了他对这些问题的思索。这部文稿还保持着零零碎碎的原样一直没有准备出版。我把其中颇有一些特点的片段摘录如下，他写道：“印度教徒拒绝见食异物之妇人，和我们不看裸体的女人难道有什么不同么？思想上的真实感受明显是相同的。……假设因为菠萝的味道香甜好吃，就禁止观赏菠萝，画像例外，究其原因大概是其中有某种叫人生疑的东西。假设没有一个人可以观看菠萝，除非他有足够多的钱买一个带回家去独自享用，这时它的外观和食味才密不可分地成为一个整体。想想吧，围绕着他们会生出多少故事来，什么好色呀，什么淫荡呀，什么偷窃呀……某某小姐告诉过我们她在叙利亚的奇遇，说她如何进入一家木雕商店，那位雕刻家都不抬头看她一眼，于是她又如何拿起一件工具摆弄起来，直到他终于看着我，两人四目相对时，一起放声大笑。这和我们观看一丝不挂的女人的情况难道不是一样的吗？要是碰上一件可以‘摆弄’的事做由头，也终于会使我们举目相视并开怀大笑……当男人真正搞清楚在两性关系的问题

上的障碍是什么，并且采取理智和深谋远虑的行动去消除这些障碍时，他们还会否认女子的青春美丽是赏心悦目的吗？还会否认他们从小小年纪的时候起，对人体的第一眼的感觉可能就是美的嘛？难道他们会不说：‘我们不承认假正经是正当的，我们只要真纯、真善。’虚伪的那一套已经尝试过了，结果不足为训；必须赢得一种清纯的欣赏美的力量；企图不费力地处理这种事是有害的。将来每一位教育青年人的老师都会说：‘这种女子的美，是上帝创造的至美，你看清楚，它是善；是使人心向善的快乐；它是美中之美，是至美，尤其重要的是，它的天职就是使你纯洁，去看它吧，就像你每天离不开面包，或呼吸新鲜空气，或沐浴洁身一样。如果你本是纯洁的，它就是纯洁的，它将在你努力修身积德时助你一臂之力。但是，如果你心存邪念，把它当成供你发泄猥亵情欲的用具，那么，你应该感到羞耻而祈祷上帝饶恕你；我们的生活秩序所以可规范不是针对你；它们是为人而不是为畜生定制的。’当人睁开他们的眼睛，又能够理解明察，动静有节，而不是面对性欲与道德的瓜葛时周章失措，这样的一天就一定会到来。”

注释

1　譬如，阿忒那奥斯（Athenæus）（见阿氏文集，Bk.xiii., Ch. XX）说：“在希俄斯岛，观看体操和赛跑，看到在角斗的赤身裸体的青年男子和裸体的少女在一起的场面真是很美。”

2　柏拉图，《法律篇》（Plato, *Laws*, Bk.viii）。

3　奥古斯丁在《神的城市》中说到这个问题时，把罗马人和尊重艺人的希腊人做了一番比较（Augustine, *De Civitata Dei*, Lib.ii, Cap.xiii）。

4　伯登，《忧愁的解剖学》（Burton, *Anatomy of Melancholy*, Part Ⅲ, Sect Ⅱ, Mem. Ⅱ, Subs. Ⅳ）。

5　同上引书（MemV,Subs. Ⅲ）。

6　埃利奥特:《一位自然学者在中非洲》(G.F.Scott Elliot, *A Naturalist in Mid-Africa*, p.36)。

7　舒费尔脱医生的这段话载 *Medical Brief*, Oct, 1904。

8　阿达米特宗(Adamites)是早期基督教的一个离经叛道的教派,公元2—3世纪时活跃于北非,声称要恢复亚当原本的天真。主张禁欲,反对婚姻制度,认为婚姻是罪孽。——译者

9　博瑞特仑的自由精神教派(Brethren of the Free Spirit)是13世纪时一个信奉自然神论的教派,和早先已经消亡的阿达米特教派颇有渊源。他们相信有自然的精神的上帝,不相信一切超自然的奇迹,后来除被指控宣扬自由思想之外,更被控告生活淫荡腐败。——译者

10　皮卡宗(Picards)是法国人皮卡(Picard)创建的一个宗教团体的统称,15世纪时活跃于波希米亚(Bohemia)一带,本人后来被指控持异端说而驱逐出法国。

11　胡斯派(Hussites),是胡斯(John Huss, 1369—1415)创建的一个宗教改革派系的追随者的总称,强调教会的改革胜过教义的研究。——译者

12　舒尔茨:《唱情歌时代的娴雅生活》(Alwin Schultz, *Höfische Leben zur Zeit der Minnesänger*)。

13　钱伯斯:《中世纪的舞台》,(E.K.Chambers, *The Mediœval Stage*, Vol., i, p.5)。

14　见巴克尔的《备忘录》(Buckle, *Commonplace Book*, p.541)一书中的一段引文。

[译者附注: John of Salisbury(1115—1180),英国作家,外交官,1176年后被选为Chartres的主教直到去世。]

15　拉克莱维尔:《艺术评论》(R. de Maulde la Clavière, *Revue de l'Art*, Jan., 1898)。

16　德·埃斯特雷(Gabrielle d' Estrees, 1573—1599),法国国王亨利第四最宠爱的情妇,在亨利准备正式封她为后前不久死于产褥热。

17　瑟南古:《论爱情》一书中有一章的题目叫《裸体论》(Senancour, "De la Nudité", *De l'Amour*, vol.i, p. 221)。

18　迪洛尔:《论生殖器崇拜》(Dulaure, *Des Divinité Génératrics*,

Ch. XV)。

19　亚·克莱门特:《回忆录》(Clement of Alexandria, *Stromate*, Bk.Ⅳ, Ch. XIX)。

[译者附注：亚·克莱门特，希腊一位教堂神父，生平不详，查大英百科全书，此书名拼写为“Stromateis”，估计写作于公元193—211年，内容都是回忆他一生经历中自认为值得记住的事和谈话，姑且据此译作《回忆录》(或许类似我国的《太平广记》之类的书)。]

20　海登:《陶瑞斯海峡群岛人类学考察报告录》(Haddon, *Cambridge Anthropological Expedition to Torres Straits*, Vol.Ⅴ, p271)。

21　瑟南古:《论爱情》(Senancour, *De l'Amour*, VolⅠ, p.314)。

22　布洛克:《现代的性生活》(Iwan Bloch, *Sexual Life of Our Time*, Ch. Ⅶ)。

23　施特拉兹:《妇女的服装穿着》(Stratz, *Die Frauenkleidung*, Third Edition, 1904, p.30)。

24　博斯韦尔:《约翰逊的生活》(Boswell, *Life of Johnson*, Edited by Hill, vol. iii, p.168)。

25　本杰明·富兰克林 (Benjamin Franklin, 1706—1790)，美国外交家，政治家，科学家。美国独立战争中的英雄人物。

26　桑多:《采用体育锻炼和营养学的手段实行自然治疗的讨论》(Dr. Fernand Sandoz, “Introductionà la Thérapeutique Naturiste par les agents Physique et Dietétique”, 1907)。

27　博伊尔:《朴野人和衣着》(Frederick Boyle, “Savages and Clothes”, *Monthly Review*, Sept., 1905)。

28　格哈德:《教育问题的一章》(Walter Gerhard, “Ein Kapital zur Erziehungsfrage”, 载 *Geschlecht und Gesellschaft*, vol.i, Heft 2)。

29　佛瑞尔:《性的问题》(Forel, *Die Sexuelle Frage*, pp.140, 512)。

30　博尔朔:《在自然中的恋爱生活》(Bölsche, *Liebesleben in der Natur*, vol. iii, pp.139 et seq.)。

31　桑墨:《非女子教育即男子教育？》(Rudolf Sommer, “Mädchenerziehung oder Menschenbildung？” 载 *Geschlecht und Gesellschaft*, Bd.i, Heft3)。

32　见《羞涩心理的演化》(“The Evolution of Modesty”), 载本《研究录》第一辑，该文对羞涩心理和裸体的关系做了详尽的讨论。

33　霍尔:《成年》(Stanley Hall, *Adolescence*, vol.ii p.97)。

34　勒努斯:《男女心理的比较研究》(Céline Renooz, *Psychologie Comparée de l'Homme et de la Femme*, pp.85-87)。

35　普多尔文载期刊《性的问题》(Pudor, *Sexual-Probleme*, Dec.1908, p.828)。

36　我认为在这里强调熟悉裸体在美学上的作用不是很合适。大多数具有审美雅趣的民族（著名的有希腊人和日本人），都对裸体有某种程度的了解。梅特林克（Maeterlinck）说:"在所有的艺术中，文明的族群接近或疏远纯真的美的程度，和他们接近或疏远裸体的程度相照应。"翁格维特（Ungewitter）坚决主张艺术家不妨多多研究活动中的裸体，这对他们是有好处的。这里也值得提一下当今德国的一位艺术家菲杜士（Fidus [Hugo Höppener]），他画的裸体人像的体态，无论什么姿势，线条都生动，有力，恭敬，因而名声大噪。作为迪芬巴赫（Diefenbach）的一名学生，他习惯于和他的同伴一起裸体作画，又常常一起去慕尼黑（Munich）的远郊游玩和工作，这些事对于他的灵感和敏锐的视觉是有重要作用的。恩芩斯贝格尔:《论菲杜士》(Enzensberger, *Fidus*，载 *Deutsche Kultur*, Aug. , 1906)。

37　卡彭特文见《阿尔巴尼评论》(Edward Carpenter, *Albany Review*, Sept., 1907)。

第四章　性爱的价值

性爱的观念——中世纪禁欲主义的态度——圣·伯尔纳（St. Bernard）和克鲁尼的圣·奥多（St. Odo of Cluny）——因为性的中心部位和排泄的中心部位的靠近而坚决主张禁欲——性爱是大自然的圣礼——在一般的原始宗教中的性不纯洁的观念——这种观念的起源的理论——圣经中和早期基督教中的反禁欲的因素——亚力山德里亚的克莱门特（Clement of Alexandria）——圣·奥古斯丁（St. Augustine）的态度——德杜连（Tertullian），卢芬纳斯（Rufinus）和阿萨内修斯（Athanasius）有关身体神圣的见解——宗教改革——把性的本能视为兽性——人类的性本能不同于兽类——性欲和性爱——性爱的定义——性爱和世界上某些地区还未闻有指称性爱的名词——在白种人中后来发展的罗曼蒂克的恋爱——性欲的神秘性——性爱是不是一种幻觉——世界上精神的创作和物质的构造部分基于性爱——知识界的大人物对于性爱的至高价值的证言。

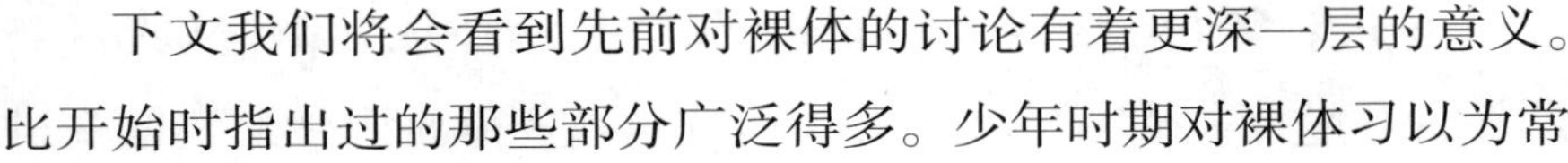

下文我们将会看到先前对裸体的讨论有着更深一层的意义。比开始时指出过的那些部分广泛得多。少年时期对裸体习以为常

在身心健康上的价值无论怎么重要，都还不是熟悉裸体价值的全部。除了它的美学上的价值，还有道德上的价值，是修养身心的动力的源泉。现在，更进一步，我们可以说，在有关我们的性冲动的整体观念中它还具有一种精神的价值。我们对于裸体的态度是我们对于性的本能的态度的一种考验。如果我们在本性上把自己的和我们的伙伴的身体看作一种让人羞耻和嫌恶的东西，那么就再也不会有任何东西可以真正使我们对于性爱的观念变得高尚和纯洁了。性爱渴望肉体，而如果肉体是可耻的，那憧憬性爱的人也必定是可耻的。达·芬奇（Leonardo da Vinci）就曾经很明智地说过："Se la cosa amata è vile, l' amante se fa vile."（"如果被爱的东西是下贱的，那爱它的人就是下贱的。"）古代基督教把性的本能和肉体当作同样的一件事，姑且不论这种说法是否合乎逻辑，它却真是说对了。它们同情共命，我们不能贬抑其一而褒扬其二。我们对裸体的情绪感受如何，我们对性爱的情绪感受也就怎样，的确其致不二。

圣·伯纳德（St.Bernard）从他的修道院生活的沉思中得出这样一个结论："人什么都不是，他只是精液的恶臭的腐余，一袋大粪，蛆虫的食物……，你们从未见过的一个肮脏的粪堆。"[1]有时候，这些中世纪的修道士确实也承认人的皮肤具有某种表面的美，但是他们之所以这样说只是为了强调，把这一层可爱的浮表的薄膜揭去之后，人体是极其丑陋的，他们殚精竭虑，有悖常情地巧思妙想，用他们的聪明智慧对他们认为是可鄙的人体身材加以残忍的嘲笑和讥讽。

圣·奥多（St.Odo of Cluny）曾经是一位风度翩翩的圣徒，他经常穿越阿尔卑斯山，是一位能够重视和欣赏天然之美的先进分子。但是这样一个人竟然也是一位擅长用巧语妄言毁谤人体美的人。他坚决主张，人体的美只限于一层皮肤；如果我们能看见皮肤下面的东西，则女人除了叫人恶心之外，再也不会有任何动人之处了。皮肤下面，她们的盛装就只有血液、黏浆和胆汁了。如果我们从心里就厌恶用手去摸粪便和浓痰，哪怕用指尖去轻轻碰一下都不愿意，那么我们又怎么会想去拥抱一个粪袋呢？[2]不过宗教味道很浓的中世纪的修道士还真是在这里找到了一个有趣的可供沉思或胡思乱想的天地。奉行基督教的地方通常都乐于采纳他们的见解，只是多少去掉一些过分矫情的色彩，不管怎样说，基督教从来没有明确地反对过他们。

甚至有些搞科学的人都接受这些观念，直到现在才真正开始从这种古老的迷信中解脱出来。德·格雷夫（R. de Graef）在他那部著名的讨论妇女生殖器官的书的序言中竟然说，他有必要为这部书的题目道歉[3]。一个世纪后，林奈（Linnaeus）在他那部伟大的著作《自然系统》[4]中涉及雌性生殖器官的部分，虽然承认这类研究有科学的价值，但还是含糊其辞地把它们当作“讨厌”的东西置之不顾。如果连从事科学研究的人对客观地检视女子的身体都感到困难，则对于一些哲学家和半哲学家的见解中常常混杂着一点中世纪乃至更古老的观念，我们也就不会吃惊了[5]。

有一些自由自在的公认的苦行僧持有一种特别的禁欲主义的性见解，认为自己的禁欲主义多半是出于一种美学的考虑，他们认为性的中心部位和排泄的中心部位距离太近。在早期教会的文字记载中就看到奥古斯丁轻蔑地断言性部位“Inter faeces et urinam nascimur”（长在污秽的屎尿之间）。许多和宗教上的禁欲主义并没有密切关系的人现在仍然坚持这种观点[6]。塔尔德

（Tarde）在《性的道德》一文中提问说：“是不是出于可笑的经济学的考虑，加上魔鬼（Mephistophiles）的恶作剧，才使得大自然发此奇想，把具有崇高功能的这个器官，这个值得诗人讽咏、哲人赞美的器官贬斥到那些专司最肮脏的身体功能的器官的所在地，让他们相与为伍乃至不分彼此？”[7]

不管发此议论的人是否意识到，我们都可以指出这种见解本身是出自禁欲主义的蔑视身体的结果。用科学的眼光来看，身体的代谢过程，从一端到另一端，不论是化学的还是心理学的，全部相互交织在一起，不分贵贱，同等重要。我们不能把任何一个化学的或生物学的过程单独拿出来宣布说：这是肮脏的，卑鄙的。即使那些我们称之为粪便的东西也都载有构成我们生命的原材料。有些人似乎把饮食也看作是一种讨厌的操作手续。但是我们不妨用梭罗（Thoreau）的话说：“神仙真的想教人像他们享受琼浆仙肴一样愉快地进食……我觉得进食已经成为一种圣礼，一种神人感通的方法，一种盘坐在世俗的圣餐桌旁的欢天喜地的修行。”

大自然就这样把它的神圣的恩惠秘密地编织到男女众生的身体组织里，无处不在。嘴唇用诸接吻是相宜的，可它最重要的用处的确还是在于吃喝。生命力的各种中心在长期的发展过程中聚积起来，相互之间重重叠叠，盘根错节，使身体具有各种天生的孔洞，它们各自的黏膜层都有各司其职的灵敏的传导感觉，这些孔洞通过它们的黏膜层的感觉又全都成为接触性爱时使人感到销魂动魄的发欲的因素；把人体的这些孔洞严格区分为高等或低等的，洁净或肮脏的，真是枉费心机没有丝毫的意义；它们全都是同样经过大自然极致的最终涂油而神圣不可侵犯的。鼻孔采生命之气；阴道接生命之水。对于生命的价值和美丽的评价如何，最终还是要看我们对于承载生命的身体的各种器官的价值和美丽的评价而定。隆起的乳房象征女性神圣的仁慈，因为未来的孩子要抱着它吸吮乳汁；丰满的臀部的优美的曲线分外妖娆，因为未来的孩子就紧抱在它里面；它们相需相得不能分割，便如一棵活着的树木我们不能除根留干一样。人道的至高无上的功能——种族未来的前途薪尽火传般的绵续不绝，老实说，多亏了那和每日从膀胱导尿的管子同在一处的管道才得以实现。有人嘲笑地说我们是从屎尿之间出世的；而我们可以怀着敬畏的心说，我们经由这条渠道诞生来到这个世界是大自然的圣典，她比人类的一切发明都更加神圣，意义也更为深远。

有些人根据一种神秘的直觉领悟到这些关系，认识到它们的意义，起初是些诗人，到了文艺复兴时代又有一些医生，他们时常在一窥之下，闪念之间，就看破其中玄机。1664 年，罗尔芬西乌士（Rolfincius）在他的《论生殖部分的地位和方法等等》（*Ordo et Methodus Generationi Partium etc.*）一书中讨论女子的性器官的第二部里一开始就称赞古代的一些作家，他们说过，在希腊的埃里乌西尼亚（Eleusinia）举行祭女神典礼和其他一些神秘的活动时，要求亲临这些神圣典礼的人必须保持虔诚和洁净，接着，他话锋一转，说我们在科学探索的礼仪中也要这样。“我们也同样是在操弄神圣的器物。必须把性器官归入神器之列。凡是来到这类祭坛的人都必须怀着虔敬的心。让那些亵渎神圣的污秽的东西退避，还要把门关紧，不让他们进来。”在那些年代，甚至对于科学也只能立足于信仰和直觉。只有到了近代，组织学家的显微镜和生理化学家的试管才为科学家们提供了理性研究的基础。现在已经不可能再把自然一劈两半而胡说什么她这里是纯洁的，那里是肮脏的了[8]。

这样一来，那些认为生殖的中心和排泄的中心位置太近是“大自然的拙劣安排”的说法就成了无稽之谈。这一种联合的布局在大自然中可以追溯到洪荒的原始年代，只有那些情绪上不近常情的病态的人才会感到厌恶。我们还可以进一步申说，肛门，这个不大美观的排泄中心，距离性的中心部位还是比较远的。赫尔曼（R.Hellmann）许多年前在他的《论性的自由》一书中讨论过这个问题，他说：“首先，刚排出的尿不会使人产生任何特别不愉快的感觉。其次，即使有这种影响，我们也可以这样想：当一个人正在呕吐的时候，他的玫瑰色的嘴一时无法接吻，但绝不会因此失去他的魅力。”[9]

一位牧师设想，我们再进一步就可以发现这种邻近的布置还有一个积极的好处，他写道：“我很高兴你们不同意那些人的意见，他们以为上天胡乱摆布，派了生殖器一个排尿的用场；我要理论这个问题还无法不仰仗目的论或神学。我想，我们没有必要一提到排尿器官就嫌恶，虽然我觉得所有头脑正常的人都不会为肛门动心；但是肛门离开生殖器相当远。我认为这种临近的布置有一个很善良的目的，就是除非面对恋爱中的伴侣而性的情绪旺盛的时候，平时要让这些生殖器官多多少少有些隐蔽。结果在平时存在某种程度的排斥力，而在性活动的时候则存在强烈的吸引力。因此，平时由于害怕遭人讨厌而保守秘密的这些部位，当性的情绪激动到最旺盛的时候，却极大地增强了它们的吸引力。再进一步说，这种厌恶情绪本身只是习惯和感情用事的结果，按照圣经的教义，一切器官，不论他的用场如何，东西都是干净和善良的。禁欲的排斥情绪，如果我们追古溯源，根子还是在于基督教之外的影响。基督教来源于犹太教，而后者从来不认为婚姻是不纯洁的，因为，在旧约中'不洁'（unclean）这个词完全是用来表示'不可侵犯'（sacred）的意思。基督教的禁欲的宗教方面的事和耶稣奠基创教以来的基督教是没有瓜葛的，现代的禁欲方面的情绪是古罗马的明暗教（Manichaean）这一伙旁门左道的残留的遗迹。"但是，我还要补充一点，诺斯戈德（Northcote）在《基督教和性的问题》一书中说，把旧约和有关性的坦率的知识并列起来加以检验，我们就会发现在旧约中有一群概念显示，当牵连到性以及和性有瓜葛的地方，就有污浊和羞耻的情绪流露[10]，而基督教继承了这种纠缠不清的情绪。在古代原始的民族中，有一种感觉在性的事物里有某种不洁和罪过的情绪，这种现象很普遍，几乎到处都有，所以那些想过一辈子的宗教生活的人就必须避免性交；在印度，禁欲的独身者甚至博得大众的尊敬。这里没有必要多费笔墨去详细讨论这种观念的原本的根据，有关它的理论形形色色不胜枚举；圣·奥古斯丁（St.Augustine）在他的《神的城市》（*De Civitate Dei*）一书中提出一种巧妙的构想，说男子的阳具常常自发地运动和勃起，不受意志的控制，它是一个可耻的器官，并且牵扯全部和性有关的领域，叫它们跟着蒙羞。韦思特马克（Westermarck）议论说，几乎所有的族群里，都有一种情绪，抗拒同一家或同一户的人发生性的关系，于是性就被驱逐出家庭生活的圈子之外，一种有关性的不洁的观念也就随之兴起了，诺斯科特指出，起初，性交的实行必须找一个隐蔽的处所，因为此时此刻公母俩最有可能成为敌人捕杀的猎物，而轻轻把说法变化一下，性就变成一件被认为是应该藏起来的东西，因此，

这种东西就是一种罪孽或者一种罪过[11]。狄德罗（Diderot）在他的《波根维叶（Bougainville）旅行记补编》中已经把这种躲避敌人的动机归诸“羞涩心理的唯一自然因素”[12]。克劳利（Crawley）写了一部很能叫人体味思索的书，名字叫作《神秘的玫瑰》，其中有大量的篇幅描写到朴野人的性生活，说他们认为性是临深履薄，危机重重，使生命变得虚弱不堪的因素，因此，它是一种罪孽[13]。

但是，如果以为像圣·伯纳德（St.Bernard）和圣·奥多（St.Odo of Cluny）这样的一些人，在禁欲方面，甚至在他们那个时代的一般的基督教的见解方面表现都很好，就认为他们是完全代表了真正的和原始的基督教观点的典型人物，那就错了。就我能发现的情况来看，在基督教初创的一千年间，我们都没有发现对身体有这种强烈的费尽心机和感情冲动的残酷攻击；直到中世纪基督教发展到了顶峰，征服了欧洲人的灵魂，由教皇格列高利七世（Pope Gregory Ⅶ）主持建立了修道院外牧师的独身的制度，隐居在修道院里的修道士的群体日益壮大，控制和隔离的制度十分严厉，这时候，那种对身体的攻击才逐渐展露出来[14]。之前，奉行禁欲主义的传教士主要还是劝人保守贞操和知羞知耻，较少直接针对整个身体处心积虑地妄加攻击；他们的注意力都集中在修养精神的德操方面而不涉及身体的不完善的问题。如果我们回顾到福音书的时代，我们就会发现，文稿中记载的耶稣的言行里并没有中世纪的禁欲主义的精神，耶稣的这些言行笼统地说虽然也有人把它看成是禁欲主义的基础，但的确显示出对身体有一种亲切和宽容的精神。就连教皇保罗（Paul），虽然他对身体的态度谈不上柔情，但还是告诫大家要尊敬它，说它是圣灵的神庙。

我们不要希望在教会的神父那里找到对于裸体观瞻表示的同

情，因为他们所处的地位根本就是反对异教的（Paganism），而异教的生活重视休养身体。特别是在公共浴池，体操场所和剧院这些场合，裸体的风气盛行；基督教对这些异教徒的风俗习惯深恶痛绝，劝阻大众不要裸体。事实上，熟悉和习惯于裸体比反对裸体更有益于培植贞洁的操守，它对贞洁的修养有非常重要的作用。教会——虽然它在施行洗礼的那一刻确实接受了裸体——多半都弄不清楚，这种裸体的风气实际上是不是逐渐改头换面的颓废的古典生活的一些特殊的情况。早期的基督徒的确喜欢衣冠整齐，避免赤身露体。但是他们还常常犹豫要不要更进一步断言身体是不洁的中心，性器官是魔鬼发明的装置。相反，真有一些很著名的神父，特别是那些东方教会的神父，他们呼吸到希腊思想的生命气息，在关于大自然，性，和身体的题目上，有时还发表一些具有某种连歌德（Goethe）和惠特曼（Whitman）都会赞许的精神来。

克莱门特（Clement of Alexandria）诡谲的思维中有种种怪癖，但仍然称得上是所有神父中最具有真正希腊精神的一位。在涉及性的问题上，他的思想反射出正在衰微的古典精神的光芒，这是不足为奇的。例如，他反对在性的问题上的假正经，这种风气在古典世界日薄西山之后使生命变得阴暗起来。他鼓吹说："凡是上帝自己创造而不引以为耻的，我们也不应该引以为羞耻而不说。"[15] 这是一个著名的重要宣言，因为它包含了面对自然没有羞耻的往日古典的情绪，又为这种情绪立了一个新的和基督教相宜的宗教的堂构。克氏的这种开明的思想虽然不是始终如一的，但却也随处可见，他保卫身体和性的功能，反对那些用蔑视的态度对待它们的人。又因为性的问题也就是妇女的问题，所以他总是大力主张尊重妇女，也宣扬婚姻的神圣，有时候他把婚姻的地位看得比童贞的地位还高[16]。

我还必须说到另外一个北非人，圣·奥古斯丁（St. Augustine）。很不幸，他不是希腊的亚历山德里亚人而是罗马的迦太基人，他认为自己可以对克莱门特的这种议论提出有说服力的答辩，他热情奔放，天马行空，终于使他的主张能够得到推广。奥古斯丁认为，罪孽是能遗传的，它在性器官里有自己的特殊的位置和名号；罪孽篡改了原本神圣的创造，我们就不能像当时还没有继承罪孽时那样来对待性和性的器官了。他扬言我们的性器官已经变成可耻的东西了，因为通过罪孽的改造，他们现在的动静受到性欲的操纵。与此同时，奥古斯丁绝不采纳中世纪禁欲主义者那种蔑视和憎恶身体的立场。奥古斯丁对于身体的见解热情洋溢，和奥多的看法大相径庭甚至连皮肤下面的种种精微的构造他都认为是极其相宜的，他甚至说："我相信可以做结论说，在创造人的身体时，顾及美的程度比顾及需要的程度更多一些。事实上，需要不过是过眼云烟，总有那么一天我们能够超脱一切淫欲，彼此在一起，快活地欣赏对方的美丽。"[17]

甚至在性的领域，除了亚当的罪孽遗传的影响之外，他都愿意承认它们的纯洁和美。他说，在天堂里，如果天堂也继嗣弗绝的话，那么生殖的实行很简单，而且全无羞耻的问题，就像在土地上播撒种子时挥手的动作一样。"性交完全由意志控制，没有任何性欲的因素。精液射进阴道，简简单单，就像正在来月经一样。这里无所谓什么淫秽下流，只能说这些身体部分和身体的其他部分同样纯洁清白。"[18]无论如何，在奥古斯丁看来，这就是天堂里可能发生的故事，因为他相信天堂里是没有性欲的。他认为，照目前的情况看，我们为此感到羞耻是对的，我们为了自己的利害也该羞愧。根据克莱门特提到的叙述，许多异教徒顺水推舟沿着这条路走下去，认为上帝造人只造到肚脐，肚脐以下的部分都交由另外一股势力去造了；这种异教徒的子孙直到今天也还混迹在我们当中。

东方教会和西方教会一样，在奥古斯丁前后，一些名声显赫的神父和传教士都曾经发表意见重申克莱门特的那些主张，但是在奥古斯丁之后，这种声音就不像先前那样经常听得到了。对于德杜连（Tertullian）[19]的那些夸张而又常常矛盾的言论，我们无须看得太重，但有一点值得注意，他一面说妇女是地狱之门，一面又说我们要怀着敬畏之心而不是羞愧地去亲近大自然。“敬畏自然，不必羞愧”（Natura veneranda est, non erubescenda）。的确有人说过：“没有一位基督教的作家像德杜连那样猛烈抨击异教徒对身体的蔑视的。照德氏的说法，灵魂和肉体是密切联合的。灵魂是肉体的生命之道，但是没有肉体的表达和控制，灵魂也没有作为。”更有分量的人物是卢芬纳斯·特朗尼乌斯（Rufinus Tyrannius），他是圣·吉罗姆（St. Jerome）的同窗好友，在公元第四世纪时，他写了一部使徒信经注解，很受早期和中世纪教会的重视，甚至到今天都还真有它的价值。他在这部注解中对一些人的妄言做了回答，他们说耶稣诞生通过妇女的性器官是一件淫秽的丑事，卢氏回答时宣称，上帝创造了性的器官，“那些宣传这些部分是淫秽的话都是凡人的见解，不是大自然的意思。至于其他方面，身体的各个部分都是用同样的黏土造的，不同之处只是它们的功能和用处。”[20]我们知道，他对待这个问题的关注的确是出于宗教的虔诚，但也是自然和天真的，像克莱门特，而不是

奥古斯丁，借助歪曲神学体系的手法来诡辩。在东方教会，阿萨内修斯（Athanasius）说过和西方教会的卢芬纳斯（Rufinus）同样意思的话。有一位名叫阿蒙（Amun）的修道士在睡眠中偶尔出现过遗精的现象，他为此发愁，感到痛苦，便写信给阿萨内修斯向他请教这种遗精是不是一种罪孽。阿氏在回答阿蒙的信中安慰他说："这件事从头到尾都是再清白不过的。我且问你，亲爱的和虔诚的朋友，为什么排泄会有罪或当然是污浊呢？人是上帝的天作神工，我们的身体绝无丝毫不清白的地方。"[21] 当我们读到这些谈话时，我们就感觉到，在性的问题上，假正经和好色贪淫的种子已经在大众的心里萌生，但是我们也看到还有一些早期教会的很杰出的思想家一面彰彰反对那些头脑比较僵化狭隘的中世纪的禁欲苦修的人士，一面清醒地站在世俗运动之外，冷眼旁观。总之，他们都被湮没了，因为基督教和佛教一样，当初他们本身就有促进禁欲克己的种子，而性冲动始终是第一个被当作牺牲品奉献给热衷于克己苦修的功德。但是，基督教中也还有一些其他的种子，比如路德（Luther），他就以他自己的平民风格主张身体有种种的权利，他虽然和中世纪的禁欲主义大决裂，但却绝对没有因此就背弃了早期教会的传统。

虽然我完全知道神父乃至圣经的权威的支持对大自然的这些事实不会有任何的补益，但我还是认为提出这些事迹还是值得的。大自然和人性在圣经问世之前早就存在了，而且当圣经有朝一日被人忘却之后还会继续存在。但是，基督教在这个问题上的态度常常被人多方诟病，全盘否定。所以，公平地说，好像也有必要指出，基督教在它的幼年和作为一种世界的势力而开始兴起的时候，在它的最幼稚的时刻，它的言论也常常是符合自然的人情和理性的。不妨再补充说一点，有许多人在处分这个问题的态度上是遵循自然和理性的路线的，但他们并不因此就完全放弃自己民族的宗教传统，藉以安心慰志。

当我们把眼光从基督教转到其他几个大的世界性的宗教时就不必再多费口舌了，我们通常都看不到他们在对待性的问题上有这种模棱两可的态度。回教徒重视要求性的圣洁，就像他们主张要保持身体的清洁一样；他们准备把性的功能带进来生，而不像路德和其他许多基督徒那样担心它会影响到自己能否进天堂的问题。虽然印度是最极端类型的宗教禁欲主义的产地，但是在印度，性爱却被大家认为是圣洁的并奉为神圣，其虔诚的程度令全世界都叹为观止。琼斯爵士（Sir William Jones）以前曾经说过："在印度立法者的头脑中，似乎从来就没有过这样的念头，认为有什么自然的东西是淫秽而有碍视听，不物不轨的。光怪陆离的事散布在他们所有的载籍，但没有一例被拿来当作道德腐败的证据。"[22] 在印度，性行为常常具有宗教的意义，在印度的性爱作品中通常都是以一种严肃的精神来讨论性生活的种种细枝末节和他们的各种各样的变异，对妇女的性的特征从解剖学和生理学的方面加以研究，其细致的程度和顶礼膜拜的心情也叫全世界叹为观止。施密德（Richard Schmidt）说："在印度，性爱在理论和实践两个方面都具有重要的地位，这是我们连想都想不到的。"[23]

在信奉新教的国家里，宗教改革的影响通过重新承认性的自然属性，间接地在大众蔑视性的情绪中，逐渐用"畜生禽兽"的耻辱或污名来取代"罪孽"的羞辱和污名。从此往后，性的冲动必须乔装打扮才能超脱于禽兽而达到堂堂正正的人的地位。十七世纪时，庇泼士（Pepys）在他的《日记》中就有过一段描写这种情况的记载。婚礼的第一天早晨，按照惯例要用音乐来唤醒新婚夫妇叫他们起床；有一个例子当时没有播放音乐（在 1667 年），在庞氏看来，他们的婚礼就像公狗和母狗相处一样[24]。我们现在已经不再坚持这种“借助音乐”的习俗了，但是，渴望用其他一些装扮来掩饰性的冲动的情绪依然保存着。我们始终认识不到性爱本身就带着自己的神圣和不可侵犯的性质。

如今，每当对生活中的性的方面感到厌恶或抵触的时候，用来表达这种情绪的说辞几乎已经很少用到“罪过”、“罪孽”这类词，而比较常用的是“畜生”、“禽兽”这类字眼了。人的这一部分被认为是和低等的动物最类似的地方。无须多说，这是一种错误的见解。的确，把人的性和动物的性相提并论或等而论之的含义，不论我们从哪个方面去理论，都是不堪忍受的。用那些视两者为同功一体的人的眼光，就可能很放心地认为，与其说人和动物的地位相当，毋宁说人的位置更加低下。因为在自然状态下动物的性本能是严格从属于生殖功能而几乎不受歧变影响的。所以，站在那些想藐视性的人的立场上看，动物更接近他们的理想，这些人还必须借赫金孙（Woods Hutchinson）的一句话说：“全盘看来，我们的动物祖先有和我们一样充分的理由以我们为羞耻，正如我们以他们为羞耻一样。”但是，如果我们从更广阔的生物学的演化的观点来看这个问题，我们的结论一定是大相径庭的。

人的性冲动不但不能和动物等同看待，而且相去甚远，是人从动物演化中得到的最少的部分。人的性的范围和动物的性的范围差异特别大，大得出奇。[25]呼吸是动物的一种功能，在这方面我们比不过鸟类；运动是动物的又一种功能，在这方面我们确是无法和四足兽类并驾齐驱；我们在自己的循环，消化，肾脏或肝脏等等方面的功能都没有明显先进的地方。甚至论及视觉和听觉时，我们也高明不到哪里去，有许多动物的视力比人敏锐，又有许多动物能够听到人听不到的声音。但是和人比起来，没有任何一种动物的性的本能有人这样敏感，这样高度的发育，这样变化多端，这样终年持续的警觉，这样强大的放射力，能放射到身体的最高和最远的地方。男人和女人的种种性的活动不属于那些使我们降低到“畜生”水准较低级的部分，而是属于我们天性中比较高级的部分，它们把我们提升到力所能及地去成就至善至美的活动和实现我们的理想。说真的，谈到性的时候把“畜生”和“兽性”一类的话挂在嘴上的主要是少数无知并缺乏教养的妇女。[26] 但是，因为妇女是人类种族的母亲和教师，这点愚昧和粗野的事一时还无法很快根除。

有些人似乎以为他们很公平，从他们对这个问题的结论来看，好像他们认为，说性爱美丽动人也可，说叫人憎恶讨厌也可，两种看法都一样正常和合理。塔尔德（Tarde）说：“且听听甲乙两边各自的说法。甲为人冷漠，乙为人热情，甲守身如玉，乙在恋爱之中。两人教育程度相等，也同样气质不凡。此二人评价这同一件事：甲判定叫人讨厌使人反感，畜生般下贱。而乙则认为这件事叫人心旷神怡，高雅而妙不可言，神圣般的高贵。在甲看来，这是基督教用语中指称的不可饶恕的罪孽，而在乙看来，这才真是天衷赐福，上帝对人类的慈悲。在甲看来，行房的事是可耻的，不得已偶尔为之，但一再之间必须长期间隔，以便修行涤瑕荡秽。可是在乙看来，这却是销魂夺魄的一刻，一度春风万事休，这东西本身对人生自有它的价值。”[27] 但是我们大可怀疑这两个人是否真的“教育程度相等也同样气度不凡”。朴野人感觉性是有生命危险的，他是对的。但是，一个人觉得性的冲动是坏的，或者甚至是下等和粗俗的，则是荒谬绝伦，是反常的歧变。他像我们的精神病院里的某些病人，他们感觉饮食的本能或冲动是邪恶的，于是便采取行动用饥饿来折磨自己，他们和宇宙中到处流浪的灵魂一样，他们是这些幽灵的孩子。就个人而言，如果有一个人声言他真爱某个禁欲的典型例子，要效法他对食色两大冲动之一或同时对两者，尽其所能实行克己修行，这是另外一件事情。一个人神志清醒地禁欲，去寻找一种制度或戒律来为自己个人奉为理想的事助一臂之力，仍然可以说他和自己所属的这个世界在理论上还是和谐的。但是对性生活滥加诋毁，撒开一张“污浊”的帷幕把他遮盖起来了，那就像尼采郑重声明警示的那样，是一种反对神圣的生灵的不可宽恕的罪过了。

有许多人想方设法要在欲和爱之间划一条清楚的界限，拒绝前者而采纳后者，以便调节偏见与理性在性的估价问题上的分歧。想要弄清两者的区别没有什么不妥，但是这种态度通常都是经不起考察的。我们必须下一番训诂的功夫搞明白“欲”和“爱”究竟各训何意，如果我们认为它们是互相排斥的两件事就不容易给出一个清楚的界说了。有人说“欲”是指恣意放纵性冲动。这样解释，我们就可以心安理得地抛弃它了。但那是对这个字眼完全武断的界说。“欲”实际上是一个很含糊的名词；采用褒义这个词的道德价值就改变了，我们必须非常仔细地界定它的意义，然后才能放心地运用它，其实，“欲”是一个完全没有褒贬色彩的词，[28] 而仅仅是泛指一般的欲望，也可特别用来指称性欲；它相当于“饥”或者“渴”；把“欲”用来表达叫人讨厌的意思时，就很像我们经常把“饥”这个词训作贬义的“贪”一样。结果，一些敏感的才子在谈到爱的时候，便愤怒地抛开了“欲”这个名词。[29]早先在我们的语言措辞中，“欲”（lust），“欲力”（lusty）和“色欲”（lustful）都是用来表达一种健全的和正常的性的活力；现在，除了“欲力”这个词还有部分其他的用法之外，情见乎词，他们已经完全沦为一种含有低级趣味或道德堕落的意思的字眼了。虽然，为了避免麻烦最好还是恢复它们原来的恰当地位，这个位置现在还空着，但这种企图恢复原状的困难太大，成功的希望似乎非常渺茫。牵挂这类问题的情绪本来是源清流洁的，这个源头后来被中世纪的禁欲主义粗野的言行严重地毒化和败坏了，使我们所有有关于性的字眼顷刻之间被泼了一身肮脏的污泥浊水；我们可以把他们从污泥坑中挑拣出来，尽力把他们洗涤干净，但在许多人的眼中他们似乎依然是污浊的。这种趋势的一个结果是，我们没有一个简单、精确、自然的字眼来表达性的恋爱，而不得不被迫退回到爱这个普通的词上来，它在英语、法语和欧洲其他大多数的主流语言中的应用范围都很广泛。它和用在“爱”上帝或“爱”吃这类句子中的“爱”字一模一样，用法也正确。

爱或恋爱在性的意义上，扼要地说是欲和友谊的综合，这里的欲字是指原本未经扭曲的性的情绪。把性的意义上的“爱”字用来表达基本的纯粹的性欲就不正确了，用它来表达任何一种单纯的友谊或多种友谊的结合也同样不对。没有欲就没有性的爱；但是，另一方面，要等到身体内的欲的刺激向全身放射，影响到心理机构的其他部分；至少要影响到情爱或情谊以及社会性的情绪的时候，才能称为性的爱或恋爱。欲，就其特殊的性冲动而言实际上是这种综合体的初元的基本的因素，因为就生殖的目的而言，单此一个因素就够了，不仅动物如此，人亦如此。但是只有当欲向全身扩展和放射之后，才会育出精致和迷人的恋爱之花。我们可以想一想植物方面的情况：一方面，我们看到比较低等一些的种类，它们的性的安排处理是隐花的，很简单扼要，世界上从来没有见过她们灿烂的鲜花和落英缤纷的景象。另一方面，一些高等的植物，她们的性属于显花一类，一旦绽放，真是花攒锦簇，芳香袭人。

当然，全世界到处都有"欲"或"性欲"的概念，也到处都有各种不同的字眼来指称或表达这种概念。但是，"爱"或"恋爱"的概念就不太普遍了，而在许多语言中就根本没有一个词可以用来表达它。找不到恋爱的概念使人感到意外，而在我们根本想不到会找到它的地方却可以找到。塞尔吉（Sergi）曾经指出，在动物中，性的欲望甚至也有成为理想化的表现，特别是在鸟类中。当一只鸟因为失偶而悲伤竟至憔悴而死时，可知其中牵涉到的绝不只是单独的一个性本能，而必然是这种本能和生命的其他元素交织在一起的结果。其缠绵之深厚即使是在最文明的人类中也是难得一见的。在有的未开化的民族中似乎没有基本的恋爱概念，例如美洲印第安人中的纳化（Nahua）族人就找不到一个基本的词来表达它。但是，在古代的秘鲁人中有一个指称"恋爱"（to love）的动词 munay，与它结合或由它派生的词有六百个左右。在有些民族中，恋爱似乎只适用于妇女。勒图尔诺（Letourneau）在《文学的演化》一书中指出，世界上有许多地方女子是性爱诗歌创作的魁首。[30] 关于这个问题，我们也不妨提一下，在有些原始的民族中，由于性爱的动机而自杀的人里也是女子居多。[31]不少朴野的族群有谈情说爱的诗歌，例如，东非洲的斯瓦希里（Suahili）族群。[32]布林顿（D. G. Brinton）有一篇有趣的论文《论几种美洲语言中的恋爱的观念》，他在文中说，这些语言中表达恋爱观念的字眼有四种主要的表达方式：一是表达情绪的不连贯的呼喊声；二是声明相同或相似；三是要求结合或性交；四是声明一种愿望，欲望和相思。布林顿又说："这些词表达的观念和大雅利安语系的大多数关于恋爱的词所表达的观念是同样的。"但是，一经比较就很清楚地看到，属于雅利安语系的各民族关于性爱的发展很迟缓。布氏说，美洲的玛雅（Maya）族人比属于早期雅利安文化的各民族想必要先进一些。在他们的语言中有一个表达恋爱的快乐的根词，其训义纯属精神方面，严格地指称一种心理状态，既不涉及具体的事物也与想要得到什么东西的念头没有关系。[33]甚至在希腊人中，涉及性爱的理想都是发育得相当晚的。贝内克（E. F. M. Benecke）的《安提马科斯与希腊诗歌中的女子的地位》一书对此有所陈述，这部书有一些论断很有点叫人感到意外，但从今天的观点来看确实很有教育意义。[34]在阿那克里翁（Anacreon）之前，希腊人的抒情诗人实际上从来没有写过一首有关女子的爱情诗歌，只有阿氏晚年写过一首。在希腊人看来，恋爱几乎始终是同性的恋爱。早期希腊伊奥尼亚（Ionia）的抒情诗人认为女子不过是男子寻欢作乐的工具和生儿育女的持家之人罢了。塞奥格尼斯（Theognis）就把婚姻比作牛的生殖活动；阿尔克曼（Alcman）是古希腊方言抒情诗的奠基人，当他想要对斯巴达的女子说几句赞美恭维的话时，就说她们很像他的"女性的男朋友"。埃斯库罗斯（Áeschylus）在他的一部戏剧中，借一个做父亲的角色的话说，他的几个女儿，

如果由着她们的性子，行为举止就不免有失检点。在索福克勒斯（Sophocles）的作品中是没有性爱的描写的。而在欧里庇得斯（Euripides）的书里，只有女子才陷入恋爱，男子是不屑一为的。贝内克做结论说，在希腊，直到相当晚的时候，性爱一直是被人蔑视的，是一个不值得在大众面前讨论或表演的题目。说到男人把心放在女人身上为她效力那是大希腊（Magna Graecia）的事，而不是希腊本土的事，一直到亚历山大时代之后才有关于性爱的描写。贝氏说，在阿斯克莱皮阿德斯（Asclepiades）的诗歌里表现得格外清楚，这种对女子的爱竟然被看作是一件生死攸关的事情。从此往后，在欧洲人的生活中，性爱观念里的浪漫的一面才崭露头角。帕里斯（Gaston Paris）说，在凯尔特人（Celts）登场把特里斯特拉姆（Tristram）的恋爱故事带进欧洲生活时，这种性爱的观念才终于成为基督教的欧洲的诗歌界吟颂人类生活的一个中心题材，把它看作行为的一股强大的动力。[35]

但是，这种浪漫的恋爱在欧洲大众中还是没有深入人心。在十六世纪，或者在写作“格拉士哲仑”（Glasgerion）这类歌谣的时代，我们都会看到作品中有对乡巴佬和他的情人的关系的描写，都只局限在性交的行为方面；无论相聚还是离别，他都不会去亲吻她；只有骑士，上流阶级的人，才会想到讲究行为举止的文明优雅。正如布洛克（Bloch）在《现代的性生活》一书中表示同意迈埃尔（H. Meyer）时所说的那样，现在，在大众的头脑中是没有“恋爱”的概念的，只懂得“恋爱”的粗糙的副本——性交，在弗瑞斯兰德（Friesland）和阿尔卑斯山（Alps）之间的地区的情况就是一个例子。[36]

再看看东方，在日本，性爱的名声似乎和古代希腊一样狼藉，津田（Tsuda）小姐是一所学校的校长，本人是基督徒，她就说过："从前我们的女孩不知道在外国人的心目中的'恋爱'这个字眼。她遵父母之命嫁给一个男人，大家就期待她服从丈夫，尽到自己为妻的妇道，温良谦让。结果也就成就了许多幸福的美满婚姻。可是，你们这些感情用事的宝贝的外国女人跑来对我们的女孩说'没有恋爱的婚姻是不道德的，服从父母之命结婚是严重违背自然和基督教教义的'。如果你爱一个男人，你就必须牺牲一切去和他结婚。"[37]

当恋爱充分发展之后，它就广衍离靡成为很复杂的一种感情，而欲，即使就这个字眼的最佳意义而言，也不过是其中和其他许多元素相须相得的一个元素罢了。斯宾塞（Herbert Spencer）在他著的《心理学原理》（*Principles of Psychology*）一书中的第四部第八章中，有一段很有趣的文字，把恋爱分析成九种分明不同的重要因素：一是生理上的性冲动；二是对美的感觉；三是亲爱；四是钦佩与尊敬；五是喜欢受人称许的心理；六是自尊；七是所有权的感觉；八是因人我间隔阂的消除而取得的一种扩大的行动的自由；就是各种情绪作用的高涨与兴奋。然后他下了一个结论："我们把我们所能表示的大多数比较基础性的情绪混合起来而成为一个庞大的纠缠的集合体，这集合体就是性爱或恋爱的情绪。"

毋庸赘言，要对性爱下一个界说，或者进一步分析它的各种组分，绝不是为了要阐明它的奥赜所在。我们是想钩染出一幅清晰的性爱的图画，以满足我们求知的欲望，但这幅画和感情的真实之间的鸿沟必然高深莫测永远无法超越。邦施泰滕（Bonstetten）在许多年前就曾写道："再没有一个字眼比爱这个字更经常地挂在嘴边的了，但也没有一件东西比它更奥秘的了。我们和它最亲近可对它知道得最少。我们能测量天上的星体的运行，可我们不知道我们恋爱是怎么一回事。”不论我们对恋爱的原因，恋爱的伴当，恋爱的结局，已经掰肌分理得如何精细，探赜索隐得如何深远，我们今天还必须照样承认自己的无知。我们可以像有些人做过的那样，尝试着把恋爱做各种各样的解释，像饥和渴一类的心境，可以和电比类而观的一种力量，或者是某种磁性，或者是各种各样的化学亲和力，或者是某种生物的趋向性，等等，但是这不过是一些用以表示我们面前的这个现象的宏达壮观的表达方式而已，除此之外，什么也没有说。

我们对性爱往往沉思苦想不得其解的一个问题是，引起性爱的理由不充分，性爱的终点是一处必不可少的由黏膜环绕的区域（阴道），而对于性爱的大海一般的浩浩瀚瀚的感情似乎只是一扇通往这一区域的大门，两者太不相称了，因此，正如古尔蒙（Remy de Gourment）所说：“这些黏膜，用一种不可名状的神秘，把天地间的无穷无尽的珍宝都围进它们那些昏暗的围栏里。面对这种神秘，思想家和艺术家都同样被征服了。”多奈（Donnay）在他的一部名叫《翻墙》（*L'Escalade*）的剧本中，塑造了一位冷漠严肃的科学家，他认为性爱只是一种精神病，和其他的毛病一样可以治愈，末了，他自己竟不顾死活地掉进了爱河。他靠一把梯子，夜深人静的时候强行闯入那位女子的闺房，然后突然大声地发表了一通激昂多情的演说：“对我来说，每一件碰到你的东西都会变得神秘和神圣不可侵犯。啊！想想吧，像女子的身体这样一件众所周知的东西，雕刻家塑造过，诗人讽诵过，像我这样的科学家解剖过，可是它转眼之间突然就变成了一件不为人知的神秘之物和无边无际的快乐，仅仅是因为现在她是其中特别的一个女子的身体——太疯狂了！而这居然就是我现在的感受。”[38]

许多为了这种奥秘困惑不解的人一定猜想到过一种解释，认为性爱是为了种族的绵延，个人不得已要忍受的一种自然的疯狂，一种暂时的妄想。据我们所知，这个解释是叔本华（Schopenhauer）提出过的。当一位年轻的男子和一位女子在热恋的狂喜中互相拥抱的时候，他们想象他们是在追求自己的幸福。但叔本华说，不是这样的；他们被种族的守护神迷惑了，其实是为了把他们引导去实现一个和个人无关的更加远大的目标，而让他们以为自己是在追求个人的归宿。他们的激情的强度不是度量他们将要获得的个人幸福的多少的指标，而是测量他们生儿育女的天赋才能的高低的尺度。这对青年男女任由激情的摆布，不听小心谨慎的忠告，真正是在牺牲自私的选择幸福的机会，而向着大自然的更加远大目标努力。用叔本华的眼光看，这件事并没有江湖上流行的那种骗人的幻术。一对情人想着他们正在奔向天大的个人幸福的目标；他们或许是受骗了。但是，他们上当不是因为真实的存在低于他们的想象，而是因为这个真实的存在比他们的想象高大得多。他们想着是在追求单纯的个人目标，实际却是在实施创造世界的大业。在叔本华看来，到此为止，更好的作业尚未完成，但是他已经完全认识到它的重要和伟大的程度了。[39]

我们必须知道，恋爱也许，甚至常常是一种水中月镜中花之类的低级的骗人的幻想。一个人在有关对方具有或不具有某种品质的问题上可以欺骗他自己，或者被他心爱的对象所欺骗。年轻时的初恋中，这类欺骗或许是完全正常的现象，在某些容易接受暗示和情绪容易激动的人群中，这种现象更是屡见不鲜，最后一拍两散分手了事。这类欺骗，虽然在恋爱的事情上见得比较多，也比较动人眼目——更由于婚姻的缔结牢固而显得严重——但这种上当受骗在人世的任何方面都是时有发生的。对大多数人来说，除了那些心智极不健全的人之外，尽管那场热情似火的恋爱已经过去，但对于恋爱时的柔情蜜意的回忆仍然保留着，好像在回忆人生中一件最真实和最重要的事件一样。[40]

有些作者似乎把恋爱的事情容易上当受骗或遭受挫折，与叔本华命意的形而上学的幻觉这个大问题混为一谈。在勒努维耶（Renouvier）与普拉（Prat）合著的《新单元论》一书里，在讨论到恋爱的时候或许就有某种程度的混淆不清。[41] 在斟酌恋爱是否一种幻觉的时候，他们的回答是不确定的，回答是或不是要根据我们是否受到自私和不公正的念头的控制。“这不是在想象中创造一个偶像时犯了什么大错，因为偶像终归只是某一种理想的典范。但是，要遂其恋爱的理想却需要两个人参加，而这里就是大麻烦的所在。”他们的结论是，蔑视恋爱或爱情，或者甚至轻视恋爱的具体对象，都绝对是不公正的，因为，如果实际上我们没有达到世界上的至美境界，也就等于实际上我们没有达到十全十美白璧无瑕的程度。因此，公平地说，我们就没有资格要求得到这样的大奖。我们不妨说一句，或许我们大多数人到头来必须承认，如果我们诚实地对待自己，不妄自尊大，那么，我们在这世上得到的爱情的奖赏，无论他们有什么样的瑕疵，都是很贵重的，远远超出我们自身的价值。我们也许有理由同意，在某种程度上，人的所有的激情或欲与愿望都是幻觉，而非单独恋爱一端如此。在这种意义上说，佛教的教义就是相宜的了，它是根本否定恋爱的。我们也许还看出其中有莎士比亚在《暴风骤

雨》(*Tempest*)和卡尔德龙(Calderon)在《人生如梦》(*La Vida es Sueño*)中的灵感，他们情之所至，竟然感觉整个世界根本上就是一场虚幻的梦。但是，如果我们没有那种洞察自然的目标的广阔和深远的眼光，我们就不能接受幻觉或妄想的说法；我们不能因为当事人个人的各色各样的欲求和愿望没有得到满足或稍不如意所引起的奇怪的感觉而承认恋爱是一种幻觉，相反，它是最真实的实体。生命的一切形态的改进都是以性的吸引力为根据的。如果我们承认性选择的作用——当我们把和它连在一起的其他无关本质的部分分摘出去而只就有选择的求偶本身而言，这是做得到的[42]——我们就不会不承认恋爱模铸了身段色泽和自然的美，这在动物和人的生命中都是一致的。

如果我们再深一步想想，就像许多研究者相信的那样，我们的生命除了身体构造之外，还有他的精神的构造——例如我们的社会情绪，我们的道德性，我们的宗教信仰，我们的诗歌和艺术，——也都是，至少有某种程度是，建筑在性冲动的基础之上的。如果没有所谓不存在的恋爱，那么这个世界上通行的繁殖方式就一定不会是有性繁殖而是某种别的完全不同的方式了。这时，我们也许就不难理解把恋爱当幻觉会陷入多大的混乱。正如理想主义者席勒(Schiller)从前说过的那样，结果是完全建立在饥渴和恋爱的基础上的整座生命的大厦轰然倒塌。把恋爱看作是任何专门意义上的欺骗或幻想，都是坠入了肤浅的犬儒主义的陷阱。只有当整个生命都是一种幻觉的时候，恋爱才是幻觉。而如果我们承认生命是事实，那么，拒绝承认恋爱的事实就是违背哲理了。

我们完全没有必要在这里放大恋爱的功能，我们只要研究它在本来就属于自己的范围内的功用就足够了。各个不同学派的思想家都曾各抒己见，指出过性的情绪对于精神或道德生活的深远的意义，各有各的价值。我们不妨多少从中摘引几句话。爱尔维修（Helvétius）以前在《论精神》（*De l'Esprit*）一书中写道："爱情是上天的火，将人的生命烧炼，由质入文，浸淫在精神或道德的世界里。精神的活动有赖于爱情的活动，从二十五岁到三十五岁或四十岁，是爱情热烈的一段时期，也正是人能够充分发挥他的美德或天才的时候。"左拉（Zola）写道："接触到性，就是接触到了社会生活的中心。"汤玛士教授（Prof. Thomas）认为，我们都关切他人对自己的褒贬，这种心情里也有些起源与性的成分，[43] 恋爱是生命的全盘的敏感性和利他品质的源头。赫金孙教授（Prof. Woods Hutchinson）在"性爱是演化的一个因子"一文中力图说明，"性的出现，雄性和雌性的发展，不仅是爱的情绪的诞生地和全部道德性的源泉，而且也是种族的巨大的经济利益和进步的不可或缺的必需的因素。第一眼我们就发现其中有一种渴望或积极的冲动要寻找一个同伴的意识。"[44] 莫兹利（Maudsley）在他的《精神的生理学》（*Physiology of Mind*）一书中大声呼吁道："如果夺去了人的生殖本能，就是夺去了由此涌泉而出的一切精神，此时此刻，全部诗文，或许，连同他的整个精神或道德的情绪都要从他的生命中一笔勾销了。"尼采在《权力意志》（*Der Wille zur Macht*，p. 389）[45] 中说："一个人在内心觉得自己更高尚，更强壮，更富有，更美满；那他就是更完美的，我们在这里找到一种像器官功能一样的艺术：我们发现它已被镶入'恋爱'的至真至善至美的本能中。我们发现它是生命的最强有力的兴奋剂……它不仅改变了估计价值的情绪：恋人的价值更高，更强大。在动物界，这种艺术或功能制造出新的利器，色素，色彩，

体态，更重要的是新的运动，新的韵律，新的动人心弦的音乐。人也一样，没有什么不同……甚至连艺术领域，大门都向人敞开着。如果我们从用文字和声音表达的热情奔放的抒情作品中，把诉自衷肠和发自肺腑的狂热所暗示的意味，联想和观念抽走，诗歌韵文和音乐中还剩下什么呢？或许是为艺术的艺术吧（L'Art pour L'Art），那就像在沼泽地里挨冻的青蛙的呱呱的音乐了。诸如此类，一切都是恋爱的创造。"

我们还可以信手摘选更多的名言，说明各种不同派别的思想家最后都达到这个结论，即性爱（其中包括亲情，特别是母爱）是生命的最重要的种种现象的源泉，至于他们在达到这个结论方面正确到什么程度，就不是我们在这里要讨论的问题了。

我们在讨论到世界上对恋爱的观念乃至表示恋爱的字眼的变化无常和包罗范围宽窄不一的时候，就已经看到无论老少青壮，绝不是所有的人都具同样的天分而善于经验性的心醉神迷的欢乐情绪的。骑士和粗鄙的人之间的差别依然如故。有时候在社会的各个阶层都能看到这两种风度迥异的人。有的人甚至连对性的快活讲究一点文雅都不屑一顾，通常仅仅把心思放在体力上。性对于他的知情意的天性没有一点作用。[46]但是在处分性的问题上，那些对世界的思想和情绪的推进有很重大影响的人就不是这样了。有些最伟大的思想家，毕一生的智力，探赜索隐，实践造诣很深。他们的实践证明恋爱具有人格的真实性，或者说，恋爱参与形成个人人格，它对于个人生活十分重要。勒南（Renan）在他晚年的著名的戏剧《朱阿尔的女修道院长》（*L'Abbesse de Jouarre*）里，借剧中人的口气写下了他一生的经验，他确信，恋爱和一个人的身份地位本身无关，即使用坚守贞操的眼光来看，恋爱也依然是这个世界上至高至善的东西。塔尔德（Tarde）是一位著名的社会学家，他曾经写道："在人生的音乐中，恋爱常常显得低调，而野心抱负总是唱高调。但事情就永远这样下去吗？就没有理由将来有一天，这世俗的等级会倒转过来，叫我们惊得目瞪口呆吗？"拉普拉斯（Laplace）在临终前半个小时，拿起一卷他自己撰写的《天体力学》（*Mécanique Céleste*），说道："所有这些东西全部微不足道，虚无缥缈，只有恋爱才是真实的。"孔德（Comte）毕其一生用于创建一种实证的哲学（Positive Philosophy），这应该是千真万确的了吧，可是他发现（实际上可以说伟大的英国实证主义哲学家米尔 [Mill] 也发现了），他理想中的女人的最高典范是，埃杰莉雅（Egeria），比厄特律斯（Beatrice）和劳拉（Laura）三位一体，他写道："世界上除了恋爱没有一件东西是真实的，一个人会慢慢厌倦于思考，甚至懒于行动；但人永远不会厌倦恋爱，甚至连一句厌倦的话都不说。在我受到最痛苦的爱情的折磨时，我一直觉得，快乐的精髓就是心中充满珍贵的东西——即使它痛苦，对，即使是带着痛苦，最深切的痛苦。"科瓦莱夫斯基（Sophie Kowalewsky）在她的智慧造诣使她置身于巾帼中最有名望的人物之列后，悲伤地写道："为什么没有一个人来爱我？我有而又愿意付出的东西可能比大多数女子都多，但最不足道的女子都有人爱而我却没有。"他们似乎都在说，恋爱是世界上最值得付出一切代价的一件事；这些全世界知识界的大师巨擘在临终顿悟中说的话和只写过《仿效耶稣基督》（*The Imitation of Christ*）或者《葡萄牙修女的信件》（*The Letter of a Portuguese Nun*）之类的书的无姓氏无名声的作者的常识水准竟然这样一致。世界上其他的人同声相应的又该有多少啊！

注释

1　圣·伯纳德的《对有关人的知识的最虔诚的沉思》，见米尼的《神父作品集》中《灵魂的品位和身体的估价》[St. Bernard, "Meditationes Piisimœ de Cognitione Humanœ Conditionis"，载 *Migne's Patrologia*, vol. clxxiv, p.489, cap. Ⅲ. De Dignitate Animæ et Vilitate Corporis]，原作笔墨生动，这里不妨多摘几句：

"Si diligenter consideres quid per os et nares caeterosque corporis meatus egrediatur, vilius sterquilinum numquam vidisti... Attende, homo, quid fuisti ante ortum, et quid es ab ortu usque ad occasum, atque quid eris post hanc vitam. Profecto fuit quand non eras: postea de vili material factus, et vilissimo panno involutus, menstruali sanguine in utero materno fuisti nutritus, et tunica tuafuitpellissecundina. Nihilaliudest homo quam spermafetidum, saccus stercorum, cibus vermium... Quid superbis, pulvis et cinis, cujus conceptus cula, nasci miseria, vivere pœna,mori angustia?"

（"如果你仔细思量，用身体的其他部分，用嘴，用鼻子去感受一下人一路来到世上的经过，你就会知道，他没有你用眼睛看到的那样高贵……人啊，请注意东方，日出日落，多么堂皇，而你过去是什么东西呢，你现在和今生今世之后又是什么东西呢，你是待在母亲的子宫里，用平凡的材料，不值一文的包裹和浸淫在月经的血水中长大成人，出生之后才被披上一身衣装的。人什么都不是，他只是污秽的精液腐余，一袋大粪，蛆虫的食物……你引以为骄傲的东西不过是一堆尘土和灰烬，世俗有关人身的观念不就是悲惨的出世，谋生，遭报应而终于死亡么？"）

[译者附注：这一类戒淫的文字，中国的文献中也常见，可参考第二章"性的教育"第 103 注解。]

2　见米尼氏编《圣·奥多文集》（Mignes' edition, *S. Odonis abbatis Cluniacensis Collectiones*, lib. ii, cap. Ⅸ）。

3　格雷夫：《女子性器官的观察》（R. de Graef, *De Mulierum Organis Generatione Inservientibus*, 1672）。

4　林奈：《自然系统》（Carl von Linné, *Systema Naturae*）。

5　杜伦：《关于沙德侯爵的新探讨》（Dühren, *Neue Forshungen über die Marquis de Sade*, pp.432 et seq.）杜氏在书中举了叔本华和德·沙德

（De Sade）做例子，说明持禁欲意识看待女子体格的观念还保留着。

6　我在本《研究录》的第一辑的《羞涩心理的演化》一章中，后来又在第五辑的《论性爱的象征》中说到溲尿恋（urolagnia）时，都对性的中心和排泄的中心的相互关联有过充分的讨论。

7　塔尔德:《性的道德》(Tarde, “La Morale sexuelle”，载 *Archives d'Antropologie Criminelle*, Jan., 1907)。

8　上面这段文字，原本是刊登在《论新精神》(*The New Spirit*) 上评论惠特曼的一篇文章中未刊出的一段，最早刊印出来是在 1889 年，这次重印做了些许修改。

9　黑尔曼:《论性的自由》(R. Hellmann, *Ueber Geschlechtsfreiheit*, p.82)。

10 诺斯戈德:《基督教和性的问题》(Northcote, *Christianity and Sex Problems*, p.14)。

11　韦思特马克:《论婚姻》(Westermarck, *Marriage*, p.150, et.seq.)。

12　狄德罗:《波根维叶旅行记补编》(Diderot, *Supplémentau Voyage de Bougainville*)。

13　克劳利:《神秘的玫瑰》(Crawley, *The Mystic Rose*)。

14　但是，甚至在九世纪，隐修生活运动风起云涌的时候，也还有几位顶住了新隐修潮流的人。如，850 年，柯比（Corbie）的修士拉特拉姆纳斯（Ratramnus）就写了一篇论文《论耶稣基督是经由阴道降生的书》(“Liber de eo quod Christus ex Virgine natus est”)。证明耶稣的降生不像有些唱高调的人想的那样只可能从圣母身上破胸而出，实际上是圣母玛利亚经由生殖器官把他生出来的。生殖器官是神圣的。“新婚的洞房都神圣不可侵犯，圣灵降凡经由的通道更加宝贵。”(“Spiritus sanctus... et thalamum tanto dignum sponso sanctificavit et portam”, Achery, *Spicilegium*, Vol.i, p.55)。

15　见 *Poedagogus*, lib.ii, cap.X. 另见同引书，id., lib. ii Ch, Ⅵ，他在此处把这一番道理说得更加详细。

16　可以参考卡皮泰纳:《论亚历山德里亚的克莱门特的道德》(Wilhelm Capitaine, *Die Moral des Clemens von Alexandrien*, pp.112 et.seq)。

17　见《神的城市》(*De Civitate Dei*, lib.xxii, cap, xxiv.)。他又说（同引上书，lib, xiv, cap.v）“我们不需要在谴责肉体的罪孽和邪恶的性质时

伤及造物的上帝，因为就肉体本身的性质和成色来说都是好的。”

18　赫里索斯托姆（Chrysostom）和尼斯的格雷戈里（Gregory of Nyssa）认为，在天堂里，人类可能是经由特创（而不是经由性）繁殖的，但天主教的教义不接受这种说法。见奥古斯丁:《神的城市》(St. Augustine, *De Civitata Dei*, Lib.xiv, Cap.xxiii - xxvi)。

19　德杜连（Tertullian）宣称，没有身体就不可能有童贞，也没有超度。灵魂本身就是肉体的。他的确把他的身体无处不在的观念发挥到荒唐的程度了。参见卡皮泰纳:《论亚历山德里昂的克列门的道德》(Wilhelm Capitaine, *Die Moral des Clemens von Alexandrien*, pp.112 et.seq)。

20　卢芬纳斯:《使徒信经注释》(Rufinus, *Commentarius in Symbolum Apostorum*, cap,xii)。

21　米尼:《希腊神父文集》(Migne, *Patrologia Græca*, vol. xxvi, p.1170 et seq.)。

22　琼斯:《文选》(Sir William Jones, *Works*, vol ii, p.311)。

[译者附注：Sir William Jones（1746—1794），英国东方学者；会36种语言，精通其中13种，另外23种水准一般。著作涉及广泛，这里所引书目可能是他的作品选集。]

23　施密特:《对印度性爱诗文的评论》(Richard Schmidt, “Beiträgezur Indischen Erotik”, p.2)。

24　庇泼士:《日记》(Pepys, *Diary*, 1667)。

[译者附注：这部日记是由Braybrooke勋爵编辑,1825年于伦敦出版。这里援引的Pepys可能是Samuel Pepys（1633—1703），是英国著名的日记作家。]

25　即使就身体构造而论，人的性器官和低等动物相比也有显著的差别，见《解欲的机制》(“The Mechanism of Detumescence”)，载本《研究录》第五辑。

26　也许还可以指出，佛瑞尔在《性的问题》一书中认为这方面通常使用的“畜生”一类词是不正确的。实际上，性冲动的表现，不仅在较高的层面上，而且在较低的层面上和它们都有质的区别，或许要用“人格”化的词来代替才对（Forel, *Die Sexuelle Frage*, p.208）。

27　引自《犯罪人类学档案》(Loc. cit, *Archivesd' Anthropologie Criminelle*, Jan. 1907)

28　但是，从早期基督教的历史看，这个词已经旁通了一点新意而被怀疑上了。奥古斯丁（St. Augustine，*De Civitata Dei*，Lib.xiv,Cap. xv"）一方面承认"欲"（libido or lust）只是一个一般的名词，表达一切欲念，欲望，接着他又补充说，此外，这个词还特别用来表达性的胃口，这样一来就顺理成章地把羞耻的概念揉进去了。

29　欣顿（Hinton）对这种情绪描述得很好，他在未发表的手稿中说："我们用'欲'这个名词来表达最单纯的和自然的欲望。我们用来表达饥渴时的'饮食'的'欲'也同样可以用来表达性的激情或欲，两者都是单纯地表达大自然的驱策。有些人受到宗教法庭的诽谤时，'欲'这个词就被错误地用来罗织他们的罪名，从而导致了欲这个字眼在概念和用法上的完全混乱，和大自然的需求的意思混淆了，所以我们主张对它的用法要加以限制。"

30　勒图尔诺：《文学的演化》（Letourneau, *L'Evolution Littéraire*, p.529）。

31　参阅《社会科学杂志》（*Zeitschrift für Sozialwissenschaft*, 1899, p.578）。

32　费尔滕《斯瓦希里的散文和诗歌》（Velten, *Prosa und Poesie der Sauhili*），书中有一部分爱情诗是按斯瓦希里的语言发音拼写的。

33　布林顿：《论几种美洲语言中的恋爱的观念》（D.G. Brinton, "The conception of Love in Some American Languages"，载 *Proceedings American Philosophical Society*, Vol. xxii, pp. 546, 1886）。

34　贝内克：《安提马科斯和希腊诗歌中的女子的地位》（E.F.M.-Benecke, *Antimachus of Colophon and the Position of Women in Greek Poetry*）。

35　同上注援引书 p.67。

36　布洛克：《现代的性生活》（Bloch, *Sexuelleben unserer Zeit*, p.29）。

37　弗雷泽尔夫人：《世上的工作和娱乐》（Mrs. Fraser, *World's Work and Play*, Dec., 1906）正文这一段文字引自本书。

38　在几个世纪之前，另一位法国作家，著名的医生洛朗斯（A. Laurentius）（Des Laurens）在他的《人体解剖史》（*Historia Anatomica Humani Corporis*, Lib. viii, Quaestio vii）中也曾经对这种叫人难以置信的性交的欲望同样感到困惑不解，他问这是怎么一回事，"这个如神一般的动物，富有理智和精于判断，我们把它叫作人，竟然会被妇女的那些脏兮兮的，淫秽的部分吸引，它像一条阴沟，处在身体的最低的位置"。

值得注意的是，法国人最初注意到这个神秘的问题时，宗教界和科学界的人士，以及众多的文人墨客都一齐卷了进去。

39　叔本华:《作为意志和表象的世界》(Schopenhauer, *Die Welt als Wille und Vorstellung*, vol., ii pp.608 et seq.)。

40　马尔萨斯:《人口论》(Malthus, *Essay on the principle of Population*, 1798, Ch, XI)。马氏是一位牧师，也是他那个时代的最深刻的思想家之一，他在援引的这部书中写道:“无论一个人从知识的造诣中取得过多么大的快乐，在他曾经一度经验过贞洁高尚的恋爱或性爱，体验过她的沁人心脾的快乐之后，没有不回忆他一生中这段瞬间的欢乐时光的。他浮想翩翩总离不开那个地方，情深意浓地回忆和沉思那件事，还带着种种遗憾，满怀心思希望旧梦重圆。知识提供的快乐所以优越于性提供的快乐，在于它沁透人生的大部分时间，开拓我们的眼光以至无涯以及永远难于满足的诱惑，但是它不如后者真实和重要。”

41　勒努维耶和普拉:《新单元论》(Renouvier and Prat, *La Nouvelle Monadologie*, pp.216 et seq.)。

42　在本《研究录》的第四辑《人类的性选择》一章中对此有充分的讨论。

43　汤玛士教授文见《心理学评论》(Prof. Thomas, *Psychological Review*, Jan 1904)。

44　赫金孙:《性爱是演化的一个因子》(Prof. Woods Hutchinson, “Love as a Factor in Evolution”, 载 *Monist*, 1898)。

45　尼采:《权力意志》(Nietzsche, *Der Wille zur Macht*, p.389)。

46　佛瑞尔:《论性的问题》(Forel, *Die Sexuelle Frage*, p.307)。佛氏在文中说:“或许大多数平常人只是浅薄地接受性爱的陶醉，他们顶多不过是‘美食家’(Gourmet)，或‘好色之徒’的水平，这虽然不能算在不道德的一类，但绝对算不上风流才子。”

第五章　贞操的功用

贞操对于恋爱尊严的重要性——十八世纪对于贞操理想的背叛——贞操的非自然类型——禁欲主义的心理学基础——禁欲主义和贞操是未开化的人的操守——塔希提（Tahiti）的意义——半开化民族中的贞操——早期基督教中的贞操——圣徒对肉体的挣扎——基督教徒的贞操的传奇故事——中世纪贞操的衰落——奥卡辛（Aucassin）和尼克列特（Nicolette）与贞操恋爱的新的传奇故事——北方半开化的民族的无贞操或不守节现象——赎罪苦修——文艺复兴和宗教改革的影响——对作为德操的童贞的反感——把贞操视为美德的现在观念——支持贞操美德的势力——贞操是一种训练或持戒守节——贞操对于艺术家的价值——大众评价的力量和无能为力——禁欲主义和贞操的正确定义。

任何时代，或任何一个生气蓬勃的人类社会中，都无法把贞操的，甚至禁欲主义的至高无上的重要性完全恝置不顾的。贞操在人的价值判断中有时候被捧得很高，有时候又被贬得很低；它的面目和影响力常常改变，但它始终与世共存。它甚至是整个大自然的美丽景色的一部分。梭罗（Thoreau）曾用他那华丽夸张的口吻说："只有保持贞操的人才看得见世界的荣耀"，" 他淡泊宁静，寸草不生的荒凉世界在他看来也不可怕而不过是一种不可思议的美丽。" 没有贞操就不可能维持性爱的尊严。一个社会把贞操看得一文不值的时候，它也就退化到不可救药的地步了。贞操对于性爱很重要，任何时候都不能失去，尤其是当今的社会。

在十八世纪和十九世纪的时候，的确有许多德高望重的有识之士很坚决地表示过对贞操理想的谴责。伟大的布丰（Buffon）[1] 就拒绝承认贞操是一种理想，他提到贞操时轻蔑地说道："这是一种疯狂，它把少女的童贞转变成一种真实存在的事物，" 莫里斯（William Morris）在一次新生活联谊会的聚会上真诚地说，禁欲主义"是一种最叫人厌恶的不道德的行为，它折磨人的天性，使人身心痛苦。" 即使用最传统的道德标准来衡量，勃雷克（Blake）也是一位德高望重的人，但他对贞操却十分蔑视，有时候甚至奉扬不贞的观念，赋予它几分宗教色彩的庄严。雪莱（Shelley）在性的问题上也许不算明智，但也说不上不贞，他似乎也常常把宗教和道德扯进来，但不是赞扬贞操，而是奉承不贞，欣顿（James Hinton）的见解也可以说和他们大同小异[2]。

但所有这些人——包括其他一些发表过类似意见的品格高尚的人——都是反对各种类型的假的、腐败的和传统上所谓的贞操。他们不是背叛一种理想；他们认为那些东西是害人的装扮成真实的道德的假货，他们是在力图树立一种堪称理想的典范来取代它们。

除非我们铁石心肠把一切非自然的和空洞无物的贞操观念弃置一旁，我们就不能接纳一种贞操的理想。如果贞操只是一种为了在性的范围内去努力比美或超越那些职业的苦身修行者的辉煌

事迹而累死累活，终于筋疲力尽，最后，除了它本来含有的禁欲的意思之外，什么成就都没有达到，那么，它肯定不是一个值得追求的理想。如果贞操只是一种对于外铄习俗法则的俯首帖耳的服从而没有破除它的勇气，那么，它根本就算不上一个理想。如果贞操只是两性中的一性哄骗或刁难异性的道德戒律，那么它就是不公正的行为而必然要激起反抗。如果它是一种禁绝常态的性交，而用某些变态或更隐秘的形式来取代，那么它是一种基于错误观念的幼稚的空想。而如果它只是表面上接受这类传统而没有任何更进一步的承诺，甚至是演戏，那就是可鄙的闹剧。过去两个世纪许多德高望重心地善良的人物极力反对的就是这些类型的贞操。

贞操或禁欲主义，与各种宗教和各种道德的礼法都有牵连，而且都在一切时代长盛不衰，当我们认识到这种事实的时候，就会看清楚，贞操，如果善用，的确是一种美德。我们发现，在未开化的族群中明显看到，一些原始的特别的美德——坚强，忍耐，勇敢——都与贞操和禁欲主义的培养有着密不可分的联系[3]。事实上，在未开化的民族中几乎不存在现代意义上的低下的贞操理想，即终生保持禁戒性交的状态，这种现代的贞操除了它自吹的这点功德之外，什么用处都没有。他们评价贞操的价值，神秘的或真实的，认为它是为了成就更重要的目标而培植克己能力的一种方法。年轻人在青春发陈期发轫的时候培植忍受痛苦和克制冲动的能力大概始终是生活中的一个主要的元素。在准备出发去打仗，狩猎，和从事其他各种重大的费力耗神的行动之前要克制性交的习惯，不论出于什么动机，都是一种节省精力的聪明的方法。在妊娠和哺乳期间避免性交是非常普遍的习惯，这又是一种很好的性卫生方面的预防措施，这在文明社会中是很难奉行的。未开化的民族也完全了解节制性欲有很高的价值，把这种节制与苦身修行和独居生活结合起来，有可能取得某些不平常的精神的力量。

陶特（C.Hill Tout）考察过不列颠哥伦比亚的沙里殊（Salish）印第安人的生活，他对他们为了取得沙门教的力量而进行自我裁节的情况做了一番有趣的陈述。陶氏说，这种修炼对他们的精神的影响是无可怀疑的。“它使他们能够从事和成就一些需要不平常的力量，敏捷和忍耐的把戏；有时候，除了能够普遍提高他们的感觉的敏锐程度之外，还能赋予他们真正的洞察力与其他一些超常的精神和身体的力量。”根据《陶瑞斯海峡群岛人类学考察报告录》一书的记载，在东方的世界里，用诸如此类的方法取得超自然的力量也是司空见惯了的[4]。

广泛流行的禁欲主义和它的稀奇古怪的表达方式，包括自伤自残，甚至甘受剧烈的身体痛苦，都是有些基本的心理学的理由的。这种痛苦是一种实际的精神刺激，对一些有轻微的神经官能症的人来说这种作用尤其明显。雅内（Janet）医生有一个病例就是很好的证明。她是一位年轻的女子，受精神抑郁症的折磨，习惯于用轻微的烧灼手脚的方法来寻求解脱。她很明白自己这种举动的性质。她说：“我觉得，当我把我的手放到火炉上烧或者把开水泼在我的脚上的时候我是做了一番挣扎；这是一种粗暴的行为，它使我清醒起来：我体验到这是我自己而不是假手他人所为……单靠精神本身的力量来求得解脱对我来说太困难了；我必须借用身体的力量来加以补充。我尝试过其他办法但没有成功；情况就是这样了；当我振作精神去烧自己的时候，我使我的精神一连几天都比较爽快，轻松，和更加积极。你说说我为什么想要自伤？我的父母认为这太愚蠢荒谬了。如果它让我感到一点痛苦的折磨，那就是一种自伤，但是，我喜欢这种折磨，它使我的精神得以复原；它防止我的思想麻木；我想要快乐为什么不这样做？”[5]如果我们懂得这种心理学的原委，我们或许就会了解，在一些比较高级的宗教里，不管他们差别有多大，禁欲主义与自伤苦修作为通向最崇高的宗教天堂的必经之门的实际价值几乎是尽人皆知的，实践的人也都是心甘情愿的高高兴兴的。普罗布斯特－白拉本（Probst-Biraben）在一篇讨论回教的神秘主义的论文中，开篇就说：“禁欲主义和心醉神迷的狂喜是分不开的。”[6]禁欲主义是通向完美的精神圣殿的必经的前厅。

在未开化的民族中常常发生的这类很精彩的厉行禁欲主义的事，多半不是根据生活实践的经验来决定的，而是基于某些宗教的信条，不过随着才智的增长，对这些宗教信条的怀疑也日渐加深[7]。但是，未开化的人中审慎奉行的这些宗教戒律，无论是有关性的或是与性无关的问题，如果他们循此去鼓舞克己的意志和敬畏的情绪，我们就没有任何合理的根据说它们是完全无用的[8]。初民奉行的这些原始宗教的守则看上去似乎多是无稽之谈，甚至荒唐可笑，因此所谓聪明和务实的民族便把它们搁置一旁，不加理会，这些人应该更进一步务实和增长才智才能领悟，这些信条的道理虽然是错误的，但奉行这些信条对于人格的培植和社会效率的建树却可能是一些必需的方法。我们在文明化的过程中不断遭遇一些问题，有时也不得不恢复一些古老的戒律并寄托于它们种种新的理由。

在推敲未开化的民族中的贞操的道德性质时，我们必须仔细地把它和半开化的民族中的贞操区别开来，后者是专门为难女人的。它和任何道德都不相干，因为它不是实施一种有用的克己的训练，而仅仅是一种为了提高妇女的经济价值和性的价钱的外铄的手段。许多有识之士都认为，把妇女视同财产是普遍要求新娘保持童贞的真正理由。譬如埃利斯爵士（A.B.Ellis）在说到非洲西海岸这方面的情况时说，较高阶级的女子订婚的时候还只是一个女童，此后就被呵护有加使免遭男子的骚扰，而较低阶级的女子很少有订婚的，任由她们自己爱怎么过就怎么过。“从这种婴儿或儿童订婚的习俗中，我们或许可以得到婚前贞操所以受到奇怪的爱重的答案，这种现象不仅通行于西非州的黄金和奴隶海岸的一些部落，而且也流行于世界各地的许多文明未开化的族群中间。”[9] 谢罗谢夫斯基（Sieroshevski）说：在西伯利亚北部这个人迹罕至的地方，亚苦人（Yakuts）认为，非法的性爱，只要没有人因此遭受财产的损失，就没有什么不道德的事情。实际上，做父母的只是当女儿的行为威胁到男方要剥夺付给女方的财礼时才会责备她；不打算结婚的少女就完全无拘无束，如果他们遵守礼仪，那只是因为她们尊重习俗[10]。韦思特马克（Westermarck）在《人类婚姻史》一书里也曾指出过对童贞的高度重视和把妇女视同财产的观念之间的关系，在他后来出版的另一部书《道德观念的起源与演变》中，他又重提这个问题，先是指出：“买卖婚姻把女性贞操的标准提高了，”然后提到一个很重要的事实，即在未开化的民族中诱奸未婚女子被认为主要是甚至仅仅是冒犯了女子的父母或家庭，没有迹象表明他们认为对该女子本人做错了什么事。韦氏同时认识到，偏爱童贞也有生物学的基础，即男性对于女子与别的男人来往的本能的忌妒情绪，当童贞的女子害羞的情

绪媚惑动人的时候，她们的移情别恋尤其容易引起男子的妒忌[11]。（我在本《研究录》的第一辑讨论羞涩心理时谈到过这个问题。）

无须赘言，坚持要求新娘保持童贞的现象绝不像埃利斯氏所暗示的那样仅限于尚未文明化的民族，也不一定总要有买卖婚姻陪衬。这种偏好在像我们这样的文明民族中也依然保存着，不仅仅是因为它有自然的生物学的基础，也是由于把妇女视同财产的观念改头换面引申下来的结果，我们继承了一种在某种程度上基于买卖婚的婚姻类型。在这种情况下，妇女的贞操就有了一种实用的重要的社会功能，就像凯尔德（Mrs. Mona Caird）说明的那样，这种贞操是看守男子财产的狗[12]。这个问题里没有丝毫理想的道德的元素，只要是看一看丈夫对婚前的贞操通常没有任何要求就知道此言不虚了。

不要以为如果没有完全彻底的禁止婚外的性交，那就只有眼看纵欲的泛滥了，事实上这种事也是司空见惯的。这种现象或许不会在没有被污染的未开化的民族中发生。在陶瑞斯（Torres）海峡的各个部落中，结婚前没有完全禁欲，结婚后也就没有任何非婚的滥交，也许这是一条规律[13]。

塔希提（Tahiti）是一个好的例子，在这个我们一般认为文明程度很低的族群中，贞操是很普及的。塔希提是一个海岛，造访的人很多，从最早开拓的人到著名的美国外科医生，已故的尼・森（Dr. Nicholas Senn）医生，都说这里自然风光美丽，气候宜人，这种估价已经很高了。布干维尔（Bougainville）在 1768 年说过：“我好像被运到伊甸园了。”但是，早期造访的英国传教士坚持的理论的道德观念和岛上原住民的道德观念完全相反，主要是在这些传教士的影响下，塔希提岛民变得纵欲滥交，而且后果很严重，成了不可救药的麻木不仁的一群人。威廉·爱理士（William Ellis）在他那部宝贵的作品《波利尼西亚研究集》中就针对这种状况说过，塔西提岛的居民的生活淫秽不堪，这或许是有人故意犯罪，不过他没有具体指出他们究竟是谁[14]。但是，当我们仔细查阅早期造访过塔希提岛的人讲述的故事，知道了这个族群在没有因为和欧洲人接触而受到玷污之前的生活情况，就逐渐懂得了爱氏的观点要彻底修正。早期的一位探险家福斯特（J. R. Forster）写道："这里有丰富的美味而富于营养的食物，又有宜人的气候，他们的女子美丽直爽，着力地引诱他们去恋爱寻欢作乐。她们很早就放纵自己，不避讳非常色情场景。她们的歌唱，她们的舞蹈，她们的戏剧表演，处处发散出一种纵情享乐的精神。"但是，福氏还是不由自主地反复说出了种种事实，证明这些族类有许多美德。他说，虽然他们的体格有些女儿气，但个个身体强健。此外，他们在战争中非常勇敢不怕牺牲。还有，他们很好客。他说，他们对待已婚的妇女非常尊敬，女子在才智和社会地位的方面通常都和男子平等，看不出有多少差别；他对这些女子有过一番动人的描写。福氏做结论说："总而言之，她们的性格和任何民族的女子一样和蔼可亲，她们天性质朴，没有经过任何改造，"他还说，就像在南洋（South Sea）所有的族群里感觉到的那样，"无论我们什么时候来到这个快乐的小岛，我们都能明显地察觉到它的居民的富足和快乐。"[15]还有一点也值得注意，虽然塔希提的居民很重视性生活，但他们在贞操方面没有什么欠缺。库克（J. Cook）船长曾经多次造访过塔希提岛，当他置身在这个"乐善好施的厚德的"人群中时，他注意到他们尊重贞操，他还发现不仅是已经订婚的女子婚前守身如玉，而且男子在结婚

前也有一段时间的克制，禁止性交，相信他恨不得立刻结束这一段难熬的日子而进入经过祈福的洞房。“他们的行为举止在各种场合似乎都显得落落大方，性情宽厚。无论遭到什么不幸，危机一过，我从未见过他们愁眉苦脸的痛苦的样子。甚至连眉头都不皱一下。相反，甚至临终时依然精神十足，面不改色”[16]。后来，过了几年，特恩布尔（Turnbull）再次造访塔希提，当他看到他们中的种种恶行时，他仍然不得不承认他们还有各种美德：“他们与造访的陌生人交谈时，从国王到最卑微的臣民，个个都是彬彬有礼，和蔼可亲到无以复加的程度。……他们彼此相处肯定比通常和欧洲人相处更加融洽。在我和他们相处的这段时间里，自始至终就没有看见过一件打架斗殴的事。……我不记得什么时候见过塔希提人发脾气。他们互相开玩笑，很随便，这些玩笑绝对不是恶意的，和欧洲人在一起就没有这么自在了。……在食物方面，我认为，塔希提人有一条铁律，无论谁有什么食物，都是大家共享，人人有份。”[17]由此，我们看到，即使在这样一个被认为是纵欲的最坏的例子的民族中，保持贞操还是被接受的，其他许多美德也很生动和盛行。塔希提人勇敢，好客，自制，谦恭，仁慈，敬重妇女，甚至了解和欣赏性的克制的好处，而克制的程度是那些奉行基督教的国家中，如果不说是从未见过，也是很罕见的，而这些国家却藐视他们，认为他们已经堕落邪恶到无法用言语形容的地步。

当我们把眼光从未开化的民族转到半开化和文明时代的民族时，我们发现贞操的观念有一个总的趋势，就大众平常的贞操观念来看，变得比较淡薄，只是因袭传统习俗奉行故事罢了。初民的宗教和禁忌中的贞操的古老根基已经衰败，而新的基础又没有普遍建立起来。吉本（Gibbon）很早以前就写道:“虽然文明的进步取得了使人本性中凶猛的激情得到驯良的成就，但它对贞操的美德似乎没有多少有益的贡献，”韦思特马克断言，“总之，两性关系的不规则的或不平等的现象显示出一种随着文明的进步而加剧的倾向。”

当我们从未开化的状态向较高阶段的文明转变时，贞操观念的社会功能有很大的变化，主要差别在于它不再是一种普通的保健的措施或者是某种生活中必须遵守的礼仪，而多半演变成局限在一些特殊的哲学或宗教的派别里，以多少有些专业的方式揣摩推敲把它打造成一种极端的教条。在基督教早期的几个世纪中，罗马帝国的境况就是一个证明这些变化的很好的例子[18]。首先基督教本身就是迷恋打造这种贞操理想的许多教派之一；但是它凭着自己优越的活力，把其他派别的观念一一排除，终于把它的理想树立起来，成为欧洲社会的普遍的典范，虽然它和贞操的原始的实践或习惯已经完全风马牛不相及了。

在基督教草创的时代，贞操观念本身表现出两种不同的，但不一定是对立的方式。一方面的表现是采取坚忍不拔的和身体力行的方式，一些精力充沛的男女，在过渡纵淫滥交的社会中长大成人之后，突然善自为谋相信这种纵欲是一种犯罪造孽。这是和他们生养于其中的社会的战斗，是和他们自己往日的冲动和习惯的战斗，这是一种需要坚忍不拔的精神的很严峻的生活，常常使他们不得不遁世隐逸，成为一个与世无争的隐士。譬如，埃及的干旱的荒野便成了隐士们的索居之地，他们都有要征服自己的血肉之躯的问题。他们终日萦绕于心的，也是早期基督教文献中非常专注的问题，都是和性有关的，与他们早已离去的异教徒的社会比较起来，这个问题可以说要重要得多。异教社会容许放纵情色，当然可以不把它放在心上，所以在古典文学作品中我们很少看到渲染性的细节目的，只有像马殊亚尔（Martial），朱味纳尔（Juvenal）和彼特罗尼乌士（Petronius）这样的几位作家写到这些东西，主要是为了滑稽嘲谑的目的。但是基督教始终念兹在兹摆脱不掉性方面的重重心事；圣·吉罗姆（St. Jerome）本人就是这些禁欲主义的争辩中的一位坚强的斗士，在他的书信中，我们草草一瞥，从那些有趣的事情中就可以看出，这些挣扎多半都是徒劳无功而没有什么价值的。

欧斯托齐乌姆（Eustochium）是一位童男子，吉罗姆有一次给他写了一封很长的很有趣的信，信中写道："在这沙漠里，在这浩瀚的不毛之地，靠近太阳的心脏，一切都被烧个精光，只留给修士们一处可怕的住所，啊，不知有多少遍，我想象自己置身于罗马的繁华的欢乐中呢！我茕茕孑立形影相吊，因为我的灵魂充满了苦涩，穿着皱巴巴的布袋衣连四肢都遮住了，而我的皮肤却黝黑得像埃塞俄比亚人的样子。我每天哭泣和叹息，如果我迷迷糊糊地被睡魔战胜，我的枯瘦如柴的身体就躺在光秃秃的地上。我的饮食方面没有什么可奉告的，因为在这沙漠里，连病人都没有饮料而只能喝凉水，至于说烹饪食物那就太奢侈了。好了，我，一个因为害怕下地狱的人，把自己判罪监禁来到这所监狱，和蝎子野兽为伍，常常精神涣散，幻想身在女子的羁绊之中。我的面容因为禁食而憔悴，我的心在冰凉的身体里欲火如焚；性欲之火仍然在我这副形同死尸的身体里炽烈地燃烧。唉，既然求助无门，我只好匍匐在耶稣的脚下，用我的眼泪洗刷它们，再用我的头发擦干它们，用更长时间的斋戒苦修来降服我的反叛的肉体。我记得我不止一次地在漫漫的长夜中呼号，捶胸顿足，直到上帝让我平静下来。”圣·赫里索斯托姆（St. Chrysostom）在他的“对居家童贞修行者布道演讲”一文中说：“我们这个世纪已经见过许多人用链子锁住自己，用布袋罩住全身，在山顶上歇息，他们在那里过着经常彻夜不眠和斋戒的生活，做出了最严厉的一丝不苟的修炼的榜样，禁止一切女子跨进他们那简陋住所的门槛；但是，不论他们自己怎样严峻地恶身修行，还是很难压制他们猛烈的情欲。”吉罗姆说，希拉里翁（Hilarion）一躺到那权当卧榻的长椅上就看见赤身裸体的女人，一坐到那寒酸的桌子旁边就看见美味可口的肉食。这些经验使那些早期的圣徒非常戒惧谨慎。柏拉弟乌斯（Palladius）的《圣父们的天堂》记述了第四世纪时的埃及隐士的一个有趣的经历，他写道：“他们常常说，伊萨神父（Abba Isaac）出门，发现路上有一位女子的脚印，心中就在盘算，一面赶紧把脚印擦掉，一面说：如果让那位教友看见了他会摔跤的。”[19] 还有一个类似的故事，按照圣·恺撒利乌斯（St. Caesarius of Arles）给修女们制定的规则，不准把男人的衣服带到女修道院去洗刷和缝补。甚至进入老年都还保持着某种程度的关切贞操的心情。我们在《天堂》一书中看到，有一位教友对芝诺（Zeno）神父说，“瞧，您鹤龄高寿见多识广，请问，通奸是怎么一回事？”这位德高望重的圣徒回答道：“就是敲敲打打，戳来戳去”。[20]

几个世纪过去了，坚忍不拔地尽心于守护贞操的情绪依旧保持不变，往日的挣扎不断再现[21]。真有一些像贡萨加的路易吉（Luigi di Gonzaga）一样的圣徒，他们都有天人般的品性，从来没有感到过性欲煎熬的痛苦。这些人似乎都不是常人。圣·贝内迪克特（St. Benedict）和圣·弗朗西斯（St. Francis）则经验过克制肉欲的困难。圣·德·波西（St. Magdalena de Pozzi）为了祛除性欲煎熬，竟至在荆棘丛中打滚直到流血的程度[22]。有些圣徒在自己的密室里放一桶冷水，到时便可以站进去排遣性欲引起的烦恼。再看又一方面，女圣徒德·富尔吉尼阿（Angela de Fulginio）在她的《幻象》一书中告诉我们，她曾经把烧热的木炭放到她的私处，想用有形的火来扑灭无形的性欲之火，后来被听忏悔的长老禁止了[23]。圣·阿尔德赫尔姆（St. Aldehelm）是十八世纪瑟波纳（Sherborne）的一位大主教，也是采用以毒攻毒或致病医病（homeopathic）的方法来对付，不过是直截了当按照字面行事那一类，据马尔姆斯布里的威廉（William of Malmsbury）说，当这位大主教受到肉身性欲的骚扰时，他就召几位女子坐在或躺在他身旁，直到他重新恢复平静为止；这个方法非常成功，理由可能是魔鬼感觉受到嘲弄而闷闷不乐了。

在天主教的时代，禁欲主义的理论和实践变得更加讲究礼法和极尽推敲之能事，它的种种益处被认为已经超出修行者本身的范围而惠及四面八方。布勒尼耶（Brenierde Montmorand）在一篇有趣的论文中写道："用基督教的眼光看，禁欲主义无他，只是集一切治疗方法之大成以净化道德而已。基督教的苦身修行者是一个斗士，为了改造他的腐化的天性，修筑一条通向上帝之路，奋力排除他的情欲和人世的孽障。他本意只是为了自己的志趣而修行，实际的功德却不是单独归他自己，由于瓜葛牵连，理殊趣合，倒成就了积德行善和拯救整个社会的功德。"[24]

这是早期基督教的禁欲主义最常强调的部分。但是还有不太为人所知的另一个方面，但绝不是不重要。原始的基督教的贞操观念一方面是艰苦卓绝的修行。另一方面它又具有浪漫的精神，斗士般的禁欲主义和种类繁多的宗教的和哲学的信仰相结合，这的确是最具有基督教特征的一面了。说老实话，如果它没有一点新鲜的感觉，美妙的自由，未卜的危险等等这些魅力的诱导，它绝对征服不了欧洲社会。在欧洲其材质足以成就道德的斗士的人只是很少数；许多人都是响应其浪漫精神之诱惑罢了。

基督教反对粗鄙的滥淫，但他们放纵起来却更加缠绵热烈，男女性关系讲究更加文雅的方式。他们彼此之间培植一种兄弟姐妹的教友关系，互相亲吻；曾经有一段时间，在宗教的洗礼狂欢聚会时，他们赤身裸体而不觉得羞耻[25]。赫里索斯托姆（Chrysostom）在他的“反对在家挟持童贞者”的论文里，描绘了早期基督徒中施行禁欲主义的一幅很好的图画。神父们本来只知道两种类型的性关系，结婚和通奸。现在，提出了第三种类型：男子把少女引到他们的家里，并且把她们长期关在那里，一面还尊重她们的童贞。克氏问道，“这是什么道理？我想，即使没有结婚和肉体的买卖交易，和女人共同生活也是甜蜜的。这是我的感觉；也许还不是我一个人有这种感觉；也许干这些事的男人也有这种情绪。他们自视甚高，想要保持自己的荣誉，不把这种取乐搞得太粗暴太蛮横，不愿为这种丑行搞到身败名裂的地步。……在这样取得的快乐中真的会产生一种比结婚更炽热的爱情，你乍一听说时可能会大吃一惊。但是当我向你出示证据时你就会同意事情的确如此。”他接着说，对进入婚姻的欲望不加克制常常导致对结婚疾速的厌恶甚至弃它而去，性交，怀孕，生孩子，哺乳，抚养孩子等所有这些辛苦麻烦的事相伴而来，很快就青春不再，把曾几何时的几多欢喜变得乏味无趣。童贞是没有这

些累赘的。她保持着青春和活力，甚至到了四十岁，与尚未结婚的妙龄少女相比，同样旖旎动人，一点儿也不逊色。"于是，在这位与她同住一屋的男子的心中情欲倍增，欲望的每每满足都不能熄灭那炽烈的欲火，它的力量始终有增无减。"赫氏把他那个时代的摩登女子想要的一切的眷顾与这些男子不分公开的或私下的场合都心甘情愿地为他们的冰清玉洁的恋人效劳的事不厌其详地描写出来。这些情况使赫氏不禁想起，这位男子大大方方地吻她溺爱她，保留她的童贞，把他自己置于坦塔罗斯（Tantalus）的那种被撩拨而又够不着的境地。但是，早期的基督徒把异教徒世界的纵淫现象坚决地排挤出去，却把这种新的缠绵悱恻的贞操情绪当作一种乐不可支的发明引进生活，又深深地扎下根来，时刻担心遗臭，我们发现，教会的道貌岸然的神父们，觉得有义务要一再地谴责它，有时候责备中却也带上一丝同情之心[26]。

有一种包罗了新的基督教的贞操观念的现象勃然兴起并流行开来，从来不受禁止：它征服了文坛。我们可以肯定，早期教会最具魅力的和最通俗的文学作品中，有无数的描写性爱贞操的浪漫故事——我们有相当的把握说这些作品都是根据事实创作的——那些真人真事在今天的《圣所记事》（*Acta Sanctorum*）中多少有些记载。我们可以看到，记载中早期基督教有关妇女殉道的一些事迹都是很平淡无奇的，可是那些作家却从中觉察出像迦太基的佩尔佩图阿（Perpetua）那样的女英雄的形象，她们妩媚动人，在罗马竞技场中被野牛颠顶牴撞在地，还爬起来去捡被撕破的衣服，整理散乱的头发[27]。写这种浪漫的惊险小说轻而易举。在这些脍炙人口的小说中，我不妨特别提一下关于特克拉（Thekla）的传奇故事，据说这是早在公元一世纪时的事情，但这个时间也许说得不正确，还有《托马斯行传》（*Judas Thomas's Acts*）中讲述的“印度的新娘和新郎”，圣·安勃鲁斯（St. Ambrose）叙述的“贞女安提阿克（Antioch）”，以及都尔的格雷戈里（Gregory of Tours）讲的“阿奇勒士和安提阿克”（Achilleus and Antioch）的事迹，“米格多尼亚和卡里殊”（Mygdonia and Karish），“奥韦涅（Auvergne）的双栖恋人”等等。早期基督教的文学作品中有大量的爱情故事，书里的情人个个都冰清玉洁，固守贞操，并且还尽力去搜讨种种悱恻缠绵惜玉怜香的爱情秘史。

九月二十三日是特克拉的吉祥的日子。《保罗和特克拉的行传》有一种叙利亚文的善本［据利普修斯（Lipsius）和其他一些人的说法这个版本比希腊文的版本更早］[28]。这些传说属于公元二世纪下半叶的风格。故事情节是特克拉拒绝了叙利亚祭司长（high priest of Syria）的荒淫的要求，不肯屈服于他的如焚的欲火，被剥光衣服，只围一条腰带（subligaculum），赤身裸体，投入斗兽场中，放在一头母狮的背上，这头母狮舔舐她的赤脚，为了她而与其他猛兽战斗，结果在保卫特克拉的战斗中死去。但是其他的野兽也不来伤害她，最后她也被释放了。一位王后给了她一笔钱，她乔装打扮成一名男子，跋山涉水去会见保罗，并一直生活到老。拉姆赛（Sir W. M. Ramsay）曾经写过一篇有趣的论文，专门研究这些行传事迹[29]。他认为这些行传都是根据公元一世纪的一个文件创作的，能够从萦回曲折的故事中理出许多真情实事来。他说，我们手上的这些行传，是公元一世纪时小亚细亚一带的妇女的思想和行为的痕迹和证据，那里的妇女当时的地位很高，影响也很大。特克拉表现一个妇女坚决要求承认她的权

利，她实际上还掌管着洗礼的宗教教仪，但这些特点在现存版本的“行传”中都被弱化甚至剔除了。

这些早期的基督教的浪漫文学作品中，有几种最典型的作品传说是起源于诺斯梯教（Gnosticism），还夹杂着明暗教的二元论（Manichaean Dualism）的一些胚种成分，他们保存在诺斯梯教的丰富和庞杂的宗教活动的样板中，这些浪漫作品的精神还大量地反映了蒙塔努斯（Montanus）教徒的精神，贞操和热烈的爱情纠缠在一起。由于它起源于小亚细亚，都是大力主张女权的，这是蒙塔努斯教（Montanism）的标志。我们不能否认他们已经大部分汇入了基督教的传统主流。勒南（Renan）在他的《马克-奥利尔》（*Marc-Auréle*）的第九章和第十五章中断言，诺斯梯教和蒙塔努斯教对基督教有很大的贡献。一个反映这种特性的例子就是《托马斯行传》（*Judas Thomas's Acts*）中的《印度的婚礼》的故事[30]。犹大·托马斯（Judas Thomas）被他的主人耶稣（Jesus）卖给一位印度商人，这位商人需要一个木匠和他一起去印度。在桑达卢克城（City of Sandaruk）他们听到阵阵奏乐和唱歌的声音，知道这是国王的公主的大婚盛宴，所有的人都必须到场，不分贫富，不论是奴隶或是自由人，也不论是外地人还是本地的公民。托马斯和他的新主人一同前去赴宴，他的头上戴一个月桂花环，随便席地而坐。这时一位希伯来人吹着笛子走过来，站在他旁边冲着他吹奏，他唱起赞美基督的歌，托马斯顿时显得比所有在场的人都更加漂亮，国王便把他派到洞房去为这对新人祝福。而当这一切结束之后，洞房的门关上了，新郎向新娘走过去，他仿佛看见托马斯还在和她说话。但这时我们的主在对他说：“我不是犹大，我是他的兄弟。”我们的主就在这对新人身旁坐下来，开始

对他们说：“我的孩子，记住我的兄弟对你们说的话，要知道他把你们托付给谁了，也要知道如果你们守身如玉，不做这种肮脏的性交，你们就将洁身进入圣殿，免遭种种劫难的痛苦，也免去生儿育女照顾孩子的沉重负担，那可是无穷无尽的烦恼和忧愁。为了他们，你们将成为暴君和强盗，他们有点儿皮肉之伤，你们就会痛苦不堪。儿女是许多痛苦的因由，不是国王攻击他们就是魔鬼要抓他们，或者中风瘫痪。如果他们身体健康，他们也不免有生病的一天。淫奔，偷窃，通奸，贪婪，虚荣，种种禁戒必犯其一，在劫难逃。但是，如果你们愿意听从我，守身如玉直到见到主，你们将会有许多活泼可爱的孩子，所有上述种种污浊和伤害都不会走近他们，你们也将无牵无挂，无忧无虑，你们将有望看到真正举行婚礼，大摆筵席的一天。”这一对新人就听从了，克制了性欲，主随后隐去。早晨，天刚亮，国王便把早已准备好的一桌美食佳肴送进新房摆在新郎和新娘的面前。他发现他们相对而坐，新娘的脸没有盖住，新郎也非常快活。新娘的母亲对她说：“你为什么这样坐着不觉羞吗？你瞧，好像你们已经是老夫老妻了，结婚多少日子了吗？”她的父亲也说：“你是不是太爱你的丈夫，可以抛头露面连面纱都不带了？”新娘回答道：“没错，我的父亲，我是沉浸在大爱之中，我在向主祈祷我可以继续拥有我今晚体验过的爱。我没有带罩面，因为我身上要用面纱遮住的败德之物已经被拿走了，我不觉得羞耻，因为羞耻的事也已经离我远去，我现在心旷神怡，而且鄙视这种败德的事和这种婚宴的享乐，因为我已经被邀请去举行真正的婚礼宴会。我没有和丈夫性交，因为它的后果将使我终生悔恨，我已经和那位真正的丈夫订婚了。”新郎以同样的精神很自然地回答了，惊慌失措的国王

立刻派人去叫刚才他请来为他不幸的女儿祝福的巫师。但是，犹大·托马斯已经离开了这座城市。在他暂住过的旅馆里，国王的管家只找到当时吹笛子的女人。她正坐在那里哭泣，因为巫师没有带她走。但是，当她听说刚才发生的那些事之后便高兴起来，急匆匆地赶到那对新人的住处，从此一直和他们生活在一起，再也没有离开过。国王最后也和他们和好如初，故事终于在洋溢着贞操和幸福的气氛中圆满结束。

在同样名为《犹大·托马斯行传》的不晚于第四世纪的一些版本中，我们看到米格多尼亚和卡里殊（Mygdonia and Karish）的故事（第八次出行）。米格多尼亚是卡里殊的妻子，她被托马斯感化改宗，逃离她的丈夫，只用一张门帘裹住赤裸的身体，去找她的老奶妈。她带着奶妈去造访托马斯，托马斯把圣油倒在她的头上，嘱咐奶妈用圣油涂抹她的全身；接着用一块布围住她的腰身，他给她施行洗礼；然后她穿上衣服，他把圣餐给她。这位年轻人保持了贞操，一阵阵地狂喜欲歌，托马斯突然开口说道："贞洁是不可战胜的斗士。贞洁是绝不畏缩的真理。在上帝面前贞洁不愧是他的亲密的女仆。贞洁是国与国之间传递和平佳音的使者。"

另一个贞操的故事出自《使徒传》一书中有关德卢西亚娜（Drusiana）的情节，这部书的作者传说是巴比伦的主教阿布迪亚斯（Abdias）[31]。德卢西亚娜是安德鲁尼卡斯（Andronicus）的妻子，她很虔诚，不愿意和他交媾。一位名叫柯里马科斯（Callimachus）的青年男子疯狂地爱上了她，为了博得她的爱，经历过许多动人心魄的冒险，但是德卢西亚娜的贞操赢得了最后的胜利。

圣·安勃鲁斯（St.Ambrose）在《贞女》（*De Virginibus*）一书中讲述的“妓院里的贞女”（The Virgin in the Brothel）的故事是和我们这里的题目有关的一部具有特色的文学作品[32]。安氏告诉我们说，有一位贞女，近日住在安提阿克（Antioch），她曾被判罚，或者做祭祀众神的牺牲，或者进妓院为娼。她在两者中选择了后者。但第一位进妓院找她的是一位信奉基督教的士兵，他叫她“姐妹”，并且吩咐她不要害怕。他提议他们互相调换衣妆。一切料理停当之后她就逃跑了，这位士兵因此被带去刑场处死，但她匆匆跑来，呼喊着她不怕死只顾及着羞耻，但他则坚持说他已经被判替她去死了。最后，两人都戴上了争相赴难的殉道者的桂冠。

当我们翻阅一些和描写贞操的浪漫文学作品有关系的早期的文件时，经常可以看到，坚守贞操主要不是为了死后的冥报，甚至也不是为了要做一名基督教的贞女去博得盛传的一头金发的白马王子的爱情。它的主要的诱惑力表现在它能使保持贞操的女子快活和自由，免受结婚带来的种种烦恼，不便和束缚。这种早期的基督教的浪漫主义的贞操运动，很明显，在很大程度上是妇女针对男人和婚姻的反叛。这一层意思在估计是起源于第三世纪的一个喻世的故事中清楚地暴露出来。它讲述的是阿齐留士和内雷乌斯（Achilleus and Nereus）这两个宦官的事迹[33]。他们是多米提亚（Domitia）寝室里信奉基督教的宦官。多米提亚是一位出身高贵的贞女，是多米提安（Domitian）皇帝的亲戚，而且和执政官的儿子奥列里昂（Aurelian）订了婚。有一天，他们在为女主人戴珠宝首饰和穿着一件紫色的有金线刺绣的衣服时，轮流对着她念叨守贞的种种快乐和好处，比和一个男人结婚强多了。他们口若悬河，滔滔不绝地说了半天。多米提亚终于被他们说服了。后来，她因为奥列里昂还吃了许多苦头，当她受他陷害被放逐到一个小岛的时候，她带着阿齐留士和内雷乌斯一起走，到了那里，这两个人就被处死了。这篇文字后面还附带着记述了另一个因固守贞操而死的女英雄费里库拉（Felicula）的事迹。因为她不愿结婚而遭到严刑拷打，受刑时，她坚持拒绝否定耶稣，她把耶稣称为爱人。“Ego non nego amatorem meum！”（我不摈弃我的爱人！）

叙述皈依者或妓女忏悔的故事是这类文学作品的一个特殊的门类。例如，妓女佐耶（Zoe）勾引圣·马蒂尼安努斯（St. Martinianus），但马氏却终于把她感化了（二月十三日记事）。圣·玛格丽特（St. Margaret of Cortona）也是一位忏悔了的妓女，这是后来发生在十三世纪的故事了（二月二十二日记事）。这种纪实文学的最有趣的一篇可能是很晚以后，发生在十四世纪的事，讲的是一个意大利的虔诚的浪漫故事，题目是《圣·玛丽·玛格达伦的一生》（*The Life of Saint Mary Magdalene*）。通常这个故事一般都带上修士卡瓦尔卡（Frate Domenico Cavalca）的名字（这篇纪事已经翻译成英文）。讲的是一位可爱的罪人玛格达伦对于她奉爱的基督的守贞和热情的浪漫故事，笔墨细腻，赏心悦目。

随着时间的推移，坚守贞操在今生就能使人获得快乐的主张已经不太引人注目了，而贞操越来越被看作一种生活的状态，目的只是修一个来世的圆满的报况或善果。甚至在都尔的格雷戈里（Gregory of Tours）的那个名为“奥韦涅（Auvergne）的双栖情人”的动人故事中，这种为了来世而修身的态度就表现得很清

楚，而他描写的今生今世守贞的爱情的快乐和在任何一部早期的浪漫作品中所披露的同样生动[34]。奥韦涅地方的两位议员各有一个独生子，他们授意让这两个孩子订婚。成亲那一天，这对新人被安置在床上，新娘转身面壁伤心地哭泣。新郎恳求她告诉他究竟是怎么一回事，她转过身来，对他说，即使她天天如此以泪洗面，也洗不掉她的忧愁，因为她早已经下了决心不让男人亲近，把她可爱的身体冰清玉洁地奉献给基督。现在，她已不再是永不凋谢的玫瑰，只落得容华暗淡的残花凋零，本来基督曾经许给她一份天堂的妆奁，但她现在却变成了一位凡夫俗子的妻子。她为自己的命运而悲痛，滔滔不绝地说了半天。末了，她的丈夫被她的甜言蜜语战胜了，他觉得永生的未来在他眼前像天门大开，一片光明，并且声明，如果她愿意守身绝欲，他也一心随她，持操守节。她转悲为喜，和他十指相扣地睡着了。他们就这样冰清玉洁地同床共枕，一起生活了许多年。她死后埋葬了，她的情人终于把美玉一般的她纯洁地交还给了基督。不久，他也仙逝了，埋葬在另一个墓穴里。终于奇迹出现了，这两具尸体竟然不可思议地被安置到了一起，它向大家表示这种固守贞操的恋爱是多么重要，多么高尚。格雷戈里结尾说（十六世纪的记事），那个地方的人至今还把他们称为“双栖情人”（The Two Lovers）。

虽然勒南（Renan）曾经简略地提示过早期基督教文学作品中有丰富的关于贞操的浪漫故事，但似乎并不受人重视，研究的人不多，甚至可以说根本就没有研究[35]。可是，早期信奉基督教的人对贞操是很痴迷的，实行起来也很轻松，即使完全禁绝性交也不在乎，其中究竟有什么动机和推挽的力量，弄清楚他们的原委本身就很重要，何况对进一步说明它的心理学的意义也相当

重要和值得研究呢。早期的教会诅咒和宣布异教徒世界的贪色的性欲，视其为邪恶。通过树立他自己的新的更高雅的爱色的性欲观，非常有效地把前者从社会生活中驱逐出去了。

中世纪的时候，基督教的贞操观念的最初的新鲜感开始失去它的魅力。描写贞洁的浪漫的作品已经不多了，在现实生活中也不再有人敢在贞操的领域冒险去寻找奇遇和刺激了。那些残存的古老的贞操理想也完全局限在世俗的骑士精神里。最后一位想要效法和超越基督教的这些成就的人物是诺曼底（Normandy）的罗伯特（Robert of Arbrissel）。

罗伯特是法国的布里多尼人（Breton），他在十七世纪为妇女建立了一所闻名遐迩，颇具特色的冯特弗劳尔修道会（Order of Fontevrault）。布里多尼人在种族成分上源出于凯尔特人（Celt），这一点无疑很重要。因为它可以解释罗伯特的执着的热情和快活的心情以及他对女性的满腔热忱的敬重。他有一些朋友认为他的行为损及名誉而招人物议，从而大加反对。但连这些人都提出证据证明他具有执着的乐观性格，行为机敏，欣然尽力为人道的事业贡献自己的力量，而且待人待己都绝不苛刻。他吸引了大批三教九流的人，特别是妇女，包括娼妓，他对妇女的影响很大。有一次他走进妓院去暖暖脚，附带着就感化了那里的所有女子。她们中有一个人问他："你是谁？我在这里待了二十五年，从来没有见过一个人来这里谈论上帝的。"罗伯特和他在冯特弗劳尔的修女们的关系非常亲密，常常和她们同床共枕。这些情况在他的朋友们，主教，修道院长等人给他的信中有很详细的叙述。其中有一位说到，罗伯特"发明了一种新的，但毫无效果的殉道方式"。十七世纪时冯特弗劳尔的一位高贵的女修道院长假装不知情地说，修道会的尊敬的奠基人绝不可能造出这种有辱名声的罪孽，因此那些信件一定是伪造的。于是，她把能找到的所有有关的原件全部销毁了。耶稣会教派（Bollandists）对这件事有一份非学术的不完整的说明，其中就采纳了这种见解[36]。但是瓦尔特（J. von Walter）近来在全盘研究了罗伯特之后指出，任何怀疑这些指摘他的信件的真实性和可靠性的意见都是无稽之谈[37]。

但是，早期基督教的贞操的传奇故事有他们的继承者。《奥卡辛和尼科列特》（*Aucassin et Nicolette*），这部作品可能是作于十二世纪末的法国北部地区。首先引人注意的是他继承了"圣所记事"和其他同类作品的传统风格，体现了它们的精神，并进一步把对贞操的细腻敏感的情绪和一夫一妻制的恋爱理想结合起来。《奥卡辛和尼科列特》是早期基督教的浪漫的贞操观的丧钟。它发现，在严格的正常的性爱范围内修炼虔诚、贤淑的贞操是可能的。

至少有两个原因打消了早期基督教的贞操观念的吸引力。姑且不计教会当局对于它的浪漫一面的压制。首先，往日异教徒社会被压制下去的习俗以它的实际存在，和某种程度的纵欲的理想，把那一张包住年轻基督徒的难以启齿的放纵行为的纸捅破了。这层纸赋予他们的浪漫贞操的体面和雅致也留不住了。其次，早期基督徒为了灵魂的健康而乐于实践的苦身修行，它们的魅力和心甘情愿的自觉性，因为苦修被拿来当作一种惩罚罪孽的正式戒律而烟消云散，这类戒律起初明文载于悔罪总则（Penitentials）。后来则规定由听取忏悔的神父斟酌裁决。我们还不妨补充几句，这种惩戒的实施是因为基督教的贞操的理想大部分已被讲究温良的人群放弃，这些人在异教徒中长大成人，对于他们的放纵本来有些免疫的能力，但现在连他们都沉湎其中了。很显然，最初，坚持贞操的理想对于性格暴烈的北非人来说是一件很庄重的事情，但当基督教传播到北欧的时候，要教化放荡的日耳曼人使他们习惯于贞操的理想几乎可以说是一件徒劳无功的任务。从此以后，必须靠教会当局的威力强迫教会的牧师过独身的生活，同时，自愿的独身生活也要靠虔诚的教徒接二连三不断地建立新的修道会才能维持生存。这样一来，禁欲主义就被迫不能始终具有高昂的热情，而这又是支持禁欲主义不可或缺的力量。在它靠外铄的努力以自我保全的过程中则常常从他的不踏实的高高的云天上跌落到无克制的纵欲的泥潭[38]。所有这些冒险致力于超越正常的人性带来的灾害，在中世纪过去之后一些有见识的思想家就开始认识到了。帕斯卡尔（Pascal）在尖锐的总述对这个问题的见解时说道："Qui Veut faire l' ange, fait la bĕte."（谁想当天神，谁就做畜生。）

悔罪总则开始施行于第七世纪，到了第九，第十世纪的时候，已广为流布并成为不容置疑的权威。它们是一堆堆的法律，半宗教，半世俗的，而且被整理成罪目概览（Catalogues of offences）的形式，对每一种罪愆都规定严格的量刑惩罚的尺度。他们表示了在不受制驭的半开化的人群中引进社会的制度秩序，这些东西是刑律法典而不是宗教的忏悔和苦修之类的圣礼。在法国和西班牙，已经有了在基督教的基础上建立起来的秩序，不需要这些东西。它们起源于爱尔兰和英格兰，而在德国尤其盛行；查理士王朝支持它们[39]。

在教皇英诺森三世（Innocent Ⅲ）的统治下，公元1216年，雷特兰议会（Lateran Council）使忏悔成为强制性的。普瓦捷的彼得（Peter of Poitiers）最早断然宣布教士有特权酌情量刑，这比采用僵硬的悔罪总则有比较大的灵活性。后来阿兰·德·李叶（Alain de Lille）把悔罪总则当作过时的废物弃置一旁，并且宣布教士本人必须斟酌每一桩罪过的具体情况，准确定罪量刑[40]。

但是，在此前很长的一段时间里，贞操的理想，就包含有相当程度的自制成分的种类而言，虽然已经牢固地成为教会的习惯传统和理想，但是对于生活在基督教世界里的人来说，已经不再有多大的魅力或力量了。在北方半开化的族群中有背靠更加生气勃勃和符合自然秩序的不同的传统，他们对于性的需要常常坦率地表露出来。十七世纪的一位名叫奥德利库·维塔利斯（Ordericus Vitalis）的修道士注意到，征服英国的诺曼底人的妻子在家独守空房的时候会设法通知她们的丈夫，说如果不能赶快回家的话她们就要另寻新欢了，他把这种现象称为“淫风”。牧师的独身制度历经重重困难才得以建立，但建成之后神父又逐渐变得持身不正了。十三世纪的时候，大主教鲁昂的奥多（Odo of Rouen）在他的教区访问日记中记录说，每五个郡以下的教区（Parish）中就有一位神父不守贞操。如果按照当时意大利的修道士沙林贝内（Salimbene）在他的著名的自传中的说法，在宗教生活中保持贞操已经是绝无仅有的事了。这时候贞操的维持只有依靠外力的强制，通常是依靠教会当局的道德力量，而道德力量本身已经因为不贞而败坏，所以，为了弥补精神力量的不足，有时还得借助身体的力量。有些人的意见认为，最早在十三世纪就开始有人使用紧身褡（Cingula Castitatis）束身以坚持贞操了。但最具权威的考非农（Caufeynon）则相信到了文艺复兴的时候才有这种东西［见《贞操腰带》（*La Ceinture de Chastetè*,1904）］[41]。

十六世纪时女修道会有一种成为变相的妓院的倾向，这是教宗的秘书布尔查德（Burchard）在他的日记（Diarium）中透露的，他的权威是没有问题的。这部日记由蒂阿辛（Thuasne）编辑，他在这部日记的一处脚注中对这种说法再度加以证实[42]。我们在卡萨诺瓦（Casanova）的《回忆录》（*Mémoires*）和许多同一时期的其他一些文件中都清楚地看到，十八世纪时的情况还是这个样子。

文艺复兴和人道主义的兴起肯定影响到大家对于禁欲主义和贞操的情绪反应。一方面一种重新发现的古老的善恶的伦理对贞洁是忽视的，于是男人开始把它当成只是修道士一类人的事情；另一方面，受到新运动的影响，一些比较上等的文雅的人物开始认识到，那些能够按照自己的意志自由行动的人比处处受制于神父的权威桎梏的人，更加善于培植和遵守贞操。这就是蒙田（Montagine）作品中到处流露的感情，也是拉伯雷（Rabelais）的思想，他把“为你所欲为”（Fay ce que vouldras）奉为他的底列姆大修道院（Abbey of Thelème）的唯一的院规。

不久，许多作家以各种不同的调门反复申说这种信条，多多少少带上一点文艺复兴时期风尚的文化色彩。费朗（Ferrand）在他的十六世纪发表的一篇论文《论恋爱之病》（“De la Maladie d’Amour”）中说：“当达娜自由的时候，她是持操守贞的。”迪格比爵士（Sir Kenelm Digby）是文艺复兴时代精神的最后一位代表性的人物，他在作品《私人回忆录》（*Private Memoirs*）中坚持认为，莱克格斯（Lycurgus）这位旷古绝伦的睿智的立法者给妇女自由，让她们能不受拘束地怀抱着生育出高尚的下一代的希望把身子交给那位用高贵爱情打动了她的男子，这就是“斯巴达比世界上其他任何地方都要昌盛”的真实原因。

在信奉新教的国家里，宗教改革运动基本上是对强制的独身生活的背叛，使禁欲主义的贞操观念又进一步受到怀疑和冷落。这样一来宗教的信仰便不再站在贞操的理想一边。在十八世纪，也许还更早一点，大自然或天道的权威通常都会唤起抵制贞操的情绪。从此往后，在过去的两个世纪里，对有关贞操的郑重意见都只有部分赞成而无全盘接受的了。大家开始觉得，企图维持一种鼓励虚伪的浮夸的高尚理想就是在犯一种没有幸福可言的有害的错误。瑟南古（Senancour）在十九世纪初写了一部很著名的论恋爱的书，他在书中写道："如果修养贞操少一点艰苦，人类就会多一份幸福。功德也许不高，但是道德水准的提升不能持久又有什么用处？"[43]

十八世纪以降，大家对贞操观念的价值的怀疑日渐加深。毫无疑问，这种过度的怀疑多半是由于把贞操只当作一种表面的和习俗上的身体层面的贞操，这是尽可能用外力强加的贞操。名义上也罢，实际上也罢，直到现在，它在某种程度上说仍然被萧规曹随地依靠外力强加于没有进入婚姻的体面的女子身上。这种身体层面的贞操观念降低了作为精神上的德操的贞操观念的价值。让人感觉到它只会照一个方子抓药，对所有女子，不管她们是否心甘情愿，都要固贞守身，讲贞德就不许爱美，不许有动人的妩媚。但是，它却开始让人认识到，这种状态的强制性的贞德，实际上不仅不特别有利于培植真正的贞洁的德操，而且还掺揉了种种不再被人看重的杂质[44]。

欣顿（James Hinton）在四十年前写道："把这种贞操的生活强加给妇女真是太武断，太虚伪，太没有人性了！请把下面这句话想一想：'深思善辩的女子一个也见不到了。'我们在玩火，把全部女性或妇道弄成万事不关心而只系于贞洁一点，在这一点的周围布满种种非自然的和超越自然的危险。现在有一种走向另一个极端的放纵的非理性的情绪在妇女的生活中蕴含着；目前这种‘贞节’是一种会制造祸害的不健康的工厂。大自然和上帝从来不把妇女的生活挂在这样一根细若发丝的线上。整个现代的贞洁观念有着夸大性欲的成分。当然，往日遗留给我们的那种美好的贞操观念中我们还保留着一部分，但大部分都付之东流了。”

另一位哲学家瞿瑶（Guyau）曾经写道：“以为保全的童贞很光彩优雅是愚昧无知。童贞，就像有些水果，只能用干燥的办法来保存一样。”

梅里美（Mérimée）就描写过这类干燥处理童贞的影响，他在 1859 年的一封信中写道：“我认为如今的人对贞操看得太重，我并不否认贞操是一种德行，但是德行也是分层次的。就像邪恶也有程度的不同一样。一位女子一旦有了一位情人就要被社会排挤出去，而一位保持童真的女子，小气，两面三刀，心肠狠毒，却可以走遍天下，这难道不是很荒唐吗？现代的道德一定不是福音书所教导的那种道德。依我看，爱得太多好过爱得不够。时下，干燥冷酷的心肠已经被奉为道德的绝顶。”[45]

保罗（H.Paul）医生也提出过类似的见解，她写道：“有些女孩甚至还是儿童的时候，就滥施手淫而且心思猥亵。她们的灵魂的冰清玉洁早就丧失了，没有什么东西是她们不知道的。但是她们还保留着身体上的处女膜！这是为了她们将来的丈夫。这是她清白无罪的铁证，不容任何人置疑！如果有另外一位女子，她玉莹冰鲜地度过了儿童时期，现在长大了，身体里萌动的一些女性的情绪和热烈的冲动，一时间或因为爱情或仅仅因为情欲的冲动，委身于一位男子，大家顿时一齐站起来尖叫，骂她‘可耻！’而那位还保存着处女膜的最猥亵的女孩子也在场，她的叫声最响，攻击的言辞最恶毒。但这位“不体面的”女子，她的身心都是健全的，她无须害怕那位想娶她为妻的男子讲述他做过的一切，像一个堂堂正正的人对另一个人娓娓道来一样。她不必觉得羞耻，她的所作所为是她做人的权利，任何一个有理性的人都不会因此而轻视她。”[46]

埃哈德（F. Erhard）也抱有类似的思想，他写道：“童贞在某种意义上具有它的价值，但按常识说它被过高地估计了。实际上，一个保有童贞的女孩子可能是一个完全堕落的人，这一点姑且不论，这种过高的估计童贞的价值导致失去童贞的女子遭人鄙视，结果添枝加叶，又兴起一种特殊的产业，用矫情造作的修道院式教育方法去造出一些女孩，给她们的丈夫做一个对任何事物都一窍不通，奇特的百依百顺的新娘。不言而喻，要达成这一番功德就必须要牺牲一切理性的教育。没有人能预见这些还没有长大的小傻瓜将来会变成什么样的人。”[47]

弗洛伊德（Freud）也指出对于女孩子实行这种基于童贞理想的婚姻教育的害处。“这种教育以压制订婚之前的女孩子的性欲为己任，它不但禁止异性的交往，而且大力奖赏天真无知。但这样一来也就把妙龄少女的妩媚动人的人格或人性消灭了。对于她在将来的生活中要担当的角色在实际的方面一无所知，经年累月地这样过日子，没有一点性爱的刺激，这样不可能引导她们走上婚姻的道路。结果，有一天她突然奉长辈之命允许她去恋爱了，这个女子六神无主不知所措地进入婚姻的生活。因为这种人为地或外铄地阻碍性功能的发育，尽管她的丈夫倾心纵情地要讨她的欢心，她也只有虚情假意地应付，在和他性交的时候表现得冷淡无情。”[48]

瑟南古甚至认为，如果有可能把传宗接代的事置之不问，贞操的规则不仅应该对两性有平等的要求，而且从两性实际所处的情况来考虑，还应该在某种程度上偏重于对男性要求多一些。“要使节制成为忠告，不要成为戒律。而且女子有比较敏感于声色刺激的倾向，这方面应该待以最大的宽宥。男子天生是干活的；他只是顺便寻欢作乐；他一定很喜欢妇女比他更乐此不疲。它往往使男子筋疲力尽，所以男子总应该稍微节制自己的性欲。”[49]

但是，当我们从强制性的身体层面或守身的贞操观念的束缚中解放出来之后，就有可能恢复作为美德的贞操的理想了。今天，在思想家和道德家方面已经不能说还有谁对贞操的观念采取敌视的态度了。相反，倒是有一种重视贞操价值的倾向。但是这种赏识一直带有回归到比较古老和健全的贞操观念的成分。坚持死板的禁绝性欲和空洞无物的童贞，只能说是一种伪贞操。亚里士多德在这个方面承认的唯一积极的贞操美德是一种包括限制较低级的性冲动在内的自我节制，聪明的做爱而不是不做爱。[50]教会的一些睿智的思想家也都采纳这类观念；圣·巴西尔（St. Basil）在他制定的修道院的重要规章中，就不重视以自律本身为目的的自律。他提倡的自律是一种能使精神获得战神肉体的力量的工具。圣·奥古斯丁（St. Augustine）宣称，自我节制只有在为了修养至善的情操时才是好的。他认为，贞洁是灵魂从屈服于低级的东西向高级的品质循序渐进的造诣过程，特别是表现在婚姻的关系上[51]；阿奎那（Thomas Aquinas）对贞操的界定基本上是一样的。他说，不贞或淫亵是指不按照正当的理由去取得性的快乐，不论是在行乐的对象上还是行乐的条件方面不正当[52]。但是，有一个时期这些伟大的道德家的声音听不见了。贞操的美德被湮没在一般基督教徒要消灭“肉”的狂热中。十六世纪特伦托会议（Council of Trent）最后发布教会文告做出神圣裁决，正式宣布，任何人声言童贞和独身生活不优越于婚姻生活者将被逐出教会。如今，这种伪贞操观，把一切对性欲的自我克制都看作在精神上比任何一种性交关系都高贵的评价已经过时了，只有那些依旧墨守古代禁欲主义的教条的人还在坚持。童贞的神秘主义的身价已经一文不值；在现代人的头脑中似乎只是一个有点刺激性的概念罢了，只有那些冷酷无情的放荡的无赖还在刻意地追求[53]；有些男子在性的方面长年洁身自爱，他们坚持认为他们的新娘是否守身如玉也同样重要。把终身禁欲当作理想的观念也随风而去；充其量也不过把它看作是个人的爱好而已。为了博得一个品德高尚的名声或体面而保持的习惯上伪装的贞操观念，正在被大家看作是一种障碍而无助于去培植真实的贞操[54]。

在今天的道德家看来，贞操作为一种美德，它的价值绝不在于它的禁欲的部分。用圣·特雷莎（St. Teresa）的话说，贞操不是将六根缩入甲内以守身的乌龟的美德[55]。它所以是一种美德，是因为它锻炼着一种自持自修的精神，是因为它有助于鼓励人坚韧不拔和自强不息的性格和意志，因为它直接有利于培植最美的，最崇高的，和最实际的性生活。用这种眼光来看，贞操也许是有悖于已经贬值了的中世纪的天主教的教义的，但它却与我们今天的文明的生活相得益彰，而且也绝无任何干犯和不符合大自然的要求的地方。

食色，性也，在这两种本能之间始终有一种可以比类而观的比论。在饮食方面，由于生理科学的影响，已经把过分的禁欲主义抛弃了，也使饮食“纯洁”，即有节制而符合健康了。在性交方面，正如欣顿（James Hinton）很好地指出过的那样，也可能一直处在同样的过程中；“科学掌握着使性纯洁或贞洁的钥匙”。[56]

有许多影响力联合起来支持坚持贞操的理想。首先是现在司空见惯的反对轻浮放荡，而从前曾经有人把它看作自然的天性。这种轻薄的性态度没有道德的价值，因为它使人变得寡廉鲜耻，也不利于使性爱得到最温柔美满的满足。无论对一般说的自然或天性做怎样广义的解释，都不能说这种态度是自然的天性。因为在大自然中，一般说来，性的满足都倾向于比较稀珍难得的[57]。求爱的行为情绪热烈，时间也长。恋爱的季节又有严格的界限，妊娠期间断绝性交等等。天地虽然广阔，要得到性的满足又谈何容易。甚至在未开化的人中，在他们还没有受到文明的浸染时，童贞通常是由一种良好的禁欲主义维持的；通过举行狂欢节似的少见的宗教仪式来锻炼百折不挠的克己自持的精神，构成一种控制榛狉的原始生活中有关性与其他一切门类的行为的纪律。要在文明的生活中保持这类阳刚的毅力或精神，我们很可能尝试着有意识地培植一种贞节的美德，这种美德在獉狉的原始人的生活中本来是自然的[58]。

尼采对于现代意义上的贞操的道德观念曾经有过直接和间接的影响。“要有铁石心肠”，尼采命令说。他的意思并不是叫人对他人冷漠无情，而是呼吁每个人都要艰苦奋斗，自强不息，培植一种自持的能力去实现立志定下的目标。他写道：“在面对性爱，乃至在思想里保持相对的贞操，都是一种根本性的远见卓识。这是生活中明智的理性的一部分。即使对于那些出类拔萃的人也是如此。”[59] 现代有一种社会运动，要恢复贞操作为一种真正有益的美德的恰当的地位，而不仅仅是一种空洞无物的风俗习惯，尼采便是其中的一位典型的代表人物。这种运动不可能不觉察到，在性的问题上，一切偏爱轻浮放荡和骄奢淫逸的生活的人很快就会感受到在性事上的堕落和乏味。因为，性欲的满足要达到最高的水准，只有当我们设法保证性冲动向全身高度“放射”的时候才有可能。“放射”是斯科特（Colin Scott）的说法，意思是说性的冲动向整个精神的有机体扩散和渗透。要达到这个目标，必须在性欲得到满足前的过程中设置一些障碍，使它的饥渴不能迅速直接地获得满足，迫使它增强力量，绕了一个大大的圈子，使全身高度动员起来从而达到性爱的饥渴的顶点。这种欲望饥渴之强烈绝非轻松可以满足的，必须投入全部身心的力量才可以消解。于斯曼斯（Huysmans）说过：“贞操才算得上是真正的淫荡。”在更高的水准上说，只有贞操才能成就真正的恋爱。

门亚戈（Hans Menjago）说“守身如玉起初受到赞赏是因为它是显示性格坚定和意志刚强，超越了原始状态的一种符号。在那些动荡的时代，冰清玉洁是很难保持的。它是珍贵和不平常的。从这种难得一见的稀罕中滋生出一种迷信，以为在童贞中存在一种超自然的力量。但是一旦这种纯洁变得常见了，而维持这种纯洁也不需要多少特别超群的坚定精神时，就没有什么价值和重要意义了……只有当守身如玉是个人的坚强性格造成的结果，它才有价值，而如果是道德戒律强制的结果则分文不值。”[60]

赫勒（Konrad Höller）对学校里学生的性的问题特别注意，他在有关体育方面说过一段话：“无论如何，体育锻炼的最大好处不在于增强身体的主动的和对抗的力量与体育的技能，而在于建立和加强意志对于身体及其需求的统治，使它们不因怠惰而放纵。一个人，学会为了实现既定的目标而忍耐与克服饥渴和疲劳，他也一定能够更好地抵抗性的冲动和想去寻求满足的诱惑，如果他习惯于统治自己的身体，当他的洞察力和审美的情绪使他比较清楚地认识到屈从于这种性的冲动将带来的伤害和耻辱的时候，他通常都能战胜它的诱惑。”[61] 谢芬那格（Schäfenacker）教授也强调自持和自胜的重要性。他认为，年轻人应该把他未来的作为公民和一个家庭的父亲的使命牢记在心。[62]

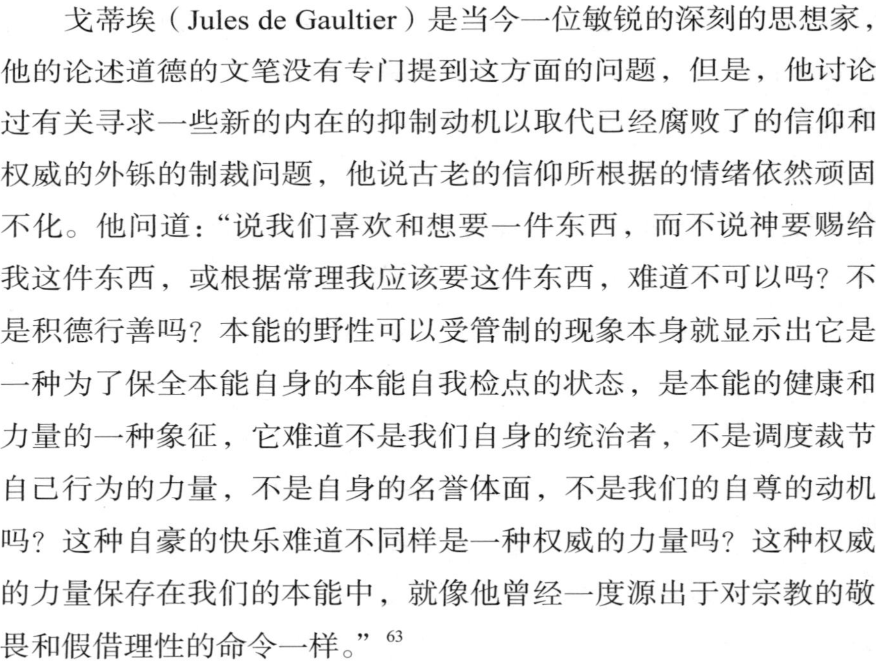

戈蒂埃（Jules de Gaultier）是当今一位敏锐的深刻的思想家，他的论述道德的文笔没有专门提到这方面的问题，但是，他讨论过有关寻求一些新的内在的抑制动机以取代已经腐败了的信仰和权威的外铄的制裁问题，他说古老的信仰所根据的情绪依然顽固不化。他问道：“说我们喜欢和想要一件东西，而不说神要赐给我这件东西，或根据常理我应该要这件东西，难道不可以吗？不是积德行善吗？本能的野性可以受管制的现象本身就显示出它是一种为了保全本能自身的本能自我检点的状态，是本能的健康和力量的一种象征，它难道不是我们自身的统治者，不是调度裁节自己行为的力量，不是自身的名誉体面，不是我们的自尊的动机吗？这种自豪的快乐难道不同样是一种权威的力量吗？这种权威的力量保存在我们的本能中，就像他曾经一度源出于对宗教的敬畏和假借理性的命令一样。”[63]

韦尔斯（H.G.Wells）在《现代乌托邦》一书中指出贞操的重要性，[64] 但他反对独身生活，像戈蒂埃一样，求助于自尊的动机。他说：“文明的发展太快，人的变化跟不上趟。我们现在文明昌盛，使安全，自由，富足等达到一个人为的美满的程度。在这种形势下，正常的未经训练的人一定会倾向于在各个方面纵欲无度；生活日趋淫靡，食不厌精，而且食量过大，酗酒，工作懒散，把心思都消磨在出风头上，荒淫于女色，滥淫奢靡。他逃避训练，满脑子自私自利的盘算和邪念。我们的始祖有一套各种各样来源的动机构建成的机构掌控自己的行为，但我认为，使人得以克己自持的主要力量还是自尊。自尊可能不是灵魂中最高贵的东西，但无论如何，它是灵魂的最明智的王。各种行为动机都听命于他，注意保持人的光鲜体面，身体健康和头脑清醒。在性这个问题上，和在其他自然欲望的问题上一样，须得控制它的胃口，不容它过分贪婪，不容人为地去刺激它膨胀，同样也不要使胃口饥渴，得不到适当的满足。人要吃饱，但不能大飨饕餮。而在恋爱问题上，我们的始祖的理想是正直和清白体面的人追求一位清白体面的正直的异性伴侣。他们加入婚姻，生儿育女，平等地共同承担对种族的责任，他们还要最严谨地设计种种志向，防止过分的缠爱，防止有时候夫妻的密切关系变得隔阂疏远。”

卡彭特（Edward Carpenter）写过一本名叫《爱的成年》的书。[65]书中关于贞操是满足性爱的一个因素的问题有过这样一段话：“有一种关于身体欲望或性欲的幻觉，好像一个小孩看见一朵美丽的鲜花时受到它的吸引一样，忍不住一把抓了过来，转眼间，花残香消，不免惆怅烦恼。一个人只有能够自持，退让一步，适可而止，才能得到无上的光荣和真正拥有他想要的东西。如果格于形势的必要，他也能自觉地不取。他真是一位生活的达士。当粗犷的欲念油然而生时，他不加拒绝而知裁节，随意把它们转换成人类情感生活中最高尚的趣味，像一朵美丽馨香的奇葩。”[66]

贞操的功用，除了修身养性，增强性生活的品质使它更加庄重，有助于恰当地实现家庭和社会的责任等等之外，对于从事耕耘艺术的人还另有一层特殊的价值。有些作家宣称他们的诗文是放荡的，但他们的生活是讲究贞操的。我们可能不会完全相信，但这是千真万确的。两者的关系这样不相称的情况很常见。正如尼采说的那样，性生活的素材就是艺术的素材；如果在这一方面都耗尽了，那另一方面就没有材料可用了。所有需要强烈感情的艺术的大师们常常培植出高度的贞操。音乐界显然就是这样；想想莫扎特（Mozart）[67]、贝多芬（Beethoven）、舒伯特（Shubert）以及许多名声较小的人。在诗人和小说家方面，讲究贞操的人似乎没有这样普遍，但也常有一些很明显的贞操故事，通过那些脍炙人口的章句的修饰表现出来，其中甚至有些很琐细的性爱插曲也常常被认为是作家的亲身经历。乍看之下，歌德（Goethe）的生活似乎是一出接着一出的性爱的连台大戏。但是，我们要知道，他漫长的一生，精力充沛，气血健旺，直到终其天年，他一次又一次的恋爱长期而深刻地影响着他的感情生活和他的作品。大多数因为他而闻名于世的女子都从未和他发生过一次真正的性关系，此外当我们全盘审视他的一生我们就会知道，他成就了几乎无法想象的大量作品。我们或许可以断言，放纵的性生活在歌德一生中只占了很小的一部分，无数的普通人一辈子没有留下一点起眼的感情或精神的痕迹，对比一下，就知道此说不妄了。还有，斯特内（Sterne）说过，歌德的头脑里一定总有一位翩翩起舞的杜尔茜内娅（Dulcinea），一位幻梦中的情人，[68]但真正和他发生性关系的女子的数量似乎是很少的。巴尔扎克（Balzac）伏

案笔耕，劳作一生，他和一位女子保持了许多年的通信来往，几乎从未和她见过一面，末了也只与她在一起度过几个月的婚姻生活。类似的境况是许多艺术创作的大师们都亲身经历过的。用兰多尔（Landor）的话说："因为不谋面是至美的隐身遁形的母亲。"

大家一定都还记得我早先分析过的由大脑或所谓心境唤起的自动恋的现象，它们变化无穷，也非常重要，但是大脑和性器官在消耗体力上是大敌。大脑的殚精竭虑和性的激荡亢奋之间有一种相克的或对抗的关系。甚至在同一个人身上有时分别出现在不同的时间段落也互不相容。[69] 在这种意义上说，科雷亚（Ramon Correa）的说法可不是悖论。他说，有能（Potency）就是无能（Impotence），无能就是有能。因为能力无论是用在体育运动或者用在知识创造，或者用在性的活动上，都必须专注于一个方面才能发挥得淋漓尽致而不宜于同时展示于其他方面。每一种极高的能力都有和他相关的无能的一面。

我们不妨再补充一点，我们发现，有一群人全面系统地贬抑性生活的价值，但是他们用"阳刚气概"不足或"性无能"是丢脸的说法来证明自己的正确却是一种奇怪的和他们的初衷相反的论调，过分夸大了性功能的重要性。虽然文明的生活给性能不足的人提供了从事各种各样活动的广阔天地。但有些性无能的人却被弄得昏头昏脑，他们以为消化方面因神经障碍造成的疾患无关紧要，而如果同样无害的因为神经的毛病造成性冲动的障碍的话，就像犯了罪一样。前几年在这方面有一个很引人注意的例子。有一个绘声绘色的传言说，卡莱尔（Carlyle）和他的妻子的关系不和，最好的解释是，卡莱尔的性能力可能遇到了一点麻烦[70]。他的崇拜者立刻冲上前去"保卫"他，使他免遭这种"有失体面”的诟病。他们对于说他染上了花柳病之类的传闻的反应却没有这样的激动。性无能大多数是一种身体虚弱的现象，或者是由于某种先天的解剖学上的缺陷，或者是由于精细的性机制的神经调节失衡，这在性格情绪的敏感程度偏离常态的男子中是比较容易发生的。消化不良又何尝不可以同样成为这种胡闹诟病的对象，但他们和体面不体面其实都是风马牛不相及的。许多天才的和德高望重的人物都在性的方面有过不正常的情况。柯珀（Cowper）就是一个例子（但这个有特殊意义的事实被替他作传的作家封存了）。露斯金（Ruskin）的夫人要求和他离婚的理由中这是一桩；还有人说，约翰·穆勒（J.S.Mill）在性方面的发育程度比婴儿高不了多少。

说到这一节我已经把贞操的性质和禁欲主义的性质在他们的最一般的意义上推敲了一遍，并且没有打算做掰肌分理的剖析[71]。但是，如果我们要把这些观念接受下来当作现代的美德，认为它们在今天还是正确的，就必须对它们做更精确一些的界定。看来，最方便的做法是根据字源做一番更严格的训诂。如果我们同意 asceticism（禁欲主义）或 ascesis 的词义是指身强气盛的人的自律和节制力的品质，而无须把时间的长短和性冲动的满足等意义网罗进去。“贞操”这个字眼原本的意义是指纯洁的品质，它的衍生的第二意义是神圣而不是禁欲，我们最好把它理解成是性的欲望和生活的其他欲望之间在分配的比例数上有一个适当的分寸。爱伦·凯（Ellen Key）说得好：“贞操是和性爱有关的肉体与灵魂之间的协调或相得益彰。”经过这番辨析，我们知道了，禁欲主义是一种控制或节制的美德，它逐渐生出和满足性欲有关的含义，而贞操作为美德是指对性生活本身发挥协调的作用。

下面我们将看到，禁欲主义绝不是必然地包含永久的自我节制的意思。严格地说，禁欲主义是为了达到某种目的的自律和锻炼，它本身不是目的。如果它是一种强制性的必须终身奉行的，不论是遵守宗教教条的指令还是单纯出自偶像的崇拜，它都不再有自然的根据，也不再成为一种道德。因为一个人毕一生之力在牢狱中克己修行对生命没有价值。禁欲主义如果要成为自然的和道德的就必须与自身之外有所立或有所谋，有助于成就生命的一些目的。一个持戒唯谨终生和自己的天赋本能较劲的人是没有用的。确实有一种人，可能是出于个人的性情和爱好，一辈子过着绝欲的不近情色的生活，自由自在轻轻松松地就过来了。但这种人不是苦行僧，他的绝欲既无人喝彩，也没人批评。

同样，我们也要知道，贞操的概念完全不包括性绝欲的意思；当它被引入性欲或色情的领域而加以发挥的时候才有了它的价值。纯洁或纯真就是无知，当儿童的天真的年龄一过，它就只是愚蠢了；与其说它是美德，是善，不如说它更接近邪，接近恶。纯洁和坚韧不拔，努力奋斗的精神也不同调，这是它不同于禁欲主义的地方。迈瑞德（Rosa Mayreder）说："我们要克服性的束缚，就要接纳它承认它，而不是拒绝他否定它。男人只有靠女人的帮助才能成就这件事。"冷淡薄情的所谓贞操等同于丑陋和虚幻，也是没有任何价值可言的。真正的和有价值的贞操观念只有靠热情的理想的诱掖才立得起来，这种理想或者是如早期基督教那样的新的浪漫的性爱理想或者是我们今天提倡的更加人道的性爱的理想。爱伦·凯说："只有性爱的理想主义或理想生活才能唤起对贞操的热忱。"由此看来，一个发育健全的人只有在真实的性生活中才能愉快地实现贞操的理想；他部分是尊严和节制的自然的本能；部分是用双手来和性的事物接触的艺术，而且要知道这双手对成就生命的一切美好的目的也有同样适当的灵巧的能力。在性爱的最秘密的圣殿的入口处好像刻有铭文，和药王厄斯启拉皮乌士（Aesculapius）的神庙前的铭文一模一样："不纯洁者不得入内。"

我们还将看到贞操的界说仍不够精确。这是不可避免的。我们不能牢牢地把握住纯洁或纯真之类的东西，就像抓起一把雪，到手中就融化成水了。西奇威克（Sidgwick）说得好："贞洁如玉的这个贞洁或纯洁本身就容不得繁文缛节。"[72] 在另一处论述中他试着回答这个问题：什么样的性关系本质上是不纯洁的或肮脏的？结论是不可能有答案，无解。"似乎没有任何一种无须证明的清清楚楚的道德规范，使我们可以根据它来回答这个问题从而博得普遍的同意。他还补充说：甚至连所谓的野合或乱搞性爱，都有人郑重地宣称它是男女之间在感情方面达到更圆满和谐的一种手段，也不可谴责它为不纯洁或不贞洁，因为要想分辨清楚纯洁和不纯洁似乎很容易陷入似是而非的矛盾中，说着说着就走了样，越绕越糊涂。"

冒尔（Moll）从医学心理学的立场出发，得出的结论和西氏从伦理学的立场出发得出的结论一样。他在《难以驾驭的性情绪》一书的附录中刊登了一篇报道，题目是"贞操对于男人的价值"。这位著名的柏林医生用很生动的常识来讨论这种问题，他坚决主张"贞洁和不贞洁是互相比较而言的相对的概念。"他说，我们不能像通常认为的那样把"贞洁"等同于"性的禁欲。"[73] 他还补充道，把所有婚外的性交都描写成不贞是不正当的。因为，如果我们这样做，我们将不得不把几乎全部的男人和有些很值得尊敬的女子都视为不贞。他正确地主张在这个问题上对待男子和对待女子必须适用同样的规则。他指出，即使当事情涉及通常称为通奸的性交时也不一定就是不贞。他举了一个女孩的例子，她十八岁的时候思想还不成熟，和一位男子结了婚，随后她发现没法过日子就分居了，但没有获准离婚。如果她现在和她爱的一位男子热恋，即使涉及所谓通奸，也可以说是完全贞洁的。

照这样来理解禁欲主义和贞操，以及它们有益于人生的一些功能，我们就知道它们都是处于中行的位置而不偏于极端。早先他们曾经一度被人为地夸大而走了偏锋，后来物极必反，又被完全漠视或真正的敌视，贬低得一文不值而失之偏颇。禁欲主义和贞操不是死板的绝对的强制性的东西；它们是一些功能性的概念，是可以用来帮助我们达到向往的目标的手段；它们是智慧和美的艺术。我们要尊重它们，但又不要敬过了头。因为把他们敬过了头往往就连带着把性的本能的价值也一起高估了，这一点往往是我们最容易忽视的。不错，性的本能的确是极度重要的。但是也并没有重要到包罗一切和凌驾一切之上的地步，像有些人通常认为的那样，甚至连那些敌视它的人也习惯于过分抬高它的价值。人为地强调禁欲主义的重要性，使得人为地夸大性冲动观念的错误认识更加强化。我们可以从学会如何合理和自然地看待节制性冲动的问题中端正我们对性冲动在人生中的真实位置的认识。

注释

1　布丰（George Louis Leclerc Buffon，1707—1788），法国自然学家，生前被推举为法国科学院院士，美国皇家科学院院士，以及柏林，圣彼得堡等等欧洲当时著名科学院的院士。最著名的著作是四十四卷四开本的《自然史》（*Histoire naturelle, générale et particulière*），从1749

年第一卷问世至 1804 年第四十四卷的出版历时五十余年。——译者

2 勃雷克（Blake）、雪莱（Shelley），不妨再加上欣顿（Hinton），他们对贞操的看法，都像托德亨特（Todhunter）在《雪莱研究》一文中说的那样："贞操是一种对现实的屈服，对上帝的放弃，因此，他们都恨它。讲究贞操的人就是谨慎自持的人，就是失去赤子的天真的人。"

3 关于未开化的民族在这个问题上的实践的痕迹见本《研究录》第三辑附录 A《未开化的人的性本能。》也可参看韦思特马克（Westermarck）的《人类婚姻史》（*History of Human Marriage*）第四章和第七章。还可参看韦氏《道德观念的起源与演变》（*Origin and Development of the Moral Ideas*, Vol ii）的第三十八章和第四十一章；弗瑞泽尔（Frazer）的《金枝》（*Golden Bough*）有许多关于这个题目的描写，克劳利的《神秘的玫瑰》（*Mystic Rose*）也不妨参阅。

4 陶特（C.Hill Tout）的说明刊登在《人类学学会杂志》上。（*Journal Anthropological Institute*, 1905, pp.143-145）。另见《陶瑞斯海峡群岛人类学考察报告录》（*Report of the Anthropological Expedition to Torres Straits*, volⅤ, p. 321）。

5 雅内：《某些冲动的病因学》（P. Janet, *The Pathogenesis of Some Impulsions, Journal of Abnormal Psychology*, April 1906）。

6 普罗布斯特-白拉本：《穆斯林神秘主义中的狂喜》（Probst-Biraben, *L'Extase dans le Mysticisme Musulman, Revue Philosophique*, Nov. 1906）。

7 见韦思特马克《道德观念的起源与演变》（Westermarck, *Origin and Development of the Moral Ideas*, Vol ii, pp.412 et seq.）。

8 我从新西兰奥克兰的一份报纸上摘录了下面的一段话，一位毛利族（Maori）的老人说，几年前，他的种族衰落了，完全是由于丧失了古代的宗教信仰，不知禁忌。他说："古时候，我们的宗教禁忌枝繁叶茂，遍布社会的方方面面。头，头发，鬼魂出没的场所，巫师（Tohungas）宣布为神圣的场所等等，我们都忘记了，不理会了。现在还有谁想得到头的神圣？你瞧，一壶水烧开了，年轻人跳起来去提壶，匆匆忙忙把帽子脱下，当作提壶把时隔热用的布。乡下这些理发匠给人理发的时候，如果旁边有火，他就把粘在衣服上的碎头发抖到火里去，大家嘻嘻哈哈，好像不是刚刚结束一桩神圣的功课一样，今天还有谁在乎

这些事。在过去，有些地方带着食物是不许通过的，现在的人居然在哪里吃吃喝喝。”

9　埃利斯:《说约鲁巴语的民族》(A.B.Ellis, *Yoruba - Speaking Peoples*, pp.183 et seq.)。

10　谢罗谢夫斯基的这一段话刊登在《人类学学会杂志》(Sieroshevski, 载 *Journal Anthropological Institute*, 1901, p.96)

11　韦思特马克:《人类婚姻史》(Westermarck, *History of Human Marriage*, pp. 123 et seq.)，又见《道德观念的起源与演变》(*Origin and Development of the Moral Ideas*, Vol. ii, Ch. XLII, p.437)。

12　凯尔德:《婚姻的道德》(Mona Caird, *The Morality of Marriage*,1897, p.88)。

13　见《剑桥人类学旅行报告》(*Reports Cambridge Anthropological Expedition*, Vol. V, p.275)。

14　爱里士:《波利尼西亚的研究》(William Ellis, *Polynesian Researches*, 2nd Edition, 1832, Vol.i, Ch. IX)。

15　福斯特:《环球航行记》(J.R. Forster, *Observation Made on a Voyage Round the World*, 1778, pp. 231, 409, 422)。

16　库克:《第三次航海发现》(Cook, *Third Voyage of Discovery*, 1776-1780)。

17　特恩布尔:《1800年环球航行记及其他》(Thurnbull, *A Voyage Round the World in 1800, etc*, pp. 374-375)。

18　譬如，我们看到，在基督教的修士兴起之前很久，在埃及就有寺庙以礼拜塞拉皮士(Serapis)的名义进行禁欲的生活，和基督教是一个路子。迭尔:《罗马社会》(Dill, *Roman Society*, p.79)。

[译者附注: Serapis 是一位古埃及供奉的神，雕像坐落在埃及亚历山德里亚的一座庙宇，极具希腊风格。公元385年连同庙宇一起被毁。]

19　巴奇:《乐园》(A.W. Budge, *The Paradise*, Vol ii, p.129)。

20　巴奇:《乐园》(A.W. Budge, *The Paradise*, Vol ii, p.132)。

21　可参阅，米尼:《禁欲主义词典》的词条《魔鬼的诱惑》(Migne, *Dictionnaire d'Aséctisme*, Art, Démon, Tentationdu)。

22　李:《祭司的独身生活》(Lea, *History of Sacerdotal Celibacy*, vol.i, p.124)。

23　安赫拉·德·富希尼阿:《幻象》(Angela de Fulginio, *Visiones*, cap. XIX)。

24　布勒尼耶:《禁欲主义和神秘主义》(Brenier de Montmorand, "Aséctisme et Mysticisme", 载 *Revue Philosophique*, March 1904)。

25　晚上，在洗礼堂，灯光昏暗，妇女脱衣，连紧身衣也脱光，在池里浸三次，然后涂油，穿上白袍，礼毕吻别。

26　譬如吉罗姆（Jerome）在他给欧斯托齐乌姆（Eustochium）的信中提到那些成双成对的男女时说："他 / 她们同住一个房间，甚至经常睡在一张床上，他们的关系使我们感到怀疑，不敢妄加结论。"而西普里安（Cyprian）（见《使徒书信》[*Epistola*，p.86]）则对他听说的那些人表示不满，其中有一位是教会的执事。他们和童贞女子有亲密的交往，甚至和她们同睡一张床上。西普里安说，这些女子体弱而年轻男子行为放荡。

[译者附注：坦塔罗斯是希腊神话里的人物，宙斯之子，被罚降凡间投入湖中，渴欲饮则水忽退，饥而欲摘悬其头上之果以食则果上升，使备受欲望不能满足之苦。]

27　霍特和马约尔（Hort and Mayor）称裴皮土阿（Perpetua）（见《圣所记事》[*Acta Sanctorum*, March 7]）为"后禁欲主义基督教王国中的一朵最美的奇葩。"但她不是一位童贞女子，而是一位怀抱着婴儿的年轻母亲。

28　参阅赖特:《伪经使徒行传》(Wright, *Apocryphal Acts*)。

29　拉姆赛:《罗马帝国时代的教会》(Sir W.M. Ramsay, *The Church in the Roman Empire*, Ch. XVI)。

30　赖特:《伪经使徒行传》(Wright, *Apocryphal Acts*)。

31　亚伯迪亚士:《使徒传》(Abdias, *The History of the Apostles*, Bk. V, Ch IV, et seq.)。

32　见圣 . 安博罗斯:《安博罗斯文集》(St. Ambrose, *Works*, vol III - IV, p.211)。

33　见《圣所记事》(*Acts Sanctorum*, May 12th)。

34　见《法国历史》(*Historia Francorum*, lib. I, Cap. XLII)。

[译者附注：作者可能是 André du Chesne（1584—1640），法国历史和地理学家。]

35　见勒南:《马尔考雷利》(Renan, *Marc-Auréle*, Ch. XV)。

［译者附注：作者 Renan 可能是 Ernest Renan（1823—1892），法国哲学家和东方学家，有许多关于宗教史和道德评论方面的著作。晚年根据历年对旧约和其他有关文件的研究陆续完成了五卷《以色列历史》。］

36　见《圣所记事》（*Acts Sanctorum*, Feb. 25th）。

［译者附注：这一章引援的《圣所记事》就是由比利时耶稣教会开始编辑出版的。书中收集了大量的基督教圣徒的小传和传奇故事，都是没有发表过的手稿，加上许多认真的注释。按日月顺序编写，记录历史上今天发生的有关资料。从 1643 年出版一月记事两卷起，历经波折，至 1902 年，前后 200 多年，共出版了十二个月的记事 63 卷，据大英百科全书说这是第一版。］

37　韦尔特：《法国第一位漫游传道者》（J. von Walter, *Die Ersten Wanderprediger Frankreichs*, Theil Ⅰ）。

38　早期基督教的禁欲主义的力量来自它的自发的和自愿的性质。第九世纪时，英国查理士王朝企图强行实施修道士和牧师的独身生活制度，结果是一场不贞和犯罪事件的大爆发；女修道院变成了妓院，修女常常犯罪杀婴，修道士则被控犯不能言传的种种亵渎神灵罪，有的职业牧师和自己至亲的女性亲属发生乱伦关系。见李：《祭司的独身生活》（Lea, *History of Sacerdotal Celibacy*, Vol. Ⅰ, pp.155 et seq.）。

39　见李：《秘密忏悔史》（Lea, *History of Auricular Confession*, Vol. Ⅱ, p.96 &Ch. ⅩⅦ; Hugh Williams, Edition of Gildas, Part Ⅱ, Appendix 3）。在瓦塞尔殊雷本（Wasserschleben）的《忏悔条例》（*Bussordnungen*）中转载了主要的忏悔规则。

40　见上注所引李书，vol. Ⅱ，p.171。

41　舒尔茨：《唱情歌时代的娴雅生活》（Schultz, *Das Hötische Leben zur Zeit der Minnesänger*, Vol.i, p.595）。杜富尔：《娼妓史》（Dufour, *Histoire de la Prostitution*, Vol.Ⅴ, p.272）。克劳斯：《人的病理生长》（Krauss, *Anthropophyteia*, Vol. Ⅲ, p.247）。

42　布尔查德：《日记》（Burchard, *Diarium*, Vol. Ⅱ,p.79）。

43　瑟南古：《论爱情》（Senancour, *De l'Amour*, Vol. Ⅱ, p.233）。伊斯兰教在贞操上施加的压力比基督教小得多，但实际上，在回教的管制下比在基督教的管制下对贞操常常更加重视。在这方面，一位“旅行者”说，先前在土耳其穆斯林管制下，在波斯尼亚不可能买到女子的童贞，但现在在基督教的管制下的奥地利，在靠近奥地利边境的地方到处都买得到女人。见《半月评论》（*Fortnightly Review*, Dec. 1908）

44　这种情绪的根据由于一些学者的指正而加强了，这些学者说，身体或身体层面上的“贞洁”美德是一个用错了名字的假货。在早期雅利安文化的民族中，保持贞洁的意思最初似乎绝不意味着他们发誓要保持贞洁，而只是表示他们拒绝接受家族裁可的婚姻束缚。这种宁愿置身婚姻之外的女子就是贞洁的贞女，尽管她们已经育有一大群子女。埃斯奇勒斯（Aeschylus）说神话中亚马孙族（Amazons）的女子为“贞女”，而在希腊，未婚女子的孩子永远被称为“贞女的孩子”。传说中的希腊最原始的众神中的女神阿耳忒弥斯（Artemis）的故事就持这种见解。她开始获得贞洁之名就是因为拒绝结婚，成为游牧的母系狩猎民族的女神，这个民族还没有采纳婚姻制度，而她则成了生育的女神。大家以阳具的象征和狂欢舞蹈来礼拜她。后来阿耳忒弥斯又转变成贞操的女神。（法内尔：《希腊城邦的祭礼》（Farnell, *Cults of the Greek States*,Vol. Ⅱ, pp.442 et seq.）；拉姆赛：《小亚细亚古国弗里加的城市 》（Sir W.M. Ramsay, *Cities of Phrygia*, Vol.Ⅰ, p.96）；拉法格：“历史的神话”（Paul Lafargue, Les Mythes Historiques, 载 *Revue des Idées*, Des., 1904））

45　梅里美文见《两个世界的评论》（Mérimée, *Revue des Deux Mondes*, April 1896）。

46　保罗：《过高评价童贞》（Dr. H. Paul, *“Die Überschätzung der Jungfernschaft”*, 载 *Geschlecht und Gesellschaft*, Bd.Ⅱ, p.14, 1907）。

47　埃哈德：《性和社会》（F. Erhard, *Geschlecht und Gesellschaft*, Bdi, p.408）

48　弗洛伊德文见《性的问题》（Freud, *Sexual-Problem*, March 1908）。

49　瑟南古：《论爱情》（Senancour, *De l’Amour*, Vol. Ⅰ, p.285）。

50　见亚里士多德：《尼各马科伦理学》（Aristotle, *Nicomachean Ethics*, Bk.Ⅲ, Ch.XIII）。

51　圣·奥古斯丁《神的城市》（St. Augustine, *De Civitata Dei*, Lib. xv,Cap.xx）。接下来（Lib. xvi, Cap. XXV）他谈到亚伯拉罕（Abraham）能够对所有的女人尽男人之用，他的妻子忍耐了，他的妾则抱怨不已，这两人都是不知节制。

52　阿奎那：《神学大全》（Thomas Aquinas, *Summa Theologiae*, Migne's Edition, Vol. Ⅲ, qu. 154, Art Ⅰ）。

53　见本《研究录》第一辑“羞涩的研究”。

54　黑尔帕赫：《神经衰弱和文化》（Hellpách, *Nervosität und Kultur*, p.175），书中尖锐地批评了现代的生活，说大部分讲究贞洁的年轻人之所以守贞是基于传统的原则，害羞，害怕染上梅毒，缺乏自信，缺钱，至于为未来的妻子守贞的则绝无仅有，如果真有这种人那才叫人哭笑不得。因为一个女子并不看重男子的阳具是否完整没有被人触动过。其次，他又补充说，贞洁的男人无能去挑选自己的妻子，而恰恰就是在教师和牧师这样一层最讲究贞洁的人中，铸成了种种最不幸的婚姻。弥尔顿（Milton）就是以这类事实为论据主张要给离婚提供方便。

55　这个说法可能与佛教有些渊源，佛家认为人的眼，耳，鼻，舌，身，意为六根，与色，声，香，味，触，法六尘相通，产生种种欲望。而六根是罪孽的根源，所以提倡六根清净。阿含经中说：“有龟被野干所包，藏六而不出，野干怒而舍去。佛告诸比丘，当如龟藏六，自藏六根，魔不得便。”佛家提倡的这种龟藏六的贞洁是根本否定恋爱的。——译者

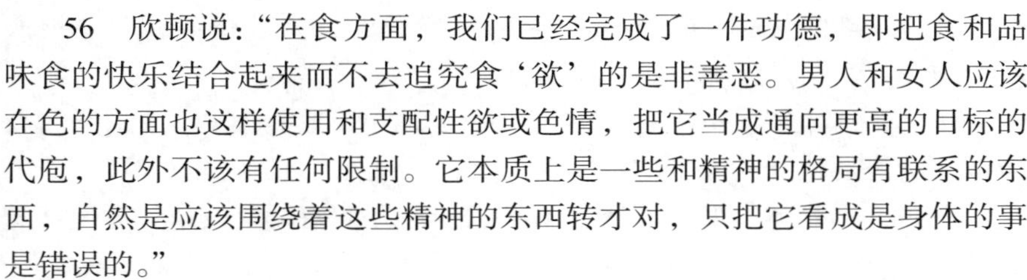

56　欣顿说：“在食方面，我们已经完成了一件功德，即把食和品味食的快乐结合起来而不去追究食‘欲’的是非善恶。男人和女人应该在色的方面也这样使用和支配性欲或色情，把它当成通向更高的目标的代庖，此外不该有任何限制。它本质上是一些和精神的格局有联系的东西，自然是应该围绕着这些精神的东西转才对，只把它看成是身体的事是错误的。”

57　见本《研究录》第三辑《性冲动的分析》和附录《未开化的人的性本能》。

58　我在别处更详细地讨论过现代文明生活中需要自然的和真诚的禁欲主义［见《誓言》（*Affirmation*, 1898）一书中《弗朗西斯和其他人》（“St. Francis and Others”）］。

59　尼采：《权力意志》（Nietzsche, *Der Wille zur Macht*, p.392）。

60　门亚戈：《过分重视身体的贞洁》（Hans Menjago, “Die Ueberschätzung der Physischen Reinheit”，载 *Geschlecht und Gesellschaft*, Vol. ii, Part Ⅷ）。

61 赫勒:《国民小学校的任务》(K. Höller, " Die Aufgabe de Volkschule", 载 *Sexualpädagogik*, p.70)。

62 赫勒: 同上, p.102。

63 戈蒂埃:《从属于道德和不从属于习惯》(Jule de Gaultier, *La Dépendance de la Morale et l'lndépendance des Moeurs*, p.153)。

64 韦尔斯:《现代乌托邦》(H.G.Wells, *A Modern Utopia*)。

65 卡彭特:《爱的成年》(Edward Carpenter, *Love's Coming of Ages*, p.11)。

66 同上引书。

67 莫扎特二十五岁时已经创作了大量的佳作，那一年他在给朋友的信中写道，他虽然渴望爱情和婚姻，但从未碰过一位女子。他无法结婚，他不想去勾引一位天真的女子，他一尘不染，连可饶恕的轻罪都不愿沾边。

68 杜尔茜内娅（Dulcinea）是堂·吉诃德为其幻梦中的情人取的名字。——译者

69 瑞普玛尔:《天才进化史》(Reibmayr, *Die Entwicklungsgeschicht des Talentes und Genies*, Bd.i,p.437)。

70 卡莱尔（Alexander Carlyle，1722—1805），苏格兰的一位被人奉为神的神学家，牧师。——译者

71 我们可以做一个总的结论，一个几乎不必重复再说的老观念，所谓冰清玉洁或守身如玉的童贞或处女，就是保持处女膜的完整，因为这仅仅是一个身体的形态性质，不必然和伦理道德发生关系。对于女子的童贞的索求，通常出于两种考虑，一种是索求价值更高的商品，一种是对男子性欲的更强烈的刺激。童贞对于持有者来说不包括道德的性质。另一方面，贞洁和禁欲主义是精神对于精神本身的盘诘或精神对于身体的控制。除此之外，讲究贞操和禁欲主义则毫无意义。

72 西奇威克:《伦理学的方法》(Sidgwick, *Methods of Ethics*, Bk. Ⅲ, Ch. Ⅸ)，接下去的一段引文见同书，Bk.Ⅲ, Ch.Ⅸ。

73 冒尔:《难以驾驭的性情绪》(Moll, *Konträre Sexualempf-indung*, Third Edition, 1899)。

第六章　禁欲问题

传统的影响——神学的欲的观念——这些影响趋向贬低性的道德——它们的后果是制造出性的禁欲问题——反对性的禁欲——性的禁欲和天才——妇女的性的禁欲——提倡性的禁欲者——中间的态度——所有讨论都不令人满意——对性的禁欲观念的批评——性的禁欲和禁食的对比——没有全盘的可比性——性的禁欲的道德完全是消极的——建议婚外性交是医生的责任吗？——赞同和否定这种责任的人各执己见——反对这类建议的结论——医生囿于所处时代的社会和道德的观念——作为改革者的医生——性的禁欲和性的卫生——酒——身心锻炼的作用——在这个领域里性的卫生处理不当的问题——性的禁欲观念的虚幻性质——用更积极的理想替代它的必要性。

如果我们用完全抽象的或者甚至用纯粹生物学的观点来看待这个问题，先前我们在判断禁欲主义和贞操对于个人的生活具有很高的价值时说过的话，似乎可以说全都是不得不说的。但是，实际并非如此。读到下文我们很快就会察觉到，在实际应用性心理学的每一个问题上，沿着生物学的路线，抽象地判断行为的是非，理由都不够充分。我们必须协调我们个人的需要和社会的需要，对两者都有所交代和成全。我们不仅受自然本能的支配，同时也受制于世代因袭的种种传统，它们源远流长，早就深入人心甚至降至今日，仅仅是它们存在的事实就会继续发挥出我们不可能也不应该忽视的力量。

在讨论性冲动的估价时我们发现，我们完全有根据对恋爱做很高的评价。在讨论贞操和禁欲主义时我们又发现，它们也具有很高的价值。我们看到，这里没有任何矛盾，恋爱和贞操在他们所有最细腻的发育中都是纠缠不清的，这样一来就有了一种表面相反而实际相成的圆满的和谐。但是当我们把它们应用于分析某个具体的人的问题而加以仔细推敲的时候，我们就会看到有一个新的因素横空而出。我们会发现因袭下来的社会的和宗教的传统使出全部的力量一边倒地压下来，使我们不可能简单地在生物学和理性的基础上处理好恋爱和贞操的关系。我们一开始就受迫于各种传统的压力。一方面，这些传统认为“性欲”这个字眼就是指婚外的所有性冲动的表现，包括不想结婚而打扮浮华的现象在内，于是“欲”就带上了罪孽的贬义。另一方面，这些传统又造出一个“性的禁欲”的问题来。而它和我们前文中界定的禁欲主义或贞操又没有一点关系，它是一个对于性冲动的纯粹消极的压力，一种不顾当事者个人的愿望而由他的宗教的和社会的环境施加的外铄的力量。

“性欲”（lust），或“欲”（libido）的神学概念是从早期基督教的“肉”（the flesh）的概念推理得来的，一旦牢固地确立之后就势所必然地也把它当成了一种罪孽。实际上早期基督教的理想不但低估了性欲本身的价值，而且倾向于全面轻视性关系的尊

严。如果一个男子于婚姻之外拈花惹草，在性方面接近一位女子，于是他就把她带进了“性欲”的被人鄙视的圈子里，伤害了她，因为他败坏了她的宗教和道德的价值[1]。他要弥补这种行为带来的损害唯一的办法就是付给她一笔钱，或者与她结婚，这可是一桩被迫的因此很有可能是不幸的婚姻。就是说，根据教会的传统，性关系或性交是建立在金钱的基础上的，和卖淫是等列的。教会出于善意，本想支持在禁欲主义基础上发展出来的神学的道德观念，却在实际上釜底抽薪把它原本奉为神圣的这种形态的性关系给损坏了。

罗马教皇格列高利一世（Gregory the Great）下令，诱奸贞女者必须娶她为妻，如果拒绝，则严刑体罚，关进修道院去苦修忏悔。按照教会的其他律条，诱奸贞女者，虽然民事法庭认为他没有责任，仍然必须娶她为妻，或者替她找一位丈夫和为她提供一笔嫁妆。这类律条有它好的一面，在诱奸其实本属骗奸的情况下，它们显得特别公平。但是它们在实行上主要的倾向是将所有性道德的问题都从属于金钱的问题，用钱来摆平。给女子的赔款所以是必须的原因，主要是因为根据教会对欲的观念，她的价值因接触欲而被贬低了，赔款也可以说是赎罪的意思。阿奎那（Aquinas）极力主张，性欲，哪怕只有一星半点，都是道德上的罪过，许多有影响力的神学家都采纳类似的或完全相同的死板的见解。但是，有几位神学家却认为，在这些事情上可能有些取乐的举止没有道德的罪过，例如，有人主张轻轻地摸摸手，有些温柔的快活感觉之类，只要没有因此唤起性欲或性感就不算道德上的罪过。但是，另外又有几位神学家认为这种区分是做不到的，因而主张一切诸如此类的快活都是有罪过的。桑切斯（Tomás

Sanchez）用了很长一段时间致力于建立一些律条，把这类一团乱麻似的调情引起的快活问题梳理清楚，区别对待，但他最后不得不勉强承认，这是根本做不到的，他还说这类事情必须交由一位谨言慎行的人去裁断。在这个问题上引经据典的诡辩破产了，现代的见解接着兴起[2]。

甚至降至今日，教会的古老传统的影响仍然不知不觉地残留在我们当中。就宗教的传教士而言这是当然的，但是，连盛行基督新教的国家里的研究科学的人中，也还有保守这类见解的。结果，甚至在同一位作家的著作中，我们都能发现一些完全矛盾的教条并行不悖。一方面，大力谴责性冲动的各种表现，认为它们是既不必要又兼邪恶；另一方面，对于结婚（无论说它是什么东西）这种性冲动的基本表现，不但接受，还同样用大力赞许，认为这是唯一正当和道德的生活方式[3]。这当然不是什么别的东西而是古代因袭下来的神学的"欲"的观念残存的深入腠理的影响，在医生中，对于性的禁欲的问题，意见严重分歧，否则各自表述自己的意见言辞也不必那么尖刻，这种情况我们也必须主要归诸这种传统的影响。

我们看到，一方面坚持的意见是强调性交的必要，认为不实行有规律的性交就不能维持健康。

伟大的希波克拉底（Hippocrates）在他的《论关节》[4]一书中有一段话说："身体的所有部分或器官的发生都有一定的功用，只有成就其功用和在它们习惯的职务中有相当的运用，才能保持身体健康和享有发育良好和青春常在的快乐。"这段话是这类主张的经典表述，所有反对性绝欲的人都一直采用各种各样形式加以宣导。降至十六世纪基督新教流行的时候，我们看到，路德

（Luther）在反叛天主教的斗争中也有几分反对性绝欲的教旨的表现。他在他的《小酌酒巡闲话》（*Table Talk*）一书中说道："一个人没有因为节欲得到什么好处，他就不会用斋戒和彻夜不眠之类的方法保持贞洁。就我自己来说，我从未过度地折磨过自己，（虽然他在别处又说他曾经有过欲火如焚的苦恼），但是我越实行苦身修行就越觉得欲火炽烈。"三百年后，基督新教的一个不同的教派出了一个名叫倍倍尔（Bebel）的自称十九世纪的路德的人，他对性的禁欲持同样态度。与此同时，作为医生和哲学家的欣顿（Hinton）生活在一个性观念因循守旧既顽固又假撇清的国家，他看到自己周围的人因此遭受的种种痛苦而深表同情，当他抨击性的禁欲的教旨时就会慷慨激昂冷嘲热讽。他说："对无数的不幸和灾难——可怕的毁灭，疯癫，甚至生命崩溃——都可以用男女的拥抱来防止和矫正，把它当作避祸消灾的药。没有一个人会对此提出质疑。对付可怕的灾祸，心旷神怡是好药！一个人如果选择糊里糊涂混过一生，他一定会说'好，就算那是药吧，但我不可以用它，我必须固守贞洁，做一个品德高尚的人'！"

如果我们把眼光限制在现代很精确的医学的言论范围，我们会在舒里希（Schurig）的《精子学》一书中，不仅能看到经过一些著名的权威专家证明了的，适度的性交有益于缓解许多疾病的讨论，他还列举了许多由性的禁欲造成的疾病——包括厌食（Anorexia），疯狂（Insanity），阳痿或性无能（Impotence），癫痫（Epilepsy）等等[5]。这种认为性的禁欲可能有害的极端见解似乎属于文艺复兴时代医学的传统，由于宗教和科学之间的某种对抗而变得更加僵硬。到了十九世纪早期，拉勒曼德（Lallemand）在这方面还说得振振有词。后来，医学界对于性的禁欲造成的恶果的说辞虽然有时很张扬，但总体上逐渐有所节制和慎重起来。譬如久尔科维奇（Gyurkovechky）就认为，禁欲可能造成的这些后果和纵欲造成的后果一样严重。克拉夫脱-埃宾（Krafft-Ebing）指出，性绝欲可能导致普通的神经兴奋[6]。施伦克-诺青（Schrenck-Notzing）认为性的禁欲是造成极端的性感觉过敏（Sexual Hyperesthesia）和各种怪癖的原因[7]。他记录了一位三十六岁的男子的情况，这位男子儿童时期曾经有过比较有节制的手淫，但二十年前就基于道德上的顾忌而彻底戒除了，而且也从未有过性交，很自豪地以一位贞洁的男子的身份进入婚姻，但现在已经有好几年苦于极度的性感觉过敏，虽然下了很大的决心不再手淫，也不做不正当的性交，但又拘牵于性的题目摆脱不掉。另一个例子是生气蓬勃的健康的男子，没有性逆转或同性恋（Inverted）的问题，而且有强烈的性欲，他婚前一直过着禁欲的生活，结婚后因心理性的性无能而烦恼。他的妻子虽对她百般抚爱用情，结果依然无济于事，到现在还是一个贞女。奥德（Ord）认为，性的禁欲可能引起许多小毛病。他在一篇论文中写道："我们许多做医生的人，都接待过一些来咨询就医的男子，他们的行为固守贞洁无可挑剔，就是苦于性欲猛烈刺激的折磨。他们都对医生说，局部的长时间的兴奋，接着肌肉极度疲劳，或者背部和腿部剧烈疼痛。有些患者对我诉苦说，他们的腿部肿胀僵硬，关节疼，特别是膝关节。"[8]奥氏还举了一个男子的例子，他过了很长一段时间保持贞洁的生活之后罹患了膝关节炎，结婚之后就痊愈了。还可以补充说一点，古尔德（Pearce Gould）发现，"性欲过分克制得不到适当的满足"是急性睾丸炎（Orchitis）的原因之一。雷蒙迪诺（Remondino）记录过一个例子，是一位

年近七十的绅士，他在妻子长期患病因而久旷期间，由于常常出现严重的阴茎勃起异常（Priapism）苦不堪言而患上了失眠症（Insomnia）。他很肯定他的烦恼不是由于性欲节制，但多方治疗也都无效，也没有出现自动遗精的现象。最后雷氏建议他去，用他的话说“仿效所罗门”（Imitate Solomon）。他照办之后，所有病象立即消失了[9]。这个例子特别有趣，因为这些病症都和性欲的自觉意识没有丝毫瓜葛。现在认为性的禁欲会招致疯狂的人不很多了，偶尔有几个例子，几位年轻的女子，强烈的性欲长期得不到满足之后发疯了，一经推敲往往发现她们都有一些遗传性的退化的基础。但是，许多权威人士还是常常坚持把一些病症不太明确的轻微的精神上的小毛病，比如神经衰弱（Neurasthenia）和癔症（Hysteria），归咎于性的禁欲。弗洛伊德（Freud）[10]仔细研究过焦虑性的精神病（Angstneurosis），患者终日焦虑，抑郁在心。他发现这的确是性的禁欲招来的病患。

斯德哥尔摩的尼斯特伦（Nyström of Stockholm）曾经详细地全盘讨论过禁欲的问题。他在《性生活及其规则》一书中做结论说，最好把节制性欲的时间尽可能保持得长久一些，以便强身健体和修养身心。但是，他又认为终生实行性的禁欲的教条是完全错误的，少数几个宗教人士和哲学家只是例外。年复一年地长期坚持完全禁欲的生活不免会引起身心两方面的某些严重的后果。当然，年轻人应该尽可能长期地抑制他的性冲动，避免接触人为的可以刺激性欲的行为。但是，如果他这样做了之后，依然有正常的性欲得不到满足的苦恼，而且知道又不能按他的意思在恰当的时期内结婚。这时，如果他和一位女友相互体谅理解，发生性关系，暂时同居。就是说，他应该光明正大地从事，避免生孩子，除非对方很想做母亲而他也准备负担起做父亲的一切责任，这样，没有人敢说他的举止是造孽犯罪[11]。尼氏在稍后的一篇文稿中把他的见解做了一个总述。他把禁欲造成的后果归总起来，诸如：睾丸炎，时常自动遗精，阳痿或性能不足，神经衰弱，抑郁症和许多病象模糊的神经性的毛病，包括工作能力减退，生活兴趣萎缩，失眠，神经过敏，以及性欲痴心和性幻想等等。尤其是高度的性过敏，在几乎毫不相干的场合，例如瞧某位迷人的女子一眼，或者在一般的社交场合和她有点来往，或者看到有裸体人物的绘画等等，居然也会阴茎勃起甚至射精。尼氏曾经有机会研究和记录了九十个例子，他们都表现出这些病态和类似的一些病象，他相信这些都是禁欲的后果。他曾经把其中几个例子的情况写成论文发表出来[12]。不妨补充说一点，罗勒德（Rohleder）针对这些例子提出过批评，他怀疑其中没有一例是确凿可信的。罗氏认为，性的禁欲的恶果都不是永久性的疾病，也不可能因此产生解剖学方面的病理学病变（例如睾丸炎）。但是他觉得，即使是不完全的暂时的性的禁欲也会造成一些相当严重的后果，特别是各种神经衰弱方面的毛病，例如神经过敏，焦虑，抑郁，不愿工作；昼间遗精（Diurnal Emissons），早泄（Premature Ejaculations）甚至有近乎翾狂或求雌癖（Satyriasis）的病态等等；而在女子一方则有癔症，癔症性癫痫（Hystro-Epilepsy）以及花痴或慕男狂（Nymphomania）的病象；但是他相信所有这些症候在停止禁欲后都可以治愈[13]。

许多支持性的禁欲的人都拿一些大人物做招牌，表明绝欲的重要性，这些天才人物显然都是终生克己禁欲的。这肯定是真的事实（前文我们已经举了几个例子）。但是，不能用这种事实来立论，在普通人中间宣扬性的禁欲有这样那样的好处。司科特（J.F. Scott）举出耶稣（Jesus）、牛顿（Newton）、贝多芬（Beethove）和康德（Kant）等人做例子，说他们“终身固守贞洁地过着独身的生活，都是一些朝气蓬勃思想敏锐的人。”不过，也不能说斯科特医生从人类天才历史中挑出这四位人物作为终生禁欲的例子很得当。我们一点都不知道耶稣的准确的情况，比内-桑格莱（Binet-Sanglé）教授根据自己对四福音书中耶稣的生平的仔细研究，写了一部名为“耶稣的精神错乱”（*Folie de Jesus*）的书。即使我们不承认比内教授对耶稣的诊断，也还有许多理由解释为什么我们不应该强调他的性的禁欲的榜样；牛顿，除了在一个特殊的领域里有天赋的惊人的奇才之外，并非一个没有缺陷的完人，暮年的情况近乎精神错乱；贝多芬完全是一个病人，身心都不健全，他一生郁郁寡欢；康德从出生到去世一辈子都是一个弱不禁风的病人。或许很难找到一个健康的正常人会在这四个人中挑选一个做榜样自愿去过他们的那种生活，即使把他们的名声当作奖品恐怕也未必肯干。戈弗雷（J.A. Godfrey）对于性的禁欲对精神力量平常的人是否有利的问题做过一番详细的讨论，结论是否定的，而且他说，我们不能拿偶尔出现的几个天才人物实行的性的禁欲的事来辩解，他们的身心构造多半有些不正常，体格也比一般正常人发育的差[14]。还可以再加上一句，性的禁欲往往不是一种吉兆，甚至对于智力超常的人来说也不好。弗洛伊德说：“我一直不觉得性的禁欲，对于精力充沛的特立独行的人或富于创新的思想家，对于勇敢的救世者或改革家来说有什么益处。一个人的性行为常常是他在世上为人处事的整套方法的象征。我们可以相信，一个人能够精力旺盛地把握住自己的性欲的

目标，就表示他在为达到其他目标而奋斗时也会发挥同样收放自如的力量。”[15]

许多人，虽然不是所有人，对长期的性的禁欲无害的说法表示反对。他们认为妇女也不宜长期禁欲。有些权威人士认为，不论是否意识到性欲的出现，女子都比男子更难忍耐性的禁欲的煎熬[16]。

卡巴尼斯（Cabanis）1802年在他的著名的先锋性的作品《对身心的鉴定报告》中说，女子不但对过度性交比男子更容易支持，而且对缺少性生活比男子更难忍耐[17]。勒文菲尔德（Löwenfeld）是当今一位细心的有经验的观察家，他在《论性生活与神经疾病》一书中一面不认为正常的女子比男子更难于忍耐性的禁欲，一面又补充说有神经病患倾向的女子是例外。她们会因为性冲动得不到满足而更加痛苦，在不可能性交的时候或者实行手淫或者出现癔症的神经衰弱的症状[18]。布施（Busch）在《妇女的性生活》一书中说，妇女和男人比较起来，不但身体器官的性功能的发挥要强大一些，而且性的禁欲的恶果也见得更加显著[19]。布罗迪（Sir Benjamin Brodie）爵士很久以前就说过，对妇女来说，禁欲的害处可能比纵欲更大。降至近日，哈默（Hammer）还说，为健康起见，性禁欲的建议对女子比男子要少提为妙[20]。尼斯特伦也有同样的意见，虽然他认为女子对性禁欲的忍耐程度比男子强，他在《性生活及其规则》一书中用了一节文字对这个特殊的问题做了一番详细的讨论。他同意厄尔布（Erb）的经验之谈，认为许多品格高尚心地善良而思想卓绝的女子过着守身如玉的生活，她们因为性禁欲而多多少少都有一点毛病；这种情况在和性能不足的男子结婚的女子中尤其多。虽然这些例子在三十岁以后

才比较多见，尼斯特伦说，妇女肯定了解她们的性的需要。

有许多女子，身体健康，操守贞洁，性情温良，有时候会感觉一种强烈的性欲冲动，以至于她们不由自主地冲到大街上勾引他们第一个碰上的男子。有不少女子，多半家世清白，和一些萍水相逢的男人略有交往，还不熟悉就以身相许。劳斯（Routh）记录过一些这类例子，[21]很多男子有时也碰到过这种女人。当一位品格高尚的女子，她的强烈的性欲长期受到不解的性饥渴的煎熬，特别是加上对某一位确定的人士的爱慕，就会在身心两个方面造成一连串的毛病。许多著名的医生都记录过这类例子，结果往往是，当她们的性欲得到满足，一切就都恢复正常。洛维尔涅（Lauvergne）很久以前描写过一个例子。布拉谢（Brachet）也详细报道过这方面的一个很典型的例子，[22]格里辛格（Griesinger）把它收进他的经典著作《精神病理学》（*Mental Pathology*）中。这个例子是一位健康的已婚女士，二十六岁，育有三个孩子。一位上门造访的熟人使她恋慕不已，但她坚强地抵抗住这种诱惑，把由他唤起的热烈的情欲埋在心里。慢慢地身心两方面都出现一些严重的病象，逐渐发展成似乎痨瘵的症候。她到法国南部待了六个月也未见好转，身心憔悴如故，回家后更是每况愈下。后来他再次见到这位她爱慕的对象，屈从了，抛夫弃子和他私奔了。六个月后她居然变成认不得的另外一个人了；美丽，盛颜，丰满，痨损消瘦的病态一扫而光。维也纳的勒德雷尔（Camill Lederer of Vienna）记录了另一个有些类似的例子。这是一位寡妇，在丈夫死后几个月开始咳嗽，有支气管炎症状，但没有明确的肺部病患的症候。异地疗养也无济于事，治不好。两年后，经检查肺部没有发现任何病症，但咳嗽还在继续，后来她再婚了，

婚后不过短短几周所有病象就都消失了。而她也清丽健康，像换了一个人一样。[23]

从许多著名的妇科医生记录的案例中，可以看出他们认为性欲的满足是医治妇女性系统的诸多疾病的良药，而禁欲则是导致这类疾病的因由。邓肯（Matthews Duncan）说过，性欲的满足是治疗闭经（Amenorrhoea）的唯一良方；他说过："我知道的唯一的通经药就是性欲兴奋，这在药典里是查不到的。性欲兴奋的价值毫无疑问。"[24]安斯蒂（Anstie）在他所著的《神经痛》（*Neuralgia*）一书中提到性交对痛经（Dysmenorrhoea）的治疗有效，他认为，有痛经症候的妇女在结婚后，特别是生孩子之后，由于必要的性功能的圆满发挥，都有很显著的缓解。有一点要注意的是，不是所有的权威人士都认为结婚有益于缓解痛经，有些人甚至认为病痛反而因此加重了；例如，葛克（Wythe Cook）就有此一说[25]。著名妇科专家悌尔德（Tilt）[26]在若干年前就坚持认为性的禁欲是造成卵巢过敏（Ovarian Irritation）的原因，也许还是造成亚急性的卵巢炎（Subacute Ovaritis）的原因。他又注意到在年轻的寡妇和禁闭在感化院中的妓女的身上这种问题表现得尤其突出。他指出，强烈的欲望使器官运动，好像这些器官非要满足这个欲望不可。这些如焚的欲火，只有得到适当的满足才能平息或者解除，如果用带有色情挑逗味道的语言，书刊，图像，音乐等去刺激她，这会比在社交场合和男人交往的刺激还要强烈，但它们这样引起的性兴奋不是靠自然的虚脱解欲，接下来就会出现有关器官部位的生理肿胀。悌尔德还提到在动物身上观察到的精神刺激对于卵巢-子宫器官的成形力量的影响，然后他继续说道："我可以相当有把握地从这些生物学的事实推断，对

于女性的心理实行类似的性煽动，对于她们的与排卵相关的器官同样会产生刺激性的作用。我常常见到妇女在男子求爱调情期间有月经不调的，月经血量过多的，以及月经前兆不正常的，所有这类毛病此前她从来都没有发生过，也拖延了对慢性卵巢炎和子宫炎的治疗过程。”辛辛那提的博尼费尔德（Bonnifield of Cincinnati）认为性欲得不到满足是卡他性子宫内膜炎（Catarrhal Endometrities）的一个重要原因[27]。众所周知，子宫纤维样病变（Uterine Fibroids）和性器官的活动有明确的关系，性绝欲，特别是长期不孕是这种病例的重要的原因。这在茄埃尔士（A. E. Giles）对一百五十名患者的分析中有清楚的说明。有多达五十六名病例，超过三分之一，是未婚的妇女，年龄都在三十开外。在九十四名已婚的妇女中，三十四位从未怀过孕；在怀过孕的那些位妇女中又有三十六位已经至少有十年以上没有再次怀孕了。这样算下来，84% 的例子或者是从未怀孕，或者一度怀孕之后又至少有十年未孕了。因此，很显然，性功能得不到施展，这些人无论是实行绝育或仍然有性交活动，性功能得不到发挥是造成子宫纤维瘤（Uterine Fibroid Tumors）的重要原因[28]。维多利亚的鲍尔斯-黑德利（Balls-Headley of Victoria）认为，性欲得不到满足是妇女性器官的很多很多病患的一个成因。他在一封私人的信件中写道：“我有二十年的专门的妇科医学实践的经历，亲自做过七千例十分仔细的病情记录。我根据这些经验认为，正常的妇女在性方面形态都是很好的，她的性的情绪必须得到满足，目标都指向生儿育女，但是在文明生活条件的拘束下，特别是在现今文明生活不太正常的条件下，有些妇女的身体器官有遗传性的萎缩，子宫和性情绪都有衰弱的情况；其他一些性器官发育还算良好的

人，性的情绪也都处在受抑制的状态；又还有一些性情绪和性器官的发育两者都很健康，但如果正常的作用受到抑制，一些大大小小的毛病也会随之而起。一位医生把各种各样的先天性的发育状态牢记在心，分别联系到某些情况，如守贞，不生育的婚姻，或者生育的婚姻等等，反复斟酌，就会在医生的脑子里出现有关疾病发生和进程的式样，这时他就不再感到困惑，就像一位科学基础扎实的数学家端详一个圆锥体的切面一样没有什么糊涂难懂的地方。问题是，究竟有没有一大堆的不相干的疾病像过筛子似的抖落到妇女的身上？或者有多少毛病是他们所处的不自然的环境条件必然带给她们的影响，这些情况让人不好捉摸。"[29] 还可以再补充一点，基希（Kisch）在《女子的性生活》（*Sexual Life of Women*）一书中。一面反对把性的禁欲的不良影响估计过高，一面他又认为禁欲可以使妇女不仅罹患许多局部性的疾病，而且还会引起神经的紊乱，臆病，甚至疯癫，而对于神经衰弱的妇女，"有节制的性交具有积极的良好的作用，效果相当显著。"

有一点很重要而必须注意的是，许多坚持认为女子性的禁欲有害是一个重要问题的人，绝不是把这种害处仅仅归诸性欲得不到满足。他们甚至还有人断言女子本人连一丝一毫的自觉的性欲都没有。四十年前睿智的安斯蒂（Anstie）就清楚地指出了这个问题［见上引安氏《神经痛》（*Veuralgia*）］。他说，妇女，"特别是某些终日殚精竭虑，脑子转个不停的女子，或许还要同样算上整天忙忙碌碌手脚不停地活动的女子。她们忘了性功能，而对于这种'忘'又似乎有某种天生的无意识地愤懑的表现。"他又补充说道，"这些女子不用手淫来打发，而是用相当凶猛的精神的和肌肉的经久活动做代价。"安氏发现，有些更糟糕的神经质和精神衰弱的类型的例子，他给它们取了一个专门的术语，叫“脊髓性神经衰弱”（Spinal Irritation），常常伴随着胃过敏（Irritable Stomach）和贫血（Anaemia），结婚后就康复了。他接着说“在独身的女子中这类例子所占的比例很大（很大量的脊髓性神经衰弱的人是这类人），毫无疑问，这种有意识或无意识的兴奋现象都是由于性欲得不到满足而造成和维持的。可以肯定，许多年轻人（特别是女子）受到性器官的兴奋的折磨而没有一星半点的自觉的性欲，显出一副无精打采的愁眉苦脸的样子，却罔知痛苦究竟从何而来，而这些愁苦却使她们丧失了一切主动地打理生计的能力。有一例很奇特的事，一个偶然的机会有人看见姐妹两人，遗传的神经机构类型相同，两人都苦于脊髓性神经衰弱的折磨，很可能还有性功能受压抑的苦恼，但其中的一位头脑纯洁，完全没有意识到她的烦恼的真正的源头。而另一位意识到是性的刺激但苦于不能有效地解欲而更加痛苦。”在这个问题上可以把安斯蒂看作弗洛伊德的先驱。弗洛伊德后来以曲尽其妙的机敏和擘肌分理的明察力量发明了一种学说，解释女子的性本能受压抑后转变成为各种病态的现象。他认为，我们的文明的建立有赖于种种自然的本能，当这些本能受到压抑，就可能伤害到性生活。今天的神经质多半是由此造成的。弗洛伊德有一篇很有启发性的论文，对他在这个问题上的见解有相当透彻简要的叙述，论文的题目是“论‘文明的’性道德和现代的神经质”。论文发表在 1908 年 3 月出版的《性问题》上，后来又在 1909 年出版的弗氏的《神经官能病文集》第二辑中重印[30]。他说，我们具有一种天赋的才能，可以把性的活力升华转化成为其他精神性质上与性有关系但与性不同的活动上去。但是这种升华的过程不可能没有

限制地进行，就像在我们的热机运转中不可能把全部热能转化成机械能一样。对于我们大多数人来说，一定程度的直截了当的性欲的满足是不可或缺的。具体需要到什么程度则因人而异，如果连这一点起码的性满足都放弃了，就会出现我们只能视为病态的情况，这是一种惩罚。在文明的影响下，升华过程往往既导致种种性的变态，也导致一些心理性的神经疾病（Psycho-Neuroses）。弗洛伊德从它们的发生过程中看到这两种情况是密切相关的；它们是一件事情的两极，各种性变态为正极，则心理性神经疾病为负极。他说，常常有这种情况发生，一位兄或弟也许是性变态而他的一位姐或妹却是神经过敏，性的情绪细弱。她的精神病象正是她的兄弟的性变态的转化或变态；有许多家庭，男子道德败坏，女子却纯洁高尚但严重神经过敏。有些妇女，没有性冲动方面的缺陷，但文明的道德压力还是同样加在她们身上，把她们都推向神经过敏的状态。弗洛伊德说，性生活的文明标准对所有的人都一视同仁，这太不公平了。因为，虽然有些人，根据他们身心体制的特征，能轻松地接受这些规范，但是另外一些人的身心体制却很难接受，从而成为这些文明标准的牺牲品。一个未婚的女子，她神经衰弱，无法听从别人的建议用加入婚姻的办法来求得解脱。因为，就算我们无端地强求一位男子去娶一位弱女子为妻，她也必须要有足够的坚强消受得起婚姻的折磨才行。已婚的妇女，当她们经验到婚姻中的种种不快而感觉到受欺骗之后通常也无法得到安慰，除非她放弃贞洁的美德。“她努力接受教育，表现得越是坚强，她就越是完全顺从于文明的要求，更加害怕越轨，在她的欲望和她的责任感之间发生冲突的形势下，她寻求庇护或依托——罹患神经官能症。没有什么东西能够比疾病更加

可靠地保护她的贞操美德了”。弗洛伊德又进一步放眼对狭隘的“文明的”性道德观念对女子的影响做更深入的考察，他发现，这种影响不只是限于造成种种神经性的病态一端；它影响到女子的整个智力和才能。虽然她们对于和性有关的问题很感兴趣，但她们所受到的教育使她们对于这些事情一概拒绝，因为这种教育喋喋不休地给她们灌输一种古老的成见，认为对于这类事情的任何的好奇心都是违背妇道和品性不良的证明。于是她们不敢去想这些事，也不认为有关的知识有什么价值。这种闭心自慎的情绪，就自动和势所必然地从性的领域延伸和扩大开去。弗洛伊德做结论说：“我不相信在智力工作和性的活动之间有任何对立而不能相容的问题，如默比乌斯（Möbius）想象的那样[31]。我认为，许多女子上了必须压制性欲的成见的当而给自己设置了许多思想的障碍，才造成她们智力低下的问题，这是一个不争的事实。”

到了最近几年才有人认识到和敢于面对这个问题，虽然只有孤零零的几位思想家，如欣顿（Hinton）；但他们已经清醒地意识到这种事实的存在；威尔科克斯夫人（Ella Wheeler Wilcox）表示，“固贞守节的愁苦比犯了宗教或道德的不得安心的罪过更加叫人羞愧，因为后者让世人泪流满面，前者却是让世人嘲笑。”黑尔帕赫（Hellpách）几年前曾经写道：“这是我们这个时代的近乎犬儒主义（cynicism）的特点，喋喋不休地讨论娼妓问题，警察怎么控制呀，年龄怎么限制呀，老鸨蓄娼呀，偏偏就把女子灵魂中的道德的挣扎恝置不问，对于她的种种忧心如焚的问题不予回答。”

现在我们来看看另一方面的意见，一些医学方面的作者不仅怀着很大的道德热情主张婚外的性交始终是完全不必要的，而且还更进一步宣称性的禁欲是无害的甚至是有益的。

里宾（Ribbing）是瑞典的一位教授，他在《性的卫生》（*Hygiène Sexuelle*）一书中极力主张婚外性禁欲，并且断言这没有害处。在法国，吉勒（Gilles de la Torurette），费雷（Féré）和奥加尼厄（Augagneur）等人都对此表示同意。在德国，富尔布林格（Fürbringer）主张，性的节制是可能的和必要的，但是他也承认，对有些特殊的例子，这会带来很大的麻烦[32]。奥埃仑堡（Eulenburg）在《性的神经病》（*Sexuale Neuropathie*，p.14）一书中表示他不知道有谁在各方面的生活都调适得当，而只是因为实行性的禁欲就会生病，或更准确地说，患上神经衰弱。勒贝尔（Rebel）写过一部著名的讨论妇女问题的书，黑加尔（Hegar）针对书中提到的一些争论时否认性的禁欲可以导致男子的男鹏狂或慕女狂（satyriasis）或者女子的花痴或慕男狂（nymphomania）。内克（Näcke）常常讨论性的禁欲的问题，他坚持认为，大多数的性的禁欲都不会造成不良的后果，偶尔有几例，情况也很轻微，即使对有先天神经质倾向的人也不可能引起疯癫，倒是和禁欲相对的另一个极端，纵欲和手淫，造成这类严重疾病的可能性要大得多。他还补充说，就他自己观察到的例子而言，精神病院中的病人，几乎没有一位是由于强迫性的性的禁欲而罹病的[33]。

无论如何在英国，性的禁欲作为美德一直被大张旗鼓地加以宣扬，往往粗心大意，不加斟酌。阿克顿（Acton）在他的《生殖器官》（*Reproductive Organs*）一书中对英国的传统见解吹嘘了一番，比尔（Beale）在他的《道德和道德问题》（*Morality and the Moral Question*）一书中也同样大唱赞歌。持有这类相同观点的比较著名的代表人物中有一位名叫佩吉特（Paget）的人，他在一篇题为《性的癔症》（Sexual Hypochondriasis）的演讲中把性交和“偷窃或撒谎”连在一起等列而论。高尔斯（William Gowers）爵士也宣扬“固贞”的益处，作为避免梅毒（Syphilis）的一种办法尤其值得提倡。但是，即使遵照他的药方处置，他也没有抱多大的希望，因为他补充说：“我们想照这个办法使梅毒基本上消灭的希望不大。”但是，他还是提倡和劝诫个人要坚守贞操，他也怀着满腔中世纪修道士的禁欲热忱身体力行。“凭我掌握的一点知识和具有的一点权威能够提供的说服力，我敢断定还没有一个人因为节欲而造成一星半点的坏处或者因为不节欲而活得更好。所有道德败坏的人都来自后者；他们中明显有很多人的身体虚弱；还有为数也不少的人现在或将来一定会把身体弄得像一条遇难的破船，早晚会撞到遍布周围的某处尖峭的礁石，发出声声悲哀的叹息。或者，许多次床上交合中，难免会有一次碰上带毒的脓液，这是再小心也无法避免的。”[34] 在美国和这一样的观点也广为流传，斯科特（J. F. Scott）医生在他的《论性本能》一书中用很大的篇幅竭力主张性的禁欲。他甚至不承认这个问题有两面性，即使摆在眼前也不承认，他这种偏颇之论所耗费的精力和笔墨大可以节省[35]。

在医学界权威人士中，有些人详尽地讨论过性的禁欲的问题，的确很少发现有像我前文引述的那些不经推敲的一面之词。但是，毫无疑问，有很大比例的一部分医生，包括一些杰出的著名的权威专家，当偶然被问到一个涉及性的禁欲是否有害的问题时，就会直截了当地回答说：是的。只有对少数的例子他们在做肯定的回答时要稍加斟酌。圣彼得堡（St. Petersburg）的雅各布松（Ludwig Jacobsohn）医生做过一次问卷调查，足以说明这种趣向。他写信给俄国和德国的二百多位著名的教授，有生理学家，神经学家，精神病学家等等，问他们对性的禁欲无害的见解有何看法。大多数人不予回答；十一位俄国教授和二十八位德国教授回答了，但其中四人只说了一句话，“他们没有亲身的经验，”等于还是没有回答；于是有回答的只剩下三十五人了。其中波恩（Bonn）的白弗吕格尔（E. Pflüger）对一切这类有关绝欲有益的宣传都表示怀疑，他说：“如果世界上所有的权威专家都宣称禁欲无害，也影响不了年轻人，这里起作用的是无坚不摧的力量。”肯定禁欲无害的教授有：克列裴林（Kräpelin），克拉默（Cramer），盖尔特纳尔（Gärtner），吐克切克（Tuczek），萧阿特里乌士（Schottelius），加弗奇（Gaffky），弗因克勒尔（Fomkler），塞勒内夫（Selenew），拉塞尔（Lassar），塞弗尔特（Seifert），格鲁伯尔（Gruber）。但是格鲁伯尔还补充说，据他所知，没有几个年轻人实行禁欲，而他自己则认为只有在身体充分发育之前禁欲才是有益的，而且，即使身体还没有充分发育，适度的性交也没有什么危险。布里格尔（Brieger）知道一些禁欲结果无害的例子，但他无法提出一个概括性的意见。居尔詹森（Jürgensen）说，绝欲本身是无害的，但对于有些例子来说，性交会发挥更有益的作用。霍夫曼（Hoffmann）说，绝欲是无害的，同时又补充说，但它肯定会导致手淫，这虽然不好，但还是不难控制，总比患淋病（gonorrhœa）好，更不用说比患梅毒好的话了。斯特吕裴尔（Strümpell）的回答说性禁欲是无害的，而且还间接有助于避免罹患性病的危险，但是正常的性交总是更称心如意。汉森（Hensen）说，不会无条件地赞同禁欲。陆姆白弗（Rumpf）回答说，禁欲对于大多数三十岁以前

的人来说是无害的，但三十岁以后，则有引起种种精神强迫症（mental obsession）的倾向，而结婚的年龄也许以二十五岁为宜。雷登（Leyden）也认为三十岁以前禁欲无害，三十岁以后，禁欲会引起各种精神反常（psychic anomaly），特别是焦虑和某种矫饰（affectation）。海因（Hein）的回答是，禁欲对大多人来说无害，但对有些人则可能由此导致手淫而间接造成一些恶果。但话又说回来，对于正常的人，禁欲并没有什么直接的益处，因为性交是自然的。格吕兹纳尔（Grützner）认为，禁欲基本上是无害的。尼雪达（Nescheda）说，它本身是无害的，但是如果它导向各种类型的不自然的嗜好则是有害的。奈塞尔（Neisser）觉得禁欲的期限比平常延长一些有好处，但他承认我们的文明对性有种种刺激作用；他还补充说，他知道性交对人的健康当然没有害处。奥殊（Hoche）回答说，对正常人来说，禁欲是完全无害的，但对不正常的人来说就不一定是这样了。韦伯尔（Weber）认为，它有增强意志力的作用。塔诺夫斯基（Tarnowsky）说，成年男子早期禁欲好，但在二十五岁以后禁欲就可能没有什么益处了。奥尔罗夫（Orlow）的回答是，禁欲无害，尤其是青年时代，男子应该和他们的妻子一样保持贞节。波波夫（Popow）说，禁欲对所有年龄段的人都是无害的，因为它能养精蓄锐。布鲁门诺（Blumenau）说，对成年人来说，禁欲既不正常也没有益处，虽然一般不会造成神经紊乱，但通常会导致手淫；不过他又说即使手淫也比染上梅毒好。瞿礼夫（Tschiriew）说，在他看来，三十岁以前禁欲是无害的，而且性衰弱的现象很可能是纵欲过度而不是禁欲造成的。瞿虚（Tschish）认为，二十五岁或二十八岁以前禁欲有益无害，但由此往后就很难说了，这时候禁欲似乎会

引起神经活动的改变。达克殊威兹（Darkschwitcz）认为禁欲在二十五岁以前无害。弗伦克尔（Fränkel）说，它对大多数人无害，但是，对有很大比例数的一批人来说性交是必需的。雅格布松认为厄尔布（Erb）的意见是独树一帜的；厄氏认为二十岁以下禁欲无害，但二十岁以后它有害健康，严重地阻碍工作和才能的发挥，而对于神经过敏的人还会造成更严重的后果。雅格布松做结论说，总起来看这份问卷调查的答复意见可以这样表述："年轻人应该禁欲。禁欲对他们不会有丝毫的伤害，相反，它是一桩有益的事。如果我们的年轻人愿意保持禁欲，避免婚外的性交，他们就会维持一种高尚的恋爱的理想，也使他们可以避免染上各种花柳病。"[36]

1906 年美国医学协会通过一个决议，同样肯定性的禁欲无害。会议正式发表的声明这样写道："节欲和健康不是不相容的。"我们应该大体认识到，这类抽象的话是没有价值的，因为它空洞无物。每一位心智健全的人，被要求对这一声明清楚地表态是肯定或是否定时，他注定只能表示肯定。他可能坚信节欲和多数人的健康是不相容的，而长期节欲和任何人的健康都是不相容的，但是，如果他说话行文堂堂正正，不舞文弄墨，他就不可能否定这个模糊的抽象的话，"节欲和健康不是不相容的"。因此，这种话不但没有价值而且实际上还在把人引向歧途。

显然，有一些作家，他们的比较极端、没有经过推敲的支持性的禁欲的意见，不是根据医学的知识，而是出于弘扬道德的考虑提出来的。此外，同样是这些作家却强调婚姻内的性交是有益的。很清楚，他们使自己陷入了矛盾的境地。内克（Näcke）就正确地指出，同样是性交，不可能根据它是在婚内或婚外履行来判定它的善恶好坏。婚礼中牧师或政府官员说几句裁可的话没有这种施魔法般的效果。

雷蒙迪诺（Remondino）说，有些权威专家信誓旦旦地宣称性的禁欲绝对有益无害，他们犯了三个错误：（1）他们笼而统之不恰当地把问题一般化了，没有根据个人的不同情况具体辩证；（2）他们不理解影响人的天性的动机是很繁杂多样的，不能假设人的天性只顺从一些抽象的道德动机的指使；（3）他们茫然不知或罔顾浩浩荡荡的一群实行手淫和性歧变的人，这些人多半没有性的挣扎的苦恼，但是坚持死板的性的禁欲对正常的性关系影响就很大，使他们渐渐随波逐流走上一条积重难返的歧路。

在绝对肯定和绝对否定性的禁欲无害的人之间，有一派权威专家采取执两用中的态度，他们的见解是比较经得起推敲的。他们始终谨言慎行，其中许多人的意见很有分量，比那些走偏锋的主张更显得有理有据。探讨这样复杂的问题单纯用抽象的方法，又不经推敲就武断地下非肯定即否定的结论，难免要捉襟见肘，无法做到充类至尽的。在处理这种问题时，每一个例子都需要对他本人做专门的个别的考虑。

勒文菲尔德（Löwentfeld）说：“凡是意见相互对立达到这样不相容的地步时，真理就不会专为某一方所独占。”[37] 性的禁欲肯定会屡屡伤害有神经疾病的人。现在许多权威人士都相信这种见解是对的，最早明确提出这种见解的人或许是克拉夫脱–埃宾（Krafft-Ebing）[38]。勒文菲尔德发现天主教的神父中没有特别多或特别严重的神经衰弱的倾向，如果真的出现这种境况，我们也没有理由推测这是性的原因造成的。他说，“对于身心健康，没有遗传性的神经衰弱问题的人，完全禁欲也不一定就会伤害到他们的神经系统。”他接着说，在二十四岁到三十六岁这段年龄之前极少见到这种伤害性的效果，即使出现这类问题，通常也不会严重到要去看医生的程度，也就是夜间遗精的频数增加，睾丸或直肠疼痛等等，在女子身上则表现为感觉过敏或性欲过敏。但是，如果禁欲的伤害情况继续恶化以至特别刺激到性的情绪时则可能造成神经衰弱。勒氏还同意弗洛伊德和加泰尔（Gattel）的意见，禁欲有发生焦虑性神经疾病（neurosis of anxiety）倾向，通过仔细的考察，发现禁欲确乎是造成这种疾病的一个因素，无论男女。嫁给老年男子的年轻女子，在婚后的最初几年里常常出现这种病象。可见在一些特殊的情况下，禁欲是可以伤身的，但全盘来说，这种禁欲造成的麻烦并不严重，引起神经或精神领域的真正紊乱的情况只是一些特例。冒尔（Moll）也持有类似的中庸的区别对待的观点。他把婚前的性的禁欲看作一种理想，但他也指出，在劝诫大家施行性的禁欲的时候避免一切走极端的说教，因为这种说教只是制造虚情假意的伪君子。嫖娼和把女子当衣服一样换来换去的恶习，终将导致失去女子的精神和人格美质的敏感，和这类不当的性交的危险相比我们也不必把禁欲的危险过分夸大了[39]。布洛克（Bloch）坚持类似的立场。他主张未成年的人应该禁欲，成年后，可以实施一段时间的临时禁欲，这类禁欲是有价值的，不仅可以养精蓄锐，转移精力，而且也教人更加重视人生除了男欢女爱的性的目标之外还有许多其他的事情要去奋斗[40]。雷德利克（Redlich）在仔细研究了有关这个问题的医学方面的论述之后，对有关禁欲的相对有益或有害的辩论中，也保持一种中庸的观点。他说：“我们可以说性的禁欲不是那种无论什么境况和要付出什么代价都必须避免的事，虽然对于大多数健康的成年人来说，适当的性交真的是有益处的，但有时也还不妨向他们推荐试一试禁欲。”[41]

不妨再补充说一说，从基督教宗教道德的观点看，在这两个极端派之间也发现有采取同样的执中态度的，他们承认性的禁欲有益，但并不坚持非要不惜一切代价贯彻实行不可。譬如，在英国，一位名叫诺斯戈德（Rev. H. Northcote）的英格兰教派的牧师，对于性的禁欲引起的诸多困难的处理上采取温和的和同情的态度，但这绝不意味着他承认这种禁欲是完全有益无害的[42]；在德国有一位叫作延奇（Karl Jentsch）的天主教神父，他站出来反对里宾（Ribbing）那个死板的经不起推敲的支持性的禁欲的武断。延氏构想各个方面在这个问题上对年轻人应该采取怎样的态度，包括他们的父亲，公众舆论，国家，教会等等，他说：“在结婚之前努力保持禁欲。许多人在这方面做得很成功。如果你成功地做到了，这当然好。但是如果你无法做到，你也不必难过而责备自己，把自己当成一个寡廉鲜耻的无赖或者是一个要下地狱的罪人。条件是你绝不自暴自弃，一味享乐纵欲，而只是要恢复一下你的心情的平和，不乱方寸，乐业上进，谨慎地遵守医生或有经验的朋友们对你的忠告而知所预防。”[43]

到此，我们对有关性的禁欲问题的三个主要派别的老练的意见浏览了一遍，也做了一点分析——这些意见中有赞成禁欲的，有反对的还有奉行中庸之道的——，结果，我们还是不能不做结论说，整个讨论太叫人失望了。“性的禁欲”的状态是一个完全模糊不清和不确定的状态。连“性的禁欲”的措辞的意思都不确定甚至没有意义，譬如，有些人在争论这个问题的时候就常常主张“性的禁欲”可以或不妨甚至必须包含手淫。单凭这一事实基本上就剥夺了禁欲的道德价值，甚至连禁欲的意思都整个勾销掉了。的确，在这一点上，我们对性禁欲的批评就批到根本上了，“性的禁欲”的观念在此被揭开，让人一览无遗。罗勒德（Rohleder）是一位有经验的医生，在性的病理学问题方面也是一位公认的权威。他在一篇很长的重要的论文中，对“性的禁欲”的种种现代的见解做了一场透彻的批评。[44]他根本否认有任何完全的不折不扣的性的禁欲的事实存在。他指出，“性的禁欲”，按照这个词的严格的意义来说，不仅包含禁绝性交的意思，而且还要网罗禁绝自动恋的种种表现，禁绝手淫，同性恋以及一切性歧变的实践等等。进一步还必须包含永久禁绝沉湎于意淫（erotic imagination）和色情的幻想的意思在内。但是，如果我们有可能禁得这样彻底，那就是把整个心地（psychic field）或心理机构都变成在一切有关性活动的观念方面都是空空如也的一块白板（tabula rasa）[45]。如果我们不能经久地和始终如一地做到这一切，那就没有严格意义上的禁欲这回事了。由此罗勒德指出，我们必须考虑我们是否有性欲冷淡（anaphrodisiasexualis），性欲缺乏（sexual anæsthesia）的病症。这是一个讨论性的禁欲的人很少或压根儿就没有碰到过的问题。但是这是一个十分中肯的问题，正如罗氏强调的那样，如果性欲冷淡存在，性的禁欲的问题就成了画饼，因为，我们只能“禁戒”或戒绝我们能力所及的行为。可是，完全的性欲冷淡是很罕见的，以致实际上可以恝置不问。性冲动，如果存在，就必定会由于生理的需要而在某个时候以某种形式活动起来，按照弗洛伊德的意见，甚至竟然以转化成为某种神经病态的形式发挥出来，由此我们得出结论，“性的禁欲”严格说来是不可能的。罗氏曾经遇到过几个例子，在他看来，无法

不做出存在着性的禁欲的结论，但后来他发现他对这几个例子下的结论都错了，通常是因为这些例子实行手淫，他认为这种事很普通，而且患者往往一以贯之地向医生隐瞒这种行为。只有一种“性的禁欲”是真实存在的，这就是不完全的和暂时的禁欲。换句话说，就像有些人说的那样：“永久的禁欲是违背自然的，不可能对身心没有伤害。”但我们应该说，罗氏认为，“永久的禁欲是违背自然的，而且根本就不存在这个东西”。

当我们在思考这一团乱麻似的意见时，不可能不感觉到，整个讨论都是围绕着一个纯粹消极的观念在兜圈子，而最初看上去叫人吃惊的互相抵触的议论都是由一个重要的事实引起的。如果我们真的能够把通常认为属于宗教和道德方面的因素排除在外——大家要知道这些东西与这个问题探讨的基本的自然事实没有关系——我们就能察觉到这些夸张的表面的信念的差别就会缩小，不过是一些鸡毛蒜皮罢了。

我们不能把生殖的或性的冲动与饮食的冲动严格地等量齐观。它们之间有很重要的差别，尤其基本的差别是，其中一种冲动或欲望的满足对于个人和种族的生存两者都是不可须臾或缺的，而另一种冲动的满足仅仅是对于种族的生存绝对不可缺少。但是，当我们把这个比类的问题化小到只和“性的禁欲”相比的问题时我们显然就可以把它和“禁食”一视同仁放在同样的地位加以比较了，这就是说，我们可以像前文讨论禁欲和贞操时一样，把它们各自放到两个极端对立的观点中去做一番推敲，结果我们就在这个消极的禁的基础上提出一个可以比类而观的真正有趣的比论，虽然禁食不能完全彻底或者维持的时间也不能很长，而性的禁欲则可以禁的更彻底，维持的时间也可以更长。雅内（Janet）有一位病人似乎就有类似这种问题。这位患者名叫纳迪娅（Nadia），雅医生连续五年对她留心观察，她是一位二十七岁的年轻女子，健康，聪明，既没有瘾症也没有厌食症（anorexia），因为她的胃口正常。但是她有一种观念；切心于苗条婀娜的身材，为了达到这个目的，她最大限度地减食节食，每天只喝一点汤汁，吃几枚鸡蛋。她自己强制自己的这种禁戒给她招来很大的苦恼，总是处在饥饿的状态，由于长期坚持这种制度不可避免地要引起胃部的毛病，有时候饥饿的感觉就被胃病遮掩过去了。有时候她实在饿极了，只要手够得着她能吃的，不管是什么东西，立刻拿过来狼吞虎咽，禁不住嘴馋违背制度私下吃一点饼干的事也不少见。这类行为使她的良心非常不安，后悔不迭，但是，一切如常，这种种罪过照犯不误。她清楚地知道她的生活方式要求她艰苦奋斗，而她也真的为坚持了这么长的时间而把自己看成了女英雄。她告诉雅内医生说："有时候，我连着几个小时在想念食物，我真是饿极了。我咽唾沫，咬手绢，在地上打滚，我太想吃了。我搜罗描写饮食和宴席的书籍，试图用想象我也在享受所有这些美食来排遣饥饿。我真的饿极了，虽然只是为了要克服想吃一点点饼干的懦弱情绪，我知道我要拿出极大的勇气。"[46] 纳迪娅的思想动机是想有一副苗条婀娜的身材，等同于一个实行禁欲的男子想要成为一位"有德"之士，不同之处仅在于禁欲多一点积极的和人格上的好处，因为这个人想避免纵淫，而纵淫是"德不正"，它不仅仅是一个消极的，否定什么东西的概念，而且是一个本身并无人格的由社会和宗教环境外铄置入的。纳迪娅偶尔爆发的饕餮，等同于禁欲者突然要求助于嫖娼的冲动，而她私下吃了一点饼干，事后又后悔不迭的行为，则可以比

诸禁欲者习惯于手淫而不能自拔的情况。她的挣扎发作和在地上打滚和禁欲的年轻强健的男女得不到满足的性欲一时爆发的情况一模一样。她的一门心思都耗费在关注饮食和描写饮食的书刊上，这与禁欲的男子沉迷于淫秽的心思和色情的书刊显然可以比类而观。最后，纳迪娅确信她是一位女英雄，和性的禁欲者常常表现出来的一种自以为是的身名俱泰的心态相比真是惟妙惟肖。

如果我们把弗洛伊德对性的禁欲和“文明的”性道德的关系的深刻而富有启发性的研究反复加以思考，我们就会发现，他虽然没有做食戒的比论，但是他的字里行间大部分笔墨都可以同样应用到这两种冲动上。他写道：“像性冲动这样强有力的本能不给它满足而要压制它，这样的功课是很费力的，它可以要一个人全力以赴。把这种性的力量引导到更高的文明的路径上，通过升华使它屈服，但行之艰难，只有少数人可以获得成功，甚至连这些人也只能维持一时。对精力旺盛的热情的年轻人来说最难做到。其他大多数人就可能变得神经过敏或者出现忧郁的病象。经验表明，组成我们社会的人口中，就先天气质而言，大多数人是不配讲禁欲的。老实说，要驾驭控制这股强有力的冲动而不断挣扎，挣扎的不断强调卷进了精神生活中的伦理学和美学的领域，成为一种由粗入细，由质入文的力量，终于使他的人格品性在挣扎中锻炼得坚强如钢，对于少数先天的体质健全，禀赋得天独厚的人来说，这是真的，的确能够做到；我们还必须承认这个时代的名满天下，卓尔不群的人物，只有通过性的节制才可能成就。但是，绝大多数的例子在驾驭和控制性欲的挣扎中消耗了他人格的可用的能量而精疲力竭。而眼前，年轻人为了在世上立身必须全力以赴的情况就是这样。”[47]

当我们从消极的禁欲的方面去看这个问题时，对于弗洛伊德的结论的正确就很难提出什么异议来争辩。把性的禁戒和饮食的禁戒，或者说，把“戒色”和“戒食”，同样摆在一起确实可以做一个比论。当我们从更积极的角度去看这个问题，看到它能够唤起禁欲和贞操的更加生动而富有成果的动机时，这场针对一个自然冲动引发的令人遗憾的论战也就归于消弭。如果贞操是灵和肉的全部有机冲动的和谐调遣的理想，如果禁欲主义，就其本意而论，是一种为了追求价值更高的目标争强斗勇的艰苦奋斗。在禁欲的当时，把满足性冲动的事置之不顾，我们有身心健康的天赋的依托，又没有把能量消耗去追求某种低级的目标，且不论这种目标是如通常那样由外缘人为设置的还是由本人自己自愿选择的。

性欲与食欲之间，色戒与食戒之间，其实并不能完全比类而观。当我们把他们两者都拿禁戒这个标准去考量时，我们就把饮食的冲动全部包含了，可是只覆盖了性爱冲动的一半。饮食的时候，我们并没有给我们吃的食物什么快乐和服务。但是，性爱的另一半，或许是最重要最高贵的一半，则在于施而不在于取。把这个问题缩小到禁戒的狭窄的范围，不仅是把它集中到仅仅是消极的否定的一点上，而且把它变成单方面的自重自爱的问题了。本来可以提问：“我怎样把快乐和力量奉献给另一个人？现在我们只能换一种问法：我怎样才能保持住我的空空如也的德行？”

因此，见仁见智，一切都取决于我们考虑这个问题的那一个方面。在讨论这个问题的权威们之间的种种彰著的矛盾意见中，无论看哪一种意见，或者在推敲时把道德和生理学不当地混在一起的，或者只是消极地主张借禁欲，把实际上是违背天性的“贞德”树立起来的，或者把握不住性爱的崇高的利他的和互相服务的性质的——无论着眼于研究“性的禁欲”的哪一个方面的意见，我们可能只好有条件有保留地表示同意。

因此，如果我们决定去研究它，如果我们不得不接受前文提到的那个辩证的声明，即性的禁欲在我们可能知道的范围之内和健康不是不相容的。但是我们明明知道它对许多成年人是有害的，还有很多的人不情愿但又不得不长期禁欲，这是我们碰到的严重问题。这是一个任何人都会接触到的问题，尤其是医生，他的朋友或许会请他对禁欲问题提出一点专业性质的建议来。如果未婚的人有时想要性交，或者已婚的人出于某种原因在婚姻内不能行房而又想性交，做医生的能不能给这类病人建议这种非婚的性交？这种建议又是否正当？这是一个常常争论不休的问题，而且正反两方的意见也常常相持不下。

各方面著名的医生，尤其是在德国，宣称如果医生认为适当就有责任向他的病人推荐性交。例如，久尔科维奇（Gyurkovechky），他充分地讨论过这个问题，并做出肯定的答案。尼斯特伦（Nyström）说，有一些性能薄弱的病人，如果一切其他的处理的办法都证明无效，医生就有责任把性交当作良药向他们推荐[48]。马尔库塞（Max Marcuse）医生态度鲜明地坚决主张对某些例子，不分男女，医生无条件地负有完全的责任支持他们实行性交。它在许多场合都发表这类言论。[49]马氏强烈主张，一位医生，当他一面认为性交有利于患者的健康，一面又受道德的，社会的，或其他与医学无关的考虑左右，而支支吾吾，罔顾医德不加推荐，他就不配做一个医生，应该叫他不要行医，或者介绍他的患者去看别的医生。这种态度似乎得到广泛的采纳，不过言辞上通常比较含蓄没有这样堂堂罢了。勒德雷尔（Lederer）甚至走得更远。他说，对于一位苦于丈夫的性无能的女病患，医生有责任建议她去找别的男人性交。还说："她遵医嘱这样做是否征得她丈夫的同意与做医生的没有关系，因为他不是道德的卫道士，而是治病救人的医生。"[50]但是，公开采取这种态度的医生为数很少。在英国，据我所知，没有一位著名的医生公开宣称治病的大夫有责任建议患者实行婚外性交的。不过，毋庸赘言，在英国和在其他地方一样，也有一些医生，包括女医生在内，时不时私下对他们的未婚的患者，甚至是已婚的患者指示，实行性交对他们的健康会有益处。

否定医生有责任向患者建议性交的意见和肯定的意见同样堂堂正正。奥埃仑堡（Eulenburg）就坚决不向他的患者建议婚外性交；他说："这种建议医生无能为力，他们没有这种资格。"[51]当然，持否定意见的人通常都认为禁欲即使没有什么益处，可也总是无害的。但是也有许多持反对意见的人认为，在某些情况下，性交或许有点好处。

冒尔（Moll）曾经在许多场合特别讨论过医生有没有责任向患者建议婚外性交的问题[52]。一开始冒尔倾向于主张医生有权在某些情况下给患者推荐性交；他写道："在婚姻不适当地推迟和存在婚外性交的条件下，我想，我们不妨把这种性交用于治疗的目的，如果这样做没有侵犯到第三者（丈夫或妻子）的权利的话。"但是，冒氏在他后来的全部著作中又改弦易辙明确而坚定地站到了反对的一方。他认为，医生没有权利忽视他的建议可能给他的病人带来的种种后果，如痛苦的花柳病，又如，在女子方面，还有一个怀孕的问题，而且他认为这些严重的后果是非常可能发生的，比那些为这种建议的正当性辩护的人向来承认的要严重得多。冒氏也不承认医生有资格藐视这个问题所牵连的种种道德方面的事情。医生也许知道一个穷人可以靠偷窃得到许多东西而有利于他的健康，但是他不能建议他去偷窃。冒氏提到一个天主教神父的例子，他由于性的禁欲而患了神经衰弱。即使医生觉得很有把握，这位神父去性交不会有丝毫染病的危险，也不至于公开，他还是没有资格敦促他去实行性交。他必须知道，这样做会使这位神父背弃他的守贞的誓言，引发精神上的冲突和很难排遣的痛苦的悔恨，这些事情会引起更坏的结果，甚至危及这位患者的身体健康。冒尔说，对已婚的男人和妇女做这样的建议结果也差不多，且不说离婚和伴随离婚而来的种种不幸。[53]

罗勒德对于这个问题采取有分析的比较谨慎的态度。他对因为喜好或暂时禁欲（是他承认的唯一的一种禁欲类型）而引起不适的患者照例坚决不推荐婚外性交，一则是因为禁欲的麻烦不严重，或者时间不长，再则是因为患者肯定会自己去正确裁决。但是对于某些类别的例子，他会向他们推荐这种性交，像对双性恋的人，多半会这样做的，因为他这样处分可以防止他的病人去冒实行同性恋而犯罪的风险。

在我看来，有关建议性交这类事，毫无疑问关系到医生的正确的职业态度问题。医生没有资格建议他的病人去实行婚外的性交，也没有资格建议患者用任何通常被视为非法或不当的方法去消解性的壅塞。有人说医生和习俗道德一类的事无关，完全不用考虑。如果他认为香槟对他的可怜的病人有好处，他就应该推荐他去喝香槟；没人请他考虑他的病人该怎样去取得香槟，乞讨，买，偷，他都管不着；但是，无论如何，即使我们承认这一切都对，还是不得不说，这个医生知道，香槟这东西，不管怎么搞到，它不可能有毒。但是，当他用同样傲慢的漫不经心的态度去开性交处方时，他却没有这种知识。医生在开这种处方的时候事实上他对自己开的处方可能是什么东西却一无所知。他也许是给他的病人开了一剂花柳病；他也许是给病人开了一个制造焦虑情绪和对私生子负起责任来的方子；这个葫芦里卖的什么药谁都不知道，医生自己的处境同样尴尬，好像江湖庸医开出一张药方，连他自己也不知道药的成分一样。更加糟糕的是如果这药物竟是虎狼之剂而不是通常那种无害的经过注册受到保护的良药。充其量医生可以做到的最得当的办法就是设身处地替他的病人着想，一起来分析病案，把种种是非利害一一向他交代清楚。必须让病人自己尽其可能去想办法解决，因为它涉及社会的和其他方面的种种事项，这些事项虽然确实是医学领域内应该考虑的问题，但肯定完全超出了一个开业医生个人所能掌握的范围。

冒尔也同意这种设身处地不偏不倚地和病人共同斟酌病案，反对由医生按照行医规矩问病开方推荐性交。确实有许多例子让医生感到无法推卸这个责任。有些人认为只好建议性交了，但冒尔指出绝不能这样干。相反，他说，考虑采用更多的诸如此类的处置办法也同样是履行医生的责任。他把处置办法的内容摆在病人面前，说明它的利弊和要冒的风险，但是采纳与否则由病人自己去定夺。莱威特（Lewitt）在斟酌这个问题的各种意见之后得出结论说，如果医生认为婚外性交可能有益，他应该把其中的种种困难告诉病人，由病人自己决断[54]。

医生所以要拒绝建议患者婚外性交，还有另外一层理由，他顾及中产阶级中普遍坚守的道德主张，担心会自外于他所处的社会圈子使自己陷入逆境。他开出这种处方，又不能把它的内容公开直说，从此他信誉扫地为众人所不齿。如果一个医生敢作敢当，公开承认他准备提供患者这类建议，他才可以在道德上有资格建议他的病人去实行婚外性交。一个公开致力于社会改革的医生，遵照他的公开活动的改革主张或许会获得道德的权利来开这种处方，但即使这样，他的建议是否明智得当还是值得怀疑的，恐怕他还是听人劝告把自己致力于社会改革的努力限制在他的公开的活动上为宜。根据法兰克福的弗莱施（Max Flesch）教授的观察，在社会制度的发展和创新中越来越多地听到了医生的声音；这种五花八门的运动他样样参加是一个天生的领头人，本人也提出过一些改革的计划。接着上面这个话题弗莱施往下说道："但是，一面公开表示接受现存制度的优点，一面又私下在诊所里开出这种处方，这等于说那些制度不完善，这不符合逻辑，颠三倒四，思想紊乱。医生的职业要求他提出的建议或处方要符合整个社区的利益，为社区的这些利益计，进入性交的男女都应该是健康的，有能力并且愿意接受性交的种种后果的人。这些注意事项应该是医生的行为必须照顾到的准则。只有这样他才能成为他今天常常宣扬的民族的先导。"[55]我们知道，另外还有一种观点，认为医生的责任是唯一的和完全的对他的病人负责，无须顾及他的建议对社会行为产生什么影响。这两种观点截然不同。患者的利益是主要的，但是不能把它们摆到和社会利益对抗的地位。明智的医生提出的建议必须始终和他的时代的社会和道德的调子相调达。于是，今天年轻一代的医生中就有一种趋势，热衷于积极地提高这个调门，促进社会的改革——这种趋势不仅存在于调门本来就很高的德国，而且也波及像英国这样保守的国家，前途会大有希望。

当医生想用医药或诸如体育之类的保健措施来缓解患者性过敏（hyperæsthesia）的病症时，通常都满足于考虑到这类措施可以达到性的禁欲的目的，于是推荐给病人就算是尽了他的责任。但是很少有人提醒大家，事实上这种处理办法虽然通常是有效的，但有时候处理的结果竟然事与愿违。一般说，困难在于为了治疗生效必须使全身疲惫不堪，即不仅单独抑制性的活动而且把整个身体的活动都抑制住了，达不到这个程度的话，这类措施很可能成为激发性欲的一个刺激而不是镇静剂了。要把一个人的性的活动从全身的活动分离出来而单独对它们施加影响是有困难的，通常是办不到的。性的活动和其他的器官的活动是互相交织密而无间的，性欲旺盛有如一朵鲜花，它是植根于整个身体的，如果一击之下把它摧毁，也许这一击同时就把这整个人打倒了。各种溴化物（bromides）是通用的有效的性镇静剂，但是它们的这种作用只有当药物的用量达到使整个人的各种细腻的活动都变得委顿的时候才能发挥出来。体育运动是普遍推荐给性敏感患者的又一种措施。但是大多数人，男女都一样，觉得体育运动是对性活动的一种积极地刺激。拿散步来说，有些精力旺盛的年轻女子，因为苦恼于她们的健康的性情绪的鼓荡，想采用走长路的办法来排遣，结果白白浪费了大量的时间，性情绪的刺激并没有得到缓和。只有当体育活动进行到全身疲惫不堪精力消耗殆尽的程度才能达到使性欲平静的效果。这样一来，性活动的确缓和了，但一切精神的和身体的活动也同时平息下来了。千真万确，对于青年男女的性的卫生以及全身的健康来说，体育锻炼和各种体育比赛无疑都是有益的。对于终日久坐的从事案牍工作的人来说尤其适宜，这是没有任何问题的。但是以为体育比赛和锻炼会压制

性冲动则是空想，因为就其有益于健康而言，健康的结果对所有的冲动都是有益的。最有希望做到的是把它们的产生的能量分散开来，这样也许有助于抑制性的一些表现。

有许多众所周知的强身健体之道和未雨绸缪的调理的功夫，都有助于抑制或减少性欲的活动，而且说得都有一点道理。经常用冷来磨炼身体，避免燥热就是其中最重要的调理方式之一。炎热的天气，门窗紧闭空气不流通，被褥太厚，洗热水澡，等等都趋于激发性系统的活动[56]。冷使皮肤收缩，也能消除性的情绪，古时候的苦身修行者都知道这件事并且身体力行。着装和身体的姿势也会有些影响。收缩或压迫性区域附近的肌肤，甚至束腰带，以及增加腹腔内部的压力，如憋尿使膀胱膨胀，也是性刺激的源头。仰卧，使脊髓内神经中枢充血，也有这方面的作用，那些注意性卫生的人早就知道了；据说，十三世纪时天主教的方济各会（Franciscan）就禁止仰卧。饮食就更加是有力的性刺激物了。即使是最简单的和最有益于健康的养分也肯定有这种作用，特别是新鲜的肉类，而最富刺激性的莫过于比较烈性的酒类了，如各种高低度的白酒，冒泡的度数较高的葡萄酒，甚至还有许多美国的啤酒。那些从事禁欲主义的恶身修行的人都清楚知道它们的作用，这也是为什么不让太年轻的人饮酒的各种有力的理由之一。圣·吉罗姆（St. Jerome）告诉欧斯托齐乌姆（Eustochium），她必须把酒当毒药而点滴不沾，他说，“酒和年轻是两团欲火。为什么要火上浇油？”[57]此外，懒惰，特别是加上饱食暖衣，能促进性的活动，伯登（Burton）在他的《忧愁的解剖学》一书中对此有详细的描写，反之，终日勤于事业精神集中，避免浪荡无所和胡思乱想，可以减少性的刺激。

也有人主张，精神的磨砺，像锻炼身体一样，是一种平息性兴奋的方法，但是它的作用似乎和体育锻炼的作用一样模棱两可，如果沉迷很深以致情绪兴奋则可能不但不是平息反而是激荡性的情绪。如果没有兴趣打不起精神却无法产生任何影响。还真有几位权威，包括布鲁赛（Broussais）在内，主张用解数学题来消磨时间，磨砺精神，认为它有助于性的卫生[58]。一位女士写道：我曾经尝试过机械的精神劳作，例如做算术题，解代数方程之类，但没有一点用处；事实上它似乎只是更加鼓荡起这方面的情绪。一位牧师写道："我学习数学，特意把注意力转移到这种学习上来，想借此控制我的性的趣向。在某种程度上说我是成功的。但在接近一位老朋友的时候，一听见她的声音，接触一下，那种低回忻慕的旧情又死灰复燃重新炽热起来。无论如何，我喜欢数学，总的说，这是一件可以把我的注意力从女人身上转移开去的最好的事情，比修道院的修道要好（我年轻时，大约在二十二至三十岁，曾经一度去修道院试过）。"但是，充其量，这种策略也只有短期的或暂时的效果。

避免唤起性冲动并不太困难，但是如果它们曾经一度被唤醒，再想用各种调理的办法使它们安静就要难得多了。因此，在儿童时期和年轻人中，所有这些调理的措施都可以因势利导加以合理的应用，使他们得以避免性早熟或过早出现性的兴奋。在一群比较鲁钝的正常的孩子中，一些可能引起性活动的影响可以被不知不觉地忽略过去。但另有一群孩子，他们有些神经质和早熟的情绪，无法未雨绸缪防备他们接受这种影响，和上一群孩子相比正好成为另一个极端。但是在这两群孩子中间又还有一群孩子，他们的人数远远超过那两群孩子，抵抗得住轻微的性诱惑，但对于比较强烈和比较长时间的影响，他们就屈服了，对这些孩子加以性卫生的调理也许是有益的[59]。

春机发陈之后，内在自发的性的声音可能会在某一个时刻突然让人听见它，全部未雨绸缪的性卫生的调理措施的影响顿时烟消云散随风飘去，甚至十分切心于保持贞操理想的少男少女也无能为力，只好等待这场暴风骤雨过去。春机发陈之后不久，性的疾风骤雨的压力有时候延宕一段时间，虽然没有通过解欲的过程也会自然风息雨停，接下来又会有一段时间比较平静的心情。我们必须知道，性的秉性和饥渴不一样，许多人甚至是大多数人，男女都一样，在拖过一段时间的挣扎之后，往往又能够恢复到比较宁静的状态，这绝不是受了伤害，甚至还会有益于普遍提高身心两方面的活力。不论性的冲动是否得到满足，这种情况都会发生。如果性欲从来没有得到过满足，性的挣扎多半不太激烈，很快就会过去，除非这个人是一个天生性欲非常旺盛的人，又当别论。如果冲动曾经得到过满足，如果心里装着的不仅仅只是一些欲望，而且还充满了亲身体验过的性的快活，身体也感到很舒服和习惯了，那么性的挣扎时间就比较长，消散的过程也更加煎熬。但是，如果随后得到慰藉，有时会感到浑身通泰，很有可能连带着促进精神的健康。因为生活的种种基本的经验，在正常情况下，不仅可以给人带来心智的清明，还能使人的情绪宁静。征服性欲，无论什么时候都决不让这种欲望得到满足，很少有好的结果，既不会让征服者富裕起来，也不会让征服者变得美丽。

但是，在这些挣扎斗争中，并没有永久的征服。因为实际上很多人虽然随着外界境遇上的不同而在情绪上可以发生变化和波动，但这根本说不上是什么征服。他们或者始终屈服于性冲动的攻击，或者始终和那些性冲动抗争，前者，他们因屈服而懊悔，后者，他们因抗争而感觉得不到满足。无论是哪一种情况，他们中的大多数人正处在生机勃勃的时期，但由于对性欲驾驭不当而把青春年华白白地浪费掉了。对女子来说，如果她一时情欲激荡，造次地放纵自己，结果会使她的脑力变得衰弱，甚至使她的全盘的精神生活遭殃。有些人倾向于把女子在艺术和知识的领域常常表现平庸的原因都归咎于此。有智识力量的女子即使不是普遍的也往往是性欲旺盛容易激动的女子，如果她们挣扎抵抗使自己免于沉浸在履行母道的责任上，她们的日子往往就浪费在情绪的冲突上，使她们的精神上的天赋消耗殆尽而变得平庸起来[60]。

下面这个例子很好地说明了性的禁欲和性欲的挣扎竟然可以困累和耗尽一个人到何种地步。一位女士，生气蓬勃体格强壮，健康良好，聪明智慧，人品也高尚，人到中年尚未成婚，也从未有过性交。当她还是一个孩子，大约三四岁的时候，一位六岁左右的玩伴，教她玩弄性器官使她养成了习惯。但是，她这个年龄没有一点性的情绪，在她离开邻居的这位女孩一年左右之后，这个习惯就自然革除了。她的健康良好甚至还有几分光彩，发育到春机发陈的时候精力充沛。但是，十六岁的时候，一次精神上的振动导致几年间月经量减少。与月经减少的同时，第一次自动出现持续的性兴奋，她认为这种情绪是不正常和不健康的，于是便使出浑身解数自我克制抵抗它们。但意志的力量没有减少这些情绪的效果，不断有一种紧急的兴奋，伴随着感觉发颤，紧张，压迫，膨胀和发痒，可能是由于卵巢有些充血，因为她感觉左侧有一个性神经网，几年后检查出她有子宫后倾的问题。她担任许多职务，努力奋斗，但她对任何工作都无法专注，因为她要没完没了地耗费许多精力来挣扎着控制身体里性敏感的暗流。这种情况时轻时重地持续了许多年，然后，月经突然停止，她距离通常的更年期还很远。与此同时，性的兴奋也停止了，她变得安静，平和与快乐起来。月经的减少伴随着性的兴奋，而月经过多和停止两者则伴随着性兴奋的减弱或消除。这样维持了两年，后来因为处理轻微的贫血病，她长期接受皮下注射马钱子碱（Strychnia）的治疗，这种药物对神经有兴奋作用，用在她这种例子身上是欠考虑的。这是五年前的事了，从那时以来直到现在，性的兴奋屡屡出现，她常常要严防死守，避免突然发生性的痉挛（Sexual Spasm）。她身心的痛苦有增无减，因为传统对她的影响使她不可能向别人提起她苦恼的原因，压力也得不到宣泄，除非在某些非常特别的境况下。她写道："女人要受许多的拘束，她绝不可以对任何人说起这种事情。她忧愁和悲伤只能往自己肚里咽，在这可怕的沉重的压力下，还要勉强自己温言微笑。"两年前，她有点身不由己地开始求助于手淫，大概一个月一次；这不但不能帮她真正解除痛苦，还连带添加了神经过敏，失眠，黑眼圈等等一些毛病，而且成了她懊悔不迭的一个因由。因为她认为手淫是根本不正常和不自然的。她除了采用通常的身体调养卫生之类的方法外，还尝试过暗示，基督教科学（Christian Science）[61]，等等方法，但一切都是白费力气，毫无效果。她写道："我可以说，我内心强烈地想要赶快摆脱这种羁绊，让一年到头紧绷着的可怕的挣扎的张力松弛下来，自由自在地过自己幸福快乐的日子。如果这种痛苦一个月来一次，一周来一次，甚至一周来两次，我都能像玩似的抵抗过去。我不屑于求助那些不自然的手段，无论它们有多温和。但是，克己本身也会招来报复，有时候我都觉得好像

再也忍受不下去了。”

由此看来，如果能把骚动的性情绪的发作时间推迟到春机发陈或青春期之后，对于身心的发育都有莫大的益处，而一经发作之后，对于这些情绪能够加以控制则有说不尽的好处。把性的本能完全压倒或征服就算是胜利，也真是一场危险的胜利，最多也不过是一场颗粒无收的胜利，它不会给人带来丝毫的愉快。有一位女子说过：“如果我过去哪怕只有过三周的快乐，我也不会抱怨‘命’苦了，一个人终生独守空闺怨旷一世真的太可怕了。”如果这种空虚的自我克制虽然根据礼教可以称之为一种贞洁或淑德，它也不过只是一种消极的德行罢了。有些人因为先天的性能薄弱成就了这种德行，这只是制造了一件表示身体衰弱的德行而已[久尔科维奇（Gyurkovechky），富尔布林格（Fürbringer）和勒文菲尔德（Löwenfeld）都说过类似的话]。另外还有许多人，他们的性能不太弱，但早年他们鄙夷性欲，把它逼得逃跑了，再后来的岁月里发现这个敌人又回来了，力量十倍于前[62]。

我们知道，“性的禁欲”这个观念是一个完全错误的和不自然地人为观念。它不但有损于实行者的健康，而且也不能真正唤起任何的道德的动机，因为它压根只是一种自好和自用的观念。当我们把它转化成自我牺牲的利他主义时，他才真正成为一种道德和真正的动人的精诚之气。当我们这样转化的时候，我们就看到禁欲的元素不再重要。有一部思想深刻论述性生活的书的作者写道：“大家都承认自我牺牲是美德的基础；最崇高的自我牺牲的实例是由性爱明示的那些故事。同情心是利他主义的奥秘；同情心在恋爱中比在任何其他场合表显得更加真实和圆满。包括义勇和健勇两方面的勇敢对真理和荣誉的热爱，事业心，对于道德价值的敬仰等等，全部都是由于爱情鼓舞而激发出来的。人性中没有任何其他的因素能有这种力量。独身生活，根据它对性交的否定程度的多少，而不同程度地否定它自身在激发美德上的作用，或者限制它自身的影响。由此看来，存心采取死板的独身生活，就意味着使感情的和道德的经验走上穷途末路，用广阔的科学的眼光看，在这方面不会有任何增益来证明独身生活的正当。”[63]

在健全的自然秩序中，所有的冲动都是集中在满足它们的需要而不是去否定它们。此外，在性这个特殊的问题上，只有他自己一个人的需要是不够的，而势必须要旁人的需要来帮他的忙。这些需要共同决定了他的行动。女性的需要比较更为特殊，它们是决定的因子；因为那些需要变化多端，复杂而难以捉摸，男性在企图满足她们的欲望中找到了不断满足性欲的源泉，也许有人会认为，由此引导出一种利他主义的动机，这只是理论道德的主张，强调要有一副坚固的缰锁勒住动物的本能来实现这种功德。但是，当我们从头至尾把这几卷《研究录》通读一遍的时候，我们一再看到事情不是这样的。动物的本能本身造成这种需要。它是贯通整个动物界的生物学的定律，并且网罗了全部的调情求爱的行为。只有到了人类，因为性的需要不完全集中在繁殖上，而或多或少地穿透了他们整个的生活，事情才发生了改变。

当我们用社会的眼光来看，就像用自然界的眼光来看那样，性冲动的目的和对象是生殖，生殖之外空空如也，但对个人来说这就完全不对了。他的主要目标是满足他自己和应当尊重别人，两者相须相成，协和融洽，这是生活艺术的要求，即便性关系和生殖没有任何关系——像澳洲的有些部落认识的那样——它们

仍然是正当的，它们也的确是个人的道德得以充分发展的不可或缺的诱掖的力量。因此只有在像两性之间这样亲密的关系中，生命中的至善的仁德和至高的才能才有充分发展的余地。连圣贤尊者都不能把生活中性的方面置之不顾，德厚流光和造诣至深的圣贤，从吉罗姆（Jerome）到托尔斯泰（Tolstoy），甚至连最高尚的方济各（Francis of Assisi）也不例外，他们的一生积累的全部经验都汇集成对人生的大彻大悟，如果不是这样，他们也达不到至圣至贤的境界。

当对性冲动的控制不过分到沦于顽固不化索寞无趣而毫无结果的程度，也不仅限于正当地拒绝性的恶行，而且还要做到诚心诚意地接纳性的美和善，这样驾驭性冲动，积极的德操的元素才会加入其中，只有达到这个时机，性冲动的控制才成为生活的伟大艺术的一部分。因为生活的艺术，和其他所有的艺术一样都是和不知权变的僵化不相容的。它总是在拒绝和接纳之间，给予和索取之间不断的摆动，使事事都达到一种和谐的境界[64]。

显然，未来终将属于那些在生活的结构中逐步建立起健全的传统的人。“性的禁欲”的问题将越来越变得不足挂齿。性爱仍然是一个颠扑不破的事实，而贞操依然是一个伟大的实际的存在，它们都是永恒的。在它们中间只有和谐。两者相依为命，共存共荣，相得益彰。

我们一直不得不严肃的对待这个“性的禁欲”的问题，因为我们的背景有一个长达两千年的传统，它建立在某些严格地规范性行为的理想的基础之上，加上我们在建造实际生活的长期努力又多多少少受到这些理想的制约。即使我们怀疑到它们现在已经没有效用了，也无法立刻转圜摆脱他们。我们不得不承认它们的存在而且还不得不接受他们不时地要左右我们的事实：说不定哪一天就对我们的思想横加干涉，甚至于在某种程度上左右一些现存社区的行动。

这当然是不幸的。它不免要带来人为地干预现实的自然秩序的问题。恋爱是现实的和积极的；贞操是现实的和积极的。但性的禁欲是不现实的和消极的，严格地说或许根本是不可能的。所有那些强调它的重要性的人，本意是想着重强调一个生理过程的善恶要根据它的实行是否受到某些外部因素的武断的裁可，判断它的实行是合法或非法的。性交的行为在“婚姻”的名义下是要得的；完全同样的行为，被认为在“不贞”或“淫乱”的名义下是要不得的，有害的。没有一种生理过程能够忍受这种桎梏，更不要说任何一种精神的过程了。就好像说，一餐饭的善恶，能消化或不能消化，要根据动筷子之前由他人宣布的这餐饭是否文雅体面一样可笑。

其所以为不幸，还因为把一种本质上是不真实的观念，一个不真实的元素如此这般地介绍到一件极其严重地关系到社会的事情中去。在本来没有什么现实的问题需要争论的地方，无中生有地人为挑起种种争端。这场论战的展开在实际的世界中没有丝毫具体的根据，纯属形而上学的或伪形而上学的分歧，因而显得很残忍，没有一点人味。这类争论将来还会发生，但无论如何争论的双方毕竟没有任何实际的分歧，因为他们争吵的问题是不真实的。其实，争论的双方既都是也都非。

我们都懂得必须保持平衡，致中和。恣意纵淫是恶；完全禁欲——即使有些人是由于先天的倾向或处境的关系而被迫采用的——也是恶。纵与禁两者同样背离了自然的温和平衡。我们都知道，性交不是只有一个人的性欲得到满足，而是两个人的性欲得到满足，这件生物学的事实就是自然地保持平衡的力量。

注释

1　按照韦思特马克的说法，原先在原始民族中另有一种广为流传的观念，认为和一位女子发生性关系，只有发生在她成为另一个人的财产之后才构成一桩丑闻，损及该女子的名声，而以她为财产的那个人被认为是实际受害的一方。文中描写的见解就是在这种见解上含糊的添枝加叶而成的。

2　见李《秘密忏悔史》（Lea, *History of Auricular Confession*, Vol.Ⅱ, pp. 57, 115, 246 etc.）。

3　诺斯戈德在他的《基督教与性问题》一书中从宗教方面尖锐指出这个内在的矛盾。（Rev.H.Northcote, *Christianity and Sex Problems*, p.53）。

4　希波克拉底（Hippocrates，公元前460—？年）卒年不详，享年分别有85，90，104，109等多种说法。希腊哲学家，作家，有“医学之父”的称号。出版的论著有87种，其中有13种历来被公认是他的亲笔。其中包括《论关节》一书。——译者

5　舒里希《精液学》（Schurig, *Spermatologia*, p.274. et seq.1720）。

6　见《精神病治疗年报》（*Jahrbuch Für Psychiatria*, Bd,Ⅷ, Heft 1 and 2）。

7　施伦克-诺青：《犯罪心理学和精神病理学研究》（Schrenck-Notzing, *Kriminalpsychologische und Psychopathologische Studien*,1902, pp. 174-178）。

8　文载《英国医学杂志》（*British Medical Journal*, Aug., 2, 1884）。

9　雷蒙迪诺：《对于作为影响健康和疾病的一个因子的性欲节制的观察》（Remondino, “Some Observations on Continence as a Factor in Health and Disease”, 载 *Pacific Medical Journal*,1900）。

10　弗洛伊德：《神经官能症文集》（Freud, *Sammlung Kleiner Schriftenzur Neurosenlehre*, 1906, pp. 76 et seq.）。

11　尼斯特伦：《性生活及其规律》（Nyström, *Das Geschlechtsleben*

und seine Gesetze, Ch.Ⅲ)。另见尼氏的《性的禁欲对健康的影响》(Nyström, "Die Einwirkung de Sexuellen Abstinenz auf die Gesundheit", 载 *Sexual-Probleme*, July,1908)。

12　此文载 *Zeitschrift für Sexualwissenschaft*, Oct., 1908。

13　罗勒德:《论性绝欲》(Rohleder, "Die Abstinentia Sexualis", 同上刊, Nov., 1908)。

14　戈弗雷:《性科学》(J.A.Godfrey, *Science of Sex*, pp. 130-147)。

15　弗洛伊德文载《性的问题》(Freud, *Sexual-Probleme*, Mar., 1908)。

16　在本《研究录》的第三辑《女子的性冲动》一章对这个问题曾经有过一些简要的讨论。

17　卡巴尼斯:《对身心情况的鉴定报告》(Cabanis, *Rapporte du Physique et du Moral*, 1802)。

18　勒文菲尔德:《性生活与神经疾病》(Löwenfeld, *Sexualleben und Nervenleiden*, 1899, p.53)。

19　布施:《妇女的性生活》(Busch, *Das Geschlechtsleben des Weibes*, 1839, Vol. I, pp. 69, 71)。

20　哈默:《性绝欲对健康的危害》(Hammer, *Die Gesundheitlichen Gefahren der Geschlechtlichen Enthaltsamkeit*, 1904)。

21　见《英国妇科学杂志》(*British Gynecological Journal*, Feb., 1887)。

22　布拉谢:《论忧郁症或臆想》(Brachet, *De l'Hypochondrie*, p.69)。

23　勒德雷尔文见《泌尿系统疾病和性卫生月刊》(*Monatsschrift für Harnkrankheiten und Secuelle Hygienne*, 1906, Heft 3)。

24　邓肯文载《医学时代》(Matthews Duncan, *Medical Times*, Feb2, 1884)。

25　库克文载《美国产科学杂志》(Wythe Cook, *American Journal Obstertrics*, Dec., 1983)。

26　悌尔德:《论子宫和卵巢炎症》(Tilt, *On Uterine and Ovarian Inflammation*, 1862, p.309)。

27　博尼费尔德文载《医学标准》(Bonnifield, *Medical Standard*, Dec., 1896)。

28　茄埃尔士文见《柳叶刀》医刊(A.E. Giles, *Lancet*, Mar. 2 1907)。

29　鲍尔斯-黑德利:《妇女疾病的演化》和《雌性生殖器官的病因学》; 奥尔伯特与普利反尔:《妇科学系统》(Balls-Headley, *Evolution of the Diseases of Women*, 1894, and *Etiology of Diseases of Female Genital Organs*, Allbutt and Playfair, *System of Gynecology*)。

30　弗洛伊德:《论“文明的”性道德和现代的神经质》(Freud, “Die ‘Kulturelle’ Sexualmoral und die Moderne Nervosität”, 载 *Sexual Probleme*, March , 1908)(又见 Freud, *Sammlung Kleiner Schriften zur Neurosenlehre*, 1909)。

31　默比乌斯(August Ferdinand Möbius, 1790—1868)德国天文学家和数学家。——译者

32　富氏文见塞纳托尔和卡米纳:《与婚姻有关的卫生和疾病》(Senator and Kaminer, *Health and Disease in Relation to Marriage*, vol. Ⅰ, p. 228)。

33　参阅 *Archivfür Kriminal-Anthropologie*,1903, Heft I., 及 *Sexual-Probleme*, June, 1908。

34　高尔斯:《梅毒与神经系统》(William Gowers, *Syphilis and the Nervous System,1892*, p. 126)。

35　司科特:《论性本能》(J. F. Scott, *Sexual-Instinct*, second edition, 1908, Ch. Ⅲ)。

36　雅各布松:《用医学的眼光看性的绝欲问题》(Jacobsohn, “Die Sexuelle Enthaltsamkeit in Lichte der Medizin”, 载 *St. Petersburger Medicinische Wochenschrift*, March 17, 1907)。

37　勒文菲尔德:《性生活和神经疾病》(Löwentfeld, *Sexualleben und Nervenleiden*, second edition, p. 40)。

38　克拉夫脱-埃宾:《论禁欲引起的神经官能症》(Krafft-Ebing, “Ueber Neurosen durch Abstinenz”, 载*Jahrbüchfür Psychiatrie*, 1889, p. 1)。

39　冒尔:《论性欲》; 另见冒氏《难以驾驭的性情绪》(Moll, *Libido Sexualis*, 1898, vol. i, p. 848; id, *Konträre Sexualempfindung*, 1899, p. 588)。

40　布洛克:《现代的性生活》中有关性的禁欲的一章(Bloch , *Sexualleben unserer Zeit*, 1908)。

41　雷德利克文见《临床医学杂志》(*Medizinische Klinik*, 1908, No.7)。

42　诺斯戈德:《基督教和性问题》(Rev. H. Northcote, *Chirstianity and Sex Problems*, pp. 58, 60)。

43　延奇:《性的道德，性的司法，性的公安管理》(Karl Jentsch, *Sexualethik, Sexualjustiz, Sexualpolizei*,1900)。

44　罗勒德:《论性绝欲》(Rohleder，"Die Abstinentia Sexualis"，载 *Zeischrift für Sexualwissenschaft*, Nov. 1908)。

45　这是英国哲学家洛克（John Locke, 1632—1704）在反对天赋观念时用的一个词，表示人的心理在出现任何观念之前只是一块"白板"，通过感觉和自省在白板上构成经验，形成知觉等等。性是人类的本能，性冲动放射所及几乎达到人的全部心理机构，它与生俱来，印在人的头脑中，根本不可能抹去。——译者

46　雅内:《过分拘谨病》(P.Janet, "La Maladie du Scrupule"，载 *Revue Philosophique*, May, 1901)。

47　弗洛伊德的这些议论载《性的问题》(S. Freud, *Sexual-Probleme*, March, 1908)。施赖伯发表在《保护母亲》(Adele Schreiber, *Mutterschutz*, Jan., 1907, p.30)上的一篇论文中也指出，只是证明禁欲没有危险是不够的，我们还必须记住，把身心的能量用来压制这股强大的本能就常常把快乐和生气勃勃的天性化成疲惫消瘦的幽灵。斯特克尔在《恋爱与女子》(Helene Stöcker, *Die Liebe und die Frauen*, p. 105)一书中也有类似的说法，他说:"说真的，禁欲是否有害的问题是一个滑稽可笑的问题。任何一个人都知道，不必是神经方面的专家。幸福的恋爱和婚姻的生活是健康的生活，这是当然的。完全禁欲，即使没有显示出明显的生理上的病态，也势必导致精神的沮丧。"

48　尼斯特伦文载《性的问题》(Nyström, *Sexual-Probleme*, July, 1903, p.413)。

49　马尔库塞:《医生要不要坚持推荐婚外的性交？》(Max Marcuse, *Darf der Arzt zum Ausserehelichen Geschlechtsverkehr Raten*? 1904)。

50　勒德雷尔文载《泌尿疾病和性卫生月刊》(Lederer, *Monatsschrift für Harnkrankheiten und Sexuelle Hygiene*, 1906, Heft 3)。

51　奥埃仑堡:《性的神经病》(Eulenburg, *Sexuale Neurophathic*, p.43)。

52　这里可参考的冒尔的文章很多，例如他的包罗万象的大作《医

生的道德》(Moll, *Aerztliche Ethik*, 1902);另外一些文章散载《医生造诣时文》,《保护母亲》,《性和社会》等刊(*Zeitschrift für Aerzliche Fortbildung*, 1905, Nos, 12-15; *Mutterschutz*, 1905, Heft 3; *Geschlecht und Gesellschaft*, Vol. Ⅱ, Heft 8)。

53 冒尔:《难以驾驭的性情绪》(Moll, *Die Conträre Sexualempfindung*, Second edition, p.287)。

54 莱威特:《性绝欲和健康障碍》(Lewitt, *Geschlechtliche Enthaltsamkeit und Gesundheitsstörungen*, 1905)。

55 弗莱施:《婚姻, 卫生和性道德》(Max Flesch, *Ehe, Hygine und Sexuelle Moral*, 载 *Mutterschutz*, 1905, Heft 7)。

56 见本《研究录》第四辑有关触觉一节。

57 纳托尔的比特菲尔德医生(Butterfield of Natal)写道:“我以随行医生和天主教徒的双重身份和天主教的特拉皮斯教派(Trappists)有过两年的密切联系的经验。我研究过他们,考察过他们的生活,习惯,和饮食。虽然我本人不太喜欢,觉得他们不适合于我,因而对他们敬而远之。可是,他们中的绝大部分人确实是健康的典范,身体强壮,很少生病,能够胜任大量的脑力和体力的劳作。他们的生活非常简朴和有规律。男男女女,身体都比平常人更加健康,又有着泰然自若,心平气和的气质。我尤其看重后者,这真是难得一见。它们的眼睛有神,容光焕发,行动机敏,处处透着健康的气息。只有生病或长途旅行的时候才可以吃一点荤腥肥腻——各种肉类食品,鸡蛋等等——或者喝一点酒。”见《英国医学杂志》(*British Medical Journal*, Sept. 15 ,1906, p.668)。

58 费雷:《论性的本能》(Féré, *L'Instinct Sexuel*, Second Edition, p.332)。

59 乡村的生活,就像我们前文讨论到它和性早熟的关系时所看到的那样,对性的影响是不设防的,这是一个方面。但是,另一方面,就他的劳作的艰苦和生活的简朴而言,缓和了对神经的刺激,有利于在相当长的一段时间里推迟年轻人的性活动,有利于相对合理的禁欲。亚蒙(Ammon)在他对巴登(Baden)应征士兵所做的人类学调查中发现,在乡村,二十岁以前有过性交的人很少,在十九至二十岁之前,甚至连睡眠中的遗精现象都很罕见。他又再三说,这表示一个青年男子在当兵之前还无权追求女孩子,年长的男人有时候会对围着女孩转来转去的年轻男孩很粗鲁的打骂，把他赶走。当然，这常常是后来更加放肆的性生活的预习或准备。

60　美国的中小学的教育系统中，独身的女教师在数量上占了很大的优势，这引起了许多睿智的观察家的疑虑和担忧。据说，这种情况对男女学童的教育成果都不如人意。卡特尔（Mckeen Kattell）教授是一位著名的教育学权威，他在提到这种占压倒多数的“丧失了活力和失去性别的老处女”时，甚至上纲上线地说：“让这些独身的女人成为普通学校的教师，如果把整个学校系统都搞砸了，那就可能成为一个关系到国家前途利害的问题了。”引自《学校和家庭》（“The School and Family”，载 *Popular Science Monthly*, Jan, 1909）。

61　这是埃迪夫人（Mary Baker Glover Eddy，1821—1910）1866 年发明的一种通神论治疗学说，在美国和欧洲都有一些信徒。——译者

62　科尔的《罪犯》（Corre, *Les Criminels*, p.351）一书中提到十三位被控有罪的神父中，六位的罪名是企图对儿童实施性侵犯。另外八十三位被控有罪的非专业的教师中，有四十八位犯了与此相同的罪行。这些犯罪的非专业教师当时实际上几乎都是被迫过着独身的生活；改变生活境况可以大大降低他们中的这类罪行。许多道学家和宗教界的人士，牧师和其他一些人，有些不正当的行为但还够不上犯罪，他们年轻时过着严格的禁欲生活，到了中年或更晚一些的时候，有时会体验到一种几乎无法控制的性冲动爆发的情绪，这些性冲动中有正常的，也有不正常的。在女子方面，这种情绪的爆发所采取的形式每每容易表现为把与性有关的东西放在心里，终日萦绕，无法摆脱。例如，一位讲究贞洁的女子，脑子里总在盘想注视男子的生殖器。摘自《世界医学会议论文汇编》（*Comptes-Rendus Congrès International de Médecine, Moscow*, 1897, Vol Ⅳ, p. 27）。

63　戈弗雷：《性的科学》（J.A. Godfrey, *The Science of Sex*, p.138）。

64　霭理士：《弗朗西斯和其他人等》（Havelock Ellis, “St. Francis and Others”，载 *Affirmations*）。

第七章　娼妓

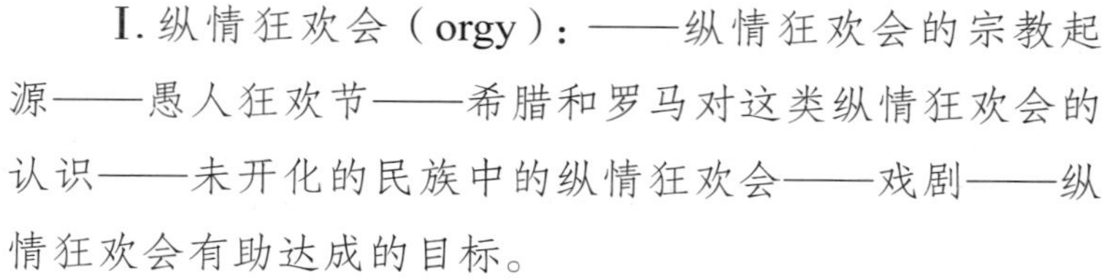

Ⅰ. 纵情狂欢会（orgy）：——纵情狂欢会的宗教起源——愚人狂欢节——希腊和罗马对这类纵情狂欢会的认识——未开化的民族中的纵情狂欢会——戏剧——纵情狂欢会有助达成的目标。

Ⅱ. 娼妓的起源和发展：娼妓的定义——未开化民族中的娼妓——娼妓行业兴起的条件——宗教上的娼妓——礼拜米里塔（Mylitta）——通过为娼以获得婚姻的妆奁——希腊娼妓的兴起——东方的娼业（印度，中国，日本等等）——罗马的娼妓——基督教对娼妓的影响——禁娼的努力——中世纪的妓院——高等妓女随官女乐的出现——图利娅·达拉戈纳（Tullia D'Aragona）——韦罗妮卡·佛朗哥（Veronica Franco）——尼侬·德·莲克洛斯（Ninon de Lenclos）——稍后企图消灭娼妓的企图——娼妓的管理——逐渐认识到娼妓管制的无效。

Ⅲ. 娼妓产生的原因：——娼妓是婚姻制度的一部分——娼妓的复杂原因——妓女举出的为娼的动机——（1）卖淫的经济因素——贫穷往往不是卖淫的主要动因——但经济压力确实发挥了作用——新从业的妓女大部分来自家务仆役——这件事实的意义——（2）卖淫

的生物学的因素——所谓天生的妓女——被认为等同于天生的罪犯——妓女的性本能——妓女的身心特性——娼妓的存在必然有道德的因素——支持娼妓的道德——基督教对待娼妓的道德态度——基督新教的态度——晚近支持娼妓必需的道德——（4）文明的价值作为娼妓的一个因素——都市生活的影响——渴望兴奋刺激——为什么女仆经常转投娼妓——和诱奸有些许关系——妓女大部分来自乡村——文明的诉求引诱妇女从事娼业——男人对于相应的诱惑的感觉——妓女是艺人和时尚的领袖——粗俗的魅力。

Ⅳ. 现代社会对于娼妓的态度：——妓院的衰落——娼妓的人性化趋势——娼妓的金钱方面——日本艺妓（Geisha）——古希腊的艺妓（Hetaira）——道德反对娼业——污秽的恶基于放纵的善——寻常对于妓女的态度——它的荒谬的残忍——娼妓必须改革——婚姻必须改革——这两种需要密切相关——复杂的动态关系。

Ⅰ. 纵情狂欢会（Orgy）[1]

传统的道德、宗教和已经建立起来的习俗结合，不仅把死板的绝欲提倡到极端，而且也把造次的纵淫推到极端。它们宣扬一个极端，把它理想化，当作典范；它们把那些不能接受它的人推向另一个极端。在宗教的鼎盛时期，也多多少少有些故意纵容偶尔爆发几次放纵的活动来缓和绝欲主义的霜威。于是我们看到了纵情狂欢会的现象，它盛行于中世纪，而实际上从广义上说它是一种一般的现象，它是满足有严格规则的艰难的人类文明需要的一种功能，人类的文明建立在种种自然能量的基础上，而这些能量势必要受到文明或多或少的限制。

不妨说，对这类狂欢会的思考使我们超越了单纯的性的范围而上升到了一个更高更广的属于宗教的领域。这种希腊的狂欢会（orgeia）本来只是为了某种宗教目的而举行的，但稍后祭酒神之类的狂欢狂舞（dances of Bacchanals）失去了它们的宗教的特征和鼓舞人心的性质，基督教助长了认为这些东西都是不道德的观念[2]。但是基督教本身起源的时候就是一种秘密敬神的狂欢会。它是从古典文明的不相宜的奴役状态中释放出来的更高级的精神活动，是贫民大众、卑贱者、奴隶和罪人的伟大节日。当基督教认为社会有必要建立某种有秩序的体制时，它便终止了这种秘密仪式。但它仍然承认有必要偶尔举行一次像异教徒实行的那种纵情狂欢会。大概在公元743年，在比利时的埃诺（Hainault）举行的宗教大会（Synod）上把二月放纵活动（de Spurcalibus in februario）归入异教徒的生活习惯；但是恰恰是这个异教徒的节庆具体表现在基督教会采纳的风俗中，作为教会年的重要的纵情狂欢节，即每年四十天的罗马天主教长斋节前举行的狂欢节或嘉年华（Carnival）。在斋前一日的忏悔星期二及之前的星期日的庆祝活动就构成了基督教的敬酒神节。在这个节庆日，不分阶层，举国狂欢。身体乱舞，行为放纵，都受到鼓励；“有些人赤身裸体到处游逛不以为耻，有些人在地上爬行，有些人踩高跷，有些人以模仿禽鹿为娱。”[3] 随着时间的推移，嘉年华失去了敬酒神节庆的最猛烈的特征，但仍保留着它的本性，遵循率性之道。在习俗的经年累月的重重束缚中允许把张力暂时松弛一下。中世纪的

愚人狂欢节——这是十二世纪，主要在法国建立起来的狂欢作乐的新年庆典，它展示了基督教极端形式的纵情狂欢会的风采，因为这个节庆把最神圣的教会的典礼变成了古怪搞笑的题目。教会，按照尼采的说法，像所有聪明的立法者一样，认识到凡是有伟大的冲动和习俗必须培植和教化的地方，就必须安排插入几天，准许大家在这段时间里拒绝接受它们。用这种办法重新激起他们向往这些冲动和习俗的热情[4]。在这些民间的节庆活动中，都是由牧师率领，因为生活在那个时代的人，正如梅雷（Méray）说的那样："一切人事均由礼拜堂立定准则，道之以德，齐之以礼。众人遵守，不得有违；有忧愁悲伤就去礼拜堂寻找安慰，高兴了也要到那里去才称心如意。中世纪基督教的宗教节日不是罗马时代的遗风；它们是从基督教社会的奥藏处跳出来的。"[5]但是，梅雷也承认，所有伟大而生气勃勃的民族，姑不论是东方的或是西方的，有时候都会感觉陷入一种困境，必须拿一些他们视为神圣的事物来寻开心才过得去。

在希腊人和罗马人中，这种陷入困境的心情随处可见。不仅普遍表现在他们的喜剧和文学作品中，而且也表现在他们的日常生活里。尼采说得对［见尼采《悲剧的诞生》（*Geburt der Tragödie*）］，希腊人对一切自然的冲动，甚至包括那些一文不值的冲动在内，都要招呼到，想方设法让它们不致酿祸造灾，办法是在某个特殊的日子里以某种礼仪庆典的名义举行一些特殊的活动，让那些过剩的野性能量可以无害地通过这些渠道流走。希腊最后的最有影响的一位道学家普鲁塔克（Plutarch）在为一些节日辩护时说得好［见他所著文稿《论儿童的训练》（*On the Training of Children*）］，"即使我们把弓弦和琴弦都松开，我们还可以把弓再弯过来将弦扣上和把琴弦重新绕上。”塞内加（Seneca）或许算不上全欧最具影响力的道学家，但在罗马却当之无愧。他甚至推荐偶尔来一场酩酊大醉。他在《论宁静》（*De Tranquillilate*）一文中写道，“有时候，我们必须喝到烂醉如泥的地步。这不是为了自己找死，而是要把我们自己深深地浸入酒中。因为它洗去一切忧愁。把我们的灵魂从万丈深渊中拔擢上来。酒的发明者叫李贝尔（Liber, 拉丁语，有酒神、自由、放纵等多重意思——译者注）。因为它使人的灵魂摆脱奴役，从奴隶状态中解放出来，鼓舞他，使他更加勇于担当。”罗马人和希腊人比较起来，更加强硬，更加严肃。但也正是因为这个原因，他们认识到有必要偶尔放松一下他们道德的神经，目的在于保全他们的精神风貌和品格。他们鼓励推广各种节日。和希腊的这类节日比较起来，它们显得更加放纵得多。当这些节日开始失去了它们的道德上的裁可或约束力而堕入腐败时，罗马的衰败也就开始了。

全世界，最原始的未开化的民族也不例外，都对这类纵情狂欢会的原则或道理认可和采纳——因为未开化的人的社会生活也是建立在一些有制约力量的秩序之上的，这些制约有时也必须要放松一下。譬如斯宾塞和格林（Spencer 和 Gillen）就对澳大利亚中部的瓦拉蒙加（Warramunga）部落的纳塞古拉（Nathagura）或所谓火礼（fire-ceremony）有过一番描写[6]，这是男女共同参加的一种节日，节日里社会生活的全部日常规则都被打破了，一种称为农神节的纵情狂欢（Saturnalia）的节日，但是其中没有纵淫的内容，因为本来就不必说，性放纵在狂欢会中并没有重要的地位，即使这种狂欢减轻了性压抑的负担，也不是通过纵淫来实现的。据陶特（Hill Tout）报道[7]，在英属哥伦比亚（British

Columbia），在沙里山族印第安人（Salishan Indians）领地等风教迥异的地方，在白人到来之前，他们的祖先就已经注意到了休息日或第七日的礼仪问题，这一天用来跳舞，拜神，日出时集会，跳舞，一直活动到中午。据我们所知，休息日或定期按常规举行的狂欢，——不是紧张和拘束的一天而是卸下日常生活的全部责任的一场休息，一个快活的节日，——是构成许多有秩序的古代文明的重要部分。我们今天的文明就是在这些古代文明的基础上建立起来的[8]；这些古代文明的稳定极有可能和他们认识到有必要安排休息日的狂欢有密切关系。克劳利（Crawley）注意到，这种节日实际上是修身养性和恢复力量和勇气的过程，是除“旧人”换“新人”的一番努力，以旺盛的精力开始步入日常生活之路[9]。狂欢节是一种制度或习惯，它的意义绝不仅仅限于过去的时代。相反，现代生活的高度紧张，死板的常规惯例，乏味的单调，更加需要有些放松身心的机会。虽然过去节日的那种种狂热放纵的形式不能萧规曹随而必须根据社会的各方面的变迁而有所改变。正如洪堡德（Wilhelm von Humboldt）所说的那样：“人需要受苦磨炼才能坚强，同样，他们需要快活才能善良。”瓦格纳（Charles Wagner）在他最近发表的《青春年华》（*Jeunesse*）一书中坚持认为，我们的现代生活同样需要这些快活，遗憾的是，旧时的舞蹈，自由和自然的风采都已经不时兴了或者变得不健康了。舞蹈的确是狂欢节日的最基本最原始的形式，也最圆满和符合健康地实现了节日的目的。因为，毫无疑问，它是一个完成性的积欲的过程，就像我们在动物界中看见的那样[10]，它并非要把目标瞄准在性的解欲上不可，它本身就可以成为释放积欲能量的一种解欲的过程。正是有鉴于此，从前西班牙的牧师基于道

德的原因，无论如何都要公开鼓励这种举国的激情舞蹈。在现代文明的民族中，这类狂欢会趋向采取纯粹的典礼的形式，和过去相比，它不够健康，因为它不能引导身体积蓄的能量沿着运动的渠道和谐地发泄出来。但是，在文明的境况下，纵情狂欢以这些比较消极的形式一再地被肯定。亚里士多德关于悲剧的功能有一句名言，说它是“清涤心灵使其洁净”者也，似乎是认识到了希腊当初的纵情狂欢会的有益的功效了[11]。瓦格纳的音乐剧（Music-dramas）就有力地诉诸这种需要，以此为务；剧院里，从古至今，好戏连台，把这种赚尽人间眼泪洗心教化的伟大功能发挥得淋漓尽致，这些东西都是从古代传承下来的。那时它只是定期举行的和适当表现性的节日活动[12]。实际上，目前的剧场趋向设在露天，白天演出，摆出一副不平常的样子，接近于希腊罗马古典时代的更严肃的戏剧表演。法国特别积极率先演出这类节目，可以比类于古代的敬酒神节（Dionysiac festivals of antiquity）和中世纪的神秘祭礼与道德说教。这种发展趋向是十几年前在法国的奥伦治（Orange）开始的。1907 年，在法国有多达三十个露天剧场（诸如“天地剧场”，“太阳剧场”等等），而在马赛（Marseilles）从古典时代以来一直就建有一处正式的露天剧场[13]。在英国，大众对戏剧表演的兴趣也同样有很广泛的发展，新创立的各种化装游行，纪念活动的化装游行都由当地的人操办和举行，都是一些同样性质的节日。但是，在英国，大众今天真正纵情狂欢的节日是银行休假日（Bank holidays），时常和一些庆祝活动结合进行，例如“麦费京”（Maffekings）等纪念日[14]，有些比较琐碎的全国性的小事件却也足以唤起和古时候的那些真正的狂欢节一样的狂欢的热情，虽然它们缺少一些美感和没有宗教的

祭祀敬神的神圣。在一些狭隘顽固的人看来当然很轻易地付诸轻蔑的一笑，但是在道德学家和哲学家的眼中，这些狂欢的节日却发挥了有益的防微杜渐和保养生息的功能。在年复一年无精打采单调乏味地照常规混日子的年代——所有的文明都免不了这种生活的常规——，许多自然的冲动和功能都有被压制而萎缩或变态的倾向。它们需要这些短暂的欢乐的变化、活动和发泄，在这种时刻，它们可以不必竭尽全力，但无论如何它们总能够像西普思（Cyples）所说的那样，把自己的巨大的潜能来一番排练[15]。

Ⅱ.娼妓的起源和发展

在文明过程中，纵情狂欢的一些更文雅的形式盛行，但是由于它们的主要的理智的性质，这些文雅形式的节日益处不大，效果也不明显。纵情狂欢的更原始更需要肌肉的刚强有力的活动形式，在文明的影响下，又声名狼藉，受到百般的压制。文明就这样起了几分鼓励娼妓的作用。因为在文明发达后原始形态的纵情狂欢是被禁止公开体面地举行的，它们只能寻找秘密的地方暗地里举行，这些活动又和文明社会里不能合法地完全满足的基本的本能联合，深入到文明生活的中心筑起森严的壁垒把自己保护起来，因此构成了一个积重难返的重大问题[16]。

通常认为娼妓是自古以来无论何时都无所不在的。这种说法其实大谬不然。在未开化的民族中偶尔能看到一种业余性质的娼妓，但通常都要到文明进入半开化（barbarism）而且充分发展到已经接近文明阶段的时候，才有真正的娼妓出现。在一切文明中都有制度化形式的娼妓存在。

什么是娼妓？关于娼妓的正确定义一直有很多讨论[17]。罗马的法学家乌尔比安（D.Ulpian）说，妓女是为了金钱不加选择地公开委身于多个男人的女子[18]。不是所有现代的定义都像这样差强人意的。有时候说妓女是委身于许多男人的女子。无论如何，一种界说要称得上完善必须能够同样应用于男女两性而不分轩轾，我们对于称一位和许多女子性交的男子为妓女肯定会感到犹豫不决。贪金失德的观念，卖春的意向，都是娼妓这个概念的基本内涵。譬如居约（Guyot）把娼妓定义为“以性交谋利的人都叫妓女”。[19]但是，把一位妓女简单地定义为一个出卖自己的身体的女子是不充分的。每天都有女子这样做，她们为了赚得一个家和为了生计而成为人妻，从某种高标准的道德眼光来看这种行为有可能是不道德的，但如果把这叫作行娼，把她们叫作妓女就不合适了，甚至是一种教人发生误解的错误[20]。因此，还是这样定义比较好，即妓女是临时对各色各样的人卖色或卖春的女人。譬如，按照沃顿（Wharton）的《法律词典》（*Law-lexicon*）的界说，妓女是“不加选择地和任何一位肯付钱雇佣她的男人交配的女人”；邦格尔（Bonger）说，“凡出卖自己的身体供人性交并以此为职业的女子都叫作妓女”[21]；里夏尔（E.Richard）又说，“妓女是公开委身于先来的男子以换取金钱酬劳的女人”。[22]最后，因为同性恋的普遍，终于导致男妓的存在，这个界说的行文必须不拘性别，因此我们不妨说，娼妓是以对各种各样异性或同性的人提供性服务，满足他（她）们的性欲为职业的人。

重要的是，娼妓通常可以扮演“各种各样的人”。一位女子为了谋生而成为一位男子的情妇，而且忠实于他，她就不是妓女，虽然后来她常常会成为一名妓女，或者先前曾经是一名妓

女。在妓女须登记注册的国家，一位女子开始成为一名妓女的准确时间是一个相当重要的问题。譬如在柏林，有一位女子，不久前，还是一位富有的骑兵军官的情妇，靠他赡养，在这位军官生病期间，偶然碰到一位从前曾经认识的男人，又邀请他来看过她一两次，并且接受他作为礼物给她的钱。这件事让警方多少知道了一点风声，然后将她逮捕，以未经注册的妓女名义获罪，判刑入狱一天。但是，上诉时这个判决被宣布取消。李斯特（Liszt）在他的《刑法学》（*Strafrecht*）中规定，按照德国的法律，一位女子的全部或部分收入来自"固定的亲属"她就不是以卖淫为生者[23]。

要解释清楚这种制度化的娼妓行业的起源和它在我们熟悉的文明社会中的存在不大容易。关于业余性质的娼妓有时候可以在原始民族中看到一些记载——这类事，一般就是，一位男子可以给一位女子一件礼物，引诱她许可他和她性交—— 这在我们看来真算不上行娼。这类例子中的送礼不过是暂时野合前的调情的一部分。这位女子多多少少还保持着她的社会地位，不会因为从此不能去做别的事业而被迫去做出卖她自己的事情。当库克（J. Cook）来到新西兰的时候，他的船员发现，当地的妇女是不能用武力强夺的，"但是，和颜悦色温存细语却可以使她们和我们好像处在婚姻中一样大大方方地相处"。按照"他们的观念，同意就等于准许。女朋友的同意是必需的，而当各种预备的事都料理停当之后，对待这种'露水夫妻的情人'也需要情款绵绵，就好像和自己的结发妻子在一起一样。情郎的调情行为如果被她认为是粗暴的冒犯，结果肯定会叫他大失所望"。[24] 在澳大利亚西北的美拉尼西亚岛（Melanesian Islands），据说女子有时会做妓女，或者是因为她们的行为恶劣，被强制充当一段时间的妓女；但是她们也没有因此被特别瞧不起，而当她们藉此积蓄了一定数量的财产之后，她们照样可以很好地结婚，从此以后，就不宜再对她们从前干过的这些事说三道四了[25]。

当娼妓最早在原始民族中兴起时还只是偶尔发生的现象，也几乎或完全没有沾上什么污名，因为社区还没有形成特别重视童贞的风气。舒尔茨（Schurtz）从古代阿拉伯地理学家阿尔-伯克里（Al-Bekeri）的著作中摘引过几句有关斯拉夫族人的有趣的话："斯拉夫人的妇女结婚之后都忠实于她们的丈夫。但是，如果一位未婚的年轻女子爱上了一位男子，她就会去找他，满足她的情欲。而如果一位男子结婚时发现他的妻子是一位处女，就会对她说：'如果你有一点什么长处男人早就爱上你了，而你也会选中一位，他也会破了你的童贞。'然后把她赶走，并且和她断绝关系。"在有些民族中，就是这类情绪使女子为收到她的情郎的礼物而骄傲，且把它们保存起来作为结婚时的妆奁，她知道她的价值会因此而更进一步升高。甚至在现代欧洲的南斯拉夫族人中，他们还保留着许多原始民族时的性自由。克劳斯（Krauss）对这些民族的风俗习惯有过细致的研究，他说，这种自由和伤风败俗，滥淫或寡廉鲜耻之类的事是根本不同的[26]。

正如舒尔茨（Schurtz）指出的那样，有的社会早婚有困难，婚外的性交又被社会非难，在这些社会里，娼妓都有兴起的倾向。"无论什么地方，当年轻人的自由的性交受到压抑，马上就会出现为金钱而卖身的女子，不论是否能普遍实行早婚，都会是这样的结果。"[27]压制婚外的性交是一种文明的现象，但它本身绝不是度量一个民族的一般文明水准高低的尺度，因此它在文明的早期阶段就开始出现了。但是要知道有一点很重要，原始民族的萌芽状态的娼妓，刚开始出现时，只不过是一种暂时的，而且常常——虽然不是一定——不会影响到公众贬低对该女子的评价，实际上有时候反而提高了她作为人妻的价值。一个女子，把为了金钱而卖身纯粹当作一种职业，没有一点爱情和性欲的考虑，而她，由于这种职业，属于贱民或败类，被她的女同胞的主流十分冷酷地排斥在外，这种现象在文明昌盛的社会之外是很少见的。说妓女只是原始民族时代的遗迹是完全错误的。

总体上说来，在未开化的民族中，婚姻缔结之前的性关系有时是自由的，在一些特殊的节日中也有同样的自由，他们很少有真正的乱交，为了金钱而卖身的事更是绝无仅有。如今在未开化民族中有时会看到妇女卖身或者被她们的丈夫出卖的情况，通常都能从中找到欧洲文明污染的痕迹。

娼妓行业的兴起无疑有许多条明确的途径[28]。我们可以同意舒尔茨提出的一条一般的原则，即，当年轻人的自由性交受到阻碍而早婚也很困难的时候，娼妓肯定会应运而生。不过，这条原则有几种不同的表现形式。就我们西方文明的情况说——这是指在地中海盆地的摇篮中成长起来的文明——娼妓的起源似乎要从根上究诘到宗教的风俗。宗教是种种社会传统的最伟大的保守者，它以改头换面的形式使渐渐脱离一般的社会生活的原始人的自由得以保存下来[29]。希罗多德（Herodotus）记录了一个典型的例子，在基督诞生前第五世纪时，在供奉巴比伦的维纳斯（Babylonian Venus）的米里他（Mylitta）神庙，每位女子一生中必须曾经一度到过庙里，坐在那里，而后委身于第一位把一枚钱币投到她腿上的陌生人，作为对女神的礼拜。不管这枚钱币的价值多小都不能拒绝，这只是给庙堂的一份布施化缘，这位女子就跟那个男子离开庙堂，完成对米里他的奉献，回家以后再去过她持贞守节的生活[30]。在西亚的其他地方，在北非洲，在塞浦路斯和东地中海的其他岛屿等地方都有类似的风俗。希腊也一样，那里有一座阿芙罗蒂德神庙（Temple of Aphrodite），位于它南部的科林斯城堡上（Corinth），庙中有千余名神奴（hierodule），是供奉和服伺这位爱与美的女神的，按照斯特拉博（Strabo）的说法，时不时地有一些想谢神感恩的人去惠顾她们。平达尔（Pindar）在提到殷勤好客的科林斯敬神的女子时说，她们的心思时常转到乌拉尼亚·阿芙罗蒂德，去她的神庙焚香礼拜[31]；阿忒那奥斯（Athenæus）也提到在全国发生各种灾难时科林斯的这些妓女的祈祷有重要影响[32]。

我们在这里看到的似乎不仅仅是通过宗教保存了早先存在过的较大的性的自由[33]，而且还使对于大自然的生殖力量的原始崇拜发展成一种特殊的礼仪，它包含一种信仰，认为一切自然的收获都和人的性交有联系而且因它而丰盛，于是人的性交行为便获得了宗教的意义。再后来，具有宗教意义的性交行为逐渐被特殊化而局限在神庙里实行，通过观念的辗转推论这种信仰变成相信这种服侍神的性交活动，或者说和献身奉神的人性交，会给干这种事的人带来福利，如果是女子，还另有特别的好处，可以保证她生育成功。在原始民族中这种观念通常主要体现在一些季节性的节日活动中，但是，西亚的民族已经越过了原始的时期，在他们中间传统的教士的和僧侣的影响变得非常隆重，于是，早期的生殖崇拜或许就顺势自然地改变它的形式，成为依附神庙的一种活动和信仰[34]。

这种理论认为，根据一般的法则，宗教娼妓的源流是出自一种信仰，相信人类的生殖活动对促进大自然物产的丰腴有神秘的和神圣的影响，这个理论似乎是曼哈特（Mannhardt）在他的《古代对森林和田野的崇拜》一书中最早提出来的[35]。克劳斯（Dr. F. S. Krauss）支持这种见解[36]，他提到一件重要的事实，即在巴鲁克（Baruch）时代或伪经巴鲁书开始流行的时代，远在希罗多德（Herodotus, 约公元前 484—前 425 年）之前很早的时候，宗教娼妓是在树下，在森林中实施交媾的。弗瑞泽尔（Dr. J. G. Frazer）在他的《美少年阿多尼斯，奥赛列司母神阿梯司，太阳神奥塞列司》一书中把这种宗教娼妓起源的观念更加发挥得淋漓尽致，他在修篇长论之后做了这样一个总述："我们可以做一个结论说，伟大的母神，人格化了的自然的一切生殖的能力，大家给她取了各种各样的名字，崇拜她，只有西亚的许多民族通过实质性的具体模拟神话和礼仪来礼拜她；和她结交的是一个情郎，或者不是一个而是许多情郎，他们是神，不过是凡人充当的神，她年复一年地和这些神交配，大家相信他们的交往对于各种各样的动植物的繁殖都十分重要，不可缺少；而且，神祇配偶的荒诞交媾，被凡尘的男男女女仿效，凡人在女神的圣殿庇护下性交，虽说只是临时春风一度，但都是在人间真实的一再重复，这一切都是为了要靠它来保证土地的丰腴和人畜两旺。随着时间的推移，单婚或一夫一妻婚的制度日渐受人青睐，古老的共婚现象越来越为人不齿，古代旧俗的重演，尤其是在女子的生活中即使只是偶尔一度出现，都会和公众的道德舆论相抵触，因此，为了逃避履行在理论上仍然承担的义务，他们就采用各种权宜之计来应付……但是一面当大多数女人这样想办法，即在形式上遵守教

规又不致牺牲她们的贞节操守，一面还继续在想，为了大众的福利，不得不让一定数量的女子继续按照老规矩履行老义务。”于是，这些人就成了妓女，或者在一所庙宇里干上一辈子，或者在里面干上几年：因为献身于服侍宗教，她们有神圣的名望，她们的职业受命于天，非但不会被人鄙视，而且可能深受一般的凡夫俗子敬重，认为她们的作为比普通的德操更高尚，而将仰慕、敬重和同情之心献给她们，不像在世界上有些地方，仍然只对那些以各种方式放弃女性的自然功能和人性的慈爱去追求她们的上帝的荣耀的女子，才给予这种尊重[37]。

这种理论描写了导致宗教娼妓发生的主要的原始的观念，要反对这个结论是困难的。但是随着时间的流逝，尤其是当神庙崇拜的发展和祭司的影响增强的时候，似乎也一样清楚地看到，这种基本的原始的观念一直在变化，甚至都变得面目全非了。在这种原始的观念中，本来的宗教赐福，尤其是物产丰腴的普世赐福，变得专门化而只赐给“礼拜者”了，这些拜神的人认为是和淫神商定用一次不贞的行为求得女神的眷顾。希罗多德所描写的米里塔的宗教礼仪就是这一类古代文明的后期的发展，祈求得来的福气显然都归拜神者她们自己。韦思特马克（Westmarck）[38]博士早就点出了这一层意思，他说，她那位伴侣把钱币投给她的时候就说了——“愿女神赐福于你！”——这些话表明此行的目的在于保证她的生育。韦氏还提到一个事实，这些到庙里来的陌生人常常带有半仙的气味（semi-supernatural character）他们带来的吉祥就是怀孕得子的效率特别高。不妨再补充说一点，这方面米里他礼仪和地中海一带的另一种宗教礼仪可以比类而观，即这另一种礼仪中是假装和神的代表或者和他的像性交，祈祷保证女子怀孕产子，这是门德斯（Mendes）时代的埃及人实行的礼仪，礼仪中妇女要假装和代表半人半羊的牧神的神性交[39]。罗马的妇女一直坚持这种礼仪，行礼时假装和阳具之神伯来尔白斯（Priapus）的雕像发生关系，很迟以后，圣·奥古斯丁（St. Augustine）还提到罗马的家庭女长者把新娘放到伯来尔白斯的挺起的阳具上的事[40]。显然贯穿全部这类现象的观念是神，或者是他的代表，或者甚至只是神的像，有一种神力，通过和他实行真正的性交或假装的性交，他就会施恩予崇拜者，把他自己的旺盛的生育力赐给她一部分。

更迟一个时期，在科林斯，妓女仍然是爱神维纳斯（Venus）的女祭司，不过和她的神庙的联系多少有些松懈，但只要她还算其中的一分子，她就仍然享有相当的尊敬。但是，在这个时期，我们清楚地知道了宗教娼妓正在滋生出功利主义的一面。这些神庙的兴旺发达主要是在许多外乡人和水手常去的沿海城市、海岛以及一些大都市。塞浦路斯的女祭司在她的供坛上焚香，祈求她神圣的赐福，但与此同时平达尔（Pindar）却称呼她们为“迎客送抱的年轻女郎。”一方面是宗教意义的生殖活动，一方面是离家远游的男子的需要，两者比肩并列，后者已经开始被大家明确地承认了。巴比伦的女子必须去米里他神庙去履行她个人的宗教的义务；而科林斯的女祭司则已经开始扮演为远来乍到这个城市的陌生男子的性需要公开服务的角色。

希罗多德注意到吕底亚（Lydia）的年轻的女子为了获得一份她们可以处置的满意的嫁妆而卖淫行娼的习俗[41]，可能就是从宗教娼妓制度中发展出来的（弗雷泽尔也有同样的见解）；最后我们真的在塞浦路斯找到了它演化的痕迹，在查士丁尼（Justinian）

登上这个海岛的时期，访客付给这些女子的金钱不再放到祭坛上而是放进一只箱子里，这是她将来的嫁妆。在日本和世界上其他一些地方都有这类卖淫行娼的习俗，不一定都是根源于宗教娼妓，在阿尔及利亚的奥列特－内尔（Ouled-Nail of Algeria）表现得最明显[42]；但这种习俗显然只有在那些民族的人并不把为了金钱的目的而随便性交看作下贱的地方才能存在，所以，米里他的习俗为它提供了一种自然的依据[43]。

因为更具精神性质的宗教观念的成长和文明的发达趋向于剥夺环绕性交的神圣光环，宗教娼妓在希腊逐渐被废除，但是，在小亚细亚沿海一带地方，宗教娼妓和为了积攒嫁妆而行娼的风俗却一直维持到康斯坦丁（Constantine）时代，他下令革除这些古代的习惯[44]。古代宗教娼妓习俗有一种迷信做依托；这种迷信认为从未献身供奉过爱神阿芙罗蒂德的女子将会被欲或性欲耗磨致死，而根据奥维德（Ovid）的记载，这个传说是对初次成为公开的妓女说的。由此看来，这个传说表明在宗教娼妓和世俗娼妓之间似乎有某种不相容的矛盾。宗教娼妓的衰落，无疑是和文明发达过程中经常要产生的向往结合在一起的，它的衰落的结果导致最早的一个公开妓院的建立，根据传说，它是由雅典的立法者梭伦（Solon）建立的，这是一个纯粹世俗的设施，其目的也是完全世俗的：保护大众的贞节操守和增加公共财政收入。有了这种设施或惯例，娼妓的发展以及娼妓成为其中的一部分的婚姻制度的发展便完成了。雅典的迪克特里昂（dikterion）就是现代的妓院；而其中的妓女（dikterade）则相当于现代的由国家管制的妓女。事实上，自由的艺妓（hetairœ）也随之兴起，她们都是受过教育的女子，和迪克特里昂不沾边，没有污名，但是她们在大众

舆论中也没有正名[45]。敬奉神祇的性交神圣的原始观念终于完全消失了。

未开化的族群中有一个很典型的例子，在南太平洋的罗图马（Rotuma）岛，“在那里为了金钱和礼物而行娼是闻所未闻的。”婚后通奸的事也从未听说过。但在婚前的性交却有很大的自由。[46]据说，非洲的班图巴姆波拉（Bantu Ba Mbola）的情况也非常相像。[47]

在社会发展到更先进的阶段的早期威尔士的金姆利族人（Cymri of Wales）中，娼妓似乎不是绝对地没有，但是公开的娼妓要受到惩罚，失去了一些宝贵的特殊的利益[48]。

在英国人来到缅甸之前，那里实际上没有听说过有娼妓的事，行娼被认为是羞耻的事，现代印度也是这样的一个例子。传教士谴责自由性交，认为它有罪，这样势必为娼妓的发达推波助澜，虽然这不是这些传教士的初衷[49]。英国人把娼妓带到了印度。一位婆罗门人士对布瓦（Jules Bois）说：“这不是英国人特意犯的错误，这是你们的文明的罪愆。我们从来没有妓女，我用这个可怕的字眼是指那些为了满足萍水相逢的人的饕戾的性欲而甘当禽兽的贱人，我们过去有，现在还有属于唱歌和跳舞等级的人，她们嫁给森林，——你知道吗，嫁给森林——从吠陀（Vedic）时代以来都是要行礼的；我们的祭司祝福她们，从她们那里得到许多钱。她们从不拒绝那些爱她们和使她们快活的人。王公富豪使她们富有。她们表演全部的艺术。她们是世界上最光彩夺目的美人。”[50]

还可以再补充几句，“神的仆人”，即宗教娼妓，和南印度以及德坎（Deccan）的神庙有联系。她们小小年纪的时候就听从神的召唤一心奉神，她们的主要事业就是在神像面前跳舞，她们都

是和这位神结了婚的人（但印度内地的职业舞女是许嫁给无生命的对象的），她们都受过训练，对来神庙朝拜进香的信徒，唤起他们欲望和给他们宽慰。关于印度宗教妓女奉献给神的订婚仪式可以参考让纳（A. Van Gennep）的《通行的礼仪》一书[51]。

在西亚的许多地方，半开化的文明已经高度发展，娼妓已经不罕见了，虽然通常都要受到非难。希伯来人知道这种事，圣经的历史参考文件提到娼妓的时候都没有责备的意思。耶夫他（Jephtha）是一位妓女的儿子，与合法的兄弟们在一起养大成人，塔马尔（Tamar）的故事也有这类不歧视妓女的意思。但是法典对待当妓女的犹太少女是很严厉的（对异乡妇女行娼的定罪则相当宽容），希伯来的道学家可是猛烈攻击妓女的；我们只要查一查著名的旧约箴言书（Book of Proverbs）就清楚了[52]。回教对娼妓的谴责也很严厉，但对女奴行娼则比较宽容；但是，按照哈里比（Haleby）的说法，在预言书流行时代之后最初的几个世纪，在信仰伊斯兰教的族群中，娼妓实际上是不为人知的。

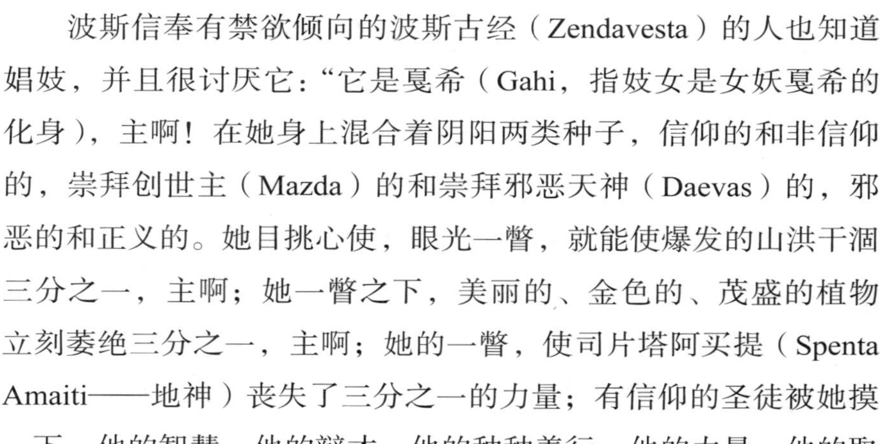

波斯信奉有禁欲倾向的波斯古经（Zendavesta）的人也知道娼妓，并且很讨厌它："它是戛希（Gahi，指妓女是女妖戛希的化身），主啊！在她身上混合着阴阳两类种子，信仰的和非信仰的，崇拜创世主（Mazda）的和崇拜邪恶天神（Daevas）的，邪恶的和正义的。她目挑心使，眼光一瞥，就能使爆发的山洪干涸三分之一，主啊；她一瞥之下，美丽的、金色的、茂盛的植物立刻萎绝三分之一，主啊；她的一瞥，使司片塔阿买提（Spenta Amaiti——地神）丧失了三分之一的力量；有信仰的圣徒被她摸一下，他的智慧，他的辩才，他的种种善行，他的力量，他的取胜的威风，他的圣灵，全都有三分之一要被斫丧。这都是真情，我对你说，主啊！这种人都应该杀掉，她们比在地上滑行的蛇，比咆哮的狼群，比窜入羊群的母狼，比跳到水里成千上万地产子的母青蛙都更该死。”[53]

但是，实际上，在现代的东方娼妓已经站稳了脚跟。譬如，在鞑靼——土耳其地区（Tartar-Turcoman），大大小小的妓屋就设在路边，基督徒常去造访，一位似乎很精明的作者对此有过一番描写[54]。大家并不认为这些屋子有什么不道德或该禁止，那只是一些可以寻欢作乐的场所，访客在那里可以找到一位女子，她能让他仿佛在自己家里一样度过几个小时，欣赏她的轻歌曼舞，吟咏说书，末了还有她的身体。在门口付钱，从没有找后账的纠纷；因此造访者就像在朋友中间，甚至就像在自己家里一样。而他对待这位妓女也几乎就像对待自己的妻子一样，也不会发生悖礼或言语粗鲁的事情。“在东方的妓院里没有淫猥下流的现象。”同时也没有矫饰造作的假正经。

在东亚，在缘出于蒙古利亚的民族中，特别是在中国，我们发现娼妓是被当作一种实业来办的，而且基础很牢固。在这里大家对娼妓业能够接受并不十分嫌弃，但是妓女本人则被人看不起，认为下贱。年幼的孩子常常被买去训练成为娼妓，接受这方面的培养，并且被禁锢在妓院里和外界断绝联系。年轻的寡妇由于不许再嫁，也常常有失足而过着妓女的生活的。中国的妓女常常死于吸食鸦片和梅毒的伤害[55]。在古代中国，据说娼妓是一个上流的阶层，她们的地位多少类似于希腊的艺妓（hetairœ）。无论如何，即使在现代的中国，她们的数量还是很多，还有花艇，在海边的城市的花艇里，她们的日子常常过得很奢华，有几位作家说他们常常去那里寻欢作乐。根据普洛士和巴特尔斯（Ploss and Bartels）的记载，驻巴黎领事馆的武官张绮桐（译音）描写的花艇，与其说可以比作欧洲的妓院不如说更可比同于咖啡歌厅；年轻的中国人到这里来听音乐，喝茶，和花女款颜谈笑，她们绝非一定要满足访客的性欲需要不可。

在日本，娼妓的身份不像在中国那么低贱，更文雅的日本文明允许妓女保持较高程度的自尊。她有时也会遇上怜香惜玉的人，鄙视她们的人则比较少见。她可以公开和男人甚至是出身名门的男人交朋友，直到最后结婚，像身份地位都很体面的女人一样。“去年冬天，我骑马从东京到横滨（Yokohama），”科尔特曼（Coltman）说，“我看到一伙人，四个年轻的男子与三位很漂亮和浓妆艳冶的妓女，坐在同一辆马车里，乐不可支，他们带了两三瓶酒，橙子和上等的点心，一边吃喝，一边唱歌，还互相开玩笑，好像一群顽皮嬉戏的小孩。你走遍皇帝统治的中国也永远见不到这种情景”。[56] 但是，日本妓女的历史［一位至今仍然匿名的美国社会学学生写了一本很有点眼光的好书，《不夜城》（*The Nightless City*），书中就有这方面的记载］表明，日本的娼妓不但曾经受到严格的管制，而且普遍受到鄙视，因此日本的妓女常常难免遭受巨大的痛苦和挣扎；有一个时期她们实际上被当作奴隶受尽虐待。她们现在自由了，任何近乎奴隶的境遇都被禁止，她们受到保护。但是，看上去日本娼妓的兴隆的日子滞后了几个世纪。到十八世纪中叶之前，日本的妓女对于唱歌、跳舞、音乐等等都是非常娴熟的。但是到那时，她们的社会观感似乎已经江河日下，也不再受到良好的教育。可是即使到了现在，按照马提翁（Matignon）的说法，娼妓的名声也不像欧洲的娼妓那样贱，同时也不像那样被认为没有道德[57]。虽然娼妓被组织得像邮政或电

报业那样周到，但是也还有大量的秘密的私娼。娼妓区很清洁，漂亮，治安良好，但是日本的妓女，由于试图仿效欧洲的时尚，失去了许多她们本土风俗的雅趣。当娼妓在两个世纪以前开始衰微之后，日本艺妓开始现身，她们组织起来的方式和娼妓不搭边，尽可能不像妓女那样去和被限制居住在吉原（Yoshiwara）地区的那些一眼就能看出来的有执照的妓女竞争。当然艺妓不是妓女，虽然她们也许并不始终守身如玉不可侵犯。在社会地位方面相当于欧洲的女艺人。

在朝鲜，无论如何在被日本占领之前，以舞蹈为生的女子和娼妓似乎没有区别。汉密尔顿（Angus Hamilton）说，“在高等妓女中，精神或心理能力方面都要受过一番训练，达到一定的水准，目的是使她们变得光彩夺目，教来寻欢的伴侣感到快乐。他们把这些‘春阳花瓣’（Leaves of Sunlight）称为妓徒（gisaing），相当于日本的艺妓。公务上说，她们附属于政府的一个部门，由她们自己的一个管理机构管理，和宫廷的伶人相同。她们由国家的公帑支持，因此，她们显然可见要出席官方的宴会，作陪助兴，还要到宫里表演，参加宫里的各种娱乐。她们说书吟咏；跳舞，唱歌；她们成为有造诣的艺术家和伶人。她们的衣着有特别的情趣；她们的举止特别优雅；她们的外表得体，柔弱温和；很有人性、同情心和想象力。”但是，虽然她们肯定是朝鲜最漂亮的女子，在最高等的社会圈子里走动，而且有可能成为皇帝的妃子或姘妇，但她们还是不准与出身高贵的男人结婚[58]。

我们可以有把握地说，欧洲的娼妓的历史，就像许多其他的现代制度一样，是起源于罗马的。到此我们已经发现对待娼妓的态度从一开始就矛盾和混乱，直到今天都还依然如故。在希腊有许多方面和一般的情况不同。希腊离通行宗教娼妓的时代比较近，希腊文明的真诚和文雅使某些较好的妓女有可能对她一向从未涉足过的生活发挥值得称道的影响，她们也常常这样做；此外，只有在法国，或许偶尔可以见到这种情况，但影响的程度要小得多。粗俗的，生气勃勃的，实际的罗马人轻松地容忍了娼妓，但是他从不考虑这种容忍会导致的逻辑后果；他不觉得有责任必须使生活中的种种矛盾的事物各得其所和谐相处。奇切罗（Cicero）是一位从不执中的严厉的道学家，他从未说过一句赞成娼妓的话，但是他不理解怎么会有人想要禁止年经人和妓女做交易，他认为这种苛刻的态度和过去乃至现在的全部习俗都是不和谐的[59]。但是罗马被称为甜丽姝（bonœ mulieres）的上等妓女，却没有像希腊的艺妓那样高贵的地位。她们对时尚、风俗、艺术等等的影响的确很大，但是范围有限，就像她们的如今欧洲的传承者的情况一样。罗马始终有某种僵化的道德观念阻碍它顺着这个方向一直走下去。他们支持办妓院，但是他们逛妓院的时候都要用斗篷将头脸遮住。同样，他们一面容忍妓女，一面又有点过分严格地缩减她的一些权利。她不仅被剥夺在较高等的生活事务上发挥作用，甚至还不可以系丝绸头带或穿长衣；只要她愿意，她就可以赤身裸体到几乎一丝不挂的程度，但她却不得有模仿象征受人尊敬的罗马已婚女子的打扮[60]。

基督教的兴起在政治势力上对于政策的改变总的说来比预期的要小。基督教统治者实际上不得不尽可能妥善地应付一个很杂乱的、动荡不安的和半异教徒性质的世界。处在教会领导地位的主教们，为了避免种种更大的恶而主张容忍娼妓，而皈依了基督教的皇帝们，像他们的异教徒的先帝们那样想从娼妓业中得到一笔税款。但是，娼妓业生存的权利不再像先前异教徒时代那样不成其为问题了，有些气盛有为的统治者时常企图制定严格的法律来压制娼妓。狄奥多西二世（the younger Theodosius）和伐伦泰纳创建的诺思梯教派（Valentinian）断然规定不许再新建妓院，任何人藏匿和庇护妓女都要受到惩罚。查士丁尼法典（Justinian）制定法令并且命令对所有拉皮条的人都要判罪流放或处以死刑。这些法律规定往往落得一纸具文。可是一千年来，它们在欧洲各地一而再再而三地重申这些法律，但无一例外地都同样没有效果，甚至比无效还要更糟。西歌特（Visigoth）族人（入侵罗马的一支条顿民族——译者注）的皇帝西奥多里克（Theodoric），对赞助和提倡娼妓的人处以死刑，第六世纪时这一族的信奉天主教的皇帝瑞卡尔德（Recared）完全禁止娼妓，而妓女一旦被发现，就要处以鞭刑，鞭打一百下，然后赶出城市。查理王朝和迦太基的真赛里克（Genserich in Carthage）皇帝一样，还有后来德国的皇帝弗雷德里克·巴巴罗莎（Frederick Barbarossa），都制定了禁止娼妓的严厉的法律，所有这些法律全都不起作用，即使当时看上去似乎有点效果，但后来反弹回来往往一发不可收拾[61]。

在法国曾经有过一段坚持不懈地和娼妓做斗争的努力。最著名的莫过于圣徒路易第九（Louis Ⅸ）皇帝。1254 年，圣·路易下诏把妓女扫地出门，剥夺她们的全部钱财，甚至连斗篷和女人穿的长袍也都没收。1256 年，他又重颁这一诏令，在十字军开拔之前，他又下诏捣毁全部娼妓聚居地，那些反复颁布的法令表明它们实际上无能为力。他们甚至把事情搞得更加糟糕，因为妓女被迫和普通人混居在一起，她们的影响于是更加扩大。圣·路易在东土连自己的营盘中的妓女都弹压不了，她们就在他自用的营帐外活动。但是，他制定的法律常常被法国后来继任的统治者效仿，甚至一直延续到十七世纪中叶，翻来覆去总是同样枉费心机和招来更坏的后果。1560 年，查理第九敕令废除妓院，但是妓女的数目反而因此有增无减，同时，又出现许多大家面生的新型的妓院，这种妓院比大家已经比较了解的被取缔了的妓院更加危险[62]。没有一个国家像法国这样不顾所有这些法律，或者说正是因为这些法律，使娼妓成为更加引人注目的问题[63]。

在意大利的曼图亚（Mantua），妓女让人非常厌恶，市场上卖的不论什么水果或面包，只要她们用手摸一下就要被强迫买下，说是被她们弄脏了。1243 年时法国的阿威农（Avignon）的情况也是这样。在西班牙的卡塔鲁尼亚（Catalonia），她们不能和一般的女士或骑士同坐一桌，也不能吻任何有身份的人[64]。甚至在威尼斯（Venice）这个妓女的天堂，也曾经通过了许多严厉的管制条例来限制娼妓，但这是在威尼斯的统治者无可奈何地放弃了管制和采取了容忍放任的态度很久以前的事了[65]。

十八世纪中叶，在欧洲，最后一次气势汹汹地企图把娼妓连根拔掉的人是维也纳的玛丽亚·特列莎（Maria Theresa）。当时离现在虽然很近，但是因为它在观念和方法上都有中世纪的遗风，所以这里还是不妨提一下。实际上，它打算扑灭的不仅仅是娼妓，而且打算连通奸都一扫而光，采用的方法则是罚款，监禁，鞭打和酷刑求供等等。对通奸嫌案也严厉处理；在公众场合禁止穿着短衣裙；台球馆、咖啡厅都被监视督管；不允许有女服务生，一旦发现她就会被警察上拷带走。对不贞的行为，也当作犯罪按这些刑法严加处理，这种对不贞案犯罪处置显然是在 1751 年确定的，但在约瑟夫二世皇帝即位后的最初几年就悄悄地废除了。大家普遍认为这种严厉的立法实际上是没有用的，而且它造成大量更加严重的恶果，远远超过他除弊纠谬的成绩[66]。无论如何，我们可以肯定，在过去漫长的岁月里，私生子的问题在维也纳比在欧洲其他大首府要更加普遍。

但是对于娼妓的态度始终很杂乱，在不同的地方或不同的时期常常互相矛盾，甚至在同一个地方和同一个时期内也都有众说纷纭，不无抵牾的现象。杜富尔（Dufour）曾恰当地把她们的地位和中世纪的犹太人的地位相比；她们不断地受到迫害和虐待，有宗教的，法律的和社会的，但是，所有阶层的人都很乐于仰仗她们，离开她们还真的不行。十四世纪时，有些国家，包括英国，强迫妓女穿一种带有侮辱性标志的衣服[67]。然而这种侮辱在各方面都伤不到妓女。达官贵人在公务旅行的时候可以报销他们召妓所花的费用。娼妓有时在一些庆典宴会和有些大城市接待贵宾的时候扮演一种官方的角色，而妓院则可能成为城市款待客人的重要去处。当神圣罗马帝国皇帝西格门（Sigismund）于 1434 年来到乌尔姆（Ulm）城时，因为他或者他的随员想去逛公共妓院，沿途街道顿时烛火通明。十三世纪时，在奥格斯堡（Augsburg），在维也纳，在汉堡，妓院都受到市政府的保护[68]。在法国，图鲁斯（Toulouse）和蒙彼利埃（Montpellier）的那几个修道院是名满天下的妓女修道院[69]。迪尔凯姆（Durkheim）认为，中世纪早期，在这段时期以前，自由的性爱和婚姻还没有严格区分。他反复推敲后认为，由于中产阶级的兴起，他们心切于保护他们的妻子和女儿，便想方设法，企图通过公众舆论将两者分辨清楚，使那些放纵声色的浪荡行为另走一条路子并加以控制[70]。这些妓院承担一种公共的服务，在大家看来它们的主管人差不多

等同于公务员，他们必须管理一定数量的妓女，按照固定税率缴纳捐税，不能接受附近的女孩到他们营业的场所里去。这种制度持续了三个世纪。伯克哈特（Burckhardt）和其他一些人指出，中世纪的妓院后来衰败了，基督新教运动是部分的推力，但主要还是由于十五世纪末梅毒从美洲传入欧洲那可怕的一番蹂躏造成的[71]。

随宫女乐（Courtesan），即高等现代妓女，她们和妓院没有联系，似乎是文艺复兴运动的产物，最初出现在十五世纪末的意大利。随宫女乐原意是指跟随朝廷的女子，这个字眼现在开始用来指称一位在一定程度上知书达理和行为检点的高等妓女[72]。在波尔查（Alexander Borgia）的教皇宫廷里，随宫女乐盛极一时。她们的举止也并不是完全尊荣体面。布尔查德（Burchard），这位宫廷里的一个忠诚可靠的史臣在他的日记中记载，1501 年 10 月，一天傍晚教皇遣他去把五十位随宫女乐带到他的寝室，晚餐后恺撒波尔查和他的小妹妹露克里希亚（Lucrezia）出现了，他们和一众随从以及其他在场的人一起跳舞，起初还穿着衣服，后来就脱光了。烛盘托着点燃的蜡烛，放在地板上，又把栗子撒了一地，让这些女子在地上爬着，从烛盘之间捡栗子，最后把一些奖品拿来奖给那些在现场再三指出这些妓女的身体特征的男人，由旁观者裁定胜负[73]。这一幕场景在教皇的宫廷里公开演出，由不偏不倚的秘书或史官泰然和盘托出，这既是现代娼妓史上引人注目的一幕，又最具有启发性质的说明文艺复兴含有的异教信仰的因素。

在“随宫女乐”这个词享有好名声之前，甚至在意大利妓女通常都被人称为“孽障”或“罪人”（peccatrice）。格拉夫

（Graf）对文艺复兴时期的娼妓做过一番有趣的研究，他说，这种转变“揭示出大家在观念上和生活中的一种深刻的改变”[74]。一个内涵污浊的字眼让位给内含褒义甚至高贵的字眼，因为文艺复兴时代的宫廷代表了当时最高雅的文化。这些随宫女乐中的最为姣好者似乎也不是完全配不上给她们的荣誉。我们可以从她们的文件中察觉出这一点。在施密特（Lother Schmidt）的《文艺复兴时期的女子的信函》[75]一书中有一章专门讨论文艺复兴时期的妓女的信件，特别是那些比萨的卡米拉少女（Camilla de Pisa），她们以真率的热情著称。名噪一时的茵佩丽亚（Imperia），十六世纪早期的教皇把她叫作“最高贵的罗马妓女”（nobilissimum Romae scortum），懂拉丁文，能够用意大利文写诗。其他的随宫女乐可以背诵意大利文和拉丁文的诗，同时她们在音乐、舞蹈上也很有造诣，还擅长辞令。读他们的信件使我们想起古代的希腊，而格拉夫在详细比较文艺复兴时期的随宫女乐和希腊的艺妓的同异时，发现她们之间有着许多非常相似的地方，特别是在文化和影响力上，虽然由于宗教和后期娼妓之间的对抗造成某些差异。

在那个时代的随宫女乐中各方面都很出色的最著名的人物要算是图利娅·达拉戈纳（Tullia D’Aragona）了。她可能是达拉戈纳主教（Cardinal D’Aragona）（一位西班牙的名门贵胄的私生子）和成为他的情妇的费拉拉（Ferrara）地方的一位随宫女乐所生的女儿。图利娅因为她的诗作而声名鹊起。她写得最好的一首诗是献给一位她深深爱慕的二十岁的青年男子的，但他并不领情，没有用爱情来回报她。她的“可怜的古丽诺”（Guerrino Meschino），是一首从西班牙文翻译过来的非常纯贞的作品。她是一位天性文雅的有抱负的女子，至少她曾经一度放弃过她的娼妓生活，她非常受人尊敬。1546年，佛罗伦萨的柯西默（Cosimo）公爵下令全部妓女都要披上黄色的面纱或手帕，作为她们职业的标志，图利娅向公爵夫人，一位高尚的西班牙女士申诉，由于图利娅的“罕见的艺术和哲学的才能”公爵夫人准许她不用这种标志性的装束。她把她的诗献给公爵夫人。图利娅是一位非常美丽的女子，金发，一双又大又亮的眼睛，走近她的人都为之倾倒。她的气度有傲世的风采，令人敬佩不已[76]。

图利娅·达拉戈纳显然在内心深处或精神上不是一个随宫女乐。也许文艺复兴时期随宫女乐的最好的典型例子是麦罗妮卡·佛朗哥（Veronica Franco），1546年出生于维也纳的一个中产阶级的家庭，早年嫁给一位医生。曾经有人说她的职业虽然是一个妓女，但气质上却是一位诗人。但是她似乎很满意自己的职业，而且从不觉得它有什么羞耻。格拉夫（Arturo Graf）对她的生平和性格有过一番研究，塔西尼（Tassini）也写过一本篇幅较小的书，对此有些介绍，她是一位学识修养都很高的女子，懂得几种语言；善歌，琴管丝竹也多有擅长。她在一封写给别人的信中，劝导一位疯狂爱着她的年轻人，说，如果他想博得她的欢心，他必须放弃一味地强求，应该静下心来专心致力于学习。她还补充说：“你一定知道，所有向我求爱而且我也魂牵梦萦他的人都是勤奋学习的人……如果我运气好，我愿意把时间都放在学习上，潜心于钻研那些德高望重的人的学问。”格拉夫在评论古代的狄奥梯玛斯（Diotimas）和阿斯白西亚斯（Aspasias）时说，她们对追求她们的情郎都没有这样高的要求。在她写的诗文中可以探索到她的某些恋爱的故事。她也常常由于怀疑别的女子接近她

所爱的人而嫉妒，表现出撕心裂肺般的痛苦。有一次她情不自禁地爱上了一位教士，可能是一位主教，她从未和他发生过性的关系，经过一段长时间的分别之后，她从恋爱的狂风骤雨中平静下来，她和他终于成了真诚的朋友。有一次，法国的亨利三世造访她，拿走她的一幅肖像，而她则答应要写一部书献给他；她为了兑现这个诺言，写了几首短诗和一封信给他；格拉夫说“这位皇帝不以和随宫女乐发生性关系而感到羞耻，她也不以为他会为此感到羞耻。”当蒙田（Montaigne）路经威尼斯的时候，她送给他一部自己写的小书，但似乎他们没有见面，这是从蒙田的日记中知道的。廷托列特（Tintoret）是她的许多卓越的朋友之一，她是一位全力支持现代艺术而不太看重古代艺术的人。她的友谊诚挚亲切，在她的朋友中，似乎还有一些巾帼中的大人物。无论如何，她一点也没有因为自己随宫女乐的职业而羞耻，她在她写的一首诗中断言她从阿波罗神（Apollo）那里除了学到他通常教人的那些东西之外，还学到了其他一些艺术：

有一君子
与我同睡
我心已醉
神已飞
他教我知道了爱情
他教我懂得了高贵

在一份花名册上规定应付给威尼斯的随宫女乐韦罗妮卡（Veronica）每一次买春的酬金为 2 个意大利银币（scudo），但在已付账的花名册上记载这位随宫女乐收到的钱是每次 25 个意大利银币。格拉夫认为这里可能有某种错误或舞弊问题，一位当时的意大利绅士说，随宫女乐对于她愿意和他们做蒙田称之为“完全交易”的男子一般收费不低于 50 个意大利银币。

说到这个问题我们不妨提一下，根据班德罗（Bandello）的叙述，当时威尼斯的妓女习惯上一次要和六七个绅士交往，把他们当作自己的情郎。每一位情郎一星期里有一个晚上可以和她在一起共进晚餐同枕合欢。白天是她自己的自由时间。给她的酬金每个月一次付清，但她始终明确地保留着接待路过威尼斯的陌生客人的权利，只要她愿意，她可以随时和她的情郎商量换一个晚上。我们看到的那笔数目特别高的收费账目，当然是向一位临时路过威尼斯的有头有脸的陌生客人索要的，十六世纪蒙田来过威尼斯一次。

1580 年，韦罗妮卡的年纪还不到三十四岁，她向宗教审判庭承认她已经有了六个孩子。同年她计划好要建立一个家，但不愿去修道院，当时的妓女想放弃她们的生活方式时，如果有孩子，可以带着孩子到修道院去寻求庇护。因为韦罗妮卡不愿去修道院，结果导致另外建立一个保良局或济良所（Casa del Soccorso）来收容他们。1591 年，她死于热病，终于顺从上帝回归天国并受到许多命运多舛的人的祝福。她心地善良，理智健全，是文艺复兴时代复活了的希腊杂婚制度（hetairism）的最后一个随宫女乐[77]。但是我们将会看到甚至在十六世纪的威尼斯，韦罗妮卡·佛朗哥在随宫女乐的生涯中似乎也不完全平和，她显然不适应平常的婚姻，我们很可以怀疑在现代世界所能提供的最顺利的境况下，妓女的生涯是否能够让一位心胸宽广、多才多艺的女子感到满足。

照一般惯例说，一个心地善良，品格高尚又才华横溢的女子是无法在娼妓生活中找到满足的，然而尼侬·德·莲克洛斯（Ninon de Lenclos）好像是一个例外，大家常常把她叫作“最后一位伟大的随宫女乐”。但是，以尼侬这样的气质和她的生涯，而把她看作任何真正意义上的妓女，是彻头彻尾地错了的。她根本就不是一个妓女。即使对她的生活只有一点点大致的了解都应该可以避免这种错误。她出生于十七世纪初的一个好人家，父母双方都是清白的人，母亲生活严谨，父亲是法国都兰（Touraine）地方的一位绅士，他用自己信奉的伊壁鸠鲁（Epicurus）的快乐派哲学和他自己对音乐的爱好来熏陶和感化她。她受过极好的教育，她在十六七岁的时候有了第一位情郎，加斯白尔·德·科利尼（Gaspard de Coligny），一位高贵勇敢的青年；此外在长达半个世纪中有一长串追求她的情郎，有时候还不止一个在同时追求她；她倾心于一位情郎的时间最长不超过三年。她的魅力长盛不衰，据说瑟凡尼（Sévignés）祖孙三代都是她的情郎。塔勒曼（Tallemant des Réaux）提供的资料使我们能够对与她私通的情郎详加研究。

但是，不是情郎多就会使一位女子成为妓女，而是她和他们的关系的性质决定她是否是妓女。圣-伯夫（Sainte-Beuve）在其他方面对尼侬做过一些很不错的研究[78]。看来他把她当成了一位随宫女乐。但是一位女子，除非她利用男人当摇钱树，否则就不是妓女。不但没有证据证明尼侬是这种人，相反，所有证据都排除这种金钱的关系。伏尔泰（Voltaire）说：“需要千方百计，还要博得她发自内心的爱，才能引诱她去接受馈赠。”塔勒曼是说了她有时候接受他的情郎给她的钱，但她说的这些事或许只是伏尔泰的话讲到的内容，说明不了别的事情。塔勒曼虽然一般说来算是见多识广的人，但她的那些闲言碎语并不全都是可靠的。

当我们对有关尼侬·德·莲克洛斯和金钱的关系的传闻详加审查时往往不是说接受一份礼品，而只是说归还先前欠下的某位旧情郎的债，或者是归还某位被流放的人先前请她代为保管的一大笔钱。这类偶然发生的事和我们想象得到的任何时代的职业妓女都扯不上关系；它们都是男子中的朋友之间才有的关系。尼侬的性格在许多方面远说不上完美，但她的身上有许多男人的长处，特别是刚直的性格，同时又有一种完整的不折不扣的女性的气质，两者结合相得益彰；她痛恨虚伪，也从不受钱财事务的影响。此外，她也不是造次莽撞的人，她始终保持着某种程度的自律和中庸之道，连在饮食上都很有节制，我们还听说她从不喝酒。圣-伯夫曾经说过，她是最早认识到男人和女人必须有同样的德行，把专属于女性的一切德行都只委诸女人一方是荒唐的，她写道："我们女性承担了全部的琐琐碎碎的责任，而男人却为他们自己保留着重要的品质；我已经把自己打造成一个男人。"她骑马时常常一身男子打扮[79]。那时这种思想刚刚开始在妇女界出现，我们把佚存的当时一些女子写的小说搜检出来看一看就知道了。她有意或无意地代表了那个时期的这种新的思想。她是最早的，而且从某个角度看，毫无疑问她是法国妇女的一个特殊的小圈子的第一个，最极端的代表人物，在这个圈子里，桑（Grorges Sand）是最出类拔萃的一位。

由此看来，企图用尼侬·德·莲克洛斯的名字来装点娼妓的历史完全是徒劳的。一位行为放荡的老妓女绝对不会像尼侬那样在漫长的一生中，始终受到或博得许多当时最优秀的男人和女人的爱情和尊敬的；甚至连道貌岸然的圣-西蒙（Saint-Simon）似

乎都认为在她的小小的宫廷里她那礼节气派之高连最伟大的公主都达不到。她不是一个妓女，而是一个有点天才的特立独行的人。或许我们大可不必为她无法仿效而感到遗憾。在她的暮年，1699 年，她的老友和早年的情郎圣-埃弗里蒙（Saint-Evremond）写信给她，略带一点夸张地说，没有一位公主和一位圣徒不愿意放弃她们的朝廷和他们的庙堂来换取她的地位和人格的。“如果我预先知道我的生活是这个样子我宁愿上吊一死了之。”这是她在回信中常常说的一句话。实际上，这只是一句脱口而出的没头没尾的话，或许是表达瞬间的一种心情；也许有人会拿这句话大做文章。更能真实反映出她的本质性格的是下面这句精彩的话：“精神的快乐显示出力量”，这似乎是她的伊壁鸠鲁的快乐哲学向尼采哲学的大步迈进。

文艺复兴以来，宗教的势力或者甚至世俗的势力对待娼妓能坦然接受的情况越来越难得一见了。而另一个极端，企图把娼妓连根铲除的主张实际上也被全盘放弃了。到了现代，甚至不久前，各地都还有一些零零星星的企图强迫取缔娼妓的情况，不管怎么说，大家现在已经认识到这类强制禁娼的事情，不是饮鸩止渴就是剜肉补疮。

1806 年，朴次茅斯市的市长感到禁娼是他的责任，一位证人在关于传染病防治法案的特别委员会上做证时说：“市长大人上任之初就下了一道命令，每一位在本市经营啤酒吧的业主和有执照的旅店业主如果容留这些女人将会受到处理，或许会被吊销执照。有一天，大约有三百或四百位受遗弃的流浪者成批地被匆匆忙忙地撵到大街上，她们成堆地聚在一起，其中许多人只穿一件衬衫和一条衬裙，很多醉汉和儿童跟着围观，有吹笛的，有拉琴的，在街上游行了几天。她们成群结队地向贫民习艺所行进，但是那里又举出许多理由拒绝接收她们，……这些女子一连两三天露宿街头到处游荡，这种做法让人觉得是剜肉补疮，后来这些女子又被允许回到她们先前栖身的地方了。”

就在前不久美国也做过类似的一些试验。“在宾州的匹兹堡（Pittsburg），1891 年，所有妓女生活的场所都被查封了，住在里面的人都漂泊在大街上，当地的公民拒绝她们留宿，甚至连饮食都不给她们。对于这种践踏人权的迫害事件，在全国各地掀起了一阵公众的抗议浪潮，搞得只好作罢，后果绝不比当初好。”同年，在纽约也发生了类似的事件，结果也同样糟糕[80]。

曾经出现过另一种想法替代这种管制娼妓的倾向，即默许它有某种半官半民的性质，使当局有法控制它，依靠医学和警察的监督，尽最大可能预防它的祸害。这种新的妓院制度在一些重要方面和古代中世纪的妓院不同；它包含常见的医学监督，而且它还致力于禁止妓院之外没有许可执照的妓女行娼来和它竞争。《蜜蜂的寓言》（*Fable of the Bees*）的作者孟德费尔（Bernard Mandeville）是一位敏锐的思想家，他是主张这种制度的一位先驱。1724 年，他写了一篇名为《适度地保护公开的娼妓》的文章，主张“鼓励公开娼妓不仅能防止这种伤风败俗的恶行的有害影响，甚至还可以总体上减少娼妓的数量，使能够容纳它的地区尽量缩小到最狭窄的程度。”他还提议由国会立法给予公开的妓院一些特殊的优惠和减免捐税等等以阻止私娼的经营。他的设计包括，在城里划出一个特殊的地区，建一百所妓院，容纳两千名妓女和一百位有能力有经验的女总管，临床医生和外科医生，也还要有几位专员负责监督全盘的工作。孟氏被人看作只是一位愤世嫉俗甚至更不堪的人，他的设计没人理睬或遭人耻笑。一直等到八十年以后，天才的拿破仑才建立起“妓院”制度，这个制度在十七世纪的大部分时间里对现代欧洲的社会生活产生了巨大的影响，甚至在它的许多残留下来的制度中仍然有大量的意见纷纭争论不休的话题。

但是，总起来看，我们必须说，登记、检查和管理妓女的制度现在已经成为明日黄花了。在这个问题上已经打了许多场大仗；最重要的一场是在英国持续许多年的对传染病防治法案的辩论，结果形成一部由这些法案的特别听证会整理的长达600页的报告书，1882年发布。这个听证会的大部分成员的报告虽然都支持这一法案，但这些法案在1886年还是被废止了，从那时以来，在英国就再也没有人认真地企图重建这些法律了。

现在，虽然这种古老的制度，由于已建成的体制内在的反应迟钝，仍然在许多国家坚持实行着，但却不再博得普遍的赞同了。保罗（Paul）和马格里特（Victor Margueritte）对巴黎的政府管制的娼妓现象有过一番敏锐的观察，那时他们恳切地说，这个制度“首先是野蛮，而且也几乎无用。”专家越来越明确地指出这种制度的无效而心理学家和社会学家则不断诠证，教人逐渐认识到这种制度是不文明的。

我们绝不能说大家对这个问题没有一点共同的认识和一致的意见。显然，当务之急是要与疾病的泛滥以及与梅毒（Syphilis）和淋病（Gonorrhoea）直接造成的痛苦做斗争。娼妓对于这些灾祸负有间接的责任，她们是这些疾病的主要的传播者，情急之下许多地方都热衷于采用那些有希望缓和这类灾祸的制度，就不足为奇了。但是，如今最熟悉这种管制制度运作的人都已经很清楚地认识到，那种设想的缓和绝大部分都是虚幻的[81]，而凡是取得点什么成绩都要付出代价，人为地制造出其他一些不幸来。在法国，娼妓注册登记和管理制度的建立已经超过一个世纪[82]，因而凡是建立了这种制度的地方，如果有什么好处的话，应该可以一目了然，但它实际上却遭到社区各个部分的能干的人的激烈反对。在德国，管制娼妓制度长期以来一直受到各种阅历丰富的专家的反对，为首的是柏林的布拉什科（Blaschko）。在美国达到的结论一模一样。纽约的格特尔（Gotthell）发现，由市政当局管制娼妓的制度“既不成功，又没有盼头”。海丁斯菲尔德（Heidingsfeld）做结论说，这种强制性的管理制度在辛辛那提（Cincinnati）的推行害多利少；在这种制度管制下，就他的诊所接诊的患隐疾的病人中，患梅毒和淋病的人数的比例数都比过去增加了；“禁娼是不可能的而控制事实上又办不到。”[83]

在德国，仍然非常坚持要管制娼妓，从结果来看，就是它德国最糟糕。譬如德国的法律要处罚提供住所供人非法性交的房东。这意味着要打击没有执照的妓女，但它实际上鼓励行娼，因为一对规矩的年轻男女决定建立一种将来有可能发展成为婚姻的性关系时，这种性关系不是违法的（因为婚外的性交本身，在德国，还有在美国的几个州，根据古老的法律，都不算是要被处罚的作奸犯科的行为），于是，这些青年男女就不免要遇上许多麻烦，又要受多疑的警察的骚扰，这种境况很容易使一位女子变成妓女而把她自己置于警察的保护之下。法律多半是要制裁那些靠娼妓牟利的人的。但实际的结果却大相径庭。妓女不得已只好支付过高的租金，于是她的房东才真正是靠她的皮肉生意过活的人，而她为了支付这些沉重的开销，不得不多接嫖客和扩大经营[84]。

在意大利，对于这个问题的意见分歧很大。对娼妓的管制反复折腾，管制，取消，再管制。瑞士政府拿全国搞实验，在不同的行政区试行各种各样的方案。有些区，平时对娼妓不加干涉，除非遇到某些特殊的情况；在另一些区所有娼妓，甚至一般的通奸，都在被取缔受惩罚之列。在日内瓦，只允许本地妓女营业；在苏黎世（Zurich），自 1897 年以来，娼妓就被禁止了，但是对待不是以谋利为目的的自由性交很谨慎，避免制造麻烦。虽然瑞士实行各种各样不同的管制措施，但一般说来瑞士的道德水平基本上和别的地方没有两样[85]。同样的结论也完全适用于伦敦。一位公正的观察家雷莫（Félix Remo）做结论说，在伦敦虽然有娼妓的自由交易，酗酒，以及种种伤风败德的恶行，但“它是欧洲道德水准最高的首都之一”。[86]丹麦在 1906 年取消了管制娼妓的制度，是行娼自由运动的一个信号。

甚至最热心于主张实行娼妓注册制度的人都承认，文明的趋势和这种制度不但是针锋相对，而不利于它的贯彻实施，而且许多坚持实行妓女注册制度的国家也正在失去和暗娼做斗争的根据地。即使在法国这个堪称经典的由警察控制妓女的国家，妓院的数量早就不断减少，这绝不是因为妓女的数量在减少，而是因为下等的啤酒吧和小型的咖啡歌厅取代了它们，成为未经注册的真正的妓院[87]。

现在主张通盘管制娼妓的人，在文明的中心已经绝无仅有了，即使有几个有点权威的，也都是属于较新的门派。充其量也不过是根据一些特殊的境况在某些地方实行的权宜之计[88]。即使是那些依然乐见把娼妓完全置于警察控制之下的人，现在也承认经验表明这是不可能的。因为许多女孩子很小就开始她们的妓女生涯了，而一种健全的管制系统应该将职业的妓女，连稚气未除的女孩子也包括在内，一一登记在案。但是，社区的道德感，甚至常识都会本能地憎恶和反对这种做法。在巴黎，一个女孩要年满十六岁才能注册当妓女，有些人认为就连这个年龄也还是太小了[89]。此外，某位注册的女子或者一时有病了，或者对她的地位感到厌倦了，她总有法摆脱警察的掌控，换一个地方去当暗娼谋生。每逢试图死板地把娼妓置于警察管辖之下的时候，都会给体面的妇女的行动自由带来麻烦和不快，任何开放自由的社区都难以忍受这种不堪的处境。甚至像伦敦这样的城市，娼妓都是相对自由的，警察的监督常常导致侮辱性的警察攻击妇女的事件，而她们的行为举止没有任何足以引起怀疑的地方。感染了性病的女子逃离警方的警戒区，使得警方的统计表面上看来注册的女子的健康水平提高了，而居然还有人更进一步把这种统计荒谬地说成是妓院里的妓女平均年龄比暗娼大，对性病已经有了免疫力云云[90]。这些事实现在已经大白于天下也逐渐被人清楚地认识了。由政府管制娼妓是不如人意的，不好的，因为就大家常常强调的道德的立场说，它只对付女性很不公平，而就实际的效果看它徒劳无功白费力气。社会允许警察借口“拉客”、“有伤风化”或“扰乱治安”之类的罪名，用些小敲诈来迫害和蹂躏妓女，但是大家现在已经不再信服妓女应该完全受警方管制的主张了。

娼妓问题，当我们用狭隘的眼光去看它的时候，似乎今天的处境和过去三千多年以来任何一个时候的处境一样，没有什么不同。但是，为了理解娼妓的真正意义和达成一种合理地对待它的态度，我们必须扩大用来观察它的眼界；我们不仅要考察它的演化和历史，而且还要推敲它产生的原因以及它和现代

社会生活的各个方面更广泛的关系。当我们这样纵目远观探讨这个问题的时候，我们就会发现，在伦理道德的要求和社会卫生的要求之间并没有冲突，两者的协调活动推动文明的两性关系改善和纯洁。

Ⅲ.娼妓产生的原因

娼妓的兴起和演变的历史使我们看到，娼妓不是我们的婚姻制度的无妄之灾，而是与婚姻制度的其他种种主要成分共存的主要成分之一。建立在族长制和普遍的一夫一妻制基础上的家庭逐渐演变，使女人越来越难于决定她自己的人格或自己个人的命运。她首先属于她的父亲，他的利益是小心地把她保护好直到一位有能力买她而成为她的丈夫的人出现。在提高她的身价方面，童贞有市价的新观念逐渐兴起，“贞女”的先前的意思是指一位可以凭自己的意志自由处置自己的身体的女子，现在它的意思反过来了，变成指称一位被阻止和男人性交的女子。当她从父亲的手转交到丈夫的手里时，她依然被小心地看守着；丈夫和父亲一样在防范他们的女人和未婚的男子接触上都一样有利可图。这样一来就造成一种境况，一面有大量的年轻男子还没有富裕到可娶妻的程度，一面又有大量的年轻女子还没有被相中而去做人妇，其中许多人可能永远没有希望成为人妻。社会的演化到了这个节骨眼上娼妓的出现显然是势所必至的了；与其说它是婚姻的不可或缺的伴随物，不如说它是整个婚姻制度的一个重要部分。在过剩或被人忽视了的女子中，有一些人利用她们的金钱价值，或许在心中一时又复萌了早先自由的传统，找到了她们向一些还没有

娶妻的男子卖春的社会功能，满足他们一时的情欲。约言之，在这个婚姻制度的链条上一环套一环地形成了一个相须相成，甚至相得益彰的圆满的系统。

虽然娼妓的兴起和演变的历史向我们表明，娼妓是早就流行于欧洲的婚姻制度的一个重要而不容摧毁的因素——不论在种族、政治、社会和宗教等等方面的境况有何不同，但它还是不能向我们提供各方面的必要的资料，使我们对今天的娼妓问题可以取得一种明确的态度和意见。为了理解娼妓在我们现存的制度中的地位，我们必须对娼妓现象的几个主要的因子做一番分析。如果我们对下面列举的四个方面逐一加以考察，我们就不难理解这些问题了。这四个方面是：（1）经济的需要；（2）生物学的先天的癖性；（3）道德的考虑；（4）它的所谓文明的价值。

虽然在我看来娼妓的这四个因子是我们这里要讨论的主题，但无须赘言另外还有许多其他的因由对于娼妓的产生和变化都有作用。妓女本人常常设法去引诱别的女子步她们的后尘；妓院要招募新的妓女，所谓“白奴买卖”就根源于此，世界上许多地方现在都在大力地和这些贩卖人口的罪恶做斗争；因为所有教唆别人走上卖笑生涯的邪门歪道喜欢而且常常借助酒力，结果又造成酗酒的恶习。通常都能看到，许多原因凑在一起把一个女孩子推向营娼的生涯。

下文是从一位朋友写给我的信中摘录下来的话，他以谙练世故的口吻详细地讲述了在复杂的社会环境中的各种因素和色情的诱惑是怎样联起手来把一个女子引上行娼之路的。他自己做结论说：“我在放荡的女人中有过各种经验，因此可以毫不犹豫地说，我知道的这些女人中，多少受过一点教育的人连 1% 都不到。这表明她们几乎一无例外地都是出身卑微的，她们每天聚在一起的时候那样子真是可怕，显示出她们很小的时候羞涩之心就已经湮灭，而在春机发陈之前很久她们就已经懂得了性方面的亲狎的事情。有些女子早年生活的环境还算不错，一旦长到相当的年纪，她们的情人就来勾引她们，用那些有关性事的狎昵淫亵的语言和行为来解除她对周围的谨慎防范。后来，她们去工厂或商店做工；如果长得漂亮又妩媚动人，与经理和领班结交上了。然后，女性性格中占很大分量的对艳服和珠宝的爱好，诱惑她成为某些有钱人'包养'的女人。在这种关系中，事实上她们和包养人在一起显然很少享受到激情的快乐，而更喜欢和与自己的身份地位差不多的某些男人，见得最多的是士兵，在一起粗野地翻云覆雨。对于被人勾引后又被遗弃的女人我知道的不多，但这类故事是妓女最爱唠叨的。酒吧的侍女在娼妓行列中占有相当大的一个数目，多半是因为她们有酒瘾；妇女酗酒一定会导致道德约束的松弛。另一个产生妓女的有利因素是，有些朋友干过一段时间的妓女，炫耀她们的珠光宝气的穿戴。一位辛苦劳作艰难度日的女子，也许就在她辛苦干活的那条街上看见这位朋友向她打了一个招呼，她一身华丽的穿着，而自己却连勉强糊口都很艰难，她和这位衣衫光鲜齐整的朋友谈了一阵，这位朋友告诉她说，你要挣钱很容易，向她解释性器官就是一份活的宝贵资产，马上又一个女孩加入到娼妓的行列。"

许多人对研究有关妓女行娼的理由有些兴趣。在有些国家，评判这个问题的一些人，大都和官方有密切的联系或者和妓女有些其他的接触。有些国家规定女子在登记注册成为妓女之前，要说明她们想干这一行的理由。

帕朗-杜沙特雷（Parent-Duchâtelet）关于巴黎妓女的论著依然是一部权威的作品，他对于这类问题提出了最早的一种判断。他发现，在五千多名妓女中，1441位是受贫穷的拖累，1425位是受情人的引诱和抛弃，1255位是因为少丧怙恃或其他原因。根据这种评判，差不多都是由于命运多舛，即只有经济困难这个唯一的原因[91]。

在布鲁塞尔（Brussels），二十年间（1865—1884年），3505名女子登记成为妓女。她们提出的想当妓女的理由和帕朗-杜沙特雷所描写的不同，虽然有某些差别很明显也很奇怪，但也许还是更为可信。3505名登记的人中，1523人解释说，赤贫是她们操行贱业的原因；1118人坦率地承认她们的淫欲旺盛是想当妓女的原因；420人把她们的沉沦归因于交友不慎被奸人引诱摆布；316人说她们对自己的工作感到嫌恶和厌倦，因为它们太辛苦而工资又太过微薄；101人是因为被情人遗弃；10人是因为和父母吵架；7人是因为被丈夫遗弃；4人是因为与监护人不和；3人因为家庭纠纷；2人是被自己的丈夫强迫为娼；1人是被自己的父母强迫为娼[92]。

在伦敦，梅里克（Merrick）在担任米尔邦克（Milbank）监狱的牧师期间，亲自询问过16022名妓女，5061人自愿离家或放弃原来的生计而营娼，目的是为了过“快活的日子”；3363人归因于贫困；3154人是在街上游荡受到“诱惑”；1636人是因为男方背叛婚约，被情人和亲戚遗弃。梅氏说，总体上看，4790人或将近三分之一的人把她们营娼的生涯直接归因于男人，11232人归因于其他的原因。他还补充说，那些借口贫穷的人中有很多人是懒惰无能的[93]。

一位名叫洛根（Logan）的英国城市传教士对妓女的情况很熟悉，他把妓女分成下面几组：（1）四分之一的女子是仆人或佣工，特别是在客栈酒馆，啤酒店等处工作的，混来混去就进入了这种生活；（2）四分之一来自工厂等处；（3）将近四分之一是由老鸨到乡镇、市场等处招引来的新妓女；（4）最后一组包括两方面的人，一方面是，或由于贫困，或由于懒惰，或由于坏的脾气等使她们难以适应平常的职业而促成她们去当妓女，另一方面是被假装承诺结婚的欺骗引诱而上当的[94]。

在美国，桑格（Sanger）对纽约的两千名妓女做了一个问卷调查，询问诱导她们营娼的原因，调查的结果如下[95]：

贫困	525
爱好	513
勾引遗弃	258
饮酒和嗜酒	181
被父母、亲戚或丈夫虐待	164
图安逸	124
与歹人交友	84
妓女劝导	71
好逸恶劳	29
被强奸	27
在移民船上被勾引	16
在移民寄寓所被勾引	8
	2000

在美国，最近还有一次调查，赫金孙（Woods Hutchinson）教授和大约三十位各大都会的议员通讯，推究娼妓的起因，他把推究结果总述如下[96]：

爱炫耀，奢侈和懒惰……42.1%
家庭环境恶劣……23.8%
因无知成为恶棍诱惑的牺牲……11.3%
失业……9.4%
遗传……7.8%
好淫欲……5.6%

在意大利，1881 年，对 10422 名大约 17 岁以上登记在册的妓女营娼的原因有一个调查，结果分类列表如下[97]：

恶习和堕落……2752
父母、丈夫等人死亡……2139
被情郎勾引……1653
被雇主勾引……927
被父母、丈夫等人遗弃……794
喜欢奢靡的生活……698
被情郎或家庭成员之外的其他人煽动……666
被父母或丈夫煽动……400
为赡养父母或养育孩子……393

俄国的妓女把她们营娼的理由归结如下［根据费德洛

（Federow）汇总的材料][98]：

	百分数
收入支绌	38.5
贪图玩乐	21
流离失所	14
被朋友劝导	9.5
不习惯劳作	6.5
对情郎愤恨和惩罚	5.5
酗酒	0.5

1. 娼妓问题的经济原因。——讨论娼妓问题的作者常常断言经济状况是娼妓的根源，认为它的主要原因是贫穷，而妓女自己也往往宣称在其他行业谋生困难是促使她们干这一行的主要原因。帕朗-杜沙特雷在一个世纪以前写道："在行娼的全部因由中，没有一个比失业更起作用的了，特别是在巴黎，也许在所有的大城市都一样，入不敷出势必要造成这种灾难。"舍韦尔（Sherwell）说，在英国很大程度上，"道德的水准随着贸易涨落"[99]。柏林也一样，经济不景气的年头注册的妓女数量增加。在美国，在日本都一个样；"一切因由中的因由就是贫穷。"[100]

约言之，各方面的普遍的论述都把娼妓说成多半或主要是一种由于妇女的低工资或贸易的突然衰落造成的经济现象。但是，还必须补充一点，这些泛泛的陈述经过一些仔细的调查研究者的反复斟酌而有所修正。譬如，施特勒姆贝格（Ströhmberg）细心地考察了 462 名妓女，结果发现只有一位把自己行娼的原因归诸贫穷，而进一步的调查发现这是一个无耻的谎言[101]。哈默（Hammer）发现，九十位注册的德国妓女中没有一位是因为贫困或要抚养孩子而营娼的，有些人手头有钱还照样上街去揽生意，甚至没有想过要买春的人付钱[102]。柏林特尔托保良之家（Teltow Magdalene Home）的牧师布什曼（Buschmann）发现，不是贫困而是漠视道德，认为它无足轻重的心态导致女子成为妓女。在德国，在女子匆匆忙忙去警署注册为娼之前，出于关心总要给她到一所保良之家去寻找工作的机会。英国救济会（English Rescue Home）在寻找愿意被救济的女子方面遇到的困难是尽人皆知的。其他许多城市也有同样的困难，即使那些地方实行的办法完全不同；譬如在马德里，根据基罗斯（Bernaldo de Quiros）和阿基拉尼多（Llanas Aguilaniedo）的意见，那些被收进救济会保安堂之类地方的妓女，虽然修女们全心全意热忱为他们服务，他们还是转脸就离开，出去重操旧业。在娼妓问题上无疑存在着经济的因素，但是一味过分地提出和采纳这种主张，显然这其中，部分是由于对事实真相的无知，部分是由于这样一种假设投合了那些闭塞于用经济原因来解释一切社会现象的人之所好，还有部分的原因是它说得活灵活现好像很有道理[103]。

新的妓女主要是从工厂女工，家佣，女店员，女招待等人员中补充的。这些职业中有些行业难于提供全年就业的机会。这样一来，许多制卖妇女帽饰的人，制女服的女裁缝，女成衣匠等等，生意清淡的时候去做妓女，旺季又回去干正业。有时候白天务正业，晚上到街上去营娼，当作副业。据说，这类业余娼妓在英国十分流行，这种说法可能夸张了一点。在管制娼妓的国家，因为对未登记的妓女不加检查，为了避免注册，必然去做私娼。

据说在伦敦市中心，这些女子就利用公共厕所和化妆室来换妆和回家前的卸妆[104]。可以肯定，在英国，大部分劳工乃至中产阶级的下层做父母的人都不了解自己的女儿在过着什么样的生活。还必须补充一点，有时候是父母对女儿的这种行为假装没看见或者怂恿；这方面有一位朋友写信对我说：他“知道英国有些城镇，大家并不把娼妓看成是什么不雅的事情，还知道许多例子，女儿利用母亲的房舍营娼，母亲完全知情。”

亚克顿（Acton）在十九世纪中叶写了一部著名的关于伦敦的娼妓的书，他在书中说道：娼妓是“无数的英国女子在她们的一生中都经历过的短暂的一幕”。[105]这种说法当时许多道貌岸然的道学家都坚决反对，他们拒不同意一位堕入道德败坏的万丈深渊的女子还有可能再爬出来，堂堂正正，毫发无损地做人。但是若就女子的一个不小的比例数而言，则不止在英国，而且在其他国家，这种情况确实是真实的。譬如，研究法国娼妓问题的最大的权威帕朗-杜沙特雷就说过：“娼妓就大多数人而言只是一个短暂的时期；通常为妓不到一年就放弃了；很少有几位妓女一直干到丧命为止。”但是很难准确地知道究竟有多大一个比例数是这样过来的；没有数据可以作为准确评估的根据，[106]也不可能指望那些体面的结过婚的女子承认她们曾经“卖淫”；或许她们连对自己都永远不会承认这件事。

下面这个例子虽然是二十年前就记录下来的，但现在看来还可以很好说明下等娼妓中有一半营娼主要是出于经济因素的考虑，但我们还是不应该仓促地以为它就是其中的唯一的因素。

一位寡妇，三十岁，有两个孩子，在伦敦东区一家制伞的手工场做工，劳累一周才赚十八个先令。有时晚上出去卖淫增加一点收入，经常出没的那条安静的街道靠近城铁的一个大的终点站，她一副愉快端庄的样子，穿着朴素，唯一引人注意的是裙子太短，如果和她说话她就会对你说“在等一位太太”，有些矫揉造作地说天气打哈哈，顺便插入她想卖春的意思。她或者把男人引到附近尽是仓库的僻静街巷里或者把他带回家。随便该男子愿意或能够给多少钱，她都愿意接受；偶尔是一个金镑，有时候却只有六便士；平均下来她每晚能赚到几个先令。她在伦敦只住了十个月，先前她住在纽加塞尔（Newcastle）。那时她不卖淫；她严肃地说：“形势比人强”。虽然他没有说警察的好话，但她说了他们不打扰她，不像对其他某些女孩那样。她从不给他们钱，但为了和他们保持良好的关系，向他们暗示，必要时可以满足他们的性欲。

当贫困的压力显著地影响到娼妓人数的变化，扩大了女子的营娼谋生的队伍时，经济的贫困便当然地被认为是造成娼妓的一个因素，但是，我们必须知道，单独用直接提高妇女的工资报酬的办法是不能消灭娼妓的，社会主义者和社会改革家有时就忘记了这一点。莫利纳里（De Molinari）是一位经济学家，他说“娼妓是一种产业，”如果与它竞争的其他产业能够为妇女提供足够高的金钱报酬来吸引她们，她们被引诱去营娼的事就会减少，但他接着指出，这绝不是解决问题的办法。“像所有其他的产业一样，娼妓的起落也受市场需求的支配。只要这种需求存在，它们就会刺激供应。我们必须加以左右的正是需求的问题，或许科学能够在这方面给我们提供一些办法。”[107] 但是莫氏并没有明确地提出究竟他希望科学怎么样去减少这种需求。

我们不仅必须承认，让普通的产业以提高付给妇女的工资增长率，来和吸引平庸的女子为娼所能赚到的可观的收入竞争，实际上是行不通的[108]，而且还要认识到经济的普遍繁荣——仅仅这一条就能使女子的一般正常的工资收入提高——会使妓女的收入水涨船高，使行娼的人数增加。所以，如果认为高工资是娼妓业的克星的话，我们只能说这是一个无法填满的无底洞。笛不瑞（Després）对法国的娼妓分布从道德上和人口统计学上做过详细的研究，使这个问题显得很清楚，他得出结论说，应该把古老的"贫穷生娼妓"的格言颠覆了，因为娼妓经常随着财货的富裕而增加，[109]当一个省或地区富裕繁荣起来的时候，哪个省的登记在册的和自由的妓女也就随着增加。这里的确有一个似是而非的谬论，如果笛不瑞说得对，如果财富对娼妓真有需求，那么一个富裕的社区也一定是贫富两极分化的，娼妓新的成员主要就在这些比较贫穷的成分中去寻找。这样说，"贫穷生娼妓"的格言仍旧站得住，但是它被文明的复杂境况弄得纠缠不清和不断地盘诘。邦格尔（Bonger）在讨论这个问题的经济方面的力作中，认识到娼妓的根底既广又深，他在做结论时说："一方面，它是现存的合法的一夫一妻制的无可奈何的补充，另一方面则是由于许多少女生长环境条件不好，导致人口中一些妇女一生的身心状况都很恶劣，以及由于妇女在我们的现实社会中的地位低下等等。"[110]用狭隘的经济学的眼光来考察娼妓问题绝不会使我们对问题的根源得到深刻的认识。

一件事就足以说明许多妇女无力赚到"活命钱"并非娼妓的最根本的原因。有很大比例数的妓女来源于家佣行业，在各大类女工群集的行业中，家庭女佣是最不担忧经济问题的了。她们食宿都不用花钱；她们的日子常常过得和她们的女主人一个样，有很大比例数的例子，很少发愁钱不够花，她们的女主人比她们更担忧这种事。此外，对家佣的需求几乎遍地都是，甚至每一个能力很平庸的仆人任何时候都能找到一个这样的工作。可是她们中真的有很大一部分人还是会不时地成为娼妓队伍中的新妓女。当我们看到连家佣也是提供新妓女的重要来源时，就应该明白了缺衣少食没处栖身并不是为娼的主要原因。

还可以再补充说一点，虽然娼妓中有大量的人来自女仆，那些幻想用改变贫穷的境况来消灭娼妓的人往往不了解这个赫然在目的事实的意义，但是更有思想的研究社会问题的学者并没有忽视它。譬如，舍韦尔（Sherwell），他一面很对地指出，在很大程度上，“道德随着贸易涨落”，一面又补充说，和强调经济因素的重要性相反，有一个足供参考的和各方面都使人印象深刻的事实，常常去伦敦西头游逛的绝大部分女子都是来自经济挣扎的压力并不严酷的家佣行业［根据救世军（Salvation Army）的记录，这批人约占总人数的 88%］[111]。

还有一种情况也值得注意，即家佣的生活条件和其他任何阶层的女子比较起来更类似妓女[112]。像妓女一样，她们也是妇女中的一个特别的门类；她们没有什么资格要人敬重，对她们也没有像通常对其他女子那样需要用某种带点客气的称呼；在某些国家，她们甚至像妓女一样必须注册；当她们在许多方面吃的亏和妓女一样时，她们有时也许会向往妓女拥有的某些好处。勃朗（Lily Braun）详细地讲述过家务劳作的这些不顺心的条件，认为它们和做家佣的年轻女子倾向当妓女有关[113]。里克尔（R. de Ryckère）在他的《犯罪的女佣》这部重要的著作中，曾经研究过年轻女佣的心理学问题[114]。他发现，她的显著的特点是，缺乏先见之明，虚荣，智巧不足，好模仿，心神不静。她和妓女在这些性格上有些类似。里克尔估计在妓女中先前做过女佣的人一般要占到 50%，他又补充说，拐骗妇女为娼的团伙在这里找到了它的最满意的和最易调教的牺牲品。但是，他说，总的说来，女佣做妓女不是什么不道德的问题，甚至和道德没有关系。

帕朗-杜沙特雷发现，在巴黎，就比例数说，女仆为娼是娼妓中的最大的一个队伍，他的文稿的编辑也发现她们总是这类统计表格的头名[115]。科芒热（Commenge）最近发现，在巴黎的暗娼中早先做过女佣的人占了 40%。让内尔（Jeannel）也发现，在波尔多（Bordeaux），1860 名妓女中有 40% 的人曾经做过女佣，女裁缝居次，占 37%[116]。

在德国和奥地利，大家早就知道家佣为娼妓提供大量的新成员。利珀特（Lippert）在德国，格洛斯-何非因格尔（Gross-Hoffinger）在奥地利，都指出过十九世纪中叶之前女佣在妓女中的这种优势及其意义，最近布拉什科（Blaschko）说，1898 年柏林的妓女中女佣以 51% 居首[117]。鲍姆加腾（Baumgarten）说，在维也纳的妓女中女佣的比例占到 58%。

在英国，根据上议院保护儿童法案听证会的报告，60% 的妓女曾经做过女佣。雷莫（F. Remo）在他的《在英国的文雅生活》一书中说，这个比例数高达 80%[118]。从伦敦西端地区的有关统计看，这个比例似乎还要更高一些。就整个伦敦来说，米尔边克（Millbank）监狱的牧师梅里克（Merrick）做了一个大样统计，在 14790 名妓女中，5823 或大约 40% 的人先前做过女佣，其次是洗衣女，再次是裁缝；当梅氏把他的数据分类得笼统粗糙一点时，他发现女佣的比例为 53%[119]。

在美国，在两千名妓女中，桑格（Sanger）说有 43% 曾经做过女佣，其次是裁缝，但比例数和前者相差很大，只有 6%[120]。古德察尔（Goodchild）说，在费城的新妓女中，虽然几乎来自各行各业，但家佣所占比例或许是最大的。其他国家的情况也都一样。在意大利，根据塔梅奥（Tammeo）的统计，在妓女中来源于女佣的人数最多，占 28%，接下来是女裁缝，成衣匠人，制贩妇女帽饰等物的人，这一群总共占 17%。曼特加扎（A. Mantegazza）说，在撒地尼亚岛（Sardinia），大部分妓女都是来自乡下的女佣。在俄国，根据菲奥（Fiaux）的说法，这个比例数是 45%。在马德里，埃斯拉瓦（Eslava）说，女佣在登记注册的妓女中以占 27% 居首 [121]，——几乎和意大利的比例数相等——，紧随其后的是女裁缝。在瑞典，按照韦兰德（Welander）的说法，在 2541 名登记的妓女中，有 1586 名（或 62%）曾经是家佣；接下来是女裁缝 210 人，工厂女工 168 人等等，数字和家佣比起来小了许多 [122]。

2. 娼妓的生物学因素。——我们知道，经济事宜对于娼妓的消长有很重要的影响，但是断言它是造成娼妓的主要原因是不正确的。另外一个问题一直叫许多研究者困惑不解：即，妓女身体的体质在多大程度上注定了她们行娼的命运？大家一般都承认经济的和其他的一些条件是刺激行娼的原因；至于个人人格品性的不正常使她们屈从于天性偏向的程度又有多大？有些盘诘这个问题的人坚持认为，这种天性的偏向很明显，以致可以恰当地把娼妓看作是犯罪本性在女性身上的等价物，如果一个家庭有这种先天的犯罪的本性，则男子必将本能地倾向为盗，女子则必将本能地倾向为娼。但是也有许多人坚决否定这种结论。

朗勃罗梭（Lombroso）特别赞同这种学说，认为娼妓就相当于犯罪，在这方面，他把杜格达尔（Dugdale）对朱克斯（Jukes）家庭的重要研究所取得的成果加以发挥，杜氏发现“这个家庭里，弟兄犯罪，姐妹为娼”；这个家庭的女子被罚款和监禁，不是因为侵犯别人的财产权利，而主要是因为在公众场合伤风败俗，举止不端。朗勃罗梭和费瑞罗（Ferrero）做结论说：“罪犯在心理学上以及解剖学上和天生的妓女如出一辙毫无二致；两者同样在道德上丧心病狂，因此，根据公理，彼此相等。同样没有道德情感，同样铁石心肠，同样幼年时就喜欢作恶，同样不在乎社会名声，同样浮躁懒惰没有远见，同样喜欢声色之类的轻松作乐，好热闹狂欢，嗜酒，同样或几乎同样好虚荣。娼妓只是犯罪的女性表现。娼妓和犯罪也确实是两件可以比类而观的事物，或者说两者是平行的现象也没有错，它们在彼此的极端处汇成一色。因此，妓女在心理学上说是一个罪犯：如果她没有犯罪，那是因为她体弱，有点小聪明，有能力用更轻松的方法来获得她想要的东西，使她不必去犯罪，正是由于这些原因娼妓成为犯罪的一种女性的特别形式。”这些作者还补充说，“就某种意义上说，娼妓的社会功能是给男性发泄兽欲提供一个出口而防止犯罪。”[123]

反对这种观点的人有各种各样的理由，但有时候并不太了解他们所攻击的主旨所在。譬如，菲舍尔（W. Fischer）在《论娼妓》（*Die Prostitution*）中极力主张娼妓不是犯罪的不为害的等价物，而只是犯罪的一个因素。费雷（Féré）在《退化和犯罪》（*Dégénéresence et Criminalité*）一书中再次宣称犯罪和娼妓不是等价物而是二而一的完全相同的东西。他坚持认为，“娼妓和犯罪有一个共同的特征，他们都是不从事生产的人，因而两者都是反社会的。于是娼妓就构成一种类型的犯罪。”无论如何，不能说她们的不事生产是犯罪的主要特征，因为，上层阶级中有相当一部分最富有的人也是不事生产的；还必须加上一句，妓女和罪犯不同，她们从事的活动是为了满足一种需要，因此，她们的收入是那些需要得到满足的人自愿付给的，可以说为了满足这种需要她必须工作（有时候我们注意到，妓女瞧不起小偷，因为他“不工作”）；她在从事一种职业，和那些从事许多更体面的职业的人相比，她们是不折不扣一样有用于社会的。阿沙芬堡（Aschaffenburg）也自认为是反对朗勃罗梭的，但和费雷略有不同，他宣称，娼妓实际上不像费氏所说的那样是犯罪的一种类型，但因为她们屡屡和犯罪纠缠在一起而被视为等价物。门克默勒（Mönkemöller）前不久表示支持这种观点。但是，他们所指称的这类妓女的人数究竟占多大比例，通常各种意见相差很大。所有研究这个问题的人都承认有一定数目的妓女确实是这样，鲍姆加滕（Baumgarten）考察了八千名妓女，发现只有很小一部分人是罪犯，施特勒姆贝格（Strönhmberg）发现，在 462 名妓女中有多达 175 位小偷。再从另一个方面看，莫拉索（Morasso）根据他自己的研究，更明确地反对朗勃罗梭，他根本反对任何认为妓女纯粹是身心退化了的人的观点，这样会使人把她们和罪犯完全看作同类的人[124]。

不同的作者见仁见智地提到妓女的性感或性能的特征问题，这个问题和她们是否趋向退化的问题有一定的关系。有些作者，像莫拉索，断言性冲动是引诱妇女营娼的主要动因，而另外一些作者则断言妓女通常几乎是没有性冲动的。朗勃罗梭说过妓女中性冷淡的现象很普遍。[125] 在伦敦，梅里克（Merrick）根据对 16000 名妓女的见闻，说他只遇到过“很少几个例子”是因为性欲旺盛的动因而走上妓女生涯的。在巴黎，拉齐博尔斯基（Raciborski）很早以前就说过：“在妓女中，有人发现很少有几位是由于性欲旺盛的刺激而变得行为放荡的。”[126] 科芒热（Commenge）也仔细研究过巴黎的妓女，他也表示不能同意把性欲旺盛归类为造成娼妓的重大原因。他说：“我曾经向成千上万的妇女问过这个问题，只有很少的几个人告诉我说她们是为了满足性欲旺盛才营娼的。虽然委身于娼妓的女子常常不够坦率，但在这一个问题上，我相信她们不想隐瞒什么。当她们有性的需要时她们不会加以隐瞒，相反，她们会承认有这种问题，但会表现出某种自尊心，说那是她的生活的正当性的一种充分的理由；所以，如果只有少数人承认这种动机的话，理由一定是大多数人不存在这个问题。”

认为妓女性冷淡的说法无疑大多数都是没有经过严格论证的。这类说法肯定一部分是根据有关老妓女的见闻推断得来的，这些老妓女对于和嫖客做这种没有一点诱惑力的例行的性交都习惯了，结果对这种性交完全冷淡[127]。说真的，对于一位情欲特别旺盛的女子来说，那些暂时的浮表的娼妓性交关系对她一点诱惑力也没有。而且还不妨再补充说一点，大部分妓女在开始她们的妓女生涯的时候年龄都很小，多半在懂得风月激情之前很早就下水了[128]。也可以说，对于性交的冷淡，对于她们来说不是个人的人格价值倾向，而常常是她们进入娼业的先天性的原因。妓女的一般精神上的阴暗总是和身体感情的朦胧相伴的。另一方面，许多妓女，无论如何在她们行娼的早期，有很明显的纵欲的表现，从这个角度看，性神经迟钝的女子如果没有外缘勾引诱惑是不会去营娼的；众所周知，沉溺肉欲，是促使有些女子从妓的动因，在其他一些妓女身上也有明显的迹象[129]。这丝毫不足为奇，我们都知道，有很大一部分妓女都长得很壮实，一般的健康状态也良好[130]。她们担得起自己职业的风险而不觉得有太多的困难，但是在这种职业的影响下性的情绪的表达也可能随着时间的推移而改变或歧变（pervert），那种性冷淡的事不能证明她们本来就缺乏性的情绪。甚至也不能证明她们失去了本来具有的性情绪，因为正常的妓女的真实的性爱的天性以及她的炽热的性欲的纵放都不会表现在她和嫖客之间的职业的性关系中，而主要是表现在她和她的“幻想的白马王子”和“风流骑士”的关系中[131]。现实生活中确实有这种事，妓女的生活境况给她提供了实在的有利机会，使一位男子缱绻于她，为了她的利益而奉献自己，必要的时候还会挺身而出，英雄救美人，但是，就一般的妓女而言，多半还是偶尔碰上“幻想中的白马王子”时附带出来的现象。他被她吸引是因为他觉得她本人有动人之处，而她需要他也是为了她自己。至于论到她对他的缠绵，动机首先是性爱，说完全了，不仅仅是为了性交，还包括财产，共同的利益，举案齐眉，白头偕老的共同生活。一位德国的妓女说：“你知道，一个人做这种生意，那种活法不能满足她的心愿，为什么我们不应该像别的女子一样有一位丈夫？我也需要爱。如果不是有这种想法我们也只该逢场作戏不需要找一位风流骑士了。”而在他这一方面，也会对她的这种缱绻的情绪有所回报而不仅仅是只顾及自己的利益[132]。

有一位朋友写信给我，他对许多地方的妓女都有不少经验，不止在英国，而且在德国，法国，比利时和荷兰，他发现，妓女的性的情绪的正常表现在英国比在欧洲大陆更为普遍得多。他写道："我可以说，在通常的性交中，外国女子普遍没有意识到性的兴奋。我认为我从未见过一位外国的女子她们曾经有过任何类似性高潮或性亢奋（orgasm）的反应。再看看英国的女子，如果男人表现得温和亲切，除了想满足性欲之外又表现出还有一些其他的感情，那么，她们会喜出望外疯狂地沉浸在性的兴奋中。当然，在这种生计中和在其他生计中一样有紧张的竞争，而一位女子要和她的对手们竞争，就必须取悦于她的绅士朋友们；但是老于世故的男人总能够分辨得出哪些是真的激情，哪些是假装的。"（看来，他很可能总有办法唤起他的故国的女子的情欲）。另一方面，写这封信的朋友发现，外国女子比较更切心于让她们的露水丈夫享乐和想知道怎样才能取悦于他们。"这些外国的妓女似乎一心想要发明某些新鲜的名堂来满足她的嫖客的性欲，把这当作她的生意。"为了她们自己行乐，外国的妓女往往喜欢要求嫖客舐阴（cunnilinctus）而不是正常的性交，肛交的事也很普通。英国的女子和外国的女子明显不同的是，前者要满足性欲的时候就想通过正常的性交，而后者却更喜欢稀奇古怪的方法。但是，这位朋友说，有一类英国的妓女是例外，就是那些下等戏园里出来的新妓女。"这些女子通常表现得更加放荡——就是说，她们比从商店或酒吧转行过来当妓女的人更懂得性交中的各种古怪的名堂；她们知道口交（fellatio），甚至肛交，在月经期间还常常提议乳交。"

总的说，好淫通常不是迫使女子走上营娼生涯的动因，似乎在她们早期刚进入这种生涯的时候，她们的性冲动，包括过旺和不足这两者的变异，以及种种性的歧变，平均下来都和平常的人没什么两样。从妓时间过了一段之后，再想根据她们从职业的性

交行为中取得的快活程度来度量她们的性冲动是旺盛还是冷淡就没用了。必须确定她们是否用其他的方法来满足性的本能。在大部分的例子中确实发现有这种情况。特别是手淫，这是各地方的妓女最常使用的方法；虽然这种方法在那些没有其他方法来满足性欲的女子中间流行，但所有研究这个问题的人都承认，它在妓女中更为流行，实际上几乎达到普遍采用的地步[133]。

同性恋或性逆转，虽然不像手淫那样普遍，但在妓女中还是很常见的——法国好像比英国更为常见，的确可以说，妓女中的同性恋的情况比任何其他阶层的人要常见得多。这种偏好的造成多半是因为和男人的职业性交媾使她们对正常的性交感到厌烦，而认为同性恋的关系比较起来要纯洁和理想。妓女中似乎还有相当大比例的人表现有先天的性逆转的情况，这种情况，加上对于和男子性交的兴趣冷淡，成为使她们倾向于营娼的原因。库列拉（Kurella）甚至认为妓女是天生的性逆转的一个亚种或变种。德国的吕林（Anna Rüling）说，大约有 20% 的妓女是同性恋者；当她问到究竟是什么东西促使她们为娼的时候，不止一位性逆转的妓女回答说，这纯粹是生意上的事，性情绪和这个问题无关，那是和同性的朋友之间才有的事情[134]。

虽然我们不必把妓女看作一定是退化了的或病态的一类人，可是妓女中先天性的性逆转的事件使我们联想到这个问题，即在她们中间我们是否还有可能发现数量比平常多的体质上或其他方面的不正常的现象。在这个问题上现在还是众说纷纭，意见并不一致。有些权威人士认为，妓女也不过是社会下层的正常的普通女子，即使她们的天性的确并不比她们同一个阶层的其他人有多少优越的地方，但也没有什么低下的。另外一些研究者发现，在妓女中有很大比例的人偏离正常，于是更倾向于把她们笼统地列入这类或那类不正常的人群[135]。

鲍姆加滕（Baumgarten），在维也纳，从他对超过8000名妓女的见闻中得出结论说，只有很小的一部分人在气质上或体质上有犯罪的或精神变态的因素[136]。但是，还不清楚鲍氏对这个问题有过什么详细的和精密的研究。雷因（Lane）先生是伦敦的一位警官，他根据自己的观察结果说："从先兆和结果来看，一旦同样的腐败的身体质素和堕落的道德品格决定了要在男性中造出流浪汉，小偷和职业乞丐，那么一般来说妓女就是它们在女性中造成的可以比类而观的产品。"[137]这种判断对于那些常常被警察局拘留的喝得醉醺醺的衰弱的女子来说无疑是正确的，但是不能不加斟酌地就全盘用到妓女身上。

莫拉索根据自己的观察反对把妓女看作是真正退化的人的观点。[138]他说，有一类妓女，他称这些妓女为"香醇的老酒"，设计科学问卷的人不知道她们。她们中间，身心两方面的退化的象征，不比一般的女子多。她们的品性也五花八门，有一些表现很高雅，她们的主要标志是性欲超乎平常的旺盛。他断言，即使在比较更堕落的下等妓女中我们看到的也是在性方面，以及在专业方面的卓越的性格，而不是退化的象征。葛瑞克夫人（Mrs. Craik）是一位天分很高品格端庄的人，我们不妨引用她在许多年前说过的一段话来证明莫氏此言不虚，她写道，"这些堕入风尘的女子绝不是因为她们的落脚点或天分很坏。""我听过不止一位女士肯定地说，许多妓女都是非常善良的，文雅的，聪明的，真诚的和很动感情的。说这种话的人中有一位特别见多识广和宽厚仁爱，她提到'我不知道，怎么会搞成这个样子，是不是因为她们的优越的天分使她们不满足于自己本来的社会地位——就像以劳动为生的男人常常不甘心做野汉村夫一样！——于是她们很容易就堕落成为地位比她们高的人的牺牲品；或者，是不是还有许多其他的德操可以和我们习惯上认为是我们女性不可或缺的最主要的德操——贞操，完全分别开来，失去贞操之后，它们依然能够存在并且发扬光大，这个理论也许要使许多人震撼。我不能解释它；我只能说这是事实，我知道有几个最有希望的乡下姑娘一开始就遭到不幸；我曾经有过几位最好的最忠实的女仆，她们都曾经沦入贱业，如果不是我去把她们救出来并且把她们引上正途的话，她们必将成为风尘女子'。"[139] 许多作者都曾经坚持认为妓女有良好的道德品质。譬如在法国，德斯皮恩（Despine）先是历数她们的恶习，如（1）贪婪和嗜酒，（2）说谎，（3）好动气，（4）没有秩序和邋遢，（5）性格浮动，（6）缺少运动，（7）同性恋倾向；接下来他又一一细数她们的良好的品质：她们的母爱和亲情，她们彼此宽恕相待；她们绝不互相揭短拆台；她们常常有虔诚的宗教信仰，有时候很有礼貌，普遍很诚实[140]。彼此宽恕相待这一条，常常表现为替人发愁悲伤的情绪，因为职业上同行的彼此猜疑和嫉妒的倾向，大部分都被中和掉了。

朗勃罗梭认为，娼妓的根源必须穷究到道德的极端低能上。如果我们对道德的低能完全理解成一种疯狂失心的状态，这种主张是值得怀疑的。娼妓和疯狂之间似乎没有明显的关系，塔梅奥（Tammeo）也曾经在《论娼妓》（*La Prostituzione*, p. 76）一书中指出，在意大利各省区，妓女的频数和疯子的频数成反比；当疯狂的人数增加时，妓女的数目就下降。但是，如果我们只是说轻微的对道德的低能——也就是说，对于文明的普通的道德考虑的领悟力迟钝，这在很大程度上是由于早年不良的生活环境影响养成的习惯，同时也有先天的性情的关系——这种轻微的道德低能在妓女中无疑是很常见的。当然，要说每一位把自己的童贞用来交换某种不值当的回报的女子都是低能的，也还说得过去。如果她是为了爱情而委身，往最坏里说，也就是犯了一个愚蠢的错误，这是任何一位年幼无知的人在任何时候都可能犯的错误。但如果她有意打算卖身，而一无所求，甚至比一无所求更次一等，就是另外一回事了。科芒热（Commenge）在巴黎的经验在这个问题上是有启发意义的，他写道："许多年轻的女孩子一点都不害羞，她们在人前赤身裸体也无动于衷，随便对任何一个不期而遇的人，哪怕以后再也见不了面，她们都敢委身于他，她们一点都不重视自己的童贞；她们不明不白地被人奸污，对这种行为的后果连想都不想，毫不在意。没有感觉，没有计算，随便就倒在一个男人的怀里。她们不假思索，没有主张，走到哪算哪，简直就像动物一样，冷漠无情，没有快乐。"他认识四十五位女孩，年龄在十二到十七岁之间，她们被偶然碰上的陌生人奸污过，以后再也没有见过他们；她们失去自己的童贞，用大仲马（Dumas）的话说，就像掉几颗乳牙一样，连发生了什么事都说不清楚。科芒热记述过一位十五岁的女孩，和父母住在一起，全靠父母供养，偶然碰上一个男人，对她说如果她愿意跟他走就给她两个法郎，她没头没脑地就跟他走了，从此失去了童贞；没过多久，她就开始为自己盘算去勾引男人了。另一位十四岁的女孩，也是和父母在一起过着舒适的生活，一次在集市上，为报答一杯啤酒她就牺牲了自己的童贞，从那以后就开始和妓女混在一起了。另一位同龄的女孩，在一次户外的地方游乐会上，想坐到木马转台上

转圈玩，主动地委身于管理这台游戏机的男人，换取一骑木马的乐趣。另外还有一位女孩，十五岁，在另一个游乐会上，也是为了片刻的快乐而献出了童贞[141]。在美国，一位叫吉布（W. Travis Gibb）的医生去纽约防止虐待儿童协会做检测报告，他提供类似的证明，说很大一部分的“强奸”案例事实上都是孩子自愿做出的牺牲。他说，“一个几分钱或几毛钱的硬币竟能买到这些孩子的童贞，把她们摧残到这种悲惨的地步，真是太骇人听闻了。”[142]

评估不正常的先天体质在为娼的倾向上起什么作用的问题时，最粗糙和最明白的测试就是从看面相得到的总印象，但这不是精确的方法，也不会叫人满意。在法国，把将近 1000 名妓女根据她们的姿色分成五组，只有 7%—14% 的人属于第一组，也就是那些年轻漂亮的人[143]。赫金孙（Woods Hutchinson）在伦敦，巴黎，维也纳，纽约，费城和芝加哥见过很多妓女，他评头论足，断言和普通人比较起来其中漂亮的或模样动人怜爱眉目端正的人更罕见，就连一般水准的姿色都比其他阶层的女子少。他说：“常言道红颜祸水，很多灾祸都因美貌而起，但却和娼妓没有一点关系。”[144]当然，这些评判都是通过检阅显然属于娼妓一类的女人而做出的，她们中的大多数人已经被她们的职业弄得粗糙了，评判的结论容易偏低。

如果我们可以下结论说，和平常人比较起来妓女中美丽可爱眉目清秀的很罕见——这或许是一个不争的事实，——我们就可以肯定地说，详细的观察必将显示出大量体质上的不正常之处，因为美貌和一般的健康是相关的。在最早对妓女的体质的重要的调查中，有一份是塔尔诺夫斯基（Pauline Tarnowsky）医生在俄

国做的[145]。她测量了五十位圣彼得堡（St. Petersburg）的妓女，她们都是在同一所妓院中居住了两年以上的朋友，五十位都是农村妇女，而且尽可能挑选年龄和心理发育程度都相同的人。她发现，（1）妓女的头颅前后的长度和横径都比较短；（2）有84%的人表现出各种不同的体质退化的象征（不规则的颅形，面部不对称，硬腭、牙齿、耳朵等等的不正常）。妓女中的这些倾向，在某种程度上可以用下述的理由来解释，即，她们中54%的父母是整天喝得醉醺醺的酒鬼，又有将近20%的人是人口众多的大家庭的劫后余生者；这样的大家庭常常是退化的父母造出来的孽。

邦赫费尔（Bonhoeffer）记录了德国妓女中遗传性退化的频数。他对布勒斯劳（Breslau）监狱里在押的190位妓女做过调查，因此，她们中属于不正常一类的人要比监狱外的妓女多一些，结果发现，有102位是遗传退化者，而且大部分人的父母或单亲或双亲都是酒鬼；53人还表现弱智[146]。

在意大利，曾经对普通的没有犯罪的妓女就体质不正常的分布情况做过一番详细的考查，同时还做了人类体质测量学的研究，但是因为采样调查的数量不大，不足以得出十分肯定的结论。譬如福尔纳萨里（Fornasari）对其中大部分属于伊弥利亚（Emilia）和威尼斯的六十名妓女做过研究，还研究过另外二十七位属于博洛尼亚（Bologna）的妓女，后面这一组还和第三组，即博洛尼亚的二十位正常的女子对照[147]。他发现妓女的头颅都比较小而脸盘较大，属于比正常人标准低等的一类。虽然作者自己也指出，他研究的人数不够多，不足以做出正确的全面判断，但还是值得把他的某些研究结果总述一下。无论是和出身富裕人家的，还是出身贫困阶层人家的其他女子相比，同等身高的则妓女体重较大；年龄相同的，则妓女的身材要矮一些，脸的长度，两个颧骨的径长（不是两个颧骨之间的距离），下颌至外耳道的距离，下巴的尺寸等等，都是妓女的来得大一些；手和手掌（腕关节至指尖的距离）相比，妓女比普通女子要长一些和宽一些，脚也是妓女的较大，至于臀部则堪比小牛犊，大过普通女子。值得注意的是，大多数以上列举的体质特征，特别是有关头部的测量数据，在妓女中的变异比在其他女子中测量到的要大得多；这在一定程度上可以用被测量的妓女人数比普通女子人数稍微多一些来说明，但也不见得完全是这个原因。

阿尔杜（Ardu）[148]做了一篇关于妓女中不正常的体质畸变的频数的观察报告（他是听了朗勃罗梭的建议做这番观察的）。研究对象一共七十四人，都是乔旺尼尼（Giovannini）教授在都灵（Turin）开办的“梅毒诊所”的病人，研究的畸变是：阴阜、胸部、四肢等部位的毛发的男性化分布，前额毛发过多（hypertrichosis），左撇子，乳头萎缩和文身（只见过一次）。把阿尔杜的观察和朗勃罗梭另外对五十五名妓女的一系列的观察合起来看，毛发呈男性状分布的妓女中有 15%，正常女子中为 6%；左撇子为 11%（但根据加里亚 [Gallia] 的统计，正常女子这一项高达 12%）；乳头萎缩占 12%。

此外，朱弗雷达-鲁杰里（Giuffirida-Ruggeri）考察过八十二名妓女[149]，发现她们的身体畸形出现的频数按下列顺序递降：左右眉毛相连，颅骨不对称，塌鼻梁，盆腔的发育有缺陷，多毛和其他毛发畸形，耳垂粘着或缺失，颧骨突出，前额或前额额骨突出，牙齿不整齐，达尔文氏耳郭结节明显，薄嘴唇。这些体征一个个单独来看都微不足道，没有丝毫重要性，但合在一起则表明

一种总体上的不正常状态，这就不能说没有意义了。

前些年，阿斯卡雷拉（Ascarilla）根据对妓女的指纹的精细研究得出一个结论[150]，就连这些细微方面，妓女也有构成一类形态学上比正常女子低等的人的倾向。手指纹路的格局有不常见的简单和一律化的趋向，疯子和聋哑人的指纹也有类似的一律化现象，由这件事实就可以看出指纹的这种特征的意义了[151]。

在芝加哥，哈·亚历山大（Harriet Alexander）医生和塔尔博特（E. S. Talbot）医生、基尔南（J. G. Kiernan）医生合作，对从良局（Bride-well）或自新所（House of Correction）的三十名妓女进行考察；职业妓女中只有所谓“迟钝”一类的妓女才进这种机构，因此，看到她们身上表现出很明显的退化印迹实在不足为怪。从种族看，她们中有将近一半人属于爱尔兰的凯尔特人。有十六个人两个颧骨的突起不相等而且很高。面部的其他部分也普遍不对称。有三例的头部类似先天愚型（Mongoloid type）；十六位有连颌畸形（epignathic），十七位颌凸畸形（prognathic）；五位面部发育停滞。多数头型为短头（十七例）；其余例子的头型都是介于长头和短头之间；没有一位是长头的。头颅形状的畸变很多，二十九位的耳朵发育不全。四位确乎是疯癫者，一位是癫痫患者[152]。

总的说，就目前已有的证据的情况看，似乎妓女都是她们出身所在阶层中不太正常的代表人物。这里有一个个人选择的过程，做这种选择的人都有一些先天性的稍微偏离正常平均值的畸变，相应地，她们也稍微拙于正常的生活[153]。伴随着这种畸变的精神上的品性并不总是必然明显地逆乎自然的；出身低微的稍微有点神经过敏的女子——由于能力不够而好逸恶劳，或许有点贪娄和自私——似乎也可以拥有超越她的社会地位的文雅的风度。但是，当妓女中有一种不正常的畸变的倾向时，我们必须认识到这只是考察一部分妓女得出的结果，不能以偏概全。有些研究者由此得出结论认为妓女是严重退化的不正常的一类人，他们只是观察了妓女中的特殊的几部分人，尤其观察得多的常常是在监狱里看到的那些妓女。只研究这些关押在监狱里的妓女不可能得出一个关于妓女的公正的概念，比诸专门到监狱里去研究那些犯了罪而被监禁的牧师、医生或律师而可能得出的那些关于这类人的概念一样不公正，即使被关进监狱的妓女的比例数比那些更体面的职业中被关过监狱的人员的比例数要大得多，我们的这个评论还是不错的；这个事实当然也部分地表明了妓女中有较多或较大的畸变。

当然，我们必须知道，妓女生活的特殊条件倾向于造成她们身上的某些职业的品格，这些完全是后天获得的，而不是先天遗传下来的。我们可以同样用生活条件的影响来说明女性的第二和第三性征的渐变现象以及出现诸如声音低沉之类的男性特征的问题。[154]但是，我们一面应当承认这些后天获得的性状，一面仍然要知道迄今为止所做的这类比较研究也是真实的，虽然不够充分，不够确定，但似乎还是表示即使不考虑哪些普遍存在的后天获得性的畸变特征，选择这种爱好当职业就显出她们和同一社会阶层的一般人有所区别，这些人的人体测量学特征的变化都有一个确定的方向。譬如，这方面的观察表明，妓女在体重上超过平均值，但身材并不高，臂长低于平均值但手却比平均值长（这一点在意大利和在俄国所见到的情况一样）；踝骨较小，盆腔较大，但臀部和盆腔比较还是显得不成比例地大一些。估算的颅腔容积，颅围和头颅的直径都低于正常值，不仅是和那些体面的女子比，甚至和小偷比也差一些；倾向于短头（在意大利和俄国这两个国家测量的结果）；颧骨通常突出，额骨发达；头发颜色比体面的女子偏暗，但比小偷的浅亮一些；不仅头部的毛发非常浓密，阴部和身体其他部位的毛发也很浓密；她们的眼睛无论和体面的女子比还是和罪犯比，颜色都显然要深一些[155]。

就所得到的这些证据而言，只能用来表示妓女有接近我们在前一辑文稿中说到的哪一类型的女子的倾向，即有理由把她们看作是在性别发育上有些特别的女子。但是，在我们有关妓女的人体测量学的知识更加丰富和更加精确之前，没有必要讨论这个问题了。

3. 对娼妓的道德裁断。——现在和过去总有一些道德学家（对他们中的许多人的意见是应当肃然起敬的）认为，娼妓的存在是不是一个亟待解决的严重问题，要斟酌卫生条件改进的情况而定，卫生条件好，这个问题也就不太迫切。他们说，充其量这是一种不得已的孽障，往好里说，这是一个有益的制度，是保护家庭的一种屏障，一夫一妻制是一枚硬币的正面，娼妓就是它的无可奈何的背面。有一位作者把妓女定义为“公共道德的不道德的卫道士”，他是用鄙视的眼光来看待这个问题的，而另一位作家则有点仰慕的意思，他写道：“妓女在履行社会的使命。她守护着处女的贞洁，她是转移私通欲望的通道，保护已经育有子女害怕继续生育的妇女；她扮演的角色就是保护家庭的盾牌。”巴尔扎克（Balzac）在他的“婚姻生理学”一文中提到妓女时说：“女战士们（Female Deci）为了共和国牺牲自己，用自己的身体做壁垒，保护了体面的家庭。”叔本华以同样的态度称妓女是“人类供奉在一夫一妻制的祭坛上的牺牲”。此外勒基（Lecky）在他那段被修辞学的书常常引用的话中，可以说是把对于妓女在社会中的使命的高估和低估的两种观点结合起来了[156]。他甚至还试图用僧侣的半象形的文字把这段话写出来。他宣称：“她以至高无上类型的恶的化身，最终而又最有效地保卫了贞节。如果不是她，幸福美满的家庭的不容挑战的纯洁就会被玷污，不少人，以她们的不受诱惑的守身如玉的贞节为骄傲，一想到妓女就愤怒得浑身战栗，到了没有妓女的时候，她们就会懂得悔恨得要死和绝望是什么滋味了。娼妓把色欲激情用一种堕落的下贱的形式集中起来，不然的话这些情欲就会带着羞耻遍布人间。虽然各种主义信条和文明会随着时间的推移而有兴衰起落，但她依然故我作为永恒的人性的女祭司，吹响号角把人的罪孽集合起来。”[157]

我不知道希腊人对娼妓的道德裁断有什么重要的举措。他们不允许道德裁断采取侮辱的攻击性的形式对待娼妓，而且大多数人都情愿认可它。罗马人通常也接纳它，但是，我们推测，它不像希腊那样放得开。在罗马的古老血统里有一种苛刻的严肃的和清教徒差不多的精神，有时候他们似乎也感觉到需要自己审视清楚，使自己相信娼妓在道德上确实是正当的。传说当年罗马检察官加图（Cato）在看到一位男子从妓院里走出来时表示满意，因为他要不是去妓院就很可能会去哄骗他的邻居的妻子，罗马人常常提起这个传说，这是值得注意的一件事[158]。

社会需要是道德学家赞成容忍妓女的所有理由中最古老的一个理由；如果我们承认目前连带着产生娼妓的婚姻制度将万古长青，又承认建立在这个制度上的理论的道德，那么这就是一个格外有力的理由了，甚至还有点毋庸争辩的味道咧。

基督教问世，连同它对“肉”的特别的态度，势所必然地引起道德方面对于娼妓的注意力剧增。在娼妓还没有被道德否定的时候，它显然需要道德上的裁可；对于多多少少以禁欲为理想的教会来说，不可能本着仁爱之心把这样的问题恝置不顾。我们仿佛看见了一条贯彻始终的规律，当独立的不负责任的牧师们偏向于否定的时候，那些一向把宗教的经世能人的重大责任加诸牧师们身上的神学家们则面露难色，倾向于不愿意对娼妓做出道德的裁断。在这方面，继圣·保罗之后的教会的主要奠基者圣·奥古斯丁是一个最重要的例子。在公元386年撰写的一部裁可神权对于人世的管理的正当性的论文中，我们发现，他宣布，就像刽子手一样，不管他多么遭人憎恶，社会中还必须有他一个位置，同样，妓女和与她同类的人，无论她们多么下贱和丑恶，也是社会必需的；把妓女从人世中除去，你就会让色情玷污世界：“苟除人间娼妓，必得淫欲横流于世之报焉。”（“Aufer meretrices de rebus humanis, turbaveris omnia libidinibus.”）[159] 基督教世界和奥古斯丁齐名的唯一的神学思想家阿奎那（Aquinas）在娼妓的这个问题上和奥氏的想法一样。他坚持认为通奸是一种罪孽，但他把娼妓和保持宫殿洁净的阴沟相比，承认她们是有益于社会结构的不可缺少的部分[160]。“城镇里的妓女就像宫殿里的阴沟一样；把阴沟除去宫殿就变成肮脏恶臭之地了。”更接近现代的一位有影响的神学家利果里（Liguori）也持同样的意见。

神学家对于娼妓实际上普遍保持一种摇摆的半纵容的态度。有些人追随奥古斯丁和阿奎那之后，主张为了避免更大的不幸或灾难而许可娼妓的存在；另有一些人则完全反对这种态度；此外还有一些人主张只允许娼妓在城镇生活，不允许去别的地方。然而神学家普遍都同意妓女有权利获得报酬，没有义务偿还[161]。早期基督教的道德学家满不在乎地主张租房给妓女营娼不算罪过；有罪过也是可以赦免的，无须禁戒[162]。但是，通奸则始终是一种罪孽，从十二世纪以降，教会做了一系列的周到的安排试图感化妓女。所有天主教的神学家都一致认为妓女义不容辞地要为行娼悔罪，大多数神学家，虽然不是全部，都认为和妓女性交的男子也必须为此忏悔。与此同时，教会一面对于妓女本人有某种程度的宽容，一面却始终对那些靠开窑召妓兴娼发财和拉皮条之类的人则极为严厉。这方面，厄尔菲拉（Elvira）的议会，原本是准备通过已婚的妓女无须惩罚忏悔的议案的，后来又决定对那些犯过拉皮条或淫媒（lenocinium）罪恶的人至死不赦，绝不善待[163]。

基督新教或新教，在这个问题上和在许多其他有关性的道德问题上一样，屏弃了认罪忏悔这一节目，通常可以避免对娼妓的道德地位提出任何明确的和负责任的说法。如果它要表示什么意见或企图发起什么实际的行动，它自然就会像圣·保罗（St. Paul）那样找到圣经里反对通奸的戒条作为这些言行的根据，表示出对妓女的不加怜悯和对娼妓的绝不容忍的态度。这种姿态是比较简单的，因为在通行新教的国度里，除了一些特殊的地区和特殊的时期——例如，十七世纪和十八世纪时的日内瓦和新英格兰——都要鼓动一些神学家在这些问题上发表一些宗教上的劝勉告诫的话，而不是去实行某些政策。这后一项任务它们留给了其他人，于是在作为俗人的新教徒的心里就常常发生混乱和满腹疑团。伯登（Burton）是一位思想深刻的严肃的作家，他在宗教改革运动后一个世纪写的一部作品中清楚地叙述了英国新教徒的这种心态，他以缓和的称赞的态度提到“我们的伪天主教徒”，对已婚男女的通奸态度很严厉，但对未婚的男女野合却放纵不管，也许是抱着罗马督察加图（Cato）同样的想法应该努力避免家庭发生大祸，所以他们主张妓院“和教堂一样不可或缺”，主张“在他们的城镇里组织统一的妓女社团”。他继续写道：“他们认为，要懒汉、年轻人、身体健壮的富人、大量的仆人、修士和修道者都正当地生活，不搞歪门邪道，是不可能的，要强迫他们保持贞操老老实实地过日子，这个担子太重太专横了，还有许多不适合结婚的人，如遭受贫穷折磨的人、无权继承遗产的人，又还有一些完全不宜结婚的人，如士兵、再算上一些病人、修道士、神父和神职人员等等。为了两全其美，一面既要保持家庭的美满安全，一面又要满足某些人的欲望，他们只好对这些妓院和娼妓采取睁一只眼闭一只眼假装没看见的容忍的态度。他们提出了许多可能是不错的论据来证明这些事物的合法性和必要性，容忍它们，像默认某种使用权一样；没有政策上的问题，它们和政策没有矛盾，完全是宗教方面的事情。”[164]

一直到下一个世纪初，圣・奥古斯丁的古代裁断娼妓的道德性的论据，才由孟德费尔（Berbard Mandeville）在新教盛行的英国大胆而果断地说出来，他在他的《蜜蜂的寓言》（*Fable of the Bees*）一书中和在他最初宣布这种意见的时候，似乎就和公众的舆论十分抵牾，以致这部书也被禁止出版。孟氏写道：“如果随宫女乐和妓女被起诉有罪，像某些蠢人那样冥顽不化地要求非判刑不可的话，那还有什么院所门闩能够保全我们的妻子和女儿的荣誉？……这表明有必要牺牲一部分女人而保全另一部分妇道人家，避免更凶恶的本能的邪恶危害。由此我想我可以公正地做出结论说，贞操可能是由淫乱支持的，而最完美的贞德有求于最不堪的败德的援手。”[165] 在孟德费尔之后，这种对于娼妓的见解在新教教众和其他一些国家中都逐渐变得司空见惯，虽然通常都没有表达得这样清楚。

也许值得再多收集几例比较现代的有关对娼妓的道德裁断的论述。

譬如，法国的凯龙（Meusnier de Querlon）在十八世纪中叶写了一部名叫《莎菲翁》（*Psaphion*）的小说，他借一位希腊妓女的口，说出了许多有关妓女的生活和地位的有意思的反思和感想。她非常巧妙地为她的职业辩护，并且辩论说，当男人想象妓女只是他们寻欢作乐的牺牲品时，这些自以为是暴君的人才是真正的上当者，他们像奴才一样侍奉被他们蹂躏的女人。他们待人有多少轻贱就罪有应得地受到人家同等的轻贱。“我们以厌恶报厌恶，必须让他们确实尝到这个滋味。我们委身于他们的仅仅是一个偶像，而他们用自己的淫念点燃自己的欲火，面对麻木矫饰的妖媚他们损耗自己的精神，败坏自己的身体，我们静静地冷漠悠然地享受着他们的情味。于是我们收回了我们的全部权利。一丝温热的血气把这些傲慢的畜生带到我们这里，匍匐在我们的脚下，使我们成了主宰他们命运的女主人。我要问，究竟谁占了便宜，是他们还是我们？”她又补充说，也不是所有的男人都像这样不公道地对待妓女的，她接着发表了一通演讲，歌颂妓女，多少带点讽刺的味道，说妓院好处多多，什么有益呀、便宜呀、舒服呀。

有很多研究娼妓问题的现代作家都强调娼妓对社会的有利益性方面。例如里夏尔（Charles Richard）在他那部讨论这个问题的书中做结论说：“社会对待娼妓的处理应该从感恩的原则出

发，不要对她的有益有用虚伪地假装羞耻，要同情这些可怜的人，社会以牺牲她们为代价，成就了今天的平安。”[166]一位美国的医学作家说：“要使婚姻常住就是使婚姻困难，使它困难就是使它因循等待，使它因循等待就是使社区中在性方面完美的个人数目增加，一般，或者只是某些例子，在压抑时间拖长后，会有性欲壅积的问题。社会的不幸和丑恶是人的身体本能，他的遗传的冲动，他被迫生活于其中的人为社会境况等等自然造成的结果。”[167]赫金孙（Woods Hutchinson）虽然发表强烈反对娼妓的言论，把妓女看作“女子的最坏的标本”，但还是认为娼妓发挥了具有最高价值的社会作用。“从医学-经济学的眼光看，我冒昧地主张，娼妓是自然的一种强大的选择和排除的作用力，他对社区有最高的价值。不妨把她的性质粗略地描写为婚姻制度的安全阀”。[168]格尔逊（Adolf Gerson）也有类似的想法，他主张“娼妓是大自然用来限制男人生殖活动的一种手段，在延缓性的成熟期方面发挥的作用尤其明显”。[169]莫利纳里（Molinari）认为，娼妓的社会益处从一开始就表现在各个方面；例如，娼妓使过于旺盛的性冲动不会有生育的结果，从而压制了因生育过剩而杀婴的必然性，达到禁止采用原始的方法去限制人口的增长[170]。就在不久前，又发现娼妓以另一种完全不同于莫氏提到的方式导致了废弃杀婴的现象。马提翁（Matignon）说，在中国的平阳（Ping-Yang）地区，不到几年以前，贫困的农民还把40%的刚刚出生的女婴杀了，有时甚至把全部刚出世的女婴都杀掉，因为养育她们的费用太高而没有给他们带来任何收入，男人想结婚可以轻而易举地从相邻的温州（Wenchu）地区的女子中讨到一个老婆。但是现在有沿海的汽船，把女孩子运到上海的妓院很方便，她们

在那里能够为她们的家庭赚钱；杀女婴的恶俗因此绝迹[171]。埃哈德（F.Erhard）医生写道："在目前条件下，娼妓（广义地说，包括野合在内）是必需的，便于年轻的男子可以在某种程度上学习了解女人，因为习惯的交谈方式不能完全达到这个目的；无论如何择偶得当必须确实懂得女性的思想和行为，因为这不可能只靠本能。还有一层好处就是男子在结婚之前应该把他们的倾向多妻的恶性磨去，这种倾向是随时随地都会爆发的。娼妓只能败坏那些本来就没有多少好东西可以败坏的人，而如果因为嫖娼而丧失了结婚的愿望，那么这位男子的从此不可能出生的孩子有理由感谢他（Dr. F. Erhard:Auch ein Wort zur Ehereform, 载 *Geschlecht und Gesellschaft*, Jahrgang 1, Heft 9）。"奈塞尔（Neisser），内克（Näcke）和许多其他人都曾经为娼妓辩护，甚至为妓院辩护，说这些都是"必需的恶"。

毋庸赘言，在尽力主张娼妓对维护道德有益的人中，还有许多人认为在方法上仍有一些需要改进的地方。譬如贝罗（Bérault）在展望未来时就希望有一天受到管制的妓院逐渐少受世人的轻贱。他认为，近期就可以做各种各样的改进，"把用来代表它的那些野蛮粗俗的象征去掉，它们使对它抱着怀疑或无知的态度的大众轻蔑它，当大家认识到它的益处时，她们的犬儒主义方面引起的大众对她们的蔑视的态度也就结束了"。[172]

4. 娼妓的文明的价值。——道德为娼妓的辩解是基于一种信念，即我们的婚姻制度是无价之宝，任何支撑这一制度的机构或惯例都必须保存，无论这种惯例本身可能有多丑陋或在其他方面有什么不伦不类叫人不愉快的地方。但是另外还有一种维护娼妓的主张很少有人提起，没有得到应有的重视。我是指它在现代生活中的某种形式的或另类必须的作用，现代的生活秩序或规则复杂，每日例行公事，机械单调，体面乏味，娼妓给这样的现代生活增加了某种作乐和调剂的因素。这和把娼妓看作是性能泛滥时找一个出路的特殊的功用不同，它甚至可以影响到那些和妓女很少或完全没有交际应酬的人。可以说这种因素构成了娼妓的文明价值。

不仅仅是文明的一般境况需要这种因素，都市生活的境况使这种需要更加迫切。都市生活用竞争的压力将非常严厉和精确枯燥的日常工作程序建立起来。同时，它使男男女女对于新鲜印象更加敏感，更加喜欢刺激和变化。它增加了社交的机会；它减少了察觉非法性交的机会，同时也使婚姻更加困难，因为社会到处都雄心勃勃要建功立业，生活也日益昂贵，使成家的时间都往后推延了。都市生活既然把婚姻推迟了，也使婚姻的代用品变得必需和紧迫起来[173]。

我们的文明讲究绳墨规矩，既机械又劳累，使芸芸众生缺少自我发展的机会，他（她）们要千方百计努力去弥补这种缺陷，可以毫不犹豫地说，在诱导女子临时或终身为娼的一些重要因素中就有这个动机。我们已经知道经济的因子并非我们曾经一度想象的那样，一定是做出这种选择的主要因素。其次，也没有任何理由假设旺盛的性欲是为首的因子。但是有大量的女子本能地转向娼妓的生涯，是因为她们被一种朦胧的冲动所驱使，这种冲动连她们自己都无法界定或表达，而且还常常羞于承认。因此，甚至在关于娼妓成因的正式统计中都能看到这种动因占有很大的分量，真是叫人惊讶。在伦敦梅里克（Merrick）发现，在他调查的妓女中，有 5000 名或者说将近三分之一的人是自愿弃家或放弃职位“过快活日子”的，于是他便把这一条列为娼妓成因的榜首[174]。在美国，桑格（Sanger）发现，这种倾向几乎总是位列娼妓成因的榜单上的第一名，而赫金孙（Woods Hutchinson）发现“爱炫耀，奢靡和懒惰”显然是元凶。“好逸恶劳”是许多比利时的女孩子向警方诉说她们登记想做妓女的理由。在意大利，估计类似的动机也起了重要的作用。在俄国，“好玩”是想当妓女的第二位的原因。我认为，一位对伦敦的生活有过一番思考的学者的确说得很对，他做结论说：娼妓问题“根本上是丧心病狂地渴望刺激，是对于单调的平凡的理想和对于鼓不起劲来的日常生活苦役的一种严重和执拗的反叛”。[175]我们的确有理由说，正是上述这个促成娼妓的因素要对这件事实负上责任，席勒指出[176]，随着文明的昌盛，娼妓的供应有超过需求的倾向。

布思（Charles Booth）似乎也持有同样的意见，他从“救济会报告”（Rescue Committee Report）中摘引了一段话：“大众的观念中以为，这些女子是急于脱离这种罪孽的生活的。可简单明白的事实却是，她们大部分人根本不想进救济院。这些妇女中许多人都不把也不想把娼妓看作是一种罪孽。‘每天晚上都有人领我们出去晚餐，每天晚上都会去一些地方娱乐；我为什么应该放弃？’”[177]梅里克（Merrick）发现，在14000位妓女中，有5%进过米尔班克监狱（Millbank），她们惯于把口头上遵守教规和实际上干她们的职业结合起来，梅氏在提到她们的道德感时还说：“我相信有许多贫苦的男人和女人根本不懂得‘不道德’这个词的含义。出于对你的礼貌，无论你说什么有关贞操或纯洁的话她们都点头同意，但是她们并不理解你的这些谈话的意义；你不过是对牛弹琴罢了。”[178]各地的妓女中都可以看到和这一样的态度。在意大利，费里亚尼（Ferriani）注意到一位十五岁的女孩，她被控犯了和一位男子在公园里淫秽的罪，她泪流满面，愤怒地否认。费氏最后劝导她去忏悔，然后问她："你为什么想要我相信你是一位好女孩呢？"她犹豫顷刻，微微一笑说："因为他们说女孩子不应该做我做的那些事。"这种态度常常不仅仅是一种本能的感觉；在一些聪明的妓女身上常常演变成一种理性的信念。《一位迷途者的日记》的作者这样写道，"哪怕是严厉和道貌岸然的蔑视我都不在乎，蔑视——可以，如果它是公正的，但我不能忍受侮辱。如果一位被抛弃的美丽的女孩，心烦意乱困苦不堪地孤独生活在世上，诱惑和勾引从四面八方向她涌来，她不顾这一切，听从内心的指引，选择了投降和中产阶级道德的灰色和单调的小路，我在这位女孩身上认识到一种人格，她有某种正当的理由怜悯和轻视不敢走这条路的懦弱的女孩。但是，那些像鹅一样的呆子，在她们的牧主和终生主人的眼皮底下，牧养在嫩绿的田野上，她们当然没有权利侮辱地嘲笑其他运气不如她们好的人。"[179] 我们也不必对妓女为她自己辩解的各种是是非非的说法信以为真。有一些最优秀的思想家和观察家，他们的研究虽然各有侧重，但都得出一个相同的结论。马罗（Marro）说："社会的实际境况和女子的任何高尚的道德情绪都是矛盾的，因为在娼业里卖身的女子和在婚姻里卖身的女子之间，只是在价格上和契约的时期的久暂上有些不同罢了。"[180]

我们已经知道有相当大的一部分妓女是从辞去家佣的职务转营烟花生涯的（见前文）。在这类事情中不难发现一些证据，说明是一种什么冲动迫使一位女子要以行娼为生。德·刚果（Goncourt）在回忆早些日子她常常得到一份家佣的职务时写道：

“在当今平等的社会里，仆人只不过是一个拿薪酬的贱民罢了。一台做家务的机器，不再允许和雇主分享人的生活。”[181] 在英国，甚至在半个世纪以前，我们已经看到同样的有关仆人社会地位的说法：“家佣是一个十足的奴隶，早起晚睡，不停地上楼下楼，跑得两条腿都肿了；一会儿一个巧妙的主意生出大量的做不完的事来，就是要让这台家务机器尽可能干大量的活儿罢了；”此外，她还是一种“避雷针”，要忍受她的女主人和少奶奶们的坏脾气和病态的疾言厉色；所以，就像有些人说的那样，“我觉得太悲惨了，做什么都比我当佣人强，我都想去死”。[182] 仆人被剥夺了全部的人格，仆人不是人；她必须装着没有任何最简单的冲动或本能的需要。同时，她生活在奢华的边缘；周围全是可望而不可即的优游快活的景象，她少不更事，本能地渴望自己也能享受[183]。这不足为怪，她厌恶了单调繁重的工作，又受到游手好闲奢靡生活的引诱，便决意铤而走险，只有这一步能使她享受到文明的勾魂夺目的一面，这似乎真是她心甘情愿的[184]。

有人说，大量的先前做过家佣的女孩成为娼妓是由于受到她们的雇主或家庭里的年轻人的勾引，有些仆人便被迫下水为娼。对一部分例子，有时也许还是相当大的一部分例子来说，这无疑是一个决定性的因子，但是它似乎不是主要的因子。我们必须知道，主仆之间的关系不一定意味着诱惑。在大量的例子中，仆人在这个家里，在性的事情上，是教师而不是学生（我在本《研究录》的第三辑的《女子的性冲动》一章中就曾经讨论过，在这种家里，女佣常常是挑逗年轻男孩的始作俑者）。对于娼妓成因的比较更精确的统计，“勾引”占到 20% 以上，但很少把它作为主要的决定性的因子，虽然她们常常一张嘴就说这是她们当妓女的动因（见前文）。即使在这些勾引为娼的例子中各种各样的雇主的勾引只占其中的一部分（通常不到一半）。由此可知家主勾引家仆的特殊的例子在娼妓的成因中起不了太大的作用。

私生子的父母身份的统计和这个问题有些关系。由柏林保护母亲联盟先后援助的 180 名未婚的母亲中，既详细列出了她们每个人的职业，也尽可能一一列出为父者的职业。前者有三分之一是女佣，其余大部分是生意中的帮手或在家干活儿的女子。为父者（120 例）居首的是工匠（占 30 例），接下来是生意人（22 例）；只有一小部分（20—25 例）可以算得上是“绅士”，如果考虑到这里面有些女孩也出身中产阶层，则为父者中有几位绅士也就说明不了多少问题了；有十九例为父者是已婚的男子[185]。

多数国家里的多数权威学者都认为，终于（通常在十五到二十岁之间）成为妓女的女子都是在此前年轻的时候就已经失去了她们的童贞，大多数的例子都是与她们同属一个阶层的男子干的。在法国，罗伊斯（Reuss）说：“他们这些人把他们的女孩拉下水。就像她一样的工人，把她应该奉献给上帝的最早的收成，她的美丽和童真采去了。世上那些用金银珠宝打扮她的男人只得到残花败柳。”[186] 马蒂诺（Martineau）也指出，娼妓通常都是被她们自己那个阶层的男人采花奸污的[187]。在波尔多，让内尔（Jeannel）发现他有理由相信把仆人引入邪路的人多半不是她们的主人；她们所以为佣，常常是因为她们在乡下已经被人勾引，同时，好逸恶劳，既贪心又不聪明就被送到城里来当了佣人。在爱丁堡，泰特（W. Tait）发现，士兵是社区中各类诱奸妇女的人中人数最多的一类，苏格兰高地的士兵在这方面尤其臭名昭著[188]。天下乌鸦一般黑，兵士的这种坏名声到处都一样，在德国，每年军事演习的时候，有军队驻扎的乡村地区，这种事就发生得特别多，他们是伤风败俗的不贞和私生子的祸端。在奥地利也是一样，格罗斯-豪芬格尔（Gross-Hoffinger）很久以前就说过，那里的士兵要对至少三分之一的私生子负责，和士兵总数的三分之一相等。在意大利，马罗（Marro）调查过二十二名妓女失贞的情况，发现，十名是自己半推半就地把童贞给了自己的情郎或主人，十名是希望由此进入婚姻，两名是遭受强暴[189]。马氏还补充说，失贞虽然不是导致行娼的直接原因，但它常常引向这条路。一位妓女对他说："一旦被人破门而入，就很难把它关上了。"在撒蒂尼亚（Sardinia, 属意大利），曼特加扎（A. Mantegazza）和丘福（Ciuffo）发现，娼妓中有很大一批是来自乡下的佣人，她们在行娼之前已经被她们自己同阶层的人破身了。

文明之为促成娼妓的一个因子，它的奢华，刺激和文雅的生活的影响引诱了民众的女子，就像引诱飞蛾前来扑火的火焰一样。大批乡村居民被五彩缤纷的生活吸引和陶醉的事实，就是一个真实的写照。那些女孩青春焕发，又有追求欢乐的冲动，有时还有一点天生的神经不稳，默默无闻地生活在色彩单调无味的乡下，在看到影响城镇不轻松的劳苦生活的奢靡场景时便兴奋起来，终于在妓女生涯中找到了完全的满足。对于生长在城镇里的女孩，这种生涯通常没有太大的吸引力，除非她从小就生活在一个使她倾向于为娼的环境里。她从儿童时代起就熟悉了都市文明的种种刺激，她们不稀罕这些东西；而且她们比乡下来的女孩更精于保护自己，也对妓女生活的真实状况很了解，所以不会切心于从事这种卖身的生涯。此外，或许还有一些遗传上的天生的或后天获得的一些抵抗力来抵消这些影响或诱惑，使她们能够在都市生活中生存。她们对这种生活的毒素已经有了免疫力[190]。

在所有的大城市中，如果不是大多数，也必定是有很大一部分比例数的居民，通常都是在外地出生的（据报道，在伦敦只有大约 50% 的户主可以确定出生在伦敦本地）；因此妓女常常是外地人也就不足为奇。不过，娼妓队伍中有这么多的新人是从乡下补充来的这种典型的都市现象则依然是一个值得注意的问题。这种例子到处都是。梅里克（Merrick）对 14000 名进过米勒邦克监狱的妓女来自何地的问题做过一番盘点。按人数排列为首的几个地区是米都谢克思（Middlesex），肯特（Kent），色瑞（Surrey），厄谢克斯（Essex）和德冯（Devon）这些乡镇，梅氏估计，伦敦中来自伦敦周围的四个郡的妓女有 7000 人，占妓女总数的一半；像科尔切斯特（Colchester）这样驻扎军队的乡镇和普利茅斯（Plymouth）这样的军港都向伦敦供应许多妓女；爱尔兰地区比苏格兰区来的妓女要多一些，来自德国的妓女比来自欧洲其他国家的多得多，没有一个说是来自法国的[191]。当然，在这些进过监狱的人中统计出来的各项比例数可能并不能准确代表一般妓女的这项比例数。伦敦救世军的救济所的登记册表明，妓女中 60% 的女孩和妇女都是来自伦敦以外各个地方[192]。这与泰特（Tait）半个世纪前调查爱丁堡的一般妓女所得到的这类比例数完全相同。桑格（Sanger）发现，纽约的 2000 名妓女中有多达 1238 人出生于外国（106 人生于爱尔兰，）剩下的 762 人只有一半生于纽约州，显然出生于纽约市的人还要更少一些（并没有给出数字）。来自北方——这些地方的气候不宜人居，制造业比较发达，整天坐着的职业很普遍——的妓女比来自南方的要多得多。譬如，缅因州，美国北部严寒、空旷和靠海的一个州，上述纽约的外地妓

女中有二十四人来自这个州。弗吉尼亚，在纽约南面，到纽约的距离与缅因州到纽约的距离相等，按缅因州在这批妓女中所占的比例数计算，从弗吉尼亚州来的妓女应该有七十二名，但实际上只有九名，拿罗德岛州和马里兰州的这方面的情况相比，结果和前面两州相比的情况差不多[193]。我们由此看到阴沉郁闷的气候和单调的劳动都会刺激人追求“快活”的欲望，这种现象发人深省。在法国，帕朗-杜沙特雷文集中的一幅地图显示[194]，如果把整个国家横贯东西划分成五个区域，到巴黎当妓女的人数按所由来的地区计算，由北向南呈递降之势，来自巴黎本地的似乎只有三分之一多一点，和美国的情况一样，北部的气候相对寒冷，工作比较艰苦繁重，这些地方供应的妓女人数最多；甚至在古代法国，杜富尔说，就如故事诗（Fabriaux）和小说里说的那样，妓女的名声在说奥依语（langue d'oil）的地方没有在说奥克语（langue d'oc）的地方那么坏。由此看来妓女的人数无疑是南方比较少[195]。再往后，罗伊斯（Reuss）说：“差不多所有巴黎的妓女都是从外地来的了。”[196]让内尔（Jeannel）发现一千个波尔多的妓女中，只有四十六个是本市人，而波东（Potton）说，在里昂的将近四千名妓女中，只有376名是里昂人[197]。施兰克（Schrank）说，在维也纳，1873年，在1500多名妓女中，只有615名出生在维也纳。我们由此看到一条普遍的规律，虽然变化无常，但基本上大约只有不超过三分之一的城市妓女是本市出生的孩子。

值得注意的是，这种从远方到城市来做妓女的趋势，这种人口迁移的趋势——现在她们的人数和各种服务行业的侍者相等了——不仅仅是一种现代化才有的现象。圣·卜尼法

斯（St. Boniface）在将近十二个世纪以前就写道：“在龙巴底（Lombardy），或法国，或高卢（Gaul），几乎没有一个城市里没有生于英国的荡妇或妓女，”这位圣者把这种现象归诸民间到外地神庙进香朝圣的习俗。到了现代，欧洲大陆的妓女中已经没有明显的英国元素了。譬如根据罗伊斯的意见，在巴黎，从外国来的妓女中按人数从多到少的顺序将其所属国籍排列如下：比利时，德国（阿尔萨斯-洛林），瑞士（尤其是日内瓦），意大利，西班牙，最后一名是英国[198]。那些出入风流薮泽的鉴赏家说，实际上，英国的妓女和她们的欧洲大陆（特别是法国）的同行姐妹们相比，没有表现出什么优势，她们通常在金钱方面抓得很紧，但缺少魅力。

正是文明的吸引力，但这不是最高尚和最好的文明，比任何其他的动机都更多地召唤妇女去以营娼为生。现在必须指出对男人来说也一样了，做娼妓的人都感觉到这种文明的吸引力了。通常有一种无知的假定，娼妓的存在是为了满足未婚的年轻男子的旺盛的性欲，而如果这些男子学会控制旺盛的性欲或者敦促他们早婚，那么娼妓必然会无事可做而失去存在的价值。这种假设完全是错误的。如果所有的男子很年轻的时候都结了婚，那不但是剜肉补疮——这个问题已经超出了我们这里讨论的范围——而且也无济于事。妓女的作用不只是让过多的性能有一个排放的管道，即使男子结了婚，她的吸引力也绝不会消失，因为嫖娼的男人中有大量的人，甚至可能是大多数人都是已经结过婚的。不论是已婚或未婚，这些男人嫖娼的动机都一样，不是一种单纯的色欲。

在英国，一位很知名的作家说：“维持伦敦的所有比较高级的妓女的嫖客几乎完全是已婚的男子，这个事实证明婚姻的价值是声张道德，婚姻是道德的代办或工具。”在德国，一位先前做过妓女的名叫哈德（Hedwig Hard）的女士写了一部有趣的回忆录，她在这部书中说，大多数嫖娼的男人都是结过婚的[199]。这个估计可能有些夸大。奈塞尔（Neisser）说，在淋病的患者中，只有 25% 的人是已婚的男子。这种说法或许会把人误导到相反的方向去，因为已婚的可能比年轻未婚的人更加小心防范。关于已婚男子嫖娼的动机，哈德讲了她经历过的一件事，很有启发也确实很典型。在她当妓女时平安居住过的一座小城市里，有一位社会地位很高的男子经朋友介绍经常光顾她。她常常看见并且很羡慕他的妻子，那是当地数得上的美人，还有两位可爱的孩子；丈夫和妻子彼此似乎都忠诚于对方，人人都羡慕他们的幸福。他是一位聪明的有修养的男人，他鼓励哈德多读一些书；她渐渐对他产生浓厚的欣慕依恋的感情，有一天她大胆地问他，他怎么能够离开他可爱和娇媚的妻子来找她这样的一个给她系鞋带都不值的女人。他回答说，“是的，我的孩子，但她的美丽和贤淑都不称我的心。她冷，冷如冰霜，是这样，正确地说，冷漠。娇生惯养，扫兴，她只为自己活着；我们是两个好同伴，其他什么都不是。例如，如果晚上我从俱乐部回来要上她的床，或许有一点点兴奋，她就紧张，认为我不该吵醒她。如果我吻她，她就抵抗，说我满嘴讨厌的臭烟味儿和熏人的酒气。而如果有时我想更亲近她一点，她就会跳下床去，怒发冲冠，好像我在攻击她似的，威胁说要是我敢碰她一下她就跳楼。所以，为了相安无事，我便让她一个人待着而来找你。”毫无疑问，这是许多已婚男人的经验，他们一面把妻子当作朋友，一面又尽情地去找情人。但是，在做

妻子这方面，由于各种各样的原因，已经证明她们不能成为自己丈夫的性伴侣。而做丈夫的，既不是因为有多么旺盛的情欲冲动克服不了，也没有任何不忠实于妻子的念头，就到外面去找他在家里找不到的东西了。

这并不是已婚男子嫖娼的唯一的理由。甚至有些男人婚姻很美满，他们的结发妻子在各个主要方面都很合他们的意，结婚几年后，却莫名其妙地出位思迁起来。他们并不是厌烦了自己的妻子，他们绝无离弃妻子的念头或打算，如果他们有办法，他们实在不想对妻子有一星半点的伤害。但是，他们时不时地有一些几乎是无法抗拒的和不由自主的冲动，促使他们去拈花惹草。其实没有任何东西打动他们，他们并不想和这些萍水相逢的女人结成长久的夫妻。庇泼士（Pepys）的《日记》加上日记提到的其他各种主张让我们感到这是一份举世无双的重要的心理学文件。从庇氏的日记中看到，他为这类冲动提供一个很有特点的例子。他娶了一位年轻可爱的女子为妻，他对她缱绻有加，两人在一起过得很幸福，除了偶尔拌两句嘴，但亲个吻就没事了。他的妒忌心证明了他对妻子的爱，他承认这种妒忌毫无道理，因为她是一个诚实的忠心于他的妻子。但是，结婚几年之后，又正处人生艰难的职场事业的中途，庇氏竟然情不自禁地想要找其他的女人苟合，很少嫖娼，但几乎每次都是找生活在下层的女子——店员，工人的妻子，姣好的女佣等等。他常常满足于邀请她们去一个僻静的酒馆，轻浮的打情骂俏之类 。有时候，她们严词拒绝更进一步的非礼行为；每当出现这种情况时，他常常会感谢万能的主（像他每晚开始写日记时那样）。让他摆脱了诱惑，没有浪费时间和金钱；无论如何，他动辄发誓下次再也不干了。可还是依然故

我总也改不掉。庞氏对待自己很真实；他不想为自己辩护或者原谅自己；他知道自己屈从于一种诱惑；这是一种每隔一段时间便会制服他的一种冲动，一种他似乎无法长时间抵抗的冲动。全盘来说，他仍然是一个值得尊重的敬业的人，从大的方面看，他基本上还算是一个过得去的有操守的人，不是那种真正叫人讨厌的言行轻浮放荡的无耻之徒。庞氏的生活态度无比坦率和真诚地暴露出来，因为他写这些东西只是给自己看的，但是他的情况大体上和大量的其他男子的情况一样，也许真是典型的“情欲上的中产阶级的人”或“中等情欲的人”（homme moyen sensuel）[200]。

第三类已婚的男子，数量不多但并非不重要，他们执拗着非要去嫖娼不可：这是一类有些性歧变的男人。有一大堆理由可以解释为什么这类人急于结婚，在有些例子中，他们婚后在妻子身上有可能满足自己渴望的特别形式的性欲。但大部分人不可能像这样得到满足。一个从小循规蹈矩长大的女子是无法去顺从她丈夫的那些怪癖，甚至不过是一些完全无害的古怪的物恋她们也不肯迁就，因为这些东西太忤逆她们的感情，而且她们也百思不得其解，不论她们怎么真心地爱她们的丈夫，也办不到；在许多例子中，做丈夫的不敢要求，甚至连想都不敢想，要他的妻子去玩他一心想要她玩的那些古怪的或多少有点下流的把戏。在这种情况下，他自然而然会去找妓女，这些女子的职业可能满足他的特别的需要。婚姻不能给这些人带来任何的安慰，他们在各大都会的嫖客中占了很大的比例数。大多数有点经验的普通妓女都能从她的嫖客中举出一些例子来说明性方面的精神病态的问题。这里只要从一位年轻的伦敦妓女的忏悔中摘录一段就足够了，一位朋友把她的谈话记录下来，我为阅读到这份文稿对他表示感谢；我只是把其中几个口头用语改成了比较专业的术语。她先讲了一段她还是一位十三岁的乡下孩子时的故事，一位有钱的老绅士如何时常当着她和其他女孩的面展露他的身体，后来被捕下狱了，然后讲她当妓女之后曾经遇到过的许多性歧变的情况。她认识一位年轻人，大约二十五岁，平常穿一身运动装，他来的时候总是提着一个篮子，里面放着两只活的鸽子。她和另外一个同住的女子必须赤身裸体，各人拿起一只鸽子，扭它们的脖子；他就站在她们面前，直到鸽子被扭得痛苦地辗转反侧，他色欲亢进（orgasm）之后才停止。有一次，她在街上遇见一位男子，他问她愿不愿意和他在一起，让他舔舐她的靴子，靴子上还带着烂泥；别的什么事他都没做。后来，她说，有些东西太脏了，不愿再提了；真的，一个男子带她和她的朋友回家，让她们往他的嘴里撒尿。她还有一些鞭挞的故事，通常是男子鞭打女孩子，喜欢让她们鞭挞的男人比较罕见。有一位男子，带着一枝新采下的桦树枝条，喜欢拿它来鞭打她的朋友，直到他抽出了血才停止。她还认识另一位男子，什么都不做，一味猛咂猛吻她的屁股。现在，所有这些事情都成了妓女的日常工作，它们实在是根蒂很深的几乎无法抗拒的冲动（想知道更详细一点的读者可以阅读本《研究录》的前面一辑讨论性爱的象征的章节）。他们必须找到某种出路。但是，他们只能依赖妓女，让妓女获利和借助她们有素的训练，去施行这种别人不愿意做的违背自然的行为，满足这些欲望，否则，恐怕他们会不由自主地另寻其他更加危险的出路。

虽然赫金孙（Woods Hutchinson）摘引并表示赞同一位朋友的主张，说什么“在成千上万的人中我都没有见过一位像是安乐度日的人”，说妓女代表文明的诱惑力，虽然不充分或不恰当但

依然是真实的。小说家特洛罗普（Anthony Trollope）在他的自传中谈到他早年在伦敦的生活时写道：“我惯常去的人家都见不到一张女士的脸，也听不到一位女士的声音，在我的生活的道路上没有挑逗正经的体面尊严的诱惑。在我看来在这样一种境况中，放纵的生活的诱惑几乎可以肯定会让年轻的男子上钩。无论如何这种诱惑打动了我。”在每一个大城市，据说，都有成千上万的男人，除了酒吧的侍女之外，无权不带姓氏地直呼任何一位女子的教名[201]。他们一走到街上，周围全是耀眼的文明的热浪，但这一切都和他们无缘。妓女正是这种城市的叫人销魂心醉的力量的化身，比那些守身如玉的女子好得多，甚至和她们亲密到发生性关系的程度都是办得到的。妓女代表了城市的蛊惑，因为她自己感受到了它的力量，因为她甚至牺牲了她的女人的荣誉去努力证明她自己和它就是同一个东西。她有不受羁绊的女性的诸多本能，她是精通女性装饰艺术的名人，她能告诉男人有关女性的一切神秘的事物，她可以放肆地敞怀谈论性的享受，告诉他有关性的见闻，这些都是居家修道似的天真无邪的少女无法做到的。她打动他绝不只是因为她能满足他的低级的性欲，还因为她在她的职业方面是一个艺术家，是利用开发女性的艺术专家，女性时尚的班头。正如西梅尔（Simmel）在他的《时尚的哲学》（*Philosophie der Mode*）一书中所说的那样，因为有一些很好的心理学上的理由，解释她为什么总会成为这个魁首班头。她的不确定的社会地位使一切习俗和陈规都憎恶她，而她的气质却总是要永远使人感到新奇和愉快。在种种新的时尚中，她寻找一种“属于破坏性的本能的美学形式，这种本能似乎是一切最下层的人在他们的精神没有完全被奴化的时候所特有的。”

一位现代的作家说："有些人听了可能会大吃一惊，妓女必须和艺术家等量齐观。两者都是用他们的天赋和才能来使别人欢乐，照例都要付钱酬劳。一位女歌唱家用她的喉咙使听众快乐，一位妓女用她的身体的另一部分来使那些找她的人快乐，这两者之间又有什么本质的不同？所有的艺术都企图作用于感官。"他提到一件有意义的事实，即，演员，特别是女演员，在从前就被看作近乎妓女，和现在的看法一样[202]。

基洛斯和阿吉拉涅多（Bernaldo de Quiros and Llanas Aguilaniedo）在社会更低的层面上对这两者的作用可以等量齐观的问题做了探索，[203] 他们评述一种很下流的咖啡馆歌手（café chantant），在这些地方，在西班牙各地，最堕落的和退化的女子都做了女招待（偶尔也有做歌手和舞女的），就是那种可爱的特殊的艺妓的角色，为那些常常光顾这里的成群的车夫、店员服务。"她们的穿着看上去没有什么可挑剔的，很合年轻人的口味，头发也精心梳妆过，洁净的脸孔，戴几朵花和廉价的首饰，和蔼可亲，有时候还显得有些傲气，比他知道的其他女子显得更加妩媚娇艳，在他盘桓的妓女圈子中，就他能想到和谈到的人来说，女招待成了淑女（femme galante）的最高尚的模范了"。

但是，对这种单纯无知和饥渴的年轻人来说，这些吸引他们的妓女，是文明的许多善与恶的化身，对许多更复杂的文明的人来说，她们的诱惑力几乎正好相反。她用她的鲁莽自然的粗俗和她对于赤裸裸的现实生活的精通坦诚来打动人的心目；使他们从虚假呆板的思想和不真实的感情的沮丧的气氛中超脱出来，得到短暂时间的快乐，有许许多多文明的人被迫在这种叫人沮丧的氛围中消磨掉他们的大好时光。一位具有这种气质的女人有一位高贵的朋友，他用一句话来解释她对他的不可思议的影响力，说：“她真是一位妙极了的粗人！”上述那些文明人都会有同样的感觉吧。

为了说明娼妓在这方面的动人之处，我可以从小说家埃尔芒（Hermant）的书中摘引一段话[204]，他提到一些理由，解释为什么一位品行很端正的正在念书的孩子会去和妓女应酬往来，寻求满足，可以肯定这位孩子绝不是那种从根上就邪恶，无可救药的人。“在我的心没有被打动以前，我对使我满足的人和物完全无动于衷。此外，我是一个非常喜欢绝对自由的人，这只有在这些无名的小人物的圈子里和他们的住所中才有可能得到。在那里可以自由自在百无禁忌。和别的女人在一起，不管你看到她们有多低下，都必须遵守某种习惯的礼貌，某种礼节。而对这些人，你说什么都可以，可以匿名行事，保证没人泄露秘密。我从这种自由中获益匪浅，它适合我这个年龄，但是我也有一些荒谬的幻想，这不是我这个年纪的人的性格。我几乎不知道我是怎样对她们说我究竟喜欢那里的什么东西，那都是和我的趣味相反的，我的趣味很单纯，如果我可以大胆地说，它是古典的。说真的，在性爱这类事情上，没有节制的自然主义常常会导致堕落，这种事乍一看好像是自相矛盾。原始人有许多特征和退化相同。但无论如何，至少我说话已经无拘无束了；这使我得到一次唯一的机会可以鼓起勇气严肃地说谎。接下来我就经验到了，这必须驱逐内心深处的卑鄙的本性，我觉得这是可耻的性格。我不妨补充说一点，即使在这些放荡生活的日子里我还是有某种保留的。每次当我冒险和人接触的时候都不许他们玷污我，要是我跨过这道门槛，我就什么东西都不剩了。尽管有这种感人的随便的交际来

往，我总保持一个习惯，使不至于产生肉体行为的结果。恋爱的功能，它的周围有宗教和道德的神秘气氛，加上一点罪孽做调料，这时在我看来就和其他的功能差不多，有一点邪气，但很宜人，这场戏的收场独白太长了……这种交友的活动只持续了很短一段时间。”这是对某个普通类型的文明的现代人的生活态度的一种分析，看上去好像有理，但或许在有些读者的心中会认为，这种交际来往会导致“肉体行为”，虽然说是未遂，但不能说没有留下一丝污点。

雷尼耶（Henri de Régnier）在他的一部名为《伯瑞阿先生的巧遇》的小说中也描写过多少有一点类似的生活态度[205]，在他的笔下，贝凯雷（Bercaillé）是一位喜欢找女仆作乐而不愿找夫人淑女的人，因为在他的脑子里，快乐是一种服务，当然可以从女仆那里得到，而女仆一向就习惯于向他提供周到的服务；而且她们都很壮实和可爱，她们有一种普通人中常有的可爱的天真（naïveté），不会由于一些意外的不愉快的小事而随便把他拒之门外，可是这类琐碎小事却可能冒犯那些娇生惯养的夫人淑女的挑剔的敏感的神经，使她们大为光火。

布洛克（Bloch）特别强调妓女的吸引人的这一面，[206]他说，有一位名叫雅各布松（J. P. Jakobsen）的细腻敏感的丹麦青年作家，他对生活中比较高级的平常的一些冲动和偶尔爆发的他认为是比较低级的一些本能之间的对比似乎有敏锐的感受，他能清晰地觉察出它们之间的不同。在他的《尼尔斯·林》（*Niels Lyhne*）这部书中描写了一个男人的这种双重的生活。这位男子，有两周时间是忠实于他崇拜的上帝的，两周之后就被其他的力量压倒了，发疯似地受这些力量摆布，跑去那些他感觉是下流、邪恶和污秽的地方。布洛克说:"每当这种时刻,这个男人就成了另一个人,心里有'两个灵魂'成了一种真实。他是谁,是那位著名的学者,卓越的思想家,灵魂高洁的美学家吗?是在诗歌和绘画中为我们创造了许多光辉纯真的作品的艺术家吗?我们认不出他来了,因为此时此刻出现了另一个人,另一种本性在他的身体里活动着,一种初元的力量逼迫他去做一些事,是他的'上意识',他身上的那个文明人会战栗发抖的事。"布洛克认为我们在这里讨论这个问题涉及一种正常的男性的受虐恋(masochism)问题,妓女能够让这种欲望,这种精神上受虐待和痛楚的性欲望得到满足。

Ⅳ.现代社会对于娼妓的态度

到此我们已经对娼妓这个非常复杂多变的事实的几个典型的方面通览了一遍,力求使读者能够明智地和富有同情心地认识到,娼妓的基本的重要作用是充当我们的婚姻制度的一个组成部分。最后,我们不得不对现在遇到的问题做一番思考,现在似乎有越来越多的人认为娼妓在满足性欲上不但不是一种称心的方法,而且根本就是一种坏的方法。

反对娼妓的运动是明摆着的,我们事先已经从公众对妓院的抵触或敌视的情绪上就预见到了,妓院本来是古代的典型的娼妓现象,而且一度为人称道,建造得富丽堂皇。这种敌视情绪的增长并不限于一两个国家而是国际性的,于是也就可以把它看作是符合我们的文明的一种实际的趋势。这种咒骂既是针对妓女的,同样也是针对嫖客的。对一方的讨厌愈增添其对另一方的厌恶。因为今天只有走投无路的或最愚蠢的妓女才愿意做妓院的奴隶,妓院的老鸨也只有依靠一些非常的手段，设陷阱引诱妇女成为它们的牺牲品，甚至参与世界范围的“白奴”买卖，它是专为喂养和满足妓院而存在的[207]。这种状况自然引起不利于嫖客的反应，进而反对正在过时的不名誉的娼妓的惯例或制度。现在的妓院并不能对高度的个人自由和文明的变迁做出响应，求变的文明力量始终存在着，即使一时还没有什么变化。这种事实更加促使大家对娼妓的旧规惯例从心底里感到厌恶。一方面妓女不喜欢成为一个受人奴役的奴隶，通常甚至拿不到一点报酬；另一方面，嫖客觉得能够享受自由和选择是文明的条件下娼妓的一份魅力，而妓院不可能满足他的要求[208]。于是一度曾经把以侍奉男人的性需求为职业的女人几乎全部网罗进去的妓院，现在只有一小部分妓女，而且越来越少，许多社会改革家也都赞成让暗娼转型成为自由的妓女，认为它有利于道德的进步[209]。

妓院的衰微，姑不论其是因是果，和妓院外的娼妓的昌盛是相伴而行的。但是，对于妓院的敌视在许多基本的方面也普遍应用到反对娼妓上，而且，我们在下文将会看到它对娼妓产生了深刻的变革性的影响。

在对待娼妓的舆论上的变化似乎表现在两个方面。一方面，有一些人并不想废除娼妓，他们对伴随禁娼而来的自我克制感到不愉快，对娼妓的卑劣污秽的方面也感到厌恶。他们可能没有对娼妓的道德上的忌惮，他们也不懂为什么一位女子不能自由地用她的身体干她自己想干的事。但是他们认为，如果娼妓是必需的，则男人和妓女的关系就应该是彼此通达人情和两心相悦的，而不是一方鄙视另一方。必须知道，在文明的都市生活的境况下，工作的纪律往往是很严格的，都市生活的刺激也连续不断，以致纵情狂欢成为一种称心如意的消遣。在长期郁闷的常规生活和感情压抑之后，粗放的放纵的享乐不仅使城市的居民着迷，而且也吸引农民和到达这个城市的水手和士兵。甚至可以说，以为娼妓的诱惑必然和满足性交这件事有关都是错误的想法。实际情况完全不是这样，大多数有魅力的妓女，她自己可能就是缺少性欲的女人，只想用她的人格的魅力来取悦别人；这些人是属于那些多半会找到一个好丈夫的人。有许多男人，他们甚至只满足于和一位可爱的女子自由自在地亲密地待上几个小时，并没有任何进一步的性的要求，虽然这对他们来说并不难做到。对于在都市环境中谋生的相当多数的男人来说，妓女不再是满足片刻淫欲的下贱的工具；他们追求一位可爱的性情中人，和她在一起可以卸下日复一日的常规生活的压力，使身心得到放松。当把娼妓的作为这样摆在人性的基础上来看，虽然它不会因此就有助于使那一方得到最好的发展，它至少会停止绝望地恶化下去。如果不是有这种人性的根据，在地中海沿岸，甚至在吕底亚（Lydia）地区，古代出身很体面的好人家的女子中宗教娼妓长盛不衰的现象就不可能有，那里的妇女有特别高的社会地位[210]。

娼妓仍旧有涉及金钱问题的一面，这是不错的。但可能夸大了它的重要性。必须指出，虽然通常都说妓女是“卖身”或做“皮肉生意”的女人，这是一种表达妓女和嫖客关系的一种典型的很粗鲁的不正确的说法。妓女不是像一块面包或一条羊腿那样有市场定价的一种商品。她和从事种种专业的人士一样，她收取的费用是她提供服务的报酬；收费多少视情况而定，一面要根据自己职业的身份地位，一面也要看嫖客的身份或资产，在特殊的情况下还可以潇洒地完全免费。娼妓把应该是出于自然的恋爱的亲昵关系放在唯利是图的金钱买卖的基础上来处理，就贬低了这些亲昵的关系，使它们变成下流的行为了。但严格地说，在这种事情上没有可卖的“货”。认为妓女是“卖身”的说法，完全不能说是一种可以原谅的修辞用语上的夸张；它既不正确又不公道[211]。

这种在先进的文明中对待娼妓的人道主义的趋势是一种返璞归真的过程，我们不妨注意一下文明早期发生的情况，当时，娼妓在宗教上是神圣的古代观念开始变得声名狼藉。男人不再尊敬那些以侍奉女神的身份出面的妓女了。他们开始把妓女的身体仅仅看成是下贱的奴隶，妄自以为他们这样做是一种推动“进步”和维护“道德”的义举。在地中海沿岸，这一过程肇始于两千多年以前，而且是和希腊的立法者梭伦（Solon）的名字分不开的。今天我们在印度还可以看到同样的过程在进行着。在印度的有些地方[例如，在哲朱里（Jejuri），铺纳（Pounah）附近]长女要奉献给可汗多巴（Khandoba）或其他的神；她们嫁给神，称为神姬（muralis）。她们在庙宇中供职，打扫庙堂，清洗祭神用的种种器皿，她们也唱歌跳舞并充当妓女。她们被禁止结婚，住在她们的父母，兄弟或姐妹的家里；她们献身于宗教，不容鄙视和慢待。但是，今天的印度的“改革家”，以“文明和科学”的名义，想方设法说服这些神姬，说她们“陷入了贱业”。有时候，确实有一些自称的“道德家”要把神姬赶出她们的庙宇和他们的家，剥夺她们全部的自尊，要把她们变成可怜的被放黜的人，一切都是为了推进“科学与文明”[212]。就这样，早期的改革家为近倾的改革家创造了一个使娼妓从新人性化的任务。

毫无疑问，在欧洲的真正的文明生活中，今天开始认识到这

个更具人性的娼妓的概念了。譬如我们看到，米歇尔斯（Robert Michels）医生在写作有关巴黎的妓女问题的文稿中说道："在德国普遍把妓女看作是被放黜者，从而把她当成男子泄欲的工具，用完就扔，对这种人，无论在什么境况下都不能公开表示认识她的，而在法国却不然，妓女在许多方面扮演的角色，就像曾经一度很重要很体面的雅典的艺妓一样"[213]。作者接着描写巴黎的妓女常常可以要求她的朋友们对她体谅和尊重，还可以和其他的男子结交成没有性关系的友谊等等情况，他写道："一个女子固然为钱委身于人，但不要认为她会因为新来者的钱和其他生意上的朋友们，便不再感到需要所谓的不关性事的伴侣，和他们结成知心的朋友了，这些朋友会把她当一位有自由人格的人来对待和尊重，这样的女子并没有完全丧失人性的道德价值。"米歇尔斯做结论说，一切娼妓都是坏事，但是，如果这种巴黎种类的性爱关系代表了已知的婚外性交关系的最低等的形式，我们有理由感到庆幸（妓女对这个问题的思考也是有比较的，我不妨举一个例子，一位巴黎的妓女对我的一位朋友说，英国人问她的一些问题，没有一个法国人敢问）。

但是，大家已经开始察觉到在娼妓问题上的人道主义的或人性化的变化了，不仅仅是在巴黎，那里只是表现得更加显著和突出而已。例如，男子的性生活更公开了便是一种证据。黑尔帕赫（Willy Hellpach）医生说，"一位男子从前是去一条偏远的街道偷偷摸摸地溜进一家妓院，而现在，他带着他的'相好'逛大街、上剧院、进咖啡厅，一点也不担心会遇见熟人，他在这方面已经不觉得尴尬了。事情变得更加平常，更加——自然了"。[214]黑尔帕赫继续指出，这样一来事情也变得更加符合道德了，有害于健康的假正经和贪淫的现象也正在被扫除。

在英国，变化比较缓慢，娼妓的这种人性化的趋势也许不太明显。但是它肯定是存在的。在十九世纪的中叶，勒基（Lecky）在《欧洲道德史》一书中写道：平常的娼妓“在任何一个欧洲的国家都没有像在英国这样不可救药地伤风败俗”。[215] 这种说法，帕朗-杜沙特雷和其他一些外国观察家都说过，而且都是很可靠并且有案可稽的。但是到了今天这种话就难说了，或许在我们的城市的某一个特殊的局部地区里还是老样子。在美国，情况也一样，设在纽约的一个委员会撰写了一份关于《卖淫》（*The Social Evil*, 1902）的报告，我们从中确实看到了反映这种趋势的陈述，他们在报告中提出一些重要的建议，其中有一条是建议今后不应该再把娼妓看作犯罪了。我们从这一见解中推断，在纽约先前是这样看待的。这看上去似乎只是在人性化的道路上跨出了一小步，但是它的方向是正确的。

随着文明的发展在处理和妇女的亲密关系上，从愚蠢轻蔑的束缚逐步改良而趋向人性化，自幽谷而入乔木，这一发展过程绝不只是欧洲文明诸国独有的现象。在日本，几个世纪之前，就同样产生了这种要求，结果导致艺妓的出现。法勒（R. T. Farrer）先生对日本的艺妓曾经进行过一番有趣和详细的研究，当时他说过：“艺妓并不必定是妓女。她是一个受过如何婉媚悦人的教育的女子；从儿童时代起就一步步地让她精通五彩缤纷的日本文学；锻炼种种机巧应对的本事；使她习惯于对任何话题，不论人事和神道都能侃侃而谈应答如流，从她很年幼的时候起就让她省悟出一种不容侵犯的动人的风度，连最风雅的欧洲人都不能理解，但是她几乎还是一成不变的下层阶级的一朵鲜花，盘腿而坐，胖胖的手，难看的指甲。她在身体和精神上所受的教育比诸舞伎（ballerina）要艰苦得多，而她的很高的造诣只有经过穷年累月的奋斗和难熬的极度痛苦的折磨之后才能达到。……艺妓的社会地位可以和欧洲的女演员的地位相比。艺妓屋和任何一所西方的剧院一样红火，受人欣赏。一位优秀的艺妓，周围坐着二十位有身份地位的贵人，争先恐后地捧场助势。她用自己的珠玉落盘一般的声音和机巧的谈吐博得他们连声地赞许和称叹，她的地位和声望比诸盛年时的伯恩哈德（Sarah Bernhardt）毫不逊色[217]。她同样受人追求，同样受人奉承，被大家疯狂地崇拜，她也还只是一个文静的率直的略显忧郁的大女孩。但她所以这样受人赞赏主要是因为她的伶俐的口齿和风趣的谈吐，而这份出色的口才常常要等到她的身体的魅力因岁月流逝而减退的时候才完全成熟起来。她要为自己的主人赚巨万的金钱，即使这样她也常常只是为了自己取乐而登台跳舞。没有一个西方人，即便有也不会多，曾经见到过一位真正著名的艺妓。她太有名了，不会在一位欧洲人面前表演，除非有权势者或帝国的命令。末了，她常常攀婚于高门大户。在她的所有活动中丝毫不需要求助于任何非法的关系。”[216]

古代希腊的艺妓的身份地位在许多方面更像是日本的艺妓而不像是严格意义上的妓女的身份。事实上，在希腊人看来，艺妓根本不是狭义的娼妇（porne）或妓女。这个名词的训诂是朋友或伴侣，用在女子身上这个名词又表示她持有一种荣誉的身份，它的含义不仅仅是妓女。阿忒那奥斯（Athenæus）[218]把所有关于“艺妓”一词的文句收集在一起，表明“艺妓”可以认为是一个独立的公民，纯洁，率真，守贞，完全不同于一般妓女，虽然她们可以冒用艺妓的名字。艺妓“几乎是专指希腊女人中的一类人”，杜那尔曾（Donaldson）说，“她们展现出女子天性中最善良的和最高贵的品质。”[219] 这一番考证使我们明白了为什么像阿斯帕茜娅（Aspasia）这样出类拔萃的聪明女子也曾经做过一名艺妓。对于她的超群的智慧是没有丝毫疑问的。希腊哲学史家贡珀茨（Gomperz）写道：“埃斯基涅斯（Áeschines）在他的以‘阿斯帕茜娅’（Aspasia）为题的对话中，借这位卓越的女子的口道出了对女性传统生活模式的尖锐的批判”，于是他从中推论出历史上真实的阿斯帕茜娅是一个睿智的女子，贡氏补充说道：“如果说三位作家，柏拉图，克赛诺丰（Xenophon），埃斯基涅斯，翕然一致都虚拟地将有教养的旷达胸怀和聪明超群的影响力赋予伯里克利（Pericles）的这位伴侣，这真是太不可思议了，我们有充分的理由认为阿斯帕茜娅的确具有这些品质”。[220] 我们通过阿里斯托芬（Aristophanes）的文摘隐约地推测，公元前四世纪时雅典发生的争取女权的运动是由艺妓领导的。根据布伦斯（Ivo Bruns）的说法：“我们掌握的有关阿斯帕茜娅的非常可靠的资料，她和欧里庇得斯（Euripides）与阿里斯托芬提供给我们的那场妇女运动的领导者的形象非常相像”。[221] 正是由于发生了这场运动，才使柏拉图对于妇女社会的思想远比我们通达，不像我们看待她们那样荒谬。有些人或许会想，这个运动代表了较高水平的喜欢破坏的思想，或者我们可以换一种更好的说法，它体现了一种反叛的精神和一种抱负，像西梅尔（Simmel）说的一种记号，用来标记在等级社会中尚未分级或分级不清的那些人的心智的和艺术的活动。我们在前文中曾经提到过，尼侬·德·莲克洛斯不是一名严格意义上的妓女，但她同样是主张女权的先进。社会身份也像这样暧昧不明的贝恩（Aphra Behn），稍晚一些时候，在英国，同

样成为豁达的推进人道主义的先进，这种人道主义的目标从此被世界各地普遍采纳了。

娼妓的这些改良可以说主要是文明发达到更新更进步的阶段的结果。正如舒尔茨（Schurtz）所说的："快活的，练达的，在艺术上有造诣的艺妓常常成为一种典型的人物，和那种在智力上未经培植不得不幽居于深宅之中而为人妻者形成鲜明的对比。意大利文艺复兴时代的随宫女乐（courtesan），日本的艺妓，中国的花娘（flower-girl），印度的舞妓（bayadere），都显出某些不俗的姣好的外貌，有一种自由的艺术人生的气息。的确可以说，她们以牺牲她们为人妻母的最高的价值做代价，摆脱了被男人压迫的成规定则和持家的义务而取得了独立，使她们身上的一部分女性的天赋的性格和才能，从本来常常受到削弱压制的状况中解放出来，发扬光大。娼妓当她们像这样以最佳的模式存在的时候，可以提供一条路子，沿着它，女性的这些天赋的性格可以对文明的发展起到某种影响。我们也相信，女子的这类艺术活动在某种程度上可以提供相当的力量去平衡纵欲的不良后果，防止感情生活变得粗野和败坏；祖德曼（Sudermann）在他的《从良妓女》（*Magda*）一书中曾经描写了一种类型的女子，用狭隘的道德眼光看，她有可以定罪之隙，但是在她的艺术中却发现有一个立足点，它的力量，甚至连怀有敌意的人都不得不无奈地承认它"。[222] 魏宁格尔（Weininger）在他的《性与性格》一书中，以一种更极端和夸张的态度对娼妓的概念提出一种看法，认为它是生活的一个基础的和本质的部分，是一种永恒的女性的类型。

另外还有一些人，人数显然在不断增加，他们看待娼妓问题不是用美学的眼光，而是站在道德的立场上。但是，这种道德

的态度并不是那种传统的道德，即前文已经提到的罗马检察官加图（Cato），圣·奥古斯丁和勒基（Lecky）等人的道德观念，他们认为合乎道德是因为他们把街上的妓女看作是保护家里的妻女的卫士。现在的道德学家实际上根本拒绝承认传统的见解是符合道德的。他们坚持认为，某些女子的荣誉的保持要以牺牲另外一些女子的荣誉为代价，这样的事不可能是符合道德的，因为用这种代价换来的贞操失去了所有的道德价值。当他们读到德·刚果（Goncourt）说的“女子妆奁中最奢侈的物件，女子做新娘时那些价值六十万法郎的嫁衣都是在克列沃（Clairvaux）监狱里制作的”[223]这样一段话时，他们看见了一个象征性的符号，标志着我们的奢华的美德是密切依赖于我们的污浊的恶行的。他们一面同意历史的和社会学的证据表明娼妓是目前仍然在我们中通行的婚姻制度的不可避免的一部分，一面又问有没有可能改变我们的婚姻制度，使以后不必要把女性的性别的人格划分成“不体面”的女子和“体面的”女子，前者以为人不齿做出牺牲，而后者虽享受牺牲，然而其无耻的程度也差不了多少。

一位著名的科学家曾经说过：妓女成了一些物品，“当公众需要她们时就使用她们，一旦把她们弄得鄙陋不堪而讨厌她们时就把她们扔到粪堆上去。在社会的伪善的风气中甚至摆出一副侮辱人的态度把他们的这些交易当成可耻的买卖，而且在这个市场上买和卖的可耻程度也不平等不公道”。[224]布洛克坚持认为，必须认为娼妓是高尚的，只有这样才能使它逐渐减少[225]。新奥尔良（New Orleans）的戴尔（Isidore Dyer）也主张，除非我们“在男人和女人的心中培植出一种对失足的女人的宽容的精神来取代那种狭隘冥顽的思想，否则我们无法禁止娼妓。”一位当妓女的作者有一段话说明了这个问题，她说："如果委身为娼的职业不再被认为是可耻的，则这支'不幸者'的大军就会减少五分之四——甚至十分之九。我敢说，我自己就是一个例子！交个知心朋友，能主宰自己的生活，这种日子该有多好！"[226] 卓越的社会学家塔尔德（Tarde）写道："两可取其一，或者继续通过鄙视娼妓而使它消灭，这必须用某种可以更好地弥补一夫一妻制缺陷的别的制度来取代现行的这种婚姻制度，或者，是娼妓体面地继续存在，也就是说，不管喜不喜欢，都要尊重它。"塔尔德认为，如果能改善娼妓的体制，仔细挑选那些希望自己的地位得到尊重的妓女，培植能提升她们的道德水准的职业操守，上述变革或许有可能成功[227]。巴尔扎克在他的《婚姻生理学》（*Physiologie du Mariage*）一书中也早就说过："如果对妓女有需要，就必须建立起一种和她们有关的制度。"

文明的势所必然的民主趋势支持和加强了这种道德的态度，虽然这种民主的趋势并没有摧毁等级或阶级的观念，但它颠覆了把人从根本上分成三六九等并且打上记号的观念，使流品不齐成为一种表面的可以变动的现象。娼妓不再使女人沦为奴隶；更不应该把妓女看作贱民。如今年轻的德国妓女说："我的身体是我自己的，我用它来做什么和别人不相干。"当把妓女明白地当作奴隶的时候，她所承担的道德义务和自由的女子所承担的道德义务必然是根本不同的。甚至在同一个家庭里，妓女和她的已婚的姐妹之间都有着一条巨大的不可逾越的社会鸿沟，但是，时至今日大家已经可能逐渐明白，而且在许多有权威的舆论中已经看到，是到了需要重新调整道德的价值观的时候了。千百年来，根据妓女是保证"女人的纯洁"的理由为娼妓辩护。到了民主的年代，大家开始领悟到妓女也是女人。

大家逐渐觉悟到等级类别的划分是表面的，根本上大家的人格是等价的。这种见识使通常对于妓女的态度，对于嫖客的态度，甚至普遍对于社会中其他更多类别的人的态度看上去都很残忍，令人感到痛苦。有人说，许多年轻的男子以无情的粗鄙轻浮的口吻来谈论妓女，“这绝对是特别下贱的一类残忍”，在生活的其他方面是察觉不到的[228]。如果连在言语上持这种态度就是残忍，那在行为上持这种态度就更加残忍了，无论怎样企图掩盖这种残忍都改变不了这种事实。李德尔顿（Canon Lyttleton）的一番话也许主要是针对上层中产阶级的年轻人说的。关于下层中产阶级的人通常对妓女可能采取的态度，我不妨将一位朋友从澳大利亚寄给我的信中的一段值得注意的话摘录下来，供大家参考：“在一个中产阶级的信奉基督教的英国家庭中年轻的男子是如何看待妓女的？以我的父亲为例，如果我没有记错的话，他是在谈他当年结婚前的生活时第一次对我提到妓女的事。他谈起她们时就好像他在谈他曾经租用过的一匹马，他付了租钱，用完之后就忘记得一干二净了。虽然我的母亲很仁慈和善良，但她在谈到沦落的女子时总是带着嫌弃和轻蔑的口吻，好像在说某些肮脏的动物似的。因为善于虚与委蛇和能够以泰然自若的神情照例随分地俯就某些下流的东西，我很快就了解了妓女的身份地位，并且采取了一种态度，笼统地说，就是中产阶级的信奉基督教的英国人对待妓女的态度。但是当发育到春机发陈的年龄时就起了使用这种渣滓、这些道德上的麻风病人的心思，态度上也不得不有所通融，普通的年轻男子进城的时候喜欢搞点不道德的低级趣味的名堂，他想这大概传不到他母亲或姐妹的耳朵里，不必摆出他的傲

慢和厌恶的样子，至少可以不必那么道貌岸然。他多多少少还是有点遮遮掩掩地领着她们去妓院，她们调嘴弄舌摆布他，引他想这想那，做这做那，他一直和妓女躺在床上，吻她们，搂抱她们，好像在骑一匹牝马，要使所得一分不差地值得他付出的价钱。说真的，总的说来，这也就是我的态度。但是如果有谁要问我有什么理由要采取这种态度，这种优越感，自负，傲慢，偏颇，哪怕是说出一星半点的理由来，我一定会像其他任何一位‘体面’的年轻男子一样踌躇莫决，一副张口结舌的傻样。”

站在和我们现在有关的现代道德的立场上看，不仅侮辱妓女的种种残忍的言谈举止是荒谬的，就是对于身处社会鸿沟的另一边的体面的女子来说，加诸她们身上的荣誉似乎也同样荒谬，其残忍的程度也常常不减分毫。众所周知，男子有时候是因为抚爱她们的未婚妻唤起性的冲动而去找妓女以求满足。[229] 因为兴奋的性冲动得不到满足在情绪上和身体上造成的后果对于女子来说也往往像男子那样严重，订了婚的女子在这种情况下去找别的男人以求解欲也同样正当，于是这个荒谬的败德的循环便完成了。

用现代道德家的眼光来看还可以有另外一种考虑，它在我们继承的习惯的传统道德中是完全被撇过一边的，在古代当道德还只是现实生活的时候它实际上也的确不存在。这就是不再把女子分成两个类群，一个是受尊敬的体面的妻子，而另一个则是保护妻子体面的不体面的妓女；还有一个人数众多的第三类的女子，她们既不是妻子也不是妓女。对于这一类没有结婚的贞节的女子，传统的道德绝对没有作用；它把她们完全恝置不问。但是新的道德家，他在加深认识个人和社会两方面的要求，他开始提出一个问题，在个人方面，这些女子如果想解欲有没有资格或能不能名正言顺地去设法满足她们的情欲冲动，在社会方面因为高度的文明影响到人口出生率下降，那么社区有没有权利去鼓励每一位健康强壮的女子在她们想要孩子的时候去生孩子，以维持必要的人口出生率。

上文简要地指出了全部应该考虑的问题——从我们的文明中产生的人人平等或人格等价的基本见识；伴随着城市生活的改良而兴起的反对残忍；贵贱或荣辱两个极端令人憎恶的对比冲击着发展中的民主趋势；向统治当局争取个人权利的意识增长；同样强调社区要求个人做出最良好的让步的权利——对所有这些问题的考虑一天比一天更强烈地影响着现代的道德家对妓女采取一种完全不同于从加图和奥古斯丁那里派生出来的道德问题的态度。他看待这个问题的视野更宽，因袭或革新更加变通。他不再主张为了保存妻子在家庭中神圣不可侵犯而一面宣称妓女很值得宽容，一面又鄙视她们，他不仅更加倾向于认为每个女人都是自己的道德自由的正当的监护人，而且不大确定妓女由来已久的地位，此外他还踌躇不决的是，在家中的妻子是否也像大街上的妓女那样十分需要救援；他准备考虑是否要对这个问题做些改革，以便把性的权利和性的义务更公正地普遍分配给妇女，结果势必也会提升男人在性生活中的道德水准，至于它是否可能实行，实行后又能否成功他也没有一点把握。

许多严肃的改革家对当前的娼妓制度所包含的不公正和堕落表示强烈的反对，以致有些人宣称他们准备采纳任何革命的观念，成就一场道德价值的更健全的质变或突变。卡彭特（Edward Carpenter）很感叹地说：“古罗马狂欢时节自由的男女恣情狂欢的场面的确比眼下我们的大城市的夜景好啊。”[230]

甚至有一些相当心安理得地对于社会制度尽可能采取保守态度的人都无法不察觉到娼妓实在不如人意，除非我们对有关性行为的最卑贱的主张也觉得满足。戈弗雷（Godfrey）宣称："娼妓的行为在生理学上也许是圆满的，但在其他的一切意义上都是残缺不全的。道德的和精神的因素与身体的性欲结合起来才构成圆满的动人的性的魅力，而这些因素正是娼妓没有的。性爱的所有较高级的元素——欣慕、尊重、敬仰和自我牺牲的奉献精神，对于娼妓来说都是不相干的，就像与自遣自了的手淫不相干一样。娼妓行为的道德上的主要障碍在于与它有瓜葛的方面而不在于这种行为本身。金钱的元素一搅和进来，任何本来东牵西连的缠绵的情爱品性立刻就被摧毁了。堕落的恶果绝大部分都要女子吞下，因为，它被视为贱民或败类，被社会抛弃，遭受种种卑劣的冷酷无情的对待。但是她的堕落也只影响到她的那些道德更加败坏的嫖客。"他做结论说："娼妓现象有一种很强烈的倾向，彰显了男人对于妇女的天然的自私的态度，鼓励他们由无节制的情欲引发的幻想，以为性交本身就是性生活的目的和终点。因此，娼妓无助于解决性的问题，连临时地解决都无能为力。它只能完成一种使命，使它成为一种'必需的恶'——这种使命就是缓和独身者和一夫一妻制的性欲燥灼。这种事的代价就是使身心两方面都受到相当程度的损耗和败坏，其中许多无疑是由于社会的行动造成的，固执地排斥和歧视妓女使她们沉沦下贱。当我们并不认为娼妓有多么严重的时候，它也不见得就有那么大的恶。充其量也不过是忠诚的自然性爱关系的一种悲哀的不高尚的滑稽赝品罢了，实际上恶也不过如此。只要独身生活成为一种习俗和一夫一妻制成为法律的状况不改变，我们就注定如影随形地摆脱不掉这

种恶。”[231] 用金钱可以买来性爱的制度把妻子和妓女都同样贬低了。这位作者在另一处文字中说：“仅仅举行一个仪式就实际上裁可了一切，把下贱变成神圣，把色欲和贪淫变成忠诚的性爱，这样的时代已经过去了。如果只是为了物质的目的而和一位男子进入性交的关系是对人性的玷污，则不论是在婚姻的名义下的，还是在没有经过教会或法律的伪善封诰的婚姻之外的，都是一样下贱。如果公开的妓女是一种应该当贱民对待的人，那么，对于在另一套不同的外部境况中过着类似的生活的女子却不许有任何道德上的非难，这真是没理可讲了。要么把妓女般的妻子用道德加以查禁，要么把妓女当作性劳动者必须停止社会对她的放逐和歧视。”[232]

欣顿（James Hinton）是一位思想家，他比其他人看得更清楚，更深刻，他最先认识到娼妓和各方面因素的动力学的关系，他的一切因革依赖于生活中其他社会关系的变化。三十多年前，欣顿写下了一些文稿，因为他没有把它们像通常那样逐章编写并汇集成册，所以一直没有出版发行，在这些零零星星的文字中他有力地并且常常是热情地表达出这个基本的概念。我们不妨从他的原稿中摘引几段话，它有助于我们对这个问题的思考：“我觉得，力的种种定律应该也支配人的激情或爱情的波浪起伏，力学的种种关系是真实的，它也要支配人的生活……有一种张力，通过我们的现代生活，挤压着人的灵魂，现在已经准备好突然间蹦出来，使种种力的不同秩序，自我重新排列。这是用道德的词语来表达动力学的一个问题。……在人口中让一部分妇女终身没有结婚的希望就意味着滋生妓女，使她们成为男人发泄性欲的工具，这也就意味着在她们中的许多人的身上，把全部纯真的性爱或这种性爱的能力扑灭。这是我们必须面对的事实。……今天我看见一位年轻的女子，她的生命在她渴望爱情的煎熬中消耗殆尽，这是一个吓人的绝对悲惨的例子；现在可以看看我们用了什么代价换得她这一身的痨瘵；为了她这一身痨瘵，我们把另一位女子挤进了地狱。我们用这个人的凄惨来换那个人的悲伤；她的身心的不幸是用娼妓来置办的；我们制造妓女就为了这……我们一味造次地使某些妇女永堕地狱，以此去为其余的妇女造一个温馨的天堂……一些人在绝望地忍受过度的淫乐，被折磨得筋疲力尽，而另一些妇女却窘迫于缺少这些快乐。如果婚姻就是这样的局面，那它岂不是也包含淫欲的内容？信奉基督教的幸福的家庭是人间真正黑暗的场所……为男人而立的娼妓，为女人而设的束缚是同一件事的两面，两者都是否定爱情的，既喜欢滥淫又赞赏绝欲。必须铲平束缚的大山，用它来填平滥淫的深渊。”

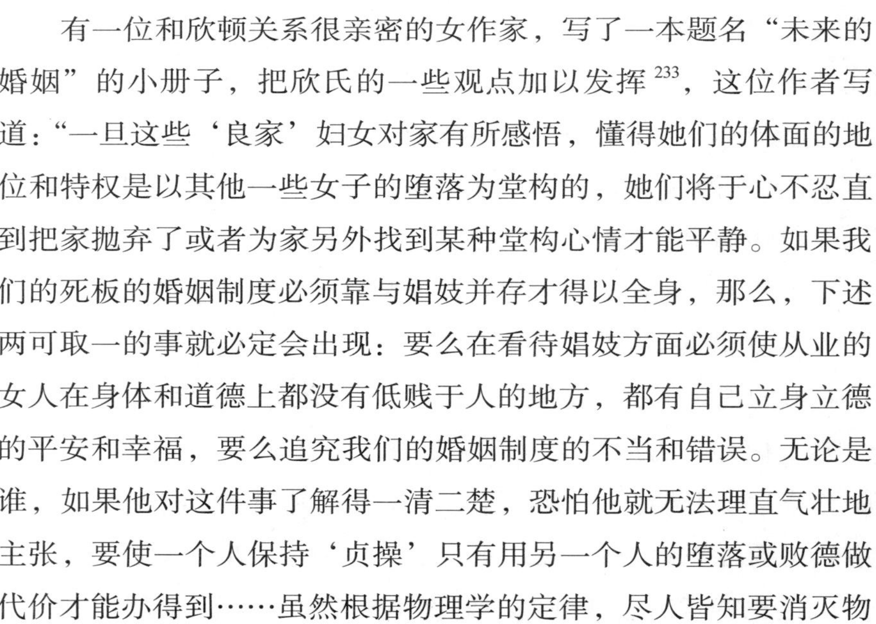

有一位和欣顿关系很亲密的女作家，写了一本题名“未来的婚姻”的小册子，把欣氏的一些观点加以发挥[233]，这位作者写道：“一旦这些‘良家’妇女对家有所感悟，懂得她们的体面的地位和特权是以其他一些女子的堕落为堂构的，她们将于心不忍直到把家抛弃了或者为家另外找到某种堂构心情才能平静。如果我们的死板的婚姻制度必须靠与娼妓并存才得以全身，那么，下述两可取一的事就必定会出现：要么在看待娼妓方面必须使从业的女人在身体和道德上都没有低贱于人的地方，都有自己立身立德的平安和幸福，要么追究我们的婚姻制度的不当和错误。无论是谁，如果他对这件事了解得一清二楚，恐怕他就无法理直气壮地主张，要使一个人保持‘贞操’只有用另一个人的堕落或败德做代价才能办得到……虽然根据物理学的定律，尽人皆知要消灭物质或力量（能量），哪怕是一星半点，也是痴人说梦，没有一个人做得到，但是我们却不能直觉地把这个同样的概念应用到道德的力量上，我们想的和做的种种事情，都好像我们能够简单地消灭一种恶，而丝毫不改变给这种恶以力量的东西。只有用这种动力学的眼光来观察社会问题才能给我们以希望。单独禁娼，其他一切原封不动的事，如果我们能够做到那很可能会是一场灾难。但是这是不可能的。所有现在禁娼的努力都无能为力，原因是他们都把它当成一桩孤立的事情来对待，而其实它不过只是社会通病的一些病象而已。"

爱伦·凯（Ellen Key）是近年来传布性道德的福音书的使徒，这种道德的根据是作为种族之母的妇女的需要，她也以有点类似的精神对娼妓和死板的婚姻各打五十大板，同样痛加斥责，她在《论恋爱和婚姻》中宣称，要全社会一体遵循的"道德"，和要全社会一体鄙弃的"不道德"都是同样妨碍性爱的个人意识的发育的。这是"性的二元论"的两种最粗鄙的由社会裁可的表白，死板的婚姻和娼妓，它们将会因为性爱的统一概念的胜利而不再符合人的需要了。

我们不妨对娼妓的现状做一个总结，一方面，由于人道主义成长和文明的改良，娼妓的地位有提升的趋势，做妓女的女人和找她们的男人两者也必然倾向显出他们各自的名誉和责任；另一方面，或许就是由于同样的动力学的力量，更高级的和更纯洁的处理性关系的方法冲破重财拜金的桎梏，在竞争中取得了胜利，造成一种缓慢地消灭娼妓的趋势。这种文明的改良和人性化，这些更良好的性爱形式竞相出现，是文明进步的真正重要的组成部分，更加有益于人的身心健康，使人更加善良和忠诚。

这种道德的变化似乎不可能不伴随着一种新的认识，即人类生活的事实比形态重要。因为社会形态从低级向高级，从野蛮或未开化向文明的所有变化——就那些生活的变化而言——都伴随着一种缓慢而痛苦地在黑暗中摸索和追求真理的过程，也只有在自然的种种关系中才能找到心智健全的和神圣的人生真理，因为，正如尼采所说的那样，“反归”大自然应该叫作“攀升”才对。只有这样我们才能够达到所追求的目标，把我们心中墨守拘泥的传统中的一切在性行为上的不纯或不体面的成分最终消除，这里面不仅充满陈规陋俗，还包含许多理性的情由。除非我们先把自己的心扫除干净，否则一切企图清理我们的法律，甚至只是清理局部的细则条例的想法都是枉费心机。

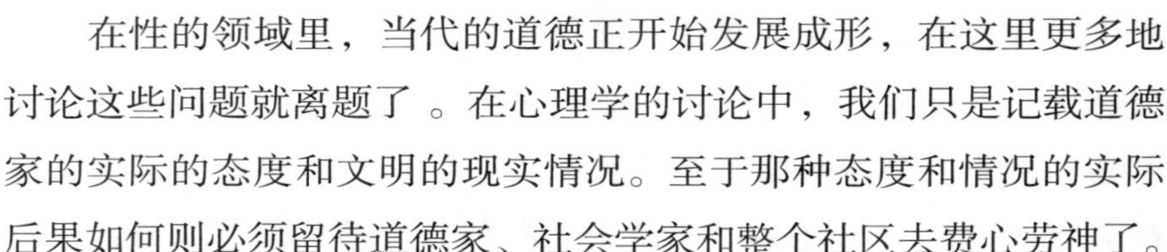

在性的领域里，当代的道德正开始发展成形，在这里更多地讨论这些问题就离题了 。在心理学的讨论中，我们只是记载道德家的实际的态度和文明的现实情况。至于那种态度和情况的实际后果如何则必须留待道德家、社会学家和整个社区去费心劳神了。

或许有人希望我们在诘问时顺便也说一下究竟实际上该怎么处理娼妓的问题，这就与对待许多其他社会问题一样，千万要记住斯宾塞（Herbert Spencer）以被弄弯的铁板比类寓意的著名例证。斯氏指出，要想把一块弯曲的铁板弄平，用锤子直接去砸那拱起来的地方是没用的；如果我们这样做了，我们只会看到把事情弄得更加糟糕；要想把这块难看地拱起的铁板恢复原状，必须围着我们想砸平的这个区域砸才有效，而不是直接砸在那个拱起的地方；只有这样做才能把这块铁板砸平[234]。但是道德家却不懂得这样一条基本的法则。从查理曼王朝以降，那种简单的，讲究实用的，平庸的改革家，自以为是地一次又一次地用他们的铁拳直接打击娼妓的恶，结果总是把问题搞得一发不可收拾。我们只有聪明地围绕着这种恶旁敲侧击，才有望实际地减小它的祸害。下定决心培植和提升男人对女人的，以及女人对女人的良好关系，改善我们对两性关系的种种观念，在有关妇道以及有关女人和男人各自应负的责任方面，提倡更加健全更加真诚的观念，努力提高人在社会生活以及在经济生活方面的生活水平——只有靠诸如此类的一些方法我们才能顺理成章地盼到娼妓之为祸和它带来的痛苦有所减弱和缓和。在我们还无能为力去实现这种种方略的时候，我们就应该听天由命地甘心于娼妓的存在，学会用慈悲的心肠和尊重的态度去对待她们，这是我们的文明的积重难返的失误造成的，她们有权利得到这份怜悯和体面。

注释

1　这类纵情狂欢会原本都是和一些秘密的敬神仪式有关的活动，特别是敬酒神，起源于希腊，后传至罗马和欧洲各地。仪式举行的地点多半在山区或远离城市的地方。这些仪式的特点都是聚众狂欢，狂舞，狂歌，狂饮。希腊的敬酒神仪式的高潮在晚间火把照明下举行，一众兴奋达到疯狂地步的人用牙活生生地把一头公牛撕成碎片，一面生啖牛肉，一面狂饮作酒神状。——译者

2　例如，《秘密祭礼，异教徒和基督教徒》，见《溪丹的赫尔赛讲座讲演集》（“The Mysteries,Pagan and Christian”，载 *Cheetham's Hulsean Lectures*, pp.123,136）。

3　霍迈尔:《袖珍记事本》（Hormayr, *Taschenbuch*,1835,p.255.）；哈格尔施坦格:《中世纪德国南部农民的生活》（Hagelstange, *Süddeutsches Bauernleben in Mittelalter*），都指出这些基督教的狂欢节庆实际上都是起源于异教徒的生活习俗，德国的民众用排山倒海之力反抗日子的艰苦和枯燥。

4　愚民狂欢节的更聪明的支持者清楚地认识到这个问题。他们不

同于那些想废除这个节庆的苛刻的人士，向巴黎神学会呈交了一份值得注意的请愿书（弗勒格尔在《怪诞故事集》中摘录了此文 [Flogel, *Geschichte Grotesk-Komischen*, fourth edition, p.204]），请愿书中有关这一节庆的事是这样写的："我等所为乃一仍旧贯因循古例，愚笨为人之第二本性，受之于天，似宜至少一年一度有所宣泄。如果我等不能适时掀开桶塞，任酒香溢散空中，酒桶势必爆裂。我等都是捆扎不牢的各色酒桶，如果经年累月礼拜和敬畏上帝，任智慧之酒长年发酵，终将裂桶而出矣。与其这样，不如打开桶塞任其飘香数日而不致连酒带桶毁于一旦。我们于是也得以消遣数日，而后将以更大的热诚皈依我主，敬事上帝。"直到十六世纪中，愚人狂欢节才被查禁，而其残迹在例如法国西南部的亚斯（Aix）城则拖延到将近十八世纪末才归于消灭。

［译者附注：一说愚人狂欢节的起源可以直接追溯到古罗马于每年十二月举行的庆丰收的农神节（Saturnalia），罗马皇帝皈依基督教之后，教会议会宣布废除此节庆，但民间改头换面仍于每年的一月举行。］

5 梅雷：《自由时刻说教者的生活》（A. Méray, *La Vie au Temps des Libres Prêcheurs*, vol. ii. Ch. x.）钱伯斯在《中世纪的剧场》（E.K.Chambers, *The Mediæval Stage*, Ch. xiii.）一书中对愚人狂欢节有过一番很清晰的学术性的说明。教会和早期的神父常常诅咒剧院。但是，纳西昂的格雷戈里（Gregory of Nazianzen）却想建立一座基督教的剧院；中世纪的各种各样的秘密的敬神仪式肯定都是在牧师的庇护之下进行的；圣·阿奎那（St.Thomas Aquinas）是一位很伟大的经院哲学家，他对剧场的谴责也很谨慎很加斟酌的。

6 斯宾塞和格林：《中澳大利亚的北方部落》（Spencer and Gillen, *Northern Tribes of Central Australia*, Ch. xii）。

7 陶特文见《人类学会杂志》（Hill Tout, *Journal Anthropological Institute*, July-Dec., 1904, p. 329）。

8 韦思特马克：《道德观念的起源与演变》（Westermarck, *Origin and Development of the Moral Ideas*, vol. ii, pp.283-289）。韦氏在书中说明，定期把某一天和平常日子分别开来作为休息日的风俗在世界上流传很广。

9 克劳利：《神秘的玫瑰》（A.E. Crawley, *The Mystic Rose*, pp. 273 et seq.）。我们发现在世界的某些地方有在这些节日里借妻的习俗。他说：

“这丝毫不影响原来的婚姻制度，除非这种离散时间太长超过一个季度，因近亲关系本来是被禁止的婚姻，也可根据同样的习俗出借。在罗马农神节（Saturnalia）之类的狂欢类型的节日期间，平常的各种关系都被打破了，各人都尽其所能改变一切事物而使各种交换又恰好满足彼此的欲望，目的在于改变人的生活，一切重新开始，把社区牢牢地焊接在一起。”（见同书，p.479）

10　见本《研究录》第三辑《性冲动的分析》（“The Analysis of the Sexual Impulse” in vol. iii of these *Studies*）。

11　默里:《古代希腊的文学》（G. Murray, *Ancient Greek Literature*, p. 211）。

12　希腊的戏剧或许是起源于多少带一点性的特征的民俗节日，甚至中世纪的戏剧都可能有几分类似的起源。（见杜那尔曾:《希腊的剧院》；默里：同上述所引书；皮尔松:《死亡的命运》[Donaldson, *The Greek Theatre*; Gilbert Murray, loc. Cit.; Karl Pearson, *The Chances of Death*, vol. ii, pp. 135-136, 280 et seq.]）。

13　卡努多:《法国的歌舞》（R. Canudo, “Les Chorèqes Français”, 载 *Mercure de France*, May 1,1907,p.180）。

14　银行休假日最初是英国所有银行的法定休假日，后来成为一般商业的休假日。1834 年前多半是定在纪念某位宗教圣徒之日或宗教的某些周年纪念日，一年总计为三十三天。1834 年后减剩四天。具体安排比较灵活，大体是在宗教的重大节日前后。Mafekings 可能是指英国纪念南非约翰内斯堡西北一座小城麦费京（Mafeking）保卫战的胜利活动。1899—1900 年，这里还是英国殖民地，1899 年末荷兰移民大举进攻，英国和当地土著人顽强抵抗了 217 天直到援军到来才解围获胜。这场胜利使英国上下举国欢腾，伦敦全城连日戏台花车大游行，成就了一次狂欢节。——译者

15　西普斯在《人类经验的作用》（Cyples, *The Process of Human Experience*, p.743）一书中声称:“实际上，这是艺术的伟大功能，让我们身上自我的比较卓越的潜能得到一番排练，使我们习惯于在受压抑而发育不全的状态下去较好地实现自己的人格，进而无目的地但却极好地唤醒我们身上尚未成就的种种潜能，调整人生的航向。”

16　甚至连智力的活动都成为单调枯燥的劳作时，就再也抵抗不住

名声不好带有纵情狂欢性质的活动故态复萌了。戈理德在《新一代》上著文（L. Gurlitt. *Die Neue Generation*, January, 1909, pp.31-67）说，普鲁士的神学学校的学生和教士的脑力非常辛苦而且无休无止，导致教师和学生都去参加那些最坏形式的纵情狂欢活动去了。

17　拉比托：《论欧洲的娼妓》（Rabutaux, *De la Prostitution en Europe*, pp. 119 et seq.）。拉氏在这部书中讨论了娼妓的各种不同的定义。至于最初妓女这个字眼的选定问题，见施拉德尔的《实用词典》，词条“姘妇”（Schrader, *Reallexicon*, art. “Beischlâferin”）。

18　乌尔比安：《法律精粹编》（D. Ulpian, *Digest*, lib. xxiii. tit. ii. p.43）。如果她只委身于一两个人，虽然也是为了金钱，但不能算是娼妓。

[译者附注：Ulpian（Domitius Ulpianus），生卒年代不详，罗马法学家。公元222年亚历山大继位罗马皇帝后，被任命为皇帝的主要顾问。]

19　居约：《论娼妓》（Guyot, *La Prostitution*, p. 8）。按居氏的界说，贪金失德是娼妓的基本的内涵，而宗教方面的作家［例如爱丁堡的神学博士沃德洛（Robert Wardlaw）在他的《关于女子行娼的演讲集》（*Lectures on Female Prostitution*, 1842, p.14）中的界说］则把它定义为“非法的性交或私通、野合，”这和神学的“犯奸”（tornication）成为同义词，这种混淆十分荒唐。

20　西奇威克在《伦理学的方法》（Sidgwick, *Methods of Ethics*, Bk.iii. Ch.Ⅺ）中说，“这种婚姻有时候被诬蔑为‘合法的娼妓’，但这个说法显然让人感觉是夸张了，是一种似是而非的奇谈怪论。”

21　邦格尔：《犯罪与经济状况》（Bonger, *Criminalité et Conditions Economiques*, p. 378）。邦氏认为，娼妓的行为和“为了经济的理由而缔结婚姻的男人或女人在本质上是一样的。”

22　理夏尔：《巴黎的娼妓》（E. Richard, *La Prostitution à Paris*, 1890. p.44）。是否应该把公开挂牌或宣布营业的意思作为娼妓定义的一个重要部分还是一个问题；似乎无论如何都应该包含它们，否则妓女无法招来顾客。罗伊斯（Reuss）说，此外，她必须是没有别的生计而不得不这样做；这肯定不是娼妓一词的基本意思。在《法律精粹选编》中认为娼妓应该是“没有快活”的行为，这也不是必需的；如果有这种事也不会影响对娼妓性质的判断。

23　见《性和社会》（*Geschlecht und Gesellschaft*, Jahrgang 1, Heft 9,

p. 345）。

24　霍克斯沃斯:《航行记及其他》（Hawkesworth, *Account of the Voyages, etc.*，1775, vol. ii, p. 254）。

25　科德林顿:《美拉尼西亚人》（R.W.Codrington, *The Melanesians*, p. 235）。

26　克劳斯:《罗马风尚的研究》（F.S.Krauss, *Romanische Forschungen*,1903, p. 290）。

27　苏尔茨:《同龄人和结伙》（H. Schurtz, *Altersklassen und Männerbünde*,1902，p. 190）。苏氏这部书中收集了一些事例，描写原始民族中娼妓的胚芽状态。韦思特马克也提供过许多事实和参考资料（《人类婚姻史》和《道德观念的起源与演变》——*History of Human Marriage*, pp. 441 et seq. and *Origin and Development of the Moral ldeas*, vol. ii, pp. 441 et seq.）。

28　尤其值得参考的是巴荷芬的《母权》和《塔娜屈耶尔的传说》（Bachofen, *Mutterrecht* and *Sage von Tanaquil*）。巴氏主张，甚至宗教娼妓都是源出于原始本能对于爱情个人化的抵抗。（参看史斯密士:《闪族人的宗教》——Robertson Smith, *Religion of Semites*, second edition, p.59）。

29　且不论有什么理由，宗教和娼妓普遍有一种联合的趋势是毫无疑问的。我在另一处地方对宗教和性冲动之间的普遍联系的特殊例子也曾经有过某种程度的讨论（Appendix c to vol.i of these *Studies*）。又譬如埃利士也曾在他的《西非洲说尤语的民族》（A. B. Ellis, *The Ewe-speaking Peoples of West Africa*, pp. 124, 141）中说过，当地的女子以献身给神的名义而成为乱交的娼妓。苏姆奈尔在《民风民俗》（W. G. Sumner, *Folkways*, Ch. xvi）一书中收集了许多有关宗教娼妓分布很广的事实。

30　希罗多德，见希氏史书（Herodotus, Bk. I. Ch. CXCIX）；巴鲁（Baruch）:《巴鲁启示录》（*Baruch,* Ch. Ⅵ. p.43）。现代学者从研究巴比伦的文献中证实了希氏的说法，但不同意他把宗教娼妓的地位摆得那么重要。按照贾斯特洛（Morris Jastrow）的说法，巴比伦史诗的一张书简提到，妓女是乌鲁克城（Uruk）或厄里希（Erech）城的女神伊殊塔尔（Ishtar）的侍从，这或许才是希氏所描写的礼仪的中心或主要的中心。（见贾氏《巴比伦和亚述的宗教》[Morris Jastow, *The Religion of Babylonia and Assyria*, 1898，p. 475]）。伊殊塔尔是生育的女神，伟大的母亲女神，而妓女则是礼拜她的奉神的女祭司，她们参加有象征生育意思的典礼。大家把伊殊塔尔的这些女祭司统称为卡迪殊图（Kadishtu），意思是“圣者”（the holy one）（见上引书，pp.485, 660）。

31 在现代作家中通长都是把阿芙罗蒂德-潘迪莫斯（Aphrodite Pandemos）而不是乌拉尼亚（Ourania）和卖淫或乱交联系在一起，但这是完全错了的，因为阿芙罗蒂德-潘迪莫斯是一个十足的政治象征而不含性的意义。这个错误的由来可能是出于柏拉图的故意所致。有人猜想，这位大魔法家不喜欢民主的思想，便故意使阿芙罗蒂德-潘迪莫斯的概念蒙上粗鄙下流的污名（法内尔:《希腊城邦的崇拜》[Farnell, *Cults of Greek States*, vol.ii, p.660]）。

32 见《阿忒那奥斯文集》（*Athenæus*, Bk. xiii, cap xxii.），似乎在希腊别处只有一个社区有这种涉及淫荡行为的敬神的庙宇，那就是罗克里·厄皮责菲里城（Locri Epizephyrii）（法内尔，同上引书[op. cit, vol. ii, p. 636]）。

33 我不用早期的“乱交”这个字眼，因为原始民族存在性乱交现象的理论现在受到广泛的怀疑，虽然我们没有任何理由怀疑早期母权的盛行，比后来实行族长制时更有利于妇女的性的自由。譬如，在早期的埃及，一位女子可以用送衣服的方式，向她中意的任何男人抛春，即使她是一位已婚的女子也无所谓。在男权兴起之后，这种行为就被认为是犯罪了，但是虔诚的女祭司则一直保留着这种特权，算是受到神的保护[白脱瑞:《埃及的故事》(Flinders Petrie, *Egyptian Tales*, pp. 10, 48)]。

34 应该补充一点，法内尔在《妇女在古代宗教中的地位》（Farnell, The Position of Women in Ancient Religion, 载 *Archiv für Religionswissenschaft*, 1904, p.88）一文里想要把巴比伦的宗教娼妓解释为一种由习俗演变而成的特殊的宗教形式，这种习俗就是缔结婚姻之前要破除童贞，目的在于保护丈夫免遭破贞引来的神秘的危险。哈特兰在《有关米里他神庙的礼仪的研究》（E. S. Hartland, Concerning the Rite at the Temple of Mylitta, 载 *Anthropological Essays Presented to E. B. Tyler*, p. 189）一文中认为，这是一种和破贞的仪式相联系的有关青春发陈的宗教性的礼仪。但是，这种理论并不为闪族的学者普遍采纳。

35 曼哈特:《古代对森林和田野的崇拜》（Mannhardt, *Antike Wald- und Feldkulte*, pp. 283 et seq.）。

36 克劳斯:《性交崇拜》（Dr. F. S. Krauss, “Beischlagausübgung als

Kulthandlung”, 载 *Anthropophyteia*, vol.iii, p.20)。

37　弗瑞泽尔:《美少年阿多尼斯，母神阿梯斯，太阳神奥赛里斯》(J. G. Frazer, *Adonis, Attis, Osiris*, 1907. pp.23 et seq.)。

38　韦思特马克:《道德观念的起源与演变》(Westmarck, *Origin and Development of the Moral Ideas*, vol. ii. p. 446)。

39　见希罗多德史书（*Herodotus*, Bk. Ii, Ch. XLVI）；也见，迪洛尔:《管辖生殖的神祇》(Dulaure, *Des Divinités Génératrices*, Ch. II)；参考本《研究录》第五辑《性爱的象征》第四章（cf. vol. v of these *studies, Erotic Symbolism*, Sect IV)。

40　见《神的城市》(*De Civitate Dei*, Bk. iii, Ch. IX)。

41　见希罗多德史书（*Herodotus*, Bk. I, Ch. 93)。

42　这个部落的看上去很漂亮的女子，大约两到三年的时间就靠这积攒起一笔小嫁妆，回家去结婚，都说这是为了做贤妻良母。伯尔忒尔朗在《巴黎的娼妓》一书中对她们有一些描写（Bertherand , *La Protitution à Paris*,vol. ii, p. 539)。

43　在阿比西尼亚（Abyssinia）(根据费亚斯基发表在英国医学杂志上的文章 [Fiaschi, *British Madical Jonrnal*, March. 13. 1897])，娼妓总是很受人尊敬的，那里的妓女现在每周都需要做两次体格检查，这丝毫没有影响她们的职业名声，而且后来找丈夫也不难。波特尔在《索拉伯和鲁斯坦姆》(Potter, *Sohrab and Rustem*, pp. 168 et seq.) 一书中提到，遍布在旧大陆和新大陆上的有些民族中，就有年轻女子靠行娼来获得妆奁的。

44　在吕底亚（Lydia）的特拉勒斯（Tralles），甚至在公元后第二世纪时，根据拉姆赛在“弗吕基亚的城市”(Sir W. M. Ramsay, *Cities of Phrygia*,vol. i, pp.94, 115) 一书的记载，对于出身好门第的女子来说，神圣的娼妓仍旧是一种高尚的实践，她们“觉得自己是在神的感召下去过神圣的生活。”

45　有几位作家追溯过娼妓从早期的宗教形式逐渐世俗化的过程（例如，见迪普伊:《古代的娼妓》[Dupouey, *La Prostitution dans l'Antiquité*])。在文献中见到的最早赞美希腊艺妓的笔墨，根据贝内克（Benecke）的说法，是巴基里德斯（Bacchylides）的诗歌（贝内克:《科罗丰的安梯马库斯》[Benecke, *Antimachus of Colophon*, p. 36])。

[译者附注：巴基里德斯是古希腊抒情诗人，大约成名于公元前467年。]

46　加德纳文见《人类学会杂志》(J. Stanley Gardiner, *Journal Anthropological Institute*, Feb., 1898, p.409)。

47　同上注引期刊的另一期文章(op. cit. , July-December, 1905, p. 410)。——译者附注：这个地方大致在几内亚沿岸讲班图语的一些部族聚居地。

48　霍尔特:《威尔士人的婚姻法律和习俗》(B. Holt, Marriage Laws and Customs of Cymri, 载 *Journal Anthrtopological Institute*, August November, 1898, pp. 161-163)。

49　见《犯罪人类学档案》(*Archieves d' Anthropologic Criminelle*, November, 1903, p. 720)。

50　布瓦:《印度人的眼光》(Jules Bois, *Visions de l'Inde*, p.55)。

51　让纳:《通行的礼仪》(A. Van Gennep, *Rites de Passage*, p. 142)。

52　见《圣经百科全书》中切恩撰写的《娼妓》词条(Cheyne, Harlot in the *Encylopœdia Biblica*)。

53　达梅斯特泰译《波斯古经》(translated by James Darmesteter, *Zend-Avesta, the Vendidad*)。

54　见《东方的娼妓》，文载《性和社会》(Orientalishe Prostitution, 载 *Geschlecht and Gesellschaft*,1907, Bd. ii, Heft 1)。

55　可参考科尔特曼:《中国人》(Coltman, *The Chinese*,1900, Ch. Ⅶ)。

56　同上注引书(op. cit. , p.113)。

57　马提翁:《日本的娼妓》(Matignon, “La Prostitution au Japan” , 载 *Archives d'Anthropologie Criminelle*, October, 1906)。

58　汉密尔顿:《朝鲜》(Angus Hamilton, *Korea*, p. 52)。

59　奇切罗:《神的主张》(Cicero, *Oratio prô Coelio*, Cap. XX)。

60　杜富尔:《娼妓史》(Pierre Dufour, *Histoire de la Prostitution*, vol. ii, Chs. XIX-XX)。据说这部著名的娼妓史的真实作者是拉克鲁瓦(Paul Lacroix)，从学术上看它的写作方法虽然不太正规，但书中收集了大量的有趣的资料。

61　拉比托:《欧洲娼妓史》(Rabutaux, *Histoire de la Prostitution en Europe*)一书中叙述了许多禁娼的尝试；参看上注杜氏书(op. cit., vol.

iii）。

62　杜富尔：《娼妓史》（Pierre Dufour, *Histoire de la Prostitution*, vol. vi, Ch.XLI）。在同性恋的亨利三世的统治下，对妓院采取了宽容的政策。

63　十八世纪，巴黎的妓院苦心经营和生意兴隆的景象已经到了一种叫人看得目瞪口呆的地步。由于警察无时无刻不在的监视，有关这些作为妓院的建筑物的详细记载的文件汗牛充栋，近年来，其中很多材料都已经刊行于世。有一种关于这类文献的总述刊登在杜伦的《关于沙德侯爵和他的时代的新研究》（Dühren, *Neue Forschungen über den Marquis de Sade und seine Zeit*, 1904, pp. 97 et seq.）中。

64　拉比托：《欧洲娼妓史》（Rabutaux, *Histoire de la Prostitution en Europe*, p.54）。

65　卡尔扎（Calza）曾经写了一部威尼斯的娼妓史；有几种他发现的文件，曼特加扎的著作有转载（Mantegazza, *Gli Amori degli Uomimi*, cap. XIV）。在十七世纪初，过了相当长的一段时间之后，科里亚特（Coryat）造访威尼斯，在他的《论浅薄》（*Crudities*）一书中，对威尼斯的妓女有过一番全面而有趣的记述，他说，当时她们的人数至少有20000；她们带给国家的收入可以维持一打战舰。

66　施兰克：《维也纳的娼妓》（J. Schrank, *Die Prostitution in Wien*, Bd.I, pp. 152-206）。

67　罗贝尔：《中世纪的耻辱的标识》（U. Robert, *Les Signes d'lnfamie au Moyen Age*, Ch.IV）。

68　鲁德克：《德国公众道德史》（Rudeck, *Geschichte der öfftlichen Sittichkeit in Deutschland*, pp. 26-36）对中世纪德国社会生活中娼妓和妓院所起的重要作用有许多详细的记载。

69　拉布托在《欧洲娼妓史》（Rabutaux, *Histoire de la Prostitution en Europe*, pp. 90 et seq.）中对它们都有过一些描写。

70　见《社会学年鉴》（*L'Année Sociologique*, seventh year, 1904, p. 440）。

71　布洛克：《梅毒的根源》（Bloch, *Der Ursprung der Syphilis*）。关于德国的"妓屋"（Frauenhausen），见鲍尔的《过去德国的性生活》（Max Bauer, *Das Geschlechtslebenin der Deutschen Vergangenheit*, pp. 133-

214）。杜富尔说，在圣·路易的敕令下，巴黎的妓院曾经有过的许多权利，到了 1560 年终于丧失殆尽，只有妓院的房屋还保留着，但取消了管理的法规，没有了特殊的衣着，也不限制在某些特殊的街道（同前引书，vol.Ⅴ. Ch. ⅩⅩⅩⅣ）。

72　由蒂阿辛编辑出版的教皇秘书布尔查德（Burchard）在十六世纪初的《日记》（*Diarium*, ed. Thuasne, vol. ii, p.442）中写道："随宫女乐，这是一种正直的妓女"（"Cortegiana, hoc est meretrix honesta"）；蒂阿辛在一处注释中还摘引了其他几位权威人士的话。

73　布尔查德：《日记》（Burchard, *Diarium*,vol. iii, p.167.）蒂阿辛（Thuasme）还摘录了另外几位权威人士的文稿加以证实。

74　格拉夫：《鹤立鸡群》（Graf, Una Cortigiana fra Mille, 载 *Attraverso il Cinquecento*, pp.217-351）。

75　施米特：《文艺复兴时期的女子信函》（Lother Schmidt, *Frauenbriefe der Renaissance*）。

76　毕亚吉：《罗马的一位随宫女乐》（G. Biagi,Un' Etra Romana, 载 *Nuova Antologia*, vol. iv, 1886, pp.655-711）；邦吉：《意大利文学评论》（S. Bongi, *Rivista Critica della Letteratura ltaliana*, 1886,Ⅳ, p. 186）。

77　格拉夫：《经历五百年》（Graf, *Attraverso il Cinquecento*, pp.217-351）。

78　见圣-伯夫：《星期一的谈话》（Sainte-Beuve, *Causeries du Lundi*, vol. iv）。

79　见科隆贝（Emile Colombey）为之作序并且十分推崇的"尼农书信真本"（*Correspondence Authentique* of Ninon de Lenclos）。

80　戴尔：《美国对娼妓的市政管制》（Isidore Dyer, *The Municipal Control of Prostitution in the United States*, report presented to the Brussels International Conference in 1899）。

81　在荷兰，有些大城市采取了管制娼妓的制度而其他城市不加管制，这种比对的例子可以借鉴，教我们看清了管制娼妓的种种好处的虚幻的性质。1883 年，笛不瑞（Desprès）医生公布了一些由荷兰官方提供的数字，在管制娼妓的鹿特丹市（Rotterdam）和没有管制娼妓的阿姆斯特丹市（Amsterdam）比较起来，娼妓和花柳病两项都滋蔓更烈（笛不瑞：《法国的娼妓》[A. Després, *La Prostitution en France*, p. 122]）。

82　1802 年巴黎妓院开始引进对娼妓的医学监督制度，但直到 1825 年才完全建立和普及。

83　海丁斯菲尔德：《论娼妓的控制》（M. L. Heidingsfeld, The Control of Prostitution, 载 *Journal American Medical Association*, January 30, 1904）。

84　豪斯迈斯特尔：《分析娼妓》（P. Hausmeister,Zur Analyse der Prostitution, 载 *Geschlecht und Gesellschaft*, vol. ii, 1907, p.294）。

85　莫罗-克利斯朵夫：《论贫困问题》（Moreau-Christophe, *Du Problème de la Misère*, vol. iii, p. 259）。

86　雷莫：《在英国的文雅的生活》（Félix Remo, *La Vie Galante en Angleterre*, 1888, p. 237）。

87　见贝罗：《妓院》（G. Bérault, *La Maison de Tolérance*,Thèse de Paris, 1904）。

88　譬如，驻扎在印度的英国军队的情况就有点特殊，上校军医韦尔齐在他的论文《梅毒的防治》中收集了一些资料（根据各种委员会的报告，官方的出版物，等等）叙述在印度管制娼妓对于花柳病有良好的作用（Surgeon-Colonel F. H. Welch, The Prevention of Syphilis, 载 *Lancet*, August 12, 1899）。这个制度后来被取消是由于大众的反对声浪太大，而不是因为它的实际成绩有什么问题。

89　受命从事管制的工作，并且被指定向巴黎市议会做报告的理查尔就认为，女孩子在她们达到一定的年龄，有能力认识她们自己生存或谋生之道是什么事情的时候，才能注册成为一名职业的妓女（里夏尔：《巴黎的娼妓》[E. Richard, *La Prostitution à Paris*, p. 147]）。但是到这个年龄的时候大部分妓女早就从事这一行业有些年月了。

90　在德国，对染病的妓女的治疗几乎到处都是在监督下强制实行的，通常社区都会为此做出牺牲。据查，感染的人的平均年龄为 18 岁；妓院里的妓女平均年龄比妓院外的妓女大一些，因此对于疾病有免疫力的人的频数也就高了许多（布拉什科：《梅毒的防治卫生》[Blaschko, Hygiene der Syphilis, 载 *Weyl's Handbuch der Hygiene*, Bd. ii, p. 62, 1900]）。

91　帕朗-杜沙特雷：《论妓女》（Parent-Duchâtelet, *De la Prostitution*,1857, vol. i, p.107）。

92　见《柳叶刀》期刊（*Lancet*, June 28, 1890, p. 1442）。

93　梅里克:《在沦落人中工作》(G. P. Merrick, *Work among the Fallen*, p. 38)。

94　洛根:《娼妓，社会的大祸害》(W. Logan, *The Great Social Evil*, 1871, p.53)。

95　桑格:《娼妓史》(Sanger, *History of Prostitution*, p.488)。

96　赫金孙:"娼妓的经济学"(Woods Hutchinson, The Economics of Prostitution, 载 *American Gynoccologic and Obstertric Journal*, Septemper, 1895; 另见赫氏著:《达尔文所传的福音》[*The Gospel According to Darwin*, p. 194])。

97　费里亚尼:《犯轻罪的未成年人》(Ferriani, *Minorenni Delinquenti*, p. 193)。

98　见《犯罪人类学档案》(Summarized in *Archives d'Anthropologic Criminelle*, Nov. 15, 1901)。

99　舍韦尔:《伦敦西部的生活》(A. Sherwell, *Life in West London*, 1897, Ch. V.)。

100　见《不夜城》(*The Nightless City*, p. 125)。

101　施特勒姆贝格的这个考察结论引自阿沙芬堡的《论犯罪》(Aschaffenburg, *Das Verbrechen*, 1903, p.77)。

102　见《泌尿系统疾病和性卫生月刊》(*Monatsschrift für Harnkrankheiten und Sexuelle Hygiene*, 1906. Heft 10, p.460)。但是，在德国没有能找到工作的未婚女子营娼的某些例子中，这无疑是一个实际的原因，见斯图加特的警察协理阿伦特的论文（Article by Sister Henrietta Arendt, 载，*Sexual-Probleme*, December, 1908）。

103　譬如，举例说，特罗尔-波罗斯蒂安尼也说过类似的话，在她的《自由的王国》(Irma von Troll-Borostyáni, *Im Freien Reich*, p. 176）一书中有这样一段话："去问问这些不幸的人，她们是不是没人逼她们而情愿自甘堕落的。她们几乎无一例外地都会告诉你一个命运多舛的故事，因为处境困乏，饥寒交迫，找不到工作等等逼迫无奈才走上这条邪路的，又或者是出了恋爱不慎和诱惑上当之类的错事，害怕被发现而离家出走，无依无靠，驱使她们掉进了这个罪恶的深渊，已经很难超度了。"当然，这位妓女确实常常准备着对那些想听这类故事的仁慈的人诉说，有时候，这些陈词滥调就挂在她的嘴边。

104　布思:《生活和劳作》末卷(C. Booth, *Life and Labour*, final volume, p. 125)瑞典也有类似的情况，库尔贝格(Kullberg)说，十三到十七岁的女孩和父母一起在家里生活，条件舒适，可是也常常被人看到在她卖淫为娼。

105　阿克顿:《论娼妓》(W. Acton, *Prostitution*, 1870, pp. 39. 49)。

106　根据波东(Potton)的报道，在里昂,3884名妓女中，有194名放弃了或表面上放弃了卖淫生涯；在巴黎，大量的人成了仆役，成衣匠或女裁缝，其中许多人无疑都是重操旧业(见帕朗-杜沙特雷《论娼妓》, Parent-Duchâtelete, *De la Prostitution*, 1857, vol. i, p. 584 ; vol. ii , p. 451)。斯洛格特(Slogett)(引自Acton)说，在达文波特(Davenport),1775名妓女中有250名后来结了婚。众所周知，有时候妓女的婚姻非常美满。据说在大约一个世纪以前，在英国，妓女嫁给有钱的男人很常见，结果通常不错；现在似乎还是这个老样子。按她们所处的社会地位说，她们嫁给马车夫或警察不是不常见，这两类人是她们在街上接触最密切的。殊奈德在《妓女和社会》(C. K. Schneider, *Die Prostituirte und die Gesellschaft*)中说，从德国的情况看，年轻的妓女从事各种各样的职业，处境和地位各不相同，有时候，如果她们攒了一点钱，也会经营一点买卖，一些老的妓女做老鸨，妓院老板，女子化妆师等等。他还补充说，妓女后来结婚的也不少，但是登记在册的德国妓女中结婚的比例数很小，还不到2%。

107　莫利纳里:《男性文化》(G. De Molinari, *La Viriculture*,1897, p. 155)。

108　罗伊斯(Reuss)和其他几位作家从一些描写妓女的未出版的书中做了一些摘要，表明她们收入颇丰。甚至在美国费城普通妓院里，根据古德察尔的《费城的娼业》(Goodchild, The Social Evil in Philadelphia, 载*Arena*, March, 1896)记载，妓女一周能赚二十美元以上，这个数目比她们能在别的向她们开放的任何职业中赚到的钱多得多。

109　笛不瑞:《法国的娼妓》(A. Després, *La prostitution en France*, 1883)。

110　邦格尔:《犯罪和经济状况》(Bonger, *Criminalité et Conditions Economiques*, 1905, pp. 378-414)。

111　舍韦尔:《伦敦西部的生活》第五章“娼妓”(Arthur Sherwell,

Life in West London, Ch V, “Prostitution”)。

112 基罗斯和阿吉拉涅多曾经在《马德里的下层生活》一书中指出过这一问题（Bernaldo de Quiros and Llanas Aguilaniedo, *La Mala Vida en Madrid*, p. 240）。

113 勃朗:《妇女问题》(Lily Braun, *Frauenfrage*, pp. 389 et seq.)。

114 里克尔:《犯罪的女佣》(R. de Ryckère, *La Servante Criminelle*, 1907, pp. 460 et seq.; 参看，同作者的论文《女仆的犯罪》[La Criminalitè Ancillaire, 载 *Archives d'Anthropologie Criminelle*, July and December, 1906])。

115 见《帕朗-杜沙特雷文集》(*Parent-Duchâtelet*, edition 1857, vol. i，p.83)。

116 让内尔:《论公娼》(Jeannel, *De le Prostitution Publique*, p. 102)。

117 见布拉什科 :《梅毒的卫生》(Blaschko, *Hygiene der Syphilis*, 载 Weyl's *Handbuch der Hygiene*, Bd. ii, p.40)。

118 雷莫:《在英国的文雅生活》(F. Remo, *Vie Galante en Angleterre*)。

119 梅里克:《在沦落人中工作》(Merrick, *Work Among the Fallen*)。

120 桑格:《娼妓史》(Sanger, *History of Prostitution*, p.524)。

121 埃氏的数据引自《马德里的下层生活》(Bernaldo de Quiros and Llanas Aguilaniedo, *La Mala Vida en Madrid*, p.239)。

122 韦兰德文载《实用皮肤病学月刊》(Welander. *Monatsshefte für Praktische Dermatologie*,1899, p. 477)。

123 朗勃罗梭和费瑞罗:《犯轻罪者的女子》(Lombroso and Ferrero, *La Donna Delinquente*, 1893, p. 571)。

124 莫氏的意见引自《精神病档案》(as quoted in *Archivio di Psichiatria*, 1896, fasc. I)。

125 见《犯轻罪者的女子》(同注 123 所引书，p.401)。

126 拉齐博尔斯基:《论阳痿》(Raciborski, *Traité de l'lmpuissance*, p. 20)。可以补充说一点，贝格（Bergh）是一位研究妇女外部性器官的解剖特征的领先的权威人物，他认为外部生殖器的发育健全通常都伴随着性欲的旺盛，没有发现妓女在这方面的发育很相同的情况。

127 哈默（Hammer）曾经有许多机会研究妓女的心理学问题，他说，他看不出有什么理由认为她们有性冷淡的问题，见《泌尿系统疾病和性卫生月刊》（*Monatsschrift für Harnkrankheiten und Sexuelle Hygiene*, 1906, Heft 2, p. 85）。但是哈氏在别的地方又说过，他认为，与其说是性欲旺盛，不如说懒惰才是娼妓的主要动因。

128　见《女子的性冲动》，载本《研究录》第三辑（The Sexual lmpulse in Women, in the third volume of these *Studies*.）。

129　泰特：《爱丁堡的妓女从良现象》（W. Tait, *Magdalenism in Edinburgh*, 1842, p. 16）。泰氏说，在爱丁堡，许多已婚的女子和他们的丈夫生活在舒适的境况中，又育有孩子，但发现她们还去当妓女，就是说，她们已经养成了和陌生人幽会的习惯。

130　扬克：《恣纵性欲》（Janke, *Die Willkürliche Hervorbringen des Geschlechts*, p. 275）扬氏此文汇集了有关这种效果的种种议论。阿克顿说，"如果我们把三十五岁的妓女和她们的体面的姐妹做一个比较，我们很少发现通常想其为当然的那种情况，即认为女子年老体衰的变化，娼妓要比别的妇女来得既快又明显，虽然别的妇女要管家和为了那些体面的劳作操心劳神也强过妓女。"（阿克顿：《论妓女》[W. Acton, *Prostitution*, 1870, p. 39]）。

131　赫希菲尔德：《爱的本质》（Hirschfeld, *Wesen der Liebe*, p. 35）赫氏说，和情投意合的人性交的欲望总是高涨的，不会因为职业的性交行为而减退。

132　奥斯特瓦尔德（Hans Ostwald）是研究妓女的生活和性格的最好的权威之一，上文对一名妓女的观察就是从他的作品中引述的。他对这个问题表述得很清楚；也可以参看他的一篇论文，《荡妇和姘夫之间的性爱关系》（"Die Erotischen Beziechungen zwishen Dirne und Zuhälter", 载 *Sexual-Probleme*, June, 1908）。在这同一种期刊（即《性的问题》[*Sexual-Probleme*]）的1908年7月号的第393页上，马・马尔库塞（Max Marcuse）医生对奥氏的经验表示肯定，并且说妓女和她们的风流汉子之间的来往信件是情书，和那些男女出身一样体面的人之间的情书完全一样，内容也都是爱呀，妒忌呀等等同样的东西；他说，这些关系常常维持很久。《一个迷途者的日记》（*Tagebuch einer Verlorenen*, p. 147）的妓女作者对于妓女和她的风流汉子的关系也有一些评论，说这是一个女子对于她的情人的单纯的情之所钟的情缘。

133　在这方面，莫拉里亚（Moraglia）对意大利北部妓院中的妓女和23位意大利和外国的高等妓女做过调查，发现她们每一位都承认自己手淫，最喜欢摩擦阴蒂；其中133人，占大多数，声称她们偏爱独自或互相手淫，而不喜欢正常的性交。哈默（Hammer）说，在感化院里的六十名妓女中，除三位或四位之外，全都手淫，她们还嘲笑那几位不做手淫的人（《十份柏林女监督员的经历》[“Zehn Lebensläufe Berliner Kontrollmädchen”，载 *Ostwald's series of “Grosstadt Dokumente”*, 1905]）。

134　见《性的间性现象年鉴》（*Jahrbuch für Sedcuelle Zwischenstufen*, Jahrgang Ⅶ, 1905, p.148）；本《研究录》的第二辑关于“性逆转”的第四章。哈默发现，在感化院里的二十五名妓女中有多达二十三位是同性恋者，或者，有足够根据推测她们是同性恋者。赫希菲尔德（《第三性别或间性的柏林女子》[*Berlins Drittes Geschlecht*, p. 65]）注意到，妓女有时候会勾引好人家的女子，这些女子的风度有些男子的味道，她们会搞成同性恋；这些妓女同性之间搞同性恋有时会从对手那里得到一点点报酬，有时候分文不付。

135　对于娼妓问题和对于犯罪问题一样，要分清其中的遗传因素和环境影响的因素是困难的，即使当我们有很好的理由认为，这中间遗传的因子终其一生都在发挥着重要的作用。无论如何，可以肯定，娼妓常常有一种在家庭内相传的性质。一位早先做过妓女的人写道：“在一个家庭里，一位女子走上了这条路，她的姐妹很快就会随她而去。我遇见过无数的例子；有时候，三个姐妹都注册登记为娼；我还知道一个四姐妹为娼的例子，她们的母亲是一位助产士，被关在监牢里，父亲酗酒。在这个例子中，她们四姐妹都很漂亮，也都结了婚，至少有一位很幸福，嫁给了一位有钱的医生，他在她十六岁的那一年把她领出了妓院并且让她去受教育。”见，哈德：《一位堕落者的忏悔》（Hedwig Hard, *Beichte einer Gefallen*, p.156）。

136　鲍姆加滕文见《犯罪人类学藏档》（Baumgarten. *Archiv für Kriminal-Anthropologie*, vol. xi, 1902）。

137　见《人种学杂志》（*Ethnological Journal*, April. 1905, p.41）。

138　莫拉索文见《精神病档案》（Morasso. *Archivio di Psichiatria*, 1896, fasc. Ⅰ）。

[译者附注：本书此前已经多次出现过退化（degeneration）这个字

眼，现在的人读起来很有点费解。它用在医学上向来是指各类病理的变性现象或衰微症，但用在这里显然是指称身心遗传上的缺陷而不是指具体的病理变性，是泛指一般遭人诟病的偏离常态的病态或变态。进入 20 世纪以后，遗传学的进步使大家对进化论有了更深刻的认识，懂得了进化并不一定是向着更完善的方向的进步，所以退化一词也失去了根据和参照而逐渐弃用了。]

139　葛瑞克夫人:《一位女人对于女人的思考》(Mrs. Craik, *A Woman's Thoughts about Women*, 1858. p. 291)。

140　德斯皮恩:《性格心理学》(Despine, *Psychologie Naturelle*, vol. iii. pp.207 et seq.; 关于西西里的妓女，可参看《精神病档案》登载的卡拉里的论文 [Callari, *Ardhivio di Psichiatria*, fasc Ⅳ. 1903])。

141　科芒热:《暗娼》(Commenge, *Prostitution Clandestine*, 1897, pp. 101 et seq.)。

142　见《医学记录》(*Medical Record*, April 20, 1907)。

143　詹内:《论公娼》(Jeannel, "De la Prostitution Publique," 1860, p. 168)。

144　赫金孙:《娼妓的经济学》(Woods Hutchinson, "The Economics of Prostitutin", 载 *American Gynœcological and Obstetric Journal*, September, 1895)。

145　最早刊印在 1887 年出版的 *Vratch* 上，后来又刊登在《对妓女和小偷的人类测量学研究》(*Etudes Anthropométriques sur les Prostitutuées et les Voleuses*)。

[译者附注：不知 Vratch 为何意，可能是当时欧洲的一份有关体质人类学的刊物。]

146　见《一般刑事科学杂志》(*Zeifschrift für die Gesamte Strafwissenschaft*, Bd. xxiii, p. 106)。

147　见《精神病档案》(*Archivio di Psichiatria*, 1892, fasc.Ⅵ)。

148　见上注同一期刊的同一卷。

149　朱弗雷达-鲁杰里，文载《罗马社会行为的人类学研究》(Giuffrida-Ruggeri, *Atti della Societá Romana di Antropologia*, 1897, p. 216)。

150　见《精神病档案》(*Archivio di Psichiatria*, 1906, fasc.Ⅵ, p. 812)。

151　桑克蒂斯和托斯卡诺文载《罗马社会行为的人类学研究》(De Sanctis and Toscano, *Atti Societá Romana Antropologia*, vol. viii, 1901, fasc. 11)。

152　哈·亚历山大:《妓女的体质畸形》(H. C. B. Alexander, Physical Abnormalities in Prostitutes，载 *Chicago Academy of Medicine*, April, 1893)；塔尔博特:《论退化》,(E. S. Talbot, Degeneracy, p. 320) 又见塔氏:《牙齿的不齐》(ld. , *Irregularities of the teeth*, fourth deition, p.141)。

153　这个事实和妓女并不始终满意她们选中的这种生活并不矛盾。

154　布洛克曾经讨论过这个问题，见布洛克:《现代的性生活》(Bloch, *Sexualleben unserer Zeit*, Ch.XIII)。

155　朗勃罗梭和费瑞罗对各种不同系列的观察做了一个总述。见他们两人合作的《犯轻罪的女子》(Lombroso and Ferrero, *La Donna Delinquente*, 1893. Part III, cap.IV)。

156　见《欧洲道德史》(*History of European Morals*, vol. iii, p.283)。

[译者附注：巴尔扎克的《婚姻的生理学》发表于 1829 年，是一部小品文集，内容一反此前的浪漫主义风格，全部是针对现实生活的讽刺叙事，有人评论这是巴尔扎克进入鸿篇巨制的小说创作前夕的转折点，贯穿其中的现实主义的精神和他早期浪漫主义的风格相结合，形成他后来的全部著作的灵魂。这里 Deci 一词原是罗马早期的一位皇帝 Decius 的名字，他曾经是一位勇敢的战士，后来为保卫罗马被条顿族中的一支野蛮民族哥特人(Goth)杀害。这里酌意译为战士。]

157　莫莱(Lord Moreley)也曾经写过类似的话(见《狄德罗》[*Diderot*, vol. ii, p.20])："家庭的纯洁，是这样可爱和珍贵，它至今还能安稳无忧，全靠保留着一大批悲惨的被抛弃的女子，我们把有家有业的人的一切罪恶都放在她们的头上，把一切失德之罪都加在她们的罪孽上就像犹太教放在替罪羊头上的罪孽一样，然后把带着别人罪恶的她们赶到污浊险恶的荒野和没有人烟的地方。"

158　霍拉斯:《讽刺诗集》(Horace, *Satires*, lib. i, 2)。

159　圣·奥古斯丁:《论秩序》(St. Augustine, *De Ordine*, Bk.II. Ch. IV)。

160　见《论政府治理原则》(*De Regimine Principum*, Opuscula XX, lib. iv, cap. xiv)。我要感谢评论家诺斯戈德(H. Northcote)，是他查阅到这段话的精确出处；这段话通常被引用时都显得比较模糊。

161　李:《秘密忏悔史》(Lea, *History of Auricular Confession*, vol. ii, p.69)。似乎萨拉曼卡(Salamanca)的神学家还做出了一个奇怪的决定,修女行娼也可接受金钱报酬,说这是"合法的和有效的"。

162　见上注引书(Lea, op. cit., vol. ii, pp. 263, 399)。

163　拉比托:《欧洲的娼妓》(Rabutaux, *De la Prostitution en Europe*, pp. 22 et seq.)。

164　伯登:《忧愁的解剖学》(Burton, *Anatomy of Melancholy*, Part Ⅲ, Sect. Ⅲ, Mem. Ⅳ, Subs. Ⅱ)。

165　孟德费尔:《对于〈蜜蜂的寓言〉的评论》(B. Mandeville, *Remarks to Fable of the Bees*, 1714, pp. 93-99);另参考沙克曼《论孟德费尔》(cf. P. Sakmann, *Bernard de Mandeville*, pp. 101-104)。

166　里夏尔:《面对哲学家的娼妓》(Charles Richard, *La Prostitution devant le Philosophe*, 1882, p. 171)。

167　见《娼业》("The Social Evil", 载 *Medicine*, August and September, 1906)。

168　赫金孙:《达尔文所传的福音书》(Woods Hutchinson, *The Gospel According to Darwin*, p. 193)。

参看同一作者的另一篇文章《娼妓的经济学》("The Economics of Prostitution", summarized in *Boston Medical and Surgical Journal*, November 21, 1895)。

169　格尔逊:《娼妓现象的原因》(Adolf Gerson, Die Ursache de Prostitution, *Sexual-Probleme*, September, 1908)。

170　莫利纳里:《男性文化》(G.de Molinari, *La Viriculture*, p.45)。

171　马提翁文见《犯罪人类学藏档》(Matignon, 载 *Archibves d'Anthropologie Criminelle*,1896, p. 72)。

172　贝罗:《妓院》(Bérault, *La Maison de Tolérance*,Thèse de Paris, 1904)。

173　这种境况助长临时性的自由性交或野合,但它也助长娼妓。理由是,按照格尔逊(Adolf Gerson, *Sexual-Probleme*, 1908)的意见,良家女子不愿野合。一部分原因是传统道德的教化,一部分原因是因为她觉得男子应该是她的合法财产,所以她不愿委身于一位她不爱的男子;因此,男子要寻花问柳只有转向社会地位较低的女子,还要付钱给她。

174 霍普金斯（Ellice Hopkins）说，许多女孩子失足沦落仅仅是因为她们身上有一种“轻佻放荡”（black kitten）的因素，总想着行乐玩耍，不想做困难危险的事。她还说：“你们也不稍微动动脑筋想想，男人在她那双愚蠢的跳舞的脚旁挖了一个无底洞，她可能永远平安无事地又跳又闹吗？她披上那身漂亮的羽毛，一副轻浮的傻瓜样，总免不了有一次失足越过危险的边界，那时候，她唯一剩下的东西只有被摧残了的女性或女格了，这岂不成了千古之恨吗？”

175 舍韦尔：《伦敦西部的生活》（A. Sherwell, *Life in West London*, 1897, Ch. V.）。

176 引自布洛克：《现代的性生活》（Bloch, *Sexualleben Unserer Zeit*, p. 358）。布氏在文中引用了一些数字，说明柏林近年来妓女的增长率几乎是一般人口增长率的两倍。大概可以有把握地说，供应有促进需求的倾向。

177 布思：《民众的生活与劳作》（Charles Booth, *Life and Labour of the People*, Third Series, vol. ii, p.364）。

178 见上引梅里克文（Merrick, op. cit, p. 28）。

179 见《一位迷途者的日记》（*Tagbuch einer Verlorenen*, p. 291）。

180 马罗：《成年人》（Marro, *La Pubertà*, p. 462）。

181 德·刚果：《日记》（Goncourt, *Journal*, vol. iii, p. 49）。

182 范德启斯特：《伦敦的藏污纳垢之洞窟》（Vanderkiste, *The Dens of London*, 1854, p. 242）。

183 邦格尔：《犯罪和经济境况》（Bonger, *Criminalité et Conditions Economiques*, p. 406）。邦氏在书中提到裁缝，制作女帽和饰品的女工以及仆佣中做妓女的人很多，表明接触奢华生活造成的影响，又说这些有钱的妇女蔑视妓女，她们始终不了解她们自己，她们的奢华和懒惰，是促成娼妓的一个重要因素；她们似乎也没有觉悟到如果让她们置身于相同的环境中，她们未必就不会同样地干这一行。

184 利珀特（H. Lippert）在他的 一部研究汉堡的娼妓的书中，很强调女子渴望美服和装饰品是促成娼妓的一个因素，而布洛克在《现代的性生活》（Bloch, *Das Sexualleben Unserer Zeit*, p. 372）中认为这个因素通常被低估了，而它对家佣有特别大的影响。

185 见《保护母亲》（*Mutterschutz*, January, 1907, p. 45）。

186　罗伊斯:《娼妓》(Reuss, *La Prostitution*, p. 41)。

187　马蒂诺:《论暗娼》(Martineau, *De la Prostitution Clandestine*, 1885)。

188　泰特:《妓女从良》(W. Tait, *Magdalenism*, 1842)。

189　马罗:《成年》(Marro, *La Pubertà*, p.461)。

190　因为这说明了几代人的城市生活使她的血脉在遗传上对那些生活的丑恶产生了免疫的作用。这是瑞普玛尔在《天才和天才人物的进化史》一书中提出的(Reibmayr, *Die Entwicklungsgeschichte des Talentes und Genies*, 1908, vol. ii, pp. 73 et seq.), 但书中提到丑恶生活的时候并没有提到娼妓。

191　梅里克:《在沦落人中工作》(Merrick, *Work Among the Fallen*, 1890, pp. 14-16)。

192　舍韦尔:《伦敦西区的生活》(A. Sherwell, *Life in West London*, Ch. V.)。

193　桑格:《娼妓史》(Sanger, *History of Prostitution*, p. 452)。

194　见《帕朗-杜沙特雷文集》(*Parent-Duchâtelet's Work*, vol. i, pp. 37-64, 1857)。

195　见上引书 (op. cit. , vol. iv, ch. XV)。

[译者附注: 奥克语为古代法国卢瓦尔河南部地区方言。奥依语为古代法国卢瓦尔河北部地区方言。]

196　罗伊斯:《论娼妓》(Reuss, *La Prostitution*, p. 12)。

197　见《帕朗-杜沙特雷文集》附录 (Appendix to *Parent-Duchâtelet*,vol. ii, p. 446)。

198　罗伊斯:《论娼妓》(Reuss, *La Prostitution*, p. 12)。

199　哈德:《一位失足者的忏悔》(Hedwig Hard, *Beichte einer Gefallen*, p. 208)。

200　见惠特雷编辑的庇泼士的《日记》(Pepys, *Diary*, ed. Wheatley ; e. g. , vol. iv, passim)。

201　在法国, 这种亲昵的关系具体表现在用“你”(tutoiement) 这种称呼的怡情悦性的特权或礼节上。珍尼斯 (Ernest La Jennesse) 在《祭品》(*L'Holocauste*) 一书中感叹地说:“真不可思议! 叫一声‘你’, 一切屏障都被拆毁了, 一切帷幕面纱统统扯开了, 活得真自在! 有一回，我感到很寂寞，我想试着慢慢习惯巴黎和不幸的命运，我要走好几英里——当然是步行——去造访一位表姐妹和一位姑母，只是想得到叫一声‘你’的亲昵。有时候，她们不在家，我不得不走回来，带着那没有被叫出来的一声你，我渴望信任，亲昵和有如兄弟之情的友爱。”

202　黑尔曼：《论性的自由》（R.Hellmann, *Ueber Geschlechtsfreiheit*, pp. 245-252）。

203　基罗斯和阿吉拉涅多：《马德里的下层生活》（Bernaldo de Quiros and Llanas Aguilaniedo, *La Mala Vida en Madrid*, p. 242）。

204　埃尔芒：《一位昨天的儿童的忏悔》（Hermant, *Confession d'un Enfant d'Hier*, Lettre Ⅶ）。

205　雷尼耶：《伯瑞阿先生的巧遇》（Henri de Régnier, *Les Rencontres de Monsieur Bréot*, p. 50）。

206　布洛克：《现代的性生活》（Bloch, *Das Sexualleben unserer Zeit*, pp. 359-362）。

207　关于这种贸易的种种事实有大量的文献记载，例如，可以参考布洛克的《现代的性生活》（Bloch, *Das Sexualleben Unserer Zeit*, pp. 374-376）；还有，贝尔在《性科学杂志》上发表的文章（K. M. Baer, *Zeitschrift für Sexualwissenschaft*, Sept., 1908）；德·卡尔皮里的《新花谱》（Paulucci de Calboli, *Nuova Antologia*, April, 1902）。

208　实际上这些分析并没有考虑到许多种类的性歧变的人，他们是去妓院的嫖客中很重要的一部分人。斟酌这些情况时常常会发现他们的歧变的性欲望在妓院里比在妓院外更容易得到满足。

209　譬如，布思（Charles Booth）在他的巨著《伦敦的生活和劳作》（*Life and Labor in London*）的最后一卷（p.128）中介绍了“出租屋”（houses of accommodation）的情况，它用为妓女提供方便的办法来取代到处搜查妓女，认为它是走向查封妓院的一个可以采纳的步骤。

210　据说，“在伍力赤（Woolwich），奥尔德肖特（Aldershot），朴次茅斯（Portsmouth），普利茅斯（Plymouth）等城市里，有很多可怜的、猥亵的妖怪，她们没有一点像女人；但这是酗酒、侮辱、虐待和疾病把她们整成这种样子，不仅仅只是一件和男人有关的事实。”

211　基罗斯和阿吉拉涅多在《马德里的下层生活》（Bernaldo de Quiros and Llanas Aguilaniedo, *La Mala Vida en Madrid*, p. 254）中说：“妓

女们自己对娼妓契约的看法是，既不能把它等同于售货，也不可以等同于工作契约，也不能说是民法认定的其他任何形式的以物易物的交易。她们认为在这些契约中始终有一个基本的元素，使它看上去非常像是一件礼物，一件怎么看都没有适当的回报的礼物。'女人的身体是无价的'，这是娼妓业的一句至理名言。她使别人的性欲得到满足，那人交到她手里的钱不是这件事的代价，而是一种对神的奉献，用于赡养恋爱之神维纳斯的祭司。"对西班牙人来说这是对的，任何类似商业买卖的事项都会教人反感，不过这种情绪所根据的原则对娼妓来说总是不错的。

212　可参考的文献不止一种，例如德奥德哈夫人（Mrs.Kashi-ba Deodhar）的一篇文章，载《新改革家》（The New Reformer, October, 1907）。

213　米歇尔斯：《性爱概况》（Dr. Robert Michels, "Erotische Streifzüge", 载 *Mutterschutz*, 1906, Heft 9, p. 368）。

214　黑尔帕赫：《神经衰弱和文化》（Willy Hellpach, *Nervosität und Kultur*, p. 169）。

215　勒基：《欧洲道德史》（Lecky, *History of European Morals*, vol. ii, p. 285）。

216　法勒：《十九世纪》（R. T. Farrer, *Nineteenth Century*, April, 1904）。

217　贝恩哈德（Sarah Bernhardt）（1845—1923）。法国女演员，1845 年生于巴黎，犹太族裔。据说，她美丽动人，有一副金声玉音的好嗓子，她在表演中感情刻画细腻，感人至深，1879 年赴伦敦演出，终于成为全欧洲公认的最伟大的女演员。此外，她还擅长绘画和雕刻，她的人格也很有魅力。——译者

218　见《阿忒那奥斯文集》（*Athenæus*, Bk. xiii, Chs. XXVIII—XXX）。

219　杜纳尔曾：《女人》（Donaldson, *Woman*, p.59）。

220　贡珀茨：《希腊的思想家》（Gomperz, *Greek Thinkers*, vol. iii, pp.124 and 343）。

221　布伦斯：《雅典的妇女解放运动》（Ivo Bruns, *Frauenemancipation in Athen*, 1900, p. 19）。

222　苏耳茨：《同龄人和男子社团》（Schurtz, *Altersklassen und Männerbünde*, p. 191）。

223　见《德·刚果日记》（*Journal des Goncourt*, vol. iii; 这段引文写作于 1866 年）。

224　迪克洛：《社会卫生》（Duclaux, *L'Hygiène Sociale*, p. 243）。

225　布洛克：《现代的性生活》（Bloch, *Secxuelleben unserer Zeit*, Ch. XV）。

226　见《一位迷途者的日记》（*Tagebuch einer Verlorenen*）。

227　塔尔德：《性的道德》（Tarde, *La Morale Sexuelle*, 载 *Archives d'Anthropologie Criminelle*, January, 1907）。

228　李德尔顿：《对青年人实行有关性的法律教育》（Rev the Hon. C. Lyttleton, *Training of the Young in Laws of Sex*, p. 42）。

229　可参考，泰勒：《论性秩序的混乱》（R. W. Taylor, *Treatise on Sexual Disorders*, 1897, pp. 74-75）。希尔特在《回乡之路》（Grorg Hirth, *Wege zur Heimat*, 1909, p. 619）一书中叙述这件事，有一位年轻的官员和她的未婚妻拥抱抚爱以致兴奋起来，但他对她太过敬重，不敢再往前越雷池一步，同时他自爱也过了头，连诉诸手淫都觉得是不自重，最后竟认为最好是去嫖娼。结婚后没几天梅毒病就发作了，希尔特简要地补充了几句说，结果很可怕。

230　卡彭特：《爱的成年》（Edward Carpenter, *Love's Coming of Age*, p. 62）。

231　戈弗雷：《性科学》（Godfrey, *The Science of Sex*, p.202）。

232　同上注书，p. 195。

233《未来的婚姻：一位淑女提交的当代一个问题的和解文书　》（*The Future Marriage: An Eirenicon for a Question of To-day, by a Respectable Woman*, 1885）。

234　这是常常被引用的一段话，但大家并不嫌烦赘："你看，这块锻铁板不是很平：由此向左拱起一点——像大家常说的一块'瓦楞板'。我们怎么把它弄平呢？你回答，明摆着把那凸起的地方敲下去。好吧，这里有一把锤子，我就照你的建议给它一锤，还是没用，你说太硬了。再来一锤？好吧，一锤，一锤，再一锤。你看到了吧，凸起的部分纹丝不动，那恶依然故我——说实在的，恐怕更有甚之。但事情到此还没有完。看看弯曲部分对边附近的情况，那里本来是平的而现在变得弯曲了。这正是我们刚才处置失当弄巧成拙造成的。我们不但没有把原来的凸起弯回来，反而又制造了第二处弯曲，添了另一个新的缺陷。如果我们去向一位对所谓‘打’平铁板有经验的工匠请教，他会告诉我们，靠捶打凸起部分的办法一点用处都没有，只会造成更多的麻烦或损害。他会告诉我们怎样用锤子在凸起周围各处地方用各种相应的适当的力度和朝各个不同的方向敲打；不是这样直接攻击恶，而是采取间接的行动。需要采取的办法不像你想象的那样简单。就连弄平一块弯曲的金属片，照你深信不疑的那些常识性的方法去处理就不会成功。那么又遑论对付一个社会呢？……摆平人道的事难道比弄平一块铁板更容易吗？”见斯宾塞:《社会学研究》(Herbert Spencer, *The Study of Sociology*, p. 270)。

第八章　花柳病的征服

花柳病的意义——梅毒的历史——梅毒的来源——梅毒的社会关注重心——淋病的种种社会危险——警察控制系统腐败的原因——面对事实的必要性——花柳病的无辜受害者——疾病不是犯罪——通报的原则——北欧系统——免费处理——对传播花柳病的惩罚——关于花柳病的性教育——演讲，等等——在小说中和舞台上的讨论——“令人厌恶”不是“不道德的”。

大家或许会非常惊讶，前面讨论娼妓问题时居然对花柳病一字不提。在许多人看来，娼妓问题简直就是梅毒问题。但是从我们直接关注的心理学的观点来看，以及从我们不得不间接地关注到的道德的观点来看，疾病的问题虽然可能常常和娼妓有联系，但不能把它摆到首要的地位。无论这两个问题怎样紧密地纠缠在一起，但根本上是分得一清二楚的。即使有一天娼妓彻底禁绝了，花柳病还会继续存在，换另一个角度看，当我们把梅毒有效地控制到像控制有点类似的麻风病那样近乎灭绝的程度，娼妓也仍然会继续留在人间。

但话又说回来，即使站在这种立场上，我们也不可能忽视花柳病的问题，因为娼妓甚至整个性的关系的心理学和道德方面的问题都受到这种严重疾病的某种程度的影响，它太容易通过性交来传播了。

在这个课题上的领先的权威人物中有一位名叫富尼耶（Fournier）的学者说得好，他说，梅毒，酗酒或酒精中毒，结核病是三个现代的灾难。在更早以前（1851 年），叔本华在《附录和补遗》（*Parerga und Paralipomena*）中有一种说法，认为世风日下，有两件东西是现代社会生活的标志，使它显然区别于古代的生活，就是骑士的荣誉原则和花柳病；他还补充道，它们一起毒害生活，在两性的关系中引进一种敌对的，甚至是恶魔般的因素，进而间接地影响到所有其他的社会关系[1]。哈韦尔堡（Havelburg）说，梅毒就像是一种货物，文明把它带到世界各地，以至地球上除了极少数偏远的地方（例如中非洲和巴西中部）之外，今天已经没有一片没有梅毒的净土了[2]。

毫无疑问，在文明比较悠久的国家中，梅毒虽然还是一个严重损害个人和种族的健康的因素，但它的危害程度即使和一个世代以前相比，也的确缓和多了[3]。这部分是得益于治疗较早和较好，另外还有部分的原因可能是感染梅毒形同于接种梅毒，以至种族现在已经获得了某种程度的可遗传的免疫力，不过我们还必须知道，即使在同一个人身上，一度感染过梅毒也并不一定就能提供对这种病的真正攻击的免疫。我们还必须再补充说一点，许多人的意见认为，虽然梅毒现在变得不那么严重了，但仍然还在继续传播，甚至在文明的一些主要的中心地区也没有停止；在巴黎和伦敦都同样看得到这种现象[4]。

现在广为流行的一种意见认为，梅毒是在十五世纪末由最早发现美洲的那些人带到欧洲来的。在西班牙的塞维利亚（Seville）

这个欧洲通向美洲的最重要的港口，大家都说这是一种印第安人的病。但是当查理八世和他率领的军队于1495年第一次把这种病带到意大利去的时候，大家把他叫“法兰西病”，其实法国人和它的牵连纯属偶然。卡塔内斯（Cataneus）说：这是“先前几个世纪都从未见过的一种恐怖的怪病，也完全不知道世界上有什么地方曾经发生过。”

最早梅毒的同义词多得不计其数。弗拉卡斯托勒斯（Fracastorius）1530年在意大利的维罗纳（Verona）发表了一首脱稿于1521年前用拉丁文写的诗，题名《梅毒或法兰西病》(*Syphilis sive Morbus Gallicus*)，他在这首诗中创造了一个浪漫的神话来说明它的起源，最终给这个病取了梅毒这个现在大家普遍接受的名字。

虽然权威的意见现在似乎都一致倾向于认为梅毒是从美洲带进欧洲的，时间大约在发现新大陆（美洲）的时候，但直到前些年这种意见才获得了可靠的凭据，即使这样也还不能肯定西班牙人从美洲带回来的真是一种旧大陆绝对没有过的新疾病，而不是一种比原有的老病毒性更强的变种，原有老病的病象则在此前已经变得温和了。例如，比雷（Buret）几年前在《今日和古时的梅毒》一文中就说过，他“深信梅毒从人类诞生那天起就存在了，”而且他从对经典作家的探赜索隐的研究中判断，在恺撒（Caesars）统治时代的罗马，梅毒就已经存在了，他认为，梅毒在不同的一些地方和不同的几个时期曾经爆发过，在以流行病形式爆发时表现出多重症状的不同结合的病象，平时不引人注意而被忽略了的一种病，当它表现出更凶猛的病象时看上去就像一种此前闻所未闻的疾病一样。他料想，在古典时代就是因为这样才认为它是从埃及传来的，但比氏却把亚洲看成是它的真正的老家[5]。格吕克（Leopold Glück）也从十六世纪的医生阿亚拉（Gabriel Ayala）的医学警言中摘引了几段，宣称梅毒不过是一种古老的疾病以一种前所未有的凶猛程度爆发出来而已[6]。无论如何，并没有确实可靠的理由断定梅毒在古代或希腊罗马时代就已经为人所知了。诺达夫特（A. V. Notthaft）曾经抱批判的态度研究过一些古典作家的文稿，这些文章都是罗申包姆（Rosenbaum），比雷（Buret），普罗克施（Proksch）和其他考查过梅毒的人信以为真的[7]。诺氏承认，这些文字中可能有许多地方提到了梅毒，甚至一两处对病象的描写都更吻合梅毒而不像其他任何一种疾病。但是，总的说，它们并没有提供什么证据，诺氏做结论说，从来没有一位梅毒学家成功地用事实证明梅毒是古代已知的疾病。这种信念只是一种传奇故事。诺氏指出反对这种信念的最具决定意义的论据是一桩事实，即，古代有一些伟大的医生，他们虽然敏于观察，但却没有一个人对这种疾病的第一期、第二期，第三期和先天感染类型的病象有过任何描述。中国常常被人提到是梅毒的发源地，但这种意见也是完全没有根据的。日本一位叫岡村（Okamura）的医生曾经指出，在十六世纪以前，中国的文字记录没有露出一点有关梅毒病的迹象[8]。1900年，富凯（Fouquet）在巴黎医学科学院举办了一次图片展览，都是一些在埃及拍摄的直到公元前2400年的人类遗骸的图片，图片中的骨头的损伤显示出明显的梅毒的症状；但是一位最大的权威富尼耶（Fournier）经过推敲后认为，在没有排除其他同样容易造成类似的骨头损伤情况之前，不能确诊它就是梅毒的病象[9]。在佛罗里达（Florida）和中美洲的几处不同地区，在无疑是哥伦

布发现新大陆前的墓葬地，发现了一些带有病患特征的骨头，一些可靠的权威人士宣称，它们肯定是梅毒，不可能是任何其他的疾病[10]，但是我们也注意到，就在不久之后的1899年，谨言慎行的菲尔绍（Virchow）说，在他看来哥伦布发现新大陆前的美洲是否存在梅毒还是一个见仁见智的问题[11]。另一方面，研究古代墨西哥的著名的权威，色勒尔（Seler）指出，古代墨西哥人对一种病很了解，根据他们的描写，这种病很有可能就是梅毒[12]。无论如何，很显然，要证明在美洲发现的有病的骨殖为梅毒和要证明在欧洲发现的这类骨殖为梅毒同样困难，这种证明不管多么周全，都不足以说明这种病在旧大陆也早就已经存在了。根据阿亚拉（Ayala）的言之凿凿的理论，梅毒这种欧洲古已有之的疾病在十五世纪的时候再一次复发，而且毒性剧增，他的这种理论直到现代比较晚的一些时候都还常常有人当作是正确的意见重新提出来。譬如，诺特（J. Knott）就认为，十五世纪的欧洲流行的梅毒病虽然不是新的，但其后从欧洲以外的种族那里引进了新的类型，造成更严重的后果，大家往往认为这是事实[13]。

到了十八世纪，阿斯特吕克（Jean Astruc）开始旧话重提，认为梅毒确实是起源于美洲的一种比较现代的疾病，从此以后，各方面的重要的权威学者都附和这种观点。多亏了柏林的布洛克医生（Dr. Iwan Bloch）的殚精竭虑的研究，才有了对于梅毒起源于美洲的有根据的最充分的说明[他的重要著作《梅毒的起源》（*Der Ursprung der Syphilis*）的第一卷刊行于1901年]。布氏认为，西班牙著名的医生卢伊·笛阿斯·德·伊斯拉（Ruy Diaz de Isla）是这种疾病起源于美洲印第安人群的最有分量的人证，并且做结论说，他是由哥伦布带去的人从中美洲带到欧洲的，更精确地说是从海地（Haiti）岛带到西班牙的，时间是1493年和1494年，随后立刻就被查理八世的军队以流行病的方式传播到意大利和欧洲的其他国家。

我们不妨再补充一点，即使我们同意这种理论，认为欧洲的梅毒病的发源地是在中美洲地区，但是我们仍然必须知道，和在欧洲传播的情况相比，这种病在北美大陆上的传播非常缓慢而且是局部的，甚至到现在都还有一些美洲印第安人部落里从来就没有听说过这种病。霍尔德（Holder）根据他在印第安人部落中生活的亲身经验，以及对负责印第安人聚居地的医生的广泛的问卷调查，做了一份统计图表，从图表中可以看到，在大约三十个部落中，十八个部落几乎或完全没有花柳病，另外有十三个部落非常流行。在梅毒病很罕见或从未出现过的部落中，几乎无一例外地都拒绝与陌生人性交，而在那些梅毒病流行的部落中，道德的约束则松弛得多。白人常常是这些部落中的传染源[14]。

梅毒只是三种完全不同种类的“花柳病”中的一种，当然也是最重要的一种，这样清楚地区分还是近来的事情，它们的详细的性质和病因一直到今天才开始搞清楚。就在七十年前，伟大的法国梅毒学家，里科尔（Ricord），才继巴瑟罗（Bassereau）之后，首先向大家指出，梅毒是完全不同于淋病（gonorrhoea）和软下疳（soft chancre）的一种独立的病，同时又清楚地说明梅毒的三个病期，一期梅毒，二期梅毒和三期梅毒，经过这些病程之后，梅毒的病象趋于消失，然而三期梅毒的症候当时还没有充分了解，直到今日才开始全盘认识到，两种最流行的严重的脑部和神经系统的疾病——全身瘫痪（general paralysis）和脊髓痨或运动性共济失调病（tabes dorsalis or locomotor ataxia）的主要的病

因要归诸许多年前受到的梅毒的毒素的侵袭，虽然这不是唯一的不可排除的病因。1879 年，奈塞尔（Neisser）发现了淋病双球菌，它是淋病的专一的病因，从此关于花柳病的更精确的知识又开始了一个新的阶段。不过短短的几年之后，杜克雷（Ducrey）和昂纳（Unna）又发现了软下疳杆菌，软下疳是花柳病中最轻的一种，因为它的作用只局限在身体的局部地方。最后，于 1905 年，继麦奇尼哥夫（Metchnikoff）在猴身上复制人的梅毒病的方法获得成功，以及拉萨（Lassar）又成功地把它从猴接种到猴身上之后，绍丁（Fritz Schaudinn）发现了一种命名为梅毒螺旋体（Spirochœta pallida）的原生动物 [后来有时候也叫它梅毒密螺旋体（Treponema pallidum）]，这是一个伟大的发现，现在大家普遍认为它就是梅毒病的病因，于是人类最危险的一个隐蔽的敌人的藏匿地方被揭示出来了[15]。

再没有比梅毒的毒性更为复杂而难以捉摸的了。它不像天花或伤寒那样来势凶猛，转眼之间就能致人死命，如果一个人身体健康在感染梅毒之后甚至不经治疗都有可能到死也不会留下它曾经危害过的痕迹。它深深地钻入人的身体，随着时间的推移而造成种种新的病象，人体中没有一种组织是安全的，不会受它攻击的。这种遍布全身的毒素潜伏很深很难发现，虽然它表现出来的种种病征经过长期的治疗，看上去已经控制住了，但往往难说已经把它最后根除了[16]。

梅毒的无与伦比的重要性，以及我们必须在这里反复推敲的主要理由，都是基于一个事实，即它的果报不仅局限于梅毒患者本人，甚至也不仅限于他还会通过性交或非性交的接触传染其他的人：他危及子孙后代和危及生产嗣息的能力。它攻击作为未来种族的祖宗者的男男女女的生命的要害，或者使他们不育，或者使他们倾向于流产和使胎儿也感染上梅毒。即使母亲幸免不受感染，做父亲的或许也能单独把梅毒传给他的孩子，由患梅毒的父母产下的孩子出生时表面看上去是健康的，经过几个月甚至几年的一段时间之后才显示出他们有梅毒的渊源。因此梅毒多半是一个使种族衰弱的主要原因[17]。

在梅毒患者本人身上和在他的受传染了的子女身上，梅毒都同样表现出它对身体结构，特别是对大脑和神经系统的破坏作用。莫特（Mott）是研究这个问题的领先的权威，他指出，梅毒通过五条途径影响到大脑和神经系统：（1）道德震惊；（2）毒素造成的贫血作用，进而伤及全身的营养；（3）造成大脑脑膜和脑组织的炎症；（4）使动脉退化，进而导致脑软化、脑麻痹和痴呆（dementia）；（5）副梅毒性（parasyphilitic）的全身麻痹和脊髓痨病象的主要病因[18]。

最近几年医学界的人士才认识到，获得性的或传承的梅毒在造成全身麻痹的疾病中所扮演的重要作用，疯人院里有大量的病人都是它制造的，脊髓痨这种最重要的脊髓病也要归咎于它。甚至到了今天我们都还不能说大家都一致认为梅毒是这些神经疾病中最重要的病因。但是，几乎没有疑问的是，至少有95%左右的全身麻痹是有梅毒在场的[19]。

在许多梅毒病很普遍的未开化的族群中，全身麻痹的疾病却很罕见，这说明梅毒本身的确不是全身麻痹的一个充分的病因。正如克拉夫脱–埃宾（Krafft-Ebing）常说的那样，梅毒的传播和文明合作共同制造了全身麻痹，我们有理由认为，也许在许多病人身上，神经方面已经有了某种程度的退化；从内克（Näcke）

和其他一些人在全身麻痹的病人身上发现先天性的退化特征异常普遍这件事就可以看出一些端倪。奥伯施泰纳尔（Obersteiner）的格言说："麻痹病是生长和发育的"（"Paralyticus nascitur atque fit,"），衰颓的大脑一旦被梅毒逐渐损害，就经受不住文明生活的震动和紧张的刺激，结果就是全身麻痹，更正确地说，结果造成了"最恐怖的现代祸端之一"。1902 年，英国医生协会的心理学部，把英国在这个问题上最有学力的权威人士召集在一起，一致通过了一个决议，提请议会和其他公众团体注意："全身麻痹是大脑的一种非常严重和多发的疾病，通常还伴随有其他各种疯狂的病象，这些病痛多半是梅毒造成的，因此，是可以加以预防的"，有鉴于此，呼吁大家要立刻行动起来，采取必要的措施。但是，到目前为止在这方面还没有一点动静。

梅毒的危险不止于它的危害力的强大和持久，而且它的传播也非常可怕。很难确切地说清楚梅毒的发病率，但在一些国家有大量的不完整的研究，在欧洲国家中似乎有 5%—20% 的人口患有梅毒，而在这些梅毒病例中大约有 15% 的人直接或间接死于这种疾病[20]。在全法国，富尼耶（Fournier）估计有 17% 的人口患有梅毒，而在图鲁斯（Toulouse）一地，奥德里（Audry）认为他的全部病人中有 18% 罹患的是梅毒。在哥本哈根（Copenhagen），患梅毒病是必须通报的，据说在它的人口中有 4% 以上的人是梅毒病人。在美国，纽约医学学会的一个委员会被指定调查这个问题，他们报告说，根据十分广泛的问卷调查，在纽约市，每年有不下二十五万例的花柳病发生，纽约的一位领先的皮肤病专家曾经说过，根据他深入了解，在小康阶层的家庭中，至少有三分之一的男孩子曾经患过梅毒。在德国，据一位权威人士估计，每年都有八十万例花柳病发生，而在规模比较大的大学里，每个学期都有 25% 的学生受到感染，花柳病无论如何都是学生中特别常见的疾病。在德国的军队中每年因患性病而减员的人数相当于普法战争中伤员总数的三分之一。不过，和英国军队比较起来，德国军队不被性病折磨的人数比例还是要高出许多，英国军队中罹患梅毒的人数比例比欧洲任何一个国家都高[21]。可是，英国的军队是职业性的而不是国家征兵组建的，所以这个数据就全国而言代表性不如那些实行募兵制的国家军队里的调查数据。根据伦敦的一家医院的资料可以断定，10% 的病人过去曾经罹患过梅毒；这多半意味着真实的比例数大约为 15%，这个比例数虽然高但还不是最高的估计数值。很显然即使比例数实际上低于这个数值，这个国家由于生命健康的恶劣，生殖的缺陷和种族的衰颓等方面造成的损失一定是非常巨大，实际上根本无法估价。即使用金钱来计算，用于花柳病的开销可以相比于一个大国的总预算的数目。斯特里奇（Stritch）估计，单单计算英国陆军、海军和政府各部门用于治疗花柳病的开销，每年就高达 300 万英镑。如果再斟酌其他有关的支出，如因为这类疾病而引发的病弱退休离职的恩俸等间接的开支，所有这类开销都是没有回报的，加在一起更精细地估算，国家支付的钱据说高达 700 万英镑。采用简单的措施加以预防和迅速治疗花柳病都将不仅是间接地，有时甚至是直接地为国家提供一笔巨大的财富。

梅毒是彰明较著的十分恐怖的一种花柳病。但是它比诸另外一种主要的花柳病，淋病（gonorrhoea），发病的频数要低一些，在某些方面说，隐蔽的危险性也小一些[22]。曾经有过一段时间大家对淋病的严重性质，特别是它对于妇女的危害缺乏认识。

男人对这种病无忧无虑，认为是不足挂齿的小毛病；女人根本不把它当回事。这种对淋病的严重性缺乏认识的情况，竟至于有时候连医学的专业人士——用格兰丁（Grandin）的话说——都普遍把它看作普通的伤风感冒一样的小毛病，结果反而激起有些人又走向另一个极端，把淋病的危险过分地夸大了。绝育问题是这方面的一个很引人注目的例子，淋病炎症的后果对两性确实都是导致绝育的强有力的病因；有些权威人士曾经说过，妇女得了淋病，不仅由于盆腔器官发炎而死亡的比率高达 80%，大部分女性患者受到慢性衰弱（invalidism）的折磨，而且 90% 的婚姻的非本意的绝育也是由于淋病造成的。奈塞尔（Neisser）是一位大权威，他把 50% 的这类绝育很肯定地归因于这种病。有些观察家根据自己的经验做出的这类估计数字甚至更高。现在已经充分证明绝大部分罹患淋病的男子，甚至在感染后结婚的两年时间里也没有把病传给他们的妻子，而在被丈夫传染了淋病的女子中甚至有一半以上的人生了孩子。例如，厄尔布（Erb）的经验就是这样说的，同样的意思，基希（Kisch）说得更加有力。此外，布姆（Bumm）虽然也认为淋病是妇女绝育的两种主要原因之一，但他发现它不是最常见的原因，大约只有三分之一的绝育由它负责；其余三分之二是由于生殖器官的发育缺陷造成的。美国的邓宁（Dunning）得到的结论和布姆的完全一致。

淋病的另一种可怕的后果是，出生时眼睛受到感染会导致终生失明，这一点早就没有什么疑问了。眼科学会 1884 年的委员会报告说，居住在英国的四所救济院里的盲人 30%—41% 的失明要归咎于这个原因[23]。赖因哈德（Reinhard）在德国的救济院中发现 30% 的盲人是因为这同一个原因失明。由于出生时从母亲那里感染了淋病而致盲的总人数累百巨万。英国皇家保障盲人委员会估计，单计英国的这种疾病致盲的人数就有大约七千人左右（相当于这个国家的盲人总数的22%），慕克吉（Mookerji）在1894年的印度医学大会上做关于眼科学的报告时说，仅在孟加拉一地，就有六万全盲的乞丐，40%是出生时感染了母亲的淋病而失明的；这个数字还只是就乞丐一类人而言，未及其他。

虽然淋病会造成许多各种各样的祸害[24]，可是确实大多数的淋病患者既没有被它折磨，也没有遭受任何很严重的伤害。淋病所以成为特别严重的祸端的理由在于它流漫无边。很难估计在总人口中有多少男女患有淋病，其比例数为多少。估计的数字很不一致，上下相差很大。这些数字常常估计得过高。海德堡的厄尔布（Erb, of Heidelberg）切心于纠正对淋病流行程度的过高估计，把他个人经手治疗的两千二百个病人（不包括医院的全部病人）的病例逐一检视，发现曾经罹患淋病的人数的比例为48.5%。

在工人阶层中这种疾病的流行程度没有像在较高阶层的人口中那样高。根据一所柏林工业会社的统计，一年之内，100000个男子中有412人和10000个女子中有69人曾经罹患淋病；一连几年该会社的统计表明，感染花柳病的人数中，男人逐年上升，而妇女则呈下降之势；这似乎表明劳工阶层开始更多地去嫖娼而与良家女子性交的情况减少了[25]。在美国，拉格尔斯（Wood Ruggles）对成年男子中淋病的流行情况给出的统计数字是75%—80%，类似诺格拉特（Noggerath）曾经对纽约做过的统计；坦尼（Tenney）摆出来的数字要低得多，男性为20%，而女性只有5%。在英国，几年之前，一位作者在《柳叶刀》（*Lancet*）上发表文章，根据他的经验和问卷调查，有75%的成年男子曾经一度患过淋病，40% 两度罹患，曾经三度或三度以上罹患淋病的为15%[26]。根据杜尔贝格（Dulberg）给出的数字在英国，小康的社会阶层的已婚男子中这种病却比较罕见。

淋病，就其流行的程度而言仅次于麻疹，就其后果危害的严重程度而言，则略次于结核病。正如格兰丁（Grandin）在比较淋病和结核病时所说的那样，“即使这样大家对这两种病的态度实际上还是不大一样，在防治结核病的活动中发挥出十字军除恶务尽的精神，而在面对淋病的时候却漠不关心到几乎犯罪的程度”。[27] 另一位作者说，必须教公众懂得，“淋病是一种恶疾，和天花、霍乱、白喉或者结核病一样，关系到大众的最高利益和最神圣的责任”。[28]

要说没有做过任何努力去打击和阻止花柳病的泛滥就不公道了。相反，从一开始这种努力就一直没有停止过。但是所有这些努力都没有什么效果[29]；从未尝试过改变办法以求情况有所好转。如今那些措施还是毫无希望地有悖科学，既和现代人口的社会要求完全对抗又同样十分妨碍个人需求的满足。近些年来针对这个问题开过各种各样的会议，发觉唯一的一个被大家普遍采纳的结论是，所有现存的干涉或不干涉娼妓的制度都不如人意[30]。

娼妓的特征改变了，处理它的方法也必须改变。妓院以及专门针对妓院建立起来的官方管理制度都过时了。它们周围有一种中世纪的气氛和朽木死灰般的精神，使它们失去了诱惑力和备受怀疑。那种招摇标榜的妓院都一个个声名狼藉；在市政府的绝对管制之下穿着某种制服的妓女可以说已经不存在了。娼妓趋向于更加分散，更密切地混杂在一般的社会生活中，不容易把她们当成一部分独特的生活而加以识别。我们今天只能采用面对和渗透整个社会生活的办法去影响她们。

反对管制娼妓的主张仍然在缓慢地成长而且在各处都有实实在在的进展，寻踪访迹，既有科学的意见，同样也有大众的舆论。在法国，有几个最大的城市的市政当局，或者完全禁止管制制度，或者表示它们不同意管制的态度，同时，对几百位医学界人士的问卷调查表明，只有不足三分之一的人还主张维持管制制度[31]。在德国，有些方面对于干涉个人自由的事比在法国、英国或美国都更能容忍，那里还继续维持着各种各样的娼妓的组织和处理花柳病的苦心经营的制度，但是它们并不能完全付诸实施，大家都承认，无论什么事它们都无法实现所追求的目标。譬如，在撒克逊（Saxony），虽然官方声称绝不容许有一家妓院，然而事实上它们照样存在。这里和在德国其他许多地方一样，对于妓女的生活习惯都有极琐碎的几乎无所不包的管理和限制。譬如在莱比锡（Leipzig）公共游乐休闲的场所，妓女不准坐供游人休息的长凳，不准去画廊或美术馆，不准上剧院，不准去音乐会，不准去饭店，甚至连从她们的窗户往外瞧也不准，在大街上不能招摇过市，不能微笑，不能挤眉弄眼，等等，等等。事实上，德国的妓女具有英雄般的自律精神，自觉地遵守官方的命令，履行种种克己的条例，看来她们有资格领取政府支付的一份俸禄。

在德国通行两种处理娼妓的方法。在有些城市容许公开的妓院存在（但官方不发营业执照）；其他一些城市里娼妓是“自由”的，不过是“秘密的”。汉堡是一个很重要的城市，那里容许开妓院，地点分散并不集中。但据说各个地方，大部分妓女都还是属于所谓的“暗娼”一类。在汉堡，凡是被控告有嫌疑把花柳病传给了妇女的男子，就要接受官方审查；不论属于哪个社会阶层的男子，接到这类传唤都必须遵办，审查是秘密进行的，如果证实有病则必须去接受治疗，如果有必要还可以强迫他们去市医院接受治疗，直到不再危及社区为止。

在德国，一位妇女只要是多次被人看到在大街上行为可疑，就会受到秘密的警告；如果她对这种警告不予理睬，就会被警方叫去面谈，登记姓名和住址。直到这种种方法都不生效之后她才被官方登记为妓女。这些被登记的妇女，在有些城市里一定要缴纳医疗互助基金，在她们住院治疗的时候，一切开销都从这类基金支付。警方对于把一位女子在官方的表册上登记为妓女的事常常表现犹豫不决，这并不违法，也是不得已的，因为没有任何别的更好的法子可想；但是，大多数的妓女开始行娼时都很年轻，行娼不久就有了把病传染给别人的倾向，显然，这段时间的耽搁使管制制度在防病上终于失效。在柏林，没有官方备案的妓院，大约有六万名以上未经登记的妓女[32]。对暗娼数量的估计实际上不过是一种揣测罢了；这个六万的数字通常也引用来当作伦敦的和纽约的暗娼的大概数字，并不仅仅限于柏林一地。绝对不可能说这个数字和真实的数字相比是低了或高了，因为暗娼是相当难分辨的。即使事实明明摆着，恐怕还是很难决定什么是娼妓而什么不是。自己公开承认身份的妓女，一面与尚未出嫁的良家女子有各种程度的联系，这些良家女子中有一些人熬不住体面生活的压抑而离家去寻找片刻放松的欢情。另一面，又和那些为成家而结了婚的女子混在一起。但是，完全可以肯定的是一般公开的妓女是完全靠行娼为生的，而在浩浩荡荡的妇女大军中还有一小部分人，就这个名词的广义说也可以称为妓女，即，她们利用自己的诱惑力从男子那里不单单猎取了性爱，而且还赚得了金

钱和财货。

在巴斯德（Pasteur）研究所，巴斯德的赫赫有名的继承人迪克洛（Duclaux）写了一部题名为《社会卫生》（*L'Hygiène Sociale*）的堪称隽永的书，书中说道："如果我们要和梅毒搏斗，只有大家都认为受害者是命途多舛而不是犯罪才有可能……由于偏见，我们曾经创造了一个'可耻病'的字眼，这让受到这种灾难折磨的家庭和顾及脸面的个人不得不保持缄默。"这一金玉良言给我们指出了一条路，我相信，这是我们能够合理和顺利地处理好花柳病这个社会大问题的唯一的道路。

这是解决这个总好像无解的问题的最重要的关键，今天所有国家的各方面的人士都开始认识到它的重要意义了。譬如，著名的德国权威人士，芬格（Finger）教授宣称，花柳病不应该被视为对淫荡生活的一种报应，而必须看作是不幸的偶然事故[33]。在法国这个曾经以勇敢和人道精神宣布了这条真理的国家里，不单是科学界和医学界的门徒，而且还包括许多完全有理由不必过问这项十分吃力不讨好的任务的人。譬如，马格里特两兄弟保罗和维克多（Paul and Victor Margueritte），他们是现代法国文坛上很有名望地位的人，两人都提倡对妓女要采取更人道的态度，对付花柳病问题要有更现代的方法，这些主张为他们博得了很好的名声。"正确的预防方法是让大家都清楚了解到，梅毒并不是一件神秘可怕的事情，不是对肉欲罪孽的惩罚，不是天主教的诅咒烙下的那种羞辱人的罪恶，而是一种普通的疾病，可以经过治疗而得到痊愈的。"可以说，在法国，往轻里说也是和在其他国家里一样，忌讳承认花柳病的，法国以奉神的虔诚创造出一个"可耻病"（maladies honteuses）的字眼，和英国

的“下流病”（loathsome disease）一词异曲同工。兰德雷特说（Landret）：“在医院，要叫病人直说患了淋病真是麻烦极了，如果病人自己承认过去曾经患过梅毒的事实，那我们会谢天谢地真是感到非常幸运。”

对于任何一种邪恶，必须坦率地承认它，并且老老实实地加以详细的讨论，才能够谈得上和它做斗争。一件很有寓言味道的事实，即病菌在新鲜空气流通的地方是很难滋生猖獗的。阴暗、遮遮盖盖则为它们的厉虐和传播提供最好的条件，在过去的若干世纪以来我们一直为花柳病的泛滥成灾提供这些为虎作伥的条件。然而事情也并非一直都是这样的，“花柳病”（Venereal）这个词本身就与美和恋爱的女神（Venus）有渊源，它足以表明当时社会对这种病和患有这种病的人还没有上述的偏见。就连梅毒（Syphilis）这个字眼本身也是取自一首浪漫的诗歌，在这首诗中，作者弗拉卡斯托勒斯（Fracastorus）为这种疾病寻觅到一个神话般的源头，这也证明当时还没有这方面的偏见。浪漫的态度实际上早就过时了，伪善的和怕丑的蒙昧主义也同样过时了。我们需要用朴实的、直率的和勇敢的方式面对这些疾病，就像我们当年曾经成功地采用对付天花的方式一样，天花也是一种古老的疾病，从前大家也将它和梅毒比类而观，它的暴虐为祸的确曾经一度几乎和梅毒一样可怕。

但是在这个问题上，我们遇到过一些人，他们说，没有必要去啰唆什么对花柳病的认识，也不必去做任何一件事使那些罹患这类疾病的人有可能得到宽恕，说做这种事是不道德的；他们是自食其果，罪有应得，最好由他们去死。采取这种态度的人是把自己远远地置身于文明之外，——姑且不论什么道德或宗教——

他们也许才真是不齿于人类的人。种族的进步，人道的昌明，在实际上和情感上，都体现在消灭一种所谓野蛮的气质或态度之中。野蛮（Savage）这个词儿本来是当初用来指称原始民族的一个侮辱性的字眼。这种野蛮的态度现在还是不能恝置不顾的，因为它对有些人还有影响，他们太软弱，抵抗不住那些用漂亮的道德辞藻来上下其手的人。我甚至在医学圈子里都看见过这样的说法，说花柳病不能和其他的传染病相提并论，因为它是“自作自受的结果”。但是，其实所有疾病，所有折磨人的偶然事故和不幸都是种种自作自受的但非自愿的结果。一个男子横过马路被车撞死了，一家人吃了不洁的食物中了毒，一位正在哺乳的母亲把病传给了孩子，所有这些痛苦都是自作自受但非自愿的结果，都是为了满足人的某些基本的本能——活动的本能，饮食的本能，亲爱的本能。性的本能也和这些本能中的任何一种本能一样是一种基本的本能，在为了满足它而做的自主的行为中同样可能招致不自愿或不情愿的恶果，应该一视同仁。一个人常常因为随着他身上固有的本能行事而失足跌倒，这是一个基本的事实。旁观者往往看不到这件事情的本质而只看到由它带来的某些附属的方面，表现出某种扭曲的荒诞的心思；这种人没有权利要求我们停止关心这个问题。

但即使我们采纳了这种自称为道学家的立场，同意每个人都必须忍受他自取的报应的折磨，事实上许多感染了花柳病的人怎么说都扯不上什么报应不报应的问题。有大量的病例都是在他们没有丝毫主观意思的情况下被传染上的。累百巨万的婴儿在胎里或出生时就被传染了，当然就是这种无辜受害者的最真实的例子。也有大量的人是成人以后被感染上的，但他们的无可奈何的状态和婴儿差不了多少。

无辜梅毒（Syphilis insontium），或通常说的不知情的梅毒，有人把它分为五类：（1）不计其数的一大群先天性的患梅毒的婴儿，他们是从父亲或母亲那里传承下来的；（2）医生、助产士和奶妈等人，在履行职责的过程中时常发生被传染梅毒的例子；（3）因为简单的接吻一类的示爱行为受到传染；（4）偶然接触而意外的受到感染，像共用某些物件和日常生活用品，如杯子、毛巾、剃须刀，刀子（如行割礼时使用的），等等；（5）妻子被她们的丈夫传染。[34]

遗传的先天性梅毒属于普通的病理学，是梅毒祸害社会的主要成分，因为极高的婴儿死亡率要归咎于它[35]。生殖器外的感染在医生、助产士和奶妈的职业活动中也比比皆是。奶妈把雇主的患梅毒的婴儿抱在怀中哺乳时被感染了，把科罚加在这种无辜的病人身上显得特别残忍冷酷和没有道理。因动手接生被感染了的助产士的影响显然是很危险的，因为她们可以不知不觉地广泛传播病害。譬如曾经记录过一位助产士的例子，她的手指在接生过程中被感染了，她后来又在接生过程中直接或间接地污染了一百个人。接吻是一种极普通的传染梅毒的源头，在所有非生殖器的部位中，嘴是梅毒初发损害（primary sore）最常见的地方。在有些例子中，特别是在妓女中，这种情况实际上是不正常的性交的结果。但在大多数例子中却是在两位年少的儿童之间、在父母和孩子之间、情人之间、朋友之间、熟人之间的轻轻一吻的结果。曾经有人报道过一些很典型的例子，说一位妓女亲吻了一个还在怀抱中的孩子，他就这样被感染了，随后又转过来传染给他的母亲和祖母；一位法国的新娘在成婚之日被一位来宾感染了，按照

法国的风俗，婚礼后这位来宾在新娘的脸颊上吻了一下；一位美国姑娘舞会后回家，陪她回家的一位年轻男子分别时和她接吻，就这样她得了这种病，不久通过同样的方式把病传给了她的母亲和三位姐妹。指出和杂七杂八的人接吻很危险的人却很容易被无知和没有头脑的人嘲笑。但这却真的是金玉良言，那些没有亲密到足以彼此了解对方的健康状况的人，也不足以亲密到彼此接吻的程度。由于使用家庭用具和器皿、衬衣、衬裤和床单等等物品而感染的情况在生活比较富裕的社会阶层中比较罕见，但在下层的民众和不太文明的民族中则极为常见；根据一位重要的权威人士塔尔诺夫斯基（Tarnowsky）的说法，在俄国，乡村地区的所有梅毒病例中 70% 是由于这种原因和平常的接吻造成的，1897 年在圣·彼得堡召开了一次特别的会议，讨论如何应对花柳病的问题，会议发表的意见，在这一点上和塔氏的说法一样；在波斯尼亚和巴尔干半岛的许多地方大体上和上述俄国的情况一样，那里的农民中梅毒非常流行。至于最后一类的情况，巴尔克利（Bulkley）认为，在美国有 50% 的妇女通常都是无辜地染上梅毒的，主要是经由她们的丈夫传染；富尼耶（Fournier）则说，在法国 75% 的患有梅毒的已婚妇女是被她们的丈夫传染的，这些男人中最常见的（70%）是婚前知道自己感染过梅毒却以为已经治愈之后才结婚的。男人中间意外感染上梅毒的比例数虽然低于妇女，但仍然相当可观；据说至少也有 10%，实际的比例数字很有可能比这个数字大得多。一丝不苟的道学家既然有志于所有的人都该受自己应得的善恶报应，他就不能不更切心于保护这些无辜者使他们免遭诬罔犯罪的折磨。但对他来说，要把这两个志向结合起来成就圆满的功德是不可能的；为了报应罪人而保留梅毒，

和为了保护无辜的受害者而消灭梅毒，这两件事无法同时并举。

我虽然只是一直在说梅毒，但几乎所有说到意外感染梅毒的话都同样适用于淋病，甚至更加切题。因为淋病虽然没有像梅毒那样经由那么多的途径进入人的身体，但它却是一种普遍存在，同时也更加隐蔽而难于察觉的疾病。

关于无辜梅毒的文献汗牛充栋。在巴尔克利（Duncan Bulkley）的《无辜罹患的梅毒》（*Syphilis in the Innocent*）一书的书末附有一份书目提要可以参考，另外莫塞斯（F. Moses）在莱比锡发表的一篇论文中对这个问题有一个内容广泛的总述，这篇论文的题目就叫作《论非生殖器梅毒感染的是非》（“Zur Kasuistik der Extragenitalen Syphilisinfektion”,1904）。

在罹患花柳病的人中从最狭隘的最传统的道德意义上说，无辜的人多得不计其数，但是即使我们把这些情况搁置一边，对这个问题仍然有许多话要说。我们应该知道，大部分通过非法的性交传染了花柳病的人都还年轻。他们都是青年人，不谙世事，几乎还离不开家，还没有成熟，没有受过完全的教育，容易受女人的欺骗；有许多这样的例子，他们以为遇上了一位“佳”人，在他们看来，虽然算不上守身如玉的淑女，但怎么也怀疑不到传染疾病上去，而实际上她是一位暗娼，或者她们是年轻的姑娘，虽然已经说不上玉洁冰清，但也还没有完全失去天真，她们不认为自己是妓女，别人也不把她们当妓女看；这的确是警察的娼妓管制系统所以归于失败碰上的暗礁，因为警察不能在妓女刚现端倪时就及时地控制住她们。据富尼耶（Fournier）说，罹患梅毒的妇女有 20% 是在十九岁之前染上的；根据医院的统计，这个比例高达 40%；在男子方面，15% 的病例是发生在十一岁到二十一岁之间。染病率最高的年龄，女子为二十岁（乡村中为十八岁），男子则为二十三岁。在德国，厄尔布（Erb）发现，罹患淋病的男子 85% 是在十六到二十五岁之间传染上的；三十岁以后才传染上的例子只有很小的比例数。这些小东西大部分是掉进了大自然设置的网罗和陷阱之中，它用的诱饵教人心醉神迷；他们通常都不谙世事；他们被某种诱人的独特的人格欺骗的例子不少；屡见不鲜的是他们节制不住自己的情欲；经常是在酒香酒趣中失态和放肆。用真正的道德的眼光看，他们都还不过是一些幼稚的天真的少年。

迪克洛（Duclaux）说："我请问，当这些年轻的男子或年轻的姑娘沉溺于有危险的厮磨拥抱的时候，社会可曾做过什么事情提醒他们，教他们警惕呢？到了需要启蒙和真知的时候，愚蠢的假正经却把它隐瞒起来不告诉他们，或许这样做存心是好的，但是却让它的孩子们无所聊赖地在江湖上闯荡。……我还要更进一步宣布说，把这类病传染给妻子的大多数丈夫都是无辜的。他犯了过错但并不知情，也不情愿，没有人要为这种恶或不幸负责。"作为参考，我不妨提一下前面已经提到过的一件事，即把病传给妻子的丈夫中，多半是婚前罹患过这种病。在进入婚姻时他们以为自己的病已经痊愈，并且和过去已经一刀两断了。医生（常常是江湖郎中）有时候对此也起了一些推挽的作用，他们太过乐观，对彻底消灭病害必需的时限估计不足。而像富尼耶（Fournier）这样的大权威，早先就说过，罹患梅毒的人要在染病后经过三年或四年的治疗才可以结婚，这样比较安全，现在经验更加丰富了，他把这个时限延长到四年或五年。确实也有一些病人，特别是治疗及时和彻底的病人，他们的病体大多数可以只经

过比较更短一些的时限就能够得到控制，但是总有一定比例的例子，他们身上的传染力会维持许多年，甚至当这位曾经患过梅毒的丈夫已经不能再传染他的妻子了，但他仍然可能在某种情况下起到祸害子女的作用。

在几乎所有这些例子中都有或多或少的无知或愚昧的因素——这就是我们平常理解的所谓无辜或天真的换一种说法就是了——，等到后来出事了，有人比较坦率地向这位倒霉的人解释的时候，他常常惊讶地感叹道：“没有人告诉过我呀！”这是事实，它在谴责伪善的道学家。如果他们敦促做母亲的人从小就向她们年幼的子女解释有关性的事实，如果他们在主日学校里［像普赖斯（Joseph Price）医生主张的那样］讲解花柳病的种种危险，如果他们在布道的讲坛上坦然地晓谕两性的关系，如果他们亲自过问使每一个年轻人在春机发陈的时期，都接受他们的家庭医生的一些简单的技术指导，使他们知道怎样保持性的卫生和预防性病——那么，尽管还是需要同情那些正道难行而误入歧途的人，而对于那些自称为道德学家的人的失言无论如何都可以在某种程度上给予谅解了。但是他们对所有这些事情都无动于衷，不屑一顾。

有些人不愿放弃他们个人对于花柳病患者的道德上的偏见，不愿宽容他们，即使这样他们也还应该深明大义，因为公开表示他们的不宽容是有害的，即便无害也是完全无益的，为了社会的利益，他们必须克制自己，谨言慎行。他们完全可以按照他们的至德严格律己，不越雷池一步，毕竟这是他们的头等大事。但是为了社会着想，他们必须公听并观，仔细斟酌一下，纯粹从卫生的角度看采取什么态度来对待这些疾病才是好的风尚。犯了这类错误因为害怕受到道德的谴责，势必会想方设法隐瞒起来，这类东掖西藏的结果造成社会一环套一环的无穷无尽的祸害，只有采用公开坦率的态度才能够消除这种种不幸。迪克洛（Duclaux）就曾经恳切地说过，对付花柳病，只有我们大家一致同意把我们的偏见，乃至我们的道德和宗教信仰都撇到一边，不让它们掺和进来，而只是把它当作一个单纯的卫生问题来处理，才有可能取得成功。如果伪善的道学家仍旧觉得难于和大家合作，共同来医治这个社会的创痛，他不妨自己追远反思，在过去的四个世纪中他自己的祖宗里肯定曾经有过很多的梅毒和淋病患者，我们每个人都一样，虽然我们对此一无所知。我们大家血脉相通，骨肉相连，鄙视我们自己的血肉，即使不算没有人性，也是荒唐可笑。

我对这些人的思想作为讨论得相当充分了，他们以道德为借口置社会对花柳病的斗争的急务于不顾，其中道貌岸然、明明白白地采取反社会的和不人道的态度的人也许不是很多，但肯定有许多人对此很高兴，他们认为这是一个可以为他们道德上的冷漠或精神上的懒惰开脱的很好的借口[36]。当他们碰到这种重大的棘手的问题时往往不假思索地提出这种习惯的陈旧的道德的药方，虽然他们心里很清楚，这种药方处处碰壁，早就已经证明是无效的了。他们装模作样地假装提供一个解决问题的楔子，却把楔子的无用的平头放在要害处，而这个地方是要用很多的技巧小心谨慎地用楔子的锐角才插得进去，婉转地细细解决问题的。

梅毒和淋病是一些疾病而没有必要看作是犯罪或造孽，这是一个事实，普遍接受这个事实是任何试图用卫生的观点来处理这个问题的先决条件，这种眼光正在取代已经过时的和无效的警察管制的观点。北欧的一些国家已经成为实行用现代卫生的方法来处理花柳病的先驱。这种局面之所以形成有几个原因。所有性的问题——有关性爱的以及有关性病的问题——长久以来就是这些国家中的突出问题，而且不堪忍受伪善矫饰的样子也比其他地方表现得更加明显；例如，我们看到，在易卜生（Ibsen）的戏剧里就很引人注目地包涵着这种精神，它在挪威的小说家，戏剧家和诗人比昂松（Björnson）的作品中也有某种程度的表现。那里的人不畏艰险和坚忍不拔。这些气质推动他们去实际地处理有关性的种种困难，同时他们的强烈的独立本性使他们讨厌和反对那些盛行在德国和法国的官僚主义的警察管制方法。于是北欧人就成了运用这些新的方法和花柳病做斗争的当然的先行者。他们已经建立起一种制度，把花柳病完全置于普通的法律管理之下，受到和其他各种传染病一样的对待，这些方法现在被大家普遍承认，前途大有希望。

对付传染病的第一步是应用通告准则。可是每一次应用这个准则，都因为不习惯而遭到反对。它没有实际的结果，没有理由地调查个人的事务，增加了本来就忙得不可开交的医生的负担，等等。疾病通告本身的确不会阻止任何传染病的蔓延。但它是一切企图采取措施预防疾病的基本因素。我们要详细地知道确切的发病数字，局部地区的病情变化和疾病的暂时不规则的波动等情况，否则两眼一抹黑，只能乱闯。公共卫生的一切进步都离不开准确及时的病情通告，大多数权威人士都同意，这类通告必须更进一步扩大，由此引起个人的任何琐琐碎碎的麻烦不便在有关生死的危急关头都是微不足道的小事。像奈塞尔（Neisser）这样的大权威确实也曾经对需要通告的项目扩大到淋病的问题表示过怀疑；诊断不可能没有错误，病人常常用假名就医。但是，这些不同的意见似乎无关紧要；误诊的情况很难免（但在这个领域内还没有人能像奈塞尔本人那样做到如此多的准确诊断），也没有必要通告姓名，几年前挪威曾经实行过强制通告花柳病的条例，现在这种类型的通告已经完全不需要了。

强制通告花柳病的准则好像最早是普鲁士在1835年开始建立的。但是那个必须遵守的制度只涉及部分的而不是全部的病例，只有当医生认为保守秘密不利于患者本人或有害于社区的时候才需要通告；如果患者是士兵则必须通告。这种通告的方法实际上是建立在一个错误的基础之上，它不是一个包罗万象的通达的卫生制度的一部分，而仅仅是警察用来对付娼妓的一种辅助的方法。按照北欧国家的制度，病情通告虽然不是这种制度的主要部分，但它的建立的基础则是完全不同的。

一种修改过的北欧方案曾经在丹麦建立过。这个和德国紧邻的小国，有时候在这个问题上仿效它的大邻国，采用警察管制娼妓和花柳病的政策。但是，丹麦根深蒂固的北欧的亲缘关系终于使它在1906年彻底放弃了管制制度，完全和系统地应用国内已经采纳了的卫生准则来解决问题。虽然在有些事务上还保留着德国的影响，如对大街上拉客的严格管理，对妓院老鸨的种种惩罚，而行娼本身则任其自由。无论如何，现行制度的决定性的特征是有关卫生的一切权力现在全部专属医学部门。每一个人，无论他的社会地位高低和财产多寡，凡罹患花柳病者都有权利获得免费的治疗。不论他是否使用这种权利，他必须无条件地接受治疗。医生尽最大努力把每一个病人掌控起来加以治疗。所有医生都受过对待这类病人的教育，他们不仅必须告知病人，在估计还有传染的危险时他们不能结婚，此外还必须告诉他们，如果有任何人被他传染了这种病，他们就有义务为他的治疗付费以及对他因此遭受的痛苦负责。虽然现在还不可能使这套制度在每一点上都能彻底执行，但是公众对它的完全信赖以及取消了警察对娼妓的管制表明它在总体上是成功的。前几年在挪威建立了一套和丹麦的这套制度非常相似的制度。在瑞典和芬兰也实行这种用公帑处理花柳病的准则。治疗都是强制施行的[37]。

还不能说通告的准则已经大规模地完全适用于当地花柳病的防治，但是支持的面越来越广，尤其是在英国和美国，支持的人更多[38]。这些地方的民族的气质和政治传统使警察管制娼妓的制度不可能实行——即使它可能真的比实际实行的制度更有效也行不通——还不得不承认这两个国家以公共卫生为准则的处理花柳病的制度不仅是最好的，而且是唯一可行的制度[39]。

大家也越来越多地认识到，实行这类制度的同时必须为花柳病实行免费的治疗提供更充分的便利的条件；普遍开设免费施药的药房，夜间照常服务，这一点尤其必要，因为许多人只有这个时候才能去求医问药。在瑞典，挪威和波斯尼亚（Bosnia）等地方，花柳病的大量减少主要应归功于特意采用各种措施以便利实施免费的治疗。不提供这类方便的条件，内心深处总觉得这些花柳病人不是受难者而只是罪人，没有资格享受照顾，这种冷漠行事，使得本来可以控制可以预防的疾病在过去人为地推波助澜而灾难性地传播开来。

如果我们废除家长式的警察管制方法，如果我们按照医学卫生的一般准则行事，把剩余的有关他个人的利害得失的事都交由他自己去负责，就还要更进一步，这一点大家原则上已经充分认识到了，我们对这一步不能掉以轻心：我们必须认为每一个人都应该为他传播花柳病而负上责任。在我们还拒绝把花柳病和其他的传染病一视同仁地对待的时候，在我们对花柳病还提供不出完善的治疗设施的时候，就叫某一个人为传播这类疾病负责是不公正的。但是，如果我们已经公开让大家认识到传染花柳病的危险而让个人自由行事的话，我们就一定不得不像迪克洛那样宣布，每一个人，不论男女，都必须为他们自己传播这些疾病负起责任来。

按照 1814 年德国的奥尔登堡（Oldenburg）法典，罹患花柳病的人和健康的人性交，不论结果是否传染疾病都要受到刑罚。但是今天的德国已经没有这种法律了。虽然还有一些卓越的德国的法律权威，例如著名的李斯特（Liszt），主张应该在法典里加上一款，宣布性交的一方明知自己患有这类疾病者，应判处两年以下的有期徒刑，这项法律不适用于已婚的夫妻，而只适用于非婚交媾的某一方。如今在德国，传播性病只是作为伤害他人身体的一项特殊案件而受到科罪[40]。在这个问题上，德国落后于大多数北欧国家，在北欧国家里，个人要为传播花柳病负责是众所周知的，并且积极地强制实施有关的条例。

在法国，虽然法律规定得不明确，也不尽如人意，但传播梅毒的行为是一定要被带上法庭的。舆论上比德国似乎更加坚定地倾向于惩罚这种犯罪。1883 年，笛不瑞（Després）讨论过这个问题，斟酌过一些反对的意见。他说，没有人可以利用这种法律谋利，但所有的人都因为害怕触犯它而更加小心谨慎；他指出检查和证明是谁传染的病的困难与检查和证明谁是私生子的父亲的困难差不多，难不到哪里去。笛氏主张对明知自己患有花柳病而传染他人者科以两年以下的监禁，而对那些由于不知自己患病而不慎把病传染给他人者只判处罚款[41]。奥里安特斯（Aurientis）不久前在巴黎论坛上曾经发表论文讨论到这个问题。他说，法国有关传染性病的现行法律规定得不明确，也很难执行。但是有一点肯定是公平的，即被传染了性病而因此受到伤害的人都能够顺利地获得赔偿。虽然大家原则上承认，即使根据普通法律传染梅毒也是一款犯罪，他还是同意一些人的主张，把它当作一种特殊的犯罪而制定出一种新的更实用的法律[42]。甚至现在还可以在法国的法庭上从通过性交把病传给年轻女子的男人那里获得巨额的赔偿，奶妈也可以从她们信任的医生，从她们哺乳的患梅毒的婴儿的母亲那里获得这类赔偿。虽然法国的刑律一般禁止泄露职业秘密，但是开业医生在这种情况下有责任警告奶妈处境危险，但不用说出疾病的名称；如果他掉以轻心不予警示，就应当为此负上责任。

在英国，在美国也一样，和法国比较起来有关这类犯罪的法律更加不如人意，也更加束手无策。前面我们已经提到过一种既有害又野蛮的观念，按照它的意思，花柳病是非法野合的结果，是上帝的公正的判决，因此应该忍受，这种观念似乎仍然在这些国家里命中注定似地长盛不衰。在英国，如果因通奸而传染了花柳病是可以不起诉的一种过失甚至还决心故意隐瞒病情。“丑事不张扬”（Ex turpi causâ non oritur actio），这是一句警世格言；在拉丁的格言中有大量的这种叫人昏昏欲睡的说教。直到现在，如果丈夫把病传给妻子或妻子把病传给丈夫从来都不受法律的追究[43]。美国新奥尔良的戴尔（Isidore Dyer）医生在他向 1899 年布鲁塞尔预防花柳病会议提交的一份报告中，摘录了一个美国的例子，它充分说明了英国和美国在这件事情上享有的“自由”：“有一位初发的梅毒病患甚至拒绝给予她的仁慈和慷慨的治疗，她带着一个账本，里面记载着被她传染的男人的数目。当我第一次见到她的时候，她宣称这个数目已经达到二百一十九人，她表示在凑够五百个男人完成报仇之前绝不就医。在一个通行最基本的公正准则的社区里应该为这位妇女从伤害她的男子那里获得赔偿提供种种便利，甚至判他监禁一段时间，以保证他认罪服罪。她因为受害而获得某些赔偿，她渴望‘复仇’的心也得到了安抚，与此同时，她会为社会的利益着想，管束自己。但是她找不到门路去控诉那个伤害了她的人；作为一种补偿，却准许她成为疾病的放射中心，去缩短许多人的寿命，导致许多人的死亡，聚积不计其数的伤害；在今天，她完全有权这样做，并不违法。一个社区怂恿这种事态的发生不仅是不道德，而且是冥顽不化愚不可及。”

但是，在英美两国，似乎正在兴起一股强大的舆论，主张对传染花柳病的人科罪，判处巨额罚款或者徒刑坐牢[44]。在任何法规中都不应该在传染疾病上强调是否“故意或知情”的情节。任何这类正式的限制条款都是不必要的，因为这样一来法庭在审理这类案例时总要审核犯人在作案时是否无知或只是疏忽的问题，然而这是胡闹，是有害的，因为它往往会使这类法规成为一纸具文和对于无知的奖赏；有些做丈夫的人刚一结婚就把淋病传给了妻子，他们的作为常常是由于无知，但是要人相信他们真的无知至少必须证明他们曾经看过医生而没有得到指点。有人说，现在的法律能够用来起诉这类案件，而不用担心会给企图敲诈勒索的人提供更多的方便。当前的法律对于这种不良企图没有可利用的空子，这表现在几乎甚至从来没有过任何企图利用它来敲诈勒索的案子，但是，不仅是有一些现行的犯罪的案子可以构成企图敲诈勒索的题目，有一些和法律的科罪完全无关的丑闻秽事依然可以被利用来敲诈勒索。再说敲诈勒索本身就是一种犯罪，法庭上对这种行为始终是严加惩处的。

在英国的法庭上对传染花柳病的案子进行法律审理时可能会从头追究。现在已经完全确定，丈夫把花柳病传染给妻子可以构成犯法的虐待罪，按照现行的法律，经过取证属实，另外加判通奸，妻子可以据此和她的丈夫离婚。1777 年，法国作家雷蒂夫（Restif de la Breton）在他的《妇女图说》（*Gynographes*）一书中建议，传染花柳病这件事本身就是离婚的一个充分的根据；但是，这个主张到现在也没有被大家普遍接受[45]。

有人说，让个人为他传染花柳病负起法律责任这件事非常好，但是，要把这个责任带到家庭里去讲究还是有些困难不好解决。有些人承认这些困难，然而他们常常回答说，最不济我们也该掌握一些培植责任心的方法；要让每一个男人都感觉到故意冒险不怕把这种病传染给别人已经超越了他的合法权利的边界，而是为非作歹，行为恶劣了。约言之，如果我们打算接受在性生活的领域里遵循个人负责的准则，我们最终也会把这个准则当作和花柳病做斗争的主要的关键的方法，现在大家已经普遍地逐渐认识到这个问题了。建立卫生和医学预防措施，适当地立法保护受害者，都需要每一位年轻的男女拥有一些基本的卫生知识，否则也是事倍功半甚至是徒劳的。在一个和性的关系这样密切的领域里，医疗体制和法律手段绝不是完全充分的；每个人每走一步都需要有知识的引导，甚至连始终支配这个领域的道德责任心都要用知识去唤醒。凡是认识到这些问题的重要性的地方，问题本身多半就改变成了教育的一个问题——这在如今的德国花柳病防治协会的几次大会上表现得最清楚[46]。虽然如今的德国在有关这个问题的言论和实践方面都比别的地方更加先进，但是所有其他的文明国家，英国和美国，同样还有法国和北欧各国都已经觉悟到这种必要，并且越来越振振有词地加以宣传，已经快赶上德国了。

婚内和婚外的性交都有得病的危险——实际上这种危险甚至可以和性交完全无关——关于这方面的知识是性教育的更高级阶段的内容，必须把其中的一些基本的入门知识尽早地晓谕年轻的孩子们。著名的奥地利的经济学家门格（Anton von Menger）在去世前不久，撰写了一部很优秀的小书，《新伦理学》（*Neue Sittenlehre*），书中写道："应该教育男女青年，患有梅毒或其他慢性传染病而不够格为人父母者生孩子是犯罪。关于花柳病的知识在春机发陈期没有完全确定之前确实不必教给他们。没有必要也不合时宜对年轻的男女孩子灌输医学的知识，也不宜在他们几乎还不可能遇到这些危险时就去警告他们。到了性本能或性冲动炽盛的年龄，在某些境况下，开始有陷入实际的或潜在的危险时，才有必要让他们清楚地把这些知识牢记心头。任何一个人，只要对一生经历的人情世故有所回忆和思考，就应该不会怀疑，每一位青春期的青年男女都应该接受有关花柳病，肺结核和酒精中毒等的一般常识的基本的教育，认为这是功德无量的好事。这三种'文明的灾难'太泛滥了。作用起来，式样繁多，难以捉摸，以致每个人在一生中甚至都有可能不知不觉地接触到它们，每一个人都有被传染而遭殃受罪的忧虑。万一治疗不当还可能要无奈地受一辈子的折磨。含糊地谴责不道德和不着边际的警示它们的危险都是无用的和没有意义的，也不必夸大其词使人生陷入苦恼。

把这些身边的不幸的真实的事实非常直率简明地说清楚就足够充分和相当精彩了。只有那些对人生采取危险的轻浮态度的人才会对这种需求恝置不顾。”

年轻的女子和小伙子一样需要这种启蒙的教育。仍然有一些人浅薄地认为，虽然必须指导青年男子，但最好不要去骚扰他的姐妹们，因为他们相信女子无才便是德，知道这些生活常识会玷污了她们的清白。这真是颠倒黑白的谬论。让所有人都了解这些对做人如此重要的常识的确是一件大好事，即使和他们本人没有直接的关系，也是值得学习的。这件事和女孩子的关系甚至比和青年男子的关系更重要。男人比较独立自专，如果他想做什么事他会尽量避开所有可能染上花柳病的危险。但是女子不是这样。不论她自己怎样洁身自好，她还是不能保证将来她无须提防婚后她的丈夫可能带来的疾病，也还要留心那些照看她的孩子的人。受过教育的妇女比工人阶层的妇女更容易意外地碰上这种病，她们要更多地注意避免被传染，因为花柳病在穷人中不像在富人中那样流行[47]。细心的医生，即使他的病人是一位牧师，他都认为自己有责任询问他是否罹患过梅毒，而大多数品行端庄的牧师都理解这种询问的必要，最多一笑置之，认为这是对自己的侮辱的人绝无仅有。夫妻之间的关系比诸医患之间的关系要亲密和重要得多，作为一位女子，必须对有关她未来的丈夫的这类事情打听得一清二楚，直到肯定回答圆满才可放心，这是一定不可省略的。此外，或许有些例子，如果女方足够开明，在还来得及挽救他之前自己亲自出面及时帮助他，使他免于草率地去拈花惹草而由此带来致命的后果，这会让他终生感激不尽。即使她没有赢得他的感谢，她还是对她自己尽了责任，并且通过她未来的健康的

孩子而尽了对种族未来的责任。

在大多数的国家里，正在兴起一种舆论，支持对待年轻的女子要和对待青年男子一样进行有关花柳病的启蒙教育。在德国，弗莱施（Max Flesch）在他的《娼妓和妇科病》（*Prostitution und Frauenkrankheiten*）一书中就详细考虑过这样的问题，认为所有的女孩在她们的学校生活结束的时候，都要对她们加以指导，使她们知道自己将要置身其中的各种严重的来自自然的和社会的危险。在法国，迪克洛（Duclaux）在他的《社会卫生》（*L'Hygiène Sociale*）一书里强调，妇女必须接受这方面的教育。他说，"不管医生自己怎么想，大家已经习惯地把他们当成丈夫的同谋，他们对做妻子的妇女的这类病的病因总是讳莫如深，想方设法误导她们，这样做的医生有时会遭到患者的讥讽的一瞥。现在到了要破除这种社会谎言的时候了，它已经害了许多人，你们有义务把妇女需要知道的事情告诉她们，以便她们保护自己不再上你们的当。"美国的情况也一样。戴尔（Isidore Dyer）认为，改造这个领域的旌旗必须绣上"知识就是健康"的格言作为自己的旗号，有了知识，才有身心的健康，女子和男子一样，不分轩轾。刘易斯（Denslow Lewis）在介绍 1901 年美国医学协会的年会上讨论限制花柳病的情况时说[48]，所有发言者几乎一致赞同，预防的最重要的或相当重要的方法要靠教育，对女子的教育和对男子的教育同等重要。有一位发言者［费城的埃格伯特（Seneca Egbert, of Philadelphia）］宣称："教育是整个防治花柳病事业的根基"，"每一位年轻的男子和每一位年轻的女子都要知道这些病是怎么一回事，对女孩子来说，甚至还要提前在她谈恋爱和订婚之前教育，让她知道如果嫁给一位罹患花柳病的男子会有什么结果，在没有

实现这个目标之前我们不会取得太大的进步。”格兰丁（Ebgert Grandin）呼吁：“要教育做父母的人，他们将来要教育他们的儿女”，特别在提到淋病这个问题时，他说“要着重教育女儿，因为她是这种传染病的主要受害者，她应该知道如何保护自己免受淋病和酒鬼的折磨，这是她的权利”。[49]

我们必须坦然面对这样一个事实，即妇女自己必须清楚，她和男子一样在保证她打算进入的婚姻的安全和美满方面负有同样重要的责任。实际上，从一开始，这种责任就无疑会部分地委托给了父母或监护人。在这个问题上双方都要诚实，任何虚与委蛇假装贤淑都是没有道理的。结婚前，金钱和日常收入的种种问题都商量过了，关于未来的新娘和新郎的健康，公众舆论慎重地认为是一个婚前必须讨论的更重要的问题，现在没有人对此持不同意见了。如果在最后决定订婚之前，男女双方各自请医生检查一下自己的身体，并授权他把检查结果通知对方，那么大量的疾病和不幸的婚姻生活都是有可能避免的。这种体检报告应该不限于花柳病而网罗更加广泛的项目。如果大家普遍地认可了这种必要性，就会使现在缔结婚姻时发生的大量的欺诈行为不可能得逞。现在往往发生这种事情，男方或女方向对方隐瞒自己患有某种恶病或残疾，婚后不久就暴露了，有时会让对方感到痛苦和震惊——譬如一位男子在新婚之夜发现他的妻子癫痫发作——放不下上当受骗的感觉而终日烦恼。这种隐瞒理所当然是离婚的正当理由。莫尔（Thomas More）先生在他那部《乌托邦》（*Utopia*）的书中规定，结婚前，男女双方都要一丝不挂地向对方展示自己的身体，他笔下的这种离奇古怪的仪式是基于一种合理的观念，即要求任何人把一个他或她还没有像这样彻底了解他（她）的身

体的人带回去偎抱着过一辈子是很荒谬可笑的，且不说它往往造成悲惨的后果。

也许还有必要指出，任何以此为目标的运动都必须是个人的自主行为，是他们本着开明的良知指导决定自己的生活，不可以靠社区的指令，或概括言之靠法律来强制推行。在这些问题上，法律的实施只能在事后而不是在事前。在婚姻和生殖的种种准则的基本问题上都应该由个人本着良心，用头脑思考，自己权衡是非利害，不可以由他人越俎代庖。这类准则除非在社区的绝大多数人的实际生活中已经有了具体的实践，否则由国会立法规定也是白搭。它们会成为一纸具文，更有甚者由此造成一些不虞的祸患而更加不堪。我们只能从问题的根本着手，坚持在道德的责任上进行教育和面对有关的事实认真地加以指导，此外别无他法。

这里有一个问题，谁是从事这类教育和指导的最佳人选。我们都知道，在春机发陈之前，父母，尤其是母亲，是对他们的孩子传授开启隐私的知识方面最相宜的导师。但春机发陈之后情况就变了。孩子们不论男女都变得不太听从父母的话了，双方都更加羞于启齿，而且做父母的人对于这个时期需要的比较专门的知识都是不甚了了或完全无知的。这个阶段似乎最好有医生的帮助，如果家庭医生具备担当这项任务的合适的资质，就请他来指导。通常采用的办法是上几堂课，对花柳病及其危害和有关的一些题目在主要的事实上讲解清楚。这种办法现在已经广泛实行[50]。这种方法相当好。这类讲座应该由医学院的讲师担当，时常到各个都市、教育中心、工业中心和陆海军基地等有大量年轻人聚集的地方去讲授。这应该是主要的教育当局的职务，或者自己贯彻执行，或者责成控制着或雇佣着大量年轻人的各类团体人员去组织这类讲座。所有年满十六岁的年轻人都可以免费自由听讲。

在德国，用讲座的办法传授防治花柳病的知识的原则似乎已经确立，无论如何对年轻人来说是做到了，这种讲座正在逐步变得越来越经常化了。1907 年，教育部长确定由医生对高中以上的各种学校讲授有关性的卫生和防治花柳病的选修课程。这些课程现在往往由医学界的专家学者向德国高级中学的高班学生讲授，内容是性的解剖学和生理学的一般原理，多半包括性的卫生，特别是有关防治花柳病的卫生知识[51]。在奥地利，对即将从先修班升入大学的学生也开设这一类讲座，讲授个人卫生和花柳病的危害；工人俱乐部则建立定期的有关这类题目的讲座，由医生主讲。在法国，医学界内外的许多著名的人士，都在为确定对年轻人进行性卫生教育的方针和方法的事业而努力，他们还不得不和一部分中产阶级人士的很顽固的偏见和假正经的态度做斗争，这种阻力在德国已经很少见了。法国议会外风俗制度规范委员会，联合奥加尼厄（Augagneur），富尼耶（Alfred Fournier），居约（Ybes Guyot），吉德（Gide），以及其他一些著名的教授，教师等人，最近发表声明支持正式建立性卫生的教育措施，在公立中学的毕业班或高等院校的新生中实行，他们主张，这种教育不仅提供必需的知识的启蒙，而且要注重道德责任心的培养。法国先前已经有了一个非官方的法国提倡卫生和道德协会，这个机构举办有关性卫生的公开演讲。富尼耶，皮纳尔（Pinard），布尔鲁洛（Burlureaux），和其他一些著名的医生都撰写过一些有关这类题目的小册子，在公众中广为派发[52]。在英国和美国这方面的事做的还很少，但支持这种行动的舆论也确实正在迅速兴起[53]。步富尼耶 1900 年于巴黎创建的提倡卫生和道德协会的后尘，1905 年在

纽约成立了一个美国提倡卫生和道德协会。在芝加哥和费城也有类似的会社。主要的目标是研究花柳病和致力于这类疾病的社会防控事宜。成员都是一些医生，平民和妇女，在这些会社的主持或赞助下举办一些讲座，座谈等等。对象都是一些从事下层社会改良工作的团体中的年轻女子，每次参加的人数不多，也结合着在其他的方面给于鼓励和帮助，提升她们获得成功的能力。大家都认为这是一种能够影响到工人阶层的年轻女子的一种最好的方法。不论是男医生还是女医生都可以去讲课[54]。

在促进性卫生的工作和同时推广有用的启蒙知识方面，有一项重要的辅助措施，即给每一位正在接受临床治疗的梅毒患者发一张具有教育性质的卡片，在卫生方面对他加以指导并警告他在感染梅毒后的四年或五年之内结婚有把病传染给配偶和未来的孩子的危险，每一位患者无一例外都收到这样一份医嘱。把这样一份语言清楚、平易和中肯的印好的医嘱卡片交到每一位就医的梅毒患者手中，应该成为一项医疗常规，也许还应该给淋病患者预备一份相应的卡片。这种措施已经开始在几所医院里实行了，它是一种简单的无妨碍的提醒，大家一定会普遍采纳这套办法。在有些国家已经大范围地实行了。譬如在奥地利，这项社会运动开展后，几位大学教授积极报名参加，撰写了一些宣传小册子和传单，提纲挈领地解释花柳病的主要病象，提醒大家谨防各种江湖庸医和不要听信所谓的秘方，这类印刷品在工厂的年轻工人，在校学生和刚从职业学校毕业正在寻求就业的人群中流传。

在法国，面对某些大的社会问题时，有时会表现出一种侠义的或一副骑士的勇敢精神，这是她不同于其他国家的地方，一些著名的小说家和戏剧家都曾经把梅毒的种种危险和娼妓的社会地

位问题一样对待，不加区别。于斯曼斯（Huysmans）以他的第一部小说《玛特》（*Marthe*）宣告这种运动揭幕，但立刻就被警方镇压下去了。不久之后德·刚果（Edmond de Goncourt）出版了他的《妓女艾丽莎》（*Fille Elisa*），这是第一部由著名作者撰写的这类小说，值得注意。它没有畅所欲言，有很多保留，老实说，这部作品并没有多高的艺术价值，但是，它大胆地面对一个严重的社会问题，明确地指出公众对待娼妓的态度的种种害处。后来由安托万（Antoine）把它改编成戏剧在自由剧场（Théâtre Libre）演出，安氏自己也参加演出，但是，当安氏 1891 年打算在波特·圣·马丁剧院演出时，检察官出来干涉并禁止演出，理由是“总体结构”（contexture gènèrale）有问题。教育部长为这项决定辩护的理由是剧中有大量的情节可能会引起观众厌恶。德娄列德（M. Paul Déroulède）打抱不平地呼喊道：“为了禁演，说观众讨厌它比说观众会受它诱惑更符合道德。”报章杂志批评有的谴责言论允许舞台上形同娼妓的所有不堪耳目的淫秽的情节、语言，但不容对娼妓有任何攻讦。近些年来，玛格丽特（Marguerite）兄弟，在小说和报章两方面，施展他们的极致的文才，尽他们卓越的能力，提出许多鼓舞人的开明的社会改革的主张。维克多·马格里特（Victor Marguerite）于 1907 年出版了一部题为《妓女》（*Prostituée*）的小说，它引起广泛的关注，并被翻译成多种文字；在这部小说里，作者试图展示出当代社会妇女的境况，尤其是妓女的境况，他认为她们生活在一种可恨的极不公正的流行至今的制度之下。作者感谢巴黎警察局长的帮助，使这部书得以忠实地记录下人间种种真实的情景，也多半是由于这个原因，使它没有成为一部完美的艺术作品，但是它却生动地和痛切地描绘了男人

常常用以对待女人的那种残忍、冷漠和伪善，也是因为这个原因，这部书无法得到更广泛的传阅。布里厄（Brieux）的《梅毒病人》（*Les Avariès*, 1902）是众多最耀眼的现代戏剧之一。这位著名的剧作家，本人就是医生，他把这部剧本献给最伟大的梅毒学家富尼耶（Fournier）。他在献词中写道："我和你的意见一样，认为如果有朝一日可以公开地说梅毒是一种不幸，既不是耻辱也不是犯罪，当那些受它折磨的人，知道自己会传播什么祸害时，将更清楚地懂得他们对别人和对自己的责任，这时候，梅毒的危险必将大大削弱。"这个剧本娓娓道来的是一个古典的故事，一位年轻的男子，过着他想象的自由自在的单身汉的平凡日子，有两个情人，没有一个是妓女，但是终于有一天，在一次快活的晚餐时，他告别了单身汉的生活，他犯了一个致命的行为不检的错误，而且传染上了梅毒；在婚期临近的时候他去向一位著名的专家请教，这位专家告诫他，治疗需要一段时间，几年之内不可以结婚；但是他去找一位江湖郎中，这个郎中承诺六个月之内保证治好他的病；六个月后他结婚了；产下一个患梅毒的孩子；妻子发觉了事情的原委，便回了娘家。她的愤怒的父亲，一位国会议员，来到了巴黎；最后的道白是对那位大医生说的，他终于给这个家庭带来一点平静和希望。布里厄通过这部戏指出，主要的教训是新娘的父母有责任在女儿婚前确实了解新郎的健康情况；新郎应该提供一份医生开具的健康证明；在每一桩婚姻里，医生的作用至少和律师的作用一样重要。尽管"梅毒病人"算不上一部有造诣的艺术作品，但是只用社会的和教育的眼光看，应该敦促每一位进入青春期的年轻人都去观看。

另一位卓越的法国医生兼作家用笔名德·梅兹（Espy de

Metz）写了一部名叫《惨不忍睹》（*Plus Fort que le Mal*）的剧本，从另一个视角来看这同一个问题，他要求给那些受梅毒折磨的人以更多的同情［但是他没有以维护家庭（pro domo）为借口］，虽然他的戏剧写作技巧远不如布里厄，也没有在这种直率的形式中完全说清楚自己的道德观，但是他这部书也还算得上是有关梅毒问题的一部值得注意的戏剧文学作品。

这些问题，当戏剧看，教人感到悲伤，从社会的眼光看，有生死攸关的重要意义，它们或许有朝一日会出现在英国或美国的舞台上。在盎格鲁-撒克逊民族的思想和感情中虽然还普遍存在着清净宗的种种要素，这是一眼就能看出来的事实，但是，在英国或美国的戏剧中却从来没有把生活中的清教徒的容貌和态度具体拿到舞台上去搬弄过。在英国的舞台上从来不允许讽喻放荡生活的悲剧的一面；邪恶总是受到了勾引才发生的，在戏的末尾邪恶一定要瓦解，人力做不到就借助于神，让它当傀儡，编出某种奇遇来达到惩恶的目的。正如萧伯纳（Bernard Shaw）先生所说的，英国戏剧的戏法绝不排除邪恶；但只允许它是一种勾引或媚惑人的邪恶；勾引人的媚色于是被大肆渲染，而惩罚邪恶的戏却被盖了过去。“既然如此，说什么舞台不宜表演和讨论非法的行动、乱伦和花柳病等等，都是无用的废话。如果舞台可以展示和讨论勾引、通奸、乱交和娼妓而没有不相宜的问题，它就必须允许对这些事情造成的全部后果公开评论，否则必将使这个国家的道德沦丧。”

坚持认为邪恶历来是因媚色勾引而起的这种想法虽然表面上看好像居心不良，其实它的用意不算坏。它是由于心理的紊乱而引起的一种平常的心理倾向，并非只局限在盎格鲁-撒克逊人的

国度，甚至于仅就文学方面说，教育程度比较高的人的这种倾向就比教育程度差一些的人表现得更加明显。把美学的东西和道德的东西混为一谈，把凡是引起厌恶的东西都认为是不道德的。在法国，左拉（Zola）是最枯燥的一位常常以道德教化读者的作家，他的小说有很长一段时间被人认为是不道德的，因为它们时常遭人讨厌。同样的情绪在英国甚至更加弥漫。如果一位妓女被搬上戏台，而她的漂亮时髦又动人心魄，那么她就可以大摇大摆快快活活地在戏中招摇，每位观众看了都会感到满意。但如果她不是特别漂亮且打扮平常又不妩媚；同时说她有病在身又胡乱传给了他人；再展示一下满嘴的污言秽语……简言之，如果是一幕来自现实生活的场景，那么我们也许就会听到有人议论这位倒霉的剧作家犯了某种"讨厌的"和"不道德的"过错。招人讨厌或许不错，但正是因为这个缘故它才成为符合道德的东西。美学和道德的观感是有区别的，对于这种区别，心理学家无法太过频繁地加以指点，而道德学家又频繁地加以发挥得太过了。

不是要医生像教师那样把自己的任务和属于精神层面的事情搅混在一起，使他的工作变得杂乱无章。而是要做医生的人在不偏不倚地实行他本分的特殊的启蒙工作时，自己本该始终清楚地知道，在青年人的心中，有如前一章已经顺理成章地指出过的那样，有一种自发的力量作用于性的健康。有些人认为年轻人的头脑中只对纵欲作乐感兴趣，这是妄作解人的欺世之谈，其影响和那些一心想要并以为可能做到使年轻人保持对性的绝对无知状态的人相比，其悖谬和有害的程度是一样的。无论如何隐瞒、压制和歪曲有关性的事实，像通常有些愚蠢幼稚的父母和教师草率热衷的那样，但是春机发陈时出现的观念和想象的冲动，即使根源于性，它们的作用的范围还是超越了狭义的性的领域。这些观念和想象的冲动能够成为肉体的性冲动的向导，远比有形的性的事物或出于卫生的讲究而涉及的性的刺激更加有力得多。

说到这里，应该对有关预防花柳病的讨论做一个总述和下一个结论了，这个问题在肤浅的观察家看来似乎只是一个医学的和卫生的问题，和心理学家的天地不相干。但是，仔细审视就会发现它甚至和两性关系中纯属精神观念的部分都有密切的关系。花柳病不仅是种族自幽谷而入乔木的发展的敌人，而且只要两性关系的源头处在随时都有可能遭到败坏和损伤的情况下，我们就无法使两性关系臻于健康和美丽的境界。就欧洲的情况说，我们已经把鼠疫和麻风病这些往日的恶疾病魔送进了地狱，天花也离那里不远了，然而我们却不能准确地估计还需要多长时间才能把梅毒和淋病送进去。虽然如此，社会正在开始认识到，也必须以唯一能够攻击一切疾病的见识和知识的传播，作为宝剑和铠甲冲入这个战场。我们已经看到，在一些比较开明的国家里，正在采用四种方法和花柳病作战[55]。（1）公开声明，花柳病和其他疾病一样都是一些疾病，只不过比大多数疾病更隐蔽和更可怕，它们可以侵袭任何人，从没有出生的胎儿到它们的老祖母，它们并不比别的疾病多了点什么东西，并不是可耻的该受惩罚的罪孽，如果病人真的只想靠隐瞒病情来求得解救，人类就要大祸临头了；（2）采取种种办法，可靠地掌握有关花柳病的传播范围、途径、分布和变化的资料，通过大家已经认可的疾病通告和其他方案，为患者提供种种治疗的方便，特别要注意在必要的时候提供免费的治疗；（3）通过教育提高个人的道德责任心，使社区里的每一个成员都认识到，使他人遭受恶疾缠身的痛苦，即使是由于疏忽大意，也

是堪比用刀枪或毒药攻击别人一样的犯罪，甚至还要更加严重，因此每一个国家都有必要制定一些特别的法律条款，使受到这种伤害的人得到有助于身体和精神方面复原的赔偿，使犯罪的人受到监禁或其他处罚；（4）用推广卫生知识的方法，使所有青春期的青年男女，在开始步入成年的时候都同样掌握一套知识，帮助他们不至于去冒被传染的巨大危险，使他们在很年轻的时候就能够及时知道避开可能遇到的危险。

几年前还不知道和花柳病战斗的方法，只会使用现在已经式微的警察管制的制度，当时还不可能推行上述那些措施；它们看上去好像是乌托邦。如今，大家不仅认识到它们是可行的，而且实际上已经付诸实施了。不过，在不同的国家里有关的见识和实行的力度实际上很不一样。尼森（Max von Niessen）说得好，在各国的竞争中，可以肯定，“一个国家有眼光预见到性卫生的实际运动对自己国家的前途和对全人类的前途都有不可估量的深远影响，又有勇气把它们推广和贯彻到底，它多半会在引导文明的前进中先着一鞭”。[56]

注释

1　或许叔本华对这个问题深有感触，并不仅仅是一个学问上的推论。布洛克（Bloch）曾经有根据地认为，叔本华本人在 1813 年感染过梅毒，这件事成为构成他的世界观的一个因素和加深了他的天生的悲观主义（见《临床医学》[*Medizinische Klinik*, Nos. 25 and 26. 1906]）。

2　哈氏的话见塞纳托尔与卡米纳：《与婚姻有关的健康与疾病》（Senator and Kaminer, *Health and Disease in Relaion to Marriage*, vol.Ⅰ, pp. 186-189）。

3　朗兹在利物浦（Liverpool）治疗花柳病有五十四年的经验，这是他在《英国医学杂志》上发表的明确的意见（Lowndes, *British Medical*

Journal, Feb. 9, 1907, p.334），事实（如果真是事实的话）还进一步指出，自 1876 年以来，在英国，由于梅毒造成的婴儿死亡率和一般的死亡率两者都呈下降趋势。

4 佩尔内在《英国医学杂志》上撰文说："仅仅根据医院的统计，就可以判断伦敦的梅毒患者的确在增加（Pernet, *British Medical Journal*, March 30, 1907）。不过，梅毒在一个世纪或两个世纪以前曾经很明显地流行过，没有根据可以绝对肯定地说它在今天比以往更加流行。"

5 比雷：《今日和古代的梅毒》（Buret, *Le Syphilis Aujourd'hui et chezx les Anciens*, 1890）。

6 格吕克引用文字见《皮肤病学和梅毒文献集》（*Archiv für Dermatologie und Syphilis*, January, 1899）。

7 诺达夫特：《关于古传梅毒的故事》（A. V. Notthaft, "Die Legende von der Althertums-syphilis"，载林德弗莱施《纪念册》[Rindfleisch, *Festschrift*, 1907, pp.377-592]）。

8 见《实用皮肤病学月刊》（*Monatsschrift für Praktische Dermatologie*, vol. xxviii, pp. 296 et seq.）。

9 见《英国医学杂志》（*British Medical Journal*, September 29, 1900, p. 946）。

10 见《英国医学家杂志》（*British Medical Journal*, November 20, 1897, p. 1487）。

11 见《人种学杂志》（*Zeitschrift für Ethnologie*, 1899, Heft 2 and 3, p.216）。

12 见《人种学杂志》（*Zeitschrift für Ethnologie*, 1895, Heft 5, p. 449）。

13 诺特：《梅毒的起源》（J. Knott, "The Origin of Syphilis", *New York Medical Journal*, Ocober 31, 1908）。

14 霍尔德：《印第安人部落中的妇学纪略》（A. B. Holder, "Gynecic Notes Among the American Indians"，载 *American Journal of Obstetrics*, 1892, No.1）。

15 见奈塞尔：《梅毒的试验研究》（A. Neisser, *Die Experimentelle Syphilisforschung*, 1906），还可以参阅与绍丁共同发现梅毒螺旋体的霍夫曼的《梅毒的病源学》（E. Hoffmann, *Aetiologie der Syphilis*, 1906），鲍尔的《梅毒系统》（D' Arcy Power, *A System of Syphilis*. 1908. etc.），莫特的

《现代眼光下的梅毒病理学研究》（F. W. Mott, “Pathology of Syphilis in the Light of Modern Research”, 载 *British Medical Journal*, February 20, 1909），也见《神经学和精神病学档案》（*Archives of Neurologuand Psychiatry*, vol. iv, 1909）。

16　在这个问题上有一些不同的意见，虽然看上去及时彻底治疗通常可以在短短几年之内把病治愈，似乎很有把握不会留下进一步的麻烦，但是，即使在最好的情况下，也不可能绝对肯定地说将来不会再出什么问题。

17　陆军中校兰姆金（Lambkin）是负责治疗花柳病的伦敦军医院的主任医官，他写道：“在英国，梅毒曾经是，现在仍然是体格退化的一个主要的原因，这是一个各方面都承认的不容否定的事实。抓紧英国平民大众中的梅毒治疗工作应该是关心这个燃眉之急的问题的人的主要目标，它关系到我们的种族的体质退化问题。”（见 *British Medical Journal*, August 19, 1905）。

18　莫特：《梅毒是疯癫的一种病因》（F. W. Mott, “Syphilis as a Cause of Insanity”, 载 *British Mdeical Journal*, October 18, 1902）。

19　有超过 80% 的例子很难证实，除去 20% 的老梅毒病例，通常不可能追查到梅毒病的印迹或者获知梅毒的病史。克洛克（Crocker）发现只有 80% 的例子绝对肯定患有梅毒性皮肤疾病并且他能在他们身上找到梅毒感染的历史，莫特也发现同样为 80% 的例子绝对肯定患有梅毒性大脑损伤；莫特认为梅毒是全身麻痹和脊髓痨的主要病因（见 *British Medical Journal*, January 4, 1908）。

20　奥德里（Audry）在《医学周刊》（*La Semaine Médicale*, June 25, 1907）上有过这方面的报道。当欧洲人把梅毒带到文明比较落后的种族的居住地时，后果往往要比这里说的还要坏得多。譬如，兰姆金（Lambkin）带着研究梅毒的特殊使命去乌干达（Uganda），他发现，在有些地区的人口中竟有多达 90% 的人患有梅毒，50%—60% 的婴儿死亡率要归咎于这种疾病。这些人口属于巴干达（Baganda）族，在他们受惠于文明和基督教而收到梅毒礼品之前，本来是一个知识水准很高的强大的和组织良好的部落。兰姆金指出，文明和基督教破坏了社会的习俗，解放了妇女，从而成为传播这种疾病的主要的原因。基督教强大得足以摧毁旧的道德，但却没有足够的力量去建立一种新的道德。（见 *British*

Medical Journal, October 3, 1908, p. 1037)。

21　即使只限于在英国军队的范围内做比较，驻扎在印度的英军患花柳病的人数比例就比驻扎在本土的英军高出十倍。(H. C. French, *Syphilis in the Army*, 1907) 把国家军队除外，根据医院认定的案例和死亡率统计，美国的性病的频数高居榜首，跟随其后的是英国，然后是法国和奥地利-匈牙利，俄国和德国。

22　淋病在旧大陆存在的古老程度丝毫不逊于梅毒，这是没有争议的。人类还在很远古的时代就肯定知道了这种疾病。旧约中就提到祭司曾经为著名的亚述国王伊莎哈同 (Esarhaddon) 治疗过一种病，根据当时用楔形文字写就的文件的描述，它一定是淋病。这种病在古代埃及也已经众所周知了，他们记录有许多治疗这种病的处方，可见它当时已相当常见 (厄非尔:《基督诞生前 1350 年时的淋病》[Oefele, "Gonorrhoe 1350 vor Christi Geburt" , 载 *Monatshefte für Praktische Dermatologie*, 1899, p. 260])。

23　参阅史蒂芬孙 (Sydney Stephenson) 的《备忘录，初生儿眼炎委员会记事》("Memorandum,Report of Ophthalmia Neonatorum Committee" , 载 *British Medical Journal*, May 8, 1909)。

24　可以参考泰勒 (Taylor) 发表在《美国产科学杂志》上的论文 (*American Journal Obstetrics*, January, 1908)，该文对这类祸害的广泛程度有些陈述。

25　奈塞尔 (Neisser) 对德国的淋病流行情况的数据有一个总计，见塞纳托尔和卡米纳:《与婚姻有关的健康与疾病》(Senator and Kaminer, *Health and Disease in Relation to Marriage*, vol. ii, pp. 486-492)。

26　此文见《柳叶刀》(*Lancet*, September, 23, 1882)。艾文斯医生 (Dr.Frances Ivens) (见 *British Medical Journal*, June 19, 1909) 发现，在利物浦，妇女方面有 14% 的妇科病人显示患有淋病。她们大部分是贫穷的良家妇女。这也许是一个较高的比例数，因为利物浦是一个繁忙的海港，但是他的估计比森格尔 (Sänger) 的 18% 的数字低一些。

27　格兰丁文载《医学记录》(E. H. Grandin, *Medical Record*, May 26, 1906)。

28　库欣:《淋病的社会学方面的意义》(E. W. Cushing, "Sociological Aspects of Gonorrhoea" , 载 *Transactions American Gynecological Society,* vol. xxii, 1897）。

29　只是在一些由独裁权力统治的小规模的社区里，用绝对的威权去控制病情和对那些涉嫌需要管制的男女人等进行监察，才会收获几分成效。在这方面哈伍德（W. E. Harwood）医生给出了一个很好的例子，他在明尼苏达铁矿公司建立了一套这样的制度（见 *Journal American Medical Association*, December 22, 1906）。在这个公司的地盘上的妓院里，妇女处在最底层，花柳病泛滥成灾。这里建立了一个对妇女细心检查的制度，对刚发现有病的男子立刻加以控制，并且规定他必须交代清楚是哪一位女子把病传染给他的，该女子要负责为这位被她传染的男子的医疗费用买单。如果他太穷，甚至还要为他交膳宿费，妇女被强制缴纳医疗基金，从中支付她们在医疗上的必需的开销。采用这种方法，虽然没有彻底把花柳病连根铲除，但也使它在很大程度上减少了。

30　布洛克对这个问题的目前的处境有一个清楚的综合的说明（见布洛克:《现代的性生活》[Iwan Bloch, *Das Sexualleben Unserer Zeit*, Chs. XIII-XV]）。警察管制制度完全无效，就连在警察干涉几乎不受限制的德国也行不通。例如，在德国的曼海姆（Mannheim），对娼妓的管制非常严厉和彻底，但还是徒劳无功，1905年，在曼海姆的医生中做了一次很细致的问卷调查（九十二位被调查的医生详细地回答后把问卷寄回），结果表明，男人中有六百例花柳病患者，其中将近一半人是从妓女身上传染来的。剩下的人中又有一半（将近总数的四分之一）是从女招待和酒吧女郎那里传来的；其余的传播者是一些女佣（见利翁和勒布的《性教育》[Lion and Loeb, "Sexualpädagogik". 载 *The Proceedings of the Third German Congress of Combating Venereal Diseases*, 1907, p. 295]）。

31　见《新一代》（*Die Neue Generation*, June,1909, p.244）。

32　以上这些事实都是引自纽约的比尔霍夫（F. Bierhoff）医生个人在德国调查后写下的一系列论文，见《用警察管制的方法对娼妓实行卫生控制》（"Police Methods for the Sanitary Control of Prostitution", 载 *New York Medical Journal*, August, 1907）。

33　芬格:《性和社会》（Finger, *Geschlecht und Gesellschaft*, Bd. I, Heft 5）。

34　也许可以加上一个第六类，人数很少，多半是一些稚气未脱的年轻女孩，她们被一些男人强暴了，这些男人以为和贞女性交是治疗刁顽的花柳病的法门。在美国，一些意大利人，中国人，黑人等等常常持有这种看法。吉布（W. Trabis Gibb）是纽约防止虐待儿童协会的一位检查医生，他曾经检查过900名以上的受强暴的儿童（据他说，这只是实际发生的例子中的一小部分），发现13%患有花柳病。据他说这些例子中有相当大一部分，年龄在十二岁到十六岁之间，是心甘情愿的牺牲品。波拉克（Flora Pollack）是霍普金斯医院药房的一位医生，她估计仅仅在巴尔的摩（Baltimore）一个地方，每年就有800—1000名儿童，年龄从一岁至十五岁，被花柳病感染。她发现数量最多的是六岁的儿童，而主要的原因不是淫欲而是邪门歪道的迷信。

35　关于遗传的梅毒的讨论，可参考的资料很多，例如，卢卡斯发表在《柳叶刀》上的论文（Clement Lucas, *Lancet*, February 1, 1908）。

36　在一些国家，曾经搞过一些愚蠢和胡闹的花柳病无辜患者联谊会和病友俱乐部之类的组织，又不给这些受病痛折磨的会员以免费的医学帮助和免费的治疗。这类事情害处很大。它们流行过一段时间，在维也纳，1907年以前就曾经盛行，之后开始实行更人道更开明的政策，大家对花柳病和其他的疾病一视同仁，不再歧视。

37　在十九世纪，瑞典就开始采取了一些积极的措施来对付花柳病，建立了强制的免费治疗制度。许多年前挪威采用了强制性的通告制度，到1907年的时候，花柳病流行的规模大大缩小；也有强制性的治理制度。

38　可参考莫洛:《社会疾病和婚姻》（Morrow, *Social Diseases and Marriage*, Ch. XXXVII）。

39　纽约医学协会1902年的一次会议上讨论过这个问题，会议赞同实行不具姓名和地址的通告准则，德赖斯代尔（C. R. Drysdale）医生积极地参加了1899年举行的布鲁塞尔国际大会，支持在英国实行的一种类似的方案。（见 *British Medical Journal*, February 3, 1900）。

40　1908年，在慕尼黑（Munich）就有这样一例，一位男子将淋病传染给了一位年轻的女佣，因此被判监禁十个月。布洛克（Bloch）在《现代的性生活》中对德国今天在这个问题上的舆情有一个总述（见 Bloch, *Sexualleben unserer Zeit*, p. 424）。

41　笛不瑞:《巴黎的娼妓》（A. Després, *La Prostitution à Paris*, p.

191）。

42　奥里安特斯:《根据有关传染花柳病的现行法律对医学法的研究》（F.Aurientis, *Etude Medico-légale sur Jurisprudence actuelle à propos de la Transmission des Maladies Venériennes*, Thèse de Paris, 1906）。

43　在目前的英国，"丈夫明知自己罹患花柳病并故意将其传给妻子，不会被定为犯罪，不论是以人身攻击还是以严重的人身伤害罪起诉都无法成立。"见，祁瑞的《婚姻法》（N. Geary, *The Law of Marriage*, p. 479）。这是1888年保留刑事诉讼法庭（Court for the Consideration of Crown Cases Reserved）审理克拉仑斯（R. V. Clarence）案件时由法官九票赞成四票反对通过的。

44　现代民主的意见是反对仅仅因为妓女患有花柳病就把她和社会隔离开来。但是理所当然的是，如果一位患病的妓女把病传给了别人，又付不起这种案例必须交付的巨额赔偿，那么她就该被隔离治疗。为了社区的利益必须这样做。但是在给没有钱的妓女仁慈地治疗和生活照顾的时候，也必须避免成为奖励犯罪，但无论如何都应该给她提供一切治疗的便利。

45　但是，巴黎上诉法庭已经决定，丈夫结婚时明知罹患花柳病并把病传染给妻子，便构成要求离婚的充足理由，见《医学周刊》（*Semaine Medicale*, May, 1896）。

46　有一部题为《性教育》（*Sexualpädagogik*）的卷帙浩瀚的书，其中收录了第三次大会的纪要，这次会议几乎置花柳病这个专门的题目于不顾而全力讨论对年轻人的一般的性教育问题，许多人发言都坚持认为，这种教育必须从母亲膝下的幼童开始。

47　奈塞尔（Neisser）："工人、士兵等穷人比较容易在和他们自己的境况相近的阶层中找到愿意和他们恋爱性交的良家女子，因此他们感染花柳病的危险较低，而那些几乎专靠妓女解决性交问题的男子的危险则要大得多。"这段话见塞纳托尔和卡米纳的《与婚姻有关的健康与疾病》（Senator and Kaminer, *Health and Disease in Relation to Marriage*, vol. ii, p. 485），也可参考布洛克的《现代的性生活》（Bloch, *Sexualleben unserer Zeit*, p. 437）。

48　见《法医学杂志》（*Medico-Legal Journal*, June and September, 1903）。

49　见《医学记录》（*Medical Record*, May 26, 1906）。

50　关于这类讲座的特色和范围，在德国防治花柳病协会第三次大会的会刊上有充分的讨论，见《性教育》(*Sexualpädagogik*, 1907)。

51　这方面可参考的文章很多，见《性教育》(*Sexualpädagogik*, pp. 131-153)。

52　可参考法国 1907 年 9 月份的《医学进展》(*Le Progrés Médical*, September 1907)。

53　可参考丰克:《花柳病的危险》(W. A. Funk, "The Venereal Peril" , 载 *Medical Rrcord*, April 13, 1907)。

54　克利夫兰的《预防花柳病》的主题演讲，载《美国妇科学会会报 》(Clement Cleveland, "Presidential Address on Prophylaxis of Venereal Diseases" , *Transactions American Gynaecological Society*, Philadelphia, vol. xxxii, 1907)。

55　现在刚知道一些前途有望的治疗甚至消灭病原体的新方法可以用来辅助控制花柳病，因为不属于本书讨论的范围，所以我在这里略过不提。可参考麦奇尼哥夫:《新卫生》(Metchnikoff, *The New Hygiene*, 1906)。

56　尼森:《医生先生，我可以结婚了吗？ 》(Max von Niessen, "Herr Doktor, darf ich heiraten?" 载 *Mutterschutz*, 1906, p. 352)。

第九章　性的道德

娼妓与现在的婚姻制度的关系——婚姻与道德——“道德”术语的定义——理论的道德——它分为传统的道德和理想的道德——实际的道德——基于习俗的实际的道德——科学的伦理学的最好题目——理论道德和实际道德之间的反应——往日经济势力下的性道德——这种道德的严峻与放纵联合狼狈为奸——新道德的酝酿和道德理想的演化——性道德的种种表现——轻视婚姻的形式——试婚——先孕后婚——法国、盎格鲁-撒克逊诸国、俄罗斯等国家的状况——妇女的地位——有利于妇女与男子道德平权的历史趋向——母权理论——世系从母——巴比伦的妇女——埃及——罗马——十八和十九世纪——不利于妇女道德平等的历史趋势——基督教的暧昧的影响——条顿民族的习俗和封建主义的影响——武士道——英国的妇女——卖妻——妇女服从地位的消失——现代男人对妻子颐指气使作威作福的不适当——女子道德责任心的酝酿——经济独立的相伴发展——工作妇女的逐渐增多——女子进入现代工业的领域——这种社会平等有多少道理——女子性责任心及其当然的结果——对女子道德低下说的质疑——女

子的“自我牺牲”——社会对于男女间的性行为不过问——与国家有关的唯一的性的问题是生殖——母道的至高无上的重要。

我以前曾经在另一篇文字里详细讨论过娼妓的现象。娼妓的现象虽则可以厌恶，洁身自好的人尽管可以避之若浼，但从社会的立场看去，它实在是一切性问题的中坚，不容我们不加注意。要是我们站得远一些看，即绝对用客观的眼光把它当作社会的一种动态来看，便可以发现，它不但不是偶然的与轻易可以革除的一种事物，而是目前全部婚姻制度里一个相须相成的部分，一旦取消，那全部就不免土崩瓦解。凡是见过拙著的那篇娼妓论的人，对于这一点，是早已有相当的了解的。但我们不妨做更进一步的讨论。在今日不但娼妓现象，已经成为婚姻制度的风火墙，并且婚姻制度自身也多少有些娼妓制度的意味。假若我们不把婚姻从外面当作一种社会的制度看，而从里面观察它所由成立的动机，可知许多人的婚姻生活与狎妓生活很有几方面相像。这一点以前已经有人从许多不同的观察点再三加以申说，我们在此似乎可以不必多赘。但是从性道德问题的立场来看，这一点却是万分重要。我们目前的社会状况，对于女子道德观感的培植，是很不相宜的。一个在娼业里卖身的女子和一个在婚姻里卖身的女子，据马罗（Marro）的说法，“不过在价格上和时期的久暂上有些不同罢了。”佛瑞尔（Forel）也说，婚姻是“娼业中一种比较时髦的方式”，换言之，就是同是一种以金钱为目的而举行的性货物的贸易，不过要比较通行罢了。不但如此，婚姻之所以为娼业，不但比较时髦，并且是早就受了宗教与法律的封诰，它究属

合乎道德与否，也久已在不论不议之列。只要有了法律与宗教的保障，无论一桩怎样不道德的婚姻也可以不受人家指摘。约而言之，娼妓的原则已经在我们生活中间变作合法与神圣不可侵犯的东西。因此，对于真正的娼妓的制度，要引起一些大家的公愤和合理的反对的论调，往往是极不容易。反对的论调并不是没有，不过那种论调所根据的理由是似是而非的。他们也把娼业与婚姻相提并论[1]，认为娼妓是“违反同行公议而甘心接受比市价更低的工资的一个人”，所谓同行，就是指广义的婚姻，所谓工资，就是出卖色相所得的酬报。但就是这种低级反对的理由也并不很妥当。就事实而论，要是我们把劳力和酬报合并的权衡一下，可知娼妓的劳力实轻，而酬报实重，而做人家妻子的女子则适得其反，她不但责任重大，并且还要放弃许多权利。爱伦·凯（Ellen Key）说得好，因为经济方面既仰仗了她的丈夫，她就不得不牺牲她对于子女、产业、工作，甚至于她自己身体的种种权利；假若她不嫁人，即使像娼妓一般，她还可以有所谓“自家身体”，不必把一切权利都给断送。娼妓的地位虽卑劣，却从没有把自己的身体完全签字卖绝的，但是做妻子的所签的婚约却是一种卖绝的卖身文契；娼妓有她的自由和个人的权利，虽然往往不足挂齿，但做妻子连这不足挂齿的也得不到。所以不守同行公议而擅自跌价的实在是做妻子的女子，而不是做妓女的女子。

婚姻制度的合乎道德与否，以前早就有人讨论到过，并不是近年来才开始。四十年以前，英人欣顿（James Hinton）就很不客气地下过一番攻击。他以为婚姻在宗教与法律的护符之下，放辟邪侈，真是无所不用其极；他说：“我们的婚姻关系中，根本有一种不健全的状态在。”“在实际生活上，此种关系既极可怕，而在理想上它也并不能满足许许多多人的感情与期望。有许多有才力的女子很愿意做一个已经结婚的男子的外妇；又有一些纯洁与很天真的女子说起她们看不出来为什么她们的婚姻非经过法律手续不可；另有一个女子谈起要是她和一个男子发生恋爱关系的话，她就不愿意有什么法律的束缚；即在通人也以为男子可以有性的知识，而女子则应以不识不知为原则，即因不识不知而发生危险，亦在所不惜——诸如此类不胜枚举的问题都可以证明目前婚姻关系根本上有不健全之处，非加以彻底的查究一下不可。”

许多年前，在1847年间，格罗斯–霍芬格（Gross-Hoffinger），在他那本《妇女的命运与娼业》（*Die Schiksale der Frauen und die Prostitution*）一书里，也很有力的申说娼妓问题在事实上就等于婚姻的问题，所以婚姻关系要是不先经改革的话，娼妓问题也就永远无法革除。他以为把婚姻建筑在一个陈旧的经济基础上，并且把它当作一种有强制性的社会制度，便是一个错误，须得从头改正。就这一点而论，格氏实在是爱伦凯的开路先锋。布洛克（Bloch）对于他这本书，也认为是一本开山之作，有极大的意义，虽若称扬得有些过火，其实是很对的。

在格罗斯霍芬格以前，约距今一百六七十年，另外有一位和格氏很不相同的人，对于当代的道德状况，下过一次很严厉的分析，因为严厉之至，不客气之至，所以当时的人便以为他是对于当代的神圣的习惯制度，是抱着一种玩弄与侮慢的态度的，所以群情愤激之余，便把他的书烧了。这个人叫作孟德费尔（Mandeville），他那本作品叫作《蜜蜂的寓言》（*Fable of the Bees*），是1714年出版的。在第64页上，他描写着近代的婚姻关系和此种关系的法律的内容说：“我在这里讲起的那位很温文尔雅的先生，倒不必讲究什么克己与节制的道理，至少他不必比野蛮的土人更讲得多；野蛮人在此种场合，一方面要受自然法则的支配；一方面也是很天真很诚恳的——但这些这位新郎先生却可以不大顾问。他在满足他的性欲的时候，只要不违反他的国家规定的法律，他就可以不必有所忌惮。要是他的欲火比山羊或公牛还来得大，一经举行过相当的仪式以后，我们也唯有让他去尽量的发泄，他要到什么程度，就到什么程度。要有什么讲道理的大人先生们出来责备他，他还会对他们冷笑，觉得他们太不识时务。原来他这种纵欲败度的行为，不但女子全部赞成他，就是男子也是十个里有九个以上是和他一鼻孔出气的；他越是放纵，越是荡检踰闲，越是卖弄他的淫巧的行径，他越可以赢得女子的欢心，不但年轻、淫荡与爱慕虚荣的女子要拥护他，就是比较老实、稳重的太太们也暗中艳羡不止。"

所以从道德的眼光来看婚姻，我们以为它的最大的罪过是把两性的关系沦为金钱与淫欲的奴隶。而金钱与淫欲的奴隶，岂不是就是卖淫与买淫，就是娼业？所以说今日之下的婚姻与娼妓是一丘之貉。

真正合乎道德的婚姻的目的是这样的。无论我们用广一些的生物学眼光来看，或狭一些的社会眼光来看，婚姻是一种性的选择，它的形成应该受性择律的支配，而它的目的，直接则在产生因恋爱而结合一种共同的生活，间接则在种族的绵延。除非生殖也是婚姻目的之一，它便和社会不生干系，而社会也没有顾问之权[2]。但若生殖是目的之一，那么，无论在生物的立场或社会的立场，我们便应该让自然的、正当的性选择的影响有自由用武之地，而不让其他不相干的影响拦入，因为此种不相干的影响一经拦入，势必妨碍选择作用的健全，而产生不良善的婚姻关系与不良善的子女，而社会全般终必蒙其大害。

这当然是比较理想的话，若只就事实而论，则谁都承认传统的婚姻关系大率只顾到经济的利益，而不顾到生物的利益，就是在离原始状况不远的社会里，也复如此。但何以在比较原始而活力很强的社会里，此种以资产而不以生物选择为依据的婚姻倒也没有产生什么顶大的害处呢？这其间有两层原因，一是此种社会往往很坦白承认婚姻的经济性质，而不加以文饰，二是他们对于其他比较不正式而事实上更来得自然的婚姻关系，不但实际上能放任，名义上也不干涉。例如多妻的制度便有相当调和的影响，它一面按照经济的要求办理，一面对于比较自然的生物的要求，也能相当的顾到。近代所谓文明的社会里，却反而不能如此。近代婚制已经像带上了铜箍铁罩一般，丝毫没有回旋的余地，像多妻制一类的自然的保障与补偿方法，当然在不论不议之列。近代一夫一妻的婚姻，无论其内容如何糟不可言，总是“合法”的，总是“神圣”的。我们对于此种基于经济利益的婚姻，现在也已经司空见惯，所以西奇威克（Sidgwick）说[3]，假若有人把它比作“法律许可的娼业”时，我们也并不诧异，但“感觉他未免说得过火一些或似非实是罢了”。

一个男子为了金钱或满足某种野心而结婚，便已经离开了生物的与道德的正当鹄的。一个把自己的身子终身出卖的女子，在道德上，和只出卖一夜的女子，没有分别。她的收入也许大些，为报答这收入计，她得当一些管家的差使和对丈夫的一些有求必应的侍候（对于这些差使与侍候工夫，她也许很不内行，不过奉行故事罢了）；因为此种服务工作，她就可以得到一个养老院的待遇，衣斯食斯，到尽其天年为止——这些一切，当然和妓女不同，但是从道德的立场来看，却终不过是五十步与百步之差。此种道德的责任，不用说，自然男女得平分负担，至少男子的责任不在女子之下。这种不道德的状况一大部分是男子的无知识与不关心所酿成的；他对女子的性格和性爱的艺术，不但所知有限，并且也不求甚解。往往有很有经验的男子，到选择女子做妻子的时候，便会手不应心，身不由己起来；他最后挑选到的结果未始不是一个很有才貌的女子，但是和他的最初的期望相较，也许会南辕北辙似的丝毫合不拢来。这真是一件奇事，并且是万古常新的奇事[4]。对于自己准备娶来做妻子的女子，在性情上与品格上，不求全责备，不反复测验，也许是男子的一点自谦的美德。但无论虚己待人到何种程度，无论他怎样的把对方看作天鹅肉，把自己看作癞蛤蟆，他总该盼望他把身心两方面的长处尽量贡献出来才是。这种要求，虽出乎男子，根本也是对女子自己极有益处的。女子所能给男子的，至少是一部分的宇宙的不传之秘；女子而不能把她的品质的精粹充分表现出来，就等于不能把此种神秘启发给男子。这样的一个女子便是自贬了身价，她的加入婚姻与家庭，就和别一个女子进收容所或救济院，没有多大分别。

我们讨论性在精神方面的种种事实，牵牵引引，终于到达了性的道德的问题。我们讲起娼妓的现象的时候，我们再三再四的不能不提到“道德”这个名词。但道德这个名词是很模糊的，并且因为它的意义不止一个，往往可以引起误会。读者阅读上文的时候，一定也感觉到，上文用到道德这个名词的时候，究竟指的是哪一种意义，几乎完全要读者参酌了上下文自己决定。但讨论的过程到此，到我们快要进入婚姻问题的时候[5]，我们为免除模棱的了解起见，便不能不对于“道德”的几个常用的意义，加以一番辨别的叙述。

伦理学的著作里所讲的道德是理论的道德。它所注意的是大家“应该”做些什么，或怎样做了才算“对”。在柏拉图所做的对话里的苏格拉底就注意到大家的理论的道德，他想答复的问题是：大家在他们的行为动作里，“应该”追求些什么？不但苏格拉底如此，我们不妨说，近代以前一切关于伦理方面的著述，无非是要答复这个问题。西奇威克说，这种理论的道德是一种学问，而不是一种科学，因为科学的根据是现存而已然的事物，而不是未然而应然的事物。

就在理论的道德的范围以内，我们也可找出两种不同的道德来，它们不但不同，并且有时候还要彼此歧视或只不过维持一种面子上的客气的关系，所以彼此谈起的时候，嘴角总不免一弯，鼻子里也不免哼一声：“道德。”这两种道德是传统的道德与理想的道德。传统的道德是建筑在已往长时期的社会生活的习惯上的；和其他传统的见解一样，也是很牢不可破的；一个人呱呱坠地，便不由自主的受了它的包围。我们接受了它以后，它就变作我们的良心，随时随地会自动的替一切现存的规矩说好话；即使一个人也许早就否认了它，它还是不肯放松。例如许多以前对于主日礼拜竭力奉行的人，后来自己虽经过理论上的一番盘驳，以为奉行了未必“对”，不奉行了也未必“不对”，但一到不奉行的时候，不期然而然的自问总觉有些对不起“良心”似的。这种“良心”的抗议也就等于习惯的规矩的抗议，此种规矩，你虽不承认，社会全般是承认的，你现在虽不再承认，你以前却是在它们中间长大的。

理想的道德和传统的恰好相反，它所关心的是未来，不是既往。它的根据不是已往的一些越来越古老，甚至于越来越违反社会利益的种种社会习惯，而是一些新的社会行为，此种行为虽已有人实践，并且实践的人一天多似一天，但到底还没有多大的势力。就近代而论，哲学家尼采（F. Nietzsche）就是拥护理想的道德的一位健将，他主张拿一个开辟草莽者与建设新生活者的“英雄道德”来抵抗众人的传统道德或尼采所称的“羊群道德”。这两种道德自然是彼此对抗的，但是我们得记住，从接受和主张它们的人看来，它们都是合理的，也是绝对不可少的；对于社会全般也是如此，因为它们的对峙与竞争，理论的道德才能维持它的持平而不偏倚的形势。即就娼妓问题而论，我们就可以证明这一点；传统的道德是替它辩护的，不是替它的本身，乃是因为要维持一夫一妻制度的尊严，不得不以一部分的女子做孤注之一掷；但理想的道德却不承认有此种必要，它希望我们能够把婚姻制度逐渐改良，因而改变与减少娼妓的现象。

但除了理论的道德以外，世间固还有实际的道德这样东西。“应该”做的事是一回事，实际做的事却又是一回事。这实际的道德才是最基本、最扼要的。拉丁文里摩瑞士（*mores*）和希腊文里的霭苏士（*ethos*）都指着习俗这样东西；前者后来虽为英文的道德一词所本，但在当初并没有“应该”的意义，不过指习俗的实际而言罢了[6]。就是多少有一些应该不应该的意义，那也是和上文所提理论的道德所要求的“应该”不同。习俗所责成你做的，往往也是你心上觉得应该做的，所谓应该，如此而已。但同时我们得注意，一个人做一件合乎道德的事，他的最初的动机也并不是因为他觉得应该这样做，这其间实在还有更深更近乎天性的理由在。[7]他并不是真觉得应该这样做，乃是因为别人都这样做，习俗向来这样做，所以他以为他也应该这样做。在实际的道德里的“应该”的意义，不过如此。

一个社群的行为是受它的生活的需要所支配的，而所谓生活的需要又要受时代、地理环境与文化背景的限制。有的社群里有子女扑杀老年父母的习俗，此种社群里，不但社群全般觉得这是最好的办法，就是被杀的父母也有同样的感觉，所以到了相当年龄，便很愿意接受此种待遇；这种行为，对于那个社群，不但是在实际上合乎道德，在理论上也合乎道德[8]。在我们中间，年老的人可以受保护，到尽其天年为止；这在实际的与理论的道德方面，也都没有什么不合。这种合与不合显而易见和不许杀人的规矩或律法不生关系；我们也未尝不杀人，有时且以能多杀人为荣，例如在以爱国为名的“战争”状态之下，有时候因为经济的要求，杀了人也不算什么一回事，例如在畸形发达的工业制度之下的草菅人命；但是杀害老人，不但社会经济生活里无此必要，并且也是我们感情所不许可；我们文明的情绪生活要求老年人的维持和高年的享受。杀人行为的道德的意义，是以多变化出名的，时代不同，地域不同，意义即随之而异。在二百多年前的英国，一个人犯了小小的盗窃的案件，就可以判死罪，而当时的开明的舆论也并不觉得这有什么要不得。但在今日，这就很不合道德了。一个未婚生子的女子把初生的婴儿弄死了，这在她原完全是一种违反天性的万不得已的自卫行为；但许多国家的法律对她不是判死罪，便判终身监禁，而我们对于这种死罪判决的道德问题，到近来才开始加以怀疑。杀人的战争，究属合乎道德与否，我们似乎连疑问都还不大有，我们所已明白承认为不道德的不过

是妇女、儿童与不参加战争工作的分子的杀戮罢了。一时代一地方各有各的道德观念，由此可见。

韦思特马克（Westermarck）说得好："严格言之，习俗是包括一个道德的规则的。……社会是一个学校，行事的是与非、错与对，是课程，而习俗便是总教习。"[9]习俗不但是道德所从出，也是法律所由本。"习俗就等于法律，就是法律。"[10]理论的道德固然有趣，历来许多聪明的哲学家都把它当作大教场一般来练习些思想的把戏，但因为练习得太多了，我们反而有把实际的道德丢在脑后的危险，要知道德的实质，终究脱不了社群中大众的一些日常实践的行为[11]。所以我们要在实际方面把道德下一个比较确实的定义的话，我们不妨说，道德是一部分的习俗，其履行的结果，在大多数的社群分子心目中，是认为对于在某时代某地域以内的大众，可以产生福利的。因为这一层道理，即因为此种福利是一个切实的当前的问题，而不是悬揣的应该怎样的问题，所以实际的道德才可以成为科学的一门。韦思特马克说得是："要是'伦理学'这一个名词是准备做一门科学的名词的话，那么那门科学只能够拿道德意识的事实，做研究的对象。"[12]

勒基的《欧洲道德史》（Lecky, *History of European Morals*）是一本研究实际的道德而不是理论的道德的著作。韦思特马克的那部大手笔，《道德观念的起源与演变》（*The Origin and Development of the Moral Ideas*），是一篇更新颖的客观的科学讨论；原书的题目虽嫌陈旧，不足以表示这一点，但其实质的价值则无可否认。书中所叙述的，就其大要而言，也不外历史上已然的事实，而不是未然而应然的一些悬拟。差不多同时出版的霍布豪斯先生的《演化中的道德》（Mr. L. T. Hobhouse, *Morals in*

Evolution）也有同样的性质；它名义上虽以观念为讨论的对象，即以道德的规律为对象，而不以社会“行为的历史”自居，事实上它所讨论的规律也未尝不以有关“常人的常态行为”者为限（语见原书第一册，第 26 页）。换言之，霍氏此书也不失为一本实际道德而不是理论道德的历史。近代思想家中最深沉也最能发人深省的一位，法人戈蒂埃先生（M. Jules de Gautier），在他好几本书里，尤其是在那本《道德的依傍性与习俗的独立性》（*La Dépendance de la Morale et l'Indépendance des Moeurs*，1907 年出版）也用同样的眼光来分析道德的概念。他说：“行为的现象，和别的现象一样，也是经验的一部分，所以道德这样东西，就是在历史演化的任何时期里一切可以适用到行为的规矩条文，都是依傍着习俗的。”我也不妨征引到另一个法国学者的著作，就是莱维－布吕尔的那本《习俗的道德与科学》（Lévy-Bruhl, *La Morale et la Science des Moeurs*，此书有英译本）它在实际的道德方面，也有一番极有力量的讨论。

所以归根结底，实际的道德是一种所谓硬碰硬的自然的事实，也是一切理论的道德、不论其为传统的或理想的，所由产生的基础。所以我们那种很普遍的深怕触犯或对不起道德的心理，是浪费了的。我们不会对不起道德，我们只会对不起自己。道德是以自然为根据的，所以我们最多只能加以变通罢了。克劳利（Crawley）说得很对[13]，就是传统道德中的金科玉律，其效用也无非在辅助自然，使种种自然的冲动，可以得到一种更有规则的表现；常人以为此种大经大法的目的在抑制自然，真是一大误解。此种金科玉律的弊病，像许多古板的东西一样，是在不能随时代而变通；往往原先是极有用的行为的规律，但时过境迁以后，它们却不能跟着变迁，结果就失其效用而成为生活的障碍了。这种障碍却也就是新的理想的道德所由产生的一大因缘；同时实际的道德也正在那里酿成新的结构，以适应新的生活的关系，而替代陈旧的与枯朽的传统的事物[14]。

理论的道德与实际的道德或道德的主体之间，显而易见有一种很密切的关系。何以见得呢？一方面，理论的道德原是社会生活中已然的习惯的产果，并且已经在我们的意识里经过了一番抽象的综合化；而又一方面，此种意识化的结果，又可以回过头来，对于流行的习惯，或加以拥护，或加以变通，便愈益适合于当时的生活。这其间互为因果与相互影响的手续是不一律的，其所以不一律的缘故是因为理论的道德实在有很不同的两种，我们不在上文已经说过了么？大凡传统的或"顾后"的理论的道德往往有留难的影响，使道德的习惯发展得慢，而理想的"前瞻"的理论的道德则有催促的影响，使此种习惯进行得快。所以实际的道德，或道德的主体，便成为这两种理论的道德的一种居间的东西。理想的或前瞻道德总是领着路，实际的道德习惯就永远在后头跟着，它跟得上跟不上和跟得上的程度自然又得看此种前瞻的道德是不是真正前瞻而是走得通的，设或是徒有前瞻之名，而实际上却走进了一条死巷或牛角尖，那么，实际的道德就跟不来了。有许多空洞的道德理想便是准备引人到牛角尖里去的。至于传统的与后顾的道德呢？它却是跟着实际的道德跑，在后面端详评论。所以结果是，任何时代的实际的道德虽和两种不同的理论的道德有瞻前顾后相互呼应的密切关系，但绝不会和它们合而为一，对传统的道德，它是"过之"；对理想的道德，它是"不及"。

对于这三种不同的道德，传统的、实际的和理想的，原是任何读者所知道一点的。但我们在这里的再三加以辨别，也自有故。我们以前在别处讨论到娼妓问题，也时常提到道德两字；在那时候我们并没有加以辨别，它所指的究竟是三种里的哪一种，往往让读者根据上下文自己去斟酌。但我们现在讨论到性道德的演化的本身了。我们势不能不对于名词的运用，有一个更清楚的界限，所以才有上文这一番议论。我们现在不妨在此说明，下文中间所指的道德，除了特殊标明的以外，全都是实际的道德，即道德之切实见诸日常的社会生活者。至于前瞻或后顾的道德，即指到时，也是比较次要的。

性的道德，和别种的道德一样，当然也是一些传统的旧习惯和一些因事制宜的变通的新习惯所共同组织而成。要是传统的势力太大，性道德的生活势必日归枯朽腐败而失掉它的位育的活力[15]。要是变通得太快，以至见异思迁，性道德的生活就不免过于动荡，因而失掉它的威力的重心。二者都是不妥当的。唯有参酌于二者之间，使比较固定的体与比较流动的用可以互相调剂，也就是使传统一方与理想一方可以彼此会合，居其间的社会生活可以执中两用，斟酌损益，有威力而不失诸呆，有流动性而不失其重心，斯为圆满。这原是很简单的一点道理，但是世间即以道德家自居的人，也往往不能了解。因为切心于取得逻辑上的妥帖，他们便不惜一意孤行，推车撞壁，不是一味讲空洞的理想，便是一口咬定传统的权威不放，而尤以侧重权威一方的人为多，因为权威的力量最足以唤起深刻的印象，最足以发人夕惕若厉之心，而勉其去恶行善。结果自然是很不幸的，尤其是在性的范围以内，因为唯有性这样东西，是比较最不肯受已经枯朽的传统习惯所拘束，它的反抗力最强，它的像火山般的爆发性最大。

我们普通的习惯是把现行的婚姻制度和抽象的“道德”混为一谈，以为合乎制度的，便是道德的，否则，便是不道德的；不但如此，我们也往往不理会当代在进行中的种种变迁，虽则很迟缓，很不易觉察，而对于我们的性道德，也未尝不在那里发生很深刻的影响；其实任何时代都是如此，也不独我们所处的今日为然。换言之，道德价值的转换与推陈出新是一种不断的过程；以前所公认为最高的道德标准，现在也许变作不道德的了；以前大家毫不置疑的认为不道德的东西现在也许变作一个崭新的标准了。欧洲在两千年前不就有过这种大转变么？基督教会和罗马帝都在对峙与冲突里，原先占上风的是罗马的传统文化，而可以做这种文化的代表的便是那个道德的典型人物奥来留士（Marcus Aurelius）；从罗马人的眼光看来，基督教不但叫人放弃一切公民的权利和责任，并且拒绝社会生活和一切用血汗得来的文化成果，所以是极不道德、而宜乎扑灭的。但到了后来，这所谓极不道德而宜乎扑灭的东西反而占了上风，并且一跃而为道德生活的最高标准[16]。在西洋古代，即希腊罗马时代，仁爱、怜悯和自我牺牲一类的性格几乎和人品的懦弱无能相提并论；而一到基督教发达以后，它们便都变作最高的美德，甚至于成为神道的一部分。我们西洋的性道德是一向不把天然的人的情绪放在眼里的，若有人说，这不但不是道德而是不道德，因为它只顾尊重传统的法则而不顾人性的需要，我们便瞪着眼，不能了解。道德价值的因时因地转变，由此便可以举一反三了。

始终在演化中的道德的理想，一到了性的范围以内，往往因各种不同的标准互争雄长的缘故，以致发生顿挫，至少在我们西

洋文化里是这样的。这其间的理由，我以为就因为我们还根本没有性道德这一门东西。[17] 大家想起历来社会对于所谓“性道德”的三令五申，一定以为这是一种很可诧异的结论。不错，我们是有适用于性的范围的道德的。但要知此种道德大部分实在是属于资产道德的范围，而与性的范围无干，其间的标准大半以资产为依据，而不以性的事实为依据。完全参考了性的事实而形成的性道德，我们还没有，至少在一般人的心目中还没有。这一层是极容易了解的。性关系的中心事实是什么？当然是男女的恋爱，至少也是男女的性欲；性欲或恋爱是极基本的东西，是生理的，要是没有它，男女性的结合便不可能。所以真正的划得清的性道德起码应该拿这一点做一个基础。但是说也奇怪，我们历来所称的“性道德”，便有根本否认这一点的尝试。它也居然使人家发生契约的关系，替人做媒说合，它又设为种种担保，使性欲的倾向永久维持它的方位，不游移，不见异思迁。这种种考虑不能说不周详，但若加以推敲，则知它们实在是经济范围以内的东西，用在经济生活上固然有效，用在性的生活上，便不免不配称的可笑。广义的经济关系，对于任何健全的性道德系统的演化，原有极重要的影响，这是谁都不否认的，但我们要知道，此种关系是属于演化的条件一方面，而不是基础的一部分。现在的毛病，正在把它当作了基础[18]。

从法律的眼光看，传统的婚制根本是取得资产或遗产的一种办法。这一点在英国的离婚法律里便可以看出来。这法律说，要是一个女子和丈夫以外的男子发生了性交的关系，她的丈夫便可以和她离异；但若丈夫和别的女子发生了同样的关系，妻子便不能提出离婚，除非同时有虐待或遗弃的证据。从任何理想的道德的立场看，这样一种法律是显而易见的不公道的，所以除了英国以外，其他文明的国家早就已经把它废除。

但若我们用财产和产业的遗传的眼光来看，这样一种法律便很容易了解；大多数的英国人拥护这种法律，也就是因为这个理由。假若一个人的妻子和别人发生关系，前途承继他的遗产的儿子也许根本就不是他自己的血肉。但是丈夫要有外遇，这种危险就不会发生。所以妻子的不贞是一种严重的侵犯财产的行为，而丈夫的不贞则否，所以从法律的眼光来看，便难以提出来一种离异的理由。至于何以加上了虐待以后，便可成立，那又完全是对于近代人士情绪生活的一种让步，其要点在虐待，而不在有外遇。但德国斯特克尔女士（Helene Stöcker）说得很对："一个已婚的男子于婚姻以外生产了一个自己能认账的孩子，其为一种严重的反社会的行为，正和一个已婚的女子与外遇私生了子女而于其血缘不加以坦白的承认一样。"[19] 前者把一种重大的责任卸在一个家以外的女子身上，后者却把此种责任推在家以内的男子身上，一卸一推，其为不合道德，初无二致[20]。

我所以在此特别把性道德的经济要素再三的申说，是因为它已经在法律里取得了固定的地位，并且也是传统的性道德日益牢不可破的一个因缘。但若我们把眼光放开一些，可知此种要素还不止经济一端。古代的禁欲主义也未尝不是一个；因为禁欲主义的关系，我们的性道德也取得了一些宗教的情绪与宗教的尊严。所以我们的性道德，名为是性道德，实际上却是"财产道德"和原始的"禁欲道德"的一个共同产生的杂种，这杂种的两个成分和真正的性生活的事实都是没有什么须臾不可离的关系的。两个成分之中，"财产道德"后来在法律里占了优势，除了一二不很一贯的小地方以外，法律可以说完全受了它的支配。“禁欲道德”起初也和法律有过一些若即若离的关系，但是它的效用大都集中在社会的舆情方面，使大众对于性交这一件事，多少存一种贬薄的态度。但若不把性交当作单独的一件事看，而看作正式的婚姻的一部分，有资产的根据，又有宗教的保障，那就又当别论，而未始不认为是不可缺少的了。

传统的性道德是极看重处女的童贞的。因为看重之至，所以不知不觉之间，和未婚的女子奸淫便变作一种死有余辜的宗教上的“孽”，最后并且变作法律上的“罪”。教会的旧例，假若有人主张婚姻比守童贞为高，那人便得受教会的制裁，正式的要受诅咒或诃逐。有人说这是特伦特会议（The Council of Trent, 1542—1563）以后才如此。但事实上此种见地，就在基督教最初发轫的时候，便多少已经有人主张过，在保罗的致各教会的书信里就可以明白看出。但无论如何，基督教的神学家没有一个不承认和未婚女子奸淫是一个“死孽”，好比“死罪”一般。西班牙著名的神学家卡拉慕夷（Caramuel）对于人性的自然与理性的要求都还能特别的顾到，他以为这种奸淫，因为在被禁之列，所以才成为一项罪孽，但当时的教皇英诺森第十一世（Innocent XI）便正式的加以贬斥。和未婚女子犯奸的行为，从此便由宗教的“孽”渐渐的世间化，而成为法律的“罪”。例如在法国，一直到十八世纪，它还是一个触犯刑章的罪名，这是法国社会学家塔尔德（Tarde），在佩里戈尔（Périgord）地方研究当地刑法的变迁的时候发现的；他同时也发现，在这个地方，不但奸淫未婚女子是一个罪名，已婚的男女和奸也是，并且不论两者的受害人有无告状的形式，所判的刑罚都很重[21]。

英国的清净宗的教徒（和日内瓦的清净宗一样），在克伦威尔的所谓共和时代里，也学了天主教的样，把宗教对于犯奸行为的主张采进法律里去。一六五三那年，又通过了一个议案，凡是未婚的人犯淫，两者都得受三个月的监禁。这个议案又规定已婚的女子犯奸（对于已婚的男子，则只字未提）是一种重罪，奸夫奸妇同律，都可以判死刑[22]。

这种性道德，实在是一种冒充的性道德。唯其是冒充的，所以它的作用是双料的坏。在一方面，它无异把性行为赶进了一个秘密的所在，使它愈益的不知羞耻的放肆；在另一方面，它维持着很古板、很不能动人的一套规矩，既不中听，又不中用，结果，终于把理论的道德这样东西，在常人的心目中，变作一种空洞迂阔的事物。十八世纪与十九世纪间的法国作家瑟南古（Senancourt）说："要是道德的履行可以比较省力一点的话，人类可以得到不少的好处。省力以后的功德，当然没有吃力的那般高大，但高不可攀，大而无当，试问有何用处。"[23]真是慨乎言之。近日的一位道德家爱伦·凯也说，今日之下，我们没有道德，我们只有鼓励罪恶而消灭德操的不道德，在这时候要有人为青年人讲说一种更健全的道德，而对于现存的鼓励不道德的社会不先加以痛快的贬斥一下，"这个人不止是一个傻子，而是一个比傻子更坏的罪人。"这话虽过火，却也难怪。

瑟南古是一百多年前的人，爱伦·凯是近代的。两位都是新性道德的先进，而近代所谓前瞻的或理想的道德也是唯他们的马首是瞻。这种理想的道德，以前已经说过，自然总要比传统的道德和现行的道德跑得快些。

近代有一种很切实的运动，足以证明我们的性道德确乎已经渐渐走上一个新的立足点。那就是一般人对于国家干涉的婚姻与教会干涉的婚姻的态度的变迁了。不但如此，他们并且慢慢的以为，除非是有子女的问题，国家对于性的关系，不应该横加干涉。

就欧洲的民众而论，这种不欢迎国家的干涉的倾向是一向有的；他们往往让时光的过去和子女的出生来坐实这种性的关系。此种倾向并且早就在无数的农村社会里形成种种公认的风俗习惯，一面既不受外界潮流的激荡，一面也不受神学的基督教见解的制裁。但这还是比较过了时的话，若就近代而论，则此种倾向最称发达的阶级倒不是一般闭塞的平民，在他们中间，事实上已经不大存在，而是一些进步的知识阶级。马埃尔教授（Bruno Meyer）以为近代的性交，举行在合法的婚姻以外的，总要远在半数以上[24]。这话真无可非难，越是有知识，越是进步与繁荣的社会里面，此种不受法律的羁绊的倾向越是来得显著。所以就世界的大势而言，一般人的常识已经根据了理想的道德家所指示的方向，逐渐的在那里转变，慢慢形成一种实际的道德。

近代有许多婚姻是自动的不生子女的。这种婚姻更可以示人以自由结合的种种便利，于是风气所趋，诚有如巴孙士夫人（Mrs. Parsons）所云，它已经变作“一种婚姻的进步的替代物”[25]。正式结婚的年龄的提高也是在一条路上的。它不但暗示自由结合的增加，并且告诉我们婚姻以外的性关系的各种方式，不论其为正常的或反常的，也都在那里孳长。例如在英伦与威尔士，在1906年一年里，男子的平均婚年是28. 6岁，女子的是26. 4岁，而一千个男子中间还没有成年[26]的只有43人，女子也只有146人，也可见加入正式婚姻者的一般年龄的高大了。就

1906 年以前约四十年间的变迁而论，男子的平均婚年已经展迟了八个月光景，女子的还不止此。此种倾向，在大城市里也比在乡村里要来得显著，例如在伦敦，因为在城市里婚姻以外的性结合的机会与可能性，要来得大。

要是我们把目前的平均婚年当作一种富有代表性的东西，以为就大体而论，它也就是一般的人口初次发生性结合的年龄，那就未免太迟了。德国的一位神经学界的领袖，巴埃尔（Beyer）发现迟婚与早婚一样的有许多弊病，以为就温带的人口而论，女子最相宜的婚年是二十一，男子是二十五。

但是，在恶劣的经济状况与死板的婚姻法律之下，早婚是有百害而无一利的。在穷苦人家，它便是赤贫的一种表示。越是穷苦，越是结婚得早；他们觉得反正再穷也穷不到哪里去[27]。但无论如何，穷人早婚总是一件不幸的事。霍华德协会（Howard Association）的干事兼警厅的牧师、霍姆斯（Thomas Holmes）说："许多好心肠的人劝青年男女早早结婚，免得发生他们所称的'丑事'。我认为这是绝对的要不得的，它所作的孽要比它所能防止的更大更多。"[28]

早婚也是娼妓与离婚的一个极普遍的原因。早婚的女子流为妓女的，多至不可胜数，有的名义上虽还是人家的妻子，实际上却在卖淫。至于和离婚的关系，则可以就离婚的统计推算出来。例如在英伦，上文不是说每一千个结婚的女子中间，不成年的只有 146 人么？但是在离婚的统计里，每一千个女子里，不成年的却有 280 人。此种多寡悬殊的情形其实还不止此，要知道唯有小康和富裕的人家才可以享受离婚的艳福，而此种人家的结婚年龄总要比一般人口的高得多。这样一比，早婚与离婚的关系便越发显然了。很久以前，大诗人弥尔顿（Milton）说，少不更事是婚姻生活所由触礁的一个原因（弥氏自己在明白这一点教训以前，是付过代价的）。他在文章里说："那些生活越是放浪的人，一旦正式结婚，越是能够成功，他们婚前的惹草拈花朝秦暮楚的行为，多一次，便无异添一次离婚的经验，经验便教训了他们。"[29]

克拉泊登女士（Clapperton），就受高等教育的阶级而论，主张很早的早婚，以为就在学生时代，也不妨，认为婚姻生活和学业不难并行共进[30]。爱伦·凯也提倡早婚。但她也很聪明的添上一种附带的主张，就是，离婚也得方便。这是很对的，有了这唯一的附带的条件，早婚对于一般人才有可取之处。男女青年——除非具有很质朴和稳定的品性——大都不能预料他们自己的发育的途径和前途最强烈的需要，对于一个异性的人的性质与品格，也不能有准确的估量。在这种情形之下缔结的婚姻，结果虽不至名实两亡，也不免有名无实。在结婚的第二天，便向法庭要求分居或离异的女子，也就不乏其人。

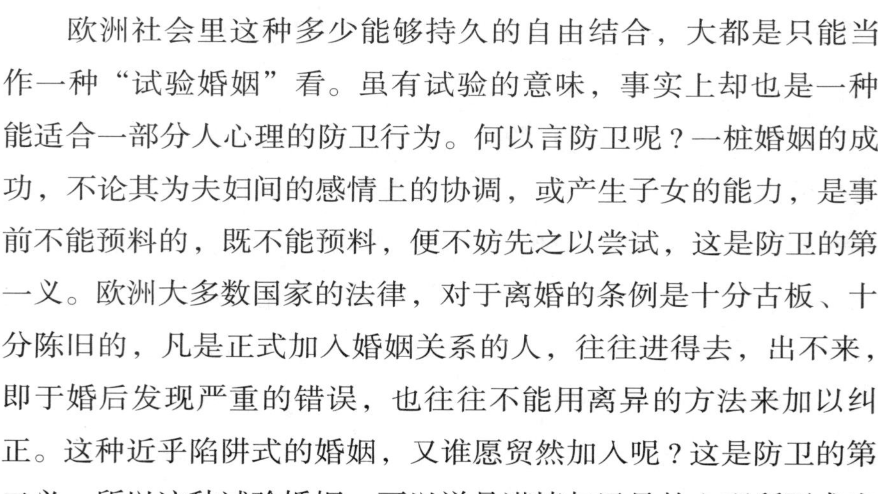

欧洲社会里这种多少能够持久的自由结合，大都是只能当作一种"试验婚姻"看。虽有试验的意味，事实上却也是一种能适合一部分人心理的防卫行为。何以言防卫呢？一桩婚姻的成功，不论其为夫妇间的感情上的协调，或产生子女的能力，是事前不能预料的，既不能预料，便不妨先之以尝试，这是防卫的第一义。欧洲大多数国家的法律，对于离婚的条例是十分古板、十分陈旧的，凡是正式加入婚姻关系的人，往往进得去，出不来，即于婚后发现严重的错误，也往往不能用离异的方法来加以纠正。这种近乎陷阱式的婚姻，又谁愿贸然加入呢？这是防卫的第二义。所以这种试验婚姻，可以说是谨慎与远见的心理所要求出来的，远见既是一种和文明一起增加的东西，我们并且可以相信此种婚姻的频数和社会对它的态度，前途一定会有并行共进的发展。要叫它们不发展，前途唯一的方法是根本修改欧洲流行的婚姻法律，务使正式婚姻的解散，在经济上与手续上和自由结合的解散同样的方便。但这是做不到的，因为法律的形成总要比舆论和习惯来得迟缓。

不过，倘若我们用远一些的眼光来看，可知这种自由婚姻的现象，虽和近代的状况有些特殊的因缘，实在也是很古老、很普遍的。在教会开始推行宗教式的婚姻以前，我们至少在欧洲所看见的便是这种婚姻。所以倘若我们认为今日的自由结合便是欧洲旧日的私家婚姻的余绪，实际上也没有什么不可以。

和试验婚姻的习惯的性质相同而程度上多少有些分别的，便是一些婚前的男女相悦的风俗。有的地方容许男女可以在一处过夜，大抵除了性交以外，其余的亲密的行动是在所不禁的。在欧洲的地面上，除了那些因为和外人接触而社会组织已经不大固定的地方以外，大都还保留着此种所谓“夜挑”（Nightcourtship）的遗风。在条顿与凯尔特民族里，这种遗风尤其显著，在它们的语言里，便可以找到不少的证据，例如probenächte（试验行为）、fensterln（抓窗）、kiltgang（捉忙）、hand-fasting（拉手）、bundling（和衣共睡）、sitting-up（坐守）、courting on the bed（床上挑逗）等等。在威尔士，这种风俗是大家知道的；在英伦州县也是如此，例如柴郡（Cheshire）；十八世纪的爱尔兰也有，见杜威斯（Richard Twiss）所作的《游记》；在美国的新英伦，这种风气叫作tarrying（逗留）；在荷兰，又叫作questing（追求）。在挪威，因为男女两家相去很远，不能没有长距离的跋涉，所以便叫作 night-running（夜奔），有人告诉我这是一种很普通的风俗，教会虽加以禁止，也没有用；此种风俗的内容是这样的，女子穿上好几套的裙子，然后就寝，男子便从门外或窗外进屋和她同睡；他们可以谈上一夜的话，除非当夜这女子有了孕，他们是不一定要结为夫妇的。

瑞斯（Rhys）和勃林摩琼斯（Brynmor-Jones）合著的那本讲威尔士民族（*Welsh People*, pp. 582-584）的书里有一段很有趣的专讲"夜挑"的话，并且引了不少的参考资料。至于德国，则读者可以参考的书也不少，例如鲁德克所著的那本《公德史》（Rudeck's *Geschichte der offentlichen Sittlichkeit*）第 146—154 页。读者对于试验婚姻的一般的事实，更不妨参考卜德（M. A. Potter）的著作[31]。

在英国乡间，自由结合，也是很寻常的，甚至于可以说是很普遍的，但此种结合，在生育子女前后，便变作合法的正式的婚姻。即使没有子女，只要双方满意，也可以变作正式的。在有几个州县里，据说乡间的妇女大都是先和男子发生性的关系，然后再履行正式的婚姻；她最后嫁的也许就是第一个经过尝试的男子，也许不是，而是再三试验与选择后的一个。这种婚姻的结果，就大体而论，总要比普通的好些。身历其境的女子事前既有所准备，知道婚姻是怎么一回事；并且也有所比较，因而不至于上当；同时她也不会有一种妄生希冀的心理，以为要是她不嫁这个男子，前途也许有更好的男子，供她的选择。这种婚姻还有一个特点，就是，即使在生育子女之后，还不去觅取法律的承认，也不一定会引起什么道德的贬薄。在斯塔福德郡（Staffordshire）有几处地方，向来有养子而后嫁的风俗，但虽有此"陋"俗，据说那些地方的妇女都是“很和气的邻居，很勤俭和富有情感的贤妻良母”[32]。

德国埃尔哈特博士（Ehehard）有一次说：“社会的下层阶级，尤其是农民，比我们更明白了解婚姻的基础不是别的，而是衾裯之好。所以他们便始终保留着那试婚的原始习惯。但在上流阶级里，此种习惯，在中古时代以后，便没有了。这种结合还有一个好处，就是没有生育，便不算成立。试验的婚姻还有一个假定，就是对于处女，虽也看重，却不过火。”[33]讲起处女的价值这一点，我们在此不妨添一笔说，世界上也有许多地方，认为婚前有过性交的女子要比没有过的更要来得名贵[34]。我们一面承认处女性确乎是女子的一种性的诱力，有相当的天性的根据[35]，但一面也以为要是一个人太把它看重，那人便犯着一种性的乖戾，叫作“童淫狂”（paidophilia）的相近，所谓童淫狂，就是一种对于儿童所发生的性的欲念。

在小一些的而生活的调节不很圆满的社会，遇有大批的婚姻生活习惯不同的客民移到，这种试婚的风俗便有解体的危险。此种客民，因为习惯不同，往往把试婚与娼妓的乱交混为一谈，乃至自身采取试婚的办法，又往往不能善始善终，负从事此种办法者所必得负的责任。在英国波特兰地方（Portland），有一种所谓“岛上风俗”，就是，一个女子，在未嫁以前，即和她的爱人同居，到怀孕后才正式成婚；在同居的时期里，女的对男的是绝对的不怀二心的；但设久而不孕，二人便可以商量，以为彼此恐非佳偶，留恋无益，最后也许就决定分手。这种风俗在十九世纪前半还很通行，在通行的时期里，地方上好久不曾有过私生子，也难得有不生育的婚配。但到了波特兰的石业发达以后，采石的工人大批的从伦敦移来，此种工人一面坐收“岛上风俗”的权利，一面却不肯尽义务，即于女子受孕以后，绝口不言婚姻，或去而不顾。于是这种风俗便行不通，不久就消灭了[36]。

但设我们把观察的范围放大一些，可知以自由结合始而以正式婚姻终的男女关系实在并不限于乡村社会。五十年前，笛不瑞（Desprès）说，在巴黎，在普通的市区（Arrondissement）以内十桩婚姻里，总有九桩是由自由结合转变而成的；不过这是平均数，在少数的区域里，十桩里只有三桩是这样的[37]。即在今日的巴黎，此种情形还是很通行，有人说，至少有一半的婚姻是以自由结合开始的。

在条顿民族的国家，自由结合的风俗是很古老、很有根柢的。例如在瑞典，爱伦·凯就说，大多数的人口的婚姻生活就是这样开始的。大家都觉得这种办法是有利的，“婚后的忠贞与婚前的自由是同样的伟大”[38]。在丹麦，也有类似的情形，有许多的儿童是在他们的父母正式成婚以前便已成孕了的[39]。

在德国，有两宗事实可以证明此种自由结合的普通，一是私生子之多，在柏林为17%，在有几个城市里，还不止此；二是婚前受孕的数目，差不多要占婚姻全数的一半，有时候且超出一半，而成为大多数。例如在柏林，合法的初生子中，在婚前成孕的要占到40%以上，而在有几个以农业为本的省区里（私生子之百分数并不高），受孕后再履行结婚手续的婚姻，在百分数上要比柏林的高得多。德国农村社会的状况，几年以前，曾经有一个路德会牧师所组织的委员会，特别加以调查，调查的结果具载《德国的性与道德的关系》那两大本调查录中（*Die Geschlecht-sittliche Verhältnisse im Deutschen Reiche*），极有参考的价值。在汉诺威（Hanover）这调查录便根据大多数熟悉当地情形的人的见地说，婚前性交是一种通例。至少，在婚前有一度的“刺探”、尝试，是一种理有固然的准备，毫不为奇的，好比买一只猪，谁又愿意连袋都买了而不拿出来看看呢？在撒克逊（Saxony）境内，也有同样的情形，据说，要寻一个女子，在婚前没有性交过，或婚前没有生过头胎的子女，或至少头胎的子女是在婚前成孕的，是很不容易的。一个女子要证明她的价值，配做人家妻母，似乎是非如此不可。一位牧师调查到此种习惯时，便有人对他说：“你出一个铜板，买一支小笛子，也得先试一下子呀。”在什切青城（Stettin）四围的十二个乡区里（一起也不过二十多个乡区），婚前性交是一个公认的风俗，至少也是很普通的，舆论不是熟视无睹，便是并不加以严重的指摘。有几个乡区里，婚礼的举行，往往在初次成孕以后。在但泽（Dantzig）附近，据路德会委员会的报告，在调查到的例子之中，约有半数以上是在婚前行性交的，但得胎与婚礼并没有什么一定的先后连属关系。当仆妇的未婚女子，十九是有恋人的，所以乡间大户人家雇用女仆的时候有时便对她们说明，她们在晚上或夜间尽可以自由活动。这一类的情形，据熟悉的人的观察，对于婚后的贞操，是很有帮助的。又有一位专家在文章里说；德国的乡间女子有她自己的房间；她可以自由接待她的恋人；即使牺牲色相，也算不得一件大的羞耻。以处女的资格加入正式婚姻的女子是不多的［尤其是在巴登（Baden）］，但对于这种女子，舆论是加以保护的，舆论所欲指摘的不是婚前的性交，而是不负责任的性交，即性交成孕后男子不负婚姻的责任。比起法国和意国的女子来，德国女子在婚前似乎是不大贞洁。但这位专家后来又添上一句说，婚姻以后的

贞洁，却似乎要稍胜一筹[40]。

有许多人见了德国的这种现状，以为它们是一种新奇的现象，并且是民族颓废急转直下的一个标识。但事实上并不如此。在此我们便不妨把德国天主教神父的经验接受下来做一种论证。天主教有教徒认罪的习惯，神父便是听取认罪的话的人，所以他们的经验应该是可靠的。有一位上了年纪的巴伐利亚的神父说[41]："在讨论道德的会议席上，我们常听见人家说'世风不古，道德沦亡'一类的话。这种话究竟对不对，我们姑且不管。就我个人的阅历而论，我在年轻的时候所听取人家招认的种种罪孽，和在我现在年老的时候所听取的，至少是一样的多和一样的严重。民众的道德，这几十年以来，实在并没有多大变迁，既不加进，也不减退。但我们以为都市里的不道德已渐渐的向乡村散布，使和都市同流合污，那却是一个错误。大家总把已往的乡村称道不衰，以为它是天堂一般的贞洁地方。我却看不出这一点来，我并不说乡村民众如何的不道德，但据我多年的经验而言，我可以说至少就性的生活而论，乡村与都市之间，实在并没有什么分别。我生平司铎或耳目所及的市乡牧区在一百以上，有的在山中，有的在平原，有的是瘠土，有的是沃土，所处的地域虽大有不齐，但是道德与不道德的情形，却到处如出一辙。到处的人品，也是一样的整齐或不整齐，所不同的，乡间的教徒往往要比城里的好些罢了。"

就当代的人一生的见闻而论德国的性的习惯，诚有如这位神父所说，没有多大分别；但就现代的情形和近古的相提并论，分别也许就要比较显著，而"世风不古"一类的话也就可以一说。但若我们更进一步，把现代的情形和条顿民族初期的经验比较一

下，我们又可以得到一种大同小异的结论，两者所由同的因缘纵不一样，而不同的因缘所造成的相同的局面则一。这是一位研究亚利安民族史源研究得最深的学者施拉德尔（O. Schrader）的见地。施氏在他的《实用辞典》（*Reallexicon*）里[42]说，日耳曼初期的历史，我们总是根据塔西佗（Tacitus）的著述，如以塔氏为据，则严格言之，可知当时所称的妇女贞操，是指着两件事：一是婚后的用情专一；二是娼妓的不存在。施氏补笔着说，读了塔氏的话，又根据最早的史迹，可知古日耳曼女子在婚前不讲求贞操的一点，是可以无疑的。这一点，因为旧日古典的作家总喜欢把北方民族，加以理想的粉饰，所以便被遮掩过去了。

统观上文，可知古往今来日耳曼作家所称道弗衰的“日耳曼人的德操”，事实上并不一定指他们对于贞操一事，有什么特殊的注意。罗马史家塔西佗的作品里，有一段被后人引征得比任何旧书为多的话，这一段话，虽然看去，似乎是很替初期的日耳曼人的贞操说话。其实不尽然。他申说日耳曼人的春机发动期要比较的迟缓，又说他们对于不忠贞的妻子处罚得极粗暴。这两点原是事实，但塔氏那种写法，又似乎暗示着日耳曼人是很讲贞操的。其实呢？塔氏是一位史家，也是一位善于讽刺的道德家，他的作品便用这种身份来写的，他表面上虽替日耳曼野蛮人的德操说好话，并且有时候说得很响亮，实际上却欲借此对于当时习于犬马声色之好的罗马人，下一个针砭。读者如不察底蕴，便不免上当了。其实后来的史家也往往有同样的可以淆乱视听的笔法，基尔达士（Gildas）叙述撒克逊人征服不列颠以后的种种情况时，便兼用史家与宗教家的两重身份，又如萨尔维恩（Salvian）描写第五世纪高卢人的淫恶，也不免用同样的道德眼光看，以致所描写的未必尽为真相[43 44]。

俄罗斯人性习惯的自由与容忍是很有人知道的。有一位和我保持通信关系的俄国朋友告诉我说:"俄国风俗崇尚自由主义，所以青年男女能享受完全的自主。男女青年之间，彼此可以独自探望，彼此可以相偕同行，可以在任何时间分手回家，虽夜深亦无禁忌。他们行动的自由，和成年人丝毫没有分别；所以有的便借此讨论政治，有的便相互爱悦。他们读书也很自由，要什么，便获得什么；我认识一位女大学生，我某次在她的桌子上便看见一本《社会科学原素》，在当时是一本禁书；这位女学生是和她的姨母同居的，但她自有她个人的房间，只有她的朋友可以出进，姨母和其他戚属是不进去的。她自己的行动，不用说，也是很自由的，不受什么时间上的拘束。许多别的女大学生也是这样，虽和家人同居，却和独居无别。但在意大利，情形就很不一样，女子的行动是不自由的，既不能独自出行，又不能单独接待男友，假若在婚前和人发生性交，她就不免'一失足成千古恨'，不免'名誉扫地'，这又是和俄国不同的。"[45]

俄国性关系的自由，除了一部分为古代习惯的遗留而外，大半和离婚的困难也有些因果的关系。已婚的男女不能离异，只好彼此分居，分居以后，便各寻比较合式的配偶，不再履行什么法律的手续。但在1907年间，此种法律上的缺陷曾经一度补正，离婚的条例规定只要双方同意，并且在分居满一年之后，便可以离婚，这比以前要自由合理得多了[46]。

近年以来，俄国受教育的男女青年中间发生了一种性的放纵运动，这种运动虽和古代相传的自由的习惯不无相当关系，但究竟不能相提并论，因为它的由来，是另有一派直接的因缘的。在十九世纪的末年，俄国有精力的青年男女都忙着干政治革命工作，此种工作需要很紧张的心理上的努力，对于性的活动，自然不能兼顾。同时，革命工作是一种出生入死的工作，在生命朝不保暮的当儿，谁还有心顾恋到性的活动，即使有心，也未免和革命的精神太不符合。因此，便产生一种禁欲的倾向。但到了二十世纪初年，革命工作暂告停止，而停止后的青年精力，便有很大的一部分向性问题的方向转去，始而不过表示浓厚的兴趣，终乃从事于放任的性的活动。男女学生"自由恋爱"的结合，于是便应运而生，到处皆是。亚戚巴谢夫的那本小说，《沙宁》(Artzibascheff, *Ssanin*)对于这种放浪运动的促进，有很大的影响。这一种运动，尤其是那走极端的一部分，恐怕是不能维持很久的[47][48]。

但俄国性自由运动的根据，实在比上文所说的要深得多；这种运动，不但在都市里的受教育的青年中间可以遇见，即在穷乡僻壤也往往而有，因为它是和古代的习惯有连带关系的。

这一类有久远历史的性的自由，能够在像日耳曼与俄罗斯一类的坚强有力，奋发有为的民族中发现，确乎是很有趣的一件事。我们始终说"性的自由"，而没有因袭着一部分的看法，把它叫作"不道德"，因为凡属和一个民族的风俗习惯已经打成一片的东西，我们绝不能看作不道德，尤其是要是我们明白道德一字的来源就是风俗习惯的话（见上文第507页）。我们如今要更进一步的观察一两个新兴的民族，看它们有没有此种自由的习惯的发生，或有没有把旧习惯重新恢复的倾向。这种观察也许更要见得有趣。我们姑且举澳大利亚和新西兰的两个例罢。在这两个新兴的国家里，此种习惯的发生也已经有相当的历史。在三十年以前，凡是从英国到澳洲的人，都感觉到性的自由是很公开、很受人容忍的一件事，其实此种情形以前早就如此。至于究于何时肇始，我们虽不能确指，但大约当在澳洲文化向着自觉的途径开始发展以后。诺士戈德牧师（Rev. H. Northcote）是在澳洲住过多年的，他说："经过一番仔细的探讨以后，作者发现近年以来，在澳洲的有几个部分，婚姻以外的性交确乎有增加的趋势。"[49]澳洲统计界最大的权威，科格伦（Coghlan）在不多年前出版的那本《新南威尔士的生殖情形》（*Childbirth in New South Wales*）里，更明确地说："婚前成孕的生殖，究属普遍到什么程度，以前是不大知道的，现在却是完全调查明白了。在新南威尔士，在六年之间，婚姻的总件数是 49641，其中却有 13366 件是于婚前便成孕的，即 100 件婚姻中，有 27 件是在成孕后才举行婚礼的。在同一时期内，私生子的出生数是 14779，以此和婚前成孕的件数相加，可知未婚女子的成孕总件数是 28145；此数之中，既有 13366 件是得孕后即成婚的，所以实际上 100 个私生子之中，便有 47 个以上是半途取得了法律的认可的。这一番数字的研究，更可以叫我推想到有一大部分的婚前性交，并不以婚姻为目的，也不是先有婚姻之约，才发生性交的关系，乃是既经成孕，事实不能不出诸于婚姻的一途。"[50]科氏说"不能不出诸婚姻之一途"，显而易见此种婚姻是有强迫性的，既出诸强迫，可知在道德方面，是不大健全的，并且也反映着当事人的责任心也有问题。

这一类事实的存在，而所在的国家又不是别的，而是一个很年轻的国家。就事业的兴旺、民智的开通、公德心与责任心的发达而论，可以说比任何白种人的国家要高出一筹——岂不是可以教我们深长思考，而对于所谓开明的性道德所趋的方向，不也可

以得到一些暗示么？

有时候听人家说，或至少旁敲侧击的说，这种自由的运动里，女子是被动的，主动的完全是男子，而男子之所以发难，目的是在躲避婚姻的责任。这话和事实差得很远。

在路德会各牧师的很详细的调查报告里，他们再三提到德国女子在性的活动中的自动的能力。在但泽一带，据说“年轻女子献身给男子，甚或引诱他们，使堕入壳中”。军队的调动与驻扎，往往是乡间淫风发达的一大因缘，“但此中责任并不全在兵士的身上，大部分的责任还应该由乡间的女子自负，她们瞧见个把士兵，一半的心神就入了疯狂状态”。这是从德累斯顿（Dresden）一带得来的报告里的话。就德国东部的大概情形而论，这报告又总括的说：“青年女子的淫荡并不亚于青年男子；她们实在极愿意被人诱入奸情；成熟的女子往往肯和半成熟的男子勾搭；有的女子往往连一接二献身给好几个男子。诱奸的主动人物不一定老是男子，女子也不在少数；她们不一定老在自己屋子里守着，静待男子的来到，却往往先到男子的卧处睡下。女子对于性交的兴趣既如是其大，所以便有许多人相信，在这一带的女子中间，到十六岁以后，便找不到一个处女，这一点虽无真实的统计，但知道了这一带的大概情形以后，也就不觉得骇人听闻了。总之，在乡间的劳力阶级里，不贞操的现象是很普遍的，而男女之间，究竟谁的成分大些，倒也难分轩轻。”[51]

在知识阶级的女子中间，情形当然有些不同。行为上的限制，不论发自内心的或外加的，要比乡间女子多得多。处女的形式，至少在生理方面，总是保持着的，并且往往保持到很大的年纪，即使有错失，以至不能保持，她们也必多方的加以掩饰，那方法之多和周密，是乡间的劳力女子所万想不到的。但是把假面摘去以后，基本的倾向还不是彼此一样。就英国而论，毛迭穆（Geoffrey Mortimer）说得很对：婚姻以外有性的经验的女子，无论其为（一）用心专一的一种或（二）因欲性发达、不畏人言、因而不求专一的一种，“在数量上实在比我们所猜测的要多得多。在任何社会阶级里，总有一些挂名的处女。有的名义上守身如玉，从没有接近过男子，实际上却已生过孩子，甚或不止一个；但大多数都能采用节制生育的方法。在外省市镇上悬壶的一位医生对我说：在他的区域以内，此种不规则的男女关系实在是一个常例，而不是例外。”[52] 在德国也有类似的情形，有一位女医师，亚当雷曼夫人（Frau Adams Lehmann），在德国抗拒梅毒会的工作录[53]里说：“至我诊察所里来的未婚女子，三十以上依然是处子的，我可以说是很少。”她又补一句说：“这些女子是有眼力的，很勇敢，很直率，往往是女性中的铮铮佼佼者；我们应当与她们以精神上的援助，她们正为着一个新的时代努力迈进。”

常有人说，目前此种废除仪式，非到万不得已绝不举行的倾向是很不幸的，因为它对于女子的地位很有妨碍。目前的社会环境既以无仪式的婚姻关系为有乖风化，这见地当然是不错的，但同时我们也可以反过来说，要是社会舆论对于正式的婚姻确能拥护的话，它也就会供给一种动力，使以自由结合始的，都以正式婚姻终，那也就没有多大的妨碍。总之，妨碍之来，是由于社会的视听，而不由此种倾向的本身，假若本身会产生妨碍的话，则自由结合的风气，便绝不会像今日之盛。且就熟知此种风气的人所告诉我们的种种事实而论，可知此种不仅仅以仪式为重的结合，对于女子的地位反而能多加体贴，并且甚至于对于双方的忠贞与婚姻生活的寿命，也有帮助。这样一个结论似乎是到处可以成立，初不限于任何阶级，或任何种族。这其间也许有相当心理事实的根据，一样做一件事，自我发动做的兴趣大，奉了别人意旨做的不但兴趣要小，日久且不免引起厌恶反抗。至于婚姻的仪式究属有没有自然的事实做依据，究属有多少，那是另一问题，将来别有讨论的机会。

自由结合对于女子要比带有强制性的仪式婚姻为有利，我们还可以举一两个例证。在伦敦的工人中间，这是早经承认的。婚前即发生性关系的例子，在他们中间并不稀罕，社会对他们也很宽恕。布思（C. Booth）的那本巨著，《民众的生活与劳作》（*Life and Labour of the People*）的最后一册里（第 41 页），便有这样的一句话："甚至于做粗工的工人，据说也是若和早就同居的女人结婚，结果最为圆满。这种见证特别的可以叫人发生深刻的印象，因为说话的人当时并没有什么推求结论的意识，所以丝毫没有罗织成谳的嫌疑。"在这最后的一册里，作者又引一位牧师的话说："这些男女，要是不正式结婚，便可以凑合着相安无事，但若一旦结婚，结果似乎总不免恶声相向，拳足交加。"

也许有人说，这种比较良好的结果并不是自由结合本身自然而然所产生的，它并不是自然法则的行使的表现，乃是大城市与文化中心的道德势力所影响而成的。文化中心的道德势力极大，所以就是在合法的婚姻制度以外的人，也能被其泽惠。姑不论这见地对与不对，我们至少认为是可以搁置一边的。因为不在大都市里，不在文化中心里，我们也发现同样的情形。例如在牙买加（Jamaica），岛民大多数是黑种人，高度文化的影响在那里是可以说没有的；不正式的婚姻自然要比伦敦还要来得多，即生了子女，岛民也大都不用婚姻的方式使他们取得法律的地位。以前地方上组织了一个委员会，来研究本地的婚姻法，据他们调查所得，五分之三的婴儿是私生的，这就无异说，法律上的所谓私生，在社会上已无所谓不道德，因为早已成为大多数居民公认的一种风气。男子对于法定婚姻的衰歇，很表示赞成，因为他们发现自由结合的女子管家要管得好些；女子对它也不可惜，因为她们发现自由结合的男子要比较靠得住，比较不会有外遇。这些事实，李文斯东在他那本很有趣的《黑的牙买加》（W. P. Livingstone, *Black Jamaica*, 1899年）里，叙述得很清楚。他说，当地的民众承认“男女两人彼此以忠诚态度同居，便是婚姻”（第210页），他们又说，“他们是结婚了，但并没有劳牧师的法驾。”[54]他们所以不赞成法定婚姻的理由之一，是他们很不愿意出那笔取得官家准可的手续费，[55]往往又过了一二十年、子女已经成人以后，他们才补行正式的婚礼[56]。在牙买加和其他类似的地方的这种情形，还有一个有趣之点，就是女子的地位特高。上文所引的李文斯东说：“农民中间的女子到现在还是几乎完全不倚赖男子，在体力与智力上，她们往往比男子强。”（同书，第212页）男子的好歹是不能预料的，也许前途会变作一个坏蛋，不但不能帮忙，反而添一沉重负担，所以她们便不愿意太倚赖他们，以致太受牵制。但凡属自由的结合，也不致中途离散。但若一旦经过法定的束缚，婚姻生活就会渐渐的不容易忍受，终于不免彼此仳离。可见婚姻偕老的保障并不在法律，而在“彼此的相爱与相忍所造成的一种局势”（李氏书，第214页）。但此种情形，晚近也有改变的趋势，在宗教与社会势力的制裁之下，牙买加的民众已逐渐的切心于接受所谓“冠冕的”性关系的种种观

念，那就很可惜了，因为参考李氏在上文所说的话，可知“冠冕的”观念一多，真正的道德也许就不免减少。但即就牙买加原有的情形而论，李氏以为也有美中不足的一两点，就是不道德的男子很容易躲避他的做父亲的责任，推原其故，是因为法律没有规定，把父亲的姓名登记在出生证上（同书，第 256 页）。在任何私生率占半数以上的国家，这一点，就是把父母的姓名登记在出生证上，是万不可少的。所以牙买加政府在这方面的失察，是很难原谅的，不费挥手之劳，他们便可以使“每一个婴儿有一个法定的父亲”（李氏书，第 258 页），但是他们却没有办。

根据上文所叙的一切，可知在今日之下——一半因为经济的原因，一半也因为文化过程中更深邃的种种趋势，我们已经进入一种新的境界，在这境界以内，女子一方已经往往能超脱以前的法定的性关系的束缚，而男女两方，即使缔结法定的性的关系，也大都能维持他们各个的独立性，讲起澳洲的土人，克尔（Curr）说：“在白人未到与原始的风俗未崩溃以前，我从没有听见过一个女子过了十六岁还没有丈夫的。”[57] 在今日的欧洲，在比较偏僻的地方，也还有同样的情形。这些当然谈不到这个境界。但是在富庶一些，比较富于活力、善于进取的国家，情形便大不相同。不但结婚结得迟，并且一部分的男子，和更大的一部分的女子（在一般的人口中间，女子原比男子为多）始终不走上婚姻的路[58]。

大批的成年女子不走上婚姻的路，她们纵有性的关系，也不受国家和舆论的承认，并且这种人数一天多一天，这当然有它的严重的意义，值得我们加以推敲。但在推敲以前，我们不妨先把历史上对于女子的身份有密切关系的两派倾向，先约略温习一

遍。这两派倾向，一主张两性的社会平等，一主张女子的社会服从，到现在还都在西洋人中间活动。无论在行为方面或见解方面，用实际道德的立场或用理论道德的立场，来追溯这两派倾向，都是不难的。

有一个时候，学术界流行着一种见解，以为在人类社会生活的初期里，在父权时代确立以前，另有一个“母权”的时代，在那时代里的女子不但不受男子的庇护，并且有极高的权力[59]。五十年以前，德人巴霍芬（Bachofen）便是此种见解的最有力的说客。他读希腊史家希罗多德（Herodotus）的著述以后，在小亚细亚的古吕西亚人（Lycians）中间发现了一个最可以代表的“母权”的例子，因为希氏说，吕西亚人从母受姓，也因袭母的身份，而不从父，不因袭父[60]。巴氏相信这一类的民族是“女子政治”的[61]，治权是在女子的手里。这种见地，尤其是像巴氏的那种说法，到现在已经不能说有多么大的力量。至于从母受姓的习惯，即所谓母系的制度，确乎在有一个时代是很普遍的。但我们很早就知道，系虽从母，一族的治权却不一定在母亲手里，往往在各式公权的制度里，我们可以找到母系的同时存在[62]。巴氏的说法虽去事实太远，近年以来，一部分见地，却又走了另一极端，把母系制度下女子分有应得的权利否认一个干净。这当然又是和事实不符的，即使没有事实做依据，理论上似乎也太不近人情。苏门答腊（Sumatra）的所谓“恩比拉那克”（ambilanak）式的婚姻，我们就不妨拿来当作母权制度的一派，在此种方式下的婚姻，男子住在妻子的家里，虽不付什么代价，地位却是属体的而不是主体的。古吕西亚人的实在也就是这种制度，据希罗多德的那种写法，我们万难断定它有女子政治的意味[63]，我们却知

道，小亚细亚一带的妇女古时候全都能享受优良的待遇和高度的权利，初不独吕西亚的女子为然，这一点我们在基督教初期的历史与文字里还可以找到一些痕迹。母系的制度确乎能够提高妇女的身份，我们在古阿拉伯的“比那”（beena）婚制里可以找到一个更显明更清楚的例子。在“比那”婚制之下，女子的地位和普通买卖婚姻制下的大不相同。买卖婚姻制下，女子多少有些货物的意味，多少要受人的作践，但在“比那”制下便不然，女子是帐幕和一切家庭财物的主人，有了财主的身份，有了不必依傍丈夫的自由与能力，她的尊严也就提高了[64]。

原始时代从母得姓的倾向还可以叫我们联想到一点，就是原始的人类未尝不承认，在生殖的作用上面，母亲的力量要比父亲为大。既联想到这一点，我们便不由不想到原始文化里的另一种的倾向。就是，在神道的崇拜里，女神的地位要比男神稍胜一筹。女神的地位既比男神为崇高，则女子的地位绝不至于比男子为低，似乎是一件势所必至的事。原始的妇女往往和宗教的职司有重大的关系，原因也就在于此了。在澳洲中部的各部落有一种共同的传说，就是，以前举行宗教仪式的时候，女子的名分原是很大的，到了后来，才几乎完全变做男子的职司；但即在今日，至少有一个部落似乎还保守着不少的以前的习惯，宗教仪式里依然有女子参加；可见那共同的传说是不为无据的了[65]。其实在欧洲也未尝不如此。凯尔特民族以及地中海各民族的原始的许多神道，在基督教来到以后，虽全都退居不清楚的背景里去，但同时退避，而隐约之间，女神的影子要比男神的摇晃得大[66]。爱尔兰民族是以保守著称的，古代的习惯与传统思想至今还存留得不少，女子的地位也就比别处要高出许多，无论婚前婚后，她都享

受不少的自由。他们说：“每一个女子可以走她自己愿意走的路。”爱尔兰女子在婚后的地位和离婚的自由，都要在基督教教会以及英国的习惯法所许可之上[67]。母系的制度对于女子的地位，有特殊的良好影响，初看似乎不容易承认，但我们要知道，就在最与女子不利的文化环境之内，女子对于男子，往往能行使很大的压力，使男子轻易不能以横暴相加，不利的环境之下犹且如此，何况有母系制度的帮衬呢？[68]

古代许多大国的情形和上文所说的有些相同。大体言之，大半在它们历史的初叶，即生长的时期里，和它们的末叶，即成熟的时期里，女子的地位总有提高的倾向；但是在中叶，即父权全盛而军事组织最占优势的时期里；女子的地位就得差一点儿了。这种高而降低，低而复高的循环的运动似乎差不多已经变作大一些的社会集团所由发展的一条自然法则。巴比伦的历史，便是很显豁的一例。最初巴比伦的女子是有完全的独立的人格的，她的权利也和她的丈夫和弟兄相等，稍后，据汉谟拉比（Hamurabi）法典所规定的种种，她的义务虽没有改变，权利却比以前为少了；最后到了所谓新巴比伦的几个时期里，她又重新取得和她的丈夫相等的权利[69]。

埃及妇女的地位，以末叶的为最高，在它的长期历史的其余段落里，女子的地位也始终能维持相当的水平线，并且始终有继涨增高的趋势。同时，因为婚前的贞操是一件不大注意的事，而婚约的缔结也不以处女为重，我们更可以知道埃及人的妇女观是没有资产的臭味的。虽远在三千五百年以前，男女的平等[70]，便早经埃及人承认。还有一桩事实，足以证明埃及女子地位之高，就是，她的子女，是无论怎样，不会有私生的名目的；就是一个奴隶的妇女胡乱生了子女，也不适用私生的名义[71]。阿美利诺（Amélineau）说得好："能够把妇女的尊严在人类历史上做第一次的宣示，这是埃及民族道德的荣光"[72]，所谓"婚姻主权"的观念，即男女成婚以前，主权究应谁属，埃及人是完全不懂的。巴比伦和埃及的文化，同样的稳固，同样的有活力，同样的享国久长，对于人类全部的文明同样的有悠远的影响，而同时女子的地位，也是同样的优越——此中意味，真是耐人寻味。

在犹太民族的历史里，似乎找不到一个居间的时期，女子的地位，从完全的服从到自由的逐渐扩大，其渐进的步骤似乎是很一贯的。最初，一个丈夫可以不问理由的把妻子休去。（这并不是父权的一种扩大，而是纯粹的一个婚姻权或夫权。）后来这主权逐渐的受限制，不能随便行使，这在《旧约》的《申命记》里就开始可以看出来。后来的《犹太法典》（*Mishnah*）就更进一步，遇到妻子有可怜悯矜惜的情形时（如疯狂、被劫夺、幽禁之类），便根本不准休弃。自公元后1025年以来，除了合法的理由或得到妻子的同意以外，离婚是不可能的。同时，妻子却开始取得她的离婚的权利，就是可以强迫丈夫把她休去，丈夫设或不从，便得受刑法的制裁。离婚以后，女子便自己取得完全独立的人格，并且可以把丈夫给她的一分奁产带走。犹太人的法律虽严，而犹太教领袖对于法理的解释却宽，所以能顺着文化渐进的潮流，把女子的性的公道和平等，随时的提高[73]。

阿拉伯人在这方面的演进，也是有许多地方对于女子是有利的，尤其是在承继这一点上。在穆罕默德以前，就麦地那（Medina）地方流行的制度而论，女子是几乎完全没有继承权的。《可兰经》里立法的部分，就把这规矩改了，虽没有把它完全取消，至少是对女子的地位，已经促进不少。所以有这一番改制的理由，据说是因为穆罕默德的籍隶不是麦地那，而是麦加（Mecca），在麦加地方，当时还存留着一些母权制度的痕迹[74]。

说到这里，有一点不大受人理会的意思，我们不妨一提。就是，就在女子的权利受压迫、女子的人格被制服的时代里，此种压迫和制服的动机也实在出乎保护女子的一念，有时候一重新的压迫的产生也许就是一种新的权利的取得的标识。仿佛我们把女子深深的禁锢起来，目的原不在剥夺她们的权利，而在保护这种权利，使越发不可剥夺，爱之弥深，于是保护方法的采取，便不觉弥加周密。后世文化生活日趋稳定，女子的境遇不像以前那般危险，这种爱护的动机大家便不再记忆，而社会对于女子和她的权利的多方关切，反变成一种障碍、一种苦难。

罗马的妇女，在最初时期里的身份，我们几乎全不知道；在罗马的历史开始看得清楚的时候，父权制度已经很根深蒂固的成立，而女子不过是一个严格的“在家从父”与“出嫁从夫”的人格罢了。但罗马文化逐渐发展以后，女子的地位也就跟着发展起来，其大概的趋势和巴比伦与埃及的可以说是一般无二。但是在罗马有这么一点分别，就是，罗马文化的由粗而细，帝国版图的由小而大，是和罗马法制的灿烂的发展有连带的关系的，而罗马法终于把妇女的身份，几乎提高到了一个超凡入圣的境界。在民主时代的末期，女子的法律的地位已经慢慢地相等，到两位安东尼帝的时代，那些法律专家（Jurisconsults），受了自然法的学说的指引，便形成了两性平等的观念，认为它是一种秉公的法典应采取的原则。到此，父权制度下妇女的服从便完全成为历史上的陈迹，不再有人拥护。这种情形，一直要到查士丁尼帝

（Justinian）的时代，在基督教的势力扩大以后，才不能继续维持，而妇女的地位重复经历到一种新的磨难[75]。但是在妇女地位最占优势的时期里，旧式的罗马婚制就完全换了花样（实在也是旧花样翻新，不过在以前是认为不大名誉的罢了）；这种新方式的婚制，从法律的立场看来，便等于把女子从父母家取出，而在夫家暂时存放一般。所以对于丈夫，她是完全独立的（尤其要是妆奁是她自备的话），对于娘家，也不过是名义上有隶属的关系罢了。罗马婚姻是一个私人的契约，假使要的话，也不妨举行一个宗教的仪式，既属契约，便可以不拘理由的解除，只要取得家族会议的许可，觅到有力的见证，和履行相当法定的手续以后，双方便可以分手。这样的婚姻是以同意做第一要义的，既可以同意而合，即不妨因不同意而离，其间并没有什么可耻的地方。这种离婚对于罗马妇女的幸福与道德，也并没有什么坏的影响[76]。这样一个制度，显而易见比任何基督教发达后所树立的任何制度，要来得合乎现代的开明的情理。

还有一点要注意的，就是，这样一个制度，绝不是只是一个法律的创作物，而是一个赞成男女平等的开明的舆论所自然形成的副产物。罗马人的赞成两性平等，也并不笼统，而是能深入性道德的范围。普劳脱士（Plautus）是在这方面的一个先觉，他借了那个老奴隶西尔拉（Syra）的嘴，问为什么在贞操的题目上，法律所责成于男子的不和女子一样[77]。比普劳图斯稍后的又有那位法律家乌尔比安（Ulpian），乌氏在文章里说："一个丈夫要责成妻子严守贞操，而自己却不做一些榜样出来，这似乎未免太不公平了。"[78]这些问题的原因很深，绝非社会立法所能解答，但当时的罗马人士居然能把它们提出来，也足见他们对于女子的一般态度，是如何的开明了。到罗马文化的末期，父权制度对于女子的维系力，便已不绝如缕，名义上她虽还脱离不了“从父”的关系，而事实上却是十分洒脱，可以和她的丈夫齐驱并驾。霍布豪斯（Hobhouse）说：“罗马帝国的主妇，其自主的能力，要比任何古代文化里的主妇为充分，要有例外的话，也只有一个，就是埃及在某一时期里的主妇；并且，我们不能不添上一句，也比任何后来的文化里的主妇，要来得圆满，连我们自己这一代的主妇也还不是她的对手。”[79]

许多人根据育文奈尔（Juvenal）和塔西佗（原名见前）两个讽刺家的文字，以为后期的罗马女子是很逾闲荡检的。但是在讽刺家的笔墨里，要对于一个伟大的文化，寻一幅整个的、匀称的鸟瞰图，我以为至少是徒劳无功的。霍布豪斯[80]的结论是这样的：最初的罗马法律规定下来的婚制，把女子很严厉的安放在丈夫的掌握之中，在这时期里，她当然是一个良妻，是丈夫的伴侣、顾问、朋友；到后来法律一变，她的权利也一变，但是她的良妻的地位，她的所以为丈夫的伴侣、顾问、朋友，却始终没有变，这不是很难能可贵的么？大多数的学者到现在似乎都已经有此种见解，弗里德兰德（Friedlander）虽曾置疑于此，但那时代还早，也许有看不真切的地方。迭尔在他那本看得很真切的《罗马社会》（Dill, *Roman Society*）里（第163页）就说：罗马女子的地位，在法律上与事实上，都在帝国时代逐渐的提高；提高的结果，她的道德和受人敬重的程度并没有减少，她的才艺和令人爱慕的程度却加多；行为上的束缚既少，她的风度和势力就有了放大的机会，甚而至于在政治与社会事业里，都可以感觉到；她和她的丈夫的地位，确乎是越来越接近，越来越相等。一直“到

西罗马帝国的末期，她这种地位和势力并没有衰退”。杜那尔曾，在他那本有价值的《妇女史》（Donaldson, *Woman*）里，也以为罗马帝国的后期里，道德并不沦丧；“要是萨尔维恩的记载有几微可靠的话，那么，非基督教的罗马纵有它的淫放的地方，但比起基督教的非洲，比起后来的基督教的罗马和基督教的高卢来，真是小巫见大巫了”（第 113 页）。萨尔维恩对于基督教的记载也许是偏激而形容过火的，但是非基督教的讽刺家和基督教的禁欲的传道家对于古罗马所叙述的种种又何尝不偏激、不过火，恐怕还要偏激过火得更厉害些咧。

我们要再寻一个在开明的程度上与罗马的末期差堪比拟的文化时期，我们得跳过一千几百多年而到十八与十九世纪的英法两国。在这时代里的法英两国，我们才再度发现一次道德的与法律的两性平权运动，在法国的尤其是早一些。在这运动的前驱，我们也发现一大串开辟草莽的人：阿斯特玛利（Mary Astor）、“一个有品格的女子苏菲”（Sophia a Lady of Quality）、塞革（Segur）、辉勒夫人（Mrs. Wheeler），而尤其著名的是乌尔斯顿克拉夫脱女士（Mary Wollstonecraft）和她的那篇宣言《女权的一个拥护》（*A Vindication of the Rights of Woman*），以及约翰·穆勒（John Stuart Mill）和他的那篇论文《妇女的制服》（*The Subjection of Women*）[81]。

西洋历史里对于女子的地位有关系的倾向，现在已去其一。但这一个还是小的。那大的，假使把它的全部的现象综合起来看，那确乎对于女子是很不利的，因为它的目的是在维持女子的服从的地位。上文告诉我们，罗马亡了以后，它所传给西洋的良好的遗业对于女子是很便宜的。但是这种遗业，一旦碰上坚强有力的条顿民族的习惯和组织严密的基督教会，就土崩瓦解了。条顿的风俗和基督教的势力当然也不会是全部对女子不利的，所以专家的评论在这方面往往很有出入，但是就大体而论，它们并没有能让女子和男子享受同等的权利，似乎是无可讳言的。条顿的民俗所以不利于女子，盖有两个有力的原因。一是买卖婚的存在。买卖婚虽未必会降低女子的地位，诚有如克劳利所云，但对于女子的人格，多少总有一些贬损。二是民族的尚武好战，在尚武的风气之下，一切和平而含有女性的作业就不受人尊重，而男女情爱的一事，自然也在无暇讲求之列。基督教起初对于女子是有利的，因为它的教义把富有女性的情绪重新解放出来，而加以崇尚；但后来组织越来越严密，理想越来越侧重禁欲的一方面，于是全部的气息便渐渐的对女子不利了。打头它就不许女子执行什么祷祝的职务。到此，它就更把她当作恶浊的性的代表，应该受人唾弃[82]。那位“偏心”[83]的教父德杜连（Tertullian）有一次说女子是“魔鬼之门”（Janua Diaboli）；不到七百年以后，那位温柔而富于哲学的涵养的安塞姆（Anselm）也在文章里写着说：“女子是魔鬼的火炬。”（Femina fax est Satanoe）[84]下面我们照例举一些例证。

佛朗克人是条顿人的一派。他们行一夫一妻的婚制；女子是终身不自由的；她不能买卖财产，也不能继承财产，除非先取得她所隶属的家长的许可。一个男子娶一个女子，他对于这女子就取得了所有权，婚期也是由他决定，决定的时候，他就给女子的父母一些小的钱币，叫作“阿拉”（arrha 即译作婚钱），成婚的后一天，他又送给女子自己一件外衣，叫作“晨衣”（Morgengabe）。既嫁而寡，女子便还归父母所有[85]。他们的法律

（Salic law）规定凡碰触女子的行为须处罚金，执女子的手指而加以挤捏，也在处罚之列。这好像是很看重女子了。其实不然，处罚的理由并不是因为得罪了女子，辱污了女子的尊严，乃是因为触犯了某人的财产而已。原始的日耳曼人可以出卖儿女，有时候也可以出卖妻子，甚至于可以把她们卖作奴隶。降至第十一世纪，卖妻的行为虽已属非法，也还时有所闻。

基督教的传说，比起条顿的习俗来，对于两性平等的维护，原是差较近情，但是一旦和此种习俗混合在一起，它不但不能加以补正，反而把它自己原有的“不洁”的观念火上添油一般地搀了进去。女子因为不洁，所以精神的地位要比男子为低，这一点就在教堂里的两性的待遇里也可以看出来。女子在教堂里，有时候要受种种限制，甚至于有没有进堂的权利，有时候还有问题；有的地方，她们虽可以进去，却只能停留在前厅里，就是在非寺院性质的教堂里，也是如此[86]。在教堂里男女还不免分个高下，是很值得注意的。

男女同属有性的人，但教会对于男子的观念，想教他性的成分越少越好，最好是能够完全取消，对于女子的观念，理论上虽不盼望性的成分越多越好，事实上却把种种性的现象都往她身上推；这样一来，女子的地位和女子人格的观念是必然的高明不到哪里去的。杜那尔曾也指出这一点，并且很妙地说[87]，“我不妨为男子女子各下一个定义，男子是一个阳性的人，女子是一个阴性的人……当初的基督教徒所尝试的是：就这两个定义里，在男子方面则去‘阳性’二字，在女子方面则去一‘人’字”。其实一般的宗教大都对于女子有些很有力的使她屈而不伸的影响，它尽管可以吸引女子，使女子皈依，但此种影响多少总是有的，初不独基督教为然。韦思特马克（Westermarck）甚至于说："妻子之所以受制于丈夫，原因固多，但宗教也许是各原因中的最锲而不舍的那一个。"[88]

常听人说基督教这种贬薄女性的倾向最厉害的时代里，有一次的宗教会议竟正式的否认女子是有灵魂的。这是不确的，并且愚蠢得可笑；但说也奇怪，竟有许多作家，像鹦鹉学舌一般，把它再三地播弄。格雷戈里（Gregory of Tours）在他的教史里说[89]：五八五年，罗马教会在马冈举行会议（Council of Macon）的时候，有一位主教提出一个疑问来，就是"人"字究竟包括不包括女人在内，当时大众的意见都以为是包括的。女人没有灵魂的故事，大约就是从这个疑问里以讹传讹的散布出来的，未免太蠢得可笑了。后世的法家与律师，也时常怀疑到人字的含义，再三加以讨论，所得的结果，从女子的立场看去，有时候还赶不上马冈会议咧！初期教会对于女性的贬薄是基督教学者自己也承认的。梅瑞克（Meyrick）写着说："我们不能不理会，就是最伟大的那几位教父，对于女子的估量，也实在低得可怜，而对于婚姻关系的价值，自然也在鄙夷之列了。奥古斯丁（St. Augustine）是何等的一位圣哲，但他也以为婚姻的行为，除了为了要有子女的缘故不能不郑重采取以外，便再也没有可以勉强认为合理的理由；所以为了产生子女以外的一切婚姻中的性交是有罪的。为子女而婚姻，还有理由可说；为免除更不堪的淫恶而婚姻，虽有天谴，容可赦免；但婚姻是一种两人之间的社会生活，是一个彼此可以互相帮助、互相慰藉、有福共享、有难同当的结合，那时候便几乎没有人了解，也没有法子了解。"[90]

德国勃朗女士（Lily Braun），用女子自己的立场，在她那本

很重要的关于妇女问题的书[91]里曾经下一结论：就对于女子有利的一部分而论，基督教最大的贡献是在把女子和男子放在同一的道德的水平线上。这方面最好的实例是耶稣自己说的那几句话："你们中间谁是没有罪的，谁就可以先拿石头打她。"[92]这两句话隐指男女在性的方面，彼此应该同样的忠贞。但勃朗女士又说：过此，基督教就没有更大的贡献了。"基督教——女子竭诚接受甚至于以身相殉、认为是可以救她们苦难的基督教——终究没有满足她们的喁喁之望。"

勃朗女士的话固然不错，但即就性道德的平等的一点而论，基督教教父的态度也不能说是全无轩轾。教父中最伟大的一位，圣巴西尔（St. Basil），在第四世纪的后半期里，把已婚男子奸非的行为分作两种，设对方为一已婚的女子，则为"犯奸"（adultery），设为未婚的女子，则不过是"犯淫"（fornication）而已。如为犯奸，则妻子即不应再认他为丈夫，如为犯淫，则仍应认为丈夫[93]。这样一个判断，对于妻子的道德的人格，是没有能全盘承认的，因为无论丈夫所犯的是"奸"是"淫"，其为对不起她，总是一样的呀。西罗马教会的许多教父，如吉罗姆（Jerome）、奥古斯丁、与安勃鲁士（Ambrose）固然也未尝不承认丈夫与妻子应当受同一的道德律的制裁，但这不能算是他们的特殊贡献，因为在罗马文化的末期里，法律已经慢慢地悟到这种见解，初不待基督教努力的推挽，而后始可完成。但无论如何，罗马教会的教会法典（Canon Law）成立的时候，也就把这一层正式的采纳，规定丈夫和妻子同样的可以犯两种程度的奸：（一）单奸（simplex），即对方为未婚的男或女，与（二）复奸（duplex），即对方为已婚的男或女。

但理论上的性道德的均等虽然如此，而在实际的性道德里，谁都很难说基督教已经把它切实地包举起来。理论上是接受了，但实行则尚有待。社会风俗学家美国人桑姆纳（W.G.Sumner）曾经讨论到这一点，并且下一个结论说："为什么这种见解没有变作习俗的一部分？无疑的是因为它们在形式上很武断，论其由来，是玄学的臆想所虚构，论其行使，是神学的权威所强制。它们并不是生活经验的自然产物，也经不起生活经验的盘驳。其行不通的理由，最后当然得求诸于生理的事实，男之所以为男，女之所以为女，就是这种事实为之厉阶。"[94] 关于这一点，目前姑不具论，详见下文。

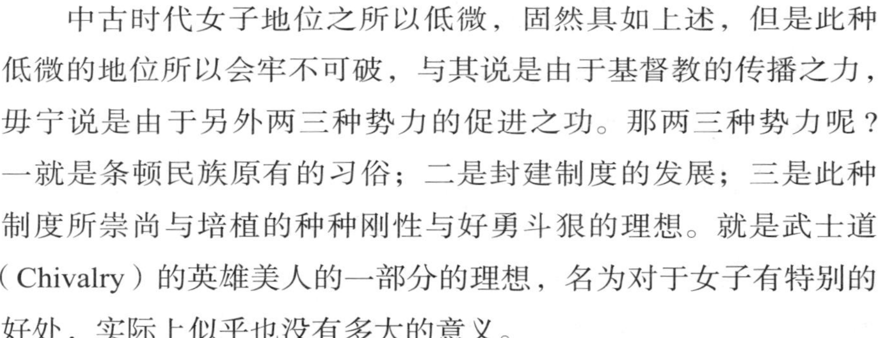

中古时代女子地位之所以低微，固然具如上述，但是此种低微的地位所以会牢不可破，与其说是由于基督教的传播之力，毋宁说是由于另外两三种势力的促进之功。那两三种势力呢？一就是条顿民族原有的习俗；二是封建制度的发展；三是此种制度所崇尚与培植的种种刚性与好勇斗狠的理想。就是武士道（Chivalry）的英雄美人的一部分的理想，名为对于女子有特别的好处，实际上似乎也没有多大的意义。

戈蒂埃（Gautier）在他那本讲武士道的巨著里，聚集了不少的材料，来证明封建的精神，好比古往今来到处的尚武精神一样，名义上间或把女子捧得天高，但是大体上在底子里总蕴蓄着鄙夷女子的臭味。我们在《蒙托邦的瑞诺》(*Renaus de Montauban*）里，就读到这样的一段话："到你的珠帘画栋的阁上去，在荫凉的地方坐下，怎样舒服，你就怎样，吃、喝、织锦、染丝，都由得你，但记住，我们的事你不用管。我们的事是拿了钢刀——斫。别作声！"假定那女人还要作声，她脸上也许就吃上一刀，随后就有血流出来。丈夫有鞭打妻子的权利，妻子犯奸，要打；女子说话冒犯了他，也要打。这些都是武士道时代的产物。但女子也并非全无权利；在十三世纪所搜罗拢来的《习惯法章》(*Coutumes*)里说，丈夫打妻子是可以的，但总得打得合乎情理(resnablement)。[95]

在封建时代一个武士的眼光里，骏马与美人并重，并且骏马的价值往往在美人之上。在《麦兹的吉尔倍》(*Girbers de Metz*)里，不有这样一段会话么？两个武士，一个叫加尔仁(Garin)，一个叫吉尔贝(Girbert)，是表弟兄，他们同时骑马过一家人家的窗口。窗口正坐着一位面如桃李、肤如白玉的美女。加尔仁说："表哥，你瞧，好一位漂亮的女子！"[96]吉尔贝回答说："嘿，我的马才漂亮咧！"加尔仁说："我还没有见过比这位白皮肤黑眼睛更叫人可爱的东西。"吉尔贝又回答说："我这匹骏马是盖世无双的。"武士的时代里，男子既这样的把全副精神都放在武事的上面，所以男女爱悦的行为，往往只好由青年女子自己发动。戈蒂埃在他的书里说："在所有法国民族的长歌(chansons de geste)里面，为了恋爱追逐的全都是女子，有时候亏她们的脸皮真厚。"但戈氏也说，这时代里妻子的操守却比较的要好。[97]

其在英国，泊洛克(Pollock)和梅特兰(Maitland)以为在英国的条顿民族中间，女子的地位虽不高，但终身受制于男子的现象，却也始终不曾有过[98]。霍布豪斯(见前)也说："自诺曼人入主英国(Norman Conquest)以后，凡属未婚的女子，一到成年，便取得一切法律和公民的权利，她在法律上的人格便和三千年前的巴比伦的女子没有分别"[99]。但是这种对于未婚女子的种种好处，到了后来发展成熟的英国法律里。便被对于已婚女子的种种规定给抵消了，并且抵消了还不够，因为两下是很矛盾的。根据这后来的法律，已婚女子是绝不负责的一个人。除了杀害她自己的夫主的最高的罪名以外，什么行为她都不负责。霍布豪斯继续着说："英国的妻子纵不是她的丈夫的奴隶，至少是他的子民（liege subject），要是她把他杀了，她就犯了一个'雏形的叛逆的罪'（petty treason），"无异小国家里的一个平民对于王上的阴谋篡夺，所以比普通杀人的罪还要来得严重。丈夫在的时候，妻子是没有法子杀人的，因为她的人格从结婚的日子起便变作他的人格的一部分；她要有什么犯罪的行为，那责任便十有八九要归到丈夫身上（英国丈夫的所以有鞭打妻子之权，原因在此）：同时丈夫也不能和妻子订什么契约，因为和她订，便无异和自己订，那是不通的。勃拉克士东（Blackstone）说："在婚姻的时期以内，女子本身的人格和法人的地位是搁置一边、不生效力的，至少是和丈夫的夹在一起、变作一块，她的一切工作，是在他的羽翼、庇荫与保护之下做的。英国法律上的女性，"勃氏又说，"真是一个天之骄子呀！"霍氏解释英国法律的意义，也说："女子的力量就是她的软弱。她以退为进，以败制胜。她的温柔要受爱护，免得被世间的扰攘给摧残了，她的芬芳馥郁，要妥为保存，不要使与外边的飞扬的烟灰尘土同流合污。因此，她就不能没有一个保镖和护卫的人了。"

在中古与文艺复兴时代的法国，妻子在夫家的地位和上文所说的很是一样。丈夫是她的绝对的主人，是她的头脑和灵魂，她这样一个"又柔弱又细小的东西"怎能不用"全副精神来爱他顺他"呢？反过来，她是丈夫的第一名的仆人，是最大的儿女，是妻子，是子民，她向他寄家书的时候，末后总要写"你的谦卑的、顺从的女儿和朋友某”。史学家拉克莱维尔（De Maulde la Clavière），在他那本《文艺复兴时代的妇女》（*Femmes de la Renaissance*）里，在这一点上搜集了不少的证据；但他也说，丈夫虽享受这种崇高的地位，抱怨着婚姻生活的苦难的一方，还大都是他，而不是他的妻子。

法律和习惯一向都假定女子多少得受男子的保护。在后世最为开明的对于女性的理想里，不论其为封建时代的或封建时代以后的，都还可以觉察到此种假定的力量。这样一个假定当然也暗示女子不及男子，女子不能和男子讲平等；但是，在扰攘的封建社会里，这不平等倒也对女子有利。在那时候，男子的刚性的力是左右生活的一大因素，所以为女子的安全计，他应该取得这力的一部分，做她的帮衬。这样一个看法，也自很通情达理，所以到了后来，武力的效用虽渐减少，而此种看法却依然保留不替。在伊丽莎白女皇时代的英国，一个女子还总得有个主儿；伊丽莎白自己便是一个女子，又聪明，有才干，能够治国家，建功绩，却并没有主儿；这不是很客观的告诉当时的女性的民众，没有主儿也不要紧么？但她们并不理会，还是觉得主儿是少不得的。再后，到了第十八世纪，那样一个有眼光的道德家，像夏夫茨伯瑞（Shaftsbury），在他那本《品格》（*Characteristics*）一书里，也还不免把已婚女子的外遇看作侵犯别人财产的罪人。要是当时最卓越的思想家还不免有此种见地，那么，在同一个世纪里，甚至于到了再下一个世纪里，一般比较不学无术的人，实行此种见地，把女子公开的买卖，恬然不知羞耻，——也就不足为奇了。

施拉德尔在他的《实用辞典》[100]里说，起初的时候，买一个妻子是买她整个的人，不只买保护她的权利。这原来的观念似也

许在英国流行得比较长久，因为它僻处西陲，和迤东的文化中心比较远的缘故。在第十一世纪，教皇格列高利七世（Gregory Ⅶ）盼望兰佛朗克（Lanfranc）禁止苏格兰和英伦一带的卖妻的行为。[101]但是在偏僻的乡区里，此种行为后来到底没有能禁绝。

这种买卖的行为在伦敦都还有。在一七六七年的《常年登记册》（*Annual Register*）里（第99页），我们读到这样一段记载："大约三星期以前，玛利勒朋地方的一个泥水工人把曾经和他同居过好几年的女人，卖给一个同行，代价是一个几尼[102]的四分之一和一加仑啤酒。那工人随后就把那妇人带走了，也是她的运气正要转了，正在那时候，在德文郡（Devonshire）的一个舅父死了，遗留给她二百金镑，还有一套碟子。他俩在上礼拜五也就正式结了婚。"

浮克士牧师（Rev. J. Edward Vaux）在他的书里叙述两件买妻子的事，都在十九世纪以内，并且都是在闹市上成交的。一例是原来的丈夫，得了妻子的完全的同意，用一根绳子拴套在她的脖子上，把她领到市场上，后来卖给另一个男子，得了半个克朗的代价（二先令半），那妻子就跟了这男子到他在三十里以外的家。其他一例的两造之一是一个客店的老板，他是承买的，代价是一坛麦酒，有两加仑重。[103]

女子是财产的一种，或形同财产，在这里是很明显的。但这种观念所及甚远，即在今日，也还在许多陈旧的法律的条文里可以看出来。例如一个男子和一个处女发生了性交，随后又把她遗弃，一经起诉，那男子就得向女子纳赔偿的金额。[104]原来处女经性交以后，她的"名誉"便受了损失，她的市价就不免跌落，恰恰好比估衣店里的衣件，即使以前只穿过一次，也总是旧的，不能再卖新的价钱。但在男子，无论他和女子发生过多少次的性交，他就绝不承认他的个人的价值会有什么减少。

因为这种不平等的事实，便有人主张取消所谓“体质上的处女性”。一位德国的女作家在她的作品[105]里，以为一个女子的保障，绝不在小小的一片膜，而在一个真挚的、机警的灵魂；因此，她就主张在童年的时候，就施手术把处女膜割去。我们一向确乎是太把处女膜看重了，唯其看得太重，我们才有虚伪的女性的“名誉”观念，和不健全的女性的贞洁观念。

但这些都是比较的旧话了，近代社会状况已大有变迁，无论为女子自身的利益，或为社会全部的利益计，它已经不再要求女子要处一个服从的地位。社会的状况既变，于是习惯和法律就有跟着转变的趋势。同时，一个女性人格的新观念、新理想，也就应运而生。古代“夫为妻纲”、“天字出头夫做主”一类的观念固然还没有完全消灭，并且时常还有人在那里自觉的运用。做丈夫的往往用命令式的口吻对妻子说：哪种业余的职务（即家事以外的职务）不要做，哪些地方不要去，哪些人可以不必认识，哪些书可以不必看。靠着传统下来的老牌子，靠着他所谓“乾刚正气”，依然自以为能管束她、制裁她。以前行使父权的那些立法者不说女人是应该在男人的手下（under the hand）的么？但同时大家也都渐渐的明白这一套把戏对于现代的人是不相宜的了。德国迈瑞德女士（Rosa Mayreder）在一篇很有思想的论文里说[106]：现代的男子，要在夫妇关系之间，再扮一个叱咤风云、颐指气使的角色是不行的了，因为他已经不再有这种准备。渔猎时代的男子，是一个英雄好汉、一个有“贵族气概的野人”（“Noble Savage”），他整天的在山林中东奔西驰，一面猎取凶猛的野兽，

一面于必要时，还得剥取敌人的头皮；他的生活是何等的艰苦卓绝。这样一个男子，偶然放出一些丈夫的架子来，把打野味、打敌人的棍轻轻地在妻子的头上敲一两下，那确乎是有效的，甚至于做妻子的还不免觉得夫恩深重、感激涕零[107]。但是现代的男子怎样？他也许在大班的写字间里过着生活，整天的守着半只桌子，驯服得像绵羊一般；他已经练出一种逆来顺受的功夫，大班责备他，他可以忍气；客人笑骂他，他可以吞声。这样一个男性的典型人物，晚上回到家里，试问他还能玩那“有贵族气概的野人”的那一套把戏，而玩来可以发生效力么？当然不能。不能而勉强为之，妻子的反应，是可想而知的了。这一层，现代做丈夫的已渐渐的能够了解，他在日常的居家生活里也自然会体验出来，初不待一般文化趋势的诏示。至于有一些思想的现代人物，至少在原则上，已经承认妻子是和他平等的，就在比较不甚思想、而孜孜于名利两途的现代人物，也至少觉得要是他不能让妻子和他有同样的自由，他的面子上就不大好看，并且在与人周旋交际的时候，也有许多实际的不方便。此外，我们还得了解，近代不但男子已经取得几分女子的性格，女子已经取得几分男子的性格，并且两方所得的多寡是相当的[108]。

上文的讨论虽则实际不能不很简单，但至少已经够做我们的一种准备，教我们了解，文明进展到今日之下，所谓性道德的中心事实，只能有一个，就是个人的责任心。霍布豪斯，讨论人类道德的演化，所到达的结论也不过如此；他说，“一个负责任的人，不论是男是女，是近代伦理、也是近代法律的中心”[109]。假若同时没有此种个人的责任心的发展，来做我们的帮衬，我们目前的新性道德运动，想把性的关系，从不自然的规条的强制与束缚之下，解救出来，原是不可能的，并且也是极危险的。虽或可能，恐怕不到一年，这世界便会变作一个人欲横流、无可挽救的世界。我们要的是性关系的自由，不错，但没有人们的两相信任，自由是不可能的，而两相信任的基础条件，便是彼此的责任心。没有个人的责任心可以依靠，自由也就无法产生。在道德生活的别的许多方面里，此种个人责任的观念，在社会进步的过程中，是产生得比较早的。唯有在性道德的一方面，我们到了最近才算取得了同样的观念，来做我们的准绳。性的势力原是一种不容易驾驭的势力，所以历来的社会，往往多方的造作种种很复杂的习惯的系统，来加以周密的防范，同时，对于社会分子的能否尊重此种习惯，也深致疑虑，不能不时刻提防。在此种形势之下，它当然不会容许个人的责任心有什么置喙的余地。但经过许多世代以后，此种外铄的限制也自有它的极大的好处，它给我们以相当的准备，使可以享受自由之乐，而不至于受放纵之害。以前的神学家说，先世的律法是一个手拿戒尺的教师，可以引导后世皈依基督；近代的科学也这样说：先世不先受一种毒素的袭击，以至受淘汰，后世便不能产生对此种毒素的抵抗力，而享受更丰满的生命；说法虽各有不同，而其精义则一。

一个民族要演进到了解个人责任的地步，是不易的，是很慢的，要是在一个神经组织还未臻相当复杂的程度的种族，此种观念怕就无从适当的发展。在性道德一方面，尤其是如此。在一个低级的文化和高级的文化发生接触的时候，这种观念的缺乏，便最容易看出来。宣教师到许多民族中间去传教，不由自主的把土著的严密道德制度给推翻了，也不由自主的把欧洲的自由的习惯给介绍了进去，但土著的民族对于这种自由是毫无准备的，毫无准备而做东施的效颦，结果真是糟不可言。这是已经屡见不鲜的事。中非洲的巴干达人（Baganda）原先组织很好，道德的程度也是很高的，详见兰姆金上校（Colonel Lambkin）向政府的报告[110]，但后来就闹了一个乱七八糟。

在南太平洋的群岛上，情形也大致相同，文学家司蒂芬孙（R. L. Stevenson）的那本有趣的游记《在南方诸海》（*In the South Seas*，V）里，说在白人光降以前，岛中土人大都是很贞洁的，对于青年男女的行为，也注意得很周密，现在是大不相同了。

就是在斐济（Fiji）岛的岛民，情形也不见佳妙。太平洋高等委托官（High Commissioner of the Pacific）史丹摩勋爵（Lord Stanmore）是一个不耳食的评论家，他有一次说：传教的工作在岛上有“奇伟的成功”，所有的岛民至少在名义上没有一个不是教徒，岛民的生活与品格也已经改变不少，但贞操却受了打击了。有一个皇家委员会，调查斐济土著种族的状况时，也发现这一点，在他们的报告里也记了下来。费郄德先生（Mr. Fitchett）评论这个报告的时候说：“委员会所根据的见证中间，有好几个说，岛上的道德的进步是像补缀的衣服，东一块西一块的，叫人见了觉得奇怪。例如他们说：多妻制的废除，对于女子未必完全有利。在斐济岛上，女子原是一个劳作的人，以前多妻制通行的时候，一个丈夫的供养，是四个妻子分担的事，所以责任轻，现在却要一个妻子独任其劳了。在基督教没有来到以前，女子的贞操，是用棍子来保障的；一个不忠贞的妻子，一个未结婚的母亲，一棍子就给打死，倒也干净。基督教却把这棍子的法律给取消了，它劝诱大家用道德的制裁，又用天堂地狱之说来警醒人家，但岛民的想象能力终究有限，天堂的好处，他们既见不着，地狱的痛苦也觉不到，于是实际的效力反而不及那根棍子，而岛上的贞操的标准便低得叫人伤心了。”[111]

我们得始终记住，原始民族的种种有组织的精神与物质的约束一经破损、一经取消以后，贞操这样东西便越见得像惊涛骇浪中的不击之舟，动不动便有翻沉的危险。个人责任心的自动的制裁，价值虽大，虽属万不可少，终究不能把爱欲的火山爆发一般的力量，永远的丝毫不放松的扣住；这在文明大启的民族里犹且不可，何况别处呢？欣顿说得好：“一个女子，无论她的道德的品质怎样圆满，意志怎样贞固，要‘好’的心愿怎样坚强，也无论宗教的势力与风俗的制裁怎样普遍周密，她的所谓德操是不一定能够保持的。假定有一个男子，能够打动她的那种绝对的笃爱的情绪，这情绪就可以把上文的种种一扫而光。社会不明此理，而完全想把这些做它自己所由树立的基础，它就无异选择了无可避免的未来的混乱，基础不改，那混乱局面也就不改。”[112]

但个人的责任心终究是一种不宜菲薄的东西。我们在这里还要加以端详，要看近代我们在生活中能体验到的个人的责任心究竟有什么特别的形式，也要看它有一些什么离不开的条件。这些条件之中最重要的一个当然是经济独立。这条件真是重要极了，要没有它，道德的责任，就可以说是不存在的。道德的责任和经济的独立也可以说是一而二、二而一的，它们是同一社会事实的两个方面。一个能负责任的人，是对于他的行为的结果，并不躲避的人，也是于必要时肯付代价的人。一个经济不独立的人，只能接受一种犯人的责任，钱袋中既空无一物，他只能到牢监里或法场上去。但这是理论，在日常的道德生活里，社会对他不会有这样的严重的要求；他要是开罪于家庭、朋友、邻里乡党，他们也许不和他往来就是了，除非不得已，他们绝不会要求法律对他做最后的制裁。在他呢，他可以挺身而出，说声“一身做事一身当”，也可走别的他自己愿意走的路，而始终不改方针，但是要这样做，他就得满足一个条件，就是，要付代价。一言以蔽之，没有经济的独立，不能付代价，所谓个人的责任就没有意义。

在开明的社会里，女子到达成年的时候，她们的道德责任和经济独立也就并行的一天比一天增加起来。假若没有这种进展的现象，那么，无论女子在面子上多么自由，多么和男子可以相提并论，甚至于比男子还要占优势，一概不是真的。这不过是男子社会的优容而已；那种自由和优势，便和小孩的差不多，小孩讨人的欢喜，或不如意了便要啼哭，于是做大人只好优容他些。这绝不是自由与独立，而是寄生[113]。以经济独立为依据的自由才是更真实的自由。就是在法律与习惯以服从为女子天职的社会里，凡是碰巧取得财产的女子，在独立与责任两方面，自然而然会比别的女子享受得多[114]。一派高大的文化的发展，往往和女子的经济权的独立与自由有密切的连带关系，究属哪一个是因，哪一个是果，几乎无法辨认。希罗多德是最佩服埃及的一个史家，在他的记载里，他叙述埃及女子不问家事，把纺织的任务交给丈夫，自己却到市上去经营商业去；这种情形和希腊的大不相同，他就诧为奇事[115]。总之，决定妇女的道德的责任的，是社会生活里的经济因素，决定夫妇之间的地位关系，大部分也是它[116]，这因素要在女子自己的手里，她的道德责任也就大些，家庭的地位也就高些。在这一点上，比较后期的文化也就回到了初期文化早就有过的经验，就是女子比较的和男子平等，经济上也比较的能独立[117]这在上文已

经说过。

在近代的领袖的各大国家里，在最近百年以来，风俗与法律都已经能通力合作，使妇女能获得一天大似一天的经济独立。这其间一部分的领袖自然是英国，它是近代工业运动的发难者，因为发难得最早，也就最早的把女子慢慢地圈入运动之内[118]。女子一经加入，于是法律上便不能没有种种变动，来适合这新的环境：所以到了1882年，英国已婚的妇女，对于自己的血汗所赚来的钱，便有了所有权，完全归自己支配。在别国，不久也就有同样的运动和同样的结果。在美国，和英国一样，到现在已经有五百万的女子在自食其力，并且此数还在很快地继涨增高，至于她们的待遇，和男工人比较起来，似乎比英国的还要好。在法国，在大多数的重要职业里，如各种自由职业、商业、农业、工业，女子要占到25%—75%，而尤其重要的职业，像各种家庭工业和纺织工业里，女子要占到大多数。在日本，据说五分之三的工厂工人是女子，而纺织工业则完全在女子的手里[119]。这样一个运动，究其实，可以说是一个对于个人的权利、个人的道德价值、个人的责任的新观念的社会的表示。唯其有了这个观念，霍布豪斯说得好，女子才不得不把自己的生命托付给自己，古代的婚姻法律才不得不变作一种古董，而古老相传的"女子无才便是德"一类的理想才不得不终于揭穿，而呈现它的虚伪的情操的本来面目[120]。

但上文种种还不过是一面的理论。女子的加入工业生活，并且加入后所处的环境又复和男子大同小异，这其间也就无疑的引起了另一派的严重的问题。文化的一般的倾向是要叫女子经济独立，也要叫她负道德的责任，是没有问题的。但是不是男子所有的职业以及种种业余职务，女子都得参加，都得引为己任，而后不但女子自身可得充分发展之益，而社会全般亦可收十足生产之功，我们却还不能绝对的看个清楚。但有两点事实是很清楚。第一，社会现有的种种职业与业余职务既一向为男子所专擅，则可知它们的内容和设备的发展是在以男子的品格与兴趣做参考，而与女子太不相谋。第二，种族绵延的任务、与此种任务所唤起的性的作用，在女子方面所要求的时间与精力，不知要比男子的大上多少。有此两点的限制，至少我们可以了解，女子之于工业生活，绝不能像男子的可以全神贯注，而无遗憾。有几位生物学家甚至于以为除了家庭与学校的场合以外，女子便根本不应该有什么工作。赫金孙（Woods Hutchinson）说："任何叫女子做工业劳作的国家是要入地狱的。"[121]这见解是走了极端的。但是从经济的眼光来看，学者也未尝没有类似的见解，霍布森（Hobson）曾经讨论到这问题，在总结的时候，他说：此种机械工业把女子从家里驱逐出来的倾向，是"一个和文明作对的倾向"。又说：家庭的忽略，"就大体而论，是现代工业对于我们的生命所下的最惨痛的毒手；我们的物质的生产品是增加了，但我看不出来，无论它增加到什么程度，它对于这种创伤、会有什么抵补的力量。除了极少数的例外，女子加入工厂生活以后，一个家庭在生理与道德的健康上，是没有不受剥削的。在工厂生活的急迫、扰攘、与危险之下，要做一个良妻、贤母、和家庭的主妇，是不可能的。除了在最特殊的情形之下，无论我们把工资提得多高，我们绝不能弥补这种种损失，因为它们的价值要更高一级，不是金钱可以换取"[122]。这些话是不错的。我们到了今日，才渐渐的明白，以前"妇女运动"的许多先进，一面努力于打破女子的受制

于人的地位，一面却对于“受制于人”的诠释，始终是非常陈旧。他们以为男子的地位与作业总是优越的，男子是胜利所属的一性，所以只要取得他们的地位与作业，比而同之，不就等于脱去了桎梏而不再“受制于人”了么？旧的“妇女运动”中一切偏激与不稳健的事物，有时候可以叫人伤心，觉得无理，便全都可以推源到这个谬误的见解。在旧的“妇女运动”里，她们就根本没有看见，一样讲权利，第一个权利便是做女子的权利，做母亲的权利；唯其有这种权利，所以她们是种族的泉源，是性生活的立法的人，其势力所及，不但为性生活的本身，亦且为与性生活有连带关系的种种生活。总之，女子的地位特殊，一种经济状况的重新安排，使可以满足此种特殊地位的要求，似乎是不可少的，前途也是必得成为事实的，但重新安排的结果，对于女子的独立性与责任心，大约也不会发生什么不良的影响。就以往、目前、与未来的形势而论，我们便可以得到像法国女作家亚当夫人（Madame Juliette Adam）所说的一个综合的观察，就是，已往是男子的权利牺牲了女子，目前是女子的权利牺牲了小孩，未来呢，我们总得指望小孩的权利重新把家庭奠定起来。这一点精意我以前在《母与子》一文里，已经提到过，将来讨论到优生问题的时候，自然还不免续有论列。

至于说女子的经济独立，用什么方法才能得到完全的保障，而在保障之际，因为同时要照顾到她生儿育女的特殊义务，社会全盘又应该负多少责任，这些，从我们目前的立场看去，都还是次要的问题。但目前的运动，确乎是已经走上这个方向，是可以无疑的；前途细节目的安排，须如何而后可策万全，叫我们放心得下，也毕竟是余事。所以我们姑且把经济独立的一点结束开去，进而直接讨论女子责任心的发展对于性道德正在产生什么影响。我们但须把一般的与比较显而易见的部分约略提到，也就够了。

道德的责任心一经开始活动以后，第一点和最显而易见的一点要求是：我们得充分接受性关系的真实性，唯其真实，所以丝毫不能玩忽，不容假借。在以前，因为道德上不负责任，经济上不能独立，女子往往受环境的威胁利诱，把她毕生在生物学上最关紧要的一件事实，误认为无足重轻，可以狎弄；设或不然，再狡黠一些的，又不惜借重这一件事实，以为奇货可居，凭了它，可以和别的女子争妍斗宠，可以玩男子于股掌之上，男子虽自以为优胜，到此，也就不能不暂时低首下心，拜倒石榴裙下。这两种态度，一侮狎，一骄倨，都是错误的，都没有能尊重真实性。英国文学里，最伟大和最有代表性的那本小说描写到它的男主角的时候，说："在他的引为和个人的荣誉有关的原则里，'加仑脱瑞'（Gallantry）（就是对于女子的一种特殊的尊重爱护），也就是一条，有人要向他挑战，叫他爱一个女子，那他就不能不爱，好比有人向他挑战，叫他摆擂台一样，因为这才是英雄本色呀"；他那时候已经有一个十分心爱的女子，这女子后来也果真嫁了他，但有一天在化装舞蹈会上遇见了一位贵妇人，他的英雄本色就逼着他出来和她周旋，把她迎接到家里过夜[123]。所以要是一个女子完全在姿色风情上用力，而同时又有可以把一切责任推在男子身上的自由[124]，那她就很容易做一个诱奸的主动人物，而借此唯一的机会来表示她的独立与权威。至于男子的一方面呢，他那种谬误的"荣誉"的见解，即所谓"英雄本色"的见解，既已喧宾夺主似的把自然的责任观念驱逐一空，便几乎什么事都肯做。

只要美人吩咐得出，英雄便做得来。相传美人在看武士与狮子斗的时候，狮子已经上场，而美人的手套忽然掉进圈子里去，美人就吩咐英雄去捡，手套是终于扔了上来，而英雄却一去不返。据说他向她扔手套的时候，脸上那种瞧不起她的神情才难看咧。这就是所谓“加仑脱瑞”，对于女子的一种特殊的尊重爱护；上文所提的那本小说，《汤姆·琼斯》（*Tom Jones*）便是在这方面最善于描写的。在一个女子不负道德责任与不能经济独立的社会制度里，“加仑脱瑞”是一种必然的产物，它和比较原始时代以及近代的两性平等观念，是完全相反的，它和自然的两性间两相爱悦、彼此调情的共通的习惯，也根本上有冲突。

一旦女子能自己制裁她的性生活，并且知道此种制裁的责任绝不能挪移到男子的肩膀上去，从那天起她对于男子的性生活，也自会间接发生影响；以前总是男子影响了她，现在该是她的机会来影响男子了。至于此种影响大体上究属取什么方式，现在还不敢预测。有人以为那情形也许和以前的恰好相反，以前男子既出钱买妻，并且一定要买到原货，即婚前的贞操，从今以后，也许有钱阶级的女子可以买丈夫，同时并且一定要拣童身的[125]。但这种看法，未免太浅薄得可笑了。我们要知道，就女子的心理而论，天真烂漫、守身如玉的男子，对她们是没有吸引力的，不但没有吸引力，并且很有理由可以教她们猜疑到此种天真烂漫的根据，如发育不全与天阉之类[126]。但话虽如此，至少有一点是可以预料的，就是，女子对于丈夫在婚前的种种，她要追问的时候，不免比以前要细到，要认真。恋爱的艺术是应该由男子发动的，女子的天然倾向之一，是要求男子对于这种艺术先得有相当的准备，但无论此种要求如何强烈，她至少会知道，从妓女那边得来的准备绝不是最适当的准备。讲到娼妓制度，我们在另一篇文章里已经加以讨论[127]，我们知道它也是一种不负性道德责任的东西。它和性道德责任的不相能，可以说是和父权支配下的婚姻到底没有什么分别，父权支配下的婚姻制度和娼妓制度原是两个共存共荣的东西，宜其在这方面的性质也相同了。娼妓的制度，无论它间或对于女子有过什么贡献，归根结底是男子的要求所造成的。男子说，一部分的女子应该安放在一边，专作满足男子性欲之用，其余的一部分便该在禁欲主义的原则之下，培植起来，到了相当时期，便有权利可以在治家、生育等等方面派到用处。这样一个安排的方法，假若我们不用个人责任的眼光来看，自然也不能算坏，几千年来，虽屡次受种种势力袭击，始终能站得住，也足证它是一个十分妥当的安排方法。但同时也承认它和文化的段落以及社会的组织有连带关系，文化有进境，组织有改变以后，它也就不能继续维持了。一个民治主义的文化，对于一切阶级的人物，不分男女，都指望在经济上能独立，在性道德上能负责，在这样一个文化里，这种安排就不大配称了。对于这一层事实，女子也许要比男子开始了解得快些。

又有人以为高度的道德责任心发达以后，女子那种以真作假以假作真的习惯，就行不通，而经济独立以后，她的矫情与夸大也就无所用之；这些原是弱者的一种自卫的心理工具，当初虽不无存在的理由，以后是可以无须的了。讲到这一点，我们得小心，稍一不慎，我们的话就难免不公允。我们要知道，在性的范围以内，处弱者的地位的，往往也是男子，而男子也就有他的自卫的心理工具，初不仅女子为然。承认了这一点，我们便不妨进而推求女子在这方面的矫揉造作究竟发生了些什么结果。几千年以来，男子对于女子的种种误解，其实就是她们这种矫揉造作的自卫行为所产生出来的。男子因为不明矫揉造作的道理，遇到女子有此种行为时，不是不理会，便是太认真，不知道不理会固然不是，太认真也有错误。女子的性的行为本来是够曲折的了，再加一些造作的工夫，于是便使男子如入五里雾中，越发不可捉摸。英国的日记文学家庇泼士（Pepys）便是这样一个男性的代表人物，他对于男子心理上的种种罪恶，也能很老实、很活泼地表现出来，他在他的日记里就记上这样的一件事。有一天他去看马丁夫人，马丁夫人的妹子桃儿出去买一瓶酒，回来的时候，满脸是气，为的是有一个荷兰人把她挤到一间马厩里，把她推了一跤，又把她向空抛着玩儿。庇泼士自己和桃儿很熟，时常和她动手动脚，所以就觉得奇怪，以为桃儿对那荷兰人的生气是“世间女子虚伪成性的最好的一例了”。[128] 原来庇氏以为一个既可以与一个熟识的男子逗着玩，就不妨和任何不相干的男子有同样的行为，甚至于一个醉汉的粗手粗脚，也在不应拒绝之例。这也未免太糊涂了。

庇泼士的糊涂，就正坐太过于照顾男子的权利，而太过于假定女子是一种虚伪成性的人。但女子的矫揉造作，究竟有多少事实的根据，倒还是一个值得推敲的问题。假使此种品性是根深蒂固的话，岂不是前途讲求道德的责任的一大障碍。犯罪心理学者如朗勃罗梭（Lombroso）与弗瑞罗（Ferrero）以为女子的矫揉造作“差不多是一个生理的”现象，他们还举了不少的理由来充实这个结论[129]。以前的神学家也殊途同归的得到了同样的一个结论。教父戈瑞（Gury）说：“一个听取忏悔的话的人，对于女子的话，切不可立刻相信，因为女子有撒谎的习惯倾向。”[130] 这种说法是很普通的，无论女子方面有多少人一向不撒谎，一般人的印象总以为撒谎的倾向是女性的一个特征似的。假若这倾向确有事实的根据，那么，我们应当知道，它一大半是女子受拘束抑制后的结果，拘束一去，压迫一去，这种倾向也就会跟着消灭。但假若同时真有一些“生理学”的根据，而和羞涩、易感性、同情心一类女子的特性有些因果关系，那么它就不会有消灭的一天，因为这些特性是有先天的基础而万万不能改变的。在这种情形之下，最多我们只能希望道德的责任心一经发达以后，可以加以限制，使不致畸形发展，而叫人无从辨认罢了。

男女两性之间，就天赋的能力而论，究属谁在道德方面，比较卓越，是常有人问而事实上很不通的一个问题。我们在这里可以不必多说。许多年以前，有一位说话最有含蓄最耐人玩味的恋爱道德家瑟南古（Senancour），早就有过一个答复，我们把它引来就够了。他说：“就整个的局面而论，我们没有理由说究属哪一性的道德性更来得优越。两性各有各的错误，也各有各的善意的地方，两相拼凑，也就不分上下的成就了自然的旨意。我们很可以相信，在人类的两大部分中间，种种善缘孽果，也就大致相同。例如讲恋爱吧，我们平时总喜欢把显而易见的男子的放辟邪侈和一望而知的女子的幽娴贞静互相对比，以为男子不及女子；其实呢，这种估量的方法是徒然的，因为事实上男子对女子所犯的错误，在数量上一定和女子对男子所犯刚好相等，不会多也不会少。在我们中间，完全诚实的女子要比不欺暗室的男子为多，但这种多寡的分别是显而易见的很容易扯平的[131]。但这个男女道德性的比较问题，理论上虽若容易解决，事实上对于人类全盘的生活里、或一国的生活里，已经够产生许多问题，那么，我们在这里的辩论，也就近乎无的放矢了。”[132]

男女两性间的关系，原是一些彼此相须相成、相互抵补的关系，瑟氏这一番结论也是根据这种关系而说的[133]。

不久以前，法国的思想界，对于这问题上有过一番文字上的会通的讨论，尤其注意到忠诚这一点[134]。参加这讨论的都是一些著名的男女领袖，有的说通常女子要比男子优胜，有的说男女只是不同罢了，其间无所谓优劣高下；但谁都承认只要女子能够和男子一样地独立，她们的忠诚也就不亚于男子。

一半因为传统的思想与教育，一半也确乎因为女子的特性，我们很承认许多女子对于道德责任的权利不敢自信，因而就不愿意担任下来。她们不但不担任，并且还要从而为之解释，说女子天职是应该牺牲自己的，或者另换一种比较用专门的术语的说法，女子的天性是要“受虐淫”的（masochistic）[135]。克拉夫脱-埃宾（Krafft-Ebing）不说过么，世间是有这么一回事的，就是，女子的天然的“性的降服”（“sexual subjection”）[136]。这种说法究属确不确，我们看不太明白，但即使假定是确实的，女子的道德责任还是道德责任，也不能因为它便给取消呀。

布洛克和奥埃仑堡（Eulenburg）都竭力否认女子在性的方面有天然“降服”的倾向，他们认为这种倾向是后天人工的产物，是女子社会地位低落的结果，并且说，要是当作一种生理的特点来看，那么，男子在这方面反而比女子要厉害得多[137]。据我所能见到的，我也以为女子要比男子肯牺牲自己的看法，并没有多大生物学的价值。所谓自我牺牲，假若其间有些微强迫的意味，不论此种强迫为物质的抑或道德的，就不配真正用自我两个字；即使是一种从容就义的行为，也只能说是牺牲了一个小善，来换取一个大善。一个人吃了一顿好饭，我们也不妨说他“牺牲”了他的饥饿。即就传统的道德的范围而论，一个女子爱上一个男子，终于牺牲了她的色相，她的“名誉”，但因为这一番牺牲她便得到了一些她认为更有价值的东西。有一位女子曾经说过：“一个女子能够献身于自己所爱的男子，而使他快乐，这对于她是何等的一个胜利呀！”所以建筑在健全的生物基础上的道德是用不着“牺牲”的。即使要用的话，那么，生物求爱的自然法则所要求的自我牺牲，是在雄的、牡的、男的一方，而不在雌的、牝的、女的一方。著名猎取狮子的狩猎家热拉尔（Gérard）说，牝狮子总是挑选那最有力的牡狮子做配偶的；在挑选以前，它鼓励他们打架，不是决一个雌雄，而是决一个谁是最雄；它自己却悠闲自在的躺着，肚子着地，两眼向前，看它们相杀，那根尾巴还不住的像一根鞭子似的左右打动，以表示它的快乐。每一只牝狮，总有好几只牡狮向它求爱，但它只接受最优胜的一只。这样一个求爱的过程里，岂不是究竟是牡狮子牺牲得大，而牝狮子却毫无损失？这原是大自然界一种权衡轻重的方法，在生殖功能上，牝的一方的责任既特别的严重，那么，在此种功能实现以前的求爱的过程里，自不宜叫它再吃什么牺牲的亏。

上文所讨论的种种似乎可以叫我们得到这样一个结论。就是，道德的责任心发达以后，女子的行为要比以前为易于了解[138]；至少她多少可以有自己制裁的力量，而别人不必多问。在性关系一方面，尤其是如此。在已往，男子要有“百善”，而女子所要讲求的，只有“一善”。这在以后是不可能的了。把女子的性行为的责任，大部分都堆在她自己的肩膀上以后，性的行为也就可以成为一桩私人的事，不管是好是歹、是善是恶，可以由她自己认账，社会从此可以不必多问。性交的行为是一件生理的事实，为男子如此，为女子也未尝不如此；它也是一件精神的事实，但并不是一件社会的事实。它非但不是一件社会的事实，并且在实行的时候，要比任何事实宜乎守秘密，而不宜公开。这不宜公开的一点，又是人类共通，甚至于全部动物界也都共通的事实。这不公开的要求，对于女子尤其是不可少，因为羞涩贞静的心理在她一方面尤其是发达，而此种心理也有它的生物学的根据，是改变不来的[139]。然则社会管得着些什么呢？一定要等到生了小孩子，或得了胎，社会对于男女间的性的行为，才有过问与置喙的权利。假若没有生育的关系，那么性交的行为，便和别的私人的生理行为一样，当然和社会不生关系。社会要过问的话，不是横加干涉，便是多管闲事。[140]但是孩子的产生却是一件社会的事实。社会要管的是，不是进子宫的是什么，乃是出子宫的是什么。多一个小孩，就等于多一个新的公民。既然是一个公民，是社会一分子，社会便有权柄可以要求：第一，他得像个样子，可以配在它中间占一个地位，第二，他得有一个负责的父亲和一个负责的母亲，好好地把他介绍进来。所以爱伦·凯说，整个儿的性道德是以小孩子做中心的。

我们的讨论快到一个终点了。到此，我们也许可以看出来，女子道德责任心的发展，所引起的变迁，是怎样的巨大。女子的责任一天不能发展，她的性行为的担子，一天要教她的父亲或丈夫挑着，还要社会的人从旁杭育杭育的喊着，那么，整个儿的性道德，便一天不能脱离那个旧的中心，就是，女子的阴道的入口处。为道德的维持计，整个儿的社会的耳目便不能不集中在那一点上，而婚姻法律的规定，也随时随地不能不拿那一点做参考。

这在以后也是不可能的了。无论性或其他方面，女子一经负道德的责任以后，社会再要向她最切身的生理与精神行为，横加窥伺，那就不特叫人难以容忍，也未免太无意义了。她要有什么社会的行为，她就自会直接向社会负责，但在这行为没有成事实以前，她对它是没有责任的。

这新的女子的道德责任究竟包括些什么，究竟牵涉到些什么，在这母道的一点上我们就可以看得分外的清楚。在以前的道德系统之下，对于性交的行为，男子则有负责的自由，而女子则否，于是乎，天下最便宜的事便是没有生育结果的性交，而天下最吃亏的事便是有生育结果的性交。就彼此自然的倾向而论，男子最大的快乐，是在前一种的性交，而女子的则在后一种。旧式的性道德对于女子的悲剧就在这一点上产生出来：性交原是男女两人的事，以两人之事而由一人负责，在男子好像是已经尽了他的人事，但在女子一方面，却因为种种社会的法律的限制，却未必真能责成男子负责，除非是她对于男子为她而不为他自己所规定下来的种种条件，先加以满足。要知只是性交这一件事，也就是男子所最欢迎的一件事，无论在何种情势之下，是没有多大社会的严重性的，但生男育女的事却有极大的严重性，而此种严重性的责任，设非女子早就做到对于男子所要求的种种条件，便得由她负担，而成为一种罪名。尝甜头的是男子，吃痛苦的是女子：徒负负责之名的是男子，而吃实际不负责的亏的却是女子，天下不公平的事，还有比这更厉害的么？以前父权制度下社会生活的安排里，最不幸的一种结果，大约要算它，而最不自然的结果，也非它莫属了。在伟大一些的政治组织里，只要女子有一点自己管理自己的权利，这种不幸与不自然的结果是

从没有发生过的。

一般专说现存话的抽象的理论家当然会说，也确乎说过，女子尽可以自己做主，不受男子的诱惑，她们在没有把男子稳稳地圈入婚姻的牢笼以前，大可不必轻言恋爱。这真是绝对没有用处的现存话，因为它没有理会，恋爱虽属自然，即一夫一妻制度亦不无自然的依据，而法定婚姻却不过是一种浮面的形式，除非一个人的自然的冲动是十分微弱，它是没有多大约束的力量，即使有，也不能永久的加以约束。文化的增进，叫人能更加有先见之明，更加能制裁自己的行动，原是不错的，但假若太信任这种先见与制裁的能力，而想把一种像性欲一般的自然势力完全托付给它们，那就未免非愚即妄了。李氏的那本《祭司的独身生活》（Lea, *History of Sacerdotal Celibacy*）不早就把这种见地之所以为愚妄，一劳永逸的告诉我们了么？

还有一层，假若我们在这方面把男女的种种自然的行为倾向比较一下，便可知女子虽比较的幽静、谨慎，而先见与自制的能力实不及男子。同时女子的性欲的范围却远比男子为大，所以一经唤起，其控制与驾驭之难，亦远出男子之上[141][142]。所以我们要是太把先见与自制的能力相责，在男子则失诸轻以约，在女子则失诸重以周，都是不公平的。在性的园地以内，女子的名分既要远比男子为大，则我们研求标准的时候，我们主要的参考物，也宜乎是女子的自然的要求，而不是男子的。

女子的性责自成为事实以后，生活中种种自然的关系就重新找到了合乎生物原则的位育，母道也就还归到它原有的神圣的性格。子女的成孕与产生，应该在何种条件之下，才算最为合宜，也就成为女子自己最关切的事。一个孩子的出生，总得有一个负责的父亲，公开的加以承认，这当然还是社会应该注意的一点，但出生的环境以及种种的条件，总该由母亲自己负责。这一种立场与见地，在理论上与事实上，目前在开明一些的国家里，都已经渐渐的受人了解。[143]

注释

1　例如拔克司所著的《率直的论文集》（E. Belfort Bax, *Outspoken Essays*），第 6 页。

2　这是霭氏性道德的基本主张之一，近年以来，已经受一部分通人接受。林赛（Ben B. Lindsey）伴婚制（Companionate Marriage）的拟议，罗素在《婚姻与道德》（*Marriage and Morals*）一书中的许多主张，其实全都拿这个主张做张本。美国人马谷尔特曾作书加以抨击（Charles W. Margold, *Sex Freedom and Social Control*，1926 年芝加哥大学书局出版），是非曲直，一言难定，当找一个机会，特地加以讨论。——译者

3　《伦理学的方法》（*Method of Ethics*），第二篇，第十一章。

4　这里所说的奇事当然是指男子择婚时的盲目：往往平日标准越高，最后的决定，至少在旁人看来，是越将就；标准的高明和实际的不高明往往可以差得很远，有时候并且根本相反。这种例子很多，读者很容易从自己的朋友中间找到一二。之所以会有此事的理由，可参看拙著《冯小青》（余论二）及《中国之家庭问题》（婚姻选择的标准），现都归商务印书馆印行。——译者

5　霭氏另有《婚姻论》一篇，和本篇同为《性心理学研究录》第六辑的一部分。——译者

6　中国道德一名词的由来，其实和西洋的很有些相像，“道”是“人所共由之路”，“德”以前作“直心”，说文上解作“外得于人，内得于己”，因为能够顺从一时的习惯，即走上大家走的路，所以能“外得于人”；既“外得于人”，斯“内得于己”，这种的解释方法去道德为习惯的原义还不远。徐锴以为应作“内得于己，外得于人”，“内得于己，谓身心所自得也，外得于人，谓惠泽使人得之也”——那就成为后来的见地了。原有的解释是现实的，就事论事的，徐氏的解释便包含“应该”

的与理想的意味。前者的道德近习惯，而后者便是仁义道德的道德。——译者

7　这些理由是和社群的治安有关系的。马太教授（Prof. A. Mathews）在《科学与道德》（“Science and Morality”）一篇文字里说：“一切不道德的行为势必造成社群的痛苦，一切道德的行为势必造成社群的幸福。”见《通俗科学月报》（*Popular Science Monthly*），1909 年三月号。

8　参看韦思特马克的《道德观念的起源与演变》（Westermarck, *Origin and Development of the Moral Ideas*），第一册，第 386—390、522 页。

9　参看韦思特马克的《道德观念的起源与演变》（Westermarck, *Origin and Development of the Moral Ideas*），第一册，第 9 页及第 159 页，又第七章全章。与习惯相符合的动作可以得公众的赞许，否则所得为公众的厌恶愤怒。韦氏以为这种赞许与厌恶是道德评判的基础，并且还下过一番有力的讨论。

10　这一层是早经法学的作家所承认的，例如德人薛吕德（E. A. Schroeder）的《性范围以内的权利》（*Das Recht in der Geschlecht Ordnung*），第 5 页。

11　美国社会学家桑姆纳（W. G. Sumner）在他的《民俗》（*Folkways*）一书里（第 418 页），甚至以为不妨把这个字“道德”的形式改变一下，以示与道德的真实的和基本的意义有别；同时又提出“摩瑞士”（mores）一字，来专指“一切可以促进社会改造的通用的与传统的习惯。”桑氏又说：“不道德的一名词所指的无非是一些违反当时此地的‘摩瑞士’的行为而已，此外别无意义。”但我们以为道德这个古老的名词实在一点也没有取消的必要，我们只要承认，在实际与应用的一方面，它实在是和习俗这样东西一而二、二而一的，那便够了。

12　参看韦思特马克的《道德观念的起源与演变》（Westermarck, *Origin and Development of the Moral Ideas*），第一册，第 19 页。

13　可参看的作品不止一种，例如《族外婚与中表为婚》（“Exogamy and Mating of Cousins”）一文，在《泰勒教授祝嘏文集》（*Essays Presented to E. B. Tylor*）中，第 53 页。这篇文章里说：“在初民生活的许多方面里，我们往往发现一种欲望，好像是要帮大自然的忙，要把凡属常态的事物加以推崇，到了后来，更要用风俗与法律的威力，来加以五

申三令。这种倾向，在我们文明的社会里，依然是很发达，并且因为推崇常态的缘故，往往对于一切反常与偏激的事物，很过不去，因此而受埋没的奇才异禀，也很不在少数。”

14 这也不外久、穷、变、通的道理，历来道德的大患在穷而不变，性道德尤其是如此。——译者

15 位育的活力，或活的位育力，原文作 Vital adaptibiliy；译者按英文 adaptation 或 adjustment 一字的意思，时人大率追随日本人之后，译作“适应”或“顺应”，鄙意嫌其太消极，太片面，不免太把环境看作主体，而生物看作客体，而有生物迁就环境的意思；对于人类，似乎尤其是不切。今改为“位育”，当然是依据《中庸》上“天地位”、“万物育”的两句话，尤其是这两句话的注解：“位者安其所也；育者遂其生也”，安所遂生，而生物之能事尽矣。——译者

16 基督教的精神，据保礼奴斯的《书信》（Paulinus，Epistles XXV）中所示的种种，迭尔（Dill）在他的《罗马社会》（*Roman Society*）第 11 页上，以为不但放弃了公民资格，并且把文化与社会生活从困苦艰难中得来的一切成果，完全恝置不要。

17 《欧洲道德史》（*History of European Morals*）的作者勒基（Lecky）也有过相似的论调。他说：“在伦理学的一切部分里，关于两性关系和妇女地位的种种问题，前途是最最没有把握的。”自勒氏以来，情形也许已经稍有进步，但就大多数的民众而论，他的这些话还是不差的。

18 经济的婚姻可做一种文化的前代的遗留看，可参看的文字不止一家，例如布洛克的《现代的性生活》（Bloch, *The Sexual Life of Our Time*），第 212 页。

19 见《男女恋爱生活的不同》（“Verschiedenheit im Liebe-slehen des Weibes und des Mannes”）一文，载 1908 年十二月份《性科学期刊》（*Zeitschrift für Sexualwissenschaft*）。

20 这一层《英国的离婚问题》一书中，第 56 页，亦曾提到。

21 见塔氏所著《佩里戈尔地方的古犯罪学》（“Archeologie Criminelle en Périgord”），载 1898 年 11 月 15 日《犯罪人类学藏档》（*Archive de L’Anthropologie Criminelle*）。

22 见司戈贝尔的《议案与命令》（Scobell, *Acts and Ordinances*），第 121 页。

23　见瑟南古所作《论爱情》(Senancourt, *De l'Amour*)，第二册，第233页。《英国的离婚问题》(*The Question of English Divorce*)的著者“某君”以为英国的淫风虽甚，而舆论不加苛责，原因就在离婚法律古板得太没有道理。

24　见马氏所作《积极性改革论的管见》(“Etwas von Positiver Sexualreform”)一文，载1908年十一月号的《性的问题》(*Sexual Probleme*)中。

25　见夫人所作《家庭》(*The Family*)一书，第351页。夫人以为若此种结合，对于人格的发展发生阻碍，那么，也未始不是一种社会的恶事。此见甚是。

26　指满21岁，男女一律，比中国法定的成年迟一年。——译者

27　瑞盎医师(Dr. Michael Ryan)在他的《婚姻哲学》(*Philosophy of Marriage*,1837，pp. 58-72)里，搜罗了不少的有趣的材料，以示爱尔兰人所以早婚的理由。

28　见和记者的谈话,1906年9月8日的《每日史纪》(*Daily Chronicle*)。

29　这一番话不过是姑且引来，以示婚姻太早的危险，本身固不足为训。——译者

30　见女士所作《科学淑世论》(*Scientific Meliorism*)第十七章。

31　《苏拉伯与露斯登》(*Sohrab and Rustem*，pp. 129-137)。

32　伯登的《罗圣之城》(Burton, *City of the Saints*)附录四。

33　《婚姻改革的我见》(“Auch Ein Wort zur Ehereform”)一文，载《性与社会》(*Geschlecht und Gesellschaft*)，第一年，第十篇。

34　《苏拉伯与露斯登》(*Sohrab and Rustem*)，第163页以降，可做参考的一例。

35　参看《羞涩心理的演化》(“The Evolution of Modesty”)，《性心理学研究录》第一辑。

36　参看布洛克《现代的性生活》(Bloch, *Sexual Life of Our Time*)，英译本，第237页上译者的小注，及小注中所引赫金斯《陶色地方的历史与古迹》(Huchins, *History and Antiquitics of Dorset*)一书(第二册，第820页)中的话。

37　《巴黎的娼业》(*La Prostitution à Paris*)，第137页。

38 《恋爱与婚姻》(见注 143),第 123 页。

39 见介德根(Gaedeken)引罗平与微士德卡特(Rubin and Westergaard)所为文,载《犯罪人类学藏档》(*Archive de L'Anthropologie Criminelle*),1909 年 2 月 15 日出版的一号。

40 迈埃尔《日耳曼民俗》(E. H. Meyer, *Deutsche Volkskunds*),1898 年出版,第 154、164 页。

41 《婚姻改革的我见》("Auch Ein Wort zur Ehereform")一文,载《性与社会》(*Geschlecht und Gesellschaft*),1907 年,第二集,第一篇。

42 "贞操"条下。

43 《罗马社会》(*Roman Society*)一书的作者迭尔(Dill)有此见解。

44 条顿民族的信仰与风俗颇利于性自由的发展,一部分的证据我以前讨论《性的时期性》(*Sexual Periodicity*)时,曾加以征引,见《性心理学研究录》第一集,又吕迭克所著的书(1897 年,第 146 页以降)亦有征引。

45 《性的问题》(*Sexual Probleme*),1908 年八月号,第 506 页。

46 《性与社会》(《婚姻改革的我见》)号外,第二册,第五种,第 145 页。

47 参看达亚《俄国的性运动》(Werner Daya, "Die Sexuelle Bewegung in Russland")一文,载《性科学期刊》[《男女恋爱生活的不同》("Verschiedenheit im Liebeslehen des Weibes und des Mannes")] 1908 年八月号;又 1909 年一月份《国际私法杂志》(*Journal du Droit International Privé*)中所载《俄国的恋爱结合》("Les Associations Erotigue en Russe")一文的大意,曾经同年二月份的《思想杂志》(*Revue des Idees*)转载。

48 俄国性自由运动,自 1917 年革命成功以来,早已告一段落,详见最新出版的哈雷女士《苏俄的妇女》(Fannina Halle, *Woman in Soviet Russia*),第五—七章。——译者

49 《基督教与性问题》(*Christianity and Sex Problems*)第八章。

50 参看普威士(Powys)在《生物量学杂志》(*Biometrika*,1901-1902 年,第一卷,第 30 页)上所发表的文字。

51 《德国的性与道德的关系》(*Die Geschlechtlichen-sittlichen Verhältnisse im Deutschen Reiche*),第一册,第 218 页。

52 《人的恋爱的几章》(*Chapters on Human Love*),1898 年出版,

第 117 页。

53　载在《性教育学》(*Sexualpädagogik*)，第 271 页。

54　原文作“Married But not Parsoned”，无法直译。——译者

55　在南美洲的委内瑞拉国(Venezuela)，大多数的婴儿也是正式婚姻以外的产物，据说最大的理由并不是道德的荡驰，而是怕出那一笔正式婚姻的费用。

56　据德罗(Hugues de Roux)说，在非洲阿比西尼亚(Abyssinia)，民众信奉基督教，而认婚姻是一件能结而不能解的行为，但因为费用太大，大家总要等到中年以后、老年快来到的时候，才举行婚礼。见《性的问题》(见前), 1908 年 4 月，第 217 页。

57　野蛮民族与半开化民族中，几乎没有独身的现象，证据甚多，可参考的文字亦不少，例如韦思特马克的《人类婚姻史》(*History of Human Marriage*) 第七章。

58　例如法国有不婚的女子二百万，比利时有全数女子百分之三十，德国有时候高至百分之五十。

59　这种见地，如其完全从生物学的立场来看，也不能说没有理由，因为在绵延种族的性的功能上，女子的名分似乎比男子要大许多。布施(D. W. H. Busch) 在八九十年前就说：“要是我们完全从体质方面来看性的本能，不但女子不能算作男子的资产，而且若把男子当作女子的资产，理由反而要来得充分。”见《妇女的性生活》(*Das Geschlechtsleben des Weibes*)，第一册，第 201 页。

60　见希氏史书，第一册，第一百七十三章。

61　按这里所说的“女子政治”或“女治”，英文为 Gynaecocracy，“女治”和“母权”(Matriarchy) 程度上很有一些分别。“母权”的社会，民族学上还可以找到一些资料，但“女治”的社会，便几乎完全没有。巴霍芬一班人的错误就在根据了一些母权的零星资料，来树立一个“女治时代”的学说。——译者

62　系属和治权事实上是截然两事，早经达而恭在他的《母权与父权》(L. von Dargun, *Mutterrecht und Vaterrecht*, 1892 年出版) 上说过。韦思特马克虽以为施丹麦兹 (Steinmetz) 并没有绝对证明在母系制度之下，夫权一定会减少，同时却也可以为假若一个丈夫住在妻子的家里，他的权力多少要打些折扣。见韦思特马克的《道德观念的起源与演变》

（Westermarck, *Origin and Development of the Moral Ideas*），第一册，第655页。

63　按这里所说的“女子政治”或“女治”，英文为Gynaecocracy，“女治”和“母权”（Matriarchy）程度上很有一些分别。“母权”的社会，民族学上还可以找到一些资料，但“女治”的社会，便几乎完全没有。巴霍芬一班人的错误就在根据了一些母权的零星资料，来树立一个“女治时代”的学说。——译者

64　见斯密士的《古阿拉伯的氏族与婚姻》（Robertson Smith, *Kinship and Marriage in Early Arabia*）；弗瑞泽尔在1886年3月27日的《学院杂志》（*Academy*）里也以为非洲阿比西尼亚（Abyssinia）北境的半色米底人（Semitic），因为没有经历过回教的富有革命性影响，到今还保留着一种婚制，和“比那”婚制十分相像，但此种婚制同时也包括一些另一种相反的制度的遗迹，这种相反的制度，在斯密士的书里叫作“巴尔”（Ba'al）婚制，那就是一种以女子为财产的买卖婚了。

65　见斯宾塞与格林合著的《中澳洲的北方部落》（Spencer and Gillen, *Northern Tribes of Central Australia*），第358页。

66　见瑞伊士和勃林冒琼士合著的《威尔士民族》（Rhys and Brynmor Jones, *The Welsh People*），第55—56页。又瑞伊士独著的《非基督教的凯尔特民族》（*Celtic Heathendom*）第93页。

67　见瑞伊士和勃林冒琼士合著的《威尔士民族》（Rhys and Brynmor Jones, *The Welsh People*），第214页。

68　葛劳力（Crawley）举过许多例子，见《神秘的玫瑰》（*The Mystic Rose*），第41页及以后。

69　见瑞维岳《古代的妇女》（Revillout, “La Femme dans l'Anliquité”）一文，载1906年的《亚细亚杂志》（*Journal Asiatique*），第七卷，第57页。同时可以参看马克斯（Victor Marx）所著的《阿叙利亚考古学一得录》（*Beiträge zur Assyriologie*），1899年，第四集，第一篇。

70　霭氏在早年的作品里，也往往用“平等”这个名字；要是仅仅用于法律一方面，当然不成多大问题，但若把它适用到生活的全部，霭氏自己也知其未妥。霭氏在1929年修正的《男与女》的序文里，便提出“均值”（Equivalence）的概念，来替代“平等”（Eqality）的概念。现在译文中，不论其所应用的为法律方面与否，一概译作“平等”，以存其

旧。——译者

71　见杜那尔曾《妇女简史》(Donaldson, *Woman*)，第196、241页及以后。尼佐尔特在《埃及的婚姻》(Nielzold, *Die Ehe in* "*Agypten*")第17页上说起提奥多罗斯(Diodorus)所说的埃及没有私生子的话似乎还应加以注解，不应按着字面接受。但无论如何，埃及的私生子在社会上并没有什么不方便处，却终究是一大事实。

72　见亚美利诺《埃及人的道德》(Amélineau, *La Morale Egyptienne*)，第194页，又霍布豪斯《演化中的道德》(Hobhouse, *Morals in Evolution*)，第一册，第187页；又白脱瑞《古埃及的宗教与良心》(Flinders Petlrie, *Religion and Conscient in Ancient Egypt*)，第131页及以后。

73　见亚姆饶姆的《犹太的离婚法律》(D. W. Amram, *The Jewish Law of Divorce*)。

74　见马尔色的《回教法律上的父母与继承人》(W. Marçais, *Des Parents et des Alliés Successibles en Droit Musulman*)。

75　见梅恩《古代法律》(Maine, *Ancient Law*)，第五章。

76　见杜那尔曾《妇女简史》(Donaldson, *Woman*)，第109、120页。

77　*Mercator*(疑为一种地理学的刊物)第四卷，第5页。

78　《法律精粹编》(*Digest*)第四十八册，第十三卷，第5页。

79　见霍布豪斯《演化中的道德》(Hobhouse, *Morals in Evolution*)，第一册，第213页。

80　见霍布豪斯《演化中的道德》(Hobhouse, *Morals in Evolution*)，第一册，第216页。

81　此外比较不甚知名的先进还多，可参看麦吉尔孔姆女士(Harriet Mcllquham)在《惠斯明士德杂志》(*Westminster Review*)中所发表的许多篇文字，尤其是1889年11月份及1903年11月份的两篇。

82　基督教对于妇女地位的影响，勒基亦曾加以详细的讨论，见《罗马社会》(*Roman Society*)，第二册，第316页以降。又见杜那尔曾《妇女简史》(Donaldson, *Woman*)，第三篇，亦有同样的讨论。

83　原文为Eccentric，译作“偏心”，最合。——译者

84　见米尼《教父学》(Migne, *Patrologia*)，第一百五十八册，第686页。

85　见贝杜李欧《法国风俗史》(Bedollierre, *Histoire de Moeurs des*

Frangais），第一册，第 180 页。

86 详见斯密士与溪丹合辑的《基督教古物字典》（Smith and Cheetham, *Dictionary of Christian Antiquities*）“性的隔离”条下。

87 见杜那尔曾《妇女简史》（Donaldson, *Woman*），第 182 页。

88 韦思特马克的《道德观念的起源与演变》（Westermarck, *Origin and Development of the Moral Ideas*），第一册，第 669 页。

89 见他所作的史书，第八册，第二十章。

90 见斯密士与溪丹合辑的《基督教古物字典》（Smith and Cheetham, *Dictionary of Christian Antiquities*）“婚姻”条下。

91 《妇女问题》（*Die Frauenfrage*），1901 年出版，第 28 页以降。

92 见《新约全书》，《约翰福音》，第八章，第一至十节。——译者

93 见斯密士与溪丹合辑的《基督教古物字典》（Smith and Cheetham, *Dictionary of Christian Antiquities*）“犯奸”条下。

94 《民俗》（*Folkways*），第 359—361 页。

95 至于丈夫鞭打妻子的权利，参看霍布豪斯《演化中的道德》（Hobhouse, *Morals in Evolution*），第一册，第 234 页。就英国而论，一直要到查理二世许多新运动发轫的时候，才把此种权利注销。

96 原文中有赌咒的语气，并引圣马利亚的神灵监誓，不妨译作“向圣母保证”，但译文中省略。——译者

97 《武士道》（*La Chevalerie*），第 236—238、348—350 页。

98 《英国法律史》（*History of English Law*），第二册，第 437 页。

99 同前霍氏书，第一册，第 224 页。

100 Schrader，*Reallexicon*，“买妻”条下。

101 见拜克《英国犯罪史》（Pike, *History of Crime in England*）第一册，第 99 页。

102 英国金币，合二十一先令。

103 《教会民间传说》（*Church Folklore*），第二版，第 146 页。

104 见福克斯女士所著《法律与风俗中少女的地位》（Natalie Fuchs，“Die Jungfernschaft im Recht und Sitte”），载 1908 年二月份的《性的问题》（见前）。

105 见她的作品 *Una Poenitentium*，1907 年出版（似可译作在《在忏悔中的婀娜》，婀娜似为英诗人斯朋色尔所作《仙后》中的女主角，

但译者未见此书，一时亦无从打听，不敢断定）。

106　见女士所作《男子拳力杂论》（“Einiges über die Starke Faust”）一文，载 1905 年出版的《女性论评》（*Zur Kritik der Weiblichkeit*）。

107　探险家拉斯摩孙（Rasmussen）在他的那本《极北民族》（*People of the Polar North*）里，第 56 页上，描写一对夫妇打架，起初打得非常凶险，彼此都把对方打倒过一次。“但不久以后，我再往里窥视的时候，他们已经交颈熟睡，彼此还拥抱着咧。”

108　可参看鲁杜维溪（A. M. Ludovici）的作品：Lysistrata，*Woman: A Vindication; Man: An Indictment*（有中译本），又刘英士译的《妇女解放新论》（Meyrick Booth，*Woman and Society*），在这一层上也有发挥，此书现归商务印书馆印行。——译者

109　见霍布豪斯《演化中的道德》（Hobhouse, *Morals in Evolution*），第二册，第 367 页。德国女医师斯特克尔（Stöcker），在她的《恋爱与妇女》（*Die Liebe und die Frauen*），也极言个人责任是性道德的一大因素。

110　《不列颠医学杂志》（*British Medical Journal*），1908 年 10 月 3 日。

111　1897 年十月份的澳洲《过眼录的过眼录》（*Review of Reviews*）。

112　按此论甚晦，假若不拿此类势力做基础，我们不知道究竟应该拿什么做基础。难道是法律的制裁甚或是刑法的制裁不成？——译者

113　希瑞拿女士（Olive Schreiner）曾极言寄生现象对于女子的坏处。她说：“男子财富增加以后，把它用在女子身上，实际上对于女子不一定有利，也不一定提高她的地位，这情形好比他的姨太太把她的多出来的钱财用在那条巴儿狗身上一样，她可以给它一个野鸭绒的垫子，来代替原有的鸡毛垫子，可以给它鸡肉吃，来代替原先的牛肉，但是那条狗在身体上和脑筋上究竟得了多大好处，仍旧是一个问题。”见女士所作《今日的妇女运动》（*The Woman's Movement of Our Day*）一文，载 1902 年 1 月的《哈泊氏奇货集》（*Harper's Bazaar*，似为一种杂志）。女士深信妇女的寄生现象是今日社会的一大危机，如其不加挽救，“全部文明国家的女子前途坠入一个绝对依赖的深渊，万劫不能自拔”。

114　霍布豪斯说：在罗马与日本，父权制度虽已发达到一个最高的限度，但遇有有资产的女子，两国的法律便都能予以保护，而男子实际上反退居一种隶属的地位。见霍布豪斯《演化中的道德》（Hobhouse, *Morals in Evolution*），第一册，第 99、169、176 页。

115　见希氏史书，第二册，第三十五章。这位希腊的大史家说：当时奉养老辈的责任，在女而不在男。就从这一点，可知当时妇女的经济地位很高。后来别的观察埃及文化的人以为埃及女子很像是男子的老板，例如罗马的史家提奥多罗斯（原名见《埃及的婚姻》），观此，也就觉得不足为奇了。

116　霍布豪斯（《演化中的道德》）、黑尔（Hale）和格罗色（Grosse）却以为一个经济地位高的民族一定有高的妇女地位。但韦思特马克（《道德观念的起源与演变》）则和希瑞拿女士（《今日的妇女运动》）的见地相同，以为此项须修改后方可接受，不过同时也承认农业生活对于女子的地位有良好的影响，因为女子自己也是躬亲其事的分子。所以民族经济地位虽好，未必能真正提高女子的地位，除非女子在经济活动里的名分确乎是生产的，而不是寄生的。

117　韦氏又曾经征引许多例子，证明野蛮民族的女子往往有很可观的财产自主权，但文化进入高一些的境界以后，此种权利便有消失的倾向。《道德观念的起源与演变》，第一册，第二十六章，又第二册，第 29 页。

118　英国机械工业界女工的逐渐增加实始自 1851 年。目前（1909—1910）的估计，在工商界的女子约有 350 万人，此外还有 150 万做家庭仆役的女子。详见赫士伦（James Haslam）在 1909 年《英国妇女杂志》（*Englishwoman*）上所发表的几篇文章。

119　参看霍布森《近代资本主义的演进》（J. A. Hobson, *The Evolution of Modern Capitalism*），1907 年第二版，第十二章“近代工业中的妇女”。

120　《演化中的道德》，第一册，第 228 页。

121　《达尔文所传的福音》（*The Gospel according to Darwin*），第 199 页。

122　《近代资本主义的演进》，第十二章，又参看霭氏自著的《母与子》，《性心理学研究录》，第六辑，第一章。

123　见英国小说名家费尔亭（Fielding）所作小说《汤姆·琼斯》（*Tom Jones*），第三篇，第七章。

124　甚至于基督教会也接受这种支配责任的方法，所以“诱致”（“solicitation”）的罪名，就是听取认罪的神父诱奸认罪的女教徒的罪名，是完全在神父身上，而与女子无干。

125　见格尔逊（Adolf Gerson）所发表的文字，《积极性改革论的管见》，1908年，9月号，第547页。

126　丈夫的性知识的缺乏，往往可以引起不幸福的结果，作者以前在讨论《女子的性冲动》（“Sexual Impulse in Women”）时，已加以讨论，见《性心理学研究录》，第三辑。未来讨论到《恋爱的艺术》时，还有机会要讨论。

127　霭氏另有专论娼妓问题的一文，和本篇同为《性心理学研究录》第六辑的一部分。——译者

128　见庇氏所作今日已成英国文学界名著的日记，惠特莱（Wheatley）编订本，第七册，第10页。

129　见朗勃罗梭与弗瑞罗合著《犯罪的妇女》（Lombroso and Ferrero, *La Donna Delinquent*）；又霭理士《男与女》（*Men and Woman*）第四版，第196页。

130　见戈氏所著《道德的神学》（*Theologie Morale*），第381页。

131　何以容易扯平，殊不明白，难道说男女的人数既相抵，则一部分“完全诚实”的女子遇到了不修边幅的男子以后，也就势有所不能保持她们的“完全诚实”么？——译者

132　《恋爱论》，第二册，第85页。

133　参看霭氏自著的《男与女》，第四版，尤其是第448页以降。

134　法国《过眼》杂志（*La Revue*），1909年1月1日。

135　变态性心理学所承认的种种变态里，有两种相对立的变态，一个叫作“虐淫”（Sadism），一个叫作“受虐淫”（Masochism），也可以译作“作践淫”与“被作践淫”；前者以“作践”对方得性的愉快，后者则适得其反。——译者

136　《性心理变态的病源论研究》（*Beitraege zur Aetiologie der psychopathia Sexualis*），第二篇，第178页。

137　这一点霭氏在论《恋爱与痛苦》（*Love and Pain*）时，曾经加以讨论，见《性心理学研究录》第三辑。

138　迈瑞德女士说：“男子总不肯不替女子定下规矩，说该做这样，不该做那样，这种脾气一天不改，他就一天不会了解她。”《男子拳力杂论》，第199页。

139　参看霭氏《羞涩心理的演化》（“The Evolution of Modesty”），《性心理学研究录》第一辑。

140　这是霭氏性道德的基本主张之一，近年以来，已经被一部分人普遍接受。林赛（Ben B. Lindsey）伴婚制（Companionate Marriage）的拟议，罗素在《婚姻与道德》（*Marriage and Morals*）一书中的许多主张，其实全都拿这个主张做张本。美国人马谷尔特曾做书加以抨击（Charles W. Margold, *Sex Freedom and Social Control*, 1926年芝加哥大学书局出版），是非曲直，一言难定，当找一个机会，特地加以讨论。——译者

141　参看沈起凤（桐威）《谐铎》卷九，《“节母死时箴”》一则。——译者

142　这一层的详细理由，参看霭氏所著《女子的性冲动》（“The Sexual Impulse in Women”），亦见《性心理学研究录》第三辑。

143　近年来代表此种见地的著作已日见其多，例如伐尔蒙特教授1908年出版的《婚姻与婚姻权利》（Prof. Wahrmund, *Ehe und Eherecht*）；爱伦·凯女士的作品几乎有开辟一个新纪元的价值，我在此差不多可以不必再提。她许多作品中，尤其有价值的，当然是《恋爱与婚姻》（*Über Liebe und Ehe*）（法德具有译本），其次便是《儿童的世纪》（*The Century of the Child*）；卡彭特的《爱的成年》（有中译本）；佛瑞尔的《性的问题》（Forel, *Die Sexuelle Frage*）；布洛克的《现代的性生活》（经济的婚姻可做一种文化的前代的遗留看，可参看的文字不止一家，例如布洛克的《现代的性生活》（Bloch, *The Sexual Life of Our Time*），第212页。）；斯特克尔女士的《恋爱与妇女》（见霍布豪斯《演化中的道德》（Hobhouse, *Morals in Evolution*），第二册，第367页。德国女医师斯特克尔（Stöcker），在她的《恋爱与妇女》（*Die Liebe und die Frauen*），也极言个人责任是性道德的一大因素。）；雷比1908年出版的《家庭中的妇女》（*Paul Lapie, La Femme dam la Famille*）。

第十章　婚姻

婚姻的定义——动物的婚姻——一夫一妻婚的优势——群婚问题——一夫一妻婚是自然的事实，不是基于人类制定的法律——重礼仪程式的婚姻有置于事实婚姻之上的趋势——婚姻史——古罗马的婚姻——日耳曼人对婚姻的影响——买卖新娘——戒指——基督教对婚姻的影响——这种影响遍天下——婚姻圣礼——圣礼观念的源流——教会把婚姻做成一出公演的戏——教会法——它的健全的纲领——它的发展——它的紊乱和荒谬——英国婚姻法的特点——宗教改革对于婚姻的影响——基督新教的婚姻观念是一种世俗的契约——清教宗的婚姻改革——弥尔顿（Milton）是婚姻改革的先驱——他对离婚的见解——英国在婚姻改革上落后——对于英国离婚法的批评——教会法传统仍然坚持着——通奸的赔偿问题——串通共谋阻碍离婚——在法国、德国、奥地利、俄国等国家的离婚问题——美国——不可能由法律决定离婚理由——双方协议离婚——它的源流——受教会法传统的阻碍——洪堡德（Wilhelm von Humboldt）——主张双方协议离婚的现代先驱——反对简便离婚的理由——孩子的利益——保护妇女——目前

离婚运动的趋势——婚姻不是一种契约——为申请有期限的不动产所有权的求婚——在夫妻的身份地位上法律的规定无能为力和弊端——婚姻不是契约而是事实——只有无实质的婚姻，没有无实质的契约——法律承认没有举行任何仪式的事实婚姻——反对现代趋势的个人契约——道德责任或道义的因素——婚姻是一种伦理的圣礼——个人的责任包含自由——自由是稳定的最好保证——个人主义的错误观念——婚姻的现代趋势——孩子的诞生使婚姻不再只是个人的私事——每一个孩子都必须有一个合法的父亲和母亲——怎样才能收到这种效果——一夫一妻婚的坚实基础——婚姻变异的问题——这类变异无害于一夫一妻婚——最平常的婚姻变异——婚姻的变通控制婚姻变异——婚姻变异比对娼妓，二择一——建立在合理的和人性基础上的婚姻——总述和结论。

前一章讨论性道德的性质，同时对于这种道德的源流走向有一个提纲挈领的描述，难免留下许多模糊不清的问题。我们还可以接着盘诘，在我们中间两性的结合倾向于采取那些明确的死板的形式，这些结合又与我们继承的宗教、社会和法律等等的传统有什么关系。这些都是很重要的问题，牵连到许多似乎普遍存在的不确定的东西。因为我们经常能听到一些有关这些事情的革命性的意见或奇谈怪论。

两人或多人，实行暂时或永久的性结合而且同居，并以养育子孙后代为主要目的之一者，通常就叫作婚姻。这样组合的一群人构成一个家庭。这就是我们通常使用的“婚姻”和“家庭”这两个字眼的最恰当的含义，姑不论是说动物或是说人。因此，在结合的持续时间的长短和实行结合的人数的多少这两方面似乎都留有变异的余地，决定这些问题的主要因子是子孙后代的利益。但是在实际实行中，不只限于人类，而且在较高等的动物里，两性的结合持续的时间较长，往往超过生产子女需要的一个季度，同时，在大多数的物种中雌雄性的数目又大致相等，从而势所必然地造成不论是动物还是人类，他们的家庭只能是由一双性对偶造成，也就是所谓一夫一妻婚，不论有多少除外的例子，这必然是一个基本的规律。

于是我们看到婚姻的中心集中到孩子身上，它从一开始就没有离开子孙后代的福祉而存在的理由。在那些体制构造简单的低等动物中，一生下来就能自立，没有家庭，也不需要结婚。在人类种族中，如果两性的结合没有生殖后代又还继续维持这种结合，就可能有其他一些与大自然和社会两者都没有丝毫直接关系的理由。动物中通过基于自然选择的遗传而发生的婚姻，较低等的人类种族通过习俗和传统把它延续下来，又由更文明的种族通过法律制度加以整理发挥，成为以繁衍子孙后代为目的的婚姻[1]。甚至在文明的种族中，有很大一个比例数的不育的婚姻也倾向于摆出一副始终想要生儿育女的样子，并由于追求生殖而不得不把这种婚姻天长日久地保持下去。

从恋爱或性爱的发达程度看，鸟类在动物界中首屈一指，它们中间往往通行一夫一妻的生活（有人估计约占 90%），缠绵终生；在几种较高等的哺乳动物中，特别是在类人猿中，也有类似的情况；譬如在大猩猩和猩猩中，就存在终老一生的一夫一妻的婚姻生活，幼兽有时候要跟着父母生活长达六年之久，妻子一方的行为中一旦有某种散伙的表示时就要受到丈夫一方的严厉惩罚。变异的例子也常常发生[2]，多半是单纯的适应环境问题；譬如，根据米莱（J. G. Millais）的报道，广味凫（Shoveler Duck），虽然正常状态下是一夫一妻婚，但在雄鸟过剩的时候则行一妻多夫的生活，两只雄鸟时时刻刻都亲爱和睦地陪伴着一只雌鸟，没有任何嫉妒的迹象；在一夫一妻的野鸭中，一夫多妻也和一妻多夫的现象同样时常可见。舒费尔脱（R. W. Schufeldt）在 1907 年 3 月出版的《美国自然学家》（*American Naturalist*）上发表了一篇题为《鸟类的交配行为》（“Mating among Birds”）的文章，也可以参考。在哺乳类的婚姻方面，米勒（R. Müller）在 1909 年 1 月出版的《性的问题》（*Sexual-Probleme*）上发表的《哺乳动物的婚姻》（“Säugetierehen”）是一篇值得一读的好文章，赫金孙（Woods Hutchinson）在《现代评论》（*Contemporary Review*, Oct., 1904 和 Sept., 1905）上发表的《动物的婚姻》（*Animal Marriage*）一文也讨论到动物界普遍流行的一夫一妻婚的现象，不妨一读。

在研究婚姻史的学者中对人类婚姻的最初的形式问题长期争论不休。有些人以为人类的婚姻是从原始的草创阶段的乱交逐渐朝一夫一妻婚的方向演变的；另外一些人则主张人类刚刚开始摆脱类人猿的时候就在总体上盛行一夫一妻婚直到今天。这两种对立的见解都弊于极端化，看来都不足取，而不偏不倚的中庸之道似乎更接近真理。各方面的作家，包括著名的韦思特马克（E. A. Westermark）在内[3]，都说没有充分可靠的证据证明有过原始的乱交阶段，现在还保存的很少几个算是未开化的民族中，也没有真正的无限制的性乱交现象。正如戈弗雷（J. A. Godfrey）指出过的那样[4]，人类社会曾经有过乱交阶段的理论似乎可以从文明社会里的乱交的娼妓现象中得到某种暗示或联想，虽然这种乱交现象实际上是婚姻制度发展的结果而不是婚姻的起源。另一方面，除了假设早期的人类延续着类人猿的性生活的习性之外，也不能说有任何令人信服的证据断定原始的人类一开始就实行严格的一夫一妻婚。无论如何，我想很有可能在向前迈出从猿到人的这伟大的一步时，性的生活习惯也会同时发生某种改变，包括暂时采用比一夫一妻婚更复杂的某种方式。很难看到有哪一个社会领域比性的领域让原始的人类更能操练他的发达的智力和道德的才能，明察秋毫的聪明和道德的慎重禁戒，这些才能在动物实行的死板的一夫一妻婚中是没有施展余地的。也很难看到有什么社会关系比性关系结合得更密切而能成为有力推动社会进步必需的合作与和谐的基础。族外婚（exogamy），或群外婚姻大概至少有一个动机，即需要创建一个更大的社会圈子，以便利于社会的活动和发展（这一点可能是奥古斯丁在他的《神的城市》一书中最早指出来的）。复杂的婚姻制度靠共同的利益把大量的人群结合起来，正好成就了这个目标。狭小的一夫一妻的家庭虽然对照顾子孙后代的利益是极好的依托，但对创建一个更宽广的社会却不能寄希望于它。我们在蜜蜂和蚂蚁这两种动物身上就看到了这个问题，它们是一切动物中社会组织化达到最高程度的种类；它们的社会兴盛只可能通过性关系体制的深刻变化来实现。正如埃斯皮纳斯（Espinas）许多年前在他那部很有参考价值的《动物的社会》（*Des Sociétés Animales*）一书中说的那样："家庭的凝聚力和社会诞生的概率是此消彼长的反比例关系。"或者像舒尔茨（Schurtz）不久前所指出的那样，虽然人类诞生之初就多多少少流行过单婚

（individual marriage）的生活，但是早期的社会，早期的观念和早期的宗教不免会影响到性生活的习惯而改变死板的一夫一妻的婚制。

复杂的人类婚姻的最原始的形式是所谓的群婚，已经证明它现在依然存在，在群婚中，某一类群或类别里的全部女子被视为另一类群的全部男子的现实的妻子或有可能将会是他们的妻子。在中部澳洲的一些部落里就曾观察到这种现象，我们可以不错的说他们是一群原始的与世隔绝的人，有证据说明群婚从前在他们中间是比较普遍的。斯宾塞（Spencer）和格林（Gillen）说："例如，在乌拉朋纳（Urabanna）部落，一群男人就肯定和一群女人保持着持久的被认为是正常的婚姻关系，这种局面与一夫多妻毫不相干，与一妻多夫同样风马牛不相及。这单纯是一群男人和一群女人之间的一种我们可以在法律上称之为婚姻的关系。他没有什么不正常的地方，这种制度多半就是所谓的群婚，它有助于使在彼此的福祉上有共同利益关系的人群结合得更加密切，它是早期推动人类种族自幽谷而臻乔木的一个最有力量的因素。"[5]在澳洲发现的群婚，连同世系从女方的母系和世系从男方的父系，在关于"初夜权"（jus primoe moctic）的大量讨论中，大概还保存着群婚的遗迹。[应该补充一句，托马斯先生（N. W. Thomas）在他的《论澳洲的亲属称谓和婚姻》（*Kinship and Marriage in Australia*, 1908）一书中做结论说，在澳洲并没有证据证明曾经有过群婚，韦思特马克教授在他的《道德观念的起源与演变》（*Origin and Development of the Moral Ideas*）一书中坚持他在此前的《人类婚姻史》（*History of Human Marriage*）中发表过的意见，对群婚持通盘怀疑的态度；他认为乌拉朋纳（Urabunna）的习俗

或许是偏离了正常的单婚制的失序的现象，并且把群婚理论看作是“古老的乱婚理论的残膏宿火”。迪尔凯姆（Durkheim）也相信澳洲的婚姻制度不是原始的婚姻形式][6]。不难看出，当社会进步达到某种水平，大范围的杂乱的性交制度便失去了它的价值，而多少经过一些斟酌考量的一夫一妻制逐渐流行开来，它和社会稳定的要求与发挥男性的势力的主张相得益彰。

韦思特马克的《人类婚姻史》大概仍旧是一部讨论婚姻问题的最好的史书，虽然其中有几个问题现在需要做一点修正或补充；在探讨原始性观念比较近代的书籍中可能要特别提到克劳利（Crawley）的《神秘的玫瑰》（*Mystic Rose*），而关于文明程度较高级的人类种族中的婚姻生活的变化方面则在霍华德（G. E. Howard）的三卷本的《婚姻制度史》（*History of Matrimonial Institutins*）中多有陈述，书中还开列了大量的参考书目。在泊洛克（Pollock）和梅特兰（Maitland）合著的《英国法律史》（*History of English Law*）第二卷中，对现代婚姻的发展有一番简短清晰包罗万象的精彩描写。

我们必须承认种种变异的现象，从而和走偏锋的理论家保持距离，这些人坚持把所有事实都一股脑用他们的理论加以模铸，但我们可以断定——由于两性在数量上大致相等的昭示——在人种里和在许多其他较高等的动物中一样，一夫一妻婚多多少少总可以维持一段比较长久的时间，这是一个含义深刻的重大的事实。因为我们必须认识到我们在这里面临的是一个自然的事实。两性关系在人类社会和在动物界中一样，都遵循自然的规律，沿着一个标准两边摆动，那种认为支配这种关系的规律是人为设置的理论是站不住脚的。即使所有人为的“规则”或“法律”全部废除，两性关系的自然的秩序仍将和现在一样继续牢固地存在下去。奇切罗（Cicero）说过，把贞节的美德实行到极致的唯有自然。或者像认为我们的种种制度的变迁都是亦步亦趋地跟着自然走的霍尔巴赫（Holbach）所说的那样，“艺术就是自然用他自己制作的工具表演出来的作品。”莎士比亚早就同样看透了这个真理，他说“献给自然的艺术是自然制作的艺术。”法律和宗教支持一夫一妻制；但这种婚制的根基并不是它们，而是人类的需要和习俗，这些因素构成了裁可这种婚制完全正当的法律[7]。或者像科普（Cope）说过的那样，婚姻不是法律的创造物，而法律反倒是婚姻创造的作品[8]。葛劳力通过他对原始的两性关系的研究再次强调这个事实，即我们的正式的婚姻制度并不像许多宗教家和道德家曾经一度设想的那样，是对自然冲动的强迫压制，而不过是那些起初在人的天性中本来是比较流动多变的自然冲动的刚性结晶罢了。我们必须相信，我们的传统婚姻形式并没有引进任何价值因素，而在某些方面却有一些弊端会造成有害的结果。

我们必须记住这个结论，即一夫一妻的婚姻是自然的，它代表了一种和大多数人的本能相须相成的自然的规则，但绝不可错误地认为它和某种特殊的一夫一妻的法律制度的细节相呼应。一夫一妻的婚姻是自然的生物学的事实，在人类中和在许多动物中都是一样的。但是没有一种法律的规章制度是自然的生物学的事实。克劳斯顿（Clouston）是一位十分受人尊重的精神病医生，他曾经在《心理卫生》一书中写道：“只有一种可以解除性欲的压力（nisus）和满足生殖本能的自然模式，就是结婚。”[9]这种说法需要加很多注释才可以采纳，甚至要做很多解释才能明白他这句话的意思，如果我们从英国婚姻法，或者甚至从更开明一点的苏格兰的婚姻法界定的“婚姻”的含义和它的特殊的形式去理解它，那么克氏的这种说法就绝对是错误的。正像戈弗雷（A. J. Godfrey）说的那样，自然的一夫一妻的婚姻和我们的法律制度有很大不同：“前者是人的性别的内在特征的最好的外部表达；而后者则是一宗创造物，其中宗教和道德的迷信起了最重要的作用，而它对个人和社会的健康并不总是有益的。”[10]

因此，我们必须警惕，不要偏向于以为一夫一妻的自然的秩序或规则是某种刚性的或井然有序的东西。有几位社会学家甚至想进一步对一夫一妻的自然性质的范围加以限制。譬如塔尔德（Tarde）[11]，他一面同意一夫一妻制的倾向在当前境况下是自然的，虽然它不太严格，多少被有点不正的姘居或娶妾之类的事冲淡了，但还是比一切其他的婚姻形式都更加盛行，一面又认为这不是由于任何不可抗拒的力量的作用，而仅仅是一个大多数人，包括最文明的人，实行了这类婚姻的事实而已。

我们愿意接受一夫一妻婚并没有达到性道德的终点，而仅仅是一个开始。主要的问题不是一夫一妻制，而是人在一夫一妻制中的生活的性质或方法。仅仅接受一夫一妻制只是起步。一个从心理学的角度来研究性的问题的人，不能不对这个事实产生深刻的印象。

一夫一妻制是如此根深蒂固，如果不考虑它的宗教和法律方面的暂时的作用方面而把它看作是一种甚至早于人类起源之前就已经出现在地球上的一种自然的秩序或规则，就没有理由害怕，或者希望，婚姻制度会有任何根本性的变化。一夫一妻婚是一种冲动的最自然的表现，一般说，没有相当一段时间的互相厮磨交往的条件，它是不会成就这样美满的结果的。种种变异都是围着正常标准的一些必然的摆动，也属于自然的范畴，但是，对偶婚，或偶婚一定始终是一种规律，因为两性的数目是大致相等的，而感情生活的种种需要，即使不把养儿育女的需要计算在内，都要求这种基于互相吸引的婚姻能够尽可能地保持长久。

这里还必须再重复说一遍，婚姻结合的本质的和有价值的部分是它的真实存在，而不是它的形式和长久不变。不是法律的或宗教的礼仪裁可婚姻，而是婚姻的真实存在裁可婚姻的形式。菲尔丁（Fielding）在《奈亭格尔》（*Nightingale*）这部书中讽刺这个人物的愚昧，奈亭格尔是琼兹（Tom Jones）的朋友，他对婚姻社交抱持一种浅薄的观点，贬低婚姻的实质而抬高婚姻的形式的价值。他在要不要和一位女子结婚的问题上十分头疼，很难决断，他和这位女子已经发生过性的关系，而且和她有过性关系的只有他一个人。琼兹谈了自己的意见，奈亭格尔回答说："常识认为你说的这一切都有道理，但是你也清楚，世俗的舆论和你的意见正好相反，如果我和一个淫妇结婚，虽然我自己行为放荡不检，我还是感到和她结婚很羞耻，没脸见人。"我们不能说费尔亭的讽刺现在过时了。譬如，在普鲁士（Prussia），据施赖伯（Adele Schreiber）说，要一个军官去娶他自己的私生子的母亲为妻实际上依旧是不可能的[12]。

《国王的牧歌》（*The Idylls of the King*）是丁尼生（Afred Tennyson）的毫无灵感的作品中的一首诗，他在诗中甚至企图用贬抑婚姻的实质来烘托婚姻形式的光荣。在"兰赛洛特与埃莱恩"（"Lancelot and Elaine"），和"基尼弗尔"（"Guinevere"）三个人物中，基尼弗尔要去和亚瑟王结婚，可是她从来没有见过这位国王，而且这时她正在和兰赛洛特恋爱，所以，这种"婚姻"只不

过是一种仪式而不是真正的婚姻[13]。

也许有人会认为在性爱问题上对于文明趋势的估计偏向保守是由于胆怯只拘泥于传统的缘故。实际不是这样。我们必须承认，婚姻的地位受到两种相持的力量挤压而牢牢地固定在那里。在我们的文明的潮流中有两派趋势：一派是趋向更加侧重社会的秩序和稳定，另一派则更加侧重个人的自由。呈现出一种两派趋势明显相持的相反相成的和谐局面，实际上这两派趋势是相须相得的。在只关系个人的事务中当事的个人也没有真正的自由，除非他作为社会的一个单元而在有关他的事务方面有一种稳定的秩序。婚姻在一个方面只关系到两个人；而在另外一个方面却多半关系到社会。这两种力量不可能结合起来发挥破坏婚姻的作用，因为它们是相消相克的。可是，它们却可以在一切本质的方面结合起来支持一夫一妻制，这种一夫一妻制的根基已经年代久远，很难搜寻了。

我们还必须补充一点，一夫一妻婚的外观和细节上，始终都是而且必须是变动不居的，它的本质则一直没有变化。一切传统的制度，不论它怎样牢固地建立在自然冲动的基础之上，终究会在某些点上渐渐僵化和死亡而在其他一些点上萌发出生机勃勃的新芽。这是一种保持它们的活力和保存它们对环境的富有弹性的适应的努力，其中也包含这种非本质方面的变化手段。

对于我们的婚姻制度现在发生的变化究竟有什么价值的研究要想获得好的结果，唯一的办法就是去推敲这种制度的过去的历史。从中我们可以了解婚姻制度的真实意义，也可以弄明白那些变化和良好的文明有或没有关系。如果我们知道了过去的种种变化，我们就能够更加自信地面对当前的一些改变。

现代文明民族的婚姻制度的历史开始于罗马帝国的晚期，那时候，罗马法律正在奠基，它在基督教世界中一直有着非常大的影响。前文已经提到过一个重要的事实[14]，说明晚期罗马的妇女已经获得了几乎完全独立于她们的丈夫的地位，她们的父亲虽然保有管制她们的家长权威，但大部分也差不多成了有名无实的空架子。妇女的地位达到这种高度，就其成就的自然趋势而论，是和婚姻制度中的高度的自由联系在一起的。罗马的法律无权干涉婚姻的构成，而婚姻也没有任何的法律形式；按照习惯结婚完全不用举行任何的仪式；只要有共同生活一整年的事实就成立了；然而这种没有举行过任何礼仪的婚姻还是被视为合法的与完备的，和古罗马举行过神圣的同食面饼的婚礼（Confarreatio）的婚姻没有任何的区别[15]。婚姻是一宗单纯的私人之间情投意合的协议，男女双方彼此完全平等地走到一起。妻子对于自己的财产保留着完全的支配权力；不可能发生因损害夫妻权利而要求赔偿的野蛮诉讼，离婚是私人的事务，妻子和丈夫一样有权利要求离婚，不需要经过官吏或法庭的询问干预；不错，奥古斯都（Augustus）规定，离婚必须公开宣布，但离婚本身却只是关系到两个人的私人的合法的正当行为[16]。值得注意的是，这种开明的婚姻观念在一个曾经统治过世界的最强大最专横的帝国中流行，当时，罗马帝国实际上还不是力量最强大的时期，因为力量强大的顶点和疆域的最大扩张就像绿芽满枝和鲜花盛开是必然不能两立的一样——但那已经是它的春秋鼎盛时期。在后来帝国分崩离析的混乱中，罗马法律仍然被新兴的民族国家当作宝贵的遗产而加以保留，但是它的影响却和基督教的影响难解难分地纠缠在一起，基督教虽然起初并不切心于提出自己的婚姻法律，但后

来渐渐滋生出一种禁欲主义的情绪，对已婚女子的尊严和结婚与离婚的自由都同样心怀敌意[17]。犹太人的婚姻制度把结婚和离婚的权利全部给了丈夫，完全否定妻子的愿望和利益，这种不开化的婚姻制度的影响通过圣经的传播和上述禁欲倾向的影响结合起来；这种影响在宗教改革时期继续扩大，使曾经一度赋予教会的权威，大部分转成为圣经的权威。末了，在欧洲的大部分，包括最大的和最强盛的国家，出现了一种比犹太人的影响更原始的日耳曼人的势力，这种势力有一种把妻子视为丈夫的动产，把婚姻看作一种买卖的观念。所有这些互相抵牾的势力彼此冲突，虽然它们之间不能协调，但往往同时并存。结果造成基督教完全征服欧洲之后的一千五百年间，总体上表现出一种近乎退化的情况，也使婚姻制度在人类的整个历史上有这么长的一个时期陷入从未有过的失败。

最初，罗马的仁风的影响确实在某种程度上继续得势，甚至表现出一些新进展。在皈依了基督教的罗马帝国时代，夫妻双方协议离婚的自由，时继时废，交替更迭[18]。我们甚至发现堪称睿智而有远见的法律条款，认定双方商定的永不分离的契约没有法律效力。查士丁尼（Justinian）禁止协议离婚的法令导致大量家庭的不幸，甚至犯罪，这种情况显然是他的继任者狄奥多西（Theodosius）为什么一上任就立刻将它废除的理由，并且一仍旧贯坚持后期罗马的传统，承认两性在道德上的平等，如果丈夫有通奸的行为，妻子同样可以提出离婚；这一点在如今的英国我们都还没有做到。

大家似乎普遍承认，受到野蛮的日耳曼人的突然入侵的致命的影响，女子和男子平等的高尚观念与婚姻的尊严和自由虽然没有一扫而光，却也被贬低了，然而擅长组织的罗马天才过去将它们逐渐模铸形成的伟大传统则依然保持着尊贵的价值。基督教的影响最初并没有起到这种促退的影响；因为禁欲的理想还没有占据优势，牧师神父结婚是当然的事情，在采纳世俗世界中建成的婚姻规则方面没有困难；甚至还可能添加一点新的活力和自由。但是日耳曼人，怀着尚未驯化的野蛮人的所有原始的贪婪和好斗的本能，在制服他们的妻子方面的恶劣程度甚至远远超过了早期罗马人；不错，他们在很大程度上纵容他们的未婚女子放肆恣情，甚至允许她们有性的自由——正像基督教徒尊敬他们的贞女一样[19]，——但是，和罗马帝国的妻子的地位相比，日耳曼人的婚姻制度使妻子处在比家奴好不了多少的境地。在日耳曼人中流行买卖妻子的制度，用这样那样的借口，以这样那样的形式实行买卖，每逢这种买卖妻子的制度盛行的时候，妻子的受承认的权利就被贬低了[20]。在条顿民族中就像在早期的英国一样，婚姻通常实际上是私人的事务，但它在形式上采取由父亲或其他合法监护人把新娘出售给新郎的方式来完成。这种结婚（beweddung）是一种真正的买卖契约[21]。“买卖婚姻”是婚姻的最常见的形式。实际上，戴戒指的礼仪的起源可能不像有些人猜想的那样，是一种为奴的标识，而更可能是象征新娘的价钱或定金（arrha）的一种形式，也就是婚姻合同的定金的一种符号[22]。起初它表示新娘已经被买下了，到后来戒指才获得了象征对新郎的服从的意思，而往后到了中世纪又用其他一些礼仪来进一步强调这一层意思。譬如，在英国，约克郡和沙拉姆城发行的一些小册子就有一些关于这类形式的记载，在新娘带了戒指之后，把她领到丈夫跟前跪下了，有时还要亲吻他的右足。在俄国，也有这种仪式，新娘要

亲吻丈夫的脚。再后来，在法国，这种习俗逐渐简化，变成新娘在圣坛前让戒指掉在地上然后屈身在丈夫的脚边把它捡起来就算行礼如仪了[23]。封建主义依仗它的军事力量继续扩大这些条顿人的影响。一块采地就是一个靠军务支持的国家，而它对婚姻的影响的性质就体现在这个事实中了。妇女随着采邑一起分封了，她们自己的意志一文不值[24]。

基督教教会起初接受了原来那些国家本来早已存在的婚姻制度，在拉丁传统的国度实行的是罗马形式，而在条顿人的国度里实行的则是日耳曼的形式。它只是要求他们应该经由牧师的祈祷求福而成为一桩神圣的事情（就像对其他民间平常签订买卖合同仪式的要求一样）。但是，即使没有这种祈福的婚姻教会也都承认。在十六世纪之前，东方或西方都没有特殊的宗教的婚姻业务，只是平常有一种习惯，世俗的婚礼完成之后，一对新人上教堂聆听一般的布道，领受神惠。专门的婚姻圣礼慢慢成长，它还没有成为真正的婚姻制度的一部分。第十世纪的时候（至少在意大利和法国是这样），婚礼的庆祝仪式的主要部分是在教堂门外举行的，这已经成为习惯，但仍然属于纯粹的世俗行为。很快随着这种风气的流行，正式婚礼的主要部分有时也直接进入教堂里去举行。到了十二世纪，便由牧师出面指导婚礼，这时有了一些场面感人的礼仪，起初还在教堂外面举行，末了终于发展到进入教堂里去举行正式的婚礼。到了十三世纪，便由牧师取代这对新人的监护人，从头到尾主持整个婚礼仪式。直到那时婚姻还是一种纯粹的私人事务。约言之，经过千余年的基督教的传播，不是通过法律，而是经由风俗习惯的逐渐化育，终于确立了经由宗教裁可的婚姻[25]。

这不仅对于教会，而且对于直至今日的整个欧洲的婚姻史，都无疑是一桩非常重要的事件。我们今天的整个公开举行婚姻庆典的方法都是十二世纪时天主教会打下的基础，并且正式地明文列入教会法中。连教堂公布结婚预告的事项也是由此起源的，我们现代的民间的婚姻，公开的婚礼都是在官厅或事务所中举行而不在教堂里了，这不过是表面上的变化，它可以掩盖但无法改变它是直截了当地继承了公开的宗教礼仪的事实，这具体表现出基督教的神父和牧师缓慢而巧妙地干预世俗男女的私人事务的胜利，缓慢和巧妙得很难在历史上搜寻到它干预的蛛丝马迹。在他们担当这桩任务之前，各地的婚姻都是当事人自己的私事；在他们完成了这项任务的时候——在意大利特伦特议会（Council of Trent）立法之前还不算彻底完成，——不经教会裁可的平民私人操办的婚姻就变成了一种罪孽，乃至近乎一种犯罪[26]。

我们知道，教会曾经表示出一种更大的倾向，即敬重贞节和轻蔑性交关系，随着这种社会运动的推进和禁欲主义的影响的滋长，教会显示出一种非常迫切的心情，要抓住婚姻，让它具有一种公开的体面的和宗教的性质。这种事似乎很叫人吃惊。但是，没有一点矛盾的地方。笼统地说，构成欧洲婚姻的种种因素的确在性质上是很分歧的，并且时常包含一些不可调和的矛盾。但是就教会立法者的主要的努力结果看，有一种明确的清晰的观点。对性本能的十分轻蔑，不免需要为它的发泄构筑一条合法的通道，因为这种本能无法连根拔除，所以有人说，教会的婚礼，“类似于发放一张许可销售烈酒的执照。”[27] 此外，婚礼展示出教会有权力授予证明体面的执照，使这种婚姻与平常的宣淫泄欲清楚地区别开来。性享乐是邪恶有罪的，虔诚的基督徒不可参与，只有经过教会举行的仪式净化之后方可涉足。举行宗教的婚礼仪式是把贞节神圣化的必然结果。它势必使婚姻也变得神圣化，因此又演变出如影随形的婚姻礼仪的神圣化来。婚姻是一种宗教圣礼的观念，它的影响深远，是天主教教会对于婚姻史的一项重大的贡献。

我们应该知道，基督教把婚姻当作一桩宗教圣礼的观念引进欧洲制度史的主流，这不是教会的发明，它只是把这种思想加以发挥罢了，这一点很重要。犹太人相信婚姻是一种有魔力的宗教的联结，其中有某种很神圣的神秘的东西，迪尔凯姆（Durkheim）说，这种观念大概很原始，而且和性交的一般的神秘性质也有勾连[28]。克劳利在谈到未开化的人的生活时说："仅仅是性交的行为就可能隐含有这种神圣性质的婚礼的意思……在还没有任何成形的婚姻礼仪之前，一个人甚至可以怀着某种很模糊的观念听信早先的泛灵论者或巫师的话。"[29]克氏接着说，婚礼的实质是把一男一女"合二为一"；用我们英国人仪式上的套话说，"为此，男人将离开父母而与他的妻子结合；两人将成为一体。"在世界的另一侧，在奥兰贝奴阿斯（Orang Benuas）[30]中，举行婚礼的时候，要由一位长者来说下面这番话："各位在座的都给我听好；他们两人原是天各一方现在被带到一起；分开的两个人现在合为一体了。"在文明的每个时期，婚姻礼仪都可以称为宗教仪式，和称任何其他礼仪为宗教仪式一样得当。原本分开的人现在连合在一起，原来男女授受不亲的宗教上或习俗上的禁忌现在打破了。由此，婚姻的礼仪免除了罪孽，化解了危险。

很明显，天主教的婚姻观念本质上就是原始的婚姻观念。基督教从大众意识的古老传统中把神圣的观念抽出来，加上自己的

一番宗教上的造诣，使这种观念终于有了一种正式的固定的形式，并且宣布它为永远不可分离的。这种神圣的本质和在未开化的人中一样，都在于它是一件双方同意的事；原则上，由牧师干预，把宗教的约束性质加到婚礼里面去的做法是没有必要的。神圣的本质是男女双方彼此互相接纳成为丈夫和妻子。如果推敲细节的话，牧师不过是仪式中的司仪，一位见证了婚姻神圣的证人而已。这样看来，事情的本质是一种双方同意的精神活动，婚姻仪式所具有的神圣的特性是不用任何外来的有形的象征来衬托的。也许就是这个事实让圣·奥古斯丁（St. Augustine）直觉地感到是一个漏洞，因此才确定要把结婚的神圣不可分离的性质着实地强调一番。教会法专家提出各种各样的理由来说明这种不可分离的问题，常用的一个理由始终是根据圣经经典采用“一体”（one flesh）这个词来描写结了婚的一对夫妻；但是搬弄教会法规者最喜欢的理由是结婚表示基督和教会的结合；这是不可分离的，因此作为这种结合的象征也是不能分离的[31]。我们可以不错地认为，把婚姻的永不分离的观念归到服从宗教意识上，多多少少是由于观念自然联想的结果：出家修道的有关贞洁的誓言就是永不改变；结婚的两性关系的盟誓难道不应该是同样的永不改变或永不分离吗？似乎是到了 1164 年，在隆巴尔（Peter Lombard）的《语录》中，才清楚地正式承认结婚为七种圣礼之一[32]。

无论如何，教会不但把结婚打造成一桩宗教的节目，而且也把它做成一项公众的节目。司仪的牧师现在变成裁可婚姻的主宰，他受教会的一切训诫和禁令限制，无法迁就一对对新人或他们的监护人的心意和利益。在这件事情上，和其他的类似的事情上一样，势所必然地会逐渐演变出一套宗教管制的章程或法律来实现教会的领导。教会越来越多的控制世俗的事务的需要，成为教会法规的源头。随着教会法规的演变，管理两性关系和控制它们歧变的整个领域都成了专属宗教的事务。世俗的法律不再直接审理已婚通奸的案子就像它从不过问未婚野合或手淫一样。重婚，乱伦，鸡奸等等不是世俗的罪行；在整个性的领域教会的权威是至高无上的。

教会法典就是在十二世纪中发展起来的，格拉提安（Gratian）是一位最早把它模铸成形的卓越的人物。它属于法律学家中的意大利博洛尼亚学派（Bolognese school），这个学派继承了罗马法的稳健的传统。格拉提安编撰的这些法典既不是单纯的法律传统的成品，也不是修道院的神学思辨的结果。它们是为了解决当时的实际需要的产物，要创建一部精雕细刻的法典需要时间，远水救不了近火。稍后，在十二世纪快结束之前，这些意大利的法学家被以隆巴尔（Peter Lombard）为代表的巴黎的法兰西派神学家驳倒。结果引进了一些有害的烦琐杂乱的东西，使宗教法典既失去了它的明确性，同样也不再适应人类生活的需要。

但是，虽然所有迅速依附到宗教法典上的累赘使它难以在实际生活中发挥作用，但法典包含一个具有真实价值的内核，起初还是头角峥嵘，但在后来整个活动时期中却逐渐变得模糊起来。教会法起初承认婚姻的本质是两性真正的结合，企图用举行仪式来成就一种永久的亲密关系。按照圣经的说法，性交（copula carnalis），合二人的肉体为“一体”，是教会和基督结合的神秘象征，是婚姻的本质，一对情侣只要情投意合两相情愿就足以构成婚姻，完全不需要任何宗教的祈福，或者说完全不需要举行任何礼仪。没有形式，没有神佑的两性结合，只要双方愿意依然可以成就真正的有约束力的婚姻[33]。

在说到教会法规的种种残酷无情的事情时，一定不要忘了从中世纪到十六世纪中叶，它一直支持一个伟大的真理，即婚姻的本质不在于礼仪和形式，而在于缔结婚姻的双方两相情愿和同意。当天主教教会逐渐变得僵化起来的时候，这个观念也丧失了，基督新教和清教徒在他们早期热情澎湃生动活泼的时期把它接了过来，虽然多少有点降调和退步，只把它当作婚姻形式的一种辅助。它继续得到道德家和诗人的支持。譬如英国剧作家查普曼（George Chapman）就是这样一个人，他既是一位道德家又是一位诗人。他在《绅士阿瑟》（*The Gentleman Usher*, 1606）这个剧本中描写了他的男女主角的一场没有仪式的婚姻，女主角这样说道：——今宵我们何不指苍天盟约合婚？

> 上帝与自然之天理岂不比人间正式的法律圣明？
> 浮生的礼节岂能有高于内心神圣婚礼的德行？
> 我们清白灵魂的永恒的天地良心，
> 把我们和万物之灵的上帝编织在一起，
> 他会做神父为我们祝祷祈福；
> 用我们在此能够发明的仪式来断然裁可我们内心真诚的誓愿，
> 一切外铄的暴力颠扑不破，
> 我们一体，永不分离。

在今天，改革婚姻制度方面的卓越的预言家爱伦·凯（Ellen Key）在她的《恋爱与婚姻》（*Liebe und Ehe*）一书的结尾中宣称，真正的婚姻法律只有一句话："他们两情相悦就是夫妻。"

把婚姻建立在这种健全的和自然的基础之上还有一个很好的结果，即，男女双方同意就可以缔结婚姻，完全不用顾及她们的父母或家庭的愿望，同样体面地符合道德水准。在这方面，教会仿效晚期罗马人和早期的基督教徒——如拉克坦提乌斯（Lactantius）和吉罗姆（Jerome），吉氏曾经扬言，凡是对男人来说是正当合法的事对女人也都是正当合法的。忏悔总则也试图提倡这种两性同样适用的道德律法。教会法典学家虽然最后承认丈夫的某些高于妻子的权力是正当的，但另一方面，他们有时候却把妻子看得很高，认为她是婚姻的主导一方，从 matrimonium（结婚）一词起源于 matris munium（母亲的功用）就可以看出这种想法了，这样构词就等于宣告发挥母亲的功能是婚姻的基本事实[34]。

教会法典的婚姻观念从一开始就有一些健全的因素，但是它们如果不是完全也多半被通篇令人难以捉摸的文字上的花言巧语冲淡了，被这些文字上的搬弄和被本身内容上原有的缺陷遮盖住了。甚至在十三世纪它开始有可能用言辞使用文字书面缔结的婚姻具有超越由性的媾和缔结的婚姻的力量，给婚姻设置了许多的障碍，使大家很难知道究竟哪种婚姻是有效的，一个重要的问题是因为即使在被禁止结婚的近亲等级之列通过狡辩也可合法地缔结契约成为推断的婚姻。教会的死板的婚姻观念的最深刻最严重的非自然的特点是它有一个明显的矛盾，一头是极端轻率，把婚姻的大门突然向年轻的男女推开，甚至当时他们还年幼无知尚未成年，另一头则是极端僵化，一旦进入婚姻这扇大门就下栓加锁，从此失去了进出的自由。这是我们从教会继承下来的婚姻制度至今还存在的缺陷，但是在教会法典专家手里，这两个方面都同样看重，一面强调进入婚姻的方便，一面强调走出婚姻的困难[35]。从理性和人道的眼光看，婚姻的大门应该敞开，进场和出场都必须一样容易，不分轩轾；或者，如果出场必须严加把守盘查，那么批准入场也必须尽量谨慎小心。但是对教会法典专家来说，这两种必需的预防措施都是不可能采取的。因为他们把未婚野合与已婚外遇都看作道德上的通奸的罪过，而结婚是一种圣礼，圣礼是大家必须欢迎的。从另一方面说，因为结婚是一种圣礼，当它一旦实际构成，除了借助允许的花言巧语多方诡辩其为无效的婚姻之外，那是永远不能废止的。在教会方面看来，它建立的这种制度是抵抗淫荡放纵的堡垒，但正是这种制度本身已经成为人工制造淫荡放纵的工具。所以，总体看来，这种事态的产生是长期推行教会法典的结果，在大部分基督教世界的眼光中，这是它的负面作用完全抵消了法典的原本健全的观念之后净剩下来的东西[36]。

在英国，从第九世纪起，便和在基督教世界的其他地方一样确立了教会法典，宗教和世俗的权势通常都认为婚姻是不能分离的。但是，教会法典中的一些要领没有被英国的法律采纳。根据英国的法律，婚礼必须有牧师在场，这桩婚姻才算有效，而苏格兰采纳了教会法典的教条，只要婚姻的双方同意，甚至私下交换意见达成协议，就足以缔结成一桩婚姻。此外，已定约的婚姻可以合法取消的问题，以及随后两人各自结婚的问题，根据教会法典都是合法的，但根据英国的普通法或习惯法则都不合法[37]。教会法典专家把判定非法父母没有资格亲近他们的私生子看作是对他们的一种强制性的惩罚，又因为他们考虑到不该连累孩子，所以认为，这种父母只要双方或至少有一方通过某种表示忠诚的仪式就可以取得这种权利。在这方面英国的法律就有失理性和不够人道。1236 年，在默顿议会上（Council of Merton），有人提议修改英国法律使它和教会法典协调一致，也就是和一般的基督教世界的宗教法协调一致，允许举行婚礼前出生的孩子在父母后来正式结婚之后取得合法地位，但这个议案遭到英国贵族们的反对。格洛谢特斯特（Grosseteste）虽然极口雄辩，赞成这种修改，但还是白费了一番力气，英国的法律从此在这一点上茕茕孑立独此一家了[38]。一句声名狼藉的套话，“我们无须改变英国的法律”（Nolumus leges Angliæ mutare）就把这个提案否决了，这句套话只袒护非理性的和不人道的昏聩和顽固。

在美国，当普通法不承认婚前的私生子在父母婚后可以取得合法地位的时候，在许多州却承认父母生子后结婚，他们婚前的孩子可以取得合法的地位，在有些州（例如缅因州）这种地位是自动取得的，比较常见的是（例如马萨诸塞州）这种地位的取得要通过父亲的特别的承认。

路德（Luther）的现身和宗教改革使教会法典的制度在它影响所及的整个欧洲不可避免地走向衰亡。有许多理由使基督新教的改革家既不能正式保留天主教的结婚的观念，也不可能保留教会在这种观念的基础上精心制定的不确定的法律结构。实际上，不能说基督新教对天主教的结婚的见解是完全清晰、合理或一贯的。与其说这是一个必然的理性原则的问题，不如说这是造反，是感情的冲动。在基督新教崛起的境况下，它在教义上的合法性以及笼统地说在道德上的正当性都在于它的势所必然的兴起。它宣告婚姻是世俗的事情，和宗教无关，这种表现看起来有点奇怪，不太像是宗教运动。路德说，婚姻是“一桩俗缘”，卡尔文

（Calvin）把它和建屋、农牧或制鞋等等现世的物质生活等量齐观。但是，在宣告婚姻还俗是基督新教的一般的和最终的趋势的同时，基督新教的领袖们自己却对这件事没有十分坚定的信心。甚至连路德在这个问题上都有一点惶惑；他不知何故有时候把婚姻叫作“圣礼”，有时候又把它叫作“俗缘”，都随情况而定[39]。这两种见解中以后一种流传更广。但在改革派的思想中最初有过一段彷徨甚至也可以说是混乱的时期；或许不只是表示他们并不是一贯相信自己的意见；他们彼此也有不一致的地方，特别是在离婚这个很实际的问题上。路德总体上属于比较顽固的一派，包括加尔文和贝萨（Beza），主张只有因为通奸和遭受恶意的遗弃才可以离婚；有些人，包括许多早期的英国的新教徒，赞成丈夫因为妻子通奸可以离婚，但妻子却不许因为丈夫通奸而离婚。另一派，包括兹温利（Zwingli）在内，受到倾向于更自由的伊拉斯莫斯（Erasmus）的影响，向罗马法的观点靠拢，允许因为各种各样的理由离婚。有些人，如布策尔（Bucer），有先见之明的弥尔顿（Milton），甚至主张如果丈夫没法爱他的妻子了就准许离婚。一开始，有些宗教改革家采纳自决离婚（self-divorce）的原则，这通行于犹太人中并且被有些早期的教会议会接受。路德认为这种方式表明，不用任何司法的裁判，离婚的理由本身就执行离婚，但要再婚却需要某种权威的许可。这个再婚的问题，以及如何处理通奸者的问题，也是争论不休的问题。无过错一方的再婚通常都被接受；十六世纪中叶，英国坎特伯雷（Canterbury）大主教开始宣布这种再婚有效，并且经议会认可。但是，对通奸者一方的再婚，许多宗教改革人士都持反对的态度。波斯特（Beust），贝萨和梅兰克森（Melanchthon）则认为该把他绞死，

从而解决这个再婚的问题；路德和加尔文大概也想杀了他，但是由于政府方面的统治者很宽大，他们采取的办法是，如果他迁居到外地又还有进入婚姻的可能的话，允许他再婚[40]。

最后的结果是基督新教创立了一种婚姻观，主要是依据法律和经济的因素。并且认为婚姻本质上是一种契约——教会法典专家过去并没有忽略这种法律和经济的因素，只是认为它处在次要的地位。他们这种做法有破有立，在破的方面，他们废除了过时的人为的制度，实现了一种进步，但在立的方面，他们不过是回归到一些半开化的社会流行的观念，明确地表示婚姻的缔结等同于一桩买卖。基督新教采取的步骤使婚姻的性质有了相当大的改变，但并不需要在形式上做出什么变化。婚姻不再是一种圣礼，但它依然是一种公开的社会功能而不是一件私事或个人的行为，还要到教堂去举行仪式，这里面有些矛盾。由于基督新教没有提出自己的法典来和教会法典相抗衡，德国和英国这两个国家又都退回去遵行教会法典的原则。根据自己的情况和需要做种种修改[41]。后来，清教宗运动兴起，首先在荷兰（1580 年），然后在英国（1653 年），再后有新西兰，它们引进了严格的有条有理的新教的婚姻观念，并开始把它建立在非宗教的民事的基础上。

英国的宗教改革家在爱德华六世（Edward Ⅵ）和他的开明的幕僚们，包括克兰默（Cranmer）大主教，对婚姻采取自由主义的态度，并且准备实行许多进步的改革。这位国王的早逝对英国婚姻法的历史产生了深刻的影响。在玛丽女王（Queen Mary）统治下天主教的反动把比较激进的宗教改革家杀个精光，后来继位的伊丽莎白女王（Queen Elizabeth）对待婚姻的态度则是吝情，褊狭，老式，很像她的父亲亨利八世（Henry Ⅷ）对待婚姻的态度（例如，她坚决反对牧师结婚就是一个明证），这对英国的婚姻法有长久的影响。它变得不如其他的基督新教的国家那么自由，而更接近奉行天主教的国家的婚姻法。

英国的清教徒于1644年开始打算实行婚姻改革，当时英国通过了一个法案，确定“婚姻不是圣礼，也与信奉上帝没有特别的关系，而是普通的人情和有关每一个国民利益的事务。”该法案又补充说，虽然和宗教无关，但由“教堂的一位合法的牧师”主持，举行一个典礼，也是一宗好婚姻。1653年更加激进的法案删掉了这一条款，规定婚姻纯属世俗事务。结婚的通告由注册登记人员特别指定的教堂公布，或者如果双方当事人愿意也可在市场公布。婚姻手续由保安官员经办；允许结婚的年龄男子为十六岁，女子为十四岁[42]。1660年查理二世复辟（Restoration）废除了这条很有见识的法令，重新恢复教会法典的传统，但是清教宗的婚姻观念被带到美国，并且在那里生根繁荣。

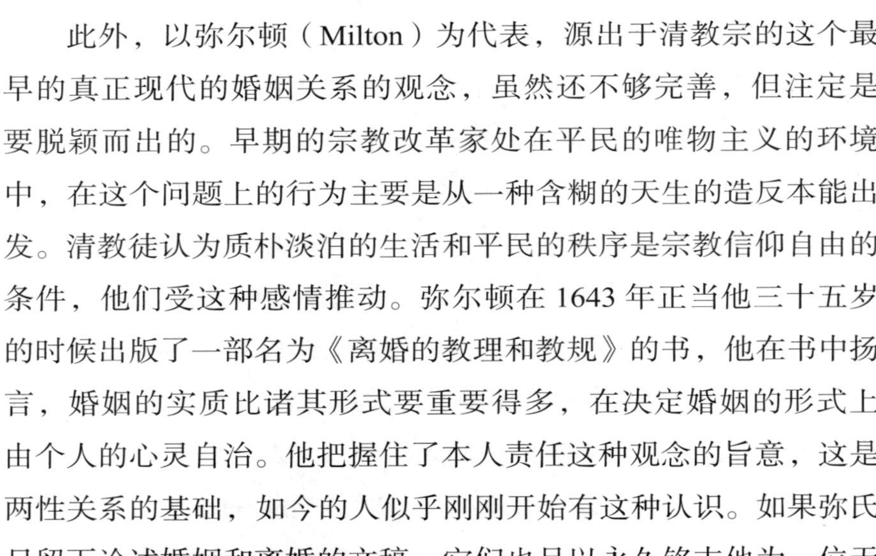

此外，以弥尔顿（Milton）为代表，源出于清教宗的这个最早的真正现代的婚姻关系的观念，虽然还不够完善，但注定是要脱颖而出的。早期的宗教改革家处在平民的唯物主义的环境中，在这个问题上的行为主要是从一种含糊的天生的造反本能出发。清教徒认为质朴淡泊的生活和平民的秩序是宗教信仰自由的条件，他们受这种感情推动。弥尔顿在1643年正当他三十五岁的时候出版了一部名为《离婚的教理和教规》的书，他在书中扬言，婚姻的实质比诸其形式要重要得多，在决定婚姻的形式上由个人的心灵自治。他把握住了本人责任这种观念的旨意，这是两性关系的基础，如今的人似乎刚刚开始有这种认识。如果弥氏只留下论述婚姻和离婚的文稿，它们也足以永久铭志他为一位天才。基督教世界还必须再等一个半世纪之后才迎来另一位旷世的天才，洪堡德（Wilhelm von Humboldt），他用同样有力和明白无误的话直言他赞成结婚自由和离婚自由。

弥尔顿（Milton）是基督教世界里鼓吹婚姻为平民私事的第一位伟大的首领，他的主张功德彰著。因为婚姻是私事，所以只要互相同意甚至一方情愿就可以自由解除。霍华德（Howard）说，全靠他，我们“才敢无所顾忌地为迄今尚未出现的自由离婚辩护。如果只从理论上看而且对男女又一视同仁的话，那么这个主张大概是向当局上诉的最有力的答辩了，”虽然这些基于理性和经验的意见往往没有得到他本人的亲自表示支持；它实际上发出了现代社会改革者的声音，现在有些人认为弥氏用这个题目写的著作比他全部其他的著作都重要[43]。

弥尔顿说，婚姻“不只是肉体的交媾，而且是人类的社会交际，是一种社交；没有人类的社会交际就没有真正的婚姻，[44]”这是“一种契约，它的本质绝无强迫同居和假冒履行义务的意思，而是真正的恋爱与和睦相处”[45]。任何缺少这种内涵的婚姻都不过是一种“假神偶像，空洞无物”。弥氏在这个问题上的表现有一个弱点，即他从未明白地提出过在结婚和离婚的倡议上妻子和丈夫有同样的权利。但是，在他的议论中并没有什么地方阻碍对妻子一视同仁，他虽然没有断然肯定夫妻平等，但也从未加以否定；曾经有人指出过，他主张女人和男人是平等的，主张和她们建立才智和精神上的友谊；无论弥氏如何愿意承认妻子在离婚上具有和丈夫完全平等的地位，十七世纪的清教徒大概也不可能听从这种主义，他的这些意见，即使可能真有人接受过，也只会比实际上被人忽视的情况更糟，更加被忽视。（众所周知，弥尔顿写过一首短诗嘲讽他的书没有给人留下什么印象。）

弥氏强调，在传统的基督教的婚姻中把肉体关系看作是唯一的重要的因素。只要这种性关系还有可能维持，则不论这对夫妻之间如何交恶，如何“因为过错、欺瞒或命运不舛而发生误解”，又如何两人真到了“同床异梦或永无宁日之时”，但婚姻依然是好姻缘，两口子还必须“捆在一起”[46]。他说，这是教会法典犯的错误，“这种情况毫无疑问是这个魔鬼的策略造成的”，因为就是这个教会法典导致了放荡的淫风。他辩解说，没有合乎理性的自由造成淫乱，男人想要保留恣意放荡的特权，所以他们反对给婚姻以合乎理性的自由。

离婚的正当理由是“由于无法改变的天性造成的夫妻交恶，不投合或性情乖离，正在妨碍或早晚一定会妨碍到婚姻社交的主要的利益和恩惠，即夫妻间的相濡以沫与和睦亲爱的关系。”[47]没有相互的“深沉真实的爱，结婚也只是举办一场表面的婚礼的空壳，什么东西都没有”，不过是一番矫情伪善而已，必须解散[48]。

弥尔顿比普通的清教徒的立场走得更远，他不仅拒绝法庭和审判官审理离婚，而且赞同自决离婚（self-divorce）；离婚无法当然地属于任何民事或世俗权力的管辖，因为“企图离婚的原因常常深深地植根于天生的率性的爱情之中，不在教区律法可以干涉更动的范围之内。”他还补充说，为了防止发生不公道的事，有些特殊的事项可以提交给审判官去处理，但是他无论如何都不能禁止离婚[49]。他反对“授权法官对丈夫和妻子之间所以不和的难以申说的秘密原因乱加猜测和泄露，”认为这太荒谬，他这番话说明他站得很高直到今天我们都还达不到这个程度。

到了现代，欣顿（Hinton）常常把婚姻法和耶稣破除安息日法相比。我们发现，弥尔顿也做过完全同样的比较。他认为安息日原本是为上帝制定的。“但是当掂量到人的幸福时，我们就有了大慈大悲的声音，说‘安息日是为人制定的，而不是人为安息日而生。’有过什么东西的创造是更多地单独为人着想而不是为了上帝的呢？除了婚姻还有别的吗？”[50]“如果人是安息日的主宰，他能不是婚姻的主宰呢？”

弥尔顿在这个问题上和在其他一些问题上一样，出类拔萃，不随波逐流。再没有比他那部《失乐园》（*Paradise Lost*）的书使当代人对他的婚姻观念有更深刻的印象了。他自己所属的清教宗曾经通过了1653年法令，但还是令人奇怪地不能把离婚和婚姻无效的案子提交世俗的法庭，虽说那只是一纸具文，但至少也算是在正确的道路上向前走了一步。清教徒的影响传到了美国，构成一种弥漫整个社会的潜在的势力而继续发挥作用，促成许多州相继制定了一些自由离婚法，但太过烦琐，自由的程度有限。美国的世俗的婚姻程序遵从大英联邦制定的条例，伟大的教友派祖师福克斯（George Fox）有一句名言，他说，“我们结婚行礼如仪，空空如也，只是搞些名堂见证结婚而已”[51]（这是教会法典的正统的内核），这句名言被认为是美国保守派但崇尚自由主义的宾夕法尼亚州的婚姻法的灵魂，该州在不久前的1885年特别通过一条法令，认可男女有权自己举办婚礼[52]。

在英国本土，清教徒推动的婚姻法的改革在王政复辟时期基本消沉下去了。在长达两个半世纪的时间里，英国的宗教裁判所实行的实质上是过时的教会法典。说实在的，离婚变得比宗教改革前更加困难。已婚妇女的命运因此变得更加艰苦。从十六世纪到十九世纪下半叶，英国的婚姻法特别苛刻和顽固不化，比其他任何一个奉行基督新教的国家的自由程度都要少得多。英国的普通法完全不提离婚的事，国会有一个特别法令，要花很大的代价才能取得以个案处理的离婚许可[53]。甚至还抱着一种自以为是正义的态度来力挺这种制度。它被认为是合乎道德的。大家完全没有认识到没有任何事情比徒有其名的婚姻更不道德了，不仅是从理论的道德观点看如此，而且从实际的道德观点看也是这样，因为不会有一个社区容纳大量的这类婚姻还能够长治久安的[54]。1857 年终于很艰难地通过了一个改革这种制度的法案。这是一种有些矛盾的权宜之计，而且直言这只是一个为了进一步改革的举措；但这种制度实质上仍然控制着英国的行动，在许多人的眼里仍旧是一个永恒的道德标准。盲目的保守主义的精神——我们无须改变英国的法律（Nolumus leges Angliæ mutare）——在推行宗教改革和清教宗的生气蓬勃的运动之后，又再次在这个领域重申自己的正当性质，继续坚持下来。在结婚和离婚的问题上，英国的立法与英国的大众舆论既落后于拉丁民族的法国，同样也落后于经过清教徒模铸成形的美国。

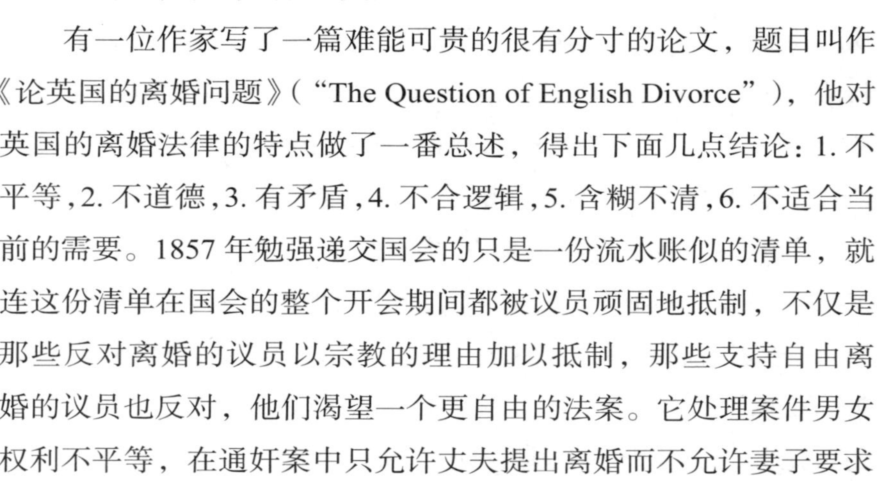

有一位作家写了一篇难能可贵的很有分寸的论文，题目叫作《论英国的离婚问题》（“The Question of English Divorce”），他对英国的离婚法律的特点做了一番总述，得出下面几点结论：1. 不平等，2. 不道德，3. 有矛盾，4. 不合逻辑，5. 含糊不清，6. 不适合当前的需要。1857 年勉强递交国会的只是一份流水账似的清单，就连这份清单在国会的整个开会期间都被议员顽固地抵制，不仅是那些反对离婚的议员以宗教的理由加以抵制，那些支持自由离婚的议员也反对，他们渴望一个更自由的法案。它处理案件男女权利不平等，在通奸案中只允许丈夫提出离婚而不允许妻子要求离婚。在介绍这张清单时，检察长（Attonrney-General）为此缺陷辩解说，没有打算把这种措施当作最后定案，而只是把它看作一步台阶，接下来要进一步立法。到现在半个世纪都过去了，这个更进一步还没有迈出来。像这样既不完备也不尽如人意的法案，似乎还是被许多人视为极端的革命和危险。1859 年 7 月号的《世界评论》（*Universal Review*）上有一篇名为《现代的离婚问题》（“Modern Divorce”）的论文，作者原则上赞成建立特别的离婚法庭，但又宣称“这种新法庭会致力于摧毁作为一种社会制度的婚姻和逐渐败坏妇女的贞操，”还说，“现在每一个人都可以随心所欲地做丈夫和做妻子了，结婚和离婚就像进出戏院的大门一样。”他又说，“现在没有谁能够用正当的托词来为这种瑕疵辩护了。”

但是，按照这条法律，当丈夫有通奸行为的时候妻子要想离婚连门都没有，除非是加上他还有虐待和遗弃她的情节。最初“虐待”是指对身体的严重的伤害和摧残。但随着时间的推移，这个词的意思又扩展到用来指称精神受折磨的痛苦，而现在连寡情、冷漠、怠慢等等事情本身基本上都可以构成虐待了，虽然英国的法庭有时候在处分这些处心积虑的非常残忍的虐待事件时很费周章，因为它没有牵连到“肉体”的伤害。一位法律学作家曾经说过：“总有一天，我们会看到几乎一切不当的行为本身都会非常合理地被看作使无辜一方产生这种精神痛苦，而构成 1857 年法令的虐待一罪的要件。”[55]

然而毋庸置疑的是，单独虐待一项就可以成为离婚的正当的理由。在美国的许多州，离婚比在英国要容易得多，不论妻子或丈夫谁是原告，虐待本身就足以构成离婚的充分的理由。原告供述的虐待行为有时候看起来好像都很轻微。譬如在美国基于“虐待和不人道行为”的离婚案的判决中，有的是丈夫诉妻子没有给他钉扣子，或者是因为妻子用撑裙圈使劲打了他一下，或者妻子诉丈夫不剪脚趾甲，或“我的丈夫自从我们结婚以来从未表示过要带我外出旅行。这是造成巨大的精神折磨和伤害的原因。”必须再多余说几句，另有许多案例，虐待的性质是很残忍很悲惨的，通常是由丈夫一方施加给妻子，但也有妻子施加于丈夫的，施暴的丈夫简直就是一头野兽。[56]但是必须承认，有些案例明显是琐琐碎碎的小事情——如丈夫不愿洗手洗脸，妻子总改不掉急性子等等——这在一般的人和人的日常生活的关系中是能够忍受的，可是在两性婚姻的亲密关系中却变成无法忍受的了。但事实上仔细研究之后就会发现，美国的法庭对提交庭审的案子都要认真加以审查，并不是草率行事，轻易判决离婚的。

1859 年的法案中，对有些列为离婚的重大理由过于夸大了，而忽略某些细微的但同样会成为婚姻无法继续的大障碍。格拉德斯通（Gladstone）就指出过这个问题，他反对把离婚的全部理由就弄得只有通奸一项。他说，“有许多原因使我们婚姻的深厚的恩义为之断送，例如疾病、痴呆、涉及终生服刑的犯罪等等。”现在我们开始认识到影响婚姻的不仅是这些事情，还有其他更深长的人格个性的原因，正如弥尔顿很久以前就认识到的那样，这种个性无法具体载入法令，也无法在庭审中加以申诉或答辩。婚姻的缔结不仅仅是身体的结合，我们必须懂得，“事实上，造成婚姻不幸的最重要的起因并不是身体方面的不相得而是其他方面的不合。”这是《美国的离婚问题》一书的作者说的话。[57]

在英国和威尔士向法庭告诉请求离婚的人中丈夫比妻子多，

妻子请求离婚的约占全部离婚案件的40%。虽然离婚案件的数字并不大，但呈上升的趋势，1907年大约有1300宗，其中后来再婚的人不到一半。在同一年里，大约有7000宗案例被法官判决强制分居，这个事实表明离婚法不适当。因为这种强制分居的判决不但不给分居者以再婚的权利，而且使他们不可能再获得离婚的机会。实际上，这些强制分居就是官方许可的国家裁可的婚外的性关系。

在美国，1887—1906年，有将近40%的离婚案件获准“放弃”（desertion），对这项法规各州有各州的解释，并不一致，最常见的解释是双方同意分居。在其余判决离婚的案例中，19%是因为对配偶不忠，还有同样的比例数是因为虐待；但是因为妻子不忠而允许丈夫离婚的案件，比因为丈夫通奸而准许妻子离婚的案件多三倍左右，因被虐待而准许离婚的案件，夫妻的比例正好相反，妻子因此获准离婚的案例占27%，而丈夫只有10%。

在普鲁士，离婚的事件日渐增多。1907年有八千宗离婚案件，半数的起因是通奸，另有一千个左右的案例是恶意遗弃。在因遗弃而离婚的案例中丈夫有咎的通常是妻子有咎的两倍，因通奸而离婚的案例只有八分之一到五分之一左右。

离婚和谋求离婚的方法困难重重、杂乱无章、前后矛盾、粗鄙下流，不堪入目，完全是由于无孔不入地坚持种种陈规陋俗造成的，这些传统一方面是基于教会法的婚姻不可分离和婚外性交是一种罪孽的教条，另一方面是基于原始的婚姻观念，把婚姻看作是一种契约使妻子在经济上从属于丈夫，乃至妻子的人身或者全部的监护权都成为丈夫的财产，这是没有丝毫可以怀疑的。只有当我们认识到这些传统埋藏在欧洲的宗教、法律、社会和情感生活中有多深，我们才能明白那些有关结婚和离婚的野蛮的观念为何在文明的发达已经在许多方面超越了这些观念的今天还能够继续存在。

教会法认为结婚在宗教上是神圣的抽象观念一旦转入道德的领域，便使婚姻关系的破裂看上去好像是一个公德上的过失；约定妻子从夫的婚姻观念使婚姻破裂归过于妻子一方，即使有意转圜，把过错归到丈夫一方，也似乎只是转变成一件私人的过错而已。这两种观念一直互相矛盾地不当地并存于大众的思想中直到今天。

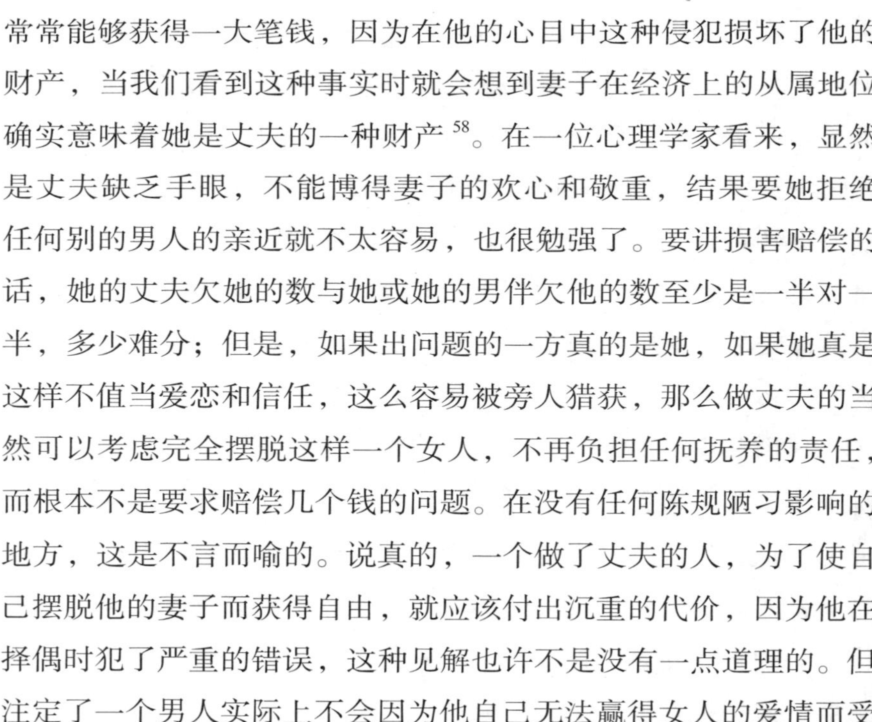

丈夫对与他的妻子在性方面有亲狎行为的男子可以索取并且常常能够获得一大笔钱，因为在他的心目中这种侵犯损坏了他的财产，当我们看到这种事实时就会想到妻子在经济上的从属地位确实意味着她是丈夫的一种财产[58]。在一位心理学家看来，显然是丈夫缺乏手眼，不能博得妻子的欢心和敬重，结果要她拒绝任何别的男人的亲近就不太容易，也很勉强了。要讲损害赔偿的话，她的丈夫欠她的数与她或她的男伴欠他的数至少是一半对一半，多少难分；但是，如果出问题的一方真的是她，如果她真是这样不值当爱恋和信任，这么容易被旁人猎获，那么做丈夫的当然可以考虑完全摆脱这样一个女人，不再负担任何抚养的责任，而根本不是要求赔偿几个钱的问题。在没有任何陈规陋习影响的地方，这是不言而喻的。说真的，一个做了丈夫的人，为了使自己摆脱他的妻子而获得自由，就应该付出沉重的代价，因为他在择偶时犯了严重的错误，这种见解也许不是没有一点道理的。但注定了一个男人实际上不会因为他自己无法赢得女人的爱情而受到责罚，这种男人免责的观念，如果不是因为历史因袭的偏见扭曲，在文明社会中是不会出现的[59]。可如今的状况是，在有些文明国家中，丈夫有可能通过法律成为一个以受害者的身份要求他的妻子的情人给予赔偿，还连带请求法庭判决分居或解除婚约。这样一来，通奸就不是刑事犯罪而只是一宗民事的伤害罪[60]。

但是与此同时，教会法典的影响又不合时宜地重新出现，断言破坏婚姻是一种公害，一种罪孽，这种孽又被国家转化成为近乎或等同于犯罪的某种东西。从通奸者在有些国家动辄被判监禁这件事就可以清楚地看出这种影响。如今这种判刑的倾向很少见诸实行了。但是完全同样的观念又被打扮成为所谓夫妻"串通"共谋离婚的意思，理论上，它在许多国家里依然被严格地遵守。按照这种"串通论"离婚就无须以夫妻双方同意为必要的条件了。实际上闹到离婚地步不可能事先没有一点串通，但在法庭上一经证实为"串通"，就构成准许离婚的绝对障碍，虽然这恰恰就是正当的和必需的离婚条件。

1857 年的英国的离婚法对有串通情节的案例一律不许离婚，对申请离婚者有任何反诉情节的也同样不许离婚，1860 年的婚姻诉讼法提供了一套机制，保证这些障碍能够成功地阻止离婚。比肖普（G. P. Bishop）曾经详细讨论过这个串通的问题，他说："总之这也许只是一个诉讼定义的问题，如果双方在行此事时串通，那么实际上双方都是原告，但根据案卷则一方为原告而另一方却是被告，这案子没法审下去。这种行为完全是干扰司法，属于一般的欺骗法庭的概念的范畴，这个学理原则上是到处都适用的。"[61]

显然，从社会的或道德的眼光看，当丈夫和妻子无法继续共同生活下去的时候，他们当然可以友好地分手。并且心平气和地共同商量做好一切分手必需的安排，这是上上策。但是法律却荒谬地禁止他们这样做，并且公然宣告他们务必不可分手，除非他们决心像仇人一样决裂。这还不够，为了更加苛细周纳，以致达到荒谬绝伦和道德沦丧的地步，这种法律进一步发挥说，如果事实上他们已经反目成仇，以致达到双方都有不当的行为而成为对方指摘的把柄时，他们就无论如何也不能离婚了！[62] 其实这意味着，当一对已婚配偶彼此隔阂已经达到无可转圜的地步，则不仅是为了他们自己的利益起见，而且是为了社会道德的维持，必须让他们分手和重新调整他们和其他有关各方的关系，这时候，他们无论如何必须分手了。

显而易见，这些法律条款是完全不通情达理和不顾道德的。但同样显而易见的是，无论律师怎样努力，怎样能言善辩和充满人道的精神，仍然无法使当前的法律和现代文明的需要协调。这不是律师的过错，他们已经尽力而为了。而且，在英国，法官也极尽他们的机敏和慎重之能事才得以勉强使法律和现代的需要协调。错在我们的离婚法虽然早就过时但却照样活着。这是制度的过错，这种制度是教会法典围绕着早就死亡了的观念衍绎出来的不合理的赘疣，它使那些危及结婚不可分离的理论的人沦为罪犯。而现在这种人不会再被大家公开责备为宗教上的罪人了。帮助和教唆罪犯本身就是违法的，因此，帮助和教唆罪犯的人必须受到惩罚，但现在却要用免罪的方法来开脱他，岂不是前后不合了吗。我们并没有公开地主张离婚案的辩护者是罪犯；这样做显然太过荒谬了，此外，这和基于另外一种不同的观念而允许要求损害赔偿的做法很难一致。我们在两种对待离婚的观念之间举棋不定地徘徊，两种观念都不善，彼此也不兼容，也没有一种是经得起推敲研究而能够得出合理的结论来的。

结果是，如果一对清白守贞的夫妻上庭要求离婚，他们得到的答复就是不予受理，因为这个案子中没有“被告”。他们因为守贞的美德而受到惩罚。如果两人都有通奸行为而再次上庭去要求离婚，他们还是被告知不予受理，因为案子必须有一位“原告”。先前他们因为守贞有德而受到惩罚，现在则是因为失贞败德而受到完全一样的惩罚。这一对夫妻必须顺从法律而不得不采取起诉的手段，很可能两人都反对这样做。如果只有妻子单方通奸，如果只有丈夫通奸并且有某种虐待妻子的行为，如果无辜的一方甘愿降低身份去雇佣侦探搜寻到一些证据，那么法律就会服从他们，匆匆忙忙允许他们双方离婚和再婚。当然，条件是双方事前没有“串通”。换句话说，我们的法律后面有宗教传统的支持，它对妻子一方说：去（失贞）做一个罪人或者对丈夫一方说：去（犯淫）做一个罪人和（虐待妻子）做一个罪犯——然后我们就会成全你们，了却你们的心愿。法律奖赏罪过和犯罪。为了更加夸大其荒唐可笑，竟断言这样做是为了弘扬“公德”。对于苟同这种观点的人来说，彻底废除离婚法就好像颠覆了道德的根基似的。但是，毫无疑问，这种“道德”颠覆得愈快，乃至摧毁得愈彻底，愈有利于树立起真正的道德。

在英国，因为现行的离婚法不公正，不合理，不道德，由离婚法改革同盟发起，掀起了一场声势浩大的要求改革离婚法的运动。甚至于离婚法庭庭长戈雷尔勋爵（Lord Gorell）1906年还在任时就宣称，这项英国法律产生了种种悲惨的结果，“充满了矛盾，反常和不平等，几乎达到了荒谬绝伦的地步。”这项引起极大抗议的法律的一些论点大大落后于其他一些国家，离婚的代价昂贵，性别不平等，遭遗弃和因不治的疯癫都不准离婚，分居法令又不准分居双方各自再婚。因为虐待、通奸和遗弃则由法官颁发准许分居命令。这项“分居”条款实际上是教会法典的分床分桌分开过日子的离婚（a mensa et thoro）的嫡传，而其中涉及不得结婚的部分仅仅是教会法典传统的遗迹。如今，已经准许法官自行斟酌裁决，他们本着细心谨慎的态度，每年大约发出 7000 份分居命令，所以每年的人口中就要增加 14000 个孤零男女，他们大多数都还在当婚的盛年，有的人比孩子大不了多少甚至还是孩子，他们被法律禁止缔结合法的婚姻。他们奋力地投身到我们在前文提到的激进的社会运动中去，那是我们这个时代的道德的标志。但是，很遗憾，一对男女，在这种境况下，因为不太可能达到一种高水准的自重自律的人格，在这个问题上没有选择，很可能束手无策地进入一种放纵的婚姻。这个问题并不难解决，采取一些措施，革除已经没有任何活力或意义的教会法典的陈规陋习，让法官的分居命令具有离婚判决的效力。

1889 年，在维多利亚（Victoria）的领导下，新西兰和澳大利亚殖民地通过了离婚法，它的架子虽然多少有一些英国的模样，但却明显比英国的先进。譬如，在新西兰，夫妻任何一方有通奸行为、故意离弃、酗酒成瘾和被判长期徒刑并在押服刑等等都可以构成离婚的理由。

美国人对于英国法律的这个污点当然有切肤之痛，渴望这个遭到众人口诛笔伐、痛斥讥讽的制度早日消失。当然，每一个有慈爱仁心的人面对这么多受到摧残的生灵，看到把这么大的痛苦加诸无辜的人身上——他们中即使有些人身负罪名也往往是违背常理的环境造成的牺牲品——无不痛心疾首。这些惨况都是中世纪的宗教专制暴政和宗教裁判所的蛮横霸道在时过境迁之后仍然坚持下来造成的后果。现在这个时代，性关系已经逐渐被大家认为是个人的不可冒犯的隐私，并且越来越多地把建立和维持这种性关系的事完全交付个人负责自决自律。

但是，如果我们不把注意力只集中在几个特定的国家而纵观现代在离婚问题上的普遍的文明运动，我们对这个运动的向背就不会有丝毫的怀疑了。半个世纪以前，英国是这种运动的先锋，而今天每一个文明的国家都在朝着这同一个方向行动。法国在1885年通过了一个离婚法，其中有某些方面很合理，打破了婚姻不能分离的古老的宗教传统。在离婚方面，妻子可以获得和丈夫同等的权利（虽然妻子一方更可能因为通奸问题而被监禁），在通奸罪中的共同被告（co-respondent）即第三者只处在很次要的地位，仅严重伤害（injures graves）（尽可能把性情不投合排除在外）一宗理由，就可以容易地获准离婚。同时，法官有权私下调解转圜，或不经公开审判就可以做出判决。他也常常成功地行使这些权力。法国的声势无疑已经对其他拉丁国家的离婚法的模式产生了影响。

在普鲁士，先前曾经流行过一个开明的离婚法，它使一对实在无法在一起愉快生活的夫妻有可能体面地分手。不过，1900年的德国法典纳入了一些有关离婚的条款，虽然在有些方面比英国法律更加自由，特别是允许因为离弃和疯癫而离婚，但整体说来却比早先的普鲁士法律退步了，把这个问题置于比较粗糙和无情的基础之上。该法典生效后的两年中离婚的案件减少了；后来，大众和法庭都适应了这些新条款（特别是其中因严重忽视履行性交责任而准予离婚的条款），离婚的案子开始迅速增加。赫希菲尔德（Hirschfeld）说：“现在去翻阅一下这些离婚的案例，真的会很痛心！双方对簿公堂互相辱骂，指控对方卑鄙下贱，雇佣侦探去猎取不忠实和不道德的证据，虽然在此前双方都知道彼此在欺骗，也知道他们早已同床异梦不能在一起生活下去了。由此我们就看清楚了，在性的问题上，缩小个人自决自律的责任而越俎代庖，不但于事无补，而且还会引起性质更严重的恶果。”[63] 在英国自从许可离婚以来，类似的情况也很普遍，但是因为已经逐渐司空见惯而激不起痛苦和厌恶的情绪了。可是，正如阿德纳（Adner）曾经指出过的那样[64]，它已经背向文明的总趋势而反动了，不但助长了普通法庭的宗教裁判所似的权威，而且仅仅强调离婚的外缘理由和抹杀了更难捉摸的内在原因。这类内在的因素随着文明的改善而日见其重要。

在奥地利，直到晚近，教会法典都处在绝对统治的地位，婚姻的缔结是不能分离的。就像现在奉行天主教的人口中仍旧保持着的那种状态。若就婚姻的幸福而论，效果是极度凄惨的。半个世纪以前，格洛斯-霍芬格（Gross-Hoffinger）对维也纳各社会阶层的100对夫妇的婚姻幸福做过一番随机抽样的调查研究。并将调查结果详细发表出来。他发现48对夫妇毫无疑问属于不幸之列，只有16对夫妇确实是幸福的，即使在这些幸福夫妻中，也只有1例幸福是来自彼此肝胆相照的忠诚，其他例子的幸福则只是不把有关忠实与否的问题放在心上才达到的[65]。这种情景有望在不久的将来成为明日黄花。有一个有影响力的奥地利婚姻改革协会，它发行了一份名为“桎梏”（Die Fessel）的期刊，英文译作“The Fetter”（脚镣）。有人说，“把两个人用脚镣锁在一起，在某些境况下是一种最恶的酷刑。成双成对地被锁在一起互相排斥、推搡打架的样子无奇不有。确实有许多被锁链连在一起的人情同伴侣，但更多的却是被锁链弄得受尽无穷的折磨和痛苦。”必须补充说一点，这段引文和教会法典专家不相干，只是借桎梏囚徒的镣铐一词来讽喻婚姻的束缚（vinchlum amtrimonii）罢了。这是许多年前的一段笔墨，原本是描写古代法国惩治罪犯制度中的服刑划船苦役的情景。但是，奥地利婚姻改革协会给它的机关刊物起的这个名目让人联想到教会法典的弊端。

在俄国，婚姻法是由至圣宗教大会（Holy Synod）在法律专家的帮助下制定的，其中有关离婚的条款合理简单，这在各个大国中几乎是唯一的。在1907年以前，在俄国很难获准离婚，但到了该年，在婚的夫妻已经有可能获准彼此协议分手，并且在分居一年以后就有权利离婚并取得再婚的资格。这个条款符合性关系方面的人道观念，在俄国很通行。大家要知道，在俄国，西方教会珍爱的顽固不化和违背常理的外铄的独身理想从来没有完全普及；东正教的牧师是结婚的，虽说进入婚姻必须在取得教士身份之前，他们不可能同情西方独身教士所立下的婚姻规则的反性欲的旨趣。

此外，瑞士，这个曾被视为欧洲政治实验室的国家，在它制定离婚法的时候也站在倾向放宽的一边。当“境况变恶使婚姻维持不下去的时候”在瑞士可以获准两年期的可重新恢复的离婚。拿破仑在1803年制定的拿破仑法典中确立了夫妻依法协议离婚的伟大原则，始终坚决支持这一原则的荣誉最终归于卢森堡大公国。在离婚法的问题上较小的国家一般都比大国先进。挪威的法律是自由的。新的罗马尼亚法典（Roumanian Code）允许双方协议离婚，条件是父母双方都承诺将他们的财产平分给他们的孩子。摩纳哥（Monaco）小公国最近纳入一些准许离婚的新条款，包括酗酒、梅毒和癫痫等等，这些都是为了保护种族的前途的合理的规定。

在欧洲以外，在处理离婚的倾向中最富教训意义的例子无疑都是由美国提供的。美国的离婚法主要是根据清教徒的习俗，他们不仅保留着清教徒的热爱个人自由，而且还保留着清教徒的墨守成规拘泥于细节的作风[66]。在有些州，明显的如内华达州，立法者对他们的离婚法的各种条款一直忙碌于纳新、改变、废除和再制定的活动中。霍华德（Howard）曾经指出，这种在立法上来回折腾一些细务的做法造成了很大的紊乱和麻烦。

这种不停地拘泥于细节的作风多少掩盖了美国婚姻法通盘的宽大自由的趋向，和招来了外国对美国社会制度的一些批评。事实上，美国社会的离婚的普遍程度被过于夸张了。离婚的人数占人口的比例数似乎不到1%，而且和时常断言的情况相反，离了婚的人马上再婚绝非常例。考虑到美国的特殊的生活条件时就会知道离婚的现象并不普遍，道德水准也绝对不低。明斯特贝格（Münsterberg）教授对美国人有过一番公正适当的批评，他注意到，在美国导致离婚的主要原因不仅仅是有种种法律的口实，即法律的拘泥于细节制定的无法变通的条款，而是他们强烈反对表面上继续保持精神上已经不再情投意合的婚姻关系，认为这是很不道德的。他说："特别是妇女，而且通常是淑尤的女子，她们并不爱离婚，不论遭受多少艰难困苦，都宁愿采取措施去延长一个精神上虚伪的和不道德的婚姻[67]。"

美国民族比任何其他民族都更加珍爱个人主义的理想；他们又是这样的一个民族，绝大多数人口都具有一种被瑞普玛尔（Reibmayr）称之为"血统驳杂"（blood chaos）的特点。在这种境况下婚姻生活之艰难，势所必然地无以复加，婚姻的结合难免经常遇到一些不易觉察的障碍，其名堂之多，成文的律法书肯定网罗不尽[68]。

美国人讲究实际的智慧迟早必定能使他们认识到这个事实，而且他们的离婚法中毕竟充满了清教宗的倾向——结果必将如弥尔顿曾经预言过的那样——他们将会同意信任自己的公民，以负责任的自决自律的精神去处理他们的婚姻关系这样的私人事务，当然是经过法庭的认可，保证其中没有什么会被指摘为不公正的地方。美国人通常都不堪忍受联邦政府干涉自己的生活，但是，在这个完全属于私人的事情上却长期容忍联邦政府插手干涉，真的是叫人大吃一惊。

推进改革离婚法的运动并不局限于基督教世界；它是现代文明的一种标志。在日本，离婚的比例数比包括美国在内的任何其他国家都高[69]。最有生气和最进步的国家就是那些最坚定地主张性交清白的国家。在美国，许多年前的情况就表明在教育和道德的标准最高的地方离婚的现象也最普遍。新英格兰州是清教徒的道德自由的传统最深厚的一个州，它在给离婚提供方便上着了先鞭。这场改革离婚观念和法规的运动并不像有些人愚蠢地想象那样是败德的运动[70]。伤风败俗或道德沦丧与不可分离的婚姻必然形影不离地相伴而行；强调只有正式的婚姻才是神圣的，阻碍在被假定为不神圣的男女性交方面培植道德的责任心，而使它只能处在这种偏见的阴影下成长。从另一方面说，主张采取措施为离婚提供便利，使结婚成为真实的性的结合，是在推动道德的进步。那些最早广泛通行协议离婚的国家或地方，多半都是一些最讲道德的礼仪之邦。

大家一直感到惊讶的是，有法律头脑的罗马人在两千年前就推荐了协议离婚的措施，赞赏它公正合理，但是现代国家中能够达成这种解决办法的依然是凤毛麟角[71]。无论什么地方，如果社会稳定而有良好的组织，重视理性和人道的要求——即使文明程度在各方面总体水平还不高——我们都会看到主张协议离婚的倾向。

在日本，新的民法和古罗马法有很多相同的地方，根据这部法律，缔结婚姻只要有两位证人在场，当面将结婚事实知会注册官员，登记注册后就万事大吉，如果新人年轻则另外需要得到双方家长的同意。也许会举行某种仪式，但并非法律的要求。要离婚时，如果夫妻双方的年龄都已经超过二十五岁，就只要经过和结婚时完全一样的手续简单地撤销注册就完成了。对于比较年轻的夫妻不幸离婚，以及对于那些想离婚又达不成协议的例子，才有法律裁判离婚的问题。有五花八门的理由可以判决离婚，其中最重要的是“严重侮辱，以致造成各类不堪共同生活的情节都属于审处之列”[72]。这一种制度，像日本的体制成就的其他大量的制度一样，似乎都算合理，慎重和有效的。

中国的婚姻制度很特殊而且历史悠久，其中协议离婚也同样安排得不错。凡是性情不和或者夫妻双方都想分手就可以协议离婚。但是，中国的婚姻法中有各种各样陈旧的特别的条款；妻子与人和奸或者一方对另方施暴造成严重的身体伤害等都要强制离婚。[73]

在爱斯基摩人中 [凡是读过南森（Nansen）描写他们的道德操守的迷人的书本的人一定都知道，他们是一个在有些方面已经高度社会化了的民族]，男女绝对平等，婚姻完全自由，离婚也同样自由。结果，他们没有不情投意合的婚姻，夫妻之间连一个令人不愉快的字眼都听不到。[74]

在古代威尔士，妇女婚前婚后都享有很多的自由，远远超过基督教或英国普通法所提供给她们的。“实际上夫妻任何一方或双方，只要想要离婚，都可以离婚。”[75]古代爱尔兰的情况也一样。妇女的地位很高，婚姻的缔结十分自由，结果，婚姻的解除实际上似乎也只要彼此协议就成了。金奈尔（Jinnell）说，只从爱尔兰古法（Brehon laws）来看，“婚姻关系是极端松散的，离婚也同样很容易，很小的事都能成为获准离婚的理由，就像现在美国的几个州的情况一样。似乎妻子一方比丈夫一方提出离婚更容易获准。当她的离婚申诉获准的时候，她便把她的全部财产，包括结婚时她带到丈夫家的和婚后她丈夫为她置办的，再加上她丈夫财产中作为她的经营看上去她有权利获得的那一部分”。[76]

甚至在法国早期的历史中，我们都能看到协议离婚是很平常的一件事。只要备好如下一式两份的公文，人手一张就算了结完事：“鉴于某某与其妻龃龉不和，不复奉神承命以仁恕相待，碍难同室相依，经双方合议分手，特此准予离贰。”从此有去修道院隐居的，也有再另结良缘的，双方都获得自由，各行其是。[77]像这样一类的实践，虽然它的协议原则在教会法典中也许可以找到一些相应的萌芽，但是它和宗教的神圣的婚姻缔结不可离异的教条南辕北辙，背道而驰。因此无法长久见容于当局和传统社会，终于被压制下去了。

在进入十九世纪之前，基督教社会里协议离婚的例子几乎绝无仅有，于是需要有一位像拿破仑这样惊人的革命的天才人物把它重新推荐出来，而且甚至连他对此都无法成就多大的功绩。这个事实显然是由于牢固体现在教会法典中的基督教的禁欲主义精神的巨大胜利，它深刻地体现在教会法典中，俘获了人心战胜了人力的结果。这种精神如此彻底征服了的欧洲的传统和制度，甚至连宗教改革火山爆发般的汹涌澎湃的激情都很难撼动它，这是大家都已经知道的。当基督新教的国家正常地恢复了一度被教会把持的控制世俗事务的权力，从宗教的手中夺回了那些属于个人良心抉择范围的东西时，结婚和离婚似乎应该顺理成章地属于首先实现转手的事项。但是，正如我们所知，英国在十九世纪几乎仍然像在十四世纪一样奴颜婢膝地屈服于这种精神，对教会法典的一字一句都奉为神圣，甚至今天英国的法律，虽然大众的舆情并不支持它，却依然墨守成规拘泥于这种传统。

可是我们可以有把握地说，现代离婚改革的运动想要达到的目的，必然是力争在离婚问题上尊重两造的愿望，或者在某些正当的条件限制下允许单方面要求的离婚。现在缔结婚姻需要两个人表示愿意；法律支持这个条件[78]。按照完全同样的逻辑，下一步法律有必要顺应婚姻的历史演化，同意维持婚姻也需要有两个人愿意。这种解决办法无疑是摆脱粗野，淫猥等恶行的唯一方法；企图预见在现代文明条件下造成婚姻不和谐的一切可能因素并把它们纳入法律的做法不但落空，而且给法律带来了一大堆理不出头绪的乱麻，上述解决办法也是摆脱这种杂乱问题的不二法门。此外，我们深信，前文云云谈到的在性问题上培植个人自裁自律的现代意识——男女负有同样的责任——也必将被大家欣然接受。

洪堡德（Wilhelm von Humboldt）早在1792年就写了一部题为《对于考验国家控制的有效限度的思考》（*Ideen zu einen*

Versuch die Grenzen der Wirksamkeit des Staates zu bestimmen）的书，对于高度文明的社会里性关系的细腻缠绵的复杂的特性，以及国家插手管制有关事务的不幸后果都有很好的陈述。“结婚，和当事者本人的天性有密切的关系，只能安置在双方意愿的基础上，如果国家企图用法律或者用它的制度的力量来摆布它，结果必定招致极大的伤害。此外，如果我们知道国家只是在思考这种管制给种族会带来什么样的结果，我们就会更加毫不犹豫地承认这个结论是正确的。我们有理由肯定地说，以种族的命运为怀和高度关心精神的最美的成长是相辅相成的。因为，经过仔细的观察，我们就会发现，一位男子和一位女子结成的美满婚姻对于种族是最有利的，同样不可否认的是，除去出自真诚、天性与和谐的爱的婚姻之外，再没有可以称为婚姻的东西了。而且更深入一步我们就会观察到，这种爱情所导致的结果和法律与习俗想要建立的那些美满的两性关系的结果是一样的。根本的错误似乎是法律的命令干预；因为这种关系是无法按照外缘的安排来模铸的，它的成立完全依赖缘分和心愿；无论什么地方实施强迫或引导去顶撞当事人的心愿，他们就会发生歧变而离开正道，走到邪路上去。所以，在我看来，国家不但应该放宽在这类事例上的管束，给公民更大的自由，而且还应该彻底放弃对婚姻制度的操心或多虑，而且无论是寻常的婚姻，还是非同寻常的特别例子，最好整个都交由当事人去自由选择，不妨让他们自己去从长计议有关的各种各样的约定。我不会因为担心全部家庭关系受到搅乱而害怕采纳这种原则。因为，虽然就某些特殊的境况和地区来说，这种担心也许是正当的，但如果拿人性和整个国家的情况来说话，可能就有点杞人忧天了。因为经验常常使我们相信，恰恰是法律不

加桎梏的地方，道德的约束最为安全牢靠；从外部压制或强迫，对于像婚姻一类的体制来说完全是外来的，这类体制的堂构只是性情和内心的责任感；外铄的强迫的体制完全不符合他们原本的心意，或者说不符合他们当初结婚的目的。”

一长串卓越的思想家——道德学家、社会学家、政治改革家——都主张双方协议离婚，或在经过慎重斟酌的条件下准许单方面申请离婚，认为这对社会有利。双方同意是弥尔顿的婚姻观念的基石。孟德斯鸠说过，正当的离婚必须是经双方同意和无法在一起共同生活的结果。瑟南古（Senancour）似乎也同意孟德斯鸠的主张。莫莱（Lord Morley）呼应和赞同狄德罗（Diderot）在《波根维埃尔旅行记补编》（*Supplément au Voyage de Bougainville*, 1772）一书中的结论，他补充说，夫妻的离异本身是“一件完全正常的，无可谴责的事情，往往不但值得称赞而且是一种责任。”布洛克（Bloch）[79] 和其他许多作家都特别支持雪莱的名言，说婚姻的自由是它永结同心的保证（这个方面的生活事实在上一章已经多有叙述）。博学多识的卡斯帕里在《论婚姻自由的社会问题》（Caspari, *Die Soziale Frage über die Freiheit der Ehe*）一书中虽然对未来不做任何预言，但他断言，如果性关系要继续保持不变或要符合道德，婚姻的离异就必须方便易行。霍华德（Howard）在他那部内容丰富绵密的婚姻制度史的结论中提到，[80] 虽然他自己认为婚姻是特别需要法律裁节的，但还是不得不承认，研究历史的人完全清楚，现代有关离婚问题的运动“不过是争取社会自由的强大运动的一部分，自从宗教改革以来，这场运动已经日渐壮大强盛。”谨慎和公正的韦思特马克在他的《道德观念的起源与演变》一书论述婚姻的一章中做结论时也说过类似的话：“当夫

妻双方都想要分手时，在许多开明的有识之士看来，如果孩子得到妥善照顾，国家便无权阻止他们解除婚姻的契约；对孩子们来说，虽说只有单亲照顾，但总比整日面对不能和睦相处的双亲要好一些。”[81]

在法国，领导社会改革运动的人物看上去大多数甚至全部众口一声地认为，在离婚改革方面下一步应该是确立协议离婚。例如，一部汇集了三十一位卓越的男女人士分别撰写的专题论文集得出的结论就是这个主张。所有撰文的作者都赞成协议离婚，只有亚当夫人（Madame Adam）除外，她说，她对于形形色色政治的和社会的形态都抱有一种怀疑的态度，但她承认将近半个世纪以来她一直是坚决主张准许离婚的。文集中的大部分作者对于仅有一方执意离婚的也都赞成可以离婚。[82] 在其他国家，也有越来越多的人承认这是一种适当的难免的解决问题的办法，但应该注意避免借此动辄离婚的倾向。

对于采取什么妥善的方法将协议离婚付诸实施则见仁见智，这件事大概要因地制宜，不同的国家有不同的安排。看上去日本的方案简单公正（见前文）。保罗和维克多（Paul and Victor Margueritte）两兄弟虽然认识到属于个人婚姻离合方面的感情龃龉问题法庭无权过问，但仍然承认为了处理离婚者的财产分割和照顾好孩子的问题，法庭的干预作为最后解决问题的手段还是必不可少的。他们不必对簿公堂。这些作者提议，双方各择一位代理人，再由这两人挑一位第三方作为公证人，处理此案的法庭可以私下调查，如果他们首肯就登记离婚，这个程序大概需要六个月到一年的时间，如果这个离婚案子是单方面提出，对方没有同意，则时间或许会拖延三年以上[83]。舒费尔脱（Shufeldt）医生提议，审理离婚案的法官应该单独处理任何涉及婚姻不和的案子，直接面对夫妻两造，听取他们的申诉，不需要辩护人，如果必要，可以招他们的证人出庭；如果需要医学专家协助，法官有权单独传唤他们到庭。

当我们察觉到离婚有其正当的和正常的根据但却长期延宕不被采纳，是由于教会法典这个僵尸的神通招来的人为的张力所造成的——这种张力完全局限在奉行基督教的世界里——，我们或许也会察觉到在这种张力最后消失的时候，婚姻关系的正当和正常的规则或秩序一定会腾腾回归，因为那种解放被延宕的时间太久了。爱伦·凯用古老的物理学的话做隐喻说：“大自然讨厌一切地方的真空，对婚姻里的真空更是恨透了；无论用什么方式方法，真空终归要被填满，如果无法用正常和有序的方式填满，必将被不自然的和无秩序的方式填满。社会有责任去监督和保证，不允许法律妨碍自然秩序的建立。”

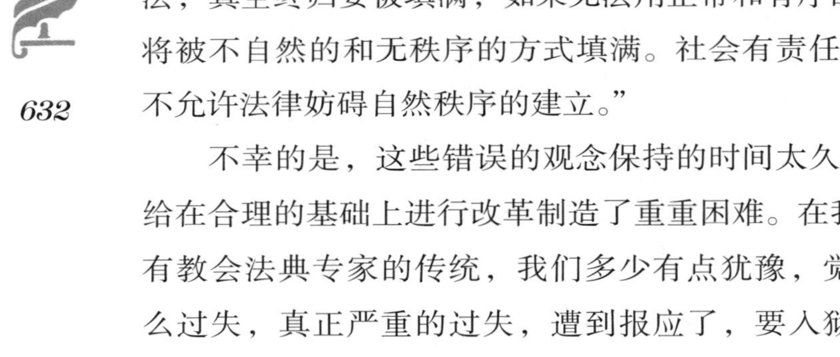

不幸的是，这些错误的观念保持的时间太久，影响太恶劣，给在合理的基础上进行改革制造了重重困难。在我们的头脑里面有教会法典专家的传统，我们多少有点犹豫，觉得除非他有什么过失，真正严重的过失，遭到报应了，要入狱服刑，名誉扫地，否则不可以离婚。但是，在婚姻关系中和在一切其他关系中一样，只有很少数的例子，当事人中的一方视另一方为罪犯，即使对方是被告，也不至于这样。这种现象在结婚的早期往往很明显。最终还是实事求是。妻子有通奸行为，丈夫当然摆出一副原告的架子。但是我们也不问一问他怎么会到了这个地步，一点也不见爱于她，以致她与人和奸都没有一点顾虑；这个问题追问下去可能会得出结论说，真正的被告是丈夫一方。类似的情况还有，丈夫被妻子控告残酷虐待，法律则常常忽视去询问一下，他们是否还有一些龃龉，虽然没有这么凶残，但造成的伤痛同样撕心裂肺，如果详细盘问，或许妻子会成为被告。有很少数的例子，只有很少数，原告和被告的关系并不是完全虚假的和人为的，而是有待审理的有关不道德的法律拟制（fiction）。在大多数例子中，如果真相大白的话，丈夫和妻子会并排走上法庭宣布："我们两人都有错，我们都无法充分履行彼此向对方的承诺；我们在相好时彼此都选择错了。"有许多事情，如法庭上有关案情的冗长报告，互相指责，侦探、女仆和其他人的举证，无耻地搜罗隐私等等，所有这些东西永远无法分清是非，也完全没有必要去搞清楚。

有些人说，如果对离婚不设障碍，一位男子或许会接二连三的和半打女人结婚。这些头脑简单或愚昧无知的人无法知道，即使婚姻绝对不能解散，一个男人能够，往往不仅仅是接二连三地和半打女人发生性关系，而且如果他想要，他甚至可以同时和半打的女人性交。但是，这里有一点重要的分歧，一种情况是，法律怂恿这个男人，叫他以为他最多只要对这六位女子中的一位行仁义之事；另一种情况则是法律坚决主张他对所有这六位女子都要公道和公开地充分负起他的责任来。这是一个非常重要的区别，这两种情况究竟孰为道德，孰为不道德，这应该不是一个问题吧。一个男人或者一个女人愿意和几个人发生性关系这种事情是不该由国家过问的；这是一种个人的私事，它的确影响到他们自己的高尚的精神成长，但和国家不相干，用不着国家去查探。但是，在有关国家自己和它的国民的总体利益上国家要加以监督防止做出不公道的事情来。

但是孩子怎么办？这势必是一个很重要的问题。在离婚的案子中孩子的安排始终是国家必须注意管理的一个问题，因为只有当他们有了孩子国家才和离婚的事件有点实质性的关系。

从前甚至有人认为育儿问题是反对简化离婚的重要理由。现在大家普遍接受一种更合理的观念。首先，大家承认很大一部分想离婚的配偶都没有孩子。在英国，这个比例数大约为 40%；在有些其他国家，这个比例数无疑还要更大一些。但即使他们有孩子，大凡知道父母龃龉本该离婚而又离不成的家庭氛围的人，绝不怀疑这种气氛通常对孩子来说真是坏到了极点。父母之间的紧张把本该用来照顾孩子的精力都耗尽了。父母的悲愤或争吵的景象使孩子沮丧，对孩子的各方面通常都会造成很严重的伤害。最好的情况也难免让孩子伤心和痛苦。毫无疑问，对孩子来说，与有怙恃担当的单亲一起生活，远比和没有怙恃担当的双亲一起过日子好得多。还有一个更深入的常常被人忽视的问题，这里要斟酌一下。两个人在一起过日子龃龉不和——其中一位或许神经方面不正常或有病，这种例子并非绝无仅有——他是不适合为人父母的，即使有最好的生殖条件也不宜。因此，不应该通过这种有缺陷的渠道为社区生产新的公民，这不但对个人来说是公道的事，而且为了国家的利益起见也是一项有待解决的措施[84]。从这个观点看，支持简化离婚对国家有百利而无一害。

最后还有一个常常被提出来的反对简化离婚的理由。据说，婚姻是为了保护妇女而设的；简化离婚就使妇女失去了这一层保护。显而易见，这条理由对于反对双方彼此协议离婚毫无用处。当然，离婚必须在夫妻双方都获得同样公正的法律裁可的条件下安排。但是一定不能忘了，婚姻的本质的事实不是当然的经济问题，也绝不应该人为地制造成经济问题。有可能要给妇女一方一些经济上的补偿，因为作为母亲她为国家养育了新的公民，这是一个社会必须考虑的问题。但是，姑不论是国家或是她的丈夫或是任何其他的人，都不应该为了运用夫妻关系而生的权利付款。这种反对简化离婚的理由都能提得出来，说明我们还远远达不到用健全的生物学的态度看待性关系的程度 。同样不健全的一种观念是守身如玉的新娘把童贞当作结婚时的一宗大本钱给了她的丈夫，而他在第一次性交时就把它消费光了，那是永远无法回复的。但这只是人类从半开化时代进入文明之后残存的习俗，而不是文明时代的产物。就其还存在的一点可以讨论的事实而言，它属于性歧变范围内的一个问题，在评估道德价值时无法加以考虑。但是对大多数人来说，无论如何，不管他们是否觉察到，尝过禁果而有初步的性经验的女子比童贞女子在性爱方面价值更高，因此在这方面没有必要担心妻子已经失去童贞的问题。切心于用限制离婚来保护妇女的主张主要是由男人提出来的而不是女人自己，这大概是一件重要的事实。女人结婚之后便被社会和法律剥夺了她自己原来的姓氏。不久以前，她自食其力获得报酬的权利也一直是被剥夺了的。她的大部分的最切身的个人权利都被剥夺了。在某些境况下连她自己的孩子都被剥夺了，受这样大的伤害，她都无处申诉，不知该告谁，告什么罪。由此，我们看到她没有对给予她的这类保护感激涕零而要保留和她丈夫离婚的权利时，大概就不会大吃一惊了吧。一位声名显赫的法国女子曾经写道：“啊，不，不要保护！我们已经被保护得太久了，停止保护她们是给予妇女的唯一保护。”[85] 事实上，有关离婚的运动，总的来说，似乎和前文描述过的妇女道德责任心的发展齐头并进，

在离婚最自由的地方，妇女的地位最高。

当我们了解了离婚运动的性质和方向的时候，我们一定会觉察到这场运动的最终趋势是消除运动本身。成立处分离婚案件的法庭是令人无法忍受的宗教的婚姻观念的必然的推论。如今再没有一种制度比它更丑恶，更背离高雅文明造就的本能的感情，并且和妇道（womanhood）的尊严更加对立的了[86]。取消离婚法庭，由婚约有关各方安排私下处分来替代它，如果有孩子需要赡养的特别情况，就要依法办理，有必要时还可以请求司法监督，这是，而且一直是合理的高度文明阶段成就的自然结果。离婚法庭的成立只是现代婚姻史的一时的局面，而且是一个使所有和它有瓜葛的人都很讨厌它的局面。把它彻底取消大家就满意了，不必去考虑怎么取消的方案。这只是一种人为的婚姻观念的产物。行文至此我们应该回过头去把这个观念推敲一番了。

我们已经知道，当天主教提出婚姻是一种圣礼的古老观念时，聪明的教会法专家就逐渐精益求精地把它制作成死板的教条。最后虽然在宗教改革运动中名义上被废除了，但没有完全摧毁，取代它的是一种把婚姻看作一种契约的观念。这种把婚姻当成契约的观念在我们中间依然拥有大量的信众。

在婚姻中总是有一些契约的因素，有些因素含蓄，有些因素明确；甚至连教会法典专家都点头承认。但是当我们把婚姻当成一般的契约来处理时，我们就不得不承认我们在订立一种非常特殊的契约，不能像其他种类的契约那样，经签约各方同意便可以撤销，撤销婚姻契约更像是对罪愆的惩罚，而不是自愿废除合同的义务[87]。当基督新教改革家抓住婚姻是一种契约的概念时，他们把一切对契约的特殊性质的理性分析都置诸脑后；他们只切心于寻找一些看上去合理的根据，甚至连教会法典专家都承认的关于婚姻的某些方面的主张也拿过来做根据，宣布婚姻是世俗的而非宗教的事物，是民间的合同而不是宗教的圣礼。[88]

和基督新教的其他大量的造反活动一样，这种对婚姻的态度的力量是基于情理的消极的低俗的一面。但是虽然基督新教企图否定教会法典的权威的想法是正确的——只是说它的这种企图是正确的，而只有低俗的企图不能取得完全叫人满意的积极的成果。事实上，婚姻并不是真正的契约，也从来没有谁曾经试图把它改造成为一种真正的契约。

各方面都有一些作者曾经把婚姻当作实际的契约来对待或主张应该把它改造成真正的契约。例如，凯尔德夫人（Mrs. Caird）就认为，如果婚姻真正成为一种契约，“配偶就要立下他们的协议文书或委托他们的朋友代办，像现在确定婚姻时常常做的那样。他们同意在这样那样的条件下共同生活，在法律范围内商定某些合同条件”。[89] 但是她坚持主张，国家应该要求从提出离婚到离婚之间应保留一段时间，过了这段时间如果依然想要离婚的话才正式通告离婚。在美国也有类似的主张，舒费尔脱医生（Shufeldt）坚持认为，婚姻必须完全交由专业的法律人士来处理，“订立一个民事的契约，细则明确，详细规定离婚的条款，万一将来要离婚时可以如愿地解除这个契约。”[90] 他又说必须有医学证明无遗传性疾病和其他后天获得的疾病的证书，对于试婚（probationary marriage）也必须制定适当的规则加以管理。

在法国，1891 年，一位国会议员承认婚姻是一种契约，和其他任何一种契约没有什么不同，他宣称，“在庆祝婚礼上演奏音乐真是荒诞可笑，就好像召请一位男高音歌手来当公证人庆祝做

成一桩木材买卖一样。”他的想法和庇泼士（Pepys）很不同，庇氏说，在早几个世纪，一对新人的婚礼上没有音乐简直就是一种侮辱而使人愤怒，好像是在给一只公狗和一只母狗配对一样。

那些坚决主张必须把婚姻看作一种契约的人往往要求婚姻契约订一个有效的期限。在日本，古时候婚姻契约的有效期限可以定为五年或五年以下，而且据说，在期满之后很少或根本没有解约散伙的。歌德在他的《亲和力》一书中附带提出一个五年期婚姻的建议，并且认为过期后在没有外力强制的情况下婚姻继续延长的事实具有重要的道德意义[91]。（布洛克认为歌德大概是听人说起过日本人的风俗 [见《现代的性生活》（Bloch, *Sexual Life of Our Time*, p. 241）]。）为了使婚姻摆脱变化无常的境地以及有一段充分而良好的考验时间，科普（E. D. Cope）教授也同样主张“建立一套有确定期限的民间婚姻契约制度。这些契约和现存的婚姻契约有同样的价值和效力。契约期限应该尽快延长，以防止妇女由于年岁增长人老珠黄而失去保障。第一份契约的有效期不应该短于五年，使他们有充分的机会互相了解，即使偶有龃龉也有时间转圜和好。[92]”科普坚决主张，第一份契约可以根据任何一方的要求而解除；继续第二份契约，期限为十年或十五年，只有双方都同时同意时才可以解除，而第三份合同应该是天长地久永远不可解除的了。梅雷迪特（George Meredith）是著名的小说家，他最近也表示婚姻的契约应该有一定的期限。

很难说这种有期限的婚姻是解决我们当前遇到的各种困难的很好的办法。它们不合年轻情侣之意，因为他们相信他们的爱情天长地久海枯石烂都不会变，或者，在他们的婚姻正处在感情融洽的时候，没有必要去想那些教人讨厌的有关契约的法律期限的

事。反之，如果婚姻不快乐就没有理由继续保留这种空有其表的关系，继续煎熬十年，就算是五年也没有必要，它已经是没有任何实质的婚姻关系了。即使要把婚姻放到这种最平常的契约的基础上，事先规定契约的有效期的长短也是一种错误，实际上也没有可能性。这种制度预先固定婚期延续的时限和预先固定终生不易的制度在原则上是完全一样的。它们势必遭到同样的驳议，即它们与一切有活力的两性关系都有矛盾。因为现在越来越要求种种社会关系都要真实和有效，这是大家都日渐感觉得到的一个事实。在对待判处罪犯有期徒刑的制度上我们也看到完全同样的变化。把一个人送进监狱，关上五年或终身监禁，完全不顾及这种囚禁对于被囚的人有什么重要的影响，这个未知的问题对于每一个个别的例子来说答案一定是不同的，大家也逐渐认为这种刑法是不合理的了。

如果婚姻真是以契约为基础，那么这种契约就不仅可以根据签约双方的意愿取消，这里面根本扯不上犯什么罪错之类的问题，而且，有关双方从一开始就可以自己决定如何处分该契约的种种条件。但是没有比我们现实的婚姻更不像这种契约的了。男女双方都是奉命接受对方成为夫妻；不是邀请他们来签订一个契约；他们不知道，也没有告诉他们，事实上他们已经签订了一份非常繁杂精到的契约，其中大部分都是按他们出生的千百年前就立下的规矩指定的。除非他们研究过法律，否则他们根本不知道，这份契约中有些条款对他们两人都可能是生死攸关的。事到临头，一对年轻人，或许还一脸稚气，眨眼间被感情迷惑得神魂颠倒，匆匆忙忙地去找牧师或到婚姻登记处的官员那里，当着他们的面把自己一辈子拴在一起，少不更事，彼此也不甚了解，对婚姻法也一无所知，或许连有婚姻法的事都不知道，绝想不到会像俗话直言的那样，从花环底下走进地狱。当他们还活着的时候除了通过下水道的活门，没有别的出口[93]。

当一位女子进入婚姻的时候，就把自己的一切权利连同人身一起交出去了。譬如，按照英国的法律，男人“不可能犯强奸自己的合法妻子的罪。”史蒂芬（Stephen）在他的《刑法概要》一书的第一版中曾经认为，在某些境况下可以指控一个男人强奸他的妻子，但在最新一版中把这个意见收回去了。一个男人可能强奸一名妓女，但他不可能强奸他的妻子。她嫁给一个男人，一旦同意圆房时与他性交，之后就是永远同意了。今后无论发生什么新的情况，他都可以和她性交而无须征得她的同意，即使他明知自己正在罹患花柳病也无须顾问[94]。

妻子有履行允许她的丈夫行使“婚姻权利”的责任，这是她在法律上从属于她的丈夫的另一个方面。甚至到了十九世纪，英国萨福克（Suffolk）郡的一位良家女士，仅仅因为她长期藐视要求她让丈夫行使婚姻权利的法令，就被投入当地伊普斯威奇（Ipswich）的一所监狱许多年，虽然她身患多种疾病，每天也只给一点面包和水，就这样一直到死。这类问题的状况在1884年的婚姻案例审议通过之后得到部分的改善，但审议的通过，取消对拒绝归还婚姻权利的刑罚，并不是为了保护妇女，而是为了保护男人。毫无疑问，现代的法律是倾向于反对强迫夫妻任何一方屈从于“婚姻权利”的，虽然进步很慢；自从杰克逊（Jakson）案例发生以来，在英国丈夫已经不可能用暴力强迫他的妻子和他同居了。这种倾向在美国尤其明显；譬如，爱荷华州的最高法院在几年前就决定过度要求性交构成虐待罪，量刑可判决离婚[95]。

妻子对自己的人身保有的微弱的权利并不限于性的范围，甚至还扩展到了她的生活的权利。在英国，如果妻子杀了她的丈夫，在从前是很严重的“雏形叛逆罪”（Petit treason），现在则仍然算作一般的谋杀犯。但是如果丈夫杀了他的妻子却能够借口妻子通奸和自己出于嫉妒来辩护，这只是过失杀人或误杀罪。（在法国，对因嫉妒犯罪的处分极为宽容，甚至妻子杀了自己的丈夫也常常被宣告无罪。）

但是，不要以为在婚姻方面一切法律上的不平等都是有利于丈夫的。大量的不公正也伤及丈夫。例如，妻子诽谤了别人，丈夫要为此负法律责任，即使当时她和他不在一起生活。（例如，1908 年一位英国的法官就判过这样一宗案子；他说，“他不能连一句他为此深感抱歉的话都不说吧，看来这是一宗难办的案子，但是这是法律。”）近些年来，拔克斯（Belfox Bax）特别坚持认为英国法律在诸如此类的一些问题上处罚不公道。毫无疑问，像目前这样的婚姻制度对丈夫的伤害和对妻子的伤害同样严重。

因此，婚姻不但不是真正意义上的契约，[96] 而且就算是契约它也是那种坏到了极点的契约。当教会法典专家用他们的圣礼婚姻来取代买卖契约婚姻的古老概念时，他们在许多方面都实现了真正的进步，而当把这个契约观念临时当作造反的抗议来用的价值终结之后，回归这种契约观念就成为与任何一种进步时期的文明都格格不入的完全无法协调的事了。在反对奴隶制度的造反肇始之前，这种契约婚姻的观念就复活了。人身契约（Personal contradts）与我们的现代文明和个人自由的观念是格格不入的。一个男人不再能立约让自己成为一个奴隶，也不能立约卖掉他的妻子。但是被看作契约的恰恰就是这类买卖人身的事务 [97]。在每一个高度文明的时代这种事实大家都是清楚承认的，连年轻的配偶想要立约在婚姻中无条件放弃他们自己的自由都不被允许。例如，我们在睿智的罗马法中就看到这种条款。甚至在改宗基督教后的罗马皇帝的治下还保留着这个正确的原则，保卢斯（Paulus）律师写道："宗奉祖尚，婚姻是自由的，即使双方协商同意彼此永不分离也无效。"[98]就婚姻关系的实质而言，不考虑其他任何偶然的事件，的确是立约，它是自然的契约，进入婚姻的双方都没有资格来缔结此约。在生物学上与心理学上都无法辩护它有效，但随着人类文明的发展却毫不含糊地宣称这种自然的契约在法律上无效。

因为，毋庸置疑的是，婚姻的最深层和最本质的事实是衾稠之欢——性交，这不是也不可能是一种契约。他不是契约而是事实；他不能仅仅根据双方中的任何一方的意志就能实现的；他不能靠双方中任何一方的意志就能维持的。想靠意志力来左右这种契约只是在扮演一种比不雅的闹剧更糟糕的滑稽戏罢了。当然有许多婚姻的细节是适合于订立契约的题目，可以由双方根据自己的爱好和志愿去签约。但是婚姻的本质的事实——通过多年的相知相悦，爱情的热烈足以使两人的亲密关系有可能如愿以偿地达到床笫之欢的程度——是无法订立契约的。无论从身心两方面的任何一面看都一样，不许可订立有约束力的契约，而如果一个契约没有约束力，它就一文不值。对于一桩未来的婚姻，在它尚未十分确定一定能够成为事实之前，去订立这样一种虚假的合同，这不仅是不该做的，而且是荒谬可笑的。

当然，实际上这种不该、这种荒谬，立约各方从未看清楚过。他们根据习俗通过多方面小范围的考察，若这些考察结果满意，再加上自信有一派浓情的烘托，在他们看来，履行契约是不成问题的，即使到不了海枯石烂，也足以维持终身了。

当我还是一个七龄的儿童时，一个偶然的机会从澳洲大陆踏上了太平洋的一个半热带的小岛，岛上盛产水果，特别是葡萄，集市上有一个黝黑的妇女总是把一大串葡萄送给这位英国小客人。而有一天，这个孩子坚决拒绝接受送给他的那串葡萄；葡萄吃得过多终于引起对葡萄的厌恶。间隔大约四十年之后才克服了当时过量食用造成的对葡萄的反感。但是，我们可以有把握地说，如果这个孩子六岁那年被要求订立一个契约，规定他每天必须接受一大串葡萄，时刻放在身边，每天都享受吃葡萄的快乐，他必定会很快活地签字画押，就像任何满面春风的新郎或者心花怒放而佯作端庄的新娘在礼拜堂里签字画押一样。但是，一个复杂的男人或女人，有着莫名其妙的变化或可能变坏堕落的本领，又有使人痛苦和招人烦恼的无穷的才能，他或她是那种很容易被更绝妙的水果约束的生物吗？世界上所有的国家都还感受到基督教的教会法典无孔不入的影响，还没有掌握一位七龄童的生活经验中很好体现出来的平凡的真理[99]。

认为像婚姻这一类的关系可以依托在预先订立契约这种脆弱的基础上的观念，它的极端的类型当然从未广泛通行过，世界上有许多地方完全不知道这回事。据我们所知，罗马人就毫不含糊地把它否决了，他们甚至在比较早的时期就承认根据习惯（usus）成立的婚姻的正当性，这样一来实际上就是声明婚姻必须是一种事实而不仅仅是一种保证或承诺。有一种很普遍的法律倾向，把同居看作婚姻关系的基本事实，特别是在罗马法的传统还多少保留着一点影响的地方。甚至在天主教会的统治下，都可以根据同居的事实推定为婚姻，把它当成一条老规矩[100]。甚至在英国，同居已经可以推定为一条支持婚姻存在的理由（虽然它本身还不能被认为是充分的），条件是同居的女子身份清白，不像是一般的妓女[101]。但是，按照华特生法官（Lord Watson）对皮瑞吉（Dysart Peerage）案例的司法解释，如果一位男子把他的情妇带到一所旅店或者和她一起去婴儿服装用品商店，对人说她是他的妻子，则可以推定他是顾及一般的礼貌习惯，不能作为认定婚姻的证据。在苏格兰，可以推定为婚姻的理由比在英格兰要简单得多，也少得多。这可能和苏格兰的双方同意就算结婚了的根深蒂固的古老习惯有关。[102]

布瑞达尔班（Bredalbane）案例［坎培尔告坎培尔的事件（Campbell v. Campbell ，1867）］是一桩很重要的案件，因为它涉及布瑞达尔班侯爵的钜亿资产的继承问题，上议院甚至决定把这一桩原本涉及通奸的案子终止通奸诉求，而依照习俗和名誉保证，使它成为简单的经双方同意的婚姻，不需要任何表明结婚的公示，也不需要为彼此同意的具体时间立证。这个决定在迪沙特（Dysart）案例中被确认[103]。类似的例子还有 1907 年在瓦格斯达夫（Wagstaff）由审判官肯克维奇（Kekewich）做出的决定，即，如果一个男人给他的“遗孀”留下一笔钱，条件是他死后她不再嫁人，虽然他从未和这位妇人结过婚，而且她已经合法地嫁给了另一个男人，这位立遗嘱人的遗愿还必须支持。加里森（Garrison）在对合法婚姻的这一方面的问题有过一番很有价值的讨论[104]，有力地主张，根据英国的法律，婚姻是一桩事实而不是一份契约，凡是存在“以坚定的婚姻志向为特征的行为”就存在合法的婚姻，婚姻纯粹是“一桩存在的事实的名称。”

在美国，也存在类似的由习俗和名誉担保成立的“婚姻”，有些州，甚至还制定成法律条款加以肯定和引申[105]。密歇根州的库雷（Cooley）法官在1875年说过：“无论举行什么礼仪，甚至不用举行任何礼仪，如果双方眼下同意互相结为夫妻，并且从此公然以这种关系在一起生活，有这些事实就充分证明婚姻已经成立。……这是美国法庭已经确定的法理。”这个意见已经被联邦法院当局认可。[106]

英国和美国一样，最高司法当局在法律上承认婚姻本质上是一桩事实，它是最完备的法律认可的婚姻，不需要任何举证或举行结婚仪式，这项法律承认无疑是具有很深刻的含义。我们逐渐看清楚，婚姻的改革甚至有可能不用改变法律，甚至无须通过任何法律程序就可以进入体面的两性关系，它已经有权利得到法律的充分的承认和保护。但是，还有其他的一些事情使沿着这些路线进行的婚姻改革不够充分，这里就不用多说了。

结果，约言之，随着文明的演变，契约婚姻的观念越来越受到怀疑。一方面，大家认识到，人身契约与我们通常的为人立身和社会的态度格格不入，因为，如果我们不接受一个人可以订立契约使自己为奴的观念，那我们就更加应该拒绝通过订立契约而进入比为奴更密切不可分离的为夫或为妻的关系了；另一方面，大家感觉到，对这种连他本人都把握不住的事情预先订立契约是很不真实的，如果通行任何一种严格的衡平法（equity），这种不公平的契约必然无效。确实，我们依然看到一些作家还在喋喋不休舞文弄墨，要求承认他们主张的婚姻契约应该列入的种种责权观念，而不去分析在婚姻方面“契约”这个术语的含义，这些作家和基督新教的宗教改革家一样没有打算对此做更多的分析，他们在这个问题上自以为是，但还很难说他们在这方面的水准已经达到初级程度了。

在最早把婚姻从教会转到国家手中的国度里，这种转移要归功于基督新教，而在说英语的国度中，则特别要归功于清净宗，而与此同时，不免要经历一个造成两性关系还俗的不良后果的阶段。换句话说，他忽略了恋爱中的超凡的因素，而这却是性关系的真正本质的部分，还俗阶段只专注于婚姻的那些繁文缛礼和种种琐碎的节目，唯独这些东西可以用死板的和斤斤计较的态度去处理，也唯独这些东西适合做契约的题材。教会法典在它的发展过程中，许多时候都好像曾经幻想过而又无法忍受婚姻是一种自然的实际的事实，姑不论别的，但至少总还认为，婚姻最重要的是身体的结合，而且它同时又认为结婚不仅仅是世俗事务的契约，而且是神圣的崇高的活动，是神圣的事实，是世界上最神圣的事实的象征。我们今天正站在更高的更自由的水准上回归教会法典专家的婚姻观念，一面恢复教会法典的崇高观念，然而保留清净宗曾经错误地以为只要世俗化就能取得的个人主义，一面再往前走，承认整个婚姻程序都属于个人担当道德责任的私事。霍布豪斯（Hobhouse）说得好，在追溯现代婚姻观念的演化历史时，婚姻的神圣观念又再度在一个更高的水平上浮现出来；“从一个不可思议的圣礼演变成伦理意义的圣礼”，这样一来我们就倾向于靠双方同意来缔结和保持婚姻，“两个自由的和负责任的人之间的结婚，双方的种种权利一律保持平等，”方向有了，但目前在法律上还没有成就这样的业绩[107]。

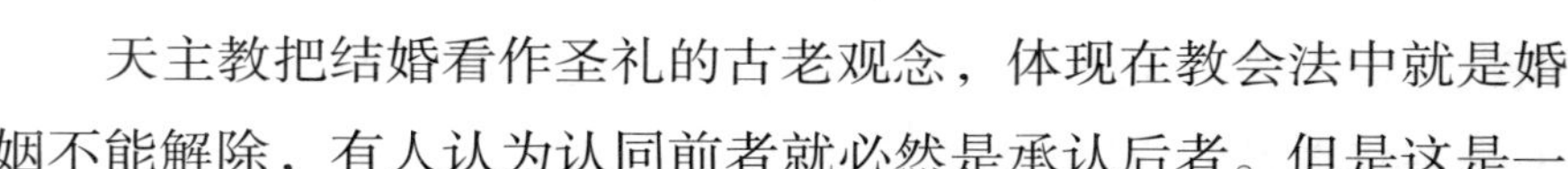

天主教把结婚看作圣礼的古老观念，体现在教会法中就是婚姻不能解除，有人认为认同前者就必然是承认后者。但是这是一

种错误。甚至连教会法典专家自己都提不出一个站得住脚的顺理成章的理由来解释为什么婚姻不能解除，路德，弥尔顿和洪堡德都主张两性结合或婚姻有着宗教的神圣的性质——然而因为圣礼这个字眼具有的宗教含义使他们用它的时候很谨慎——不但绝不相信婚姻的神圣包含不可解除的性质，而且恰恰相反，主张婚姻的神圣包含可以解除的意思。即使站在严格的基督新教的立场上也可以为这种观点辩护。马伯利（G. C. Maberly）先生说："我以为祈祷书对圣礼的界定是'内在灵魂的雅致的外在可见的证迹，'这是大家普遍都接受的，当内在灵魂的雅致是上帝赐予的爱时就造成了爱情和灵魂的结合：因为我对婚姻采取这种见解，所以当然会认为，一旦这种无私的神圣的爱和热情的灵魂的结合结束了，法律的和身体的结合就应该分开。在我看来，婚姻神圣的观点迫使我们同意，凡是灵魂的结合结束了还继续维持法律的结合的人，都是——再用祈祷书里的一句话来告诉这些当内在的灵魂的雅致没有了的时候还保持另一种外在圣礼的样子的人——'自作孽，不可逭'。"

如果用我们现在具有的眼光回顾离婚的问题，我们就会看到，公众已经日渐清楚地觉察到婚姻关系的现代的种种局面将会是无比简单。因为婚姻不是单纯的契约而是一种行动的事实，而且还是一种神圣的事实，要维持它就必须双方自由地加入。把罪过和惩罚一类的观念引进离婚的事实，去助长相互责备，要他们把内心的秘密或情绪公之于世，不仅是不道德的，而且是牛头不对马嘴。在婚姻什么时候不得不终止其为婚姻的问题上只有当事的夫妻双方才是最高的审判官；如果要请国家过问，国家只能把他们说的话记录在案，审查和保证实施中没有不公正的事发生[108]。

在上一章我们在讨论到性的道德的发展趋势和文明的发展趋势方向相同时，我们得出的结论说，在它的主要的路线上，最重要的是个人的责任心。在未开化的民族中这种两性关系有社会习俗确定，没有谁敢打破它，在文化发展到更高阶段时，这种关系由正式的法律决定，即使这些法律在精神上已经破败了但在字面上还必须遵守它，现在这种两性关系逐渐转移到由个人的道德责任担当的领域。在增强道德约束的同时，必须放松法律的管制，否则谈论这种转移必然空泛无物，实际上也行不通。只有依靠放松外铄的人为管制的办法，自然的节制才能够充分发挥它的约束力量。实行这套办法时要双管齐下，一面要把固守礼仪的婚姻看淡了，这是世界各地广大人口通行的，推其源流无疑可以追溯到第十世纪教会规定的婚礼开始占统治地位的时候，在看淡这种形式婚姻的基础上，一面逐步修改婚姻法律，这种法律是应有产阶级的需要而必须制定的，他们切心于保证国家对于他们的婚姻的承认。整个过程必然是一个逐渐的实际上难以察觉的过程。我们不可能确定教会发动大革命攫取完全左右婚姻的这一段时期的确切日子，也不能确定它最后把这种控制权力转交给国家的确切日子，因为这种革命的发动是没有任何规则干涉的。要觉察到婚姻的控制从国家转移到当事人手中的过程同样困难，下文我们将会看到，更为困难的是，因为婚姻的事实虽然本质上是个人切身的私事，不是国家该管的事情，但是婚姻有些方面触及社区的利益，使国家义不容辞地坚持要他们登记注册和关心他们对有关事件决定的情况。

有人说，解除法律对婚姻关系的严格控制会造成世风日下道

德懈弛的后果。发表这种议论的人闭眼不看这样一件事实，即凡是盛行古板的婚姻法律而保持外铄权威的地方，也正是邪僻放荡最泛滥的地方，严加管制的结果将道德懈弛推到了无以复加的地步。有一点也的确是对的，任何束缚突然解除的结果势必引起相反的极端放纵的反应，道理都是同样的；奴隶不是一经解放立刻就能变成自律的自由民的。但是我们要知道，婚姻的规则，在人类千方百计用立法把它模铸成专横的状态之前，已经存在几千年了。我们也看到了，这种立法的确是人类精神由衷的努力，想要更着重确认人类自身的本能的需要[109]。但是，他努力的最后结果适得其反，扼杀和阻碍了鼓舞人类精神的本能，而不是促进它更好地发挥作用。这种法律的逐渐消失使自然的规则获得适当的自由发挥作用的余地。

强迫实际上不是有益于保持美德的力量，而是把人推向邪恶的深渊，这是一个至论，天才的拉伯雷（Rabelais）早就清楚地认识到了这个最根本最深刻的道理。当他说到他理想的社会状态时，他提到底列姆（Thelème）修道院，说它的院规只有一项："为你所欲为"（Fay ce que vouldras）。拉氏说："因为自由的，有教养的，品格高尚的男子和贤淑的伴侣结交，自然具有一种本能和鞭策，引导他们就善避恶。同样是这些人，如果受到恶劣的外力压服和胁迫的话，他们就会偏离原本在自由时使他们从善的高贵的气质，奋力去摆脱和打破奴役的桎梏。"[110]所以当一个男子和一个女子在遵照底列姆的院规生活彼此结婚之后，他们之间的爱情就不会消退而能美满地伴随他们度过一生。

如果丧失自律的自由不能导致恣情的反叛，就会反过来引起一种危险，变成意志薄弱地依赖外缘的帮衬和维持。这种依靠国家管理对于婚姻的外铄的帮衬和维持就像用束腰紧身的衣带来帮衬支持身材一样。在这两件事情上对于采取认为帮衬的手段持赞成或反对态度的理由都是同样的。紧身的确给人一种帮衬支持的感觉；它们的确不用麻烦就提供了一套相当叫人满意的表面上符合社会习俗的礼仪；它们真的是一种保护以免受到意外事件的伤害。但是为这类外铄帮衬提供的这些好处付出的代价是很沉重的，而且这些好处的维持也是很勉强和矫情的。紧身衣带箍紧了身体，阻碍了器官的健康发育，它使随意肌肉系统变得衰弱；这些都是和天生丽质的优雅娇美相矛盾的；它使生命的活力下降。总之，紧身，或曰束缚，对于身体发育的自身责任的消极的作用和拘泥法律形式的婚姻对于自身道德责任的消极的作用是完全一致的。

我们往往健忘，因此必须一再提醒，已婚的人并不是因为任何宗教的或法律的限制而保持婚姻的绵续的；这种结发维系不过是他们的天生倾向于保持共同生活的历史发展的真实的结果，这种倾向本身远比人类的历史古老。舒费尔脱（Shufeldt）说："假若人从来没有发明过'婚姻'，今天世界上恋爱照样存在，一样纯洁，一样持久，分毫不爽。忠实的恩爱配偶应该彼此以诚相待白头偕老。只有当犯罪，疾病和命运不舛等等事故发生的时候他们才会试图移东就西改变自己的情操。"[111] 戈德温（Godwin）在一个多世纪以前写道："废除现在这种形式的婚姻不会带来任何后患。我们总倾向于想象这样会为禽兽般的淫欲放纵和腐败堕落开路。但是，在这件事情上和在其他事情上一样，本来是为了遏制我们的恶行而制定的这些僵硬的法律，实际上却为这些恶行推波助澜。"[112] 沃德（Lester Ward）教授坚信一夫一妻婚的情操在现代社会中是强大有力的，他真诚地说，反对死板的婚姻桎梏，“实际上是由于夫妻爱情的真正牢固的结合的强大力量而产生的。完全由个人出于自己的理性的决定而结婚，正是他们在这件终身大事上承认的真正条款”。[113] 赫金孙（Woods Hutchinson）教授说：“如果把全部现存的婚姻一笔勾销或宣布为非法，则全部配偶中可能有八成的人会在四十八小时内重新结婚，而这些再婚的配偶中恐怕有七成是用刺刀也拆不散了。”[114] 婚姻的实质比形式重要。1909 年在英国白金汉郡（Buckinghamshire）的一个小村庄里曾经有过一次小规模的这种实验可以做一个明证。当时发现教区的教堂从来没有获准过办理婚姻事宜，结果，此前半个世纪以来到该教堂行礼结婚者都被认为从未有过合法的婚姻。但是就有据可查的情况看，没有一对夫妻利用这个天赐的自由机会而解除法律强制的婚姻的。面对这样的事实，我们显然不可能给婚姻的形式贴上任何表明道德价值的标签。

在转变的过渡时期，自然的规则不可避免地会在某种程度上受到顽固的外铄束缚的干扰，大家现在开始觉悟到这种顽固的束缚即使表现软弱，对于个人的道德责任心的权威也是有损害的。我们现在可以探讨一下这个问题。过度切心于摆脱外铄的拘束会导致低估婚姻关系中个人自律自制的重要意义。每个人大概都知道几个这样的例子，一对情侣同居多年而没有进入合法的婚姻，虽然他们之间的关系麻烦多多，困难重重，假若他们早先已经合法结婚，这个样子恐怕早就要闹分手或离婚了。当婚姻关系固有的种种困难和外铄的拘束造成的种种困难纠缠在一起时，事情就变得复杂起来，个人的道德责任心的发挥受制于内外两个方面，这是不会有圆满的结果的。我们已经看到在美国出现了这个问题，而且时常唤起有头脑的美国观察家的注意。在妇女中这个问题当然特别显著，因为妇女对新提出的个人自由和道德的责任心的培植感触最深。这些新的情绪一有点激动，就导致连自然的规则都不能容忍和遵守，要求一些不应该有的生活条件，特别是与鲁莽行事，不谙世事和愚昧无知等等情况结合起来的时候，而且情况往往就是这样。不仅在反对法律的专横桎梏方面有不适当之处，而且连人类社会生活的健全的和必要的约束或责任都加以否定。要想天从人愿就必须顺天行事，这始终是年轻的理想主义者很难懂的一门功课；它只有通过生活实践和完全发育成人之后才能学会。

1889 年 11 月 17 日费·阿德勒（Felix Adler）在纽约伦理文化学会（Society of Ethical Culthre of New York）上就美国离婚过度泛滥的问题发表了一篇演讲，他呼吁大家注意其中一个他认为是根深蒂固的原因。“在美国普遍持有一种关于个人自由的错误观念，”当把它应用到家庭生活的时候常常导致对其中自己天生的种种义务或曾经自主承诺的种种责任不能忍受。“我不得不认为离婚泛滥的现象同样要归咎于民主观念的影响——这是指那种谬误的民主观念——我们的希望寄托在推进一种更高级和更真实的民主上。”前不久一个美国作家，罗杰思（Anna A. Rogers），她可是一位女士，[115] 说了同样意思的话，虽然话讲得太绝对又不太文雅。她说，美国的离婚的频数高是由于三个原因：（1）女人不知道结婚是她本分的工作；（2）她的个人主义滋生蔓长；（3）她忘却了奉献的艺术而高度发挥了索取的才能。这位作家还说，美国的女人在发现她自己的个性时还没有学会怎样驾驭它；它依然“多半还是一个无用的不安定的因素，赐给她的是难得片刻的安宁，弄得四邻也同样不堪其扰。”她的外观像是“一个奇怪的不正常的杂种；一个样子很了不起的粗鲁的小子和一个腐败刻薄的私娼（demi-mondaine）的杂交种，她在这个世界上真诚爱慕的只是她自己。”她还不懂得女人在这个世上至高无上的造诣只有通过自主地接受婚姻的约束才能够成就。这位作家还指出，这种错误不单独是美国的女人有，美国的男人也常犯。女人的心胸狭隘和自私自利造成这许多离婚的事件，而美国男人过分地宠爱他们的女人要对此负上大部分的责任；“总的说来，美国女人被没有道理地爱过了头而惯坏了。”但是男人却对此扶掖有加，感觉不到他们能够像法国人对待他们的妻子一样把她们当作挚友，也不像法国人那样能够诚心听取她们的忠告；美国的女人被当作泥菩萨一样供着。但是另外一位美国作家白克（Rafford Pyke）在《丈夫和妻子》一书中却指出，[116] 只有一小部分的美国婚姻是真的不幸福的，这些不幸的婚姻主要是在文化比较高的阶层中，扩大妇女权益运动就发生在这些阶层里；妻子往往比丈夫对婚姻的失望更多一些，这多半是由于她不能把自己的个性和她丈夫的个性逐渐合成一体，这不是说非服从不可而是平等地融合。“今天的婚姻的成功越来越依靠精神状态的调和。早先的几代人，婚姻的缔结照顾到两人身体关系的相须相成或物质上的互惠就足够了，在我们这个时代，缔结婚姻还必须同样照顾到精神关系的相互调适。以前，成就社区的利益并不难，然而现在，由于有一股潮流阻止已婚的妇女把她个别的个性和她丈夫的个性融合为一体，要成就社区的利益就困难得多了。但是，除非她做到这一点，她又怎么可能对共同生活感兴趣而心满意足呢，走到了这一步，她的丈夫难道还有法感兴趣吗？”

著名的心理学家明斯特贝格（Münsterberg）教授写了一部名为《美国人》（*The Americans*）的书，是专门研究美国制度的，这部书直言不讳而独具眼光，视野开阔，他指出，在美国，妇女对道德的影响并不是各方面都叫人满意的，鼓动浅薄与浮夸就是一种坏的倾向，“美国妇女几乎没有一点教养，”他说（见该书第587页），“她们对什么事情都要管，徒劳无益地去寻找一切她们还没有确信已经被自己掌控的问题……这些缺少知识的女人的狂妄自大是女性灵魂中的根深蒂固的特性的象征，它表明在智力生活中由妇女统治涌泉而出的种种危险。……在其他的文明的国度中还没有一个地方的道德观念像这样被各种邪门歪道弄得千疮百孔的。”

我们已经看到现代的趋势是承认婚姻是两个自由平等和在道德上负责任的个人之间自主的结合，认为这种结合的性质是一种伦理的圣事和誓言而不是一种契约，所以它的精髓是身心的联结，不在国家管辖的范围之内。在接触婚姻的另一个方面的问题之前先对这个自主结合的问题详细讨论一遍是必要的。在许多人看来婚姻的另一个方面不仅和上述结论不同，甚至还是完全相反的。如果婚姻的缔结本身不能成为一个契约，自然就会引起的一个实际的问题，它事实上是一个含蓄或者明确的契约，而且，社区对这个事实多半具有实际的正当的利害关系：这就是生殖的事实[117]。

古埃及人——他们通行的婚姻制度是很有弹性的，妇女的地位也很高——承认临时的和松懈的婚姻约束，目的在于检验生儿育女的能力[118]。在我们这里，法律没有制定这种有关做父亲的条款，让年轻的配偶自己去对各种实验负起责任，我们都知道，他们多半会利用这种许可，通常要到他们的小孩出世之前才进入法定的婚姻。这种法律的约束确认，把一个新出世的人介绍进社区并不像性交那样只是个人的实际问题，而是一桩社会的实际问题，一件国家不能不过问的事实。我们对现代婚姻运动的趋势考察得越多我们将越加认识到，在性关系中自由的态度，个人道德责任心的讲究，是有社会在子女的生殖问题上的细心监督和严格对待加以补充的。两个人有了性交的关系，情爱相牵，如果达到自信他们的关系确实是一种真实的婚姻，自然的结果就是生儿育女，签署一份契约，承诺即使有朝一日他们一拍两散自由分手之后，两人还必须共同承担起对他们的子女的一切责任[119]。

姑且不论这件事本来就是做父母自己的最高利益，这种保证仍然具有双重的必要性。一是孩子的利益的需要；二是国家利益的需要。一个负责任的有力的单亲可以抚养孩子，而且教养得好。但是要把孩子养育成人通常必须凭仗怙恃双方的共同努力。国家从它的立场考虑——换句话说，考虑到父母和孩子一样都是构成社区的一分子——必须知道这些人是谁，是谁负责把一个新的人引进到这个社区中来的。最支持个人主义的国家与最崇尚社会主义的国家一样，如果对它们自己的全体国民的生物学的和经济学的利害忠实负责的话，都必须坚决要求有完备的法律使它知道每一个孩子的亲生的父母的身份。这显然是符合孩子的利益，也同样明显地符合国家的利益。

古板的尤其是经教会法典模铸过的婚姻制度是基督教世界中的一道樊篱，妨碍了它去认识这个自然的事实。教会法典学家专门创造了一个名词，“肉体交合”（copula carnalis），并且赋予它无穷的意义。他们把对婚姻的注意力严格地集中在阴道里；他们不太关心有无子女的问题。我们都知道，阴道也并非始终都成为支持婚姻的非常牢固的中心，这个中心现在逐渐转移到孩子上来。如果我们把眼光从教会法典专家那里转到像爱伦·凯这样的现代作家的作品时，我们就好像进入了一个新的世界，一个新的启发人的心智的光明世界，她非常准确地描绘出婚姻发展的新近趋势中最具特点的本质。她说，“在新的性道德中，正像柯勒乔（Corregio）的《夜晚》（*Notte*）一书描写的那样，发射出儿童的光芒。”[120]

的确，这种变化主要是感情的问题，正像我们有时候说的那样，只是情绪上有点波动，虽说在人类事务中没有什么东西中能够比情绪或感情更有力的了，耶稣成就的革命，以及前不久卢梭（Rousseau）成就的革命，都主要是在感情上的革命。但是这种情绪上的变化也是对于利害和权利的认识日渐增长和加深的问题，这些东西也就这样体现在法律中。几乎可以肯定，我们即将普遍认识到每一个孩子，无一例外，在进入这个世界之前都应该先行立下一份婚姻的契约，它绝不是要规定父母彼此要承担什么义务或享受什么权利，而是要约束他们两人，要他们保证负起对孩子的责任，同时也是保证履行他们对国家应尽的义务。国家不可能得到比这更多的东西，但也不应该连这一点要求都不能提。这种由父亲和母亲缔结的婚姻契约以确定父母和孩子的亲子关系为限，并不涉及其他方面的事务；这一份契约完全不影响他们过去现在与将来和其他人的关系问题，否则它不可能付诸实行。世界各地都逐渐开始认识这是社会的一项基本道德要求。它影响很多孩子，每年都有成千上万的婴儿被烙上“私生”的名号，可这并不是由于他们自己的行为招来的[121]。没有人能说这种认识来得

太快了。实际上，至今似乎还没有一处地方是臻于完善的。

大多数企图避免生产私生子的想法或建议都提到让那些比目前的法定婚姻约束程度更宽松一些的男女性交或同居合法化。这种性行为可以起到一些防止其他恶行的作用。譬如，有一位英国作家，他对研究性的问题下了一番工夫，他在一封私人的信件中写道："对于单身汉和身心的节制能力有麻烦的女子常常发生放纵性欲的问题，最妥善的补救办法或许是发明一种制度承认自由性交和试婚是光明正大的，性交的时候采取避孕措施，直到这对恋人随着年事益增足以为人父母，又有了足够的资财以维持一个家庭的时候再考虑生孩子。对于秉性热情的青年男女来说，没有爱情期盼的生活是无法忍受的，就像病得要死了的那种样子。但是我想，目前这种老朽了的规则不久必定会改变。"

在条顿民族的国度里，有一派很强烈的明显的情绪，倾向于建立一种比婚姻的正式程度略低一些的合法的性行为或同居制度。这类制度在瑞典已经有了，挪威也有了，他们那里根据最新的法律，私生子和法定婚姻所生的孩子在和双亲的关系上有资格享受同样的权利，可以随父性和继承他的财产[122]。在法国，闻名遐迩的法官马尼亚尔（Magnard），曾经对年轻的母亲杀婴的案子表示过他的态度并因此赢得大家的尊敬，他说："我衷心愿望在现行的婚姻制度旁边另有一种自由的性行为，只要在法官或地方官员处简单地报告一下就可以获得与平常的婚姻组成的家庭差不多一样的种种权利。"他的这个愿望已经有了广泛的响应。

在中国，虽然从严格的意义上看不能说存在真正的一夫多妻制，但是由于允许男子和他原配之外的孩子的母亲重婚（纳妾），孩子、母亲和国家的利益都同样得到了保护。德昂若伊

（Paul d' Enjoy）说："多亏了这种制度，它允许丈夫不受先前尚未离异的婚姻的妨碍，去和他喜欢的女人结婚。它唯一可说的一点好处是，除了真是天生堕落而没有法律可以救援的女子之外，就不会再有那种专事勾引男人的轻薄放荡的女子了；私生子也没有了，除非他们的母亲不幸像动物那样感觉迟钝，缺少做人的理性和尊严。"[123]

日本的新民法在许多方面都很先进，它规定只要知会户籍登记官员就可以"确认"私生子为自己的亲生孩子；如果一位已婚的男子办了这种"确认"孩子的手续，似乎也可以被他的妻子当作自己的亲生孩子领养，虽然不能使他真正成为合法生育的孩子。这样处理问题代表一种过渡的阶段；这不能说是承认那位"确认"了孩子的母亲的权利。不妨再多说一句，日本已经采纳了一个正确的原则，即一对配偶婚前生下的孩子使得他们的婚姻自动合法化。

在澳大利亚，在制定和执行这类法律方面妇女一方分得的权益要比其他国家多一些，私生子的种种权利的问题开始受到某些注意。譬如，在澳大利亚南部，产前可以指认谁是孩子的父亲，而这位父亲（遵从法官的命令）要为产妇生产前后提供一个月的住房以及护理、就医、被服等等费用，并且要提供他将全部照办的保证；生产后，由法官决定，他要按周计算负担孩子的生活费用。"非法的"母亲也可以住到公办的机构里并由公家负担她半年的生活费用，使她的身体恢复到有能力亲自抚养她的孩子。

这些条款是从普遍地认识到未婚妇女有权要求孩子的父亲赡养她的孩子而提出来的。在法国，以及在实际上仿效法国制定的法典中，查询谁是私生子的父亲在法律上是不允许的。不言而喻，这样的法律，对母亲，对孩子和对国家都同样不公正。在奥地利，这类法律虽然肯定比较合理，但却走向另一个极端，甚至允许这位有多个情人的母亲自己挑选其中的一个来对她的孩子担负起做父亲的责任。德国的法规采纳中间路线，它规定只援助仅有一位情人的母亲。但是，在所有这类例子中，这些援助都只停留在金钱上；它没有保证这些母亲得到承认或尊重，正如瓦尔蒙德（Wahrmund）在他的《婚姻和婚姻法》（*Ehe und Eherecht*）一书中正确地说过的那样，必须继续坚持主张“母道的绝对神圣，不论在什么境况下成为母亲，她都有资格受到社会的尊敬和保护”。

必须补充说一点，用社会的眼光看，需要承认的不是两性交合而是孩子这个两性交合的产物。再者，企图使一切男女的性关系都得到法律的认可是痴心妄想，但是让所有的孩子都合法化则相对比较容易做到。

对于婚姻应该采用什么样的特定形式的问题一向议论纷纷。许多理论家殚精竭虑致力于发明和提倡各种新的不常见的婚姻安排，把它们当作医治社会百病的万灵丹；而另外一些理论家则用更大的力气来痛斥所有这些建议都是企图败坏人类社会根基的勾当，所有这些辩论，无论正方或反方，我们都不妨把它们看作毫无价值的废话。

首先，婚姻的习俗根深蒂固源远流长，它和人类社会，实际上就是和动物界的最原始的本质浑然一体，不是某些理论或者是某些人甚至某些人群的实践可以撼动分毫的。单一婚或一夫一妻婚——两个异性的人或长久或短暂地同居一段时间——是比较高等的脊椎动物和人类的大部分历史中两性关系的通行的类型。这一点就连那些没有任何可靠证据地认为人类曾经有过一段性乱交的时期的人都是承认的。这种婚姻类型有朝各种方向变异的倾向，但就我们的认识所及，无论是在它的最低阶段还是它的最高阶段，一夫一妻婚都代表着通行的规则。

其次，我们还必须说，一夫一妻婚的自然流行是性关系的正常类型，它绝不排斥各种变异。实际上，这是借用了变异这个术语。按照狄德罗（Diderot）的说法："大自然没有什么东西是墨守成规一成不变的。"大自然的路线是一条曲线，沿着标准的路线左右摇摆。这种摇摆是相应于环境条件的变化而势所必至的，而且无疑地和个人的性格特点相须相得，只要不试图单纯用外铄的专横的力量去左右大自然，这种性命攸关的生动的秩序就会和谐地保持着。在某些种类的鸭子中，当雄鸭过剩的时候就会组建一妻多夫的家庭，两只雄鸭守着它们的雌性伙伴，彼此不生嫉妒。一旦两性数量再度平衡，一夫一妻婚的秩序又重新恢复。人类自然地偏离一夫一妻婚的秩序的现象似乎一般都具有这种特征，大概也还受到社会和经济环境的制约。最常见的变异，也是最清楚地具有生物学基础的变异是一夫多妻（polygyny）的倾向，在文明的各个时期都能看到，甚至在最高的文明阶段，还有一种尚未被承认的多少有些乱交的形式[124]。但是，必须知道，我们认识的一夫多妻即使在它通行的地方也不算是一种规则；它只是被许可罢了；除了少数比较有钱有势的人讨几房老婆之外，从来就没有足够多余的妇女使所有想要多妻的人有可能得到满足，他们只能有一个妻子[125]。

此外还必须记住，婚姻的形式方面是有某种弹性的，一方面，在自然状态失去平衡的时候它允许通常的一夫一妻的秩序有

某些健康的和必要的变通，以恢复自然的平衡状态，另一方面，由于受到人为的外铄强制性的干扰，又要对这些变通加以某种程度的克制。如今在我们中间通行的一夫多妻和一妻多夫的现象许多都完全是人为的而非自然的多配偶的形式。自然根底比较深的婚姻无法用法律拆散，于是加入婚姻的各方不用改变配偶，保留自然的单一婚或一夫一妻婚的秩序，另外增加一些配偶，从而纳入了一种非自然的多配偶婚。一夫一妻制始终有种种变异的现象。而人类的文明也绝不敌视性的变异。不论我们以为这些变异是正当或合法的还是不正当或不合法的，它们都将依然如故地发生；我们不妨确认它的确是存的这个事情。社会的明智的对付办法似乎有两条途径，一是让婚姻关系有足够的弹性，使得这类歧变减少到最小的程度——不是因为这种歧变有什么本质上的害处，而是因为不应该人为地逼迫这些现象发生——，另一条是当这些歧变出现之后，如果我们认为偏差过大必须消除它们的有害影响的时候要能够公平公正地对待有瓜葛的各方。我们往往很容易忽略，我们所以不能承认这类变异的例子是因为我们觉得其中有不可原谅的有失公道的地方。世界上凡是承认一夫多妻是一种可以通融的变异的地方，男人要对他的所有性伴侣以及这些伴侣为他生下的孩子在法律上负起当然的责任。世界上没有任何一个地方像奉行基督教的世界那样通行一夫多妻婚的；也没有任何一个地方会让一个男人这么容易就可以逃避一夫多妻引来的责任的。我们料想，如果我们拒绝承认一夫多妻的事实，我们就会拒绝承认一夫多妻引来的任何义务。让一个男人能够这么轻松地逃避他对多个性伴侣应负的责任，如果他是一个鲁莽的无耻之徒，就等于鼓励他去搞这种多伴侣的性关系；我们奖励这种不道德的

事情，我们又高傲地谴责它败德[126]。我们的一夫多妻婚不能合法存在，因此它的种种责任也就没有法律的承认和保障。从前大家曾经猜想，鸵鸟把头埋到沙子里，企图用蔽塞耳目不顾事实的办法来消灭事实；但其实只有一种已知的动物常行此道，他就是大家称之为人类者。

单一婚或一夫一妻婚，从基本的生物学意义上看，代表着一种自然的规则，大多数的性的事实总是自然地落入这个窠臼，因为这种关系和它涉及的身心方面的全部事实相须相得。但是，如果我们认识到两性的关系主要只涉及进入这些关系的那些个人，又如果我们进一步认识到社会对这种关系的兴趣只限于关心他们生产的孩子，我们也将会认识到把一个男人要和几位女子发生性关系，以及一个女人要和几位男子性交用法律固定起来，比要用法律规定他们生产孩子的数目更加没有道理。国家有权宣布它需要少一些或是多一些公民；但是国家试图控制他的国民的性关系却是一桩不可能完成的任务，同时也犯了鲁莽的大错。

在文明的某些阶段，总有一种倾向于主张单纯在形式上的和外表上的一致或统一，但屡屡失败，我们不仅看到这种一致是不真实的，而且还产生有害的作用，阻碍了有益的变通。这种倾向绝不止局限于性的领域。例如在英国，有一种趋势想要制定一部建筑法，按照不同的居民地规定建筑要求，强迫大家遵守。各种各样的条款总起来看很好，但实行起来却显出了它的弊端。因为它们使许多简朴优美的民居成了绝对非法的建筑，仅仅是因为这些民居不符合建筑法的规定，这些规定在某些境况下不但多余无用，而且为害地方。

变异是一个事实，不管我们是否愿意它都存在；如果我们承认它而任其存在，它才会成为健全的东西。我们甚至还不得不承认这种变异的倾向在文明时代比在初民社会阶段更加明显。格尔逊（Gerson）发表议论说，恰恰是文明人不甘于粗糙和单调的食物，而农夫则对此感到满足。在性的问题上也是如此；农村的青年男女在性关系上几乎总是维持着一夫一妻制，但文明的人口中，多愁善感的才子佳人往往见异思迁，渴望变化[127]。瑟南古（Senancour）似乎同意婚姻制式可以有各种变通，如共有一个妻子，条件是不要做出引起敌对的或伤害到天理良心的事来[128]。勒基（Lecky）在他的《欧洲道德史》（*History of European Morals*）将近篇末处宣布他的信念时说，当两个人的永久的结合是常态的通行的婚姻类型时，绝不要理解为只有这一种形式符合社会的利益。古尔蒙（Remy de Gourmont）的意见大体上也是这样，当他说到对偶婚是婚姻的自然形式以及它的长久维持是人类的优越性时又补充道，要成就白头偕老的婚姻是有困难的[129]。汤玛士（W. Thomas）教授的意见也相同。他一面认为一夫一妻制能满足社会的需要，一面又补充说："站在生物学的立场说话，一夫一妻制通常与那种兴至神驰的高度兴奋状态不应和，因为日久天长一些本来朦胧的捉摸不透而叫人想入非非的因素在某种程度上消失了，而注意的对象在意识中已经太熟悉了，情绪的各种刺激反应都受到了限制。这种状态大概可以解释为什么已婚的男女常常觉得老婆老公总是别人家的好的问题。"

庇泼士（Pepys）无意间反躬自省，很好地描绘出许多心理学的倾向，——用一种比理智的逻辑更深刻的情绪的逻辑——清楚地表明，对于一夫一妻制的忠诚和难以抗拒的见异思迁的情欲的诱惑并行不悖。他禁不住一长串女人的任性的诱惑，经常反复

地拈花惹草，同时又始终如一地保持着对他妩媚动人的年轻妻子的深情厚爱。在他的“日记”的隐曲中他常常用宠爱的字眼提到她，这不可能是假装的；他很欣赏她的社交，特别关心她的服饰；他把她在音乐上的进步当作赏心的乐事，并且为了她的练习花去许多的金钱；当他发现她和一位男子有社交往来时会可笑地吃醋。他虽然禁不住反反复复和其他的女人发生关系，但他都把这些关系放在次要的地位，既不想做长久的打算，也不允许这些事情上过分地费心劳神。庇氏代表着一种普通类型的文明的“一夫一妻婚者”，这种人完全忠诚于他所理解的一夫一妻制，极端相信他对这种制度的拥护，但是他在相信和遵行一夫一妻制的同时绝不排除需要性关系的变通。莫莱（Morley）爵士有一个说法，“男人本能上是一夫多妻婚者。”这种说法是绝不会被接受的，但如果我们把这句话的意思理解为男人本能上是一种单一婚或一夫一妻婚的动物，同时又向往变通的性关系，则有大量的证据支持这种见解[130]。

女人必须和男人一样可以自由地塑造她们自己的性爱生活。但是，许多人认为在女人一方，这种自由实行起来一定和应该受到更多的限制，自由的范围要窄一些[131]。之所以限制，一部分原因是考虑到她们要更多地致力于生养孩子的任务，另外则是由于精神活动的范围也比较小。正像希尔特（G. Hirth）在表述这个观点时所说的那样，一个男人，“不仅在智识的眼光方面有充分的余地涉猎各种各样的兴趣，而且在性欲的扩张的能力上面也要比女子大一些，参差不齐的程度也大过女人，不过他的爱心的热诚不如女子那样亲密和深沉。”[132]

或许有人主张，因为性的规则或秩序的变异是一定会发生的，不论这些变异是否被大家承认或裁可，那么用社会的或法律的权威去支持那些一般认为是最好的性关系的类型，又尽可能地用不体面来羞辱其他一些类型，这样做可能不会有什么害处。采取这种态度，鄙笑某些性关系为不要脸将恶劣地残酷伤害妇女，她们势必会成为主要的受害者，这是一件至关重要的事实。除此之外，它还有许多明显的弊端。最大的是不公正，它妨碍了自然的生机活力，使那些比较好和比较谨慎的人受害，而有利于那些比较恶劣和不顾廉耻的胆大妄为的人。如果当局用它的权力支持某种类型，常常就会发生这种情况。十三世纪的时候，亚历山大三世（Alexander Ⅲ）——曾经统治过基督教世界的最伟大和最有为的国王之一——有一次，爱瑟特（Exeter）的主教曾因他的副祭司们坚持婚姻生活的问题就教于他，这位具有王者权威的教皇指示他去调查这些有罪孽的人的生活和性格：如果他们的生活习惯规规矩矩，道德方面也很端正，就强迫他们分手，把妻子赶走；如果他们声名狼藉品行恶劣，就准许他们保留自己的妻室，如果他们想要保留的话[133]。这是一个狡黠的政策，这位教皇，到处推广实施这项政策，但却不难看出，不论从道德这个字眼的任何一层意思去看它都是和道德完全相反的。它把最善良的人的幸福和工作的效率都给摧毁了；它让最坏的人完全自由。今天我们都已经一致欣然承认这个政策的恶果了；这是由一位教皇口授并且在七百年前实行过的政策。但是，在英国，我们今天还在用命令分居的手段来惟妙惟肖地实行这项政策，这类分居命令遍布全国的人口中。命令分居的配偶一律不可以再婚，也从不教训和责成他们像今天的天主教神父那样去过独身的生活；实际上，等于我们命令其中比较谨言慎行的人单身独居，而纵容那些比较恣意

鲁莽的人为所欲为。这套诉讼办法借着公众的群体惰性在运行，如果有过什么论据支持这种措施，它们一定具有嗜好古董的性质，只能叫人遗憾地一笑置之了。

不妨再多说几句，有些人凭感觉认为给偏离正常标准的性关系的变异或歧变烙上“不道德”的印记没有那么大的害处，他们不懂得这种陋习之所以有害还有更深一层的理由：即这种性变异的现象在一些卓越俊逸的男子和女子中比较常见，我们有必要让他们的能力不受干扰地服务于人类。试图把这些人也纳入适合于大多数人的模式中，只好削足适履，不但对他们个人不公允，而且也开罪于社会，社会可以正当地要求它的最好的成员使出浑身解数为它服务。有一种观念认为，一个人的性的需求不同于一般的人必定是危害社会的坏人，这种观念并没有事实根据。每一个例子的是非曲直都应该根据他自己的情况来判断，不能由某种习俗或规则来决定[134]。

可以肯定，在人类文明的各个时期，偏离正常的一夫一妻婚的最普通的变异就是一夫多妻或一个男子和一个以上的女子结婚。这种事实有的时候得到社会和法律的承认，而有的时候却不被承认，但不论是被承认还是不被承认，这种事实都必然会发生。一妻多夫，或一位女子和一位以上的男子结婚的事实则比较罕见，理由很清楚：在经济上和法律上男子的地位通常都比较好，便利于组成以他们自己为核心的家庭；女人不像男人，她天生地和由于习惯常常要有一段相当长的时间不适宜于性交；况且，女人要把她的心思和爱情更多地集中在她的孩子身上。此外，生物学上的雄性传统上就有一夫多妻的指向，比雌性的一妻多夫的指向要大得多。虽然女人在性交上确实比男人更能经受得住，可是在自然界的求偶或求爱现象中向牝示爱总是牡的责任这依然是一个事实，牡方发出它想要性交的信号，牝方则羞答答地前后打量直到她选定喜欢的对象为止。一夫多妻的事情也肯定有它的好处，因为它允许社区中有活力和最成功的分子拥有最多的配偶，从而把他自己的优越的品质遗传下来。

赫金孙（Woods Hutchinson）虽然承认一夫一妻制有种种益处，但他也写道："多配偶，作为种族的一种体制，在人类和在人类之前的演化中，都有许多实在的重要的意义而使他们受惠不浅，其结果是通过演化产生了很高级类型的个体和社会。"[135] 他指出，多配偶的体制促进了智慧、合作与分工，同时为了博得女人的欢心而展开的尖锐而深刻的竞争把一些孱弱的和缺少诱惑力的雄性淘汰掉了。

在我们欧洲人的祖先中，和在日耳曼人和凯尔特人中一样，多配偶和其他一些性关系的类型都是一些偶然发生的变异。塔西佗（Tacitus）注意过日耳曼人中的一夫多妻的现象，凯塞（Caesar）也在英国发现兄弟几个共有妻子的现象，生下的孩子归与这位女子最初成婚的男子所有[136]。在德国，当丈夫性无能的时候可以把他的助手招来帮他的妻子受孕怀胎，这实际上是印欧语系的人（Indo-Germanic）过去曾经有过的一种普遍的体制[137]。与此相当的纳妾或姘居的体制更是根深叶茂。实际上直到比较晚近的时候，按照罗马法的传统，妾仍有被大家承认的体面，地位低于结发的妻子但享有一定的法律权利，虽然已婚男子娶妾或姘居并不始终是合法的，但事实上通常是这样。在古代威尔士，在罗马也同样，妾或姘妇是被大家接受的，绝不会被人瞧不起[138]。当妾进到一位已婚男子的家里，她的尊严和法律地位要低于发妻，这个事实维持着家庭的安宁和保护了发妻的利益。米尔恩（Louise Jordan Miln）说朝鲜做丈夫的人没有妻子的同意不能把妾带到家里来，但是她极少反对，似乎还很享受这份友情[139]。我们必须知道在古代欧洲，正如杜富尔（Dufour）在谈到查理曼时代时指出的那样，“妾”是一个体面的字眼；妾绝不是情妇，她和为妻的人一样犯奸是可以被控有夫之妇的通奸罪的[140]。布瑞克顿（Bracton）说，在英国，十三世纪后期，合法的妾妇（concubina legitima）是享有某些不可忽略的权利的。在欧洲的其他地方也一样，后来几个世纪有时都还会发生这种事情[141]。早期的基督教教会时常倾向于承认姘妇或妾，无论如何如果依恋一位未婚的男人我们在教会中就发现有这种说法，“愿天下的男子和女子的一切永久的交合都具有上帝见证的婚姻性质，教会都予以裁可”。[142] 这是圣·奥古斯丁（St. Augustine）的心情（他在皈依基督教之前就曾经蓄有一妾。这位女子显然是一位基督徒），托利多议会（Council of Toledo）就承认过一个忠实于姘妇的未婚的男子合法。后来因为天主教会的法律越来越死板，它必然变得越来越不近情理和不通人性。教会的早期正处在生机蓬勃的伟大时刻并不是这个样子。在那些年代就连最有为的普遍的一夫一妻制都是可以松动的，只要这类松动有几分道理。例如，性无能的例子就可以松动变通。譬如，第八世纪的早期，格列高利二世（Gregory Ⅱ）写信给德国的使徒博尼费斯（Boniface），回答他在一封信中提出的问题时说，当一位妻子体力不支，不能履行她的婚姻的责任时，可以允许丈夫娶第二房妻子，但是他还必须继续承担赡养结发妻子的义务。不久以后，约克郡的埃格伯特（Egbert）大主教在他的《关于牧师制度的对话》（*Dialogus de*

Institutione Ecclesiastica）中，虽然比较谨慎但还是承认了当一对已婚的人中有一方身体衰弱而与另一方不相匹配时，经体衰一方允许，另一方可以再次结婚，但体衰一方在该体健者一方在世时不可以再婚。性无能失去衿绸之好当然使婚姻归于无效而无须教会律法的干预。但是阿奎那（Aquinas）和后来的一些神学家承认，非常讨厌妻子证明一个男人在和她的性关系中性无能。当然，这些法规完全不同于允许国王和王子打破婚姻法规的那些条款；皇室的特许不能当作教会法规的证据，因为，按照君士坦丁堡议会在 809 年小心翼翼地决定，“神的法律绝不能违抗皇帝”（见《基督教古制词典》中的“重婚”词条）。一夫一妻制的规则，在处理被迫或自愿放弃的例子中，也很宽松。譬如威尔马瑞议会（Council Vemerie, 752）立法规定，当丈夫被迫跟随他的主人迁到外国而他的妻子不愿意随同前往的话，如果他认为返乡无望就可以再婚。坎特伯雷的狄奥多尔（Theodore of Canterbury, 688）也曾经宣布过，如果一位妻子被敌人掳走，而丈夫又不能把她赎回来的话，等待一年之后就可以再婚，或者，如果有赎回她的机会，则等待五年还不能实现的话就可以再婚；妻子遇到同类情况也可以照律办理。这类规则，虽然没有普及，但也如梅瑞克（Meyrick）指出的那样，表明了一种“遇到特例应该随机应变”的愿望[143]。

由于教会法典越来越死板，天主教会失去了它的有活力的位育或适应的能力，在它的管辖领域内性关系的变异不再被承认了。我们不得不等待宗教改革，把社会向前推进。许多早期的基督新教的改革家，特别是德国的那一批人，曾经准备承认在性关系方面的某种程度的有生机的灵活性。譬如，路德就建议过已婚的女子遇上丈夫性能不足时，如果不想离婚，或者没有机会离婚，就可以和另一个男子发生性关系，最好是丈夫的兄弟；生下的孩子记在丈夫的名下[144]。

在英国，清净宗的精神十分关注婚姻的改革，不可能不涉及性关系的变异问题，我们不时看到有关要求一夫多妻合法化的建议。例如，1658年，一位托名“君子”（Person of Quality）的人在伦敦出版了一本题献给护国公或护民救星（Lord Protector）的小册子，书名叫作《清除污秽的良方》（*A Remedy for Uncleanness*）。它用一串提问的形式，质疑为什么不能用承认多配偶婚来杜绝通奸和杀婴的现象。这位作者问道，“一个男人为什么不能为了他的正当需要或喜欢而娶多个女子为妻，是因为这样做人品就不文雅贤良了吗，还是因为完全违背了恭敬上帝畏天知命的原则了……他如果拿了别人的牛或驴，无疑是一个犯戒败德的罪人；但是如果他和自己的女人相交，避免了那种偶尔发生的诱惑，他就是一位真正诚实良善的人了。”

一个世纪以后（1780年），一位能干的，博学多识的卓越的牧师（在进入教会之前做过律师），马登（Rev. Matin Madan），也曾主张过多配偶婚，他写过一部名为《戴丽弗多拉》（*Thelyphthora*）的书；又名《论女人祸水》（*a Treatise on Female Ruin*）。马登曾经以牧师的身份在洛克医院（Lock Hospital）和娼妓有过密切的接触，他也像清教徒提倡多配偶婚一样得出结论说，只有改革婚姻制度才可能阻止娼妓的滋蔓和婚外性交的罪恶。这本不平常的书引起对作者的普遍反对和强烈不满，使他想要离开伦敦到乡下去定居。改革婚姻的方案从来都不是由教会提出来的，而是由一些哲学家和道德学家发起，虽然也不乏一些有明确宗教色彩的作家。瑟南古（Senancour）是一位对有关性问题很敏感很慎重的道德学家，他在他的《论爱情》一书中对一夫多妻制展开过一番有节制的温和的讨论[145]。看上去他对我们当前习俗的一般倾向似乎既不明确地积极反对，也不坚决地表示遵从，他的含糊的结论是，“采用一点调解的方法，使一部分男女的婚姻不再须要等到其中某人死亡之后。”生物学家科普（Cope）表达过比较明确的意见。在他看来，在某些境况下，如果三方同意就不必反对一夫多妻婚或一妻多夫婚。他说：“有些棘手的例子，这样通融一下也许就解决了。例如，夫妻二人，有一方罹患慢性病；或者，有一方不能生育以及其他一些可以想象的意外事故等等。”各方面都不勉强，所有的责任和义务都维持现状。这类例子的发生只是一些例外，不会招来社会的反对。科普说，通常“对付多配偶婚的最好的办法就是不要去管它。”[146]在英国，查普曼（John Chapman）博士，《威斯敏斯特评论》（*Westminster Review*）的编辑，维多利亚时代的激进运动的领袖们的一位密友，他反对国家对婚姻的形式发号施令，并且认为一定数量的性关系的变异或变通对社会有好处。他曾经在1884年（在一封私人信件中）写道：“我想，当人类自私之心日渐减退，多配偶（即，一夫多妻），甚至一妻多夫，都会以一种尊贵的形式成为屡见不鲜的事实。”

欣顿（James Hinton）早些年曾经殚精竭虑关注过性的问题，并且认为它的确是最大的一个道德问题，他强烈主张婚姻的章程要更生动灵活，以适应人类的需要，就像早期的基督教会承认过的那样。他宣称“婚姻必须顺从和服侍于人”，因为婚姻，就像安息日（Sabbath）一样是为人而立的，并不是人为婚姻而生。

譬如，当夫妻中一人罹患疯病的时候就应该允许他的配偶再婚，而当这位患病的配偶痊愈之后，他的一切权利和义务主张依然有效。这会成为一种多配偶婚的类型，但欣顿小心地指出，“多配偶婚虽然有它的好处但它只是一种特殊的婚制，不是那种最好的婚制，所以基本上一定是一种变通。如果自由选择，单一婚或一夫一妻婚可算是美好的，甚至是唯一美好的婚制。”但“立法”为它正名就是另外一回事了。性的关系必然是一宗自然的事。真实的社会生活不会是任何一种固定不变的关系，像一夫一妻婚制，多配偶婚制或其他任何一种婚制，而一定是不拘一格的完全顺从符合理性和有利于人类福祉的各种各样的性关系。

爱伦·凯是一位热心于提倡一夫一妻婚的人。她相信个人性爱的文明程度的提高会消除滋生一夫多妻或一妻多夫的一切危险，但她还是承认有种种变异。她想要解决这些难题，就像歌德最初在他的《彗星》(*Stella*)中遇到的难题那样，他想要描写情欲的力量时，心中缠绵的爱情的记忆又热肠难换，以致不能承认在另结新欢中往日的情思已断。她觉得，无论如何，性关系的变异问题在现代的条件下已经改变了它的形式，它已经不再是社会需要强硬的婚姻制度和个人需要满足性冲动之间的冲突，而是种族的庄严尊贵和增加性爱幸福的需要之间的相须相得的问题了[147]。她又指出，夫妻中一方需要对方成为关怀备至的保姆或者需要对方成为一位知识广博的至交，决不会剥夺对方作为父亲或母亲的权利，而这些权利是必须受到保护的[148]。

今天还可以见到有的人凸出地提倡多配偶婚，不是把它看作单纯的罕见的变异，而是把它看作一种优越于一夫一妻制的婚姻制度，布拉格的埃伦费尔斯(Christian von Ehrenfels)教授就是其中的一个[149]。埃氏认为，男子中不善于和不适合于圆满的生殖者的数量大大超过女子的这个数量，因此，如果把这些人憩置不顾，则一夫多妻制的婚姻就成为不得已的必然的事了。他把这种婚姻称为“生殖婚”（Zeugungsehe），并且认为它将来一定会完全取代现行的婚姻制度，在道德上说它也更加优越。它的成立基于私人契约。埃氏坚信妇女不会反对，他认为，女子看一个男人更重视他作为她的孩子的父亲的品质，作为寻欢作乐的追求者倒是次要的。埃氏的学说受到来自各方面的强烈抨击，他的建议也与我们推进婚姻制度的改革不是一路的。任何从根本上改变现行的一夫一妻制的做法都不是大家的期望，即使它被大家普遍承认，也不能说是大家心甘情愿的事。我们必须知道，提出性关系的变异问题不是引进一种完全新的婚姻类型的问题，而仅仅是承认在某些特殊的情况下，个人有权采用某种异常的形式，并且承认这些人对此应负的义务，既然他们觉得采用这些形式对他们最好就要为这种异常的婚姻担负起他们的责任。除此之外，性关系的变异问题，就像欣顿议论的那样，还有一种动态的调节作用，有利于消除履薄临深的冒险的娼妓乱交现象。死板的婚姻制度难免要牵连到娼妓问题；一种富有弹性的婚姻制度多半——虽然不敢说是完全——可能使娼妓成为一种不必要的东西了。如今的民主主义的道德，从当前的种种迹象看，对于准奴隶（quasi-slave）的阶级来说不是鼓励而是挫折，妓女显然始终是属于这一类人，她们的种种社会权利一直被削减着。另外，医药卫生的迅速发展则明显地有益于承认性关系的变异。因此，我们有理由期待，未来在承认甚至扩展那些一夫一妻制的变异形式上，我们可以取得缓慢但实在的进步。实际上，这些变异的事实一直都存在着，从

来没有终止过。

可悲的是，人类的历史走到现在，在罗马的睿智的立法者成就了他们的功业之后将近两千多年过去了，还不得不下结论说，我们今天才刚刚开始把婚姻摆到一个理想的和人道的基础上。我曾经反复指出过教会法典要对这种发展的停滞负上大部分责任。也许有人会说，不错，当年教会完全统治了世界之后它在总的态势上必须承担起责任。在最初几个世纪，基督教的态度总的说是好的。它坚持一些高义薄云的伟大的理想，但是它无论如何没有强迫大家接受这些理想；这样它的理想就保持着真诚的品质而不会退化成为虚伪的徒有其表的东西；有大量的变通的事实，大凡有利于人的福祉，可以助人消灾避祸和维持公道的事，多半会得到通融和允许。但是当教会获得了世俗的或政治的权利，又把这种权利集中在教皇的手中，任由他把道德的和宗教的利益从属于政治的利益的时候，那么一切理性的和人道的诉求都被抛到九霄云外。理想就不再像它先前那样的一回事，而是被当作真正的事实了。人情世故还和先前一样纷纭复杂和形形色色，但从此以降，一种死板的格局被专横地树立起来了，作为一种理想本来值得仰慕，但作为一种模式则比空洞无物更坏，一切偏离这种格局的变异，或者不瞅不睬，或者诋毁加罪。人类最重要的一些体制的生命力被彻底摧毁，一直到了今天它们才刚刚开始重新抬起头来。

总而言之，如果我们把基督教时代和我们有直接关系的那段时期对于婚姻的管理作一番推敲，就不难描绘出一个大致的轮廓。开始婚姻是一种私人的事务，教会不能控制却愿意为之祈福，就像它也为许多其他的世缘俗务祈福一样，并没有打算做什

么不当的干涉去限制人类常常必需的自然的变通。但是，基督教慢慢地不知不觉地不通过法律就取得了完全控制婚姻的权利，与此呼应的是它的那些早已开发和确立了的观念，什么淫恶呀，贞洁呀，通奸败德的罪孽呀等等，通过这些占支配地位的观念的影响，把婚姻的变通桎梏起来，不给任何可能通融的余地，把结婚的事捧得天高地大成为一桩圣礼，但却把它摆在一个窄小的基座上。这些理由绝不是由两性关系的性质提出来的，但是它们在具有祭司身份的立法者看来却是很有说服力的。他们把它和神道调和起来宣布婚姻的缔结是不可分离的。没有任何事情比跨进婚姻的门槛更容易的了，但是，它像捕鼠的笼子一样，门的开阖是只能向里进不能往外出的；一旦进到里面就再也没有活着出来的路了。教会对婚姻的管理，就像神父的独身生活一样，虽然从宗教政治的观点看，甚至直接从文明的角度看，它是成功的，因为它至少把秩序带进了紊乱的社会，但从社会和道德的角度看，久而久之它终归要失败。一方面，它不知不觉地陷入了荒唐可笑的牵强附会和花言巧语的诡辩境地；另一方面，它既不是基于理性也不依托于人道，它对于生活的种种需要没有一星半点有活力的适应性，早期的基督教虽然把苦身修行的理想捧上了天，但多半还保留着这种适应的能力。从传统的角度看，这类婚姻律法逐渐成为笨拙的和无法操作的东西；而从生物学的角度看则是错到底了。这样一来就为基督教新教重新纳入契约婚姻的观念准备好了一片场地，但是，新教提出的这个观念并不是因为它本身有什么特别的优点，而更多的是为了和教会法典对着干，反对它的种种麻烦和荒谬。这种契约婚姻的观点，甚至到今天多半还保存着。它迅速地接管了教会法的大部分婚姻教条，实际上成为一种改革

了的世俗的教会法。它多少更适应现代的需要，但是即使没有了圣礼的性质依然保留着大量的天主教婚姻的死板性，除了徒具契约之名的变化外也从未有过做更多改革的打算。它具有不协调的妥协的性质，代表着一种向自由的平民婚姻（private marriage）过度的局面。我们可以看出它在所有的文明的国度里都明显地趋向于不断增强婚姻的弹性。我们现在正在接近由双方情投意合而结婚和因双方情感不和而离婚的观念乃至事实，实际上它从古至今就没有完全消失过。在拉丁国家，它和罗马法的传统共存；在讲英语的国家，它和清净宗的精神紧密相连，这种精神崇尚凡是只和个人有关的事，当事人自己就是至高至尊的裁决者。在英国，天才的弥尔顿（Milton）庄严地宣告，这种清净宗的教义适用于婚姻；而在美国，它已经成为弥漫整个社会的潜在的势力，而且一直在影响着婚姻的立法，朝着务必要达到的目标走去。但目前还看不到目的地。将来的婚姻制度，照它现在的路线走下去，将类似于古代基督教的制度，承认性关系的神圣和圣礼的特性，也有点像社会的一般观念所强调的只有牵涉到生育的问题，婚姻才要经国家公开注册备案。但是站在反对教会的立场上，它承认婚姻就其单纯的性关系方面说是私人的事务，怎么支配应该交由当事人自己去独自处理；而站在反对民事或平民理论的立场上，它承认婚姻在本质上说是一个事实而不是一种契约。有一点它将既超越宗教的观念也超越民事的观念。近年来人获得了控制自己的生育的能力，这种控制力影响到婚姻重心的转移，就婚姻作为一项国家管理的事务而言，重心就从阴道转移到了子宫的果实，即小孩身上。作为国家体制的婚姻，中心不在性的关系，而是在于小孩，即性关系的结果。就婚姻作为一项社会的不可背弃

的契约而言，情理上当然有权自动地保护每一个随后出生的孩子，所以每一个孩子都有权利拥有一位合法的母亲和父亲。因此，从一个方面看，婚姻趋向于比较自由，而从另一个方面看它又趋向于更加严厉。在个人方面，它是神圣的亲昵的关系，这与国家没有瓜葛；在社会方面，它是一桩担当为国家引进新成员的责任。我们中间有些人弘扬婚姻的这一个方面，有些人则推崇另一个方面。要成就一个圆满的婚姻，两者都是不可或缺的。为了对个人和对社会同等公道，必须把婚姻的这两个方面分开来单独处理，但如果就婚姻的造诣来说，这两方面要同工并美才能达到一个理想的境界。

到此我们对摆在现代人面前的婚姻问题已经做了一番通盘的讨论。这些现代人生长在中世纪称之为基督教国家的社会里。这不是一个轻松的议题。它真是一个很困难的题目。在紊乱的思潮中，一个身处其境的人总得耗费许多年的光阴才可能探讨出明显地对抗这些潮流的主流的方向。对于一个英国人来说也许要特别困难一些，因为英国人生长在英伦三岛，要没有岛民的性格，就不叫英吉利人了。他们拥有的长处和美德多出于这件事实，同样他们的短处和不仁不义也存身于这件事实中[150]。当我们试图登高极目以便看清楚真实的社会潮流的广度和判断他的方向时，下这番工夫也还算值得。我们的生命中总有一段年龄容易被种种微不足道的社会运动所激动，这些社会动静对我们立身立事没有什么关系，对我们立功立德也谈不上有什么瓜葛，如果我们珍惜这段时光，希望在此期间保持精神上的和平，就有必要这样费一番心思。世事无常，每一个时代都有种种小的变迁，当我们放开眼量，看到生命的种种实在的生物学的事实时，当我们把握住了传

统的伟大的历史潮流时，——它们合在一起构成一幅古往今来的人事代谢的舆图——我们就可以不惑于耳食之言，不受成见的蒙蔽，而能宁静地面对我们自己的时代中发生的种种小的变迁去开拓更远大的前程。

注释

1 罗森塔尔在《婚姻问题的基本盘诘》(Rosenthal of Breslau, “Grundfragen des Eheproblems”, 载 *Die Neue Generation*, Dec., 1908) 一文中，从法律的角度，竭力主张把以生殖为目的作为合法的婚姻观念的本质。

2 米莱:《英国鸭的自然史》(J. G. Millais, *Natural History of British Ducks*, pp. 8, 63)。

[译者附注：广味凫，学名 Spatula clypeata，雄鸟嘴黑头顶亦黑，带绿色，雌鸟翼青色及绿色]。

3 韦思特马克:《人类婚姻史》(E. A. Westermarck, *History of Human Marriage*, Chs. Ⅳ-Ⅵ)。

4 戈弗雷:《性科学》(J. A. Godfrey, *Science of Sex*, p. 112)。

5 斯宾塞和格林:《中澳洲的北方部落》(Spencer and Gillen, *Northern Tribes of Central Anstralia*, p.74)；参考豪伊特:《东南澳洲的土著部落》(A. W. Howitt, *The Native Tribes of South-East Australia*)。

6 迪尔凯姆:《澳洲的婚姻制度》(Durkheim, “Organization Matrimoniale Australienne”, 载 *L'Année Sociologique,* eighth year, 1905)。

7 戈弗雷:《性科学》(J. A. Godfrey, *Science of Sex*, p. 119)。

8 科普:《婚姻问题》(E. D. Cope, “The Marriage Problem”, 载 *Open Court*, Nov., 1888)。

9 克劳斯顿:《心理卫生》(Dr. Clouston, *The Hygiene of Mind*, p. 245)。

10 戈弗雷:《性科学》(J. A. Godfrey, *The Science of Sex*, 1001, p. 278)。

11 塔尔德:《性的道德》(Tarde, “La Morale Sexuelle”, 载 *Archives d'Anthropologie Criminell*, Jan., 1907)。

12 施赖伯:《婚姻的限制》(Adele Schreiber, “Heirathsbeschränkung

en"，载 *Die Neue Generation*, Feb.，1909）。

13　见马格鲁德在《北美评论》1905 年 4 月号上发表的文章（Julia Magruder, 文载 *North American Rebiew*, April, 1905）。参考蔡尔德:《兰赛洛特爵士的命运》（May Child, "The Weird of Sir Lancelot"，载 *North American Review*, Dec., 1908）。

14　见前注《性的道德》。

15　同食面饼婚礼是古罗马贵族的结婚礼仪，新娘和新郎在罗马宗教大祭司、祭司和十位证人在场的情况下，分食一种学名为 Triticum spelta 的小麦饼。这种婚姻的解除也必须经过另一种同样庄严的分食面饼（diffareatio）的仪式裁可。——译者

16　见韦希特尔:《离婚》（Wächter, *Eheschiedungen*, pp. 95 et seq.）；埃斯曼:《教会法中的婚姻》（Esmein, *Marriage en Droit Canoniqne*, vol. i, p. 6）；霍华德（Howard）赞同勒基（Lecky）的意见，认为滥用离婚自由的只是一小部分的罗马人，而这种滥用，就轻浮放荡这种事来说，也完全不是造成罗马道德沦丧的原因。

17　基督教神父的主张也莫衷一是，他们有时候也对这些敌忾的情绪表示怀疑；可以参阅克兰默（Cranmer）收集的种种主张和伯内特（Burnet）列举的事例，见纳瑞斯编辑的《宗教改革史》（Nares, *History of Reformation*, vol. ii, p.91）。

18　第一位皈依基督教的罗马皇帝康士坦丁一世下令立法，对离婚加以严格的特别的限制（只有当丈夫是杀人犯、下毒者，或者毁坟盗墓贼才允许妻子离婚），这项法律没有能保持多久。公元 407 年，阿纳斯塔修斯（Anastasius）下令实施夫妻双方协议离婚。这项命令后来又被查士丁尼安（Justininan）废除，他宣布只有因为几种特殊的理由才许可离婚，这些理由中包括有丈夫通奸的条款。后来实践证明这些限制无法操作。查士丁尼安的继任者，他的侄子查士丁（Justin）又恢复了双方协议离婚的法令。最后，在公元 870 年，号称哲学家的利奥（Leo）六世又恢复了查士丁尼安的法令 [可参考的资料很多，例如，斯密士和溪丹:《基督教旧制词典》的"通奸"和"婚姻"等条目（Smith and Cheetham, *Dictionnary of Christian Antiquities*, arts. "Adultery" and "Narriage"）。

19　早期日耳曼人装模作样地对待女子的尊敬成分，甚至连已婚妇女都享有的一些特权，从塔西佗（Tacitus）的可靠的说法看上去，似乎

都是以母权为基础的早期社会状况的一些残存的遗迹。在日耳曼历史发轫时，它们表现得很清楚。早先虽然协议离婚似乎还有可能，但是日耳曼的习俗对待不守贞节的、不育的或有其他被认为是忤逆情由的已婚妇女是冷酷无情的，而在引进基督教之后，有时候丈夫通奸却不算犯法。见韦思特马克:《道德观念的起源》(Westermarck, *Origin of the Moral Ideas*, vol. ii, p. 453)。

20 霍布豪斯 (Hobhouse) 说:"这种婚姻形式是和夫权的扩张密切联系在一起的,"(同前章注所引霍氏书, *Morals in Evolution*, vol. i, p. 156)。另外还可以参考霍华德 (Howard) 的一段文字 (同上引书 vol. I, p. 231)。哈格尔施坦格在他的《中古时代德国南部的农民的生活》一书中，对中古时代日耳曼的妇女很低下的从属地位有过一番陈述 (Hagelstange, *Süddeutsches Bauernleben in Mittelalter*, 1898, pp. 70 et seq.)。

21 参阅霍华德 (同上引书, vol. i, p.259); 斯密士和溪丹《基督教旧制词典》中的词条"定金"(Smith and Cheetham, *Dictionary of Christian Antiquities*, art "Arrhae")。但是，塔西佗 (Tacitus) 说，这种婚姻的"买卖新娘"不是那种实际的买卖货物，也不是真的买卖奴婢，而只是买卖一种监护权 (Mund) 或对女孩的保护权而已。实际上，操办这件事的人并不是把它们区分得很清楚的。同样，盎格鲁-撒克逊的订婚与其说是付给新娘的亲人一笔买她的钱财不如说是一种对新娘光明正大地承诺终生娶她为妻的誓约，这是出乎这项交易事物之外的好处。泊洛克 (Pollock) 和梅特兰 (Maitland) 说 (同上引书, vol. ii, p.364), 要追忆这方面的往事，可以去参观"美国教堂的婚礼，和那些珍奇的古籍陈列室。"

22 见霍华德同上引书 (vol. i, pp.278-281, 386); 买卖合同中的定金 (Arrha) 的规则在十六世纪时不知不觉地渗入了罗马和拜占庭的法律。

23 莱格:《教会学文集》(J. Wickham Legg, *Ecclesiological Essays*, p. 189)。这里不妨补充一点，妻子要服从丈夫的观念在基督教会中出现的时期要稍早一些，而且肯定和日耳曼人的影响无关; 圣·奥古斯汀在《诫敕》中说过 (St. Augustine, *Sermo*, XXXVII, cap. vi), 一位好的主妇 (materfamilias) 必须不齿于自称为丈夫的奴仆 (ancilla)。

24 可参考，戈蒂埃:《骑士制度》(L. Gantier, *La Chebalerie*, Ch. IX.)。

25　见霍华德同上引书（vol. i, pp. 293 et seq.）；埃斯曼（Esmein）同上引书（vol. i, pp. 25 et seq.）；斯密士和溪丹:《基督教古制词典》中的“婚姻契约”（Smith and Cheetham, *Dictionary of Christian Antiquities*, art. “Contract of Marriage.”）。

26　从此以后天主教教会的任何变动都一个劲地朝着使婚礼变得越来越狭隘和越来越远离世俗的方向发展。从天主教教皇 1907 年的一份判决书中可以看到，民间的世俗婚姻和不在天主教礼拜堂举办的婚姻都被宣布为不仅是罪孽和非法的（此前他们一直是这样判的），而且还宣布这些婚姻实际上无效。

27　海恩斯:《我们的离婚法律》（E. S. P. Haynes, *Our Divorce Law*, p.3）。

28　迪尔凯姆文载《社会学年鉴》（Durkheim, *L'Année sociologique*, eighth year, 1905, p.419）。

29　克劳利:《神秘的玫瑰》（Crawley, *The Mystic Rose*, p. 318）。

30　这里的 Orang Benuas 可能是某种方言的发音。不知做何解释，也许是一个地名，也许是一个族群名又或许是一种礼仪的名字，姑按音译为奥兰贝奴阿斯。——译者

31　埃斯曼（Esmein）同上引书（vol. i, p. 64）。

32　霍华德同上引书（vol. i, p. 333）。

[译者附注：隆巴尔（Peter Lombard）（约 1100—约 1160 年），巴黎主教，这部《言论集》写作于 1145—1150 年，主要是一些神父的言论集，曾经是神学院的一部教科书。]

33　十六世纪，特伦托议会（Counsil of Trent）制定了结婚必须举行的宗教仪式；但会上仍然有五十六位主教投票反对这个决定。

34　埃斯曼同上引书（vol. i, p. 91）。

35　曾经有人说，天主教会用同意给婚姻设置种种障碍的办法，可以减少婚姻不可解除的教条产生的弊端，这样一来就给解除婚姻提供了自由的余地。事情似乎不像所说的这样。海斯博士（P. J. Hayes）以纽约大主教区主教的名义说，即使像他的教区这样现代化和这样复杂的社区，也完全不采用设置障碍的办法来处理解除婚姻的问题；在纽约，每年有 15000 桩天主教的婚姻，但每年只有 5 桩婚姻存在是否有效的问题，主要是有关重婚的问题（见《天主教教会的婚姻障碍》[“Impediments to

Marriage in the Catholic Church", 载 *North American Review*, May. 1905])。

36 泊洛克和梅特兰(Pollock and Maitland)(见上述引文)说,教会法典专家"制定了一个杂乱无章的婚姻法。"霍华德说(见所引书,vol. I, p. 340)"'当前的婚姻'和'将来的婚姻'(sponsalia de prasemo 和 sponsalia de futuro)几个字眼的区别,在现实生活中就曾经给人造成过很多不幸,其他由于理论上和令人难以捉摸的花言巧语而在现实生活中造成灾难的例子也不少。"

37 祁瑞:《婚姻和家庭关系》(Geary, *Marriage and Family Relations*, p. 3);另见泊洛克和梅特兰(Pollock and Maitland)同上引文。

38 弗里曼:《麦通修道院》(Freeman, Merton Priory, 载 *English Towns and Districts*)。

39 见霍华德(Howard)上引书(vol. i, pp. 386 et seq.);但是,总的说,路德认为,虽然婚姻是一件神圣和神秘的事,但不是一项圣礼;斯特兰伯夫(Strampff)把他对于这个问题的种种说法汇总成册,书名为《路德论婚姻》(*Luther über die Ehe*, pp. 204-214)。

40 见霍华德同上引书(vol. ii, pp. 61 et seq.)。

41 或许是因为宗教改革家的态度混乱和思想不连贯,使教会法典中有关婚姻的部分改头换面地在基督新教盛行的国家中广泛地坚持了下来,胜过奉行天主教的国家;特别是在法国,形式上做了重大修改,见埃斯曼(Esmein)同上引书(vol. i, p.33)。

42 司戈贝尔:《法令和章程》(Scobell, *Acts and Ordinances*, pp. 86, 236)。

43 马松:《弥尔顿生平》(Masson, *Life of Milton*, vol. ii);霍华德(Howard)同上引书(vol. ii, p. 86, vol. iii, p. 251);惠勒:《弥尔顿的离婚教义和教规》(C. B. Wheeler, "Milton's Doctrine and Discipline of Divorce", 载 *Nineteenth Century*, Jan., 1907)。

44 弥尔顿:《离婚的教义》(Milton, *Doctrine of Divorce*, Bk. i, Ch. XIII)。

45 见上引书第六章。

46 见同上引书 Bk. i.。

47 同上引书。

48 同上引书。

49　见同上引书（Bk. ii, Ch. XXI）。

50　见同上引书（Bk. i, Ch. XI）。

51　教友派的婚姻观念的影响依然很有生命力。白桑夫人（Mrs. Besant）在《婚姻》一书中说，“为什么我们不能效法教友宗，革除现行的法定结婚仪式，简单地公开宣布一下完事呢？”（Mrs.Besant, *Marriage*, p. 19）。

52　见霍华德（Howard）同上引书（vol. ii, p. 456）。但是，宾州的实际实行情况和其他州实行情况没有表现出有什么不同的地方。

53　霍华德说：“真的很奇怪，一个标榜自己热爱平等和社会自由并引以为自豪的伟大国家，宁愿这样连着五代人忍耐一种招人怨恨的纵欲的祸害，而不愿坦率地和勇敢地把自己从宗教传统的桎梏中解放出来。”（Howard, 同上引书，vol. ii, p. 109）。

54　“强迫延续一桩不成功的婚姻或许是极不道德的行为，文明社会曾经支持过它，现在已经很少有人赞成了”，戈弗雷说，“结婚的道德性是建立在两情相悦上的，受命于任何其他的原因而结成的婚姻根本谈不上道德，无论习俗怎样裁可和支持，或者宗教和法律如何宽恕容忍，它们都和道德扯不上任何关系。”（见戈氏著《性科学》[Godfray, *Science of Sex*, p.123]）。

55　蒙莫朗西：《变化中的已婚妇女的地位》（Montmorency, “The Changing Status of a Married Woman”, 载 *Law Quarterly Review*, April, 1897）。在比肖普的《关于婚姻，离婚和分居的评论》一书中对虐待问题有充分的讨论（G. P. Bishop, *Commentaries on Marriage, Divorce and Separation*, 1891, vol. i, Ch. XLIX）；参阅霍华德（Howard）同上引书（vol. ii, p. 111）。

56　劳工部部长赖特发布的《美国的婚姻和离婚报告》（*Report on Marriage and Diuorce in the United States*, issued Hon. Carroll D. Wright, Commissioner of Labor, 1889）。

57　霭氏没有具体指出这位作者的名姓，只说这句话出自 *The Question of English Divorce*, p.49。——译者

58　用韦思特马克的话说，在大多数未开化的和半开化的社会中，通奸被认为是“一种非法占用丈夫通过买卖妻子获得的专属权利的行为，是一宗侵犯私产罪。”因此，奸夫可以以盗贼论，处以罚款、断

手乃至死刑（见韦思特马克：《道德观念的起源》和《人类婚姻史》；Westermarck, *Origin of the Moral Ideas*, vol. ii, pp.447 et seq.；同上作者，*History of Human Marriage*, p. 121）。在有些民族中只有奸夫一方受刑，妻子豁免。

59　在为要求对诱奸妻子一事给予损害赔偿辩护时，曾经有过一种说法，认为妇女往往软弱，无法抵抗男子的亲狎，所以法律应该从重惩罚占弱者便宜的男人。这种辩词似乎有点过时了。法律正在开始在其他方面对涉案的已婚女子也追究起责任来了，无法不采纳这种法规，因为她是一个能自主的人。再者，如果该女子这么顺从，那在法律上也几乎没有理由去惩罚那位和她成就了一场好事的男人。再进一步说，如果妻子通奸只是一种不负责任的女性的软弱，那么给她公开定出一个金钱的赔偿价码向她的情人索赔岂不是对她极大的不该有的残忍吗？说真的，如果我们接受上述说法，我们就应该重新采用中世纪的保护贞操的紧身腰带。

60　见霍华德（Howard）同上引书（vol. ii, p. 114）。

61　引文见比肖普（G. P. Bishop）同上引书（vol. ii, Ch. Ⅸ）。

62　在英国，这条法律绝不是徒具空文的死法。就拿 1907 年发生的一件事来说，一位妻子离家出走，留下一封信，说她的丈夫不是她的孩子的父亲，随后起诉要求离婚，因为丈夫对这个案子不加答辩，所以妻子获准离婚。但是，王室讼监（King's Proctor）知道事实之后，这宗案子的判决被取消了。然后，这位丈夫撇开先前那宗未加答辩的案子。承认他自己通奸，起诉要求离婚，但没有获准。他将案子向上级法院上诉，但他的申诉被退了回来，上诉法院认为"宽容这样的例子不利于公共道德。"在英国，面对法律上婚姻绝对不容解除的明文规定，要想获准离婚的万全之策是夫妻双方都去通奸。

63　赫希菲尔德的这段文字刊登在《性科学杂志》（*Zeitschrift für Sexualwissenschaft*, Oct., 1908）。

64　阿德纳：《法官对于"受损害的"婚姻的评论》（H. Adner, "Die Richterliche Beurteilung der 'Zerrütteten' Ehe"，载 *Geschlecht und Gesellschaft*, Bd. ii, Teil 8）。

65　格洛斯-霍芬格：《妇女的命运与娼妓》（Gross-Hoffinger, *Die Schicksale der Frauen und die Prostitution*, 1847），布洛克把这项调查问卷

的结果做了一个充分的总述，发表在他的《现代的性生活》一书里（Bloch, *Sexual Life of Our Times*, an Appendix to Ch. X）。

66　霍华德在前引书中（op. cit., vol. iii.）对美国的离婚问题有过充分的讨论。

67　明斯特贝格:《美国人》（H. Münsterberg, *The Americans*, p. 575）费·阿德勒博士（Dr. Felix Adler）在一篇名为《离婚的伦理学》的论文中也有类似的评论（文载 *The Ethical Record*, 1890, p.200），他认为决定美国离婚的频数的首要原因是妇女地位的提高，但他本人并不羡慕离婚。

68　有一篇题为《夫妻交恶的神经-精神病因素》的重要论文，文中列举了若干例证（载 *Journal of Nerrous and Mental Diseases*, Sept., 1892）。贝克（Smith Baker）提到这些例子时说："一位男子发现他从前邂逅而进入婚姻的一位女子渐渐感到格格不入起来，因为他认为她的人格发展比较不够成熟。或许在结婚前他对她的性格和脾气没有细审，有些误解，现在他觉悟到自己的处境，在男女关系的日常生活上他都能自尊自重，但夫妻两人终归没有结成情投意合的伴侣，只不过徒有其表罢了。"同样是这位作家，还观察到更多的例子，妻子一方对性的趣味表现冷淡，这与教育和生活经历无关。"这种天生的不正常的情况是叫人大失所望的缘由，使女方和家庭都同样十分苦恼，终日郁郁寡欢。"但这类造成离婚的理由太过复杂，成文的律法书上说不清楚也说不完全，而且也因为隐私很深，以致不便于对簿公堂。

69　十年前，如果不计后来的年份，美国的离婚频数排在日本，丹麦和瑞士之后，名列第四。

70　勒基（Lecky）是欧洲道德史学家，他曾经指出过，在离婚的方便程度和性道德的高标准之间通常有密切的关联（见，Lecky, *Democracy and Liberty*, vol. ii, p. 172）。

71　这方面的参考资料不少，例如，霍布豪斯的《演化中的道德》（Hobhouse, *Morals in Evolution*, vol. i, p.237）。

72　克莱门特:《日本的新妇女》（Ernest W. Clement, "The New Woman in Japan", 载 *Amerincan Journnal Sociology*, March, 1903）。

73　德昂若伊（Paul d' Enjoy）详尽讨论过中国的婚姻法（载 *La Revue*, Sept. 1, 1905）。

74　施蒂芬森（Stefansson）文载 *Harper's Magazine*, Nov. , 1908。

75　瑞伊斯和勃林摩琼斯:《威尔士民族》(Rhys and Brynmor-Jones, *The Welsh People*, p. 214)。

76　金内尔:《爱尔兰古法》(Ginnell, *The Brehon Laws*, p. 212)。

77　贝杜李欧:《法国习俗史》(E. de la Bedollière, *Histoire des Moeurs des Francais*, vol. i, p.317)。

78　英国是在亨利七世当政时迈出这一步的，当时的律令禁止强迫妇女进入她们不愿意的婚姻(3 Henry Ⅶ, c.2)。但是，一直到十七世纪中叶，强迫婚姻的问题还没有解决而不得不再次提出来处理(因德维克:《王位空缺期》[Inderwick, *Interregnum*, pp. 40 et seq.])。

[译者附注：此处引援的《三个亨利七世》一书的作者不知是谁，霭氏没有提及，历史上三个著名的亨利七世分别是德国国王亨利七世(1211—1242)，罗马皇帝亨利七世(约1269—1313)，英国国王亨利七世(1457—1509)。由英王亨利七世的生卒年份看，英国的禁止强迫婚姻法在亨利七世去世后一个半世纪都还没有通行。]

79　布洛克:《现代的性生活》(Bloch, *Sexual Life of Our Time*, p. 240)。

80　霍华德:《婚姻制度史》(Howard, *History of Matrimonial Institution*, vol. iii. P. 220)。

81　韦思特马克:《道德观念的起源与演变》(Westermarck, *Origin and Developmentg of the Moral Ideas*, vol. ii , p.398)。

82　见《评论》杂志(*La revue*, March 1. 1901)。

83　保罗和维克多:《几种观念》(Paul and Victor Marguerítte, *Quelques Idées*, pp. 3 et seq.)。

84　赫金孙(Woods Hutchinson)主张，为了下一代，父母中有癫痫、精神病、道德乖戾(moral perversion)、酗酒成性或形形色色刑事犯罪的情况者，不应该由他们自行决定是否生育，而应该强制绝育。但是，只有离婚这一条还不足以达到所要求的目的(赫氏文见《现代评论》[*Contemporary Review*, Sept., 1905])。

85　德国的情况也差不多，扎赫尔-马索赫(Wanda von Sacher-Masoch)受了许多由结婚带来的痛苦，不管她自己的性格可能存在着什么样的缺陷，她在《我的平生忏悔》(*Meine Lebenbeichte*)一书的结尾中写道:“只要妇女没有勇气，不靠国家的干预或教会的插手，去掌控那些只和她们自己有瓜葛的切身的关系，她们就没有自由。”这是一种和现代的思想感情完全对立的陈腐的婚姻制度，她想靠律师订立私人的契约来取代这种制度。很早以前，在英国，有一位热情关注妇女运动的朋友，他敬重妇道的感情几乎高到崇拜的程度，他叫金斯里（Charles Kinsley），曾经对约翰·穆勒（J.S. Mill）写道：“除非把教会法典的残渣余孽用文明扫出地球，否则妇女永远不会有一个吉祥幸福的世界。”

86　许多年前赫伯特（Auberon Herbert）就声言：“从未发明过一个比这更邪恶的制度，而且一直拖延至今还没有结束。这是我们的奇耻大辱。因为我们没有勇气坦白地说，夫妻的性关系或者其他人的同居关系，只和他们本人有关，根本不容他人窥探和幸灾乐祸地评头品足。和外部自以为正义的和非常虚伪的社会圈子完全无关。”赫氏在此表达的情绪先前早就有了，从那时以来，已经变得越来越常见了。

87　见霍布豪斯（Hobhouse）同上引书（vol. i, p. 237）。

88　婚姻是一种契约的这种观念在美国也还在某种程度上继续保存着，是由早期到达的新教徒和清净宗带到美国来的。通常国家都不会给婚姻下一个定义，但是，霍华德说：“实际上，结婚多少带有几分取得身份地位和契约的性质。”（Howard, op. cit. , vol. ii, p. 395）。

89　凯尔德夫人：《婚姻的道德》（Mrs. Mona Caird, “The Morality of Marriage”, 载 *Fortnight Review*, 1890）。

90　舒费尔脱：《必须修订结婚和离婚的法律》（Dr. Shufeldt, “Needed Revision of the Laws of Marriage and Divorce”, 载 *Medico-Legal Journal*, Dec. , 1897）。

91　歌德：《亲和力》（Goethe, *Wahlverwandtschaften*, Part Ⅰ, Ch. Ⅹ）。

92　科普：《婚姻问题》（E. D. Cope, “The Marriage Problem”, 载 *Open Court*, Nov. 15 and 22, 1888）。

93　保罗·马格里特和维克多·马格里特在《几种观念》一书中着力提出过这种观点（Paul and Vichor Margueritte, *Quelques Idées*）。

94　可以参考一篇题目为《性偏见》的论文（“Sex Bias”, 载 *Westminster Review*, March. 1888）。

95　基尔南文载《精神病医生和神经病学家》（J. G. Kiernan, *Alienist and Neurologist*, Nov. 1906, p.466）。

96　我不妨说一下，许多年前，加里森（C.G. Garrison）就曾经指出了这个问题，并且引起一场大辩论（见加氏:《离婚的限制》（“Limits of Divorce”, 载 *Contemporary Review*, Feb., 1894）），他做结论说：“可以有把握地断言，婚姻没有一个属性或附属的细节有一丝一毫像契约的东西，不论在形式上，法律补救上，程序上或结果上，都是风马牛不相及的；相反，在所有这些方面，对当事人的权利划分所根据的原则和实践都是极其不公正的。”婚姻不是契约，而是只是一种行为。

97　见，例如，保罗和维克多·马格里特的同上引书（P. and V. Marguerітte, op. cit.）。

98　引文摘自霍华德著作（见同上引书，op. cit., vol. ii, p. 29）。

99　爱伦·凯也有类似的见解，她在《恋爱与婚姻》（Ellen key, *Ueber Liebe und Ehe*, p. 343）一书中说，谈论“终身守信的义务”和谈论“终生保持健康的义务”是大同小异的。她补充说，一个男人承诺尽力保护好他的生命或他的爱情；可是他不能绝对担保保护得住。

100　例如，见扎基亚:《法医学问题》（Zacchia, *Questionum Medico-legalium Opus*, editon of 1688, vol. iii, p. 234）。

101　祁瑞:《婚姻法》（Nevill Geary, *The Law of Marriage*, Ch. Ⅲ）。

102　祁瑞，同上引书（Geary, op. cit., Ch XⅧ）；参考霍华德:《婚姻制度》（Howard, *Matrimonial Institutions*, vol. i, p. 316）。

103　祁瑞，见同上引书（Geary, loc. cit.）；参考加里森（C. G. Garrison）的《离婚的限制》（“Limits of Devorce”, 载 *Contemporary Review*, Feb., 1894）。

104　同上引加里逊《离婚的限制》一文。

105　比肖普:《史话》（G. P. Bishop, *Commentaries*, vol. i, Ch. XV）。

106　见霍华德同上引书（op. cit., vol. iii, pp. 117 et seq.）。

107　见霍布豪斯同上引书（Hobhouse,op. cit., vol. i, pp. 159, 237-239；参考 P. and V. Margueritte, *Quelques Idées*）。

108　加里森在《离婚的限制》一文中说，“离婚是在法律上宣布一桩行动，说明婚姻一度具有的特征和宗旨已经丧失……离婚是一个事实问题，不是发放许可毁约证书。”（Garrison，“Limits of Devorce”, 载 *Contemporary Review*, Feb., 1894）。

109　前文已经对此有所讨论。

110　见拉伯雷（Rabelais）文集（Bk. i, Ch. Ⅶ）。

［译者附注：Francois Rabellais（约 1490—1553）法国幽默作家，当代牧师对他的印象不好，说他是“邪恶的拉伯雷”，但培根（Bacon）却夸他是法国的诙谐大师。］

111　舒费尔脱引文载《法医学杂志》（Shufeldt, 载 *Medico-Legal Journal*, Dec., 1897）。

112　戈德温：《政治的公道》（Godwin, *Political Justice*, second edition, 1796, vol. i, p. 248）。

113　沃德，引文见《国际伦理学杂志》（Lester Ward, *International Journal of Ethics*, Oct., 1896）。

114　赫金孙，引文见《现代评论》（Woods Hutchinson, *Contemporary Review*, Sept., 1905）。

115　罗杰斯：《为什么美国的婚姻失败》（Anna A. Rogers, “Why American Marriage Fail”, 载 *Atlantic Monthly*, Sept., 1907）。

116　白克：《丈夫和妻子》（Rafford Pyke, “Husbands and Wives”, 载 *Cosmopolitan*, 1902）。

117　在本辑的第一章中曾经有必要讨论到生育的问题，在最后结尾的一章中还将必然要再次讨论到它。这里只是把生殖当作婚姻的一个因素来处理。

118　尼左尔：《托勒密-罗马时代的埃及的婚姻》（Nietzold, *Die Ehe in Aegypten zur Ptolemäish-römischen Zeit*, 1903, p.3）。这种约束也保证在这种婚姻内出生的孩子的各种权利。

119　参阅爱伦·凯，《母与子》（Ellen Key, *Mutter und Kind*, p. 21）。在更早一段时间，另一位有才干的女作家克拉泊登也清楚地认识到，性关系的更大自由必须与亲子间的亲缘关系的更严格的约束相结合。她在 1885 年出版了一部著名的书，书名是《科学的社会改良观》（J. H. Clapperton, *Scientific Meliorism*,1885）。她在书中（p.320）写道：“法律的变革要朝两个方向进行，即，婚姻的更大自由和亲子关系更严格的约束。婚姻的缔结本质上是个人的私事，社会没有必要也没有权利去干涉。相反，生孩子的事则是公共事务。它触及整个民族的利益。”

120　爱伦·凯：《恋爱与婚姻》（Ellen Key, *Liebe und Ehe*, p. 168）；另外可参阅同一作者的《儿童的世纪》（*Century of the Child*）。

121　仅在德国，每年就有 18 万“私生”的儿童诞生，而且这个数字还在猛增；在英国，每年只有4万名。在英国（法国也一样），每每对这种生育很反感，导致广泛采用避孕的方法。

122　见《新一代》（*Die Neue Generation*, July, 1909, p. 303）。

123　德昂若伊引文见《评论杂志》（Paul d' Enjoy, *La Revue*, Sept., 1905）。

124　叔本华在他的《论妇女》（*Ueber die Weibe*）中问道："到哪里去找真正遵守一夫一妻制的人？"欣顿（James Hinton）常问："维持一夫一妻制是什么意思？我想要知道有什么机会能见识一下？你把英国人的生活叫作一夫一妻制吗？"

125　韦思特马克在他的《人类婚姻史》中对一夫多妻的现象有过一番充分的讨论。（Westermarck, *History of Hunman Marriage*, Chs. XX-XXII. 译者附注：商务印书馆中文译本讨论这个题目的章节是第27—30章，霭氏参考的可能是更早的版本。）他说："几乎所有地方的一夫多妻的事实都限制在一小部分的人群中，绝大部分都实行一夫一妻婚。"格雷戈里（M.Gregory）做了一番统计，结果表明差不多所有地方的男女性别在数量上都倾向于相等（见 *Contemporary Review*, Sept., 1906）。

126　在允许多配偶婚的国家，男人当然要对他的第二个妻子负起和对他的第一个妻子同样多的责任。在我们这里，男子的"第二位妻子"被贬称为"情妇"，他待她和她的孩子越坏，就越被认为是有道德，正像努力建立祭司独身制度时的天主教教会对和女人搞不正当的关系的神父常常惠以青眼，而对那些规规矩矩公开结婚的神父则白眼看待。如果一位已婚的男子有一位情人，由于他的疏忽导致他的妻子知道了他们的私密关系，这位男人居然可以振振有词地控告他的情人，而他的辩护律师也在法庭上说："这个女人居然恶毒到写信给控告人的妻子！"保证会博得普遍的同情。

127　戈尔逊的这番议论 见《性的问题》（Gerson, *Sexual-Probleme*, Sept., 1908, p.538）。

128　瑟南古：《论爱情》第二卷《分享》（Senancour, *De l'Amour*, vol. ii, Du Partage, p.127）。

129　古尔蒙：《爱情物理学》（Remy de Gourmont, *Physique De l'Amour*, p.186）。

130　莫氏文见《狄德罗文集》（*Diderot*, vol. ii, p.20）。

131　见布洛克:《现代的性生活》(Bloch, *Sexnal Life of Our time*, Ch. X)。

132　希尔特:《爱情之路》(G. Hirth, *Wege zur Liebe*, p. 324)。

133　李:《祭司的独身生活》(Lea, *History of Sacerdotal Celibacy*, third edition, vol. i, p. 396)。

134　译者注：据英国媒体报道,2009 年 9 月 10 日，英国首相戈登・布朗代表英国政府，正式书面向艾伦・图林（Alan Mathison Turing）道歉；2013 年 12 月 24 日英国女皇伊丽莎白二世宣布赦免图林。图林是 20 世纪三四十年代英国著名的数学家、逻辑学家，也是计算机科学的奠基人，被称为“计算机科学之父”、“人工智能之父”。二战期间，他协助军方破解了德国“谜”式密码机编写的情报，在盟军诺曼底登陆等重大军事行动中发挥了重要作用，图林因此被授予“不列颠帝国勋章”。由于是一名同性恋者,1952 年，图林被判犯有“严重猥亵罪”。为避免牢狱之灾，他不得不接受激素注射（“化学阉割”），从此，他变得性格孤僻，暴躁不安。1954 年，年仅 42 岁的图林意志消沉吃毒苹果自杀身亡。后人在计算机方面的一些独立研究结果似乎都证明图林的天才的思想远远超出了他的时代，许多杰出的科学家都为他不幸的英年早逝感到深深惋惜。布朗在道歉书中说，如果不是因为图林的贡献，二战的历史可能要改写；有人说二战的胜利至少要推迟两年。图林死后，英国民众一直批评政府的所作所为；据说苹果电脑公司为纪念图林，将缺了一口的苹果图案作为其商标，又有人说他们对此表示否认。无论如何，这个缺了一口的苹果表明在性的问题上知识有多么重要，社会与个人都可能要为这种无知和偏见付出惨痛的代价。

135　赫金孙引文见《现代评论》(Woods Hutdhinson, *Contemporary Review*, Oct., 1904)。

136　参考特雷尔:《社会的英格兰》(Traill, *Social England*, vol. i, p. 103，文中讨论到这个问题)。

137　参考施拉德尔:《实用词典》的词条“借种”(Schrader, *Reallexicon*, art. Zeugungshelfer)。

138　参考霍特:《威尔士人的婚姻法》(R. B. Holt, Marriage Laws of the Cymri, 载 *Journal Anthropological Institute*, Aug. and Nov., 1898, p.155)。

139　米尔恩:《古雅的朝鲜》(Louise Jordan Miln, *Quaint Korea*,

1895, p. 92）。

140 杜富尔:《娼妓史》（Dufour, *Histoire de la Prostitution*,vol. iii, p.92）。

141 李:《祭司的独身生活》（Lea, *Historuy of Sacerdotal Celibacy*, vol. i, p. 230）。

142 斯密士和溪丹:《基督教古制词典》中词条“妾妇”（Smith and Cheetham, *Dictionary of Christian Antiquities*, art. Concubinage）。

143 见《基督教古制词典》中词条“婚姻”（art .Marriage, 载 *Dictionary of Christian Antiquities*）。

144 见《路德回答性的问题》（*Die Sexuelle Frage bei Luther*, 载 *Mutterschutz*, Sept. 1908）。

145 瑟南古:《论爱情》（Senancour, *De l'Amour*, vol.ii, pp. 117-126）。

146 科普:《婚姻问题》（E. D. Cope, The Marriage Problem, 载 *Open Court*, Nov. 15 and 22, 1888）。

147 爱伦・凯:《爱情与伦理》（Ellen Key, *Liebe und Ethik*, p. 12）。

148 爱伦・凯:《论爱情与婚姻》（Ellen Key, *Ueber Liebe und Ehe*, pp.166-168）。

149 可以参看的埃氏作品有多种，例如《性的伦理学》（*Sexualethik*, 1908）。《生活的要求》（“Die Postulate des Leben”, 载 *Sexual-Probleme*, Oct., 1908;）埃氏给爱伦・凯的一封信，见爱伦・凯的《论爱情与婚姻》（Ellen Key, *Ueber Liebe und Ehe*, p.466）。

150 霍华德在他的那部不偏不倚的《婚姻制度史》（Howard, *History of Matrimonial Institutions*, vol. ii, pp.96 et seq.）中提到前些年发生在英国的一件事情，让人无法不加以注意，当时有些人反对那种和已故妻子的姐妹结婚的事，言语之粗野近乎丧心病狂的地步。霍氏把它和天主教教会的更理性的态度相对比，他说:“由此展示出来的这类婚姻造成的道德无政府主义的情景，让美国、英属殖民地和欧洲大陆等地的观察家读起来，难免觉得昏头涨脑和讨厌，它们的确古怪地说明了英国岛民的心胸极端狭隘。”就在最近，都到了公元后 1908 年了，才有人向上议院提交了一个议案，建议根据无缘无故遗弃两年的事实就可以离婚，这项合理的人道的措施，在文明世界的大部分地方都已经成为法律了。可是上议院议长洛尔伯恩勋爵（Lord Loreburn），一位自由党党员，政界里的一位开明和通达的领袖人物却宣称这项提案是“绝对不可能通过的。”议会以 61 票对 2 票否决了这项提案。连中世纪特伦特会议（Council of Trent）的婚姻法令表决时投赞成票的人数都没有像这样占到压倒多数。在婚姻的立法问题上英国几乎还没有从中世纪的黑暗中挣脱出来。

第十一章　恋爱的艺术

婚姻不仅是为了生殖——神学家论神慰（Sacramentum Solationis）——恋爱艺术的重要——婚姻稳定的基础和平安生殖的条件——恋爱的艺术是防范离婚的屏障——恋爱和婚姻的统一是现代道德的原则——基督教和恋爱的艺术——奥维德（Ovid）——原始人的恋爱艺术——非洲和其他地方的性的诱掖——人生早期恋爱艺术自动发生的倾向——挑逗或卖弄风情——女子的性无知——丈夫在性诱掖上的地位——男子的性无知——丈夫的婚姻教育——丈夫的无知造成的伤害——笨拙的性交的各种身心后果——女子比男子更懂得恋爱的艺术——古代和现代对性交频数的意见——性能力的变异——性的口味——基于生物学调情求爱事实的恋爱艺术——取悦女子的艺术——把情人比喻为音乐家——调情一方的求婚——恋爱艺术中的未卜先知——调情中的未雨绸缪的重要——笨拙的丈夫常常是妻子性欲冷淡的原因——调情的困难——同时达到性高潮或性亢奋（orgasm）——女子不能完全满足的害处——性交中断——延搁性交——人类的性交方法——性交的变异——性交的姿势——性交的最佳时刻——性交在婚姻

中的作用——婚姻暂别的好处——暂别的危险——嫉妒——嫉妒的原始功能——嫉妒在动物，未开化民族，等等种类中和在病理状态中的显著作用——一种反社会的情绪——嫉妒和文明的进步不相容——同时和多人恋爱的可能性——柏拉图式的友谊——成就这种友谊的条件——女子恋爱中的母道的因素——衾裯之好的最终发展——恋爱问题是社会问题中最重大的问题之一。

想必大家从先前的讨论中已经清楚，每一桩圆满的婚姻都有两个因素。一者婚姻是由互相的恋爱唤起的性交，它是只靠这种爱情的培植来支持的事实而不问它的繁文缛节的形式。二者婚姻是为了种族的人口兴旺而以生儿育女为鹄的的一种方法。前者的目的是性交，而后者则是为人父母。这两个目的是大家很久以来就普遍承认了的。例如，在英国教堂的结婚仪式中我们就常常听到一些陈述这两重目的的话："夫妻比翼，相助相敬，彼此慰藉，"还有"早生贵子，多子多福"等等，没有彼此恋爱的因素，就不可能有生殖的合适的条件；没有生殖的因素，性的交合无论怎样美丽和神圣，就其本身而言，可以说本质上依然是个人的私事，是一种与种族和社会无关的不圆满的婚姻。因此，有必要对先前有关婚姻的一般通论做一些补充，对婚姻的本质，包括恋爱的艺术和生殖的科学在内，做最后的更深入的探讨。

有些人从各种不同的观点出发研究婚姻的目的，想限定它的范围，不是挤压它的这个因素，就是挤压它的哪个因素，我们在前面的文字中已经一再顺便提到过他们的这些主张。

在现代，有一种要排斥生殖因素的趋势，把婚姻关系看作只属于进入婚姻的双方彼此的性关系，其他都在不计不问之列。从公众和社会的角度看，没有孩子的婚姻，不论它对有关的两人如何重要，都是一种没有任何公众社会意义的两性关系，这本来是一件无须赘言的事，但我们还必须进一步再说一点，没有孩子，甚至对个人的性生活本身也会动辄生出一些烦恼来，因为正常的性生活，特别是妇女，性爱有发育成为怙恃之爱的倾向。况且，缺少了一个亲密之至的纽带，一个由两人彼此合作造出来的新人，要成就圆满的相依相爱的婚姻生活是很困难的。一个造诣圆满的婚姻是一种密不可分的三位一体。

有些人企图把性欲的因素从婚姻中排除，或者一定要算是婚姻的因素也认为它不是主要的，只许可把它摆在绝对从属于生殖目的的地位，他们的这类主张在各个时代都不绝于耳。甚至在古代，希腊和罗马也如出一辙，在它们各自比较严厉的时候都曾同样主张过把性欲的因素从婚姻中清除掉，并且限制婚外的性关系，这些只和男人有关；对于已婚女子的性欲需要它们并没有制定任何成规，蒙田（Montaigne），从古典传统中钩沉索隐，很好地叙述了之所以要从婚姻中把性欲的趣味清除的几条理由："不管说什么，任何人结婚都不是为了他自己；男人结婚主要或多数是为了传宗接代，为了他的家族；婚姻的习惯和兴趣超出我们自身而触及种族……因此在这种可敬的和神圣的血亲家族中一味过度放纵色情有一种乱伦的作用。"[1] 这种观点很容易博得早期基督教徒的赞赏，他们故意忽视它的背面，即把性欲趣味的满足放到婚姻之外去办。亚力山德里亚的克莱门特（Clement of Alexamdria）说："如果不是为了生殖，性交行为则有伤天理。"[2] 但是，这种说法对较低等的动物说是很不错的，但对人来说就不对了，尤其是对文明的人来说就更不对了。一般地说，文明的人的性欲需要远比动物旺盛，和身体的最细腻最高级的部分的联结也远比动物密切。对于动物来说，如果不是生殖的需要牵扯到的种种条件的引发，性欲就不会勃兴。人就完全不同了，即使把生殖问题彻底排除在外，性爱仍然是一种迫切的需要，甚至是最细腻最高尚的精神发展的不可或缺的条件。因此，天主教会一面赞美婚姻关系中的自我克制，如果不是为了生殖的目的就摒弃性交，一面又遵循圣·奥古斯丁（St. Augustine）的主张，对非生殖需要的性交处理相当宽容，只算一种可以宽恕的轻罪。虽然教会曾经倾向在这里画一条界线，1679 年似乎就有人曾经提议“单纯为了寻欢作乐的性交行为可以免罪，连轻罪都不算，”但被英诺森十一世（Innocent Ⅺ）否定了。

基督新教的神学家倾向于更加进一步，在这方面，他们甚至在天主教的作家中都发现某些权威的根据。拉斯科（John à Lasco）是天主教的一位主教，成为新教徒后在爱德华六世（Edward Ⅵ）统治时期定居英国。他追随中世纪的许多神学家，承认婚姻除了“生儿育女传宗接代”（proles）之外，还有“神圣的慰藉”（Sacramentum solationis）的要素。克兰默（Cranmer）在他 1549 年的一次婚礼祝福中说：“互相帮助与彼此慰藉和生儿育女一样都是结婚的目的。”[3] 现代的神学家讲得就更清楚了。诺斯戈德（Northcote）[4] 说：“性的行为就是爱的行为，适当的节制，有助于个人道德的修养和促进他作为社会一分子的能力和效率。性行为本身以及围绕着它的种种感情推挽着身体内部无边无际的精神生活的强大的运动。”早些时候，施莱尔马赫（Schleiermacher）在他的《论勒辛德的信件》（*Letters on Lucinde*）

中曾经指出过恋爱对于个人的精神发育有重要的意义。

卡彭特（Edward Carpenter）在《爱的成年》（*Love's Com-ing of age*）中真诚地说，性爱不仅是生儿育女的需要，而且也是精神创造的需要。布洛克（Bloch）在讨论这个问题时也做结论说："恋爱和性欲所怀抱的目的不仅仅是生殖新的生命，它们本身就是目的，是生命、身体发育、个体本身内在的精神成长不可或缺的因素。"[5]

有些人同意两情相悦是构成婚姻的一个部分，他们主张，一旦开始确认了，不妨就当作事实接受下来，不需要进一步讨论；他们认为根本没有什么恋爱的艺术可学或可教；它是天生自了自得的。这真是大谬不然，几乎所有的文明的人都不懂得这个道理。甚至连最基本的性交的事情都必须学必须教。再没有比詹姆斯·佩吉特爵士（Sir James Paget）对婚姻事务持更加严肃不苟的清教宗观点的人了，但佩氏在他的关于"性的忧郁症"（Sexual Hypochondriasis）的演讲中却宣称："对于性的事务懵懵懂懂似乎成了人类比较文明的这部分人的一个显著特点。我们这些人肯定需要学习性交的方法，而那些不学的人对它依然懵懂罔知。"加拉德（Gallard）在他的《妇女病的临床医学》（*Clinique des Maladies des Femmes*）一书中也说过类似的话，他说像隆古斯（Longus）的爱情诗歌中的达夫尼斯（Daphnis）那样的年轻人就必须有一位美丽的丽色尼恩（Lycenion）做老师来教他们，让他们对这些事情在理论上和实际上都受到一些实实在在的教育。他还认为在儿女结婚的时候做母亲的应该教她们的女儿，做父亲的应该教他们的儿子。哲学家再三再四地承认这些问题既严肃又重要并且不厌其烦地谈论它们。普鲁塔克（Plutarch）告诉我们，

伊壁鸠鲁（Epicurus）就这样经常和他的门人弟子讨论诸如什么时间适合性交之类的各种各样的性的问题[6]。可是，就像现在这样，有一些蒙昧主义者，他们决心要让大家无知地去碰运气。冒着履薄临深的危险去面对生命的这些核心的事实。这些人竟然胆敢谴责这位睿智的哲学家。

但是，在这些问题上有许许多多的东西要学习，不单独是一些性交的基本事实。恋爱的艺术肯定包括这类有关性卫生的初步的主要的事实，但它也把婚姻的全面的性爱的修养都网罗进来，它的意义之所以很重大，是因为它关系到个人的幸福安乐和婚姻的稳定，间接地也关系到了种族，因为恋爱的艺术最终毕竟还是造就最合适的生殖条件的艺术。

科普（E. D. Cope）教授曾经写道："看起来，如果大家能够对这个问题有正确的认识，对它实行的巧拙能详加解说，见诸部分社会科学的文章著作，那么一夫一妻制的婚姻就极有可能达成更普遍的成功，远远好过我们在实际生活中时常看到的那种境况[7]。"毫无疑问，事情正是这样。有很大一部分的婚姻的成功就是专门依靠了进入婚姻的双方都懂得恋爱的艺术。也的确有一些一夫一妻白头偕老的婚姻是一点恋爱艺术也不懂的，天生不会，又从来不学，完全是听从宗教的摆布或者不晓人事愚昧透顶的缘故。但是这种态度现在越来越少见了。就像我们在前一章里已经看到的那样，在所有文明的国度里，离婚变得越来越频繁，也越来越简单和容易了。这是一种文明的趋势；这是因为要求婚姻必须是真情爱慕的亲密关系的结果，如果这种关系终止了，那么它的形式也应结束。这是不可避免的趋势，它卷进了日渐高涨的民主化的浪潮中，而民主似乎更关心真实的内容而不是它的形式，不论这些形式多么庄严。我们不能和这种趋势对着干；即使我们能够这样做，和它对着干也肯定是错误的。

但是，我们虽然应该支持自由离婚的主张和坚持真实的婚姻必须双方愿意共同维持的原则，但任何人都不会轻松地说离婚本身是一件称心的事情。无论如何它毕竟是承认了一场失败。两个人如果在彼此开始认为对方可爱的时候，懂得一点性选择的正常的普通的知识，稍微动一下脑筋运用这些知识的力量，这一方或另一方，或双方也许就会看出对方并不可爱。有的婚姻就失败在不懂得最基本的恋爱的艺术。如果我们打算抵消一点动辄离婚的力量，我们可以采取的唯一健全的方针就是增加婚姻的稳定性，这就只能靠修养恋爱的艺术，建立好这个婚姻的堂基了。

我们强调这个问题绝不是多余的。现在仍然有许多人不理解它的重要性。甚至有些人似乎还以为性交时有没有快感并不重要。凯利博士（Dr. Howard A. Kelly）就曾经说过："我不相信性交时双方都得到快活和人生的幸福有任何特别的关系。"[8]这种言论的意思——如果它真的有什么意思的话——是说婚姻缔结的牢固与否对人类的幸福没有任何特别的关系；它意味着不得不对通奸与离婚大开方便之门。甚至连中世纪最刚愎自用的修道士几乎都没有人敢讲这种违反人的常情的穷凶极恶的话。一位二十世纪的著名的妇科医生竟然摆出一副宣喻真理的神气来讲这番话，这个事实使我们感到如今有充分理由必须强调恋爱的艺术。"妻者神器也，勿为取乐"（"Uxor enim dignitatis nomen est, non voluptatis."）的确是古代异教徒的一句格言。但是它和现代的观念不协调。它甚至于和基督教也完全不调和。因为我们现代的道德，正如爱伦·凯说得很好的那样，爱情和婚姻的统一是一个基本的原则。[9]

忽略恋爱的艺术并不是一个普世的现象；它是奉行基督教的国家的一个比较独特的问题。古代罗马的精神无疑也使欧洲倾向于这类忽视的态度，因为罗马人具有粗犷的尚武文化，对于文明的如琢如磨的精微细致的方面无能为力，一味将恋爱视为可以允许的放纵的情欲，但就整个民族来说，他们没有打算把它培植成一种艺术。他们的诗人在这件事情上并不代表他们中大多数人的道德情绪。奥维德（Ovid）是最著名的古罗马诗人，他写的诗大部分都是关于恋爱艺术的，不大顾及它究竟是道德还是不道德；这实在是一件很重要的事实。在他看来，恋爱的艺术能发挥到赢得她的芳心离家出走，就比能让她留在家里要胜出一筹；这与其说是做丈夫的艺术不如说是通奸者的艺术。这种观念不可能出自欧洲，但它却证明很投合迅速扩张的基督精神对恋爱艺术的口味。

在古代，大概曾经把恋爱当作和情欲一样的一种艺术做过很多的研究，可惜这些研究的成果都已经散失了。苏伊达士（Suidas）说，米莱西乌斯（Cadmus Milesius）曾经撰写过十四大部讨论恋爱的情欲的书，但现在已经失传了。罗德（Rohde）曾经写过一些简短的文章介绍希腊哲学家对性爱的讨论。[10] 布洛克（Bloch）曾经列举了许多在恋爱的艺术上用过笔墨的古代女作家的名字[11]。蒙田（Montaigne）列出过一份已经失传了的专论性爱的古典文献的目录。[12] 伯顿（Burton）也提出过一份论性爱的逸书的书目。[13] 伯顿自己也曾详细地讨论过性爱的多种多样的朕兆以及它得不到满足时的悲伤的症候。布瓦西耶（Boissier de Sauvages），在十八世纪初发表了一篇用拉丁文写的论文，题目叫作“论爱情”（De Amore），是讨论恋爱的文章，文章的精神和伯顿一样，把恋爱看作一种需要处理和治疗的精神疾病。

基督教的禁欲主义的气息拂恋爱而过，对它不理不睬；曾几何时，古典时代想要培植的一种艺术，竟成了一种必须治疗的疾病。在这方面和在许多其他问题上一样，古典精神的真正继承者不是奉行基督教的世界，而是伊斯兰世界。十六世纪初，有一部名为《芬芳花园》（*The Perfumed Garden*）的书，可能写作于突尼斯（Tunis）城，作者叫内夫座伊（Nefzaoui），他是突尼斯南部地方上的一位尊者。开篇的祷词就明白地指出，性爱的观念和疾病风马牛不相及："赞美上帝，使男得女，于其阴处获飘荡神魂之乐，又注定男子亦以其阴处为女子提供如仙如醉的琴瑟之欢。"阿拉伯的一部名为《性爱的密律》（*El Ktab*）的书是一部现代的作品，作者的名字叫奥马尔（Omer Haleby Abu Othmân），他出生在阿尔及利亚，母亲是非洲北海岸的摩尔族人（Moorish），父亲是土耳其人。

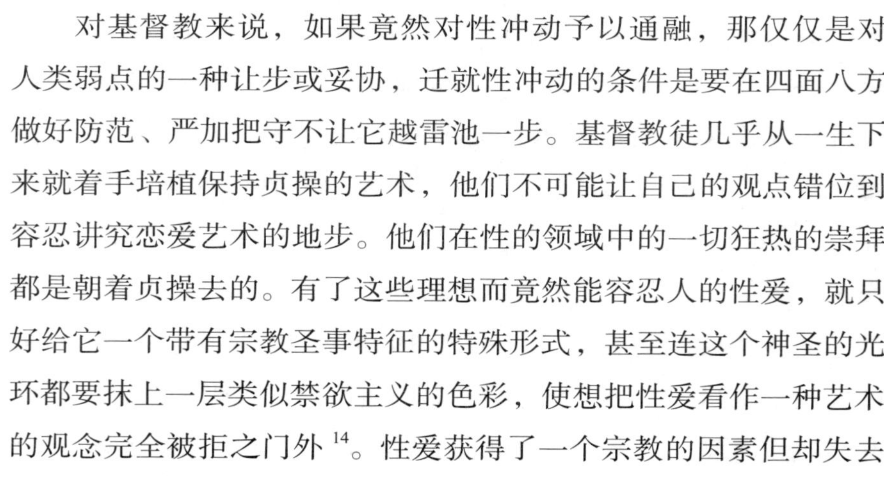

对基督教来说，如果竟然对性冲动予以通融，那仅仅是对人类弱点的一种让步或妥协，迁就性冲动的条件是要在四面八方做好防范、严加把守不让它越雷池一步。基督教徒几乎从一生下来就着手培植保持贞操的艺术，他们不可能让自己的观点错位到容忍讲究恋爱艺术的地步。他们在性的领域中的一切狂热的崇拜都是朝着贞操去的。有了这些理想而竟然能容忍人的性爱，就只好给它一个带有宗教圣事特征的特殊形式，甚至连这个神圣的光环都要抹上一层类似禁欲主义的色彩，使想把性爱看作一种艺术的观念完全被拒之门外[14]。性爱获得了一个宗教的因素但却失去了道德的因素。因为，在基督教之外，恋爱的艺术是性道德的基础的一部分，任何地方只要讲究一点性的道德，都必须讲究一点恋爱的艺术。在基督教世界里，婚姻中的性爱是被搁置一旁，任其自恣自了；恋爱的艺术是一种暧昧的艺术，让人觉得它有某种谋取不道德的利益的迹象，甚至它本身就被认为是不道德的。奥维德（Ovid）是一位赫赫有名的恋爱艺术的文学大师，这种情况无疑地加重了大家的这种怀疑的情绪。他是文章巨公，当时其声名之盛大大超过我们现在觉得的程度，而这种文坛的盛名使他获得了现存的有关恋爱艺术的主要教科书的作者的殊荣[15]。奥维德的“恋爱的艺术”（“Ars Amatoria”）是基督教原本一直忽略了的人生的一面，随着人道主义和文艺复兴的兴起及其后的成就，终于成了人生这一面的堂基，这是它先前从未有过的崇高的地位。它代表着人类在文明中又前进了一步；它启示我们，性爱不仅仅是一种动物的本能和誓约的责任，而且是一种必须修养和培植的复杂的、人道的和高尚的亲密关系；“艺术磨炼爱情”（“arte egendus amor”）。博卡乔（Boccacio）把奥维德的《恋爱的艺术》当作一位睿智的教师推荐给年轻人。在中世纪的精神压迫仍然余风未殄的时代，它是一本非常需要的教科书，但是，作为一本教科书它有一个致命的缺点，他把个人的性爱的诉求和良好的社会秩序的诉求分离开来成为互不相得的两件事。它从来没有能够成为大家普遍接受的恋爱手册或教科书，而在许多人的眼里，它却是一部足以烙上不体面的，甚至是败德的印记的诲淫的书。

但是，当我们更广泛地调查 一下世界各地青年人的行止，询问一下他们受到的教训，我们往往会发现，恋爱的艺术，不论他们用什么方法获知，都是他们的行止的重要的部分。总起来看，初民的种种教育方法里，往往把婚姻关系中女子怎样取悦于男子和男子怎样去博得女子的欢心等等恋爱的艺术当作训练的内

容。大家也常常有点朦朦胧胧地认识到，求爱不仅仅是婚姻的前奏，而且是贯穿婚姻全程在生物学方面的重要部分，通行于初民的这些办法其实也具有普遍的价值。

在非洲中部的阿晴巴（Azimba）地方实行一种很周到的性诱掖（Sexual initiation）的办法。安古斯（H. Crawford Angus）是造访阿晴巴族人的第一个欧洲人，他在那里生活了一年，曾经对那里的女孩子的诱掖仪式（Chensamwali or initiation）做过一番描写。“在女孩子初次月经出现征候时，就教给她妇道的种种奥义，并且指示各种不同的性交姿势给她看。用手把阴道张开，而如果此前没有扩张过（当地在庆祝收获的节日里允许男女小孩白天自己玩过家家游戏，如果假装性交有时就会把阴道给弄开了），这时候就要用动物的角或玉米轴插进阴道，为了安全起见都要适当地用布条包裹好。当（月经）的全部征兆都过去之后，就公开宣告为村里的妇女举行一次舞会。这次舞会不许男人出席，我很费了一番周折才得一见。舞会前把被邀“跳舞”的女孩从野外领回她母亲的小屋，并且让她独自一个人在那里待到舞蹈那天的早晨。当天早晨，她被安置在场地上坐着，舞者形成一圈围着她。然后一首接一首地开始唱歌，内容都是与生殖器官有关系的。唱完歌就把这个女孩的衣服脱光，模拟表演性交的动作，而如果有什么动作做得不恰当，（当她羞答答的时候就常常出现这种情况，）这时，一位年长一些的女子就会取代她的位置，教她应该怎样去做。一面唱着许多关于男女关系的歌曲，一面教导这位女孩子当她有一天做妻子的时候应该负起的全部责任。也教导她说，来月经的时候是不洁的，月汛期间要特意用一块布做的衬垫遮住阴户。这种舞蹈的目的是将婚姻生活的知识恳切指教这位女

孩子。教她忠实于她的丈夫并且要有生儿育女的心理准备。还要教给她各种各样的艺术和方法来引诱和取悦她的丈夫，总之是如何想方设法尽力把他留住[16]。”

在埃塞俄比亚与桑给巴尔（Zanzibar）沿岸这两个地方，根据斯特克尔（Stecker）的描写[17]，年轻的女子都要学会运动臀部以增加她们性交时的魅力。这些臀部的动作都带有旋转的特点，当地人称它为达克-达克（Duk-Duk）。对一个女孩来说，不会达克-达克是一件很丢脸的事儿。在桑给巴尔岛上的斯瓦希里族（Swahili）的女子的确开发出了一套运动臀部的完美的艺术，可以在性交时展示出来。它尤其盛行于沿岸地方。一位斯瓦希里女子在没有谙习这种艺术之前是不能算作“女士”（bibi）的，六十到八十个年轻的女子聚在一起，每天要花上差不多八个小时，把衣服脱得精光来练习这种摆动臀部的舞蹈，同时还唱着歌。这是不许公开表演的。扎克（Zache）曾经描述过这种舞蹈，它是一种模拟性交[18]。造诣较深的舞者总是博得世人的羡慕。在这类诱掖实践的后程常常安排各种把戏，以测试女孩的技巧和自控能力。例如，为难她必须舞蹈着跳过火堆，并从火堆中取走一瓶盛满到几乎外溢的水瓶，还不能让水洒出来。三个月之后，训练结束。女孩穿着节日盛装回家。她现在有资格结婚了。据说在荷属东印度群岛和其他的一些地方也流行着类似的习俗。

希伯来人有性爱的舞蹈，这无疑是和婚姻的恋爱艺术有关的，而在希腊人以及他们的弟子罗马人中间，恋爱是一种艺术，它需要练习，精益求精和用心培植，这种观念至今犹存。虽然基督教把婚姻的缔结神圣化，贬低了性爱的价值，把这种观念打碎了，但性爱当然是婚姻的内容。

1176 年，法国香槟（Champagne）地方的一位男爵和一位女士在一次“邀情送爱”（Court of Love）的聚会上提出一个有关恋爱和婚姻是否相得的问题。男爵说，“不相得，我敬佩和尊重婚姻配偶的甜蜜的亲昵关系，但我不能把它称为恋爱。恋爱渴望征服困难，神秘，偷情偷欢。而婚姻呢，丈夫和妻子公然宣誓他们的关系；他们彼此没有矛盾，没有保留，所以他们经验的事情不能称为恋爱。”在经过一番深思熟虑之后，在场的女士们都同意了这位男爵的结论[19]。男爵的论辩中有真实的成分是没有疑问的。但是很可以怀疑的是，有哪一个非基督教的国家可能接受这种认为恋爱和结婚是矛盾的、不相得的信条。无论如何，正如里博（Ribot）在他的《感情的逻辑》（*Logique des Sentiments*）一书中指出的那样，在中世纪的贵族中，婚姻仅仅是一种政治的或家庭的契约，因此不可能成为提升道德水准的一种方法，在这种境况中，这位男爵的信条也就是势所必然的了。

十八世纪末，瑞迪（Rétif de la Bretonne）曾经提问道：“为什么无德的女子比老实的女子更使人动心和更可爱？这是因为，像希腊高等妓女那样受过调教，举止文雅，情色动人，她们都学习过讨人喜欢的艺术。在我们现代报业同行的一些愚蠢的诽谤者中，没有一个人猜想得出几乎每一个这类往事逸闻都蕴含着一个贤明旷达的目标，它们是想向那些老实的女子暗示一些如何使自己成为可爱的人的方法。我真想看到实施各种诱掖的措施，就像我们的祖先曾经有过的那样……如今人类的快乐和幸福就都靠碰运气了；女子的一切经验都是个人自得自了的，像动物的那些作为一样；有些女子天生就可亲可爱，本来可以把她们的本领教给别的女子，却因为不能这样做而失传了。只有妓女搞点肤浅的打情骂俏的技巧，她们从中学到的东西大部分都是有害的，正好与希腊罗马的那些已婚妇女学到的东西是神圣和体面的相反，只会为放荡纵欲推波助澜，既挥霍金钱又耗损身体，而古代已婚妇女的目标就是夫妻结合，由相悦而相依。基督徒的宗教信仰把男女关系的奥妙视为下流无耻加以摧毁和破除，但是我们有理由说这种摧破的作为是基督教对人性或人道犯下的又一个错误，像一些既愚昧又蛮干的人做的事情一样，苛慝的清教徒是婚姻的天敌。”[20] 还可以补充说一点，杜伦（Dühren）[伊凡·布洛克医生（Dr. Iwan Bloch）] 把瑞迪看作是“恋爱艺术的大师”，并且在他《论瑞迪》一书中用这种眼光对瑞迪做了一番详尽的评议[21]。

姑且不论基督教是否要为此负上责任，毋庸置疑的是，在奉行基督教的欧美国家里，无一例外全都教人惋惜地认识不到恋爱艺术不仅对性爱至关重要，而且对道德而言也是至关重要的。甚至现在发生在我们周围的性启蒙的伟大复兴中，都还几乎一点也没有认识到性启蒙活动中最迫切需要的一件东西是有关恋爱艺术的知识。照现在的理解，性教育多半是单纯消极的东西，只是唱一些老调，这你不该做那你不该做。如果这种失误是由于自觉地考虑到，恋爱的艺术虽然是以生理学和心理学的知识为堂构，但是它太难于捉摸，太复杂，完全属于个人的隐私，以致不能把它简明地写成讲义和教科书之类的教材，心有余而力不足也还讲得过去，但事实上这种失误似乎完全是因为无知、冷漠或更恶劣的其他原因。

做爱，和其他艺术一样，实际上是一种半自然的艺术——即“天造地设的艺术”——因此，它是表演中自然而然要学习和操练的题目，儿童自己到一边玩耍的时候，常常会半真半假地玩恋爱游戏，身体和精神方面同样都有些演习[22]。但是这种恋爱游戏触及身体的节目常常要被他们的大人严加制止，而当看到他们在精神方面的搬演时则常常会忍俊不禁。在受过良好教育的阶层中通常很小的时候就特别爱玩这种过家家的游戏。

春机发陈之后，如果之前没有恋爱艺术的实验和实行，多半又有另一套形式，如调情打趣之类，特别是在英国和美国。调情的基本的言行表现完全是自然和正常的；我们甚至可以把它一直追溯到动物的源头；这明显是开始卖弄风情的求偶或求爱。调情求偶在早期阶段还是进退自如，随时都可以终止的。可是，在现代文明的境况下，调情往往还有别意。这些现代文明的境况使婚姻变得困难，它们使性爱和性爱的约会变成很严重的一件事而不能轻松快活地进入；它们使实际的性交变成临深履薄般的危险和可耻的事情。调情的搬弄就要适应这些条件。它不仅仅是正常求爱的预备阶段，而被发展成为一种追求满足性欲的形式，至于能满足到什么程度就要看各人对那些文明条件的许可的判断而定了。在德国，特别是在法国，他们对此深恶痛绝，他们认为调情就是打情卖俏的一种形式；认为这是从美国输出的东西，并且给取了一个“打情卖俏”的名字。它的实际结果是被人当作“半个贞女”（demi-vierge）看待，指的是那些从打情卖俏中知道和经验过性的快活却没有性交而仍旧保留着完整处女膜的人。

这种变质形式的调情不是向求爱的方向发展的，而是本身另有所图，佛瑞尔（Forel）对此有过一些描写。他把这种行为界定为“一个人向另一个人尽可能展示自己的性本能，使对方的性本能兴奋，但性交始终除外”。[23]开始的时候，可能只是挤眉弄眼或者只是不经意地摸一下或碰一下；然后一点一点发展到厮磨、接吻、拥抱，甚至延伸到挤压或摩擦性器官，这类活动有时能引起性的亢奋或高潮。譬如，佛瑞尔就曾注意到一件事，一位妖娆的女子跳舞的时候用她的上衣压了她的舞伴一下就足以使他亢奋到射精的程度。最常见的是搞一些色情的勾勾搭搭和逗起性幻想之类的举动，在英国俚语里有一个字眼叫作“喝汤”（spooning）。双方自始至终不需要向对方做任何清楚的解释、提议或声明之类的什么东西，打情卖俏过后谁也不会和对方牵扯上任何关系。但是，有一种类形的打情卖俏完全是嬉皮笑脸地要嘴皮，把一些带刺激性的有关性交或各种不雅非礼的事情当作谈话的资料。男人或女人都可能是打情卖俏的主动一方，但是由女子主动的时候则必需更加斯文或巧妙，不要搬弄得教男人嫌恶或让自己丢脸。实际上，由男子主动也完全一样要顾及这些事，在女子方面，那些常常调情的人通常都比较喜欢斯文一些的形式。打情骂俏的形式层出不穷，作为求爱或求偶的前奏部分，它是正常的和正当的。佛瑞尔做结论说；“如果它本身就是目的，而从不越出它本身而没有进一步的打算，那它就是一种退化的或病态的现象了。”

本特松夫人（Madame Bentzon）用法国人的眼光详细地讨论过打情卖俏和一般的调情现象，但她却没有认识到调情本源于求爱或求偶的天性。她把它看成是一种罪孽，违犯了“切勿把性爱当游戏”的律条。因为它不应该刺激情欲，但她认为，在美国，由于他们的人口的性格，教育和习惯的关系，并不认为这些事情有多少害处（虽然对妇女还是有坏的影响）[24]。但是，我们必须知道，游戏对于一切生命的活动都有相当的关系的，对于调情的合理的批评应该是针对它的度，即它的分寸的掌握是否得当，而不是去说它该不该有（见本《研究录》第一辑《羞涩心理的演化》

一章中对于卖弄风情的自然基础及其目的指向的观察）。

自然形式的调情——不是那种歧变形式的“打情卖俏”——是有健全的理由的，仿佛是一种测验情人的方法，通过它也多少可以获得一点点恋爱的艺术，但是对于性爱来说，这一点点准备还是远远不够的。这样说是有充分证据的，因为就在那些盛行打情卖俏的国度里，不论男女，常常表现出拙劣的恋爱艺术，甚至连只是性爱的身体动作也做不好。

这种无知，不只是对恋爱的艺术一窍不通，甚至连性爱关系到的身体方面的常识也茫然不知，不仅仅在女子方面显得很突出，尤其是中等阶级的女子，而且在男子中也同样严重，正如弗里切尔（Fritscher）很早以前就说过的那样，文明人对性生活的常识往往还不如一位奶牛场的女工。但是同样的无知，在两性中的表现却各有不同。在女子中性无知的方面包罗万象，从对身体的任何亲密的关系完全无知到举不胜举的各种各样的误解；有些人以为这种关系就是两人并排躺着，许多人以为性交的位置在肚脐眼，不少人以为性交要通宵达旦。在上一章里我们必须讨论到性无知的一般的害处；这里则必须提到它对婚姻关系的一些比较特别的害处。女孩子从受教中模糊地知道她们将来是要嫁人的，——完全正确，因为她们中大多数人肯定是要结婚的，——应该把这种要结婚的观念当作立身之道教给女孩子，告诉她们这是她们的天生的本分，但是女孩子的老师似乎从来没有这样教过她们。他们的头脑里塞满了各种各样无关紧要的事实的知识，呆头呆脑，对于人生至关重要的修养却完全没有能力教。妇女学到了人间的几乎一切杂务；而对于修养妇道和母道这样至高无上的要务却完全无人过问！

不妨老实说，目前这种对女子的教育的不合格的状态大概还要继续下去，直到女孩子的母亲都安心地认为这种教育是最要紧最良好不过的时候。甚至还可以说得更实在一点，有许多关于性关系的知识，最好由母亲本人传授给她的女儿。我们还可以进一步断言，这里特别提出的有关恋爱的艺术问题，多数都是难于圆满回答的，它们只能从实际的经验中去学习和领会，我们的社会传统已经使贞节的淑女很难体面地去获得这种经验。我们不打算在这里一一追究各方面应负的责任，总之情况很不幸，有些女子在进入婚姻的时候往往糊里糊涂满脑子的成见和误解，而她们却常常自以为这里面的事儿她们全都知道。在目前的境况下，即使准备很好的女子，进入婚姻的时候还是处在不利的地位。她开始领悟和充分认识到性爱的过程比男子要缓慢，一般说，都是在年龄比较大一点的时候，可见她的婚前的性生活的经验通常都比她的丈夫的狭窄许多[25]。所以，即使准备最好的女子，往往也要在结婚多年之后才清楚地认识到她自己的性的需要和恰当地判断她的丈夫在满足那些需要方面的能力。我们不能过高估计个人和社会对于婚姻的充分准备的价值，可是也要看到离婚的办法越是困难麻烦，这些准备的工夫对婚姻的分量也必然越重要[26]。

每个人大概都知道几个有关女子一派茫然无知地走进婚姻的例子。下面这个例子多少有些极端，但也不是绝无仅有。有一位二十七岁的女子，有人向她求婚，“她对自己的爱情把握不定，心烦意乱地去问她的表姐恋爱是什么意思。这位表姐借给她一本艾息尔默尔写的小册子，书名叫《人之花》（Ellis Ethelmer, *Human Flower*）。她从这本书中知道，男人渴望得到女人的身体，这吓得她病倒了好几天。后来有一次她的情人想要摸摸她，她却对他说这是‘好色下流’的事，不可以做。后来，她读了穆尔（George Moore）写的《特雷莎姑娘》（*Sister Teresa*），从中知道了‘女人可以和男人一样坏’，这使她感到悲伤。”在本《研究录》的前面几辑的附录中收录了一些人的“人生故事”，揭示出许多年轻女孩子对于性生活的最核心的事实实在无知得可怜的事例。在这种境遇下，结婚导致幻想破灭或夫妻嫌恶就不足为奇了。

通常都说，诱掖妻子，使她懂得婚姻的权益和义务当然是属于丈夫的责任。当一位女子还没有充分认识到婚姻的含意时就强迫她结婚当然对她是不公平的，但是，姑且把这样的事实完全搁过一边不论，也不得不说有许多事情是她必须知道的，全都希望丈夫加以解释也是不合理的。例如，有一件事很清楚，即性交之后男人比女人更加疲劳，往往筋疲力尽。没有经验的新娘事前无法知道，高潮迭起的性亢奋使她精神焕发，满面春风，但却使她的丈夫精力消退疲惫不堪，而他的阳刚的骄傲性格使他对此事秘而不宣。而新娘，天真无知，没有意识到她的丈夫为了她的快活付出了代价，有时她觉得没有达到满足的程度而有意重温枕席，但对他来说可能是严重过度而无心无力了。懂得的女人（例如，再婚的寡妇显然明白）在这方面会细心保护她的丈夫的健康，克制自己的情欲，因为她知道，男人是不愿意承认他无力满足他的妻子的欲望的。[希尔特（G. Hirth）在他的《爱情之路》（*Wege zur Liebe*）的第 571 页上也指出，女子在婚前应该知道男子的性能的自然限度，这件事相当重要。]

女子对于恋爱的艺术一窍不通，又对性生活的自然常识毫无准备，对于婚姻来说也未必就一定是个坏的兆头，如果她的丈夫有相关的知识、技巧和体贴则往往可以补偿妻子的不足。但事情

绝不会总是想的这么好。我们从平常观察到的情况看，无论如何在英国是这样，一大批男子在婚前有关女人的知识主要是从嫖娼中取得的，而重要的是数目也不在少数的一批男子婚前和女子没有过性交，他们的性经验的来源无非是手淫，或者其他各种各样的自动恋的表现，以及嬉闹调情中取得的。当然，敏感的和天资聪明的男人，不管他受过什么训练或缺少什么修养，都可以用忍耐、体谅来成功地克服恋爱之路中杂糅着种种无知和偏见的困难，这些乱七八糟的东西往往在女子的生活中受到有关性爱的教育之前就着了先鞭。但是不能说上述这两批男人中哪一批人对这项教育妻子的任务准备好了。从妓女处获得教训和经验的男人，即使一切顺当，对于亲近和他同一阶层而从未有过亲昵的性爱经验的女子来说也少有像样的和得当的准备[27]。通常的结果多半是在两个都是错误的极端之间摇摆。一个极端是，他也许把新娘当妓女对待，或者当作一个新手，急急忙忙地把她模范成一个他已经很习惯了的性模型，如是，就走上了一条危险的邪路，或成为性歧变，或导致夫妻嫌恶。另一种是认为他的新娘是圣洁的，很高贵，完全不同于他早先熟悉的那些女子，从而走向另一个极端，把他的妻子奉为贵客，恭敬有加，结果激发不起她的性冲动，也满足不了她的性欲。很难说这两条极端的路子中那一条更加不幸；无论如何，这两种经历的结果都是常见的徒具其名的婚事，没有一个是名副其实的真正的婚姻[28]。

但是，毫无疑问，在进入婚姻时没有任何性爱经验的那一批人会冒更大的风险。这些人无论是人品和才干往往是最好的。当我们看到这些才情过人，受教育的程度很高的人，居然在性事的知行两方面都一窍不通到这种地步时，不禁错愕不已。

弗洛伊德说："年轻时完全禁欲对于青年男子的婚姻不是最好的准备。女子凭直觉预感到这一点，更喜欢她的求爱者中已经和其他女子有过关系的那种男人。"[29] 爱伦·凯在提到女子有时候也渴望男子守身如玉时问道，女子欣赏有经验的大胆而懂得女子的男人，她们是否知道这种态度对于害羞而犹豫不决的年轻男子的影响，"这些年轻的男子也许正在为他的性的纯洁而苦苦挣扎，希望一位女子对他的求爱报以幸福的微笑，他要是看到那位女子用傲慢的怜悯的眼光，惊讶地像面对一个奇怪的东西一样打量他，他肯定会知道自己做错了"。[30] 在马荷尔姆（Laura Marholm）的小说《这是什么东西？》（*Was wares?*）里，当那位情郎对女主人翁说，"我从来没有碰过一个女人"时，这位女子"转过身去，吓得浑身冷战，仿佛被人冷冰冰地欺骗了。"有些十八到二十四岁的精神焕发的女子碰上老色鬼的时候，愤怒中也时常经验到这种情绪，不过表现更加夸张罢了。[佛瑞尔（Forel）在他的《性的问题》（*Die Sexuelle Frage*）一书的第 217 页和随后几页中对这种事有过详尽的讨论]。

可能还有其他一些因素，使女子偏好曾经爱过别的女人的男人。瓦莱拉（Valera）[见瓦氏著《冬妮娅·鲁兹》（*Doña Luz*），第 205 页]说，连宗教信仰很虔诚的年轻淑女都喜欢和曾经爱过许多女子的男人结婚；它提高了他的选择在她心目中的价值，使他有更多的本钱择爱成功；它也给了她一个机会把他改造成为一个更高的符合理想的意中人。毫无疑问，一个没有经验的男子和一个同样没有经验的女子结婚，往往彼此也能够和谐相处，构成一个白头偕老的生动的模范（modus vivendi）。但事情绝不会总是这样的。如果妻子凭着本能或经验知道了她的丈夫在性爱艺术上笨拙无用，她就会动辄发怒。即使她对此不知不觉，但由于她无知的丈夫兽性发作时轻率蛮干使她们始终貌合神离，逐渐变成性欲冷淡，而她的丈夫还以为自己的作为是在尽一个做丈夫的责任咧（在本《研究录》的第三辑《女子的性冲动》一章中已经对这个问题做过讨论）。有时候，由于做丈夫的这种无知，的确给新娘造成了严重的身体伤害。

一位和我有通信来往的朋友写道："我估摸着大多数男子婚前有过性关系，但是我至少知道有一个男人，到了二十岁连最起码的性方面的事还茫然不知。等到二十九岁，结婚前几个月，他来问我性交怎么搞法，我无法相信一个人的头脑在其他方面都很聪明而在这件事上表现得这样懵懂。他不如禽兽，显然没有引导他的本能，而他的理智又无法给他提供必要的知识。这真是一件怪事，一个男人居然会失去天赋的本能知识。我还知道另一位男人和他差不多一样无知。他也来向我请教做丈夫要负起什么责任。这两位男子都有过手淫，他们的性欲都是正常的。"这样的例子不算太稀罕。无论如何，通常都能多多少少从某些来源那里获得一点知识，不过这些来源大部分都不尽如人意，虽然不是完全无知，但风险并没有因此减少。

巴尔扎克（Balzac）曾经把平庸的丈夫比作拉小提琴的猩猩。"恋爱，凭我们本能的感觉，是最悦耳调达不过的音乐。女子是美妙动听的乐器，但是必须懂得弹奏，学习随意灵活地变化指法，去摆弄它，摆弄它的羞羞答答的键盘。我的意思是说，有多少男人，像猩猩拉提琴一样，结婚的时候连女人是什么都不知道咧！……差不多所有的男人结婚的时候对女人和性爱都是一点知识也没有。"[31]

诺伊格鲍尔（Neugebauer）曾经收集到一百五十个以上的关于妇女在性交时被阴茎伤害的例子。原因都是一方或双方粗鲁，酗酒、罕见的性交姿势、性器官不相称和女子的性器官有病理情况[32]。布卢姆赖希（Blumreich）也详细讨论过粗野的性交造成的种种伤害[33]。格伦（C.M.Green）记录了两例新婚的女士由于性交导致阴道破裂的情况，没有任何明显的粗野性交的迹象[34]。米罗特（Mylott）记录到一个发生在新婚之夜的类似的例子。有时候，性交时明显地用力过猛，把阴茎插进了尿道，在尿道里性交，这些例子也时有发生。

奥埃仑堡（Eulenburg）发现一种称为阴道痉挛（vaginismus）的病态，表现为阴户痉挛性收缩和对性交的过度敏感的反应，它是由于粗暴和初次性交时不高明的尝试造成的[35]。阿·阿德勒（O. Adler）也认为，处女膜残留的伤痕加上初次性交时用力过猛造成的疼痛记忆，是阴道痉挛的最常见的原因[36]。

但是，偶尔看到的这些结婚初期性交用力过猛造成的身体伤害或病态只不过是很少一部分的证据，证明普遍对恋爱艺术的无知带来的恶果。拿德国来说，富尔布林格（Fürbringer）写道："我敢说，许多年轻的已婚女子对于她们的初次性交的痛苦长久不能释怀，但其中只有很少一部分人有胆量去看医生。"[37] 至于英国，下述经验是一种教训：一位女士同一天私下问过六位已婚的妇女，请她们谈谈当新娘的初夜经验。所有的人都说性交就像突然被电击了一样震动；两人对性的事情绝对无知，其他几位认为自己事先知道性交是怎么回事，但受震动的程度丝毫不减。这些妇女都属于中等阶层，知识程度大概都在平均水平之上；有一位还是医生。

布罗伊尔（Breuer）和弗洛伊德（Freud）在他们的《对癔症的研究》（*Studien über Hysterie*, p. 216）中指出，新婚之夜实际上常常是一种强奸，它有时候会引起癔症，这种病治不了，一直要挨到建立起满意的性交关系为止。基希（Kisch）在他的《女子的性生活》（*Sexual Life of Woman*, Part Ⅱ）一书中注意到，即使性交时并不粗鲁，但技巧拙劣和没有经验，使妻子的兴奋不能达到周身舒坦的程度，也会成为引起妻子性感不快（dyspareunia）或性欲冷淡的原因。男女性器官的尺寸相差过大或任何一方有病也可以导致同样的结果。基氏还补充说，虽然有时候女子对性交表示不满显得不太公道，她们的抱怨只是为了博得大家对她们成为婚姻祭坛上的牺牲品的同情，但是，性感不快频频发生的情况还是叫人吃惊；在女子方面最常见的征象是不放射黏液。基氏还观察到，新婚之夜的破贞落红现象实际上常常是强暴的结果。基氏知道一位新娘对性爱的身体方面的知识一窍不通，当她的丈夫第一次企图和她性交时，她竟感到极度难堪，当晚就离家逃走了，怎么劝她都再也不肯回到她丈夫的身旁。（值得注意的是，根据教会法典，出现这种情况时，教会可以判定婚姻无效。[38]）基氏还认为，旅行结婚是错误的；因为，疲劳、兴奋、长途旅行、观光游览、敷衍应酬、旅馆安排恶劣等因素合在一起，往往使新娘很不舒服而种下了严重的病根。实际的情况的确如此。

阿·阿德勒十分强调，初次性交破贞落红时的举止对精神的健康极端重要。他认为这时的举止不当是造成持久性的性感麻木或性感冷淡（sexual anaesthesia）的常见的一种原因。男人的品性在遂心地实现这初夜权的那短暂一刻常常会决定人的一生。不灵巧的过度兴奋的丈夫可能从此就播下了女子性麻木的种子，而随后不断的笨拙和粗鲁的性交行为使它发展成持久的性感冷淡。男子以他那造次的粗野的阳刚之力来实现他的权力只会引起他的妻子的忧虑和痛苦，每重复一次性交都进一步加剧她的拒绝情绪……一大部分性情冷淡的女子都是对男人的牺牲贡品，一棵柔弱的小花草本应该用特别的艺术和爱情加以抚爱，但由于无意识的笨拙或偶尔故意粗野地对待，使她发育停顿，夺去了她的璀璨的前程。使女子忧愁疑惧，终生笼罩在洞房花烛夜的那一阵粗野遭遇的记忆的阴影中，每当她的丈夫想要满足自己的性欲而没有照顾到她对性爱的渴望时都足以使她断然予以拒绝[39]。狄德罗（Diderot）很久以前在他的《论妇女》（*Sur les Femmes*）一文中写道："我曾经见过一位敦厚的妇女对丈夫靠近她时居然吓得浑身战栗"；"我看见她完全浸没在浴池里，自以为永远也洗不干净那加给她的责任的污迹。"同样甚至可以说，广大的妇女都是有害的礼教道统的牺牲者，它教导她们要恪守"妇道或妻子的责任"的虚伪观念，却不教导她们的丈夫要学习恋爱的艺术。

这个世界把矫揉的习气和种种偏见矻矻兀兀地一点一滴灌输到女子的头脑中，当她们的善良的天性还没有被这些东西不可救药地引入邪路之前，她们比男人更容易懂得恋爱的艺术。甚至当她们比孩子大不了多少的时候就已经完全领会投向她们的暗示了。在种种文明的境况下，这种事情她们肯定比男子强得多，对她们来说，恋爱的艺术是天造地设的自然的艺术。正如蒙田很早以前曾经说过的那样，关于性爱，她们懂得的东西总是比男人教给她们的要多，因为这是她们血液里流淌着的与生俱来的功夫。[40]

贝尔（Sanford Bell）的广泛的问卷调查表明，性爱的情绪可以早在三岁的时候就有所表现了（见前文援引贝尔书稿）。我们还必须知道，女孩子在身心两方面都要比男孩子早熟［这方面可参考的材料很多，例如霭理士（Havelock Ellis）著《男与女》（*Man and Women*，fourth edition , pp.34 et seq., 200, etc.）］。所以，等她长到春机发陈的年龄时，已经历练有时而成为一位可以充当娴熟的少年恋爱艺术的女教师了。在大众的心目中似乎普遍认为女子到了春机发陈的年龄就是到了恋爱的年龄。法国东部一个名叫伯瑞士（Bresse）的地方有一首民谣，一位女子唱到：——

细掐细掐
十四十五一枝花
情哥哥啊，这是我
春花绽放的年华

女孩的这种性早熟的事情对于确定"结婚年龄"的问题有重要意义，换句话说，女子要到多大年纪才是法律上允许性交的适当年龄。在二十五年前一直有一种倾向，把允许女子与男子性交的年龄越定越低（甚至低到十岁），男人和超过这个规定年龄的女孩性交不算犯罪。 近些年来又有一个相反的倾向，走到同样不幸的另一个极端，一直把这个年龄推迟到很晚。在英国，根据1885 年的刑法修正条例，把允许女子结婚的年龄提高到十六岁（这个议案的条款以 108 票的多数在下议院表决通过）。在地处温带的国家这个法定的年龄似乎还是一个合理的和最高的限度。这个年龄也被意大利的刑事法典和文明世界的其他许多地方采用。但是，在美国讨论这个问题时，格拉德斯通（Gladstone）赞同把它提高到十八岁，而霍华德（Howard）则认为，所有地方都应该把这个年龄提高到二十一岁，这样就和规定女子担负民事和政治责任的法定成年的岁数相一致了[41]。近些年来，美国各州在这个问题上的立法的变化幅度很大，两个不同的年限竟有相差到八岁的程度，而在某些重要的州，和十八岁以下的女子性交会被宣布犯“强奸”罪，并因此要被判处终身监禁。

但是，我们必须认识到，诸如此类的法规，都是武断的，人为的和不自然的。它们没有健全的生物学的根据，也和公众的舆论不合，而得不到有力的支持。它和负有法律权利义务的成年的年龄之间没有可比之处，法律上的成年大致是参考到智力对于抽象事物的理解能力来确定的，而性在身心两方面的成熟年龄要早得多，在女子方面要根据很明确的生物学的事件来判定：月经开始标志春机发陈已经到来。世界各地生活在朴野的自然状态下的人都认为一个女孩到春机发陈的时候就成为具有性别的女人了；到了这个时节，她就要接受诱掖的仪式而步入成年人的生活，有资格做妻子和母亲了。一个男人和一个根据人类的天性或自然的本能通常认为已经到达足以负起女性责任的年龄的女子有性交行为，就要被公然宣布为“强奸”，并且处以终身监禁的徒刑，这只能说是对于语言的亵渎和滥用，甚至更糟糕，简直就是枉法滥刑。此外，这里还没有提到这个问题引起的一些心理学的和道德的思考，因为强奸的本意是一种理所当然地使人憎恨的行为，上述滥用使这种观念的邪恶意义被冲淡以至丧失了。

在这个问题上，健全的观点明显地应该是把女子的春机发陈的年龄当作标准，作为衡量男子在性关系上亲近她是否犯罪的根据。在欧洲和北美的温带地区，以来月经作为评判春机发陈完

成的时刻，平均年龄是十五岁。[42]因此，一个成年的男子和一个十六岁以下的女子发生性交关系，不论是否征得她的同意，都应该视为犯罪的行为而加以严厉的惩罚。在其他国家或地区，春机发陈的平均年龄或者略高或者略低，结婚的年龄也应该相应地提高或降低[43]。

如果我们把眼量放得更广阔一些，斟酌到心理学，道德和法律，我们就会看到这种观点是有充分的理据的。我们必须知道，一个女孩，在普通学校上学的几年时间里，身心两方面始终比同龄的男孩先进，我们还不得不承认，这种早熟包括她的性的发育在内；虽然一般来说，女子的能动的性欲通常要到年龄比较再大一点的时候才会被激发，这没有错，但是哈代先生（Mr.Thomas Hardy）的观察也有道理，他在《新评论》（*New Review*, June, 1894）上写道："我从来不觉得奇怪，趴在网上的蜘蛛一定是公的而飞来飞去的苍蝇一定是母的。"因此，当一个女孩子和比她年纪稍大的年轻男子性交时，她似乎显得更成熟，更镇定，更勇于担当责任，而且常常是主动发起行动的一方（我在本《研究录》第三辑的《女子的性冲动》一章中对这个问题有详尽的讨论）。我们还必须知道，当一个女孩子一旦到达春机发陈的年龄，她的仪容和举止就和她的身体发育一样都焕然一新，长大成为一个女人，这时候，男人总是很难估计出她的年龄。一个尚未达到春机发陈年龄的女孩是很容易辨认出来的；但不可能说清楚一位发育成熟的女人是二八佳人，还是过了十八岁；因此，至少可以说，把她的男伴侣的终身命运系于对一种没有自然根据的界限的辨认是否正确上是没有道理的。实际上，那种主张把和一位超过十六岁的女孩性交的男子终身监禁之类的意见明显是完全行不

通的。从法律的角度看，把网撒得小一点，确保能够抓到真正故意的罪犯就行了，对这些罪犯的量刑的轻重也不要违背社会的常识[44]。

我们也许还必须补充说明一下，以这种自然事实为根据所确定的“结婚年龄”，绝不表示要鼓励与刚到二八芳龄的女子性交，或者说绝没有主张社会方面和道德方面支持或默许这种行为的意思。无论如何这里说的问题和法律没有关系。这是家世遗传和教养都良好的女子在文明境况下自己斟酌节制的自然趣向，她周围的整个环境不断地施加压力助长和推进这种趣向。当她及笄或步入青年时期之后能不能把握住自己，主要还要靠女子自己聪明的深思熟虑。一位女子长久地经历了一段春机发陈期之后，还去培养和助长她对保护自己的身心安全没有责任的观念，这是和现代的社会情绪不协调的。同样也是女子教育方面的一个不幸的失败。它导致国家要采取提高结婚年限的措施，很难堪地表明它们没有能力维持一种文雅的道德水准，不得不更多地依靠法律的手段；它们这样做可能有警告的作用而对树立好的榜样却没有丝毫用处。

但是，女人的知识不能代替男人的无知，相反，他只是让男人的无知更加暴露罢了。因为在恋爱的艺术方面必然是由男人发动的。一定是他首先揭开这神秘的羞人的性的秘密，而女子多半藏在心里佯作不知。她们因为害怕会被人鄙视或嫌恶而顾虑重重，一位女子，甚至已经做了妻子，都很难对一个没有向他挑逗的男人流露出性爱的秘密的[45]。无数心满意足的快活的丈夫永远猜想不到，也永远不知道他们的妻子和他们一样渴望倒凤颠鸾，比翼同飞，有时候说不清楚犯了那些神秘的忌讳（tabus），不露声色但心中却有怨气和痛苦。有时候情绪上来，觉得一个人独处和享受作为女人的某些特殊的待遇很愉快。她从来没有被要求要或被强迫同意这样做过。这种情绪常常使妻子在性欲上对某些做丈夫的男人冷淡疏远，而他们却从来不知道自己有了什么过失[46]。像这样的丈夫全都是比较生硬难处的。他们的所作所为都是道德讽喻他们的结果。他们中的大部分人从儿童时代起就受到教训，要坚强，像个男子汉，要清心寡欲，绝不去牵挂女色或沉溺于淫欲。他们从各方面听来的和看到的教训，都是说只有进入婚姻里接近女人才算是正当的乃至才算有安全保障。他们养成一种观念，认为放纵性欲和一切属于性欲的色情的东西都是一些低级下流的事情，说难听的，这只是禽兽的本能需要，冠冕堂皇地说这是一种必须光明正大和体面地去实行的一种责任。好像没有人对他们讲过恋爱是一种艺术，要博得女子的欢心和情爱是一种功课，它需要男人有一整套最好的技巧和深刻的洞察力。很有可能，如果一个男人的这门功课学习的太迟，就会倾向于怀着一副铁石心肠去面对社会，再伙同伪善的道德，就足以彻底毁掉他和他的妻子的一生。在这类例子中，后来有一些丈夫或者妻子或者夫妻双方被第三者引诱，离婚后开始新的生活。这次他们有了更好的经验，前途吉祥如意。但是就目前的状况说，这是一件很悲伤很严重的事。许多事情都是不可能的。弥尔顿曾经指出，有些人经过多次试婚才进入婚姻，等于“已经有了许多次离婚的教训取得了经验，”他们的生活也就比较更幸福。

有一件事也许可以测量出对恋爱艺术的无知普遍到一种什么程度，在谈到这类问题时最常问起的是一个很粗鲁的问题，即性交的次数多少才算好[47]。这的确是有史以来众多宗教的开山祖

师，立法者，贤达明哲之士都费心盘诘过的问题。琐罗亚斯德（Zoroaster）说每九日应该行房一次。古印度的摩奴法典（*Laws of Manu*）规定每个月有十四天可以性交，但是一位叫苏斯卢达（Susruta）的著名的印度医生开的处方却是一个月六次，但炎夏期间除外，这时以每月一次为宜，而其他一些印度的权威人士又说每月的性交次数应该是三到四次。梭伦（Solon）立法规定国民应该每月性交三次，正好符合琐罗亚斯德的主张。穆罕默德在可兰经中规定每周性交一次。犹太法（*Jewish Talmud*）对不同阶层的人是区别对待的；精力充沛的健康的年轻人，劳作又不必太辛苦的，一天一次也可以，普通劳作的人一周两次，文化人一周一次。路德则认为性交的频数以一周两次为宜。

我们也许会料想得到，在古代发表这些意见的时候，性的刺激大概还比较少，性欲兴奋增盛（erethism）的现象或许比较罕见，性交间隔的时间可以估计长一些，当我们进入现代文明的时候，影响所及，性的刺激和性欲增盛的现象频繁起来，性交的频数也增加了。我们还会注意到，那些有关性交次数的规定变化的幅度很窄。这或许可能是因为这些立法者无一例外都是男人的缘故。如果是女立法者当权，这类立法的变化肯定会大大增加，因为女子的性冲动的变异要比男子大[48]。譬如，女王芝诺比阿（Zenobia），她要求她的丈夫每月临幸一次，条件是上一个月没有怀孕；而另外一位皇后则朝另一个极端走得很远，因为据说阿拉贡皇后（Queen of Aragon）经过一番深思熟虑之后，把每日性交六次规定为合法婚姻生活的一条正当的规矩[49]。

可以说，在过去，估量性交的频数是否得当总是要把假定月经期间停止房事考虑在内。在文明的早期尤其如此，那时通常认为行经期间性交或者危险，或者有罪，或者兼而有之。（在本《研究录》第一辑的《性的周期现象》一章中有详细的讨论。）在文明的境况下，这种禁止行为都缘于美学的考虑，妻子，在这种时候都觉得自己讨厌，即使她想性交也会有一种拒绝亲近的情绪油然而生，丈夫也自然而然持共同的态度。但是，可以说，这种出于美学的障碍多半来自恐水（horror of water）的迷信，在现代这种情绪也还很普遍，如果特别小心地注意保持清洁的话，这种情绪多少有几分缓解。月经期间禁止性交依然是一条好的规矩惯例，但对某些情况来说，也有破例的适当理由。比方说，这时候性欲特别旺盛，或者，平时性交有身体上的障碍，而这时因为月经使生殖器松弛行房变得比较容易，等等。我们还必须知道，从生物学方面看，开始停经的时候可能是一个月中最适宜性交的时间，比其他任何时间都好，因为这时候性交不仅是最容易，女子的性欲最旺盛，而且这时也是受精成胎最有利的时机。

舒里希（Schurig）以前收集到一些证据，表明性交在月经期间最顺利[50]。有些天主教的神学家，例如桑切斯（Sanchez）和后来的利果里（Liguori），反对前述流行的意见，明确容许月经期间性交，但很多比较早期的神学家则认为这是一种道德上的罪孽。科斯曼（Kossmann）从医学的角度着眼，主张不但月经终了时可以性交，甚至在经期的后程也可以性交。因为女人这时候通常最需要性交，他说女人在这个时候特别爱发脾气，这与她们的自然的欲望受到习俗的压抑有关。“月经期间，婚姻的地平线上总会隐隐出现一点点乌云。”[51]

现代生理学家和医生在这个题目下发表的所有意见通常都很接近路德的主张。哈勒尔（Haller）说，性交的频数不要超过一周两次[52]。亚克顿（Acton）说一周一次，汉孟特（Hammond）也是这个意见，即使二十五岁至四十岁的健康男人也不例外[53]。富尔布林格（Fürbringer）估量的频数比他们略微高一些，他主张一年内的性交次数应该在五十次到一百次之间[54]。佛瑞尔（Forel）建议，正当盛年的男人每周性交两到三次，但他又补充说，有些健康和精力充沛的男人每个月似乎可以多加一次[55]。曼泰加扎（P. Mantegazza）在他的《性爱的卫生》（*Hygiene of Love*）一书中也说，二十岁到三十岁的男子，每周性交两次到三次是合适的频数，而三十岁至四十岁这一段时间则以每周两次为宜。居约（Guyot）建议每三天行房一次[56]。

但是，似乎实在没有必要给性交的频数订立任何普遍适用的规则。个人的情欲和资质，即使同在健康的范围内，变化也很大。再者，即使我们认可有时候节制情欲是好事，还不时有必要把间隔的时间延长，似乎也没有任何必要限定性交的频数和一定的间隔时间。问题主要是为了防止房事过度，甚至是要防止平常试图过度性交的念头。因此，许多权威人士很谨慎地指出，把这种事规定得太死板是不可取的。譬如，厄尔布（Erb）认为，对有些人来说，按路德的主张就到了极限不能再多了，可是对其他人来说却可以远远超过路德主张的频数也无害于身体健康，他还认为这种变异是天生的[57]。里宾（Ribbing）一面表示基本上同意路德的主张，一面又反对任何企图武断地规定一些人人都适用的规则，而倾向于赞成各人按各人喜好的频数行事，只要没有后患就是安全的规则[58]。

大家似乎普遍同意性交过度如果造成后患在女子方面则比较罕见（参看海孟特的《性无力》第127页）。但是在女子身上偶尔也会产生一些恶果（有人曾经报道过一个大概与此有关的例子，说一位男子三个妻子婚后都成了疯子[59]）。时常看到一些例子由于性交过度把身体耗得筋疲力尽，还连带多疑和幻觉妄想等精神上的问题。赫金孙（Hutchinson）曾经记录到三个例子，全部是男子，结婚后由于性交过度造成暂时性眼盲[60]。过去的医学作者把许多不幸的恶果都归因于性交过度。舒里希（Schurig）就这样把一连串的祸害一起都归根寻源到过度性交，如疯狂、中风（apoplexy）、晕厥（syncope）、癫痫、失忆、瞎眼、秃顶、一侧出汗（unilateral perspiration）、痛风（gout）和死亡等等[61]；在报道过的许多死亡的例子中，有一些是女子，不过人常常容易把以后发生的事错误地归因于在它之前出现或做过的事情，把先后错当成因果。

但是，另外还有一种考虑是本书的读者不会忘记的。几乎所有关于合适的性交频数的估量都是按照丈夫的生理需要来设定的[62]，它们通常似乎都是专门注意到精液的遗泄的需要，正像考虑排尿遗屎的频数问题要根据它们的生理需要来定一样。但是，性的需要是夫妻两个人的需要。只考虑丈夫的需要是不够的，也必须考察妻子的需要。确定的结果必须是两人的各种需要都能相须相得地获得满足。单就要照顾到夫妻双方的这个考虑，就足以使提出一个死板的性交规则成为没有任何价值的事情。更何况个人的需要之间，还有千差万别，也要同时加以斟酌呢。

要知道还有一个问题需要郑重对待，即性能力的变异范围是很宽泛的，而且无论朝哪个方向变都可能是健康和正常的，但可以肯定如果这类变异走到极端的程度，也许会出现病理征象。例如，有一个例子，一位男子每月性交一次就觉得满足了；他没有夜间遗精或梦遗的问题，而且性交间隔期间也没有任何强烈的性欲的表现，但是他却过着懒散放佚的日子，并且没有任何道德上或宗教上的拘泥和顾忌；如果他性交的频数超过适合他的这个数字太多，他就感到生了病似的苦恼，其实他除了轻微的消化不良之外一切都很健康，什么病都没有。另一个极端的例子是，一对快活的夫妻，大约四十五岁至五十岁之间，两人比翼连理，形影相随，二十年来除了月经期间和妊娠后期才偶尔一次行房外，每晚都要性交；他们都是身体强壮，精力旺盛，聪明的人，喜欢过安逸的生活，他们把自己的爱情和恒心都贡献给这种频繁的纵情的性交；他们只有一个孩子，是位女孩，不算强壮但很健康。

在某些特殊的情况下，有不少这样的例子，一些性欲旺盛的人彼此依恋，在几个小时之内无节制地一再性交，一定要达到性亢奋或性高潮。这种事情通常都发生在开始性交的期间，或久别之后。譬如有一个例子，一位新婚的女子一个晚上经验了十四次性高潮，她的丈夫在这同一时间里则经验了七次。另外一个例子，从前是一位贞节的淑女，到后来终于开始性交的时候，有一回曾经验到十四到十五次高潮。她的性伴侣这一回性交只经验到三次。还有一个例子，对我说的人保证这是有据可查而可以相信的。有一位性欲很旺盛的年轻的妻子，属于性情很兴奋的类型，有些轻微的异常，有一次和她的丈夫分别一个月之后重逢，在一个小时零一刻钟的时间里竟兴奋了二十六次；她的丈夫的年龄比她大许多，在这段时间里只有两次亢奋；这位妻子承认，事毕之后她都感到“百体疏慵，像散了架一样。”但是很显然，如果这个例子真实可靠的话，那所谓的性高潮则可能是极端微弱的。一位年轻的女子，新近嫁给一位身体强壮的男人，有一次在两个小时内和他性交了八次，而每次双方都出现性高潮。古特塞特（Guttceit）说，他听人说，在俄国，有许多二十二岁到二十八岁的年轻男子，一个晚上的性交多达十次以上，但在第四次性交之后已经几乎没有什么精液了。他还听说有些男子在很年轻的儿童时期就有手淫，十五岁时开始结交女人，但到了老年的时候性方面的精力还很旺盛，同时他也知道有很多的人很迟才开始性交，但四十岁就无力了[63]。曼泰加扎（P. Mantegazza）说，他知道一个男子在一天里性交十四次，他说古时候意大利的小说家写的故事中，一天十二次性交已经被认为是很罕见的例外了。亚历山大六世的秘书布尔查德（Burchard）说，“佛罗伦萨大使的儿子，1489年在罗马，一个小时之内和一位女子交接了七次[64]。”奥利威尔（Olivier）是查理曼王朝的一位骑士，传说他自夸其阳具威猛，如果允许他和康士坦丁（Constantine）皇帝的女儿同床共枕，他每晚可以交接一百次；据说，他被允许实验，只成功了三十六次[65]。

我们要知道，每当短时间内频频地一再性交，丈夫能够和妻子保持同步的情况的确很罕见。实际上，女子的性能兴起比较缓慢，也比男子来得困难，但当它兴起时动力也随之增长。男人的性能容易兴起，也容易很快耗尽；女人的性能常常要到初次亢奋之后才得到发挥。有时候，年轻的丈夫，很快活地结了婚，却吃惊地发现他感到十分满足的性交只够激发他妻子的热情。许多女人觉得需要连续多次性交，这样不但不会使她们困倦，反而使她们精神焕发活力充沛。用她们的话说，这叫“身体大扫除”。

年轻而精力充沛的女子，一直过着守身如玉的生活，有时候她觉得如果她启动性交生活似乎真的需要有几个丈夫，并且每天至少性交一次，后来当她进入并习惯了婚姻生活之后，她得出结论，她的欲望并不是反常的过度。丈夫如果性能力强则必须调整自己以适应他的妻子的需要，如果不强，则要通过技巧和动脑筋想办法来使她满足。有极少数的男人有很强的性能，可以发挥出来满足女子的性欲而不致伤害自己的身体，贝内迪克特（Benedikt）教授把他们称为“性运动员”，他说这类人很容易操控女人。他准确地把卡萨诺瓦（Casanova）看作是这种“性运动员”的典型[66]。内克（Näcke）报道过一个男人的例子，奈氏认为他是一个性运动员，终其一生，每天都要和他的妻子性交一至两次，如果她不愿意，他就去找别的女人，一直到他七十五岁变成疯子之后才停止[67]。但是，这个例子或许应该看作是病态性感觉过敏（Morbid hyperæsthesia）的例子而不是性运动的高手。

说到这里我们就涉及恋爱艺术的一些基本的因素了。我们已经知道，在奉行基督教的世界中广泛流行的许多实际的道德的实践和道德的理论已经发展成为一些传统，至今还依然在我们中间流传着并没有完全消失，它们是坚决彻底地反对性爱艺术的。“丈夫的责任”，“夫妻的权利”之类的观念已经滋蔓[68]。丈夫有权利和责任与他的妻子性交，不管她在这件事情上可能有什么想法和是否愿意，而作为妻子则有服从这种性交的责任和权利（责任和权利这两个字眼用在妻子一方时通常都是把责任摆在前面的），而性交这种事历来在她的见闻中常常都被认为是某种低级的仅仅是肉（体）的、没有乐处和近乎下贱的不得已而为之的事。她为了自己的利益着想，要尽可能快地把这些乌七八糟的东西从心里清除掉。抱着这种心情走进婚姻，自然会使夫妻尤其是妻子动辄生闷气[69]，它势必助长通奸和离婚的现象。如果事情居然不是这样也许才更加叫人惊讶咧。

恋爱的艺术是以调情求爱这个根本的自然事实为根据的；调情求爱本来是雄性动物努力让雌性动物接纳自己的一番努力[70]。瓦特西埃纳（Vatsyayana）是泰山北斗一类的人物，他说，"性爱的艺术就是博取女人的欢心的艺术。"巴尔扎克在他的《婚姻生理学》（*Physiologie du Mariage*）中说过："男子如果没有技巧首先使妻子动情，他就永远别想自己有依偎她共赴阳台的快活。"这就是整个恋爱艺术的精义。女人，天生擅长媚惑男子，甚至对那些他们丝毫不感兴趣的男人也婉媚作态。一个女人如果爱上了一位男子，根据同样的天生本能，她会专门为了取悦他个人而塑造自己。这种个人的意趣实际上并没有改变根本的事实，在这些问题上只有本乎自然的天道的艺术才是真正有效的。在究竟是博得这个女子的深情还是遭到她心底的厌恶上最后起决定作用的往往是这位男子的品性。他向她展示的那些他自己以为会合乎她的口味而有资格博得她的欢心的东西，绝大部分都是恋爱艺术之外的世俗的东西。很少和展示调情求爱的艺术方面所成就的造诣有关。可是，当面临真正亲密的身体的性爱开始的时候，女子一方，甚至在生物学上说，表面上都还是被动的一方[71]。她，在身体方面说，势必成为性爱的琴瑟；必须由他弹弦击节才能演奏出风流调达的音乐来。

但是，说到性爱的艺术，不可能把精神（灵）的因素和身体（肉）的因素完全拆开。一门心思企图这样做真是一种致命的错误。正如欣顿（Hinton）常说的那样，一个男人只能察觉两性关系的肉的一面，就像一个人在听小提琴演奏贝多芬的奏鸣曲时，只意识到马尾摩擦绵羊肠子的事是一样的。

写作性爱文字的作家常常拿乐器做比喻。上文已经摘引过巴尔扎克把不懂性爱艺术的笨拙的丈夫比作猩猩拉小提琴的事。居约（Jule Guyot）医生在他那部严肃的很好的小书《实验性爱读本》中也偶尔做同样的比论，他说“有大量的昏庸无知，自私自利、野蛮无情的男人，上帝把钧天的琴瑟托给他们，而他们却嫌麻烦不愿去学习怎么弹奏，甚至连想都不想一下，为了弹出最微弱的和音都必须学习……。[如果女性的身体还没有被激动起来]每一次身体的接触，甚至就碰一下阴蒂，每一次试图性交，都使她担心会疼痛，本能地加以拒绝，感到厌恶和尽力躲避。任何一个男人，任何一个丈夫，他如果对这个事实昏庸无知，就太可笑和太可鄙了。而一个男人，一个丈夫既然知道，但却胆大妄为，置之不顾，那他就是犯了强奸妇女罪了……。在男女的共枕合欢中，男人是主动的因素，丈夫在夫妻生活中是发动者，他要为此负起责任。他是操琴的乐人，弹拉出和谐的音乐或不调和的噪音都在于他的手和弓弦。妻子，从这个角度看，的确是一把多弦的琴，她发出的声音是钧天广乐还是不调谐的噪音都随乐人的弹奏技巧的精彩或粗劣而定[72]。”

这种性爱符合女子的需要是毋庸置疑的。爱伦·凯说，所有发育良好的女人都渴望被爱，她向往的爱人不是“一头公兽”，而是“一个艺术家。”“能触动她的情感的这个男人想必一定也对她怀有一种艺术家的乐趣，他惶惶款款地抚摸她的灵魂如同抚摸她的身体，传达这种快乐的情趣，只有这种男人才能把握住当代的女人。她永远归属于那种男人，即使他已经把她牢牢地抱在怀里还对她缠绵和依恋不舍。当这样一位女子突然脱口而出地说：‘你需要我，但你不能摸我，你不能对我说我需要什么，’行了，这个男人被审定通过了[73]。”正如古尔蒙（Remy de Gourmont）说的那样，恋爱真是一种优美细腻的艺术，就像绘画和音乐一样，擅美这种艺术的人也寥寥无几。

千万不要以为，要求情人和丈夫抱着这种像音乐家弹拨琴瑟时讲究心情和技巧一样的精神去亲近女人，只是可能患了神经过敏或有癔症（hysteria）的现代女子的要求。大凡读过本《研究录》前面几辑有关求爱和性选择的议论的读者，都不会不承认，体惜和尊重雌性几乎是低于人的动物界的性关系的普遍现象——虽然我们在训诂“禽兽的”这个字眼时给了它“残忍；野蛮”之类不合理的含义，自己把自己搞糊涂了——；只有在演化中离“禽兽”很远的文明的人类中，在性方面的“残忍的兽性”（brutality）才普遍起来，这多半也还是愚昧无知的结果。如果我们一直往演化的低层追下去，追到昆虫类的动物，他们没有家庭生活的拘束，通常都认为他们是随遇而安和飘荡不定的，我们有时候会发现他们以上述艺术家的态度对待发育完全了的雌性同类，雄虫对于被他牢牢地把握在身下的雌虫关怀备至，种种温柔的未雨绸缪，款款亲近，一步步施展至高无上的性爱动作，这番景象真可以算是给我们上了一堂很精彩的课。

由此看来，女子方面对于调情求爱的性欲刺激的反应比较困难和延宕真是源远流长根深蒂固的，而且——正如在本《研究录》的前面几辑中往往不得不指出的那样——这种态度从最初的害羞和羞涩的心理发育起，自始至终贯穿女子一生全部的性爱生活，女子的恋爱发展得比男子缓慢得多。男子渴望得到一个女子多半是情不自禁自动兴起的，而女子想要得到一位男子的心思却是秘密掺和着她对他的关系的缠绵复杂的考虑，慢慢被唤起来

的，这个事实有着实际的心理学意义。所以她的性的情绪往往比较具体而不流于空泛，多半是密切地和她专注的那一位情郎联系在一起的。乌尔斯通克拉夫脱（Mary Wollstonecraft）给她的情郎伊姆雷（Imlay）写道："要挑动我的感觉得绕一段路通过我的心，但是，对不起，我想有时候要挑动你却有捷径可寻。"她的话如果没有说明她的大部分的性的事实也足以说明其中最好的部分。男子往往一步就达到把他的身体的恋爱的能力发挥到极限的程度，要达到他的恋爱的精神的极限似乎也没有更多的困难。有一句危言耸听的老生常谈，说女人实行一夫一妻制而男人则实行一夫多妻制，上面说的这个牢靠的事实就是这句话的根据。

古特塞特（Guttceit）说，就侧重生理方面说，结婚一个月后，充分经验到性交的快活的女子不过十之一二，有的女人婚后六个月，一年或者甚至生育了几个孩子之后，都还没有经验过生理上十分快活的性交，即使这位男子是她唯一的全心全意爱慕的人。由此看来，在使性欲得到满足的条件方面女子要比男子复杂得多。在精神方面情况也差不多，爱伦·凯在《恋爱与婚姻》这部书的第111页上说："完全可以肯定，女子当然想要从男子那里获得性欲的满足。但是她的这种欲望往往要到她开始对这个男人爱到足以托付终身的程度时才会表现出来，而男子则不然，当他对一个女子的爱情离求婚还有十万八千里的时候往往就想在身体上占有她。女人的爱情多半是从灵魂或心灵走向感觉，而且常常达不到这个目的，男人则多半是从感觉走向灵魂，也常常走不到头——这就是男人和女人之间存在的最大差别。这种情况造成男女双方极大的苦恼。"当然，浏览过本《研究录》第四辑《人类的性选择》一章的读者都看得清楚，乌尔斯通克拉夫脱，爱伦·凯和其他一些作家叙述这种差别时所采用的方法不太严格准确，例如，说一位守身如玉的女子，在洗过一次很烫的热水澡之后，可能会发现不用通过她的心也可以绕道影响到她的感觉。感觉是我们具备的感知外部世界的唯一通道，恋爱必须经过这些通道，否则什么也不会发生。但是，看上去男女在恋爱方面的差别是确实存在的。根据本《研究录》先前几辑的推敲，我们有理由认为可以把他们的见解换成另外一种表达方法，在女子方面（1）相对于男子来说，触觉和听觉比较优越，明显地偏爱通过触觉和听觉接受性的刺激；（2）具有宏大的、更复杂和更精密的平衡的性机制；由于这些机制的作用，（3）终于产生大量的神经和大脑的性放射作用。

同时，我们还必须知道这种区别代表着男女在性分化方面的真实的倾向。是自然的身体的而不仅仅是基于社会的传统造成的，其中涉及的事物没有任何一件是绝对不变的。有大量的女人，她们的性的能力不同于一般的女人，不单纯是由于不同的性习惯而且先天自然的倾向就不同，其旺盛的程度和任何男人相比，如果不是更胜一筹也可以说是旗鼓相当。在性的领域，正如我们在前面一辑《研究录》的《性冲动的分析》一章中说过的那样，女人的变异范围比男人要大一些。

恋爱是一种艺术，一种弹拨琴瑟演奏音乐的方法，而不仅仅是双方同意的简单的行为举止。这个事实使任何口头上同意的性爱变得无足轻重。如果性爱是一种契约，一种简单的理智上的承诺，一问一答，那么世界上或许从来就不曾产生过恋爱这件事了。恋爱从一开始就是一种艺术，后来用概括的理性和语言的方法处理恋爱的种种演变并不能取消这个基本的事实。有些愚蠢的情郎认为求爱的第一步——甚至整个求爱的过程——就是一个男人要求一个女人同意做他的妻子，这些人是几乎完全不懂恋爱何以为一种艺术的。按说，求爱者一上来就唐突表示要求对方决定和自己结婚立刻就会遭到痛骂和断然拒绝的，但事实远不是这样。像婚姻这样严肃的终身大事常常不经冷静的深思熟虑和理智的未雨绸缪就仓促决定，毫无疑问是一件教人悲伤的事。但是性的关系从来不能够，也永远不会仅仅是一件冷冰冰的筹划思考的事。如果一个女子突然面对一个要求她像妻子一样委身于他而这位男人又还没有博得她的爱情，这时候如果她不是冷酷无情，没有利欲熏心，她就会发现自己有许多健全的理由拒绝这样做。她冷静地面对这个问题严词拒绝，从此以后或许她再遇到这个追求者时会穿上钢铸的束胸衣了。

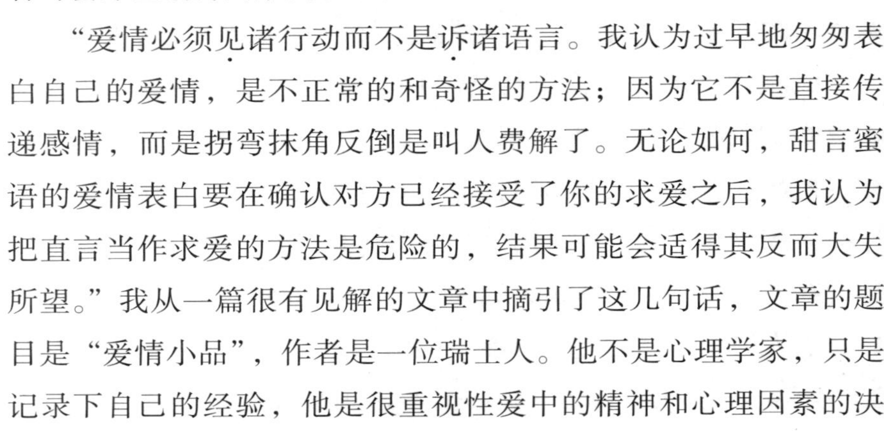

“爱情必须见诸行动而不是诉诸语言。我认为过早地匆匆表白自己的爱情，是不正常的和奇怪的方法；因为它不是直接传递感情，而是拐弯抹角反倒是叫人费解了。无论如何，甜言蜜语的爱情表白要在确认对方已经接受了你的求爱之后，我认为把直言当作求爱的方法是危险的，结果可能会适得其反而大失所望。”我从一篇很有见解的文章中摘引了这几句话，文章的题目是“爱情小品”，作者是一位瑞士人。他不是心理学家，只是记录下自己的经验，他是很重视性爱中的精神和心理因素的决定性作用的[74]。

值得注意的是，认识到直接用言语表白的方法在调情求爱中是不适当的，并不表示文明有了改进。在世界各地的原始族群中，大家都十分清楚地知道，求爱，以及接受或拒绝求爱都必须做出有象征性的行动，而不是靠生硬的一问一答的方法来表达的。在巴拉圭的印第安人中，允许他们的妇女有很大的性自由，但绝无买春卖笑的事情。曼泰加扎（P. Mantegazza）说，腾涅里夫原始族群的一位女子走到你的门前或窗下，羞怯地用加拉尼（Guarani）语向你要一杯水喝。但是如果你天真地递给她一杯水，她会莞尔哂笑[75]。在墨西哥的塔拉胡马瑞（Tarahumari）印第安人里，调情求爱时率先挑逗的一方都是女子，她首先要征得父母的同意，然后把一些小石子掷向她中意的那个年轻的男子；如果他把那些小石子投回来，事情就算谈成了[76]。世界上有许多地方通行妇女选夫的习俗[77]，她最常用的求婚方法都是象征性的。除非婚姻中买卖的因素占了优势，否则男子求婚也常常采用类似的象征性的方法。

不仅在调情求爱之初，一本正经地口头宣示爱情在恋爱的行为中没有用武之地，因为这种求婚的方式两句话就清楚决断了。甚至多年的情人或老夫老妻，在最亲密的调情做爱的时候都还要遵守这个规则，婚姻生活中，始终要避免一问一答的尴尬无趣。羞涩的永恒的因素在每次性事发轫的时候都会活动起来，和性爱的所有最细腻的不害臊的情绪互相缠绕，与真实的性欲的本能联合起来，抗拒郑重其事地提出要求，抗拒用言语来表达同意或拒绝。性爱既不能用言语来恳求，也不能用言语来直率地回答：只要性爱存在，占卜问卦式的种种象征的表达就始终是必需的。

那些写过恋爱艺术文章的作家，无论他们是否生活在欧洲基督教传统的社会里，全都一样早就认识到这个事实，即恋爱需求的表白是不能靠言语而必须通过琢磨和推测的。扎基亚（Zachia）在他的那部法医学问答的大部头的著作中就指出，丈夫必须留心他的妻子表达性欲的象征，他说：“女人在性欲兴起的时候通常都要拿许多有关性爱的问题来问她们的丈夫；她们妩媚逢迎，厮磨拥抱，又故意裸露身体的某个部位，像无意中泄露了春光；胸部更见丰满；她们表现出少见的爽朗和快活；红霞羞面；明眸生光；如果她们欲火如炽，说话期期艾艾，答非所问；往往表现得六神无主不知所措的样子。同时她们的私处变得发热和膨胀。所有这些象征都是投向丈夫的情意，要使他相信无论如何粗心也该知道他的妻子在渴望得到满足了。”[78]

古印度的写性爱题材的作家既看重男子如何留心女子的性爱需要，也同样看重他在性交前所有未雨绸缪的技巧和斟酌。瓦特西埃纳（Vatsyayana）说：“他必须尽其所能去做，以博得她的欢心，使她快活。当她躺在床上，或许正在喁喁低语，他轻轻地为她解衾褪衣。如果她张口说不，他就亲吻她，合上她的嘴唇。瓦氏说，有些作者主张开始调情的时候情郎应该先吮她的乳头。情欲激动之后再用手摸她，全身上下，轻轻地摸索，摸到她把头转过去的时候总不妨把手压住，如果她害羞了这就开始发出信号，他应该把他的手伸到她的股间了，那里她会本能地夹紧的。如果她是一位年轻的女子，他应该把手放到她的乳房上，而她无疑会用自己的手护住它们。如果她是一位半老徐娘，他就可以任意做各种看似对双方都感觉合适和快活的事情。接着他可以捧着她的头摸着她的脸亲吻她。如果她很年轻，她会羞得满脸通红地闭上眼睛。就这样她同意让他摸索了。他就该揣摩怎么做最使她快活了。她如果心醉了就会有一些表示，身体变得软绵绵的，闭眼含羞，全无胆怯的样子，主动地迎来送往贴紧他的身体。另外一种情况，如果她觉得不快活，就会用手敲打床铺，不许那男子继续动作。怒形于色，眼带凶光。甚至又咬又踢。当男子完事之后，

她还继续着性交的动作。”在这类例子中，瓦氏又补充说，“交接之前他就有责任用手去摩擦她的阴户，直到湿润为止。如果他的性高潮先过，以后他就应该继续做同样的活动。”

有关印度普遍流行的恋爱艺术的一些资料，特别是与瓦氏这位生活在大约十六世纪之前的大师有关的资料为数不少，例如，可以参考下列一些作品，瓦伦蒂诺的《印度人的婚姻生活的卫生》（Valentino, “L’ Hygiène conjugale chez les Hindous”, 载 *Archieves Générales de Medecine*, Ap. 25. 1905）；布洛克的《印度的医学》（Iwan Bloch, *Indische Medizen*），普殊曼的《医学史手册　》（Puschmann, *Handbuch der Geschichte der Medizin*, vol. i）；海曼南德和史蒂芬合著的《根据‘爱经’讲义撰写的婚姻卫生的论文》（Heimannand and Stephan, “Beiträge zur Ehehygiene nach der Lehren des Kamasutram”， 载 *Zeitschaft für Sexualwissenschaft*, Sept., 1908）；还有一篇是评论施米特用德语翻译的瓦特西埃纳的《爱经》的，文章登载在《民族学杂志》上（Richard Schmidt, 载 *Zeitschrift für Ethnologie*, 1902, Heft 2.）。这部《爱经》的英译本早就流传于世了，朗麦列斯（Lamairesse）在他为这部书的法文译本撰写的长篇序言中指出，印度人的性爱艺术优越于拉丁诗人的地方在于它的高尚的精神，冰清玉洁的情操和理想主义。它处处彰显对女子的尊重，有一句众所周知的谚语明白地表达出这种精神，“你不许欺侮女人，用花打一下也不可。”另外还可以参看诺布尔的《印度人的生活结构》，特别是第三章《作为妻子的印度女人》，第四章，《恋爱是性命攸关的大事》（Noble, *Web of Indian Life*, Ch.Ⅲ，On the Hindu Woman as Wife, and Ch.Ⅳ, Love Strong as Death）。

居约（Guyot）对为丈夫者的建议，与扎基亚和瓦特西埃纳在差别很大的社会境况下对做丈夫的人提供的建议完全吻合。“在性欲旺盛的状态下，女人的嘴唇紧闭和颤抖，乳房膨胀，乳头挺起。聪明的丈夫不可能误解这些信号的意思。如果没有出现这些信号，就该由他用亲吻和摸索去唤起它们，而如果不论他怎么温柔体贴地刺激，她的嘴唇还是不发热，乳房也不鼓胀，尤其是轻轻吮弄乳头都没有丝毫受到愉快刺激的反应，他就必须压住自己的强烈的情欲，绝对不要去碰她的生殖器官。因为他肯定会发现她一定是处在一种疲怠的状态，注定会拒绝他。相反，如果那些辅助的器官都盎然生动或者在他的摸索下变得活泼起来，他就可以把摸索的动作延伸到生殖器上，特别是阴蒂，这个部位在他的摸索下会使情欲之火变得炽热起来。”

从奥维德发表《恋爱的艺术》（*Ars Amatoria*, end of Bk. Ⅱ）以来，一代接一代以恋爱为题材的作家和医生都强调轻轻地搔弄性器官的重要性。奥埃仑堡（Eulenburg）认为，有时候搔弄是必要的，阿德勒（O. Adler）也坚决主张行房前要有身心两方面的调情戏耍做准备[79]，他观察到，一个男人如果在这些事情上天生有这种见识和灵巧，他就有魅力从最冷酷的女人的心中擦出情欲的火花。在这个问题上，医生的建议与性爱作家的金玉良言以及恋爱中的女子的需要都是同调一致的。在做爱上绝不可以匆忙，古罗马诗人奥维德写道：

吾谓汝知
欲求欢乐，速必不逮；
缠绵惠爱，琴瑟之好。

一位女子写道："丈夫，就像纵容坏了的孩子，老是在不当的时候吵闹着要得到他们想要的东西，结果往往就失去了换一种方式本来一定会给他们的快活。那些以为性交前这种舒缓的调情求爱很无聊的男人从不屑一试。夫妻交媾前的亲近和交媾本身都是构成两性情爱关系的销魂夺魄的迷人力量。"

阿·阿德勒（O. Adler）说，妻子的性冷淡必须拿丈夫是问，这种事情屡见不鲜[80]。而居约（Guyot）则更进一步就此写道："如果丈夫懂得从容地温柔地体贴他的年轻的新娘，如果他能领悟到她的难以名状的青春的快乐和梦想，他将永远为他妻子所爱；一定会成为她愿意言听计从的先生和主人。如果他不理解她，就是费尽九牛二虎之力也是白费功夫，到头来只好无可奈何地说她是性冷酷一类的女人。她仍将尽她做妻子的义务，做孩子们的母亲。他则到外面去另寻他的快活，因为男人永远在追求那种能感受生殖激情的女人。这样昏头昏脑笨拙地去野合，想从苟合中得到最终销魂的一刻，这是一切夫妻一拍两散的主要原因。在这种例子中，男人就像一位蹩脚的音乐家，他更换小提琴的目的是希望新的乐器能够奏出他不会弹奏的动听的音乐[81]。"

约言之，恋爱中有一种艺术，性交不仅仅是由肌肉的力量实行的身体动作。这个事实有助于解释为什么世界上有许多地方结婚初夜不立刻破贞[82]。毫无疑问，这里夹杂有宗教或神秘的巫术的因由，但是，这些因由常常和发生这类事情的生物学的方法步骤协调一致。甚至在流行早婚的一些未开化的族类中也有这种情况。在我们现代文明的社会中，女人在春机发陈后很迟才结婚，到这种时候要打破个人对性交一事在精神上的乃至在身体上的障碍更加困难，所以在求爱和做爱的时候就更加需要讲究从容和技巧。

我们还必须再加以申说的是，调情求爱行为中的恋爱艺术并不局限于性交前的各种未雨绸缪的前戏。在某种意义上说，恋爱的生活是不断造诣地持续求爱的过程。肉体性交的成立只不过是它的起点。这对女人来说尤其准确。瑟南古（Senancour）说："夫妻对拜，进入洞房之后对男人来说常常就是恋爱的终结，而对女人来说则往往只是恋爱的开始，一次忠诚的测验。一种对未来快乐的抵押，一种对未来亲密的性关系的契约。"[83] 另一位作家说："女人的灵魂和肉体不是在某一时刻一锤定音地交付给人的；而是缓缓地，一点一滴地，通过许多阶段，才把灵和肉一起交付给她爱恋的人的。不要将一个年轻的女子在新婚之夜突然扔给新郎，像把一只捕捉到的老鼠扔给一只猫任其狼吞虎咽一样。最好是让这一对年轻的新人像两位志同道合的朋友一样相敬如宾地在一起生活，直到他们逐渐学会怎样去发挥和运用他们的性的自觉的意识[84]。"如果求爱是一个到达圆满婚姻的永无止境的造诣过程，我们就无法清楚求爱应该到什么阶段就可以举行婚礼开始进入婚姻了，举行传统的婚礼对缔结一个好姻缘来说不是必需的未雨绸缪，没有一点用处。

女人和男人不同，天生要在恋爱艺术中发挥精巧奇妙的作用。男人在求爱中的角色，就如雄性禽兽在整个动物世界的求爱中的角色一样，可能比较困难和危险，它只是直来直去的一条直线，简单明了。女子的角色扮演，同一时刻必须顺从两种完全不同的冲动，必定始终呈现出锯齿状或成一条曲线。这就是说，在恋爱中，每时每刻，她的动作都是性欲和羞涩（有意识的或无意识的）这两种力量的合力的结果。她必须通过一条弯弯曲曲的墨西拿（Messina）海峡在岩礁和旋涡中航行。一边是斯西拉（Scylla），一边是卡里伯的斯（Charybdis），太切心于要避免这一侧的危险就可能意味着要冒在另一侧把船撞毁的危险。她必然是所有的人都猜不透的，但又必须不能朦胧到连她钟情的男人都琢磨不透的程度。她的说话当然必须诚实，但也绝不会什么都说；她的行为一定是要出自她的冲动，正因为如此，对她的行为就可能做出相应于两种冲动的两种解释。只有凭借成为在性的关系上至亲的情人密友这个最后的手段，她才能成为一个完全的女人或拥有完全的女性人格，

“真实分不清她想的和她说的，
恋爱分不清她的灵和她的肉。”

最终的如仙如醉的性爱高潮的境况——正如白克（Rafford Pyke）说的，“难得一见的极美的娇羞尽褪，它是圆满的恋爱中最美好的部分”——许多女人从来不会把它全部表现出来。她是被迫走到她的性爱生活的终点，她在开始时总是表现出难以捉摸的复杂的双重人格，天生的艺术的品性。所以她尽本分的时候在恋爱的艺术方面比男人有更好的准备。

但是，男人在性爱艺术中的角色丝毫不轻松。女人时常看不到这一层而抱怨他缺乏做爱的技巧。虽然男人没有必要培植像女人那样的自然的心口不一的双重性，但他却不得不具备相当的善解人意的本领。他在这方面没有好的先天准备，因为传统的男子美德讲究的是阳刚力量，而不是洞察力。我们耳濡目染，认为男人在世上的工作就是称霸，他就是靠这种统治的势力来吸引女人。在这种教条中有一点真实的因素，可能正好是它把男人引入歧途，使他在恋爱的艺术中专门依靠这种蛮力和霸道。粗暴或暴

力是一切艺术中的卑劣的次品，而在性爱艺术中女性的爱欲是追求赢来的，靠命令是得不到的。这是恋爱艺术的根本。我们看到有些人对这个问题有这样一种说法，好像反对在性爱中使用蛮力和霸道是那种“摩登女人”提出的某种新颖的革命的要求。不消多说，这是无知无识。天生的恋爱的艺术，现在和过去并无二致，本质上一贯如此。在世界还不存在女人，还没有人类的时候，这种艺术就已经牢固地确立了[85]。至于没有始终巧妙地运用这种艺术那是另外一个问题。就男人方面说，正是这种雄性优势的传统造成他巧妙运用性爱艺术的困难。女人爱慕男人阳刚的力量；她甚至愿意强迫自己去取得她也同样想要的阳刚气概；于是她对在她内心的欲望来到之前施加给她的外力持反抗的态度，甚至进入了她内心的狭小圈子的边界之后还反抗。这样一来，那些一向被女人羡慕的男人的处境实际上就比女人更困难，这些女人抱怨他笨拙，不会做爱，其实她们心里都是认可了的。他必须养精蓄锐，不仅要为生活奔波，甚至还得为在性爱的场合露上一手。在性爱中他还必须有本事捉摸配偶的心理相机行事，他必须顺从她的心愿，一身力气也不能总是由着自己了；同时，他还必须完全把握得住自己的情欲，免得屈服于他自己的统治欲的冲动而铸成致命大错；所有这类问题都是在他的情绪近乎失控的那一刻产生的。无数的人在恋爱的海洋中驾舟航行乘风破浪，但是能够安全进港的人中，女人不多，男人更少，对此我们也不必大惊小怪了。

也许有些人仍然认为，我们为了性生活的健康和美满而探讨指导这种性爱生活的法则，已经偏离了性本能与社会的关系这个主题了。因此，我们不妨重提一些基本的原则并且指出我们仍然

紧紧抓住个人与社会生活的种种关系的基本事实。我们根据以前已经申说过的理由认为，婚姻是一种重要的社会制度；生殖，从公众一方说，是它的至高无上的功能，是一个伟大的社会目标。但是婚姻和生殖两者都是以性爱的生活为堂构。如果性爱生活不健全，造成婚姻瓦解，即使不一定总会走到正式离婚的地步，但生殖只好在这种勃谿烦恼的境况中艰难成事或根本就不会有生殖这件事了。

虽然在虚伪的道德观念和同样虚伪的羞涩心理的影响下，性爱生活对于社会和个人的重要性有时候会被忽视而退到人为的文明舞台的背景后面，但有一些人始终清楚地认识到这个问题的重要性，他们牢牢抓住人生中这一层性命攸关的大事。在大多数未开化的族类中似乎极少或根本就没有"性冷淡"的女子。如今有些医生可以断言有大约 25% 的女人有这种被描述为"性冷淡"的问题，就算它的可信度很差，实际上没有这么严重，也是我们自己的"文明"造的孽，绝不是它的光荣。

世界上整个性的堂构是建立在雄雌两性的亲密接触这个基本的事实之上的，他们彼此选择，相互慰藉。在这个基本事实下面，还有一个更特殊的事实，即，正常美满的性交中交配双方都经验到同时出现的一阵亢奋，神魂飘荡般沁人心脾的满足。有人说，性爱的奥秘就藏在这里。这是性爱的根基，许多例子说明，它似乎还可能是受精的条件[86]。

连文明程度很低的未开化的族类中的男子，有时候都能讲究耐心地唤起和等待他们的女伴发出性欲的信号。[这里我想提一下在本《研究录》第四辑第三章《人类的性选择》中，我曾经摘引了库巴雷（Kubary）在他的人种志的研究中描写过的卡洛林（Caroline）岛民的一个很有意义的例子]。在天主教统治的时代，尽管神学家对于色欲中的道德上的罪孽过分吹毛求疵，但神学家在这个方面的影响并没有偏离这个有益健康的方向。实际上，天主教坚持认为的夫妻双方同时亢奋的好处多半是出于一种错误的观念，认为要受孕就必须妻子一方也和丈夫一样“射精”才能稳操胜券。但它不是单独来源于神学家的观念。譬如扎基亚（Zacchia）就详细推敲过男人在行房中是否应该一直和妻子性交到她出现高潮心满意足时为止，而他的判断是，这是丈夫的责任；否则，他的妻子会遭遇危险，或者在熟睡中做梦亢奋，或者更有可能造成自我兴奋（self-excitation）。“许多女人，如果她们的性欲经过性交还得不到满足，就把一条腿架在另一条腿上，互相挤压和摩擦直到性亢奋或性高潮出现为止，她们相信，如果不是用手做就不算犯戒，不是罪孽。”他还说，有些神学家就赞成这种看法，门多扎（Hurtado de Mendoza）和桑切斯（Sanchez）就是其中很著名的两位，他甚至还摘引了后者的意见，说女人在性交中得不到满足很容易变得歇斯底里（癔症）或罹患忧郁症（Melanchlia）[87]。根据同样的精神，有些神学家似乎觉得（不射精的）含阳行为（irrumatio）只要在正常性交之前做是容许的。

如今，医生已经充分肯定了桑切斯的意见是对的。大家都清楚知道了，女人，无论出于什么原因，频繁发生强烈的性兴奋而不跟着自然的性交亢奋解欲，就容易罹患各种神经性的疾病和发生充血的症候，使她们变得无精打采，而且很有可能导致健康崩溃。基希（Kisch）曾经描述过一个例子，是由性引发的心脏神经官能症（cardiac neurosis of sexual origin），一种病理性的心搏过速（pathological tachycardia），这是由于性兴奋引起的超过正常生理的心搏速度。柏生斯（J. Inglis Parsons）提到精神饱满的健康的未婚的女子，常常发生由于得不到满足的旺盛的性兴奋造成的卵巢疼痛现象，有时候会造成严重的忧郁[88]。奥地利的一位有经验的妇科专家告诉希尔特（Hirth）说，每一百位因为泌尿系统的病痛来找他看病的妇女中，就有七十位罹患子宫充血，医生认为这些都是不美满的性交造成的[89]。

常常有人说，女子在性交中没有达到高潮使性欲得不到满足，主要是由男人撤退，即所谓的“交接中断”（coitus interruptus）造成的，这是指男人在性交过程中马上要不由自主地射精前急促地退出阳具；也有人说，这种流行很广的做法对男性也会产生或轻或重的不良后果[90]。

交接中断时，因为男子突然退出阳具，没有参考到它的性伴侣当时的性兴奋达到一个什么样的阶段，毫无疑问会常常对女子的神经造成伤害，但对男性来说由于阳具退出后射精了，伤害的作用很小或完全没有。但是因为这种做法流行的范围很广，也很难说它一定会造成这类恶果。我确信，布卢姆赖希（Blumreich）的判断毫无疑问是正确的，他说“由于交接中断而使生殖系统受到伤害的那些女人，只是一些性交的快感受到这种共同的性生活方式的妨碍，没有出现高潮，接着又一连几个小时受到性欲没有得到满足的情绪的折磨。”在正常的性交中，如果男人的性亢奋来得太快，也会产生同样的伤害作用。他做结论说：“因此，这些现象并不是交接中断特有的，而是这类共同的性生活不美满造成的结果。”[91] 基希在他那部苦心孤诣的权威著作《女子的性生活》中也同样说到，“交接中断在女人中造成的恶果问题，纯粹是她们的性欲是否得到满足的问题[92]。”这无疑是对有关交接中断问题的最合理的见解，交接中断肯定是古代的一种最简单最通行的避孕方法。在圣经的《创世纪》中就记载有俄南（Onan）实行过这种办法，降至现代，仍然流行，十六世纪时，法国的女士们似乎都熟悉这种办法，据勃朗托姆（Brantôme）说，她们和情人幽会时都强迫他们这么干。

忍精交接（Coitus reservatus）——采用这种办法性交可以延宕很久，在这段时间内，女人可能几度出现高潮，男人则成功地抑制住了高潮，——这种性交方式绝不会伤害到女人，很可能给她们带来最大的满足和慰藉。但是，对于众多男人来说，对这种不随意的自然解欲过程的控制不是一件容易的事，体弱、神经质和过度兴奋的人是不可能办到的。无论如何，这是一种值得一试的完全适当的性交，东方人对此有充分的认识，还很注意培植这种能力。譬如苏德兰（W. D. Sutherland）就说过，印度人在性交的时候抽烟聊天，就是为了推迟出现性亢奋的时间，有时候还在阳具的龟头上涂上鸦片烟膏以达到同样的目的[93]。有几位权威人士的确说过这种延长性交的做法会伤害男人。譬如泰勒（R. W. Taylor）说，这种做法有可能导致男人出现阳痿（atonic impotence）[94]，勒文菲尔德认为让性交迅速而无障碍地达到兴奋的顶点是为了保持反射反应的活力[95]。这些判断对于那些极端和经常采用这种办法的例子来说或许是对的，他们不加控制使阳具长时间挺立而不解欲，可是就相当大范围内的人来说就不对了，不是这样了。美国奥奈达（Oneida）公社的婚姻制度很复杂，他们的公社通行长时间的忍精性交（coitus reserratus），已经过世的米勒（Noys Miller）大半生在这个公社中度过，他肯定地告诉过我，这种做法一点害处都没有。忍精性交在奥奈达公社被公认为

一种应该奉行的原则。公社里的每一个男人理论上是每一个女人的丈夫，但却不是每一个男人都能自由地和任何一个女人生儿育女。男孩到了春情发陈之后很快就举行性诱掖的活动，女孩则要拖后几年，这些性诱掖的活动都由一位有相当年纪的异性老人来主持。性交的时候男人把他的阳具插入女人的阴道，在里面保持不射精的状态，虽然女人已经出现了高潮，他们还坚忍着，甚至有忍精达一个小时之久的。通常男子都不射精，即使从阴道中退出之后也这样忍着，他们觉得没有射精的必要。公社的社会舆论是支持这种实践的一种力量，粗心大意和没有控制技巧的男人会被女人拒绝，公社中所有的女人普遍具有浪漫的性爱情绪也是支持实行这种性交方式的一种力量。从未听说过有手淫的事，也没有和公社外的人发生过不合规定的性关系。这种实践维持了三十年，最后被放弃了，放弃的原因不是由于它的过错，而是在于它和外部世界的种种见解的分歧。米勒先生承认，在平常的婚姻中这种实践有更多的困难，因为平常的婚姻偏爱更加机械的性交习惯。这项实践的创始人诺耶斯（John Humphrey Noyes）于 1872 年写了一本小册子，书名为《男人的性节制》（*Male Continence*）（这是该公社给‘忍精交媾’起的一个名字），它对米勒先生提供的资料有全面的补充。他说，他们这种实践是基于这样一个事实，即性交是由两件事构成的，一件是关于社会的，一件是关于人口繁殖的，如果人口繁殖要成为科学的事，这两件事就不能混淆了，生殖就绝不是听其自然的。他说，1844 年，他因为妻子身体柔弱，没有能力生产健康的孩子而停止和她性交，为了解决这个问题使他终于产生了这个念头，就他自己这个例子而言，他发现这种实践是“一大解脱和拯救，它成就了一个快乐的

家庭生活。”他指出，“奥奈达公社的主要成员都属于美国佛蒙特（Vermont）州的许多最体面的家庭，在新英格兰的道德修养最好最完善的学校受过教育，1846年，他们经过慎重考虑开始试验建立一种新的社会风尚和礼仪，在原则上他们早就成竹在胸并且准备在世人面前捍卫这些原则；此前在与性有关的事情上，他们的行为按照正常标准都是无可挑剔的”。因此，诺氏认为，可以认真考虑在公社建立一个“神道委员会”来试验这种办法在实际生活中的价值。他说公社里在医学上做过仔细的统计比较，结果表明，公社内的神经方面的疾病明显比公社外的平均数低。只发生过两例神经疾病，追溯根源它们与不恰当地运用男子性节制的关系微乎其微，概率很小。沃克尔（Van de Warker）证实了这种说法，他研究过公社里的四十二位女子，没有发现任何过度的生殖系统方面的疾病流行，也没有找到任何病状可以归咎于公社的这种性生活习惯[96]。

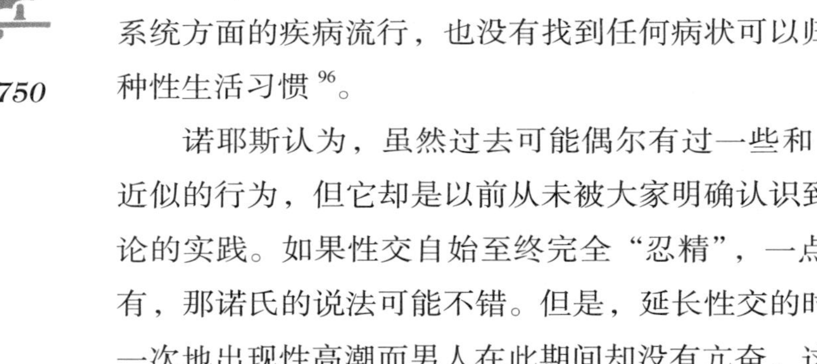

诺耶斯认为，虽然过去可能偶尔有过一些和“男子性节制”近似的行为，但它却是以前从未被大家明确认识到的一种基于理论的实践。如果性交自始至终完全“忍精”，一点射精的事都没有，那诺氏的说法可能不错。但是，延长性交的时间使女人不止一次地出现性高潮而男人在此期间却没有亢奋，这种事实早就有人知道了。譬如，十七世纪时扎基亚就曾详细地推敲过这种做法是否正当[97]。在现代，偶尔也有人并不是根据什么理论这样做的，女人始终赞赏，对男人似乎也没有什么坏的影响。有这样一个例子，性交行为持续了一个小时零一刻钟，或许还更长一点时间，女人还没有达到通体舒坦的快活程度，又过了三刻钟，这位女人才心满意足，在这期间她已经验了大约四到五次亢奋，而这位男子直到结束才出现高潮。偶尔也有性交刚结束不久女人的性欲又炽热起来，于是又照样重新再来一次性交。但是当她感到性欲已经满足之后就无心再做了。

说到这里我们最好把性交姿势的几种主要的变异方式约略地提一下，它们与恋爱的艺术以及如何取得充分满足的性解欲有密切关系。

人类特有的原始的最基本的性交方式是面对面进行的。通常认为女人仰卧男子在上的方式是典型的正常的性交方式，它是由面对面派生的。从精神层面上说，这种相向的面对面的方式比猿猴类的四足动物的方式先进得多。性交双方彼此敞开心扉，各自把最重要的，最美丽的，最足以表现自己的一面展示给对方看，两人的亲密性交因此增加了互相给予的快乐与和谐。此外，这种面对面的性交姿势还有一层重要的意义，这是人类配偶已经超越了动物的性交姿态的一种显而易见的表现，动物捕猎时追赶逃走的猎物，从后面攫住它，它们采取从后面性交的姿势就享受到这种捕猎的快活。人类中的男子可以说还保持着雄性动物的姿势，但雌性则已经转过来了；她已经面向她的性伙伴并且亲近他，象征她经过考虑心甘情愿同意和他性交。

但是，人类在性交的操作上，不同的个人之间和不同的民族之间都有一些变异，种类繁多，不胜枚举。富尔布林格（Fürbringer）说："坦率地说，我想象不出还有什么花样是我的病人在交接时没有采用过的，这些事在他们的病历中都有记载[98]。"我们不必匆忙地下结论说这类变异都是邪门歪道的恶搞。这种见解太不实际了。它们常常是自然而然自发地出现的。弗洛伊德曾经很恰当地指出过，当一位女子忽然不由自主地产生"吮阳"

（fellatio）念头时我们不必太过大惊小怪，因为阳具和乳头很像而产生吮阳的念头，这又没有什么害处。不妨再说一句，与此类似的还有一种“舔阴”（cunnilinctus）的欲望，这种欲望在女子常常埋藏很深不容易表现出来而在男子则跃跃欲试的似乎大有人在，这和吮阳的愉快完全可以比类而观，这种愉快本身的确常常使性爱增添了色彩[99]。

古尔蒙（Remy de Gourmont）说，这种事情中的任何变异都有几分淫秽的罪孽，[100]有些神学家实际上认为除了在欧洲平常认为正常的姿势之外的任何性交姿势都是道德上的罪过。但是，另外一些神学家则认为，如果在阴道里射精，这些变异都只算是可以赦免的轻罪，就像某些神学家主张的那样，“暧昧行为”（irrumatio）如果不射精就可以算是性交的前戏而给予通融。阿奎那（Aquinas）把偏离正常性交的变异看得很严重；桑切斯却放恣得多，特别是由于他那个从希腊和阿拉伯的自然哲学家的见解中派生出来的教义，说女人的子宫可以吸引精子，所以即使性交的姿态不平常也照样可以达到自然的目的。

无论古代的神学家的意见有什么样的分歧，现代的医生都清楚地认识到偏离正常性交方法的变异对于一些特殊的例子来说是良好的。譬如基希在他的《女人的不育》（*Sterilität des Weibes*）一书的第 107 页上指出，在有些例子中只有采用侧交式、后交式或者倒换平常的位置等等的性交方式，女人才能经验到性的神魂飘荡的兴奋；而在他的《女子的性生活》（*Sexual Life of Woman*）一书中，基希还介绍了几种变异的性交方式。阿德勒（O. Adler）指出在某些情况下采取这类性交方式自然有它们的价值，他说。这类变异常常能够唤起潜伏着的性欲，起到性挑逗的作用。[101]实际上这些例子绝非罕见，他们或者是由于身体的原因或者是由于心理的原因而从这些变异中受益。有时候仅仅是闹着玩而碰巧发现了适合于他们的变异方式。偶尔也有习惯采用某种不正常的姿势而女子始终感觉不满足，直到改用正常的姿势之后才心满意足。唯独有一种相当普通的变异的性交方式遭到无条件的反对，这就是立式性交[102]。

柳克里修斯（Lucretius）特别介绍过四足动物的性交的变异方式（《柳氏文集》, Bk. iv, 1258），奥维德在《恋爱的艺术》（end of Bk. iii.of the *Ars Amatoria*）中也描写过一种他认为可取的快活的变异方式，十分简单易行，采用这种方式时，女人是半仰卧的姿势。可是，阿拉伯的性爱文学家显然都知道的另一种称为多克拉（dok el arz）的变异的性交姿势，许多人常常喜欢采用，它或许最接近正常的性交姿势，采用这种姿势时，男人坐着，他的性伙伴骑在他的大腿上，双腿环绕男人的身子，手臂抱着男人的脖子，男人则抱着她的腰；在阿拉伯的《芳香的花园》（*Perfumed Garden*）这部书的描写中，大多数女人都喜欢这种方式。

另外一种最常见的变异与正常的姿势恰好相反，男子仰卧，女子则可以配合这种状态采取多种不同的姿势，当男人的身材块头比配偶大许多的情况下这种变通的好处特别明显。基督教和回教的神学家似乎同样都普遍反对这种女性上位的姿势，显然是因为他们认为这样明摆着男子在下的一副屈从的样子象征着在道德上对女子的屈服。可是有证据表明如今许多人都断然采用这种姿势，特别是女子，因为它使她们能够更好和更自如地调控性交的过程，从中屡屡取得性欲的满足，而这是采用正常的姿势难以获得甚至不可能获得的。

神学家似乎对采用四足类动物的正常性交姿势，后式或背面式（a posteriori），所采取的态度不太反对。但是老的悔罪总则对这种行为规定的处罚较重。安热（Angers）悔罪总则规定的处罚是苦修四十天，按埃格伯特（Egbert）的总则规定，如果采用后式性交成了习惯则要判苦修三年[103]。有一些很好的理由说明为什么许多人喜欢这种姿势，特别是站在女子的立场来看，她们实际上经常喜欢采用。千万不要忘了我们曾经指出过的，从类人猿进化到人的过程里，性交的方式发生革命性变化的是女性而不是男性。虽然人类面对面的性交方式代表了精神上的一种进步，但是女人的性器官并没有相应于这种方式做出身体结构上的彻底调整。按照阿德勒的意见，从阴蒂的位置看，其调整之不完全尤其看得清楚，按它现在的位置，背面性交比对面式更容易兴奋[104]。有一位名叫克罗茨（Klotz）的现代作家写了一部书，书名为《人是四足动物》（*Der Mensch ein Vierfüssler*, 1908）。书中甚至提到采用四足类的性交方式，是保证能接触到阴蒂的唯一方法，是自然的人类性交方式，这个看法又太极端了。但是，必须承认背面式性交不仅流行广泛而且还是一种重要的变异。它有两种最主要的形式：一种是庞贝（Pampii）式，女人向前屈，男人从后面交接；另一种是博卡乔（Boccaccio）描写的，男人仰卧，女人骑在上面。

吮阳（Fellatio）和舐阴（Cunnilinctus），从不需要把阳具插入阴道来说，不是严格意义上的性交方法，但却是广泛流行的性交前的戏耍或者是性交的替代方式，在文明的族类和尚未开化的族类中都同样存在。譬如在印度，我曾听说吮阳在合居的大家族（household）中几乎是很普通的事，而且被看作是对男性家长应尽的义务。关于舔阴，德索瓦（Max Dessoir）曾经说过，柏林的高等妓女说，她们的嫖客中有大约四分之一的人喜欢做这种事，而在法国和意大利这个比例数还要更高一些；对于舔阴感到愉快的女子数量无疑很大[105]。肛门性交（per anum）也应该算是一种替代性交的形式。它似乎也并不罕见，特别是在社会的下层人群中，最常见的原因是想要避孕，也有些例子是由于性的歧变造成的，想肛交的人男女都有，肛门在某种程度上可以算是一个发欲带（erogenous zone）。

在本《研究录》的第五辑的《解欲的机制》的第二节中曾经简要地讨论过不同民族在性交方式上的种种变异。在所有的文明国度中，自古以来都有一些以性艺术为题材的作家明白地和系统地详尽描写过各种不同的性交姿势。流传至今的最古老的这类作品是保存在意大利都灵（Turin）的一部埃及人写在纸草纸（papyrus）上的书，成书的时间可以追溯到公元前1300年。在这部书中，描写了十四种不同的姿势。根据布洛克（Iwan Bloch）的说法，印度人大概总共知道四十八种不同的姿势；《性爱的舞台》（*Ananga Ranga*）这部书中描写了三十二种主要的形式。回教徒作的《芳香的花园》中描写了四十种姿势，另外还有六种性交时的不同的动作。东方有关这一类题材的书籍，总体上要优于西方世界的那些作品，它们不仅更加全面周到，而且在精神上显得更高，东方人经常受到这种精神的鼓舞。

古希腊的性爱作品，现在已经全部失传，其中描写性交方式的作品几乎全是由女人执笔的，根据苏伊达士（Suidas）记录的稗史故事，写作这类题材的最早的作家是阿斯梯盎纳莎（Astyanassa），她是特洛伊（Troy）城的海伦的女仆。有人推测

一位名叫厄里芳梯士（Elephantis）的女诗人曾经列举过九种不同的姿势。后来，写作这类题材的女子更多得不胜枚举，有一本书是波里克拉梯士（Polycrates）写的，他是一位诡辩家。

基督教曾经把性爱问题一律冒险地贬低为下流可耻的事，在它的影响下这类题材的写作都被视为淫秽书刊，直到现在才开始有人把它们从中解救出来。其中，阿雷蒂诺（Aretino）写的《色艺之歌》（*Sonnetti Lussuriosi*）这部诗集中描写了二十六种不同的性交方法，每一种方法都有一幅罗马诺（Giulio Romano）绘制的图解，罗氏是拉斐尔（Raphael）的大弟子。韦涅罗（Veniero）在他的《流浪的淫妇》（*Puttana Errante*）一书中，描写了三十二种姿势。更晚近一些时候，弗尔贝格（Forberg）这位重要的现代权威曾经列举了九十种姿势，但据说即使根据最大的估计，也只有四十八种算是属于正常的变异范围之内。

在现代文明的人口中，行房的重要时刻都是在更深夜静通风不良的小卧室的黑暗中度过的，白天劳作一天，疲惫不堪，靠吃肉喝酒的刺激来勉强挣扎。这种不良的习惯无疑多半要归咎于对性交行为的鄙薄玷污，使它沦为暗室的不体面的行为。这种不良习惯对某些女子有时候对性交冷淡甚至厌恶要负上部分责任。

许多比较原始的族群更聪明。虽然我们都知道，早在基督教盛行之前性交行为和黑夜有关联的观念就和早期的宗教观念有瓜葛，但是按照伐内斯（Vahness）的报道，大洋洲阿斯特罗雷伯（Astrolabe）湾的新几内亚的伯皮亚人（Papuan）总是在户外性交的[106]。此外，格布伍卡（Gebvuka）和布鲁（Buru）岛干重活的妇女，晚上性交太累了；她们白天在树林里做，西朗（Serang）岛民也在树林里性交[107]。

显然在现代的城市里不可能仿效这些榜样，即使业余有时间，天气又良好也不行。大家都同意性交之后应该休息。但是似乎也没有人怀疑，清早和白天比夜阑更深更合适。米什莱（Michelet）说要怀孕应该在光线下性交[108]。在夜晚的黑暗中性交只是一种和牲兽交配的行为；大白天的性交才是男爱女欢的恋人之间的性爱。

这是普遍知道的一件事情。根据我们从希腊诗人阿里斯多芬（Aristophanes）在《阿卡尼亚人》（*Archarnians*）这部作品的描写来推测，希腊人认为朝阳初升的时辰最适于性交。南斯拉夫人也说黎明是性交的好时光。许多现代的权威专家都极力主张在清晨性交，认为它有许多益处。娄包（Roubaud）说，早上是性交的好时光，即使晚上性欲更加旺盛，但早上更加快活[109]。奥西昂德（Osiander）也建议早晨性交，再早一个世纪，韦内特（Venette）在斟酌"什么时刻男人应该爱恋地拥抱他的妻子"时，一面认为最好要顺其自然，一面又说，"一个美丽的女人在阳光下比在烛光下显得更漂亮[110]。"有少数权威人士，如布尔达赫（Burdach），对晚上性交的习惯表示可以接受，布施（Busch）倾向于认为黑夜是更自然的性交时间[111]，但同样主张晚上性交好的富尔布林格却认为清晨"偶尔"也是好时光[112]。

另一方面，有一些人把在户外的日光下性交似乎看得很重要，甚至倾向于把它抬高到尊崇宗教的层次。我从澳大利亚一位朋友寄来的书信里摘引了一些支持这种观点的文字誊录如下："这种羞人答答的事，一向认为不该说，也不该做（除非是在黑暗中），我相信，有一天它会成为人类的一种宗教的礼仪，在春天里举行。（啊，多美的春天！）人人都变得身心健全，品格高尚，风度优雅（人人都成了贵族），总之，都反对繁文缛节的礼数和迷信，因为他们要从过去的阅历中寻求真知。在春光明媚的日子，情人的性交活动应该成为一种他们不假他人而自我裁可的宗教礼仪。有时候，我幻想看到过这神圣的一幕，但它真是太美了，我怕我无法描写。贞洁的梭罗（Thoreau）曾经写道：'我曾经梦见过性交是多么难以名状的美丽，美极了，美到我都记不起来了，'在那些春季开始的婚配交媾中，人类的美，欢乐和爱情真正达到了最神圣的巅峰。如果世界是一个天堂，最年轻最美丽的情人的婚礼的最终圆房的一幕一定是在成千上万的观礼人群的见证下在某个神圣的山谷里完成的。一连几天，在这些山谷里，太阳在这种如梦般的情景中冉冉升起，情爱的喧闹声，拥抱着的人形身影，鲜花和清泉，紫金色的阳光洒满山冈，和漫山遍野的三色堇交相辉映。[我不知道这位作者是不是想到了查普曼（George Chapman）的一句话"婚礼上还依然用法郎做的三色堇来装点，"在这里借人的金色皮肤和头发把它重叙一遍]在这神圣的山谷中，弥漫着三色堇淡淡的芬芳，混杂着这春季婚媾中赤裸男女的健康肌肤的神奇的芳香。你和我都不会看到将来的这个场面了，但是我们可以为了促进它的实现助上一臂之力。"这种狂想（无意识地重复了圣-朗贝尔[Saint-Lambert]十八世纪时在基诺小姐[Mlle. Quinault]的小酌酒巡间的狂言）说明了现在出现一种反对违背自然、故意鄙视性交、把它看作不体面的丑事的倾向。

世界上有些地方在这个问题上似乎处理得很合理，完全符合自然。他们认为性交的行为很重要很有意义，以致可以用来奉祠神祇，因此兴起了性交前要做祈祷的习惯。波斯国王琐罗亚斯德（Zoroaster）就曾下令已婚的夫妻在性交前应该祈祷，性交完了之后他们还应该齐声说："啊！萨蓬多马德（Sapondomad）神，我把这种子交给你了，请替我保存好，因为他是一个男人。"在哥隆群岛（Gorong Archipelago），丈夫和妻子在性交前要祈祷也是一种习俗。[113]但是，文明时代的人变了，他们认为肠胃是最重要的器官，他们传统的向神祈祷感恩只在进食前施行而不在性交之前了。对于宗教认可的性交的礼仪，在欧洲连一点支离破碎的残迹都看不见了。也许我们还可以在西班牙人中间查找到一点它的踪影，他们对礼仪有一种顽固坚持的本能，据奥尔奈（d'Aulnay）夫人说，十七世纪的时候，西班牙有一项庄严的宫廷礼仪，当国王要进入王后的卧室的时候，习惯上，"他穿着拖鞋，肩上披着黑色斗篷，一只手臂挂着盾牌，一个用绳子系着的瓶子挂在另一只胳膊上（这个瓶子不是盛点什么用来喝的东西，而是用于完全相反的目的，是什么目的你自己去猜）除了这一身装束，国王还一手拿着他那把重剑，另一只手提着一盏暗光的灯。他必须这样单独进入王后的卧室。"[114]

在讨论恋爱的艺术时必须把性交这个主要的事实摆在第一位，因为有太多的人对它浑然无知，又有许多令人遗憾的偏见，像气味难闻的阴暗的地方滋蔓的毒蘑菇一样包围着它。基督教教会的传统遍布整个欧洲，竖起两尊神祇供人礼拜，圣母玛利亚和他的圣子，它殚精竭虑地把这两尊神和个人的性交关系剥离开来，把一切想在婚姻的性爱中去发现神圣而正大光明的理想的企图都彻底粉碎了。甚至连教会自己想要在道德和精神上提升婚姻的地位也被它自己的理想给否定了。这种影响甚至到今天还在压制着我们的文明。当惠特曼（Walt Whitman）在写作他的《亚当的孩子们》(*Children of Adam*)的时候，他不完全按照宗教的教条表达有关性爱怀孕的事实，写到了世界各地都存在着的健康的自然的性爱，但惠氏的诗还是没穿透基督教世界的黑暗，在这个世界上提起性爱，如果不是谈虎色变，也好像是一些闻所未闻的新鲜事。拒绝承认性是严肃庄重的事实就不免要给至尊的性交行为盖上一张黑色的棺罩。从此永远见不到阳光，被拒绝登上大雅之堂。

从性爱艺术的眼光看，性交之所以是一件重要的事实，不仅是因为它处在愚昧和偏见的包围之中需要启蒙，而且也是因为它在婚姻生活的精神层面上也具有真实的价值。帕雷(Ambrose Paré)是古代法国的一位医生，他有一句常常被人引用的话——“这些器官使一大家人和睦相处。”我们从庇泼士(Pepys)日记里时常描述的情况中就可以看出来这是怎么做到的了。同时，也还要再说几句多余的话，在所有这些障碍没有消失之前，这种古时候的家庭和睦的源泉，已经趋向被不计其数的各种各样的性爱需要弄得很复杂，这种复杂的局面又随着文明的发展而更加彰著[115]。

实际上恋爱的艺术是只有随着性交的确立才开始的。在性交关系的配合中所有自然的力量都强烈地啮合在一起，在完全良好顺利的境况之下，性爱艺术的知识和可行的实用技巧几乎全部都是出自这些境况自身——这些境况在我们的文明中真是很罕见了。性爱艺术家都是在实际上或表面上获得的自然的性爱兴趣开始松弛之后才受到真正的测验。有人说得好，整个性爱艺术就在于不倦地在同一个人身上寻觅某种新鲜的东西。甚至可以说性爱的艺术更像是保持情爱的艺术而不是唤起情爱的

艺术。否则的话，就会变质到朝着莎士比亚的诗中说的贪淫好色的路子堕落下去，

> 无缘无故，去渔色猎艳，
> 无缘无故，转眼又生厌。

虽然我们应该知道，即使用最严格的自然的眼光来看，正常的情况下情欲都是转化成依恋的爱情而不会变成厌恶排斥的情绪的[116]。

年轻的男女由于长时间的和不自然的隔离，性欲的发动和性欲的满足被人为地割断了，后来阴错阳差被带进在性生活上完全不加限制的婚姻，这种婚姻生活肯定不是他们学习和讲究恋爱艺术的最好的条件。他们在婚姻的亲昵交接中，造次胡闹纵情乱来，把应该重视学习性爱艺术的一切道理漫不经心地抛到一旁。正如爱伦·凯说的那样："如果不受外力的逼迫，有一些结了婚的人，可能彼此相亲相爱，一年到头每天都在一起生活，互相体谅迁就，相敬如宾，白头偕老。"

我们的文明生活的全部趋势，在个人的事务上，都是朝着个人主义的方向发展的；它们不免造成专一化或个性化，保证个人的习惯的甚至个人独特的趣味神圣不可冒犯。这种个人主义不可能由于传统的专横而顷刻瓦解，甚至脱缰野马般不受拘束的情欲的力量也不能使它消散。由于尊重他们的朋友的习惯和偏见或者由于造次地放纵年青的爱情 ，或者是仅仅由于害怕伤害到彼此的感情，年轻的配偶往往过早地陷入密迩无间的情网中，这对于保持婚姻的圆满和持久会造成灾难，其严重的程度甚至比从未成就

过完美的亲密关系对婚姻的恶劣影响还要大。这就是今天许多讨论婚姻的道德卫生的作家建议夫妻分床睡觉的重要理由之一，他们建议如果有可能就把卧室分开，照爱伦·凯的意见，有时候，甚至也无妨分开居住独立生活一段时间。最幸福的婚姻当然往往包含最密切的和形影不离的亲昵，有些人特别适合于这种亲昵。布洛克（Bloch）曾经肯定地说，熟悉使恋爱死亡这类话根本就是错误的。熟悉对一桩没有根基的爱是致命的，但对于一桩根深蒂固的爱来说则是阳光雨露和营养。不过，暂别对与保持新鲜的感觉和美好的恋爱的理想还真是必要的。正如兰多尔（Landor）说的那样，“暌违是十全十美的隐形的母亲。”已婚的夫妻在长期别离期间难得一次比较短时间的相聚时，往往从中经验到终生不忘的新婚般的甜蜜[117]。

天天在一起对爱情有危险，总是离别也同样不安全，这种说法的确是没有问题的。离别和见面，如果时间太长，到头来都会抹去爱情的记忆，而离别还多一层问题，由于社交的事增多，人事的接触，常常会引出一些吃醋嫉妒的问题来，再说，社交的分寸把握在什么程度可以不产生嫉妒问题或甚至连引起嫉妒的动机都不会有，这个问题真的很难回答。嫉妒的问题是恋爱艺术的一个很基本的问题。我们不得不在此花一点功夫稍加讨论。

嫉妒的现象是基于一种基本的本能，这在人类起源之前的动物的生活中早就看到了。笛卡尔（Descartes）把嫉妒定义为“一种害怕不能保持占有的恐惧。”在动物界里，捕获使它垂涎的猎物的冲动会由于先前想要夺取过这个猎物的对手的出现而激起更大的活动力。这种现象似乎是动物界里的一个基本的事实；它是一种终生保守着的癖性，因为，有人曾经说过，有一只动物，当它的一群伙伴正在狼吞虎咽地吃食的时候，站在一旁，什么事都不做，只是呆呆地看着别人吃，很快就死去了。但是在这个事实中我们看到了嫉妒的自然的基础[118]。

在取食方面这种冲动最早出现在动物中，而且表示得特别明显。有一件众所周知的事实，即许多动物在一起共食就比一只动物自己单独用食时食量要大得多。它不再是为了饥饿而食，它这一副饕餮的样子，是为了和对手抢吃，把食物保存到它知道的唯一的坚固的食柜里。同样是这个情绪在动物中被转移到了性的领域。再说得近一点，嫉妒的情绪在狗和其他家畜与它们的主人的关系中也常常表示得非常明显[119]。

嫉妒是一种情绪或感情，它在动物中，在未开化的人中[120]，在儿童中[121]，在衰弱的老人身上，在身心退化的人身上，还有，在一些很特殊的慢性酒精中毒的人身上[122]，都有强烈到极点的表现。卓越的艺术家和人类心灵的大师们把嫉妒情绪引发的悲剧描写到极致，他们清楚地认识到它或者是一种返祖遗传的现象或者是一种病态。莎士比亚把他的奥赛罗（Othello）描写成一位野蛮的人物，托尔斯泰在他的《铜币奏鸣曲》（*Krentzer Sonata*）中也创造了一个名叫波兹德尼雪夫的疯狂愚蠢的角色。这是一种反社会的情绪，但有些人却认为这种情绪自有它的道理，说它是成就贞节和忠实的动机。例如，格塞尔（Gesell），他虽然承认嫉妒有反社会的性质，还大量摘录了许多由它招来的痛苦和灾难的事例，但似乎又认为要培植性的贞操还应该鼓励这种感情才对。一直有人发表一些很明确的意见，坚决反对这种认识。爱伦·凯说，嫉妒，像其他在阳光下的阴影一样，只属于拂晓时刻和日薄西山之时的爱情，如果太阳一直高高地挂在天顶就没有嫉妒的阴影，男人应该觉得这是一个奇迹而不是他的权利[123]。

即使因为嫉妒的情绪在文明肇始时与在动物中一样发挥过有益的作用——大概这还是可以承认的，但是总体上看它更像是有益作用的副产品，而不是有益的作用本身，——我们仍然搞不清楚它怎么会因此在文明更加向前推进的时期还成为值得拥有的感情。有许多原始的情绪，像愤怒和恐惧，我们并不认为它们在复杂的文明社会中值得鼓励，而最好还是要想法加以限制和控制。即使我们倾向于认为嫉妒在最初起源时有过什么价值，似乎还是应该把它摆在这些要加以约束的感情之列。

克拉泊登（Clapperton）小姐在《科学的社会改良主义》（*Scientific Meliorism*, pp.129-137）一书中讨论这个问题时，同意达尔文说的“嫉妒的心理导致了对妇德的提倡与灌输”[124]，但她又补充说，嫉妒也是妇女屈服于男子的原因，现在必须把它清除干净。“把我们身上的嫉妒的感情尽可能快地清除干净是很重要的；否则争取男女平等的伟大运动将不免要遇到障碍和被埋葬。”

里博（Ribot），一面说主观上对嫉妒情绪的估价必然因个人的生活理想不同而异，一面又认为客观上我们必须倾向于对它做负面的不良的评价，“哪怕就是短暂的一闪而过的嫉妒的愤怒，也是正常生活的一种破坏；如果不是一种病症，也是一种不正常的状态，是寄生的赘疣”。[125]

佛瑞尔（Forel）很激烈地说了一通同样意思的话，认为必须让嫉妒断子绝孙连根铲除，他断言，嫉妒的情绪“深深植根于我们从动物祖先那里继承下来的性爱的‘放射的光辉’中，说得更恰当一点，是植根于和这种性爱相反的‘反爱的感应’中。这真是糟糕透了。一位德国老人说，‘嫉妒是热心寻找制造烦恼的东西的一种激情’，说得一点都不过分……嫉妒是动物本性和未开化祖先的蛮风的遗产；有些人借口‘名誉受损’企图为嫉妒的心理辩护，把它请上高堂，我重提这些话是劝他们打消这种念头，对女人来说，有一个不忠诚的丈夫比有一个嫉妒心重的丈夫要好上十倍……我们常常听说什么‘有理由的嫉妒’。但是，我相信根本就没有有理由的嫉妒这回事；它肯定是一种返祖的现象，要不然就是一种病态；往好里说，充其量不过是不讲理的禽兽的愚蠢罢了。一个男人如果她的遗传体质天生就有嫉妒的心理，肯定会毒害他自己的生活与他的妻子的生活。这种男人绝不该结婚。应该通过教育和选择双管齐下把嫉妒的心理从人的脑子里尽可能地清除干净”。[126]

吉拉德（Eric Gillard）在他的《论嫉妒》这篇论文中反对那些认为嫉妒是“成全了家庭”的人，斩钉截铁地说，恰恰相反，它是破坏家庭的主要力量。“只要利己主义用感情的眼泪灌溉它，保护它免遭科学质疑的凛冽寒风的袭击，那它就会滋蔓丛生。但总有一天会像恋爱的花园里的毒草一样被烧个精光。它对社会的毒害的作用太明显了，实在不可以恝置不顾。它把一个家从爱情的圣殿变成了吵闹和憎恨的地狱；它引起自杀，驱赶成千上万的人去借酒浇愁，造次地纵欲，成为疯子。成全家庭！看看你的已婚的男朋友中，某某把每一个对他妻子微笑的男人都看作可能的诱奸者；某某又嫉妒他的妻子的熟悉的女友；某某甚至因为他的妻子关心孩子多了而感情受伤情绪不好。有些你知道的女人对她丈夫熟悉的朋友中的每一个别的女人都一身的嫉妒，而有些女人，连对她丈夫的狗都要嫉妒。你必须被完全彻底地独占，否则你就死了恋爱这条心。除了你自找的哪位和你一起幽栖终生的人之外，你不得羡慕任何一个人。老朋友必须断交，新的友谊不许建立。因为担心和害怕唤起那美丽的‘成全家庭’的感情。”[127]

即使承认在性的问题上嫉妒可能是一种有助于文明进步的感情，还是必须指出它只是一种外铄的作用；它的实际的影响微乎其微甚至一点也没有；嫉妒的人罕有因为嫉妒心而使自己变得更加可爱，倒是常常更加不讨人喜欢。他的嫉妒的主要效用是要增添，很多时候甚至是要激发出引起嫉妒的种种情由，同时也为假装圣人的伪善做派推波助澜。

庇泼士（Pepys）的家庭历史中的一个很严重的插曲将一个十分典型的家庭嫉妒产生的环境、伴随发生的事件和结局等等问题全部清楚地演示了一番，这位伟大的日记作家把它点点滴滴地非常诚实地记录了下来。这次开罪的因由——和他妻子的女家政助理抱了一抱，现在都是这样称呼干这一行的人——不过是小事一桩，但庇氏自己承认，是完全不可原谅的。他记了下来，那是他三十六岁的时候，1668 年 10 月 25 日（安息日——星期日）。“晚餐后，狄布（Deb）帮我梳头，这件事招来我在这个世界上经历过的最大的悲哀和悔恨，我的妻子突然走上来，正好看见我在拥抱这个女孩子，我大吃一惊吓得有点不知所措，这个女孩也一样尴尬，我尽力想把它敷衍过去，但我的妻子打破沉默生气起来……我为自己做的这件蠢事衷心感到痛苦……这个月就这样过去了，”几天以后他写道：“在和我可怜的妻子大吵了一架之后我虽然还心有余悸，但多少平静了一些，我对那女孩子确实做了这一桩蠢事，我有理由要为此感到抱歉和羞愧，也为了那个可怜的女孩而更添烦恼。十一月六日，起床，一会我妻子就来到我身边，她现在每天都表面上说为我穿衣整装，这样我就可以不必见

威利（狄布）了，她盯着我，看我是不是在向威利挤眉弄眼，监视我不准我走进她所在的房间。十一月九日。起床，我把一张小纸条投给狄布，告诉她我一直否认吻过她，她也得管住自己不要说这件事，求上帝饶恕我，我真的是冒险说了谎，我知道这件事对我来说有多么严重，这个可怜的女孩更是雪上加霜般不堪了，再说，我也知道如果我的妻子知道了这一切，她就再也不可能和我和睦相处了。这样一来我们全盘的生活都要倒霉了。这个女孩看了我写的条子，并且照我的吩咐回了我一张小条子，在从我身边走过时扔给了我。”但是，第二天，他遇上“大麻烦”了，因为，那个女孩子对我的妻子承认了，她知道了接吻的事。一连几个晚上庇泼士先生和他的太太都没法入眠。并排躺在床上，各自面朝一边哭泣。狄布换了人家。十一月十四日离开的，在她离开前，庇泼士再也没能够见她一面，他妻子的眼睛一直盯着他。显然庇泼士现在已经对狄布有点着迷了，但是在她成为引起争吵的题目之前并没有这种痴情的迹象。十一月十三日，当他听说她明天就要离开了的时候，他写道：“说老实话我想入非非要和这位女孩在一起度过她的初夜。”但是，他“更担心我的妻子可能会因此永远抓住我不放，这样一来我将一辈子做她的奴隶——当然只是就取乐这件事情说的”。同时，他对妻子照样卿卿我我，而她对他的爱也丝毫不变。“我现在必须说，”他说，“自从这次吵架以来，我想已经有十二个月了吧，比起之前没事的时候，我和我的姆格（mugger, 即妻子）同衾共枕尽丈夫责任的次数还多了几倍。自从结婚以来，还没有过什么时候带给她这样多的快活。”第二天是星期日。星期一，庇泼士立刻开始打听狄布的去向，想要去找她。十八日，他找到了她。他和她一起坐上马车，他吻

她，和她神魂颠倒地动手动脚胡来一通。同时还劝她“要顾全她自己的体面，要敬畏上帝，”不许别人和她干这种他干过的事；他还告诉她如果想他了怎么样可以找到他。庞泼士这时候觉得一切事情都安排得称心如意，他的心里充满了欢乐。但是他的欢乐没过多久，因为庞泼士太太第二天就知道了他和狄布的这次会面。起初庞泼士还否认，接着又承认和忏悔了，于是一幕从未有过的可怕的场景出现了。庞泼士这次真的吓坏了，因为他的妻子威胁要弃他而去；他决定放弃狄布，并且向上帝祈祷下决心不再犯同样的错误。但是庞泼士太太并不满意，直到逼着她的丈夫给狄布写一封信，说她比一个婊子好不到哪儿去，并且说他恨死她了。虽然狄布没有看到信而免遭此辱，这不是由于庞泼士的计谋，而是受他委托传信的一位朋友深思熟虑想出来的办法。此外，庞泼士太太还和她丈夫做了安排，将来他只要离家外出，无论去哪儿都得有他的副手陪着。我们看到庞泼士太太似乎得意扬扬地用了巧计，成功地扮演了一位嫉妒的复仇的妻子。残忍地用她那小小的法兰西的鞋后跟踩穿了她的那位被征服的丈夫和对手。遗憾的是我们不知道最后是个什么结局，因为不久之后，由于眼疾的缘故，庞泼士被迫搁笔不复记事了。显然，如果我们对这一幕可能是典型的场景整个瞥上一眼，就能看出夫妻两人从今往后谁也不会有丝毫的把握能回归到照样要过的平常生活了。两个人似乎都感到痛苦，丢脸和屈辱；嫉妒的结果是这位丈夫对那位本来引起争吵的女孩倒有了相当真挚的和强烈的爱情；而最后，虽然他是被迫的，却无论如何在当时是完全屈服于妻子了，但一场戏刚落幕，同样的戏立刻又要上演。丈夫和妻子谁都不想分手，丝毫没有抛弃对方的念头；婚姻的纽带仍旧牢固，但由于一方的不忠

诚和另一方力图用嫉妒去强迫对方以获得忠诚，使它变味贬值了。

无论如何，即使完全不顾及嫉妒的实际作用，甚至不考虑由它造成的所有这一切痛苦，它还是明显地和文明的所有倾向都不相得的。我们知道在性的关系中和在其他一切关系中一样，包涵着一定程度的变异，除非我们对那许许多多的不幸和不公正的事永远置若罔闻，任其存在下去，否则我们就必须正视和承认变异的事实。我们也知道，我们前进的方向必须不断增加道德的责任感和每个人的克己的精神。具体到嫉妒这类事情上，就不仅仅是要求有高度的忠诚而且要认识到任何人都没有权利或什么权力去控制另一个人的感情和行为。用爱伦·凯的话说，如果我们的爱情的太阳仍然处在正午的位置，这是一个奇迹，我们应该怀着敬畏的心感恩庆幸而决没有权利要它必须待在那里。要求有权嫉妒和要求婚姻权利是一丘之貉。

布洛克（Bloch）说，同时爱上不止一个人，几乎同样一往情深，也能忠实地保证对她或他每个人的情爱，这种事很有可能。布氏还补充说，现代的文明不免会造成精神上的千差万别，而这种差别又增加了这类多角恋爱的可能性，因为谁都很难在任何一个人身上找到和他完全情投意合相须相成的伴侣，这种情况对女人和对男人都一样适用，并无二致[128]。

希尔特（Georg Hirth）也指出，有一点很重要必须知道，女人和男人一样可以同时爱上两个人。他说，男人常常怀有偏见，妄自以为女人的心或者不如说是她们的头脑，在同一个时候只能容纳一个男人，而如果有第二个男人，这种女人就是娼妓。他说，几乎所有以性爱为题材的作家、诗人和小说家，甚至医生和心理学家都属于这一类人；他们把女人视为财产，两个男人当然就不能同时“拥有”一个女人。[但是说到小说家，这种说法就得增补一句话，即有许多例外，例如哈代（Thomas Hardy），他就常常描写一个女人多多少少同时爱着两个男人。]希尔特反对这种想要贬低女人的精神能力的观念，所以他坚决认为，女人没有必要因为她心中怀有对另一个男人的爱情而被迫认下不忠于某个男人的人这笔账。希氏真诚地断言：“今后，只有爱情和正义才是婚姻中算得上是有关荣誉的动机。现代的男人允许他所爱的妻子和生活伴侣拥有婚前或许婚后仍在爱着别的人的同样的自由。如果她没有使用这种自由，但愿如此，当然是大好事！但不必撒谎，不要欺骗；无限的忠诚和友谊，最诚挚的信任，深情的奉献和体谅等等是现代婚姻的不可或缺的基础。这是防范通奸不贞的最好的办法……但是，即使有谁万一遭遇这种破裂的打击，就让他自我安慰，承认毋庸置疑的事实，即两个真正相爱的情人就是心地最高尚的知音朋友，他们总有各人自己特别中意的爱好。”[129]对这些智慧之言无法做太深的推敲。嫉妒这种心计，如果真能成就什么东西的话，那只能是那种认为爱情的表面样子要比内核的真情更为珍贵的男人手上的把戏罢了。

有些人似乎认为，承认性关系方面有种种变异，承认一夫一妻婚有跨越其自己设定的边界的倾向，充其量不过是一种“人的命天注定”的可悲的宿命论，从理想的云端掉了下来，教人扼腕叹息。但是，这种说法颠倒了是非。一夫一妻制的最大的害处和它的最严重的弱点是它倾向于以隔离于外部世界或社会为代价来成全它的自我中心。欣顿（Hinton）说，魔鬼来找男人总是装扮成他的妻子和孩子。家庭是生儿育女造就未来的公民的最好的工具，就这一点来说，家庭是一种伟大的社会势力；但就某种意义上说，家庭又是一种反社会的势力，因为它倾向于过度地摄取了能够鼓舞社会使其充满生机所必需的能量。人类历史早期的发展需要社会规模的扩张和力量的凝聚，这是当时第一位的需要，很可能就是这个事实导致了一夫一妻制的变通。有人曾经比喻说，家庭很像隐居的一群蛴螬，当我们偶尔掀起花园里的一块扁平的石头，有时就会发现它们蜷缩在自己的狭窄的家里。恋爱的问题海阔天空，我们对它们的关注也应该纵目四方，必须始终牢牢记住，爱情不是一个自了自得的封闭的小圈子。爱情的本性就是向四面八方放射的。正是因为家庭生活的存在是为了养育后代绵延种族的社会目的，所以家庭的爱情在它的同情心和爱心向家庭之外扩张方面有它的社会目的，甚至最后竟扩张到完全超出了爱情的范围[130]。

有一个问题时时争论不休，就是男女之间在性爱领域之外的友谊可能亲密到什么程度[131]。毫无疑问，男人和女人之间完全有可能经验到彼此从不踏入性领域的友谊。但是，这类友谊照例都是在某些特殊的情况下才发生的，这些条件通常都是排斥最亲密无间的友谊的。如果爱情像我们理解的那样可以界定为性欲和友谊的汇合，则友谊势所必然地要进入性欲的领域。正如性的感情倾向浸淫于友谊之中一样，异性的朋友，如果年轻、健康有吸引力的话，他们之间的友谊也同样会牵扯到性的感情。这两种情绪联系得太密切了，以致要想在它们之间永久地设置某种人为的障碍而不遭到反抗是办不到的。男人，当他向一个女人表示友执之谊时通常都会发现对方并不是很愉快地接受的，除非早先已经建立了比较融洽的感情，而女人如果对男人表示友谊的时候通常会发现男人会奉献他的爱情作为回报；几乎可以说“友谊”原本就是率真的爱情或者是为卖弄风情而假托的另一个名词。

一个女人在一封信中写道:“久而久之,由于种种情绪完全抵触互相排斥而变得不满足起来。我认为,男人,要想和一个女人建立起最密切的相互联系,只有当他在体格上有意无意地让这位女人看上了才行。如果他不能想象和一位女子在身体上交媾,他就无法和一位女人有最密切的精神交流。他满脑子想的是拥有女人,整个地拥有,包括她的心和她的身体,灵和肉。而一个女人也不能想象她和一位男人建立了亲密的关系,而不把他的身体、感情、连同他的心一起包括进去。(当然,我这里讲的人都是神经健全家世清白的。)一个女人和一个男人年复一年地保持着柏拉图式的关系而从未想过。他为什么不吻我?我对他没有魅力?这种事可能吗?而当她用到‘接吻’这个词的时候,在她心底最隐蔽的角落里难道不会出现‘接吻’这个词的更广泛的意思,就是法国人有时候用到它的那种意思?”[132] 这段话里无疑包含有真知灼见。性爱和友谊之间的界线是模糊的,而亲密的精神交流,被严格地阻止表现为抚摸或其他身体上的温柔的亲密接触,容易受到抑制,却唤起无言的和不能言说的念头和欲望,这些东西对于任何绝对的友谊都是致命的。

毫无疑问,真正圆满的“柏拉图式的友谊”都是那些先前已经跨过了初步的性爱的亲密关系的大门之后才达到的。这种情况多半是做情人不宜,如果他们曾经大胆地越过了性爱的阶段,也许会成为特别要好的朋友。兄弟姐妹之间的惬意的友谊是可能的,因为他们在童年时代就有过亲密的身体接触,所有色情方面的好奇心都没有了。夫妻之间由于彼此的同情爱慕的情绪和共同的兴趣在性欲减退之后仍然保存和增益,常常可以成就最叫人羡慕的“柏拉图式”的友谊。在一些出类拔萃的男人和女人之间的几乎所有最著名的友谊——就我们知道的几个例子和猜测的其他一些例子看——用圣-伯夫（Sain-Beuve）的话说，一个小时的情爱就是一把金钥匙，可以用来打开最珍贵和最亲密的友谊之锁。使他们成为肝胆相照的知音[133]。

通过性爱的大门获得亲昵并在精神上保持恋爱的特性，这种友谊是同一性别的朋友之间建立的正常的友谊无法成就的。这真是要在幸运的境况下，在夫妻之间性爱已经衰退之后的岁月中才能有的、造诣很高的一种披肝沥胆心心相印的关系。他们已经不再是性欲激荡的情侣，但他们却也不仅仅是成为合志同方的朋友。更特别的是，他们的关系中又增加了一些从子女对父母，父母对子女的亲情借过来的因素。每一个人从他们早年起就有一些属于孩子的东西保留在心中不能公示于众；每一个人又都在生活中获得某种谨守父母之道的精神。夫妻是彼此互为孩子，真的是彼此轮换着当对方的父母和孩子。这时候，女人仍然保留着某种性爱的至尊的地位，因为她直到最后都还更像一个孩子，这方面她从来就比男子更容易做到，而她当起母亲来要比他当父亲更加真实得多。

格鲁士（Gross）在《美学的享受》（*Der Aesthetische Genuss*, p. 249）中指出，“爱情”实际上是由两性的本能和为人父母的亲情的本能调制而成的。

托马斯（W. Thomas）教授在《性和社会》（*Sex and Society*, p.46）一书中说道：“所谓幸福的婚姻就表示一种平衡，一面是把为母的兴趣扩大应用到男人身上，关心他个人的需要，就像她关心孩子的需要一样——实际上像宝贝孩子一样珍爱他——；而在男子一方，则是把他天性对于宠物和所有柔弱的（和喜欢沉默的）生灵的抚养和爱情扩大应用到女人身上。”

一位女子写道：“如果把联结母与子的奉献精神加入夫妻的关系之中，婚姻结合的品位就会提升到值得大家景仰的高尚的境界，也是他在世上能够成就的美满的境界。它饱含着同情，爱和彼此深切的了解，甚至连双方的短处和弱点都彼此了然于心。”另一位女人写道：“一切真正的女人的爱的根基都是母亲的温厚柔情，她爱的男人是一个长大了的孩子，虽然她也可以同时敬重他。”（在本《研究录》的第五辑《妊娠的心理状态》一章的开篇的脚注中曾经提到另一位著名的才女的类似的意见，可以参阅。）

永远动人心魄使人奋发的性爱关系都是在这些基本的人类事实的基础上发展起来的，而不是由于突然出现了一些人物，经他们的努力把种种超凡脱俗的品质千难万难地结合起来造成的。基希（Kisch）在他的《女子的性生活》一书中说：“这项任务极端困难，但是一位聪明的贤淑的现代妻子必须尽一切努力把阿斯巴西娅（Aspasia）的动人的性感，卢克里斯（Lucrece）的贞操和科尔奈丽娅（Cornelia）的睿智结合起来造就成她独一的人格。”上一个世纪有一部名叫“假姑妈”（La Tia Fingida）的小说，有人说它是赛万提斯（Cervantes）的手笔，这部小说告诉我们说：“一个女人应该做到，在大街上是马路天使，在教堂里是圣人，站在窗口往外眺望时是美人，在家里是老实人，而在床上是魔鬼。”另一方面，女人对男人的要求也几乎高远到无边无际出格离谱的程度。斯特克尔（Helene Stöcker）说：“95%的恋爱中的女人肯定都认为，一千个别的男人，行为举止卑鄙无耻，抛妻弃子，虐待和欺骗他们所爱的女人；她们所爱的男人却是例外，他鹤立鸡群显著与众不同，这就是她们爱他的理由。”但是我们很怀疑，未必有过哪些伟大的情人是十全十美的完人，远远高出平常人的水平之上而叫别人不能望其项背。他们都是人，他们的恋爱的艺术也不是始终白璧无瑕，没有一点人格的缺陷；十全十美的人格，即使真有的话，恐怕也只会是一方瘠土，不利于爱情的根底深固。

只有当我们认识到构成性爱的种种因素的高度复杂的本性时，我们才能够知道恋爱何以具有这样巨大的开启人的心智的力量，甚至对最伟大的天才和有知识的人物以及他们的最富心性的活动领域有那么深刻的影响。可以用来说明歌德和施坦因夫人（Frau von Stein）之间的关系，或者瓦格纳和维森东克（Mathilde Wesendonck）之间，又或者罗伯特（Robert）和勃朗宁（Elizabeth Browning）之间彼此的关系的缘由不仅仅是性欲，也不仅仅是任何性爱艺术中的自觉的技巧——这些东西当然也是重要的[134]。

我相信读者到此都已经清楚地知道了为什么在讨论性冲动和社会的关系时要处理恋爱的艺术问题了。说个人的性爱的事是隐藏最深的个人隐私，这是不错的。但是，这些事是社会生活的堂构也是事实，而且它还提供生殖人口的条件，这对于国家来说是至关重要的——至于提供的条件是好是坏则因人而异了。因为性爱的问题完全属于私人的隐私，结果多半湮没在传宗接代生儿育女的问题中了。我们必须觉悟到恋爱的问题不仅仅只是服务于子孙继嗣的问题，而且恋爱也自有其本身固有的价值，甚至有关系到社会福利方面的权利要求而必须加以照顾的问题。

著名的社会学家塔尔德生前对性爱有过一番发人深思的研究

[见《犯罪人类学档案》(*Archives d'Anthropologie Criminelle*, loc cit.)]。他对这个问题有一些有意思的论述；他说："社会越来越多越来越聪明地把注意力偏向于对付有关'子孙继嗣的问题'而不是'性爱的问题'。第一个问题的应对在我们的文明和商业的种种章程中比比皆是。第二个问题却从来没有说清楚过或没有正视过，古代固然没有，而自基督教问世以来依然欠缺如故，因为仅仅提出解决婚姻和娼妓等问题的办法显然是不充分的。政治家只看到和人口有关系的一面。因此制定婚姻法。他们公然蔑视不生育的性爱。但是显而易见，虽然性爱天生就是效劳于传宗接代的奴隶，它不是依靠文明从生儿育女的服役中摆脱出来争取到了自由。它从只是单纯的生育方法转身变成了一种自在的目的，它给自己加了一个头衔，一个高贵的头衔。我们的花园里培植了种种非常艳丽悦人的花草，因为它们全都是不结子的；为什么认为性爱的重瓣的花冠比我们花园里的不育的花朵更不光彩？"塔尔德的回答是，我们的政客都只是一些争权夺利的野心家，即使他们一时堕入情网，他们也只会是一个唐璜(Don Juan)而不会是弗吉尔(Virgil)[135]。他接着写道："前途必将属于弗吉尔式的有情人，因为权力的野心、美国或欧洲的亿万富翁的可以敌国的财富，一度曾经看似尊荣，但现在恋爱的问题则越来越受到最优秀的和最高尚的人物的关注，他们中珍藏着可以酿造出伟大的科学和艺术的一切酵母，那些勤奋好学的人物和艺术家越来越多，他们宁静致远，专心于自己的创造活动，他们让操持财富的生意人和政客战战兢兢不敢妄为，将来总会教他们懂得苦海无边，回头是岸。那肯定会是人道的最重要的伟大的革命，一种积极向上的心理学的革命：终于悟到人类灵魂的沉思冥想的和爱的情感的一

面，远远重于狂热的、膨胀的、贪婪的和野心勃勃的一面。那时大家才会懂得最重要的社会问题之一，也许还是最难造诣的一个问题，一直都是恋爱的问题。”

注释

1　蒙田：《文集》（Montaigne, *Essais*, Bk.i, Ch. XXIX ; Bk.iii Ch. V ）。

2　亚历山德里亚的克莱门特：《启蒙》（Clement of Alexander, *Pædagogus*, Bk. ii, Ch. X ）。

3　莱格：《教会学文集》（Wickham Legg, *Ecclesiological Essaus*, p. 204）；霍华德：《婚姻制度》（Howard, *Matrimonial Institutions*, vol. i, p. 398）。

4　诺士戈德：《基督教与性问题》（Northcote, *Christianity and Sex-Problems*, p. 55）。

5　布洛克：《现代的性生活》（Bloch, *The Sexual Life of Our Time*, Ch. VI ）。

6　见《小酌酒巡闲话》（*Quoestionum Convivalium*, lib. iii, quaestio 6）。

7　科普：《婚姻问题》（E. D. Cope, “The Marriage Problem”, 载 *Open Court*, Nov. 1888）。

8　见《美国医学协会哥伦布会议》（*Columbus meeting of the American Medical Association*, 1900）。

9　爱伦·凯：《论恋爱与婚姻》（Ellen Key, *Ueber Liebe und Ehe*, p. 24）。

10　罗德：《希腊的稗官野史》（Rohde, *Das Griechische Romam*, p. 55）。

11　布洛克：《论性心理的变态》（Bloch, *Beiträge zur Psychopathia Sexualis*, Teil I, p. 191）。

12　蒙田：《文集》（Montaigne, *Essais*, Iiv. ii, Ch. V ）。

13　伯顿：《忧愁的解剖学》（Burton, *Anatomy of Melancholy*, Bell’s edition, vol. iii, p. 2）。

14　莫伊尔-本费（Heinrich Meuer-Benfey）有一篇专论施勒格（Friedrich Schlegel）著《拉辛德》（*Lucinde*）一书的好文章（载 *Mutterschutz*, 1906, Heft 5），他在文中指出，天主教的神圣的婚姻观念许可性爱，但没有抬举它，就《拉辛德》说，它虽然有许多瑕疵，但却是最早

表达了灵魂与性欲（肉欲）的统一，而这种观念正是新的恋爱伦理的基础。但是必须说明，四百年前彭塔诺（Pontano）就比施勒格更加有力和更加养性培德地表达过同样的灵肉统一的性爱观念了。他那篇用拉丁文写的散文虽然清爽和生动，但到底还是没有起到多少作用。彭氏的诗歌集（*Carmina*），包括《夫妻之爱》（De Amore Conjugali）在内，许多年以后由索尔达提（Soldati）作为学术著作编辑出版。

15　从十三世纪到十七世纪，奥维德实际上是最孚众望的和最有影响力的诗人。他的作品在塑造文艺复兴时代的文坛方面起了很大的作用，单就英国来说，马洛（Marlowe）把他的《爱情》（*Amores*）翻译成英文，莎士比亚在早年的文学创作中也因他而受益匪浅［这方面的评论不少，例如：《奥维德和莎士比亚的十四行诗》（Sidney Lee, "Ovid and Shakespeare's Sonnets", 载 *Ouarterly Review*. Ap., 1909）］。

16　安古斯：《女子的性诱掖》（H. Craford Angus, "The Chensamwali", 载 *Zeitschrift für Ethnologie*. 1898, Heft 6. p. 479）。

17　引自普洛斯-巴特尔斯：《妇女》（Ploss-Bartels, *Das Weib*, Section 119）。

18　萨克：《斯瓦希里人的风俗和习惯》（Zache, "Sitten und Gebräuche der Swahili", 载 *Zeitschrift für Ethnalogie*, 1899, Heft 2-3, p. 72）。

19　贝杜李欧：《法国的习俗史》（E. de la Bedollière, *Histoire des Moeurs des Francais*, vol. iii, p. 334）。

20　雷蒂夫：《尼古拉先生》（Restif de la Bretonne, *Monsieur Nicolas*, reprint of 1883, vol. X, pp. 160-163）。

21　杜伦：《论瑞迪》（Dühren, *Restif de la Bretonne*, pp. 362-371）。

22　本书第二章已经对此有过详细的讨论。

23　佛瑞尔：《性的问题》（Forel, *Die Sexuelle Frage*, pp. 97-101）。

24　本特松夫人：《美国的家庭生活》（Madame Bentzon, "Family Life in America", 载 *Forum*, March, 1896）。

25　希尔特在《回乡之路》中说，在大城市，精力旺盛，进入性的盛年的二十五岁的男子多半都和差不多二十五位甚至五十位女子有过性关系了，而受过良好教育的有修养的女子在这个年龄还只是开始慢慢的稍微认识到一点性兴奋的事情。（G. Hirth, *Wege zur Heimat*, p. 541）。

26　贝克在他的《夫妻嫌恶》（Smith Baker, "Conjugal Aversion", 载

Journal Nervous and Mental Disease, Sept., 1892）这篇论文中指出，婚前具备一些适当的性知识很宝贵，可以减少罹患这种夫妻嫌恶或夫妇病的危险。

27　阿·阿德勒在他的《女子不完美的性感觉》（O. Adler, *Dei Mangelhafte Geschlechtsempfindung des Weibes*, p.182）一书中真诚地说："我们可以客气点对男人说，在这件事情上的错误或许多半不是他们故意不人道，而只是缺少技巧和悟性。一位和女子在精神的交往上没有特别的天赋和经验的男人，单靠他早先和妓女的性交，在身心两方面大概都不可能把什么有用的知识带进婚姻做一个好的丈夫。"

28　一位和我有通信来往的朋友描写他的婚姻时写道："初夜圆房时，她感到疼痛和害怕，并且对我的阴茎的尺寸感到惊骇。我突然扑到她身上也吓坏了她。婚前我们坦白地谈论过性的事情，我从未想到过她对性事的细节一无所知。我以为她会讨厌谈论这些事情；但我现在明白了我应该把这些事情向她解释清楚。结婚之前，我断然认为，一个人要尊重自己的妻子，对她讲任何这类似乎猥亵的话都是无礼的和不得体的。我也下决心绝对不要做我认为是肮脏的把戏去逗引她，甚至连当面裸体一类的事我都不做，也不要她做。事实上我成了假撇清假道学的牺牲品；这是我婚前经历的一段刻意矫情造作的生活。现在我觉得，如果你爱一个女子，做你和她都想做的任何事情都是自然的或应该的。如果我以前没有把这当成错误，而鼓起勇气在我们之间做我们想做的事，也许就会成就房事方面的交感和谐，我和她的关系会更加亲密无间。"

29　弗洛伊德文载《性的问题》（Freud, 载 *Sexual-Probleme*, March, 1908）。

30　爱伦·凯：《论恋爱与婚姻》（Ellen Key, *Ueber Liebe und Ehe*, p.96）。

31　巴尔扎克：《婚姻的生理学》（Balzac, *Physiologie du Mariage*, Meditation Ⅶ）。

32　诺伊格鲍尔文见《助产月刊》（Neugebauer, *Monatsschrift für Geburtshülfe*, 1889, BK. ix, pp.221 et seq.）。另外可以参考泰勒的《论性异常的实用论文集》（R. W. Taylor, *Practical Treatises on Sexual* Disorders, Ch. XXXV）。

33　见塞纳托尔和卡米纳:《与婚姻有关的健康和疾病》(Senator and Kaminer, *Health and Disease in Relation to Marriage*, vol. ii, pp.770-779)。

34　格伦文载《波士顿医学和外科杂志》(*Boston Medical and Surgical Journal*, 13 Ap., 1893)。

35　奥埃仑堡:《性的神经疾病》(Eulenburg, *Sexuale Neuropathie*, p. 69)。

36　阿·阿德勒:《女子不完美的性感觉》(O.Adler, *Die Mangelhafte Geschlechtsempfindung des Weibes*, p. 160)。

37　费氏的言论见塞纳托尔和卡米纳的《与婚姻有关的健康和疾病》(Senator and Kaminer, *Health and Disease in Relation to Marriage*, vol. i, p. 215)。

38　见斯雷特:《道德神学》(Thomas Slater, *Moral Theology*, vol. ii, p. 318,)有关的例子谢尔比牧师在他的《英国教会的婚姻法》一文中也曾引征过(Rev. C. J.Shebbeare, Marriage Law in the Church of England, 载 *Nineteenth Century*, Aug., 1909)。

39　阿·阿德勒:《女子不完美的性感觉》(O. Adler, *Die Mangelhafte Geschlechtsempfindung des Weibes*, pp. 159 et seq., 181 et seq.)。

40　见蒙田:《论文集》(Montaigne, *Essais*, BK. iii, Ch. V)。这是一件很重要的事实，女子，纵使很无知和没有经验，在结婚这件事情上常常比男子准备得好一些。正如富尔布林格（Fürbringer）说的那样（见注37引文，vol. i, p. 212），虽然妻子在婚姻方面通常都比丈夫更为洁身自爱，但“她在和结婚的处境有关的事情上一般属于比较有知识的一方，虽然偶尔表白得叫人吃惊。”

41　见霍华德《婚姻制度》(*Matrimonial Institutions*, vol. iii, pp. 195-203)。

42　可参考霭理士的《男与女》(Havelock Ellis, *Man and Woman*, Ch. XI);基希的《女子的性生活》一书列举了一些详尽的事实(Kisch, *Sexual Life of Woman*, 1909)。

43　马埃尔（Bruno Meyer）反对任何企图把女子结婚年龄提高到十六岁以上的主张，他考虑女子适宜结婚的年龄一般在十四岁，他正确地指出，十六岁的界限是人格成熟和不成熟的界限，而后者是严格限制在性的领域之内的。它对于前者即法定的结婚年龄是有影响的，但是否推迟结婚的年龄只能是自愿选择而不是强迫实行，马氏的这些主张见

《性的问题》(*Sexual-Probleme*, Ap., 1909)。

44 参阅布洛克:《现代的性生活》(Bloch, *The Sexual Life of Our Time*, Ch. XXIV ;他认为允许“结婚的年龄”应该规定为十六周岁。)

45 一位男子在信中写道:“完全是因为我们两人在性爱这件事情上都不顾一切地冒险一试，什么事都敢做——有些事连最下等的妓女都会拒绝做的——她绝不会仅仅因为做这些事就失去自尊或我会让她瞧不起，似乎两人都欲火如焚，要调动情欲，翻云覆雨。我以前从未认识到，我不是说所有做的事都白璧无瑕，但是，说真的，情人之间没有什么事是猥亵下流的。当然，我始终觉得，对她的恋爱是一种高尚的自由教育。”显然，只有这种风流的态度才能激起一位淑女的情欲。

46 白克(Rafford Pyke)说得好:“让人真正理解她，说她喜欢说的话，以自己的方式由衷地讲出自己的心思，把那些折磨她压制她的传统的习俗抛过一边，找某个亲近的人，与他倾诉衷肠。并不要他对她说的每一个字都听得懂，没有误解，只要他能正确地感受她的心情，善解人意——这对每一个女人都是一件多么美妙甜蜜的事啊，而能在这一点上给她满足的男人又有几个呢！”

47 近代以来，有关夜间自动遗精的频数问题一直有人盘诘。见本《研究录》第一辑第二章《性的周期现象。》也可以参考佩里-科斯特在《周年的律动》一文中发表的意见(Perry-Coste, “The Annual Rhythm”, 载本《研究录》第一辑附录 B)。

48 见本《研究录》第三辑《女子的性冲动》一章。

49 关于芝诺比阿的事迹可以参考吉本的《衰微和灭亡》(Gibbon, *Decline and Fall*, ed. Bury. Vol. i, p.302)。阿拉贡皇后的决定在法国曼皮列(Montpellier)的法学家博伊尔(Nicolas Bohier)(Boerius)于 1579 年编辑的《命令汇编》等文稿中有记载(*Decisiones*, etc., ed. of 1579, p.563),在蒙田文集中也提到有关的资料(Montaigne, *Essais*, Bk. iii, Ch. V)。

50 舒里希:《贞女研究》(Schurig, Parthenologia, pp. 302 et seq.)。

51 科氏的主张见塞纳托尔和卡米纳著《与婚姻有关的健康和疾病》(Senator and Kaminer, *Health and Disease in Relation to Marriage*, vol. i, p. 249)。

52 哈勒尔:《生理学基础》(Haller, *Elementa Physiologiæ*, 1778, vol. vii, p. 57)。

53 海孟特:《性的无力》(Hammond, *Sexual Impotence*, p.129)。

54 富尔布林格的意见载塞纳特尔和卡米纳:《与婚姻有关的健康和疾病》(Fürbringer, 载 Senator and Kaminer, *Health and Disease in Relation to Marriage*, vol. i, p. 221)。

55 佛瑞尔:《性的问题》(Forel, *Die Sexuelle Frage*, p. 80)。

56 居约:《实验性爱读本》(Guyot, *Bréviaire de l'Amour Experimental*, p. 144)。

57 厄尔布的意见载齐姆森的《手册》(Ziemssen, *Handbuch*, Bd. xi, ii, p. 148)。古特塞特(Guttceit)也认为变异的幅度很宽,都是与生俱来的自然的素质。可以补充说一点,有些人认为不同的种族之间也有其特殊的变异。譬如,曾经有人说,英国人的生殖力低。而法国人[特别是普罗旺斯人(Provencal),郎居厄多人(Languedocian)和加斯科人(Gascon)]的生殖力高,而勒文菲尔德(Löwenfeld)却认为德国种族在频繁性交的能力上要超过法国人。这些意见或许没有多少分量,主要的差异都是不同个人之间的差异而不是不同种族之间的差异。

58 里兵:《性的卫生》(Ribbing, *L'Hygiène Serualle*, p.75)。基希在他的《女子的性生活》中也表达过同样的意见(Kisch, *Sexual Life of Woman*)。

59 这个报道见《精神科学杂志》(*Journal of Mental Science*, Jan., 1879, p. 611)。

60 见《外科医学记录》(*Archives of Surgery*, Jan., 1893)。

61 舒里希:《精子学》(Schurig, *Spermatologia*, 1720, pp. 260 et seq.)。

62 穆罕默德是一个例外,他常常表现出要为妇女着想的态度,这在宗教的开山祖师中是很罕见的。他规定每周一次是代表妻子一方的权利,与一个男人可能有多少个妻子完全无关。

63 古特塞特:《三十年的经验》(Guttceit, *Dreissig Jahre Praxis*, vol. ii, p. 311)。

64 布尔查德:《日记》(J. Burchardi, *Diarium*, ed. Thuasne, vol. i, p. 329)。

65 舒尔茨:《宫廷生活》(Schultz, *Das Hoefishe Leben*, vol. i, p. 581)。

66 见《犯罪人类学档案》(*Archieves d'Anthropologie Criminelle*,

Jan., 1896）。

67　见《性知识杂志》（*Zeitschrift für Sexualwissenschaft*, Aug., 1908, p. 507）。

68　只要摆一下事实就足以证明“夫妻权利”的诉求多么脆弱，现在许多人都认为“夫妻的权利”这个词是用错了的，本来应该用“夫妻礼数或夫妻礼节”这词才符合实际。在733年以前，拉丁文的诉讼程序中，这个词是obsequies（顺从），而英文“conjugal rights”（夫妻权利）本该是“rites conjugal”（夫妻礼数），这两个词的调换，似乎只是打字员犯的错误[见《咬文嚼字》（*Notes and Queries*, May 16, 1891; May 6, 1899）]。应该补充一点，这个诠释中的“rite”只训“尊卑”、“奉献”之类的礼数，因为训作它义显然就太不着边际了。

69　白克在他那篇思想深刻的论文《丈夫和妻子》中说，“大部分不幸的婚姻中，最失望的往往是妻子而不是丈夫”（Rafford Pyke, Husbands and Wibves，载 *Cosmopolitan*, 1902）。

70　见本《研究录》第三辑《性冲动的分析》。

71　然而一些写作性爱文章的人都清楚知道，女子有时候是比较主动的一方。在这方面，瓦特西埃纳（Vatsyayana）说，女子有时候取代男子的位置，头上戴花、笑窝透脸、嗲声嗲气、低眉弯腰紧紧地抱着他说：“每每都是你欺侮我；这回轮到我让你哭着求饶。”

72　居约：《实验性爱读本》（Guyot, *Bréviaire*, pp. 99, 115, 138）。

73　爱伦·凯：《论恋爱和婚姻》（Ellen Key, *Liebe und Ehe*, p.92）。

74　霭氏没有给出作者的名字，只注明该文发表在《心理学档案》上（Essai sur l’Amour, 载 *Archives de Psychologie*, 1904）。

75　曼特加扎：《腾涅里夫的森林之河》（Mantegazza, *Rio de la Plata e Teneriffe*, 1867, p. 225）。

76　见卢姆霍尔兹的文稿（Carl Lumholtz, 载 *Scribner's Magazine*, Sept., 1894, p. 299）。

77　可以参考卜德：《叟拉布和卢斯腾》（M. A. Potter, *Sohrab und Rustem*, pp. 169 et seq.）。

78　扎基亚：《法医学问答》（Zachiae, *Questionum Medico-legalium Opus*, lib. vii, tit. iii, quaest. I; vol. ii, p. 624 in ed. of 1688）。

79　奥埃仑堡:《性的神经疾病》(Eulenburg, *Die Sexuale Neuropathie*, p. 79);阿德勒:《女子不完美的性感觉》(Adler, *Die Mangelhafte Geschleschtsempfindung des Weibes*, p.188)。

80　见前引书目第 186 页。

81　居约，同前引书目第 130 页。

82　斯瓦希里(Swahili)人有一个风俗，结婚后三天才允许新郎破贞。详见萨克发表在《民族学杂志》上的文章(Zache, 载 *Zeitschrift für Ethnologie*, 1899, Ⅱ-Ⅲ, p. 84)。

83　瑟南古:《论爱情》(Senancour, *De l'Amour*, vol. ii, p. 57)。

84　米歇尔斯:《未婚夫妻关系的道德》(Robert Michels, Brautstandsmoral, 载 *Geschlecht und Gesellscjaft*, Jahrgang Ⅰ, Heft 12)。

85　我不妨再次提起，在本《研究录》的第三辑的《性冲动的分析》一章中，收集了这方面的一些事实。

86　fertilization，在生物学上定义为“受精”，文学上也可以训为多产，不知霭氏在此的意思何在。如果是指称多产是很可能对的，但如果是指称“受精”则未必需要这个条件。——译者

87　扎基亚:《法医学问答》(Zacchia, *Quaestionum Medico-legalium Opus*, lib. vii, tit. iii. Quaet. Ⅵ)。

88　柏生斯的论述见《英国医学杂志》(J. Iglis Parsons, 载 *British Medical Journal*, Oct. 2 2 , 1904, p. 1062)。

89　希尔特:《回乡之路》(Hirth, *Wege zur Heimat*, p. 613)。

90　可参考班斯发表在《纽约医学学会会刊》上的文稿(L. B. Bangs, 载 *Transactions New York Academy of Medicine*, vol. ix, 1893);布特:《性交中断和性交忍精是严重的神经官能症和精神变态的病因》(D. S. Booth, “Coitus Interruptus and Coitus Reservatus as Causes of Profound Neurosis and Psychosis”, 载 *Alienist and Neurologist*, Oct., 1897, p. 588)。

91　布卢姆赖希的这段话见塞纳特尔和卡米纳的《与婚姻有关的健康与疾病》(Senator and Kaminer, *Healthand Disease in Relation to Marriage*, vol. ii, p. 783)。

92　基希:《女子的性生活》(Kisch, *The Sexual Life of Woman*);也可以参考富尔布林格的《与婚姻有关的健康和疾病》(Fürbringer, “Health and Diseas in Relation to Marriage,” vol. i, pp. 232 et seq.)。

93　苏德兰:《关于英属东印度农民的日常生活和民间传统医药的几则报道》(W. D. Sutherland, "Einiges ueber das Alltagsleben und die Volksmedizin unter den Bauern Britischostindiens". 载 *Muenchener Medizinische Wocheschrift*, No. 12, 1906)。(也见本《研究录》第三辑《女子的性冲动》)。

94　泰勒:《论性生理过程紊乱的诊治》(R. W. Taylor, *Practical Treatise on Sexual Disorders*, Third ed., p. 121)。

95　勒文菲尔德:《性生活与神经疾病》(Löwenfeld, "Sexualleben und Nervenleiden", p. 74)。

96　参阅里德:《妇科学教科书》(C. Reed, *Text-Book of Gynecology*, 1901, p. 9)。

97　扎基亚:《扎基亚问答集》(Zacchia, *Zacchiæ Questionum Opus*, ed. of 1688, lib. vii, tit. iii, quaest. Ⅵ)。

98　见塞纳特尔和卡米纳:《与婚姻有关的健康和疾病》(Senator andKaminer, *Health and Disease in Relation to Marriage*, vol. i, p. 213)。

99　见弗洛伊德的第二套《神经官能症讲义》,《拾遗补缺》, 等文稿 (Frend, secondseries of *Beiträge zur Neurosenlehjre*, *Bruchstueck*, etc.)。另见本《研究录》第四辑《人类的性选择》触觉，第Ⅲ节。

100　古尔蒙:《肉体的恋爱》(Remy de Gourmont, *Physique de l'Amour*, p. 264)。

101　同前引书，(pp. 151, 186)。

102　见海孟特同前引书 (Hammond, op. cit. pp.257 et seq.)。

103　彼德曼 (J. Petermann) 对"反式性交" (Venus Aversa) 有详细的论述，见《性的问题》(*Sexual-Probleme*, Feb., 1909)。

104　见前引阿德勒作品 (op. cit., pp.117-119)。

105　德索瓦的话见《大众精神病学杂志》(Max Dessoir, *Allgemeine Zeitschrift für Psychiatrie*, 1894, Heft 5)。

106　伐内斯的报道见《民族学杂志》(Vahness, *Zeitschrift für Ethnologie*, 1900, Heft 5, p.414)。

107　普洛士和巴特尔斯:《论妇女》(Ploss and Bartels, *Das Weib*, Bk. i, Ch. XVII)。

108　米什莱:《论爱情》(Michelet, *L'Amour*, p. 153)。

109 娄包:《阳痿论》(Raubaud, *Traité de l'Impuissance*, pp. 151-153)。

110 韦内特:《人类的生殖》(Venette, *La Génération de l'Homme*, Part Ⅱ, Ch. Ⅴ)。

111 布施:《女子的性生活》(Busch, *Das Geschlechtsleben des Weibes*, vol. i, p.214)。

112 见塞纳特尔和卡米纳的《与婚姻有关的健康和性生活》(Senator and Kaminer, *Health and Disease in Relation to Marriage*, vol. i, p. 217)。

113 普洛士和巴特尔斯:《论妇女》(Ploss and Bartels, *Das Weib*, Bd. i, Ch. ⅩⅦ)。

114 奥尔奈夫人:《西班牙旅行记》(Madame d' Aulnay, *Relation du Voyage d'Espagne*, 1692, vol. iii, p.221)。

115 拉特格斯就曾经在《性的分歧》一文中点出了这个问题(Rutgers, "Sexuelle Differenzierung", 载 *Die Neue Generation*, Dec., 1908)。

116 譬如,在爱斯基摩人(Eskimo)中,有实行临时换妻的习惯,拉斯摩孙(Rasmussen)说,"男人普遍发现他自己的妻子,不管怎么说,都是最好的。"

117 克劳斯顿在《心理卫生》(Clouston, *Hygiene of Mind*, p.214)一书中说:"我始终同意已故的莱科克(Laycock)教授的主张,他是研究人类本性的最敏锐的学者,他认为已婚的夫妻不必总是在一起生活才快乐,事实上合理分开一段时间,彼此不见面,有利于促成更深厚更密切的婚媾。"热情的绵长和暂时不见面相辅相成的事实无须赘言;正如乌尔斯通克拉夫脱在《妇女的权利》(Mary Wollstonecraft, *Rights of Woman*, original ed., p. 61)一书中很早以前就说过的那样,只有在离别或不幸中热情才能经久牢固。但是还要补充说一句,在她写给伊姆雷(Imlay)的情书中曾经写道:"我明白地说过,两个人打算一起生活就不应该长期分离。"

118 格塞尔在他《论嫉妒》的有趣的研究中(Arnold L. Gesell, "Jealousy", 载 *American Journal of Psychology*, Oct., 1906)说道:"把眼界放宽了看,嫉妒是在竞争中伴随着生物学的行为的一种必然的心理状态,使人很想把它看成是遗传的最古老的感情或情绪,几乎可以说是求生的同义语,与害怕和愤怒的情绪几乎同样重要,他本身就是立刻要进入愤怒的前奏，是害怕的一种符号。……在好交际的和互助的社交往来中我们看到它是保护个人的盾牌的另一面；不论嫉妒有多少反社会的性质，但是它保留着一种动物学的经济功能；这就是，保守住个人对群体的防范。这是大自然对于纯粹的社会性情绪的重要的修正。”

119　格塞尔在他的“论嫉妒”一文中附有许多图片解说。

120　在较低等的族类中嫉妒的情绪可以被部落的习俗掩盖或修饰。拉斯摩孙的《北极人》（Rasmussen, *People of the Ploar North*, p.65）一书中提到爱斯基摩人的换妻习俗时说道：“一位男子有一次告诉我说，只有当她不愿接受其他的男人时才鞭打他的妻子。他的妻子除了和他在一起不愿意和其他任何人有关系，——而这是她的唯一的缺点！”拉氏还在另外的一些文字中说到爱斯基摩人也有极端嫉妒的感情。

121　冒尔：《儿童的性生活》（Moll, *Sexualleben des Kindes*, p. 158）；另外可参阅格塞尔《论嫉妒》一文。

122　在酒鬼中，嫉妒的情绪彰明较著。比恩鲍姆就在《酒鬼的性生活》（K. Birnbaum, “Das Sexualleben der Alkoklisten”，载 *Sexual-Probleme*, Jan., 1909）一文中指出，酒鬼的这些嫉妒，在大多数例子中，多多少少都有些根据，因为妻子讨厌她的丈夫，自然就会到别处去谋取同情，另寻伴侣。但是，酒精性嫉妒的根据往往很离谱，没有事实的依托而是和幻觉妄想之类纠缠在一起。[见迪马：《一个疯子的逻辑》（G. Dumas, “La Logique d’un Dément”，载 *Revue Philosophique*, Feb., 1908）]；另外可参考斯特凡诺夫斯基（Stefanowsky）的《病态的嫉妒》（“Morbid Jealousy”，载 *Alienist and Neurologist*, July, 1803）。

123　爱伦·凯：《论爱情与婚姻》（Ellen Key, *Ueber Liebe und Ehe*, p. 335）。

124　见达尔文：《人类的由来》（Darwin, *Descent of Man*, Part I, Ch. Ⅳ）。

125　里博：《情绪的逻辑》和《激情怒气随笔》（Ribot, *La Logique des Sentiments*, pp. 75 et seq.; *Essai sur les Passsions*, pp. 91, 175）。

126　佛瑞尔：《性的问题》（Forel, *Die Sexuelle Frage*, Ch. Ⅴ）。

127　吉拉德：《论嫉妒》（Eric Gillard, “Jealousy”，载 *Free Review*, Sept., 1896）。

128　布洛克：《现代的性生活》（Bloch, *The Sexual Life of Our Time*, Ch. Ⅹ）。

129　希尔特:《回乡之路》(Georg Hirth, *Wege zur Heimat*, pp. 543-552)。

130　施伦普夫在《小克拉拉的地位》(Schrempf, Von Stella zu Klärchen, 载 *Mutterschutz*, 1906, Heft 7, p. 264)中指出，歌德在他的诗歌《埃格蒙特》(*Egmont*)中尽力描写一位女子拒绝了一位除了对她的爱之外什么都不懂的男子的爱情，而潇洒大方地委身于另外一位把志向放在她以外的更大的世界的男子。这个观点中的确有真知灼见。

131　有几位作家，大部分是女作家，讨论过这种“柏拉图式的友谊”，见仁见智，各种分歧的意见旗鼓相当。例如，在《女士的王国》(*Lady's Realm*, March, 1900)这份刊物中就可一见。

132　这封信发表在《性和社会》上(*Geschlecht und Gesellschaft*, Bd. i, Heft 7)。

133　当然有一些重要的例外。就像梅里美(Mérimée)和达坎(Jenny Dacquin)夫人之间秘藏于《致一位无名氏的信》(*littres a une inconnue*)中的深情厚谊那样，在梅氏一方或许完全是柏拉图式的，而达夫人则一切都顺着他的性子。参阅，勒费布尔的《梅里美的著名的匿名女友》(A. Lefebvre, *La Célébre Inconnue de Mérimée*, 1908)。

134　所有这些出类拔萃的人物的情书都公开出版了。迈瑞德在他的《妇道评论》(Rosa Mayreder, *Zur Kritik der Weiblichkeit*, pp.229 et seq.)一书中提到，甚至有些很具男子气概的刚烈的天才人物都完全屈服于他们恋爱的女人的灵性气质。迈氏详细地推敲了他们的这种无条件的谦卑风度的问题。勃朗宁(Brownings)这一对是一个特别值得注意的例子，他们是“世界闻名的最神奇的爱情故事中的男女主角”;[爱伦·凯曾在《人》(*Menschen*)一书中用这种观点写过一些有关勃朗宁的文字，后来在《爱丁堡评论》(*Edinburgh Review*, April, 1899)上有一篇论及勃朗宁的情书的文章，参考到爱伦·凯的这些议论]。无须多言，对于智力才情很高的人来说，性爱的关系可能意味深广，甚至都不是着意在有一个幸福的结局；乌尔斯通克拉夫脱(Mary Wollstonecraft)是一位才华出众的女人，那些在匣子里藏着的她对那位平庸的伊姆雷(Imlay)的爱情的情书，可以归入英国的最热情和最感人的情书之列。

135　唐璜(Don Juan)是欧洲许多国家的稗史中的一位传奇人物，并没有任何真实历史的事实根据，十七世纪后正式见诸西班牙的文学作品。后来又以不同的姓氏先后出现在法国意大利和英国的戏剧、小说和诗歌等文艺作品中。总的说是一个妄自尊大，沉溺于肉欲，对女人邪恶残忍的人物。弗吉尔（Virgil），同名的历史人物很多，有诗人、历史学家等等，传奇也不少，不知这里所指的人物是谁。——译者

第十二章　生殖的科学

生殖的科学和恋爱艺术的关系——性欲和性欢娱是妊娠的条件——往日生殖任凭无常浮想和性欲操纵——生殖问题是一个宗教问题——优生学的宗旨——爱伦·凯和戈尔登（Francis Galton）爵士——我们欠子孙的债——代替自然选择的问题——优生学源流——如今对优生学原理的普遍采纳——具体实践优生学原理的两条通道——女子的性责任感——拒绝强制做母亲——自愿为母的光荣——贬抑母道价值的原因——妊娠的控制——文明国家大多数人口中现在控制妊娠的实践——“种族自杀”的谬论——大家族是退化的烙印吗？——生殖控制是自然和文明进步的结果——新马尔萨斯主义的信念和实践的成长——自愿绝育和新马尔萨斯主义的区别——妊娠控制在医学和卫生上的必要性——避孕的方法——堕胎——实行堕胎的责任的新学说——这样做的正当程度究竟如何——阉割作为控制生殖的一种方法——除劣优生或消极优生与择优优生或积极优生——婚姻裁可的问题——国会不宜对优生立法——有关遗传问题的社会良心的唤起——天赋母道的限制——有利于生殖的条件——绝育——人工受胎的问题——生殖的最

佳年龄——幼龄母亲的问题——生殖的最佳时间——生命的神圣周期的完成。

我们已经知道，恋爱的艺术有独立于生殖而存在的充分的正当的理由。即使我们现在还相信——像所有的男人曾经一度肯定相信过和现在有些中澳洲的人还在相信的那样——性交和种族的繁殖没有本质的联系，那它更应该有独立存在的充分的道理了[1]。作为一种艺术，它的美好文雅的表现，是个人在文明生活中圆满发育的需要，同样也是几乎所有地方都视为社会道德要求的、保持两性关系稳定的需要。当我们现在转到构成婚姻的第二个重要的因素——生殖问题的时候，我们碰到的第一个问题就是恋爱的艺术在其中也有它的地位的问题。古时候，男女相得统统是听其自然的事情，所有爱情的和恋爱艺术的问题都不在考量之列。大家都以为生殖不关人事，和人没有关系，可以不加注意，像早期基督教的神父想象的那样，这是天堂里早就操办好了的事情。如今大家不再接受这种观点了。男人不相信，女人更加不信。我们知道，在我们见惯了的文明生活中，随便挑选的两个人之间，总是不容易产生异常兴奋（erethism）的反应的，即使在特意挑选的两个人之间也不容易，在未开化的族类中情况也常常是这样。我们也知道，根据一些著名的妇科专家的意见，有些人，即使性交满意，要想妊娠还必须达到性亢奋或性高潮才能成功，这样的例子不太多。

许多原始的族类，和中世纪的神学家一样，都相信女子一方的性兴奋是妊娠不可或缺的条件，其中有时还夹杂了伪科学的乃至迷信的成分。单就女子的性兴奋和妊娠有关这种想法来

说，有些很谨慎的有经验的现代妇科专家是赞成的。譬如邓肯（Matthews Duncan），他在《女子的绝育问题》（*Sterility in Women*）的讲义中就说，女子性欲冷淡，以及在性交中没有得到快活，对于绝育有重大影响。他根据自己研究的案例记录制作了一张表格，说明在将近四百名绝育的妇女中，只有大约四分之一的人经验到情欲，而在性交中经验过快活的人还不到一半。但是，他没有提出对照的能生育的妇女的相关数据的表格，因此它没有确实地证明了什么问题，充其量也只是提供了出现这些事件的概率多少而已。

基希（Kisch）新近在他的《女子的性生活》（*Sexual Life of Women*）一书中详尽地研究过这个问题，并且得出结论说，女子在性交中积极的性投入，"极有可能"是造成妊娠的一连串条件中的重要一环。他说，它通过两条途径中的任何一条或两条发挥作用，一条是通过反射改变子宫颈部的腺体分泌，使精子容易通过，另一条是通过反射使子宫颈勃起，子宫稍微下垂，使精液更容易进入子宫。基希还提到可以比类而观的一件事，即性兴奋有利于早期月经的调和通顺。

有些权威学者甚至更进而断言，在女子没有达到性高潮的快活之前是不可能妊娠的。这种说法未免太极端了。然而睡眠中或麻醉状态下妊娠的情况也确实无法驳倒这种见解，因为我们知道，这些无意识的状态并不能阻止出现完全的性兴奋。但是，婚后几个月甚至几年不妊娠的情况常常发生，而在这同一段时间内妻子方面在行房中也往往得不到性快活，我们又未尝不可以把这两件事实联系起来。

皮纳尔（Pinard）曾经说过："在人类的所有本能中，生殖的本能是唯一保留着原始状态而没有接受过教育的一个本能。我们如今的生殖和老祖宗他们在石器时代的生殖一样。这是人类生活中最重要的行为，是他的所有行为中最崇高的行为，因为人类靠了它才得以继嗣繁衍，但人类今天在这件行为上实行起来其漫不经心的草率态度和穴居时代的人一模一样。”[2]虽然皮纳尔本人是婴幼儿文化的奠基人，并且做出了伟大的努力，唤起大家注意人类的浩瀚渺茫的命运是依托在生殖的行为上的，在他的这一番话里还包含着没有说出来的许多叫人悲哀的事实。韦思特马克（Westermarck）在他的道德观念史的巨著中写道："将来再过几代，那时的人在回顾过去的时代时或许会感到震惊，居然曾经有过这样的事情，把最重要的，后果影响极其深远的社会功能完全由着个人的无常的性欲抽签打卦似地去碰运气。”[3]

听说伟大的路德在他的《小酌酒巡闲话》（*Table Talk*）中常常说上帝造人的方法很愚蠢（“sehr närrisch”），如果上帝恩准他给天主提一个建议，他会坚决地建议天主像他造亚当那样“用泥土”来造全人类。如果路德时代的人对生殖采取的态度确实和我们大多数人现在仍然采取的态度一样草率和造次的话，这位宗教改革家的话就是有健全的常识的。如果照他的建议的方法实行生殖，最好用土把每一个人都从新捏塑创造，这样我们就一定能够把所有不良的遗传因素清除干净。但是，把这个责任加诸上帝是不公道的。是凡间男男女女生育的人在造福或危害这个世界。他们企图把社会的不幸和丑恶归咎于天或人自己之外的什么东西。他们看到，身心有缺陷的人，品质恶劣的人，反社会的人，没有能力美满生活而过着牲口不如的日子的人，在人口中占了多么大的比例啊。在古老的神学语言中常常说这些人是“魔鬼的孩子”，而路德自己也常常张口就说世界上的不幸和丑恶都是魔鬼附身作祟造成的。但是这些阻碍社会车轮前进的品质恶劣命途多舛的人毕竟事实上都是人类的孩子。在这个问题上我们能够真正招来的唯一的魔鬼就是人。

以色列人借他们种族的上帝之口发布“滋生繁多”的命令，正如克拉肯铎尔伯（Crackanthorpe）指出的那样[4]，这个命令想必是当时这个世界上只有八个人的时候发出来的。如果这个世界有一天又回到它的居民屈指可数的时代，像克氏很对地说的那样，上帝的这一条训诰又是合理的了。但是我们不能不看到，今天的人类已经到处产仔布满世界，几亿甚至几十亿的巨万生灵，有相当大的一部分，一眼就看得出来是根本就不该出世的，耶和华的这一番话在今天人类的领袖们听起来又是一种很不同的滋味了。

因为大家普遍逐渐认识到这个事实，所以对此也就不以为奇了，种族的生殖问题有了新的意义，甚至有迹象要来一次新的宗教运动。仅仅凭道德绝不可能引导我们去关心种族的前途，而在古时候，人通常都反对倾向使宗教情趣服从于道德义理。这种反抗有一种健康的自然本能作为依托，基督教在这方面做得最多最活跃，降至今日又以比较理性的形式复活了这种情趣。种族的要求就是宗教的要求。我们必须谨防屈从于我们的道德的要求。道德的确是我们的社会秩序必不可少的部分，每个社区都必定有它的风习（mores）。但是我们没有权利把我们的道德造成偶像，而牺牲委托给我们的最高的利益，把它当作献给道德的供品。凡是这样做了的国家都已经给自己签发了自掘坟墓的命令[5]。从这个观点看，基督教总体上深信有必要为将来的生命的改良未雨绸缪，这是有道理的深谋远虑，它为优生学的诞生做了铺垫，这门学问比基督教本身的教导更有教育意义，它是教导我们树立生殖的更高的理想的老师，因此我们对于优生观念的发展有坚实的基础并不感到惊讶。

热衷于创造种族的新运动的最卓越的先驱，似乎都是各自独立地领悟到运动的这种宗教的特性。这种态度在爱伦·凯和戈尔登（Francis Galton）身上表现得同样显著。爱伦·凯在她的《儿童的世纪》（英译本，1909 年）一书中，就把她自己和优生运动联系在一起。她在另一处文字《论爱情与婚姻》（*Ueber Liebe und Ehe*, p.445）中写道："这只是时间早晚的问题，总有一天社会对于性交合的态度将不再取决于婚姻性行为的形式，而是取决于它所创造的孩子的价值。男男女女都将把满腔的宗教般庄严的热情致力于在身心两方面都圆满地去完成这项性的任务，就像基督徒热衷于拯救他们的灵魂那样。"

几年之后，戈尔登爵士无疑是独立地取得了同样的见识，1905 年他写了两篇论文，题目分别是"婚姻的限制"和"优生学是宗教的一个因素"[6]；他说："建立在伦理学和昔日的实践经验之上的宗教的戒律，须要重新加以诠释，使它们符合先进国家的需要。我们现在的这类东西已经远远落后于现代的需要，没有不正当的诡辩或曲解，我们的大量的实践和我们的表白就不能调和。在我看来，在英国我们最急需的东西莫过于重新审视和修订我们的宗教，使它适应于我们当代的知识和需要，……演化是一个壮丽的幻影，但它在知识的层面上也提出了趣味无穷的假设，让人类意志的聪明才智的活动有能力在某种细微的程度上引导它的行程。人在与人类的演化有关的方面多半有力量做到这一点；仅仅是通过砍伐森林和开发农耕，他就已经广泛地影响了生命世界，改变了它们的品质和在地表上的分布，如果从相当于月亮这样的高处远眺地球，我们就会认识到这一切。优生学是一种雄心勃勃的信仰，满怀希望，诉诸我们的天性中的许多最高贵的感情。”

每一个伟大的运动总会冒出少数狂热分子，优生运动也不例外，少数狂热分子把生殖具有的崇高的宗教信仰般的重要性抬举到荒谬的程度。其中有一位名叫瓦谢德拉普热（Vacher de Lapouge）的人，怀着某些早期基督教神父的精神（见上文），他写道，不顾及生殖的性爱是一种可以比作色情狂和兽奸的歧变。生殖是唯一的要关照的事，它必须成为“一种法律规定的社会责任，”只能交给精心挑选出来的人去履行，禁止其他的人插手，他们的生殖力当然必须剥夺，在某种境况下，还必须强迫实行堕胎和杀婴。由于选择的作用，浪漫的恋爱将会消弭，除了独尊一种崭新的阳具崇拜教之外，其他宗教也将一概不再存在[7]。这种妄言不值一驳，我们只要指出一点就够了，恋爱是，并且始终必然是，进入生殖必经的门户。这种过分的狂热的生殖宗教是绝对不可能发生的，他们只能使我们感到有更加强调恋爱艺术的必要。

据说一位愤世嫉俗的犬儒主义者曾经问道：“子孙为我做了什么事要叫我为他们做点什么去回报？”答案非常简单。人类种族为他做了一切。他来到人间立身立命都是种族的创造；他能够做的一切都是人类种族辛苦劳作积累起来薪传授承的结果。只有努力创造出更优秀的子孙后代他才能回报人类种族带给他的丰厚的礼物[8]。正如许多曾经接受过别人的恩惠，在今生不能报答真正的恩人，便用同样的方式施恩于其他人，以此代彼，从中取得报恩的快乐一样，我们从我们的祖先那里接受的遗产我们无法报答，只有以一种较好的形式把它传给我们的子孙后代。

我们可以很肯定地说，优生的理想的成长，大部分不是出于宗教的情绪。它基本上是一个非常缓慢的包罗万象的社会改良运动的产物，这个运动已经进行了一个多世纪，它包括逐步改善一切生存条件的不断努力。这个运动的理想是十八世纪的时候宣布的，到了十九世纪，它们在现代卫生制度的肇始中，在开展工厂的立法中，在由社会主义和个人主义一致向前推动的所有运动中，都开始有所表现。这一切势必都要慢慢地趋向于对问题刨根问底；大家开始认识到，靠改进成年人的生存条件收效比较小；便开始把注意力集中到儿童、婴儿、甚至母亲子宫里的胎儿的身上，结果出现了一个由皮纳尔倡导的富有成果的婴幼儿文化的运动，最后一直把问题追根溯源到生殖问题上，认识到家世血统之间以及个人之间的性选择的调节才是生命的第一要件。说到这里我们才有了优生学的兴起，戈尔登爵士做了大量的工作使它成为一门明确的、重要的和实用的学问，他把广义的优生学界定为“所以研究经社会选择的优良生育而足以影响种族未来子孙后代的身心品质的科学。”戈氏在另一处文字中又说过，极目穷究，优生学是人企图“用其他更仁慈而效果又毫不逊色的手段来取代自然选择”的一种尝试。

戈尔登爵士在“回忆我的一生”的最后一章《论种族改良》中陈述了他的优生学思想的由来。1884 年，他在《人类的才能》（*Human Faculty*）一书中最早用到“优生学”这个术语，但是这个概念早在 1865 年甚至更早就已经形成了。戈氏前不久在社会学学会上宣读的论文中（1905 年），在斯宾塞讲座上发表的论文《概率是优生学的基础》(1907年)中，以及在其他一些文稿和演讲中，都详细地讨论到优生学的种种问题[9]。戈氏对有关这个题目的许多回忆录现在已经由“优生学教育学会”(Eugenics Education Society)汇编出版，这个学会成立于1907年，目的是促进优生学的研究和普及，提倡以优生学的态度对待社会的种种问题;《优生学评论》(*The Eugenics Review*)这份刊物就是该学会出版的。在更严格的科学研究方面，戈氏在伦敦大学建立了一个优生学实验室，从事优生学的研究工作，现在和大学学院的皮尔逊(Karl Pearson)教授的生物测量实验室联手开展有关的研究。皮尔逊教授在这方面和其他有关联的方面的大量的统计学研究都是对戈氏提出的思想和假设的苦心研究的结果[10]。皮尔逊和他人合作编辑的《生物测量学》(*Biometrika*)中包含许多优生学方面的统计报告。在德国,《种族和社会生物学档案》(*Archiv für Rassen und Gesellschafts-Biologie*)以及《政治人类学评论》(*Politisch-Anthropologische Revue*)这两份刊物中有关这个题目的各类文章占了很大的篇幅，而在美国,《大众科学月刊》(*The Popular Science Monthly*)也不时地要发表一些有关优生学的论文。

有一段时间大家对这种优生运动抱着一种嘲笑的态度。把它看成是一种像人养牲口一样养育人的尝试，讥笑这种新运动是妄想用关门下栓来挡住爱情，以为只要这样说说就可以轻而易举地把这种运动扫荡了。现在大家知道得更多一些了。除了一些狂热分子之外，没有人梦想为了按照某种规则实行拉配撮合而消灭爱情。它只是一个限制可能作为择偶对象的朋友的数目的问题，我们可别忘了，连未开化时代的人都一直是这样做的，因此有人说，“优生学是最古老的科学”。问题只是换了一种形式。我们不再像过去那样机械地讲究门当户对的社会地位，开始懂得选择性伴侣必须理智地限制在真正相须相得的范围。乱交从来就没有成为一种婚姻制度；选择的可能性或范围始终是很狭窄的，大多数原始的族类都明显地尽力自我克制。这不仅仅存在于远方异族，而且在我们欧洲人自己的祖先中也如此。在天主教掌握最高权力的整个时期，教会法典一直都在不断增加禁止结婚的事项，例如规定四级血亲（三从表亲），以及宗教关系不宜等等都在禁止成婚之列，靠这种武断的禁令来限制可能择偶的范围，与靠更合理的基于优生考虑的指示来限制择偶的范围，至少就限制范围本身而言两者是一样的。

今天可以说，社会学家和道德学家以及医学病理学家、胚胎学家和神经学家都同样接受了自愿控制生殖的原则，不是为了个人自私的目的，而是为了消灭疾病，减少人类的不幸和痛苦，提高人道的总体水准，用讲究人口的高尚的理想品质来取代不顾莨莠地一味追求人丁兴旺。

在这一点上我们不难援引大量的权威人士。譬如，麦奇尼哥夫在《乐观者的论文》（Metchnikoff, *Essais Optimistes,* p.419）中指出，直生论或优生论（Orthebiosis）似乎涉及从抵抗疾病着眼对生产子孙后代加以限制的问题。巴兰坦（Ballantyne）在他那部《妊娠病理学》（*Antenanal Pathology*）的大作中就表示，“优生学或生育良善的子女是世界最紧迫的问题之一。”罗比诺维奇医生（Dr. Louise Robinovitch）是《精神病理学杂志》（*Journal of Mental Pathology*）的编辑，他在1905年罗马心理学大会上宣读了一篇赫赫有名的思想深刻的论文，其中也正好讲了同样的话："各国都还没有把创造生命的功能（genesic function）抬举到神圣的能量的地位，我们已知的其他能量，甚至是最下等的，也早就被我们聪明地加以利用了，它们的种种活动都是基于最严格的应有的经济学原则。这种经济地利用不是通过任何一种立法的限制来强制完成而是靠人类的才智的不断进步来成就的。经济地管理创造生命的功能，就像经济地发挥其他能量的功能一样，要通过各国发挥坚忍不拔的勇往直前的明智才能有所成就。"休斯（C.H.Hughes）在《限制生殖》（"Restricted Procreation"，载*Alienist and Neurologist,* May, 1908）一文中说："有一些境况是不宜于生殖的，如果硬要生殖，则可以说与剥夺一个已经出生了的人的性命一样，是严重的犯罪。"

无论从一般生物学的角度还是从社会学的角度都同样日渐普遍地接受了这种观点，这是社会改良运动长期以来持续进步的结果。

海克拉夫特（Haycraft）在《达尔文主义和种族的进步》（*Darwinism and Race Progress*, p.160）一书中提到防止虐待儿童法时写道："舆论已经表明一种大众接受了的公道，男人和女人生下孩子时就要负起保护好孩子的责任，使他不致受到虐待和折磨。更进一步还要告诉大家，男人和女人都有义务不要生产预先已经肯定知道身体有缺陷的孩子，他如果出世必将因为残疾而遭受痛苦的折磨，还要和他的同伴做不平等的竞争。"汤姆松（J. Arthur Thomson）教授在他那部1908年出版的《遗传学》（*Heredity*, p.528）一书中，侃侃直言，为合理的优生学的方法辩护，因为我们自己所处的这个时代不像以往其他的任何时代那样有较合适的生殖的机会，所以特别需要讲究这类方法。此外，贝特森

（Bateson）提到遗传学知识的成长时说道："遗传学的知识肯定要导致公正观念的新思想，在这种知识的启发下，公众舆论有可能转而欢迎采用比历代的刑律更有作为的办法去消灭犯罪和退化堕落。"[见贝氏《孟德尔遗传学原理》（*Mendel's Principles of Heredity*, p.305,1909）]门格（Anton von menger）在一部题名为《新伦理学》（*Neue Sittenlehre*, 1905）的意义深长的书中说过，必须教导那些青春期的年轻的男女孩子们，在某些境况下生孩子是一种犯罪；又必须教导他们，即使身体健康也要自动地避孕；门氏还正确地补充说，在这方面采取任何立法行动之前，都有必要预先进行这种教育。

近年来，许多书籍文章都大力鼓吹种种优生的方法。可以举几个例子来说，例如，1907 年出版的《人口与进步》（*Population and Progress*），作者是克拉肯铎尔伯（Montgue Crackanthorpe），优生学教育学会会长。也可以参阅霭理士（Havelock Ellis）的论文《优生学与圣·瓦伦丁》（"Eugenics and St.Valentine"，载 *Nineteenth Century and After*, May, 1906。）还有，将近三十年前，克拉泊登女士（J.H. Clapperton）写了一部名为《科学的社会改良观》（*Scientific Meliorism*, 1885, Ch.xvii）的书，她在书中指出，把仅仅出于利害得失考虑的动机搁置不论，就会清楚地认识到，"用新马尔萨斯主义的方法自愿节制生育是改善社会状况的一个新的头绪"，也是"国家更新或民族再生"的必要条件。皮尔逊（Karl Pearson）教授的《优生学原理》（*Groundwork of Eugenics*, 1909）或许是有关这个课题的最好的简明读本。又还可以提一提萨利比（Saleeby）博士的《父母之道和种族文化》（*Parenthood and Race Culture*, 1909），全书通俗易懂，热情洋溢。

1905年举行的社会学学会的会议上，继戈尔登宣读了有关这个问题的论文之后，会议还听取了出席会议的许多来自各国的社会学家、经济学家和著名的思想家的种种意见，还宣读了一些通讯寄来的论文，由此可以看出优生学的一般原理，作为提高人类种族的水准的健全的方法，现在被采纳的程度有多么广泛了。有大约二十一篇论文基本上被无条件地接受，只有三或四篇没有被采纳，问题多半出在一些细节目上[11]。

如果要追问这种指向控制生殖以提升种族的水准的动机究竟是通过什么途径在实际生活中体现出来的，我们必定会发现其中至少有这样两条途径：（1）女人和男人一样在性的责任心方面日渐增强，（2）近年来由于普遍采用了避孕的方法，我们终于在控制生殖上获得了成功。

前文我们已经适时地讨论过女子在性的方面培植个人的责任心是改善现代社区的性生活的一个重要因素。这里我们只需要指出，在性的领域，女子对于自己人身的自主权力，要包括她能按自己的心愿决定是否同意生殖的事情在内。我们往往会不假思索地以为这是一种新的近乎革命的要求；但是它无疑是自然的、古老的、公认了的女子的特权，这就是如果她们自己不同意就可以决定不做母亲。在伊斯兰世界的《天方夜谭》（*Arabian Nights*）的故事中甚至有这样一位女子，在睡眠中遭人强奸，她把这次非自愿交媾产下的婴儿抛弃到大马路上，她说，“我向阿拉保证，这个孩子不是经我同意生下来的，我不愿意承担这个责任”；大家众口同声地称赞她是一位“贞烈的淑女”。[12]以赞许的态度来讲述这个故事清楚地表明，在伊斯兰的公众面前，一个女人除非她自己情愿，决定不要孩子似乎是完全正当而合乎人道的。近年来，我们常说国家需要孩子，而生孩子是女人的事情，她们有义务供给它们。但是国家没有比个人更大的权利去强奸她的意志。我们现在开始认识到，如果国家需要孩子，它必须使妇女愉快地同意生产它们，务必使她们觉得这样做从各方面看都很自然和公平。易卜生（Ibsen）在他的一次罕见的意味深长的私下谈话中说："女人要解决人类的问题她们只要行母道就成了。"但是，如果想靠让女人感到万般无奈和身不由己、连动物的快乐这个品位都达不到的一次行为来解决什么问题，那就靠不住了。

有人以为，甚至假定，妇女要求履行母道的事不可强迫，意味着她们绝对不愿意生孩子做母亲。有少数例子可能是这样，但是就所有国家的大多数头脑清楚和身体健康的妇女来说肯定不对。相反，这种要求通常都和想要弘扬母道光荣的思想联结在一起的。这是千真万确的，你看，就连许多至今都还拒绝结婚做母亲的人都有这种弘扬母道光荣的思想。桑木赛（Henry Somerset）女士在几年前就曾经写道："在我看来，母道是创造能力之冠和顶峰，她不但完全没有不优雅的东西，而且还是种族的最高的荣耀，越是认识这个道理就越是感到生命更加可爱和更加尊贵。但是，如果自愿的母道是种族的皇冠，那么在外铄强迫下非自愿的母道则正好相反……只有当男女双方都懂得天赋女人的一切功能中最神圣的功能无疑唯有自由的意志才能实行，从而使降生到世上来的孩子心里充满了快活，他们要求享有童年的最甜蜜的难得的恩惠，要求保证他们能够沐浴在应该属于他们的爱的阳光中健康成长。"[13] 爱伦·凯也有过类似的议论，她指出老的基督新教精神强迫女人蹲在伪善的婚姻的坟墓中固守没有丝毫快活可言的母道，这种不仁的暴戾现在正在被打破，她一边颂扬自愿的母道的

光荣，一边也承认可以有少数的例外，有一些女人因为她的个性的其他方面的要求而不履行母道，但是，“女人为了服务人类成全人道而放弃母道也是一种牺牲，大概就像士兵在战争的前夜准备浴血疆场迎接战斗一样”[14]。斯特克尔（Helene Stöcker）也同样把母道看作是一种必须满足的需要，是女人现在日渐迫切的需要之一。她说：“今天，男女平权运动为女人争取到了生活中一切美好的东西——才智的教育、金钱的独立、快乐的职业生活、体面的社会地位——而与此同时，同样理所当然和同样必需的还有结婚与生孩子的自主的权利，现在呼吁这种需要的声音，不再像几年前那样跟在荒郊野地宣讲福音一样微弱了。”[15]

照许多人的眼光看来，母道地位的贬低，一部分原因要归咎于想剥夺女人对这个问题的一切发言权的思想倾向，一部分原因则是由于韦尔斯（H.G. Wells）称之为“女人的古怪荒诞的言行，把生养孩子的至高无上的社会功能或职务打发到工余闲暇时去做，就好像为了‘赚点生活’给一些小工业产品做点手工活一样”[16]，坚持不允许已婚的妇女参加工作事实上行不通，甚至令人讨厌，因为工作对大家都好。据估计，在英国有超过 30% 的女工是已婚的女子或寡妇。[17] 仅就兰卡郡（Lancashire）一地的工厂统计，1901 年就有 120000 已婚的妇女打工就业。但是对国家来说，为了自己的利益也许不难做出安排，让女子的职业工作为她做母亲的工作让路。有些职业要求的条件，对已婚的女子甚至已经做了母亲的人来说，比对未婚的女子更加合适，如果禁止已婚的女子从事这种职业就更是叫人觉得不近人情了。教书就是一个最明显的例子，以增加已婚女教师的自由支配的时间和假期给已婚的女教师一些特殊的照顾就是一个好的政策。虽然有许多知识领域，未婚的女子可以成为最优秀的教师，但是让孩子们，特别是女孩子，专门交给未婚的女教师来教，教育效果会很不理想。

指向控制生殖以提升种族水准的动机进入实际生活的第二条大途径是普遍采用避孕的方法，除非想要怀孕生孩子，所有国家受过教育的阶层都在这样做，可别忘了，在这件事情上，各个阶层的人都正在逐渐开始学习。现在还来讨论这种控制是否正当已经不合时宜了，因为这已经成为事实而且成为我们现代道德的一部分了。韦布（Sidney Webb）说得对："如果一个国家的广大民众，多半是整个知识阶层的大多数，其他方面的品行都良好，而通常都慎重追求某一种行为方式，我们就必须假定这种行为方式和他们的实际道德礼法没有冲突。"[18]

毫无疑问，就英国而论，知识阶层的广大人群，出于谨慎或其他动机，已经普遍实行避孕。所有熟悉英国家庭生活的内情的人都对这个事实一清二楚。譬如，托马斯（A.W. Thomas）医生写道："根据我作为一位普通的开业医生的经验，我敢说，不太富足的阶层中年轻的小夫妻 90% 都在采用避孕方法。"[19] 事实上，这个粗略的估计似乎还是估计低了而不是估计高了。韦布在前文已经援引过的那篇很有力的论文中说道："这部分受过教育的人口是英国繁荣昌盛和前途的保证，他们中的婴儿出生率却在显著下降"，这种现象，"如果不是全部，也基本上是经过深思熟虑决定的结果"，而这种"凭意志控制婚姻状态的做法，在英格兰和威尔士的绝大部分的人口中显然已经遍地开花了"，这些结论是从费边社（Fabian Society）做的一个详细的问卷调查中得到的。问卷调查了 316 个家庭，在英国各地的中产阶层的各部分人口中随机抽样。仔细分析调查结果发现，有七十四个家庭对生殖不加限制，二百四十二个家庭有意加以限制。但是，如果把 1890—1899 这十年当作典型的时期来考虑，就发现 120 对婚姻中，有 107 对实行节育，只有十三对不加限制，而这十三对中又有五对截至交回问卷时都还没有生过孩子。所以，这十年里总共 120 对婚姻中只有八对夫妻不实行避孕并且生了孩子。

英国的实际情况就是所有其他文明国家的真实写照，国家的文明程度越高越是这样，这在众所周知的婴儿出生率下降的现象中就能清楚地看出来。在现代，这种下降的运动肇始于法国，婴儿每年出生的数目缓慢而稳步地减少，在法国这个运动现在似乎差不多或完全停止了。但是在其他所有进步的国家里还在继续，特别是美国、加拿大、澳大利亚和新西兰，和它们不相上下的还有德国、奥匈帝国、意大利、西班牙、瑞士、比利时、荷兰、丹麦、瑞典和挪威。在英国，从 1877 年以降，婴儿出生率就一直在继续减少。我们发现，在大国中，俄国是唯一的一个出生率还没有下降的国家，和其他文明的大国甚至小国比较，俄国人口中大多数都很少受到教育，生活更加贫困，死亡率也较高，疾病肆虐恣行。

有人说，出生率的下降实际上不完全是有意控制生殖造成的。这当然也对，在文明的境况下某些普通的其他因素也可以使家庭的人口趋向减少，例如，妇女实行晚婚，把结婚的年龄比过去推迟了。但是就算把种种可以考虑的因素都计算在内，出生率实际上还是下降不少。这种情况可以从统计分析中看得出来，例如，纽索尔姆（Arthur Newsholme）和史蒂文逊（T.H.C. Stevenson）合作做了一份这样的统计分析，尤尔（G. Yule）也做过一份，都发表在《皇家统计学杂志》（*Journal Royal Sta-tistical Society*, April, 1906）上。

有些人以为，由于天主教教会禁止不完全的性交，这类控制生殖的运动在奉行天主教的人口中比在非天主教的人口中不免要受到影响而出生率会高得多。但是，这种推测只是在某种境况下才是正确的。在爱尔兰出生率一直没有下降，在有大量爱尔兰人的兰卡郡的一些城镇里，出生率的下降也很不明显。但是，在比利时、意大利、西班牙和其他一些主要的奉行天主教的国家，出生率的下降现象却相当明显。这些地方局势有些变动，教会——它在性的问题上始终维持着有效的影响——已经觉察到这个现代运动的重要，并且为适应它而做了适当的调整。它对无知无识的信众宣称不完全的性交是一种宗教的大恶重罪，而同时却对它的比较有知识的信徒绝口不问这种事情。1842 年，布维尔（Bouvier of Le Mans）主教把问题明确提交教宗裁决，他把问题叙述得很清楚，他向教宗格列高利十六世（Gregory XVI）建议说，避孕已经变得很平常了，把它当成重罪来对待只会逼迫有罪的人不去忏悔，宗教法庭掌管忏悔事务的大主教（Curia Sacra Poenitentiaria）经过一番深思熟虑之后回答时指出，就平常的阴户外射精的方法而言，因为它是男人的错误行为，女人是被她的丈夫强迫同意的，所以她没有罪。此外，他又提醒这位主教注意“在这类事情上见多识广最有经验的”利果里（Liguori）的一句聪明的格言，说听忏悔的神父通常都不会被问到像“交媾的义务”（debitum conjugala）这类难以启齿的问题，如果忏悔的人不问，他就应该缄口不语[20]。所以我们看到，在奉行天主教的人口中和在非天主教的人口中一样，随着文明的进步都在采用各种避孕的方法，天

主教徒（在教会的默许下）普遍实行这种措施只是一个时间早晚的问题。

许多精力旺盛的人时不时地嚷嚷，呼吁制止出生率下降的现象，因为他们辩解说这是“种族自杀”。但是大家现在开始觉察到这种喧嚣是愚蠢和有害的错误。我们只要走到任何一个大城市的街上，就会看到熙熙攘攘的人群，他们中的大量的人显然当初就不该生下来，这使我们不可能不觉悟到人口的出生率还是远远超过了它的正常的和健康的限度。最伟大的国家往往最少关心公民的数量，它们重视的是质量而不是数量。实际上只有最优秀品质的公民才能使国家富裕，而现在令人不堪的是，一个国家的人口增长却一味只靠像倒垃圾一样在它的人口中生殖废物。大家正在开始觉悟到这种办法不仅轻视了人口的质量问题，而且也使国家苦于过度的财政负担。

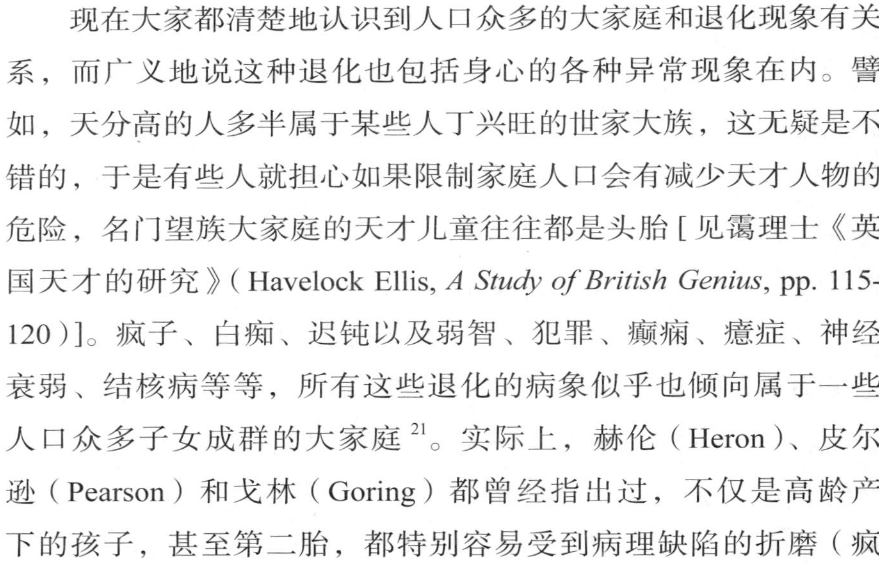

现在大家都清楚地认识到人口众多的大家庭和退化现象有关系，而广义地说这种退化也包括身心的各种异常现象在内。譬如，天分高的人多半属于某些人丁兴旺的世家大族，这无疑是不错的，于是有些人就担心如果限制家庭人口会有减少天才人物的危险，名门望族大家庭的天才儿童往往都是头胎［见霭理士《英国天才的研究》（Havelock Ellis, *A Study of British Genius*, pp. 115-120）］。疯子、白痴、迟钝以及弱智、犯罪、癫痫、癔症、神经衰弱、结核病等等，所有这些退化的病象似乎也倾向属于一些人口众多子女成群的大家庭[21]。实际上，赫伦（Heron）、皮尔逊（Pearson）和戈林（Goring）都曾经指出过，不仅是高龄产下的孩子，甚至第二胎，都特别容易受到病理缺陷的折磨（疯狂、犯罪倾向、结核病）。但是，平常对这种事实的解释有一种似是而非的推论。按照费尔登（Van den Velden）的说法（援引自 *Sexual-Probleme*, May, 1909, p. 381），这种倾向是头胎生过之后逐渐升高的儿童死亡率平衡抵消的结果。而较早生下的孩子的较大的病理倾向纯粹是因为这种死亡的选择压力较小的结果。抛开这种谬论，就他们指出的真正比较大的病理倾向说，大概都是由于身体尚未发育成熟而过早结婚生子造成的。时常说到的另一种谬论是，小家庭的儿童比大家庭的儿童孱弱。我们必须把自然的小家庭和人为控制的小规模的家庭区分清楚。家庭之所以小仅仅是因为父母的生殖能力衰弱造成的则有可能是孱弱的家庭；而家之所以小是由于父母有意控制生育造成的话当然就看不到这种倾向。

这些事情是不会改变大家庭有退化倾向的问题的。我们或许会把这种现象和某些人的性情脾气联系起来，这些人往往表现出神经不太健康和不太正常，他们相信自己有一种特殊的才能，会生殖出优秀的孩子来。有一位男子对马罗（Marro）说："我相信每一个人都有一种特殊的天资，我发现我的天资是生产上品的孩子。"他生了四个，—— 一个癫痫，一个精神错乱（lunatic），一个嗜酒狂（dipsomaniac），一个体衰（valetudinarian），——他本人则死于疯狂。大多数人都曾经碰到过多少有些类似这种妄想的例子，或许没有这么明显。在这种与要降生到这个世上来的一个新人的命运有重大关系的问题上，任何人都不可以掉以轻心地凭他自己的不可靠的想象行事。

这样一来，国家想提高效率有所作为的需要就和弘扬人道主义的需要一致起来，它发轫于试图改善生活的条件，然后逐渐开始觉察到必须更深一步改善生命本身。在系统地改善生活条件方面还会有大量的事情可做，这无疑是不错的，但我们越是深入分析恶劣的生活条件，就只会让我们更清楚地看出它们大部分的根子都深植于人自己的身体里，不仅在出生之前，而且在受孕坐胎之前，它们包含在父母或祖先身体的遗传素质里。

姑且把一切人道主义的事情搁到一边不论，企图阻止文明的进步朝向控制生殖的方向发展也是一个严重的错误，如果懂得动物界演化的总的趋势，哪怕只是知道一点常识，也不会犯这样的错误。整个动物界都是从多产多生朝少产少生的方向演进的；物种越是高级它的个体越是低产。在人种内也看得到同样的倾向，但相关的变化并不总是直线性的；文明的发达不免要使生育减少。这并不是一种新的现象；古代的罗马和有“基督新教的罗马”之称的近代的日内瓦都是它的证明；毫无疑问，在每一个道德和知识文化高度发达的中心都有过这种现象，虽然测量和判断这种趋势的资料已经不存在了。当我们放开眼量明智地举目纵观，我们就会觉察到社区放缓其自然增长率的倾向是一切先进文明的自然的现象。越是明智的国家或民族就越显得领先这种倾向，而在每一个国家中知识比较高的阶层则显然拔了头筹，把所有文明的国家和每一个国家里的一切阶层都领上这条路线只是时间早晚的问题[22]。我们必须知道，这个运动，和某些自称的道德家与政治家的愚昧的鼓噪相反，是一个有益的运动。这意味着对提高人口质量的问题比对人口数量的增长更加重视；它前途的发展使我们有希望成功地战胜高死亡率、疾病、过度拥挤等等以及所有不可避免地伴随着过高的出生率而来的各种各样的不幸。因为只有在一个人口缓慢增长的社区里，才有可能保障经济的富足和改善环境，以满足公共的和个人的康乐幸福生活的需要[23]。有

些人面对出生率下降的现象危言耸听地鼓噪“种族自杀”，如果他们实际上有足够的知识和聪明去理解他们反对节制生育招来的种种祸害，就该把他们当作罪犯来处置。

毫无疑问，有关避孕的实际知识自古有之，在文明化的过程中，即使还处在文化比较低的阶段，也从未绝迹，但那时用到这些知识多半是为了个人的生活的便利，或者是屈从于社会要求固守贞操的规矩，唯有到了现代它才成为一种有助于促进种种更大的社会利益和提升种族水准的手段。节制生育的理论基础，就其有别于优生方面的社会和经济的方面说，可能要追溯到 1798 年出版的马尔萨斯的名著《人口论》（*Essay on Population*），这是一部划时代的书——虽然无法清楚地说明它的主旨——因为它不仅是现代人道主义的节制生育运动的出发点，而且也给达尔文提供了 [华莱士（Wallace）也独立地从中取得了] 一个明哲通幽的思想，使他们终于创造出伟大的自然选择的生物进化论来。

但是，马尔萨斯完全没有联想到节制生育上来，他主张，为了人类的利益应该采取有效的措施防止性交。他相信文明必须有坚强的自我控制的力量，当人类的利益要求他克己时这种力量使他可以完全禁止自己性交。但是后来的一些思想家觉察到，文明确实必须有更明智的远见和更坚强的克己的功夫，然而我们无法预料人的这些品质能不能发达到马尔萨斯要求的那种程度，尤其是当这种要加以控制的冲动具有如此强烈刚猛的性质时。

米尔（James Mill）是主张推行新马尔萨斯主义方法的先进人士，不过他说话很谨慎。1818 年出版的大英百科全书的补篇中有“殖民地”（Colony）这个条目，他在为该条目撰写的文字中说，采用什么方法来阻止无限制的人口增长“是政治家和道德家可以尽心致力的最重要的问题”，接着他又说：“如果抛弃对育婴室和幼儿园之类的迷信，而把最大多数人的最大幸福的原则时刻牢记在心，要找到解决的办法也许不会太难。”四年后，米尔的朋友，激进派的改革家普莱斯（Francis Place）把显然是米尔的心里话更明白地说了出来。他列举了种种事实，都是关于必须自我控制生殖和早婚有害等方面的问题，他认为这些问题应该清楚地教大家知道，他继续说：“如果把 1% 乃至 1‰的这些痛苦的事情拿来做教材，讲清楚这些道理，而不是用来布道说教，很可能用不了多少时间，人口的面貌和生活习惯就会有很大的改善。最重要的是，如果一旦清楚地知道，已婚夫妻采用这种预防性的避孕措施不是什么丢脸的事，它既无害于健康，又不减损女子的淑雅，而可以立即有效地限制人口增长，使不至于超过食物和生存必需品的供应；社会上的邪恶和悲惨的事情也许会大量消除，由于大众的生活水准、知识程度和道德品行的普遍提高，使马尔萨斯先生、戈德温（Godwin）先生，和每一位仁爱之士的抱负得以弘扬。他们介绍的道理我是心悦诚服的，将来总有一天会被大家接受，甚至连那些一贯放纵自己的人都颔首称是[24]。”

当普莱斯的预言开始被人理解之前不久，就在该世纪的下半叶，这个运动影响了所有文明国家的人口出生率，但是我们还不能说已经还给了那些促进这个运动的先驱者以公道，他们一心想为无知与迷信的大众谋幸福，却一直遭到他们的百般虐待和迫害。1831 年，欧文（Robert Owen）的儿子达·欧文（Robert Dale Owen）出版了他的《道德生理学》（*Moral Physiology*）一书，详细地叙述了种种避孕的方法。不久之后，乔·德里斯达尔和查·德赖斯代尔（George and Charles Drysdale）兄弟（分别出生于 1825 年和 1829 年），两位热心和坚毅的慈善家鼎力宣传新马尔萨斯主义的原理。1854 年，乔·德里斯达尔出版了他的《社会科学纲要》（*Elements of Social Science*）一书，它的八种不同的语言的版本在欧洲各地流传了许多年。这并不是一部完全科学的或没有瑕疵的书，但是它无疑产生过巨大的影响，许多人从未看过其他任何一种有关性的题目的书，却都读过它。那时候新马尔萨斯主义的宣传者虽然时常遭到铺天盖地的诽谤，但是他们为之奋斗的道理在 1876 年的一次诉讼中取得了可喜的胜利，证实了自己的正确和维护了自己的清白，当时，布雷德洛（Charles Bradlaugh）和白桑夫人（Mrs. Besant）被控告散发新马尔萨斯主义的小册子，后来起诉被撤销，大法官宣布，这样一个愚蠢的没有见识的告发大概从来就没有在法庭上审理过。这一次裁决，且不谈控辩的问题，仅就其公开亮相大出风头一端，就给了新马尔萨斯主义运动一个巨大的推动力。众所周知，这次裁判后的第二年，即 1877 年，英国的人口出生率便开始逐渐下降。有一些伟大的目标的达成完全是无意识的而并非靠人的刻意或欲求之力，正如俗话所说的"谋事在人，成事在天，"和"天公作美"之类的话，这件事就是一个再生动不过的说明了。

1877 年，查·德赖斯代尔（C. R. Drysdale）建立了马尔萨斯主义者同盟（Malthusian League），还一直靠他的妻子维克里（Alice Drysdale Vickery）的帮助编辑刊发了一份名为《马尔萨斯主义者》（*The Malthusian*）的期刊。他死于 1907 年。[德氏一家人的高尚的和先锋的工作的价值在他们自己的国家里至今都还没有受到应有的承认；罗勒德（Hermann Rohleder）医生写了一篇富有真知灼见的论文，题目是"查·德赖斯代尔博士，新马尔萨斯学说的先驱的魁首”（Dr. C. R. Drysdale,“Der Hauptvortreter der Neumalthusianische Lehre”, 载 *Zeitshrift für Sexualwissenschaft*, March, 1908）。] 如今在所有的文明国家里都有一些协会和期刊在宣传新马尔萨斯主义，他们仍然习惯用这个名词，但是在这方面最好不要继续用马尔萨斯的名字了。在医学界，基于医学卫生而不是基于社会的原因，主张在性交时采用避孕的方法，也同样是在三十年前开始的，但在法国则更早一些。拉齐博尔斯基（Raciborski）把它说成是一种避免手淫之类的方法。在德国，一位名叫门辛加（Mensinga）的妇科专家，站在医学卫生的立场上，旗帜鲜明地为“选择性绝育”（facultative sterility）的措施辩护，这个名词是他发明的，第一次使用大约是在 1889 年。在俄国，差不多在同一个时期，著名的妇科专家奥特（Ott）教授，在圣彼得堡的妇产科协会上首先公开提倡人工绝育。这种出于医学的考虑对某些特殊的病例的建议现在已经变得很平常了。

某些例子表明有的人绝不应该结婚；例如，如果曾经一度发作疯狂病；没有谁能肯定地说一个人曾经有过一次疯狂病发作今后就不会有第二次了，正如白伦福特（Blandford）说的：这种有过疯狂发作的人“就不应该使他们的配偶终生痛苦，担心甚至害怕他们的疯狂病再次发作”[25]。还有其他许多例子，情况比这里说得好一些，可以允许结婚，或者已经结了婚，但他们最好或应该不生孩子为宜。例如结婚后第一次疯狂发作的例子，如果罹病的一方是妻子，特别是产后躁狂（puerperal mania）这种类型的病，不生孩子的问题就更为紧迫。白伦福特问道：“如果看到一个女人在产床上疯狂哭闹，后来痊愈，下一次生产又哭闹，如此这般一连生了六个、七个，或八个孩子，每次发作的愈后越来越差，直到几乎成为一个慢性的狂躁病人，还有什么事情比这更可怜的呢？”（见上注）此外，特雷德戈尔德（Tredgold）发现，患疯狂病的母亲产下的孩子的死亡率，即使在最贫困的地区，也要比正常的婴儿死亡率高出两倍[26]。许多人都主张，在夫妻双方婚前都罹患过结核病的例子中，婚后要非常谨慎地采取措施避免生孩子[27]。再有一类例子是必须限制只生一至两个孩子；某些类型的心脏病患者，妊娠会使她们的心脏产生进行性的损伤[28]；对有些心脏病患者，虽然没有理由禁止他们结婚，但女方最好一个孩子都不要生[29]。

在所有这些例子中，医生推荐性交时采用避孕的方法，显然是为了强调保护健康预防为上的原则而绝对必需的医嘱。没有这类避孕的方法他就没有把握患者会听他的警告，而且即使听从他的建议也会有种种不如人意的结果。有时候一对夫妻，婚前商量好只是共同生活不发生性关系，但由于各种各样的理由，几乎不可能或很困难长期保持这种决心。

我们已经看到，一方面，对这些和类似的一些事情的认可，导致节制生殖成了所有文明国家的实际道德的组成部分——虽然这只是近年以来的事，另一方面，现在性方面的全部医学权威大概已经毫无例外地都主张，在某些情况下采用避孕的方法是紧迫的需要并且完全没有害处[30]。还在不到一百年之前，一位精明的德高望重的医学作家还能宣称“使用各种令人憎恶的手段”避孕，是基于“对上帝的保守谨慎的力量的一种狂妄的怀疑”[31]。我们今天回首当年不禁莞尔一笑。

理论的发展还没有完全跟上实践的成就，我们不能对此抱有奢望，因为我们知道在实际的道德和传统的道德之间始终有一种对抗的状态，时时会发生一些严重的冲突[32]。甚至在节制生殖方面起着前锋作用的英国，都还有一些人企图诋毁这样一个运动，有时就发生在我们有理由认为是知识水准较高的一些人群中，但是这类非难诋毁现在都是枉费心机，因为这个运动一面已经博得了科学的赞许，一面又广得人心在人口中普遍实行了。

我们不去讨论各种各样常用的控制生殖的方法或者推敲它们各自的长短，因为这里不是适当的地方。只要说一说保险套或避孕套（condom）就可以了，在想象的避孕的方法中，它似乎是继阴户外射精之后的最古老的一种了，如今几乎所有的权威人士都认为，如果使用得当，它是最安全、最方便、也是最无害的一种方法[33]。克拉夫脱-埃宾（Krafft-Ebing）、冒尔（Moll）、施伦克-诺青（Schrenck-Notzing）、勒文菲尔德（Löwenfeld）佛瑞尔（Forel）、基希（Kisch）富尔布林格（Fürbringer）等人只是支持这种意见的最卓越的医学权威中几位，提一提他们的名字就足以说明问题了[34]。

追溯避孕套历史的源流也有某些趣味，虽然它似乎没有多少严谨的考证可言。大概很古的时候用的是某种原始形态的避孕套。在中国和日本，似乎曾经将一种涂过油的圆形的薄薄的丝绸用来盖住子宫口，妓女一定使用过。这好像是一种最简单明白的机械避孕方法，也可能由此联想到要做一个套子套在阳具上，作为更有效的一种避孕方法。在欧洲，十六世纪中叶，似乎最早在意大利有人说起这种用具，一种亚麻布做的大小形状适合于阳具的套状物；法罗皮奥（Fallopius）曾经介绍过这种用具的使用方法。制作上逐渐有一些新的发明和改进；一度用过小羊羔的盲肠，后来还用过鱼胶。十七或十八世纪时制作上似乎有了相当大的改进，而这种改进通常都牵扯到英国。譬如，这个用品有一个众所周知的名字叫英国披肩或英国斗篷，法语名字叫“capote anglaise”（英国外套）或“redingote anglaise”（英国大礼服），后面这个名字要参考到十八世纪中叶的卡萨诺瓦［见卡氏《回忆录》（Casanova, *Mémoires*, ed. Garnier, vol. iv, p.464）］；但是卡氏自己似乎从未用过这些英国大礼服，他说，不想“把我自己用一块死的皮肤包着来证明我是一个能生孩子的大活人。”这些外套——那时候是用牛肠的内膜制成的，塞维尼夫人（Mme. De Sévigné）好像也比较早就知道了，她并不喜欢它们，她在一封信中说，它们“像盔甲一样挡住了肉感的快活，又像一块扯下来的遮羞布。”Condom（避孕套）这个名字可以追溯到十八世纪，最早见诸法国文字，并且普遍认为这个用品是英国的医生或者外科大夫发明的，或者是他们改良的。虽然 Condom 不是一个英国人的姓氏，但却有一个英国名字叫 Condon，有人猜想可能当初是拼写错了，实际上 condom 有时候就被拼写成 codon，它说明这两个字眼的拼错的确是很有可能的。譬如，我在巴绍蒙（Bachaumont）的《日记》（*Diary*, Dec. 15, 1773）中发现他对一位先前的芭蕾舞演员后来沦为妓女的人说的话里就有这种拼写的讹误，现摘录如下：

“给你这个 condon，你知道它的用法，

……

啊，condon，这是我的命，我的乖宝贝，这些东西是通神的先知（prophètes），它知道的！”

话是这么说，但要发现是哪一位名字叫 Condon 的英国人和 condom（避孕套）有瓜葛而且有根有据叫人相信还是很困难的；无疑他并不关心给这件事留下一份记录，绝没想到他的发明会赢得这样好的名声，或者会让他留名千古。在医生或外科医生学会的登记名册中我都没有找到任何叫 Condon 的人，不过这些老名册也的确很不完整。普拉尔（Victor Plarr）先生是一位自由党的党员，他好心地帮我多方搜寻之后肯定地告诉我说，没有关于这个名字的任何记录。还有一些关于这个名字的其他解释，多少言之凿凿，但通常都没有什么证据。譬如，许特尔在《人体脏器解剖手册》（Hyrtl, *Handbuch der Topographischen Anatomic*, 7th ed., vol.ii, p.212）一书中说，condom（避孕套）原来的正音是 gondom，是根据一位英国的发明家、查理二世宫廷里的一位骑士的名字命名的，他最早发明的避孕套是用绵羊的胎膜制成的；但是 Gondom 这个字眼并不比 Condom 更像是一个英国人的名字。刚好法国有一个小镇，在法国西南部的伽斯科尼（Gascony），名字就叫作 Condom，布洛克（Bloch）并没有任何根据地推测，condom（避孕套）这个名词就是由此得来的；不过，如果他猜对了，那在法国怎么可能没有人知道这件事。最后，费迪（Hans Ferdy）认为它是从“condus”（仓库保管员）派生出来的，按照他的理论它有保存的意思，于是他把避孕套（condom）称为 condus。

有几位作家简要地讨论过避孕套的早期的历史，例如，普罗克施 [见《花柳病的预防》（Proksch, *Die Vorbauung der Venerischen Krankheiten*, p.48）] 布洛克 [见《现代的性生活》（Block, *Sexual Life of Our Time*, Ch.xv and xxviii）] 卡巴内斯 [见《历史的轻忽》（Cabanès, *Indiscretions de L'Histoire*, p.121）] 等等。

我们已经看到用避孕的方法节制生殖已经成了文明民族的道德的一部分。还有另一种方法不仅只是避孕，而且还要限制胎儿的生产，这种事很古老的时候世界上就有了，但大家对它的态度随着时代的不同而有很大的变动，直到现在仍然广泛地遭到反对。这就是堕胎的方法。

虽然实行堕胎并不像实行避孕那样在文明的社会中成为被大家接受的事情，但在文明国度的大部分人口中似乎也没有激起很强烈的反对。大多数妇女，包括有知识的和道德高尚的贤良淑女在内，当她们违心地怀上了孩子之后往往想方设法堕胎，丝毫没有一点良心上的不安，甚至还常常不顾教会、法律和医学各方面反对堕胎的明言正告。大概所有的医生都碰到过这种事情，甚至像布鲁阿代尔（Brouardel）这样卓越方正的法医学家都说过［见布氏著《论堕胎》（*L'Avortement*, p.43）］时常有人来求他帮助堕胎，为她们自己或她们的乳母，这些女士都把它看作是一件完全自然的平常的事情，丝毫不把法律将堕胎行为视为犯罪的事放在心上。

因此，在所有文明先进的国家里堕胎的事极度平常就不足为奇了。遗憾的是，实在不能说堕胎是出于优生学的动机，支持堕胎的人往往也多半不是从优生的立场来考虑的。我们发现有许多优秀的女子不想妊娠，她们的性格和能力有些特别，不肯软弱地屈从于她们不打算追求的生活，怎么想都不如意，便常常靠堕胎来解脱。大家通常都把美国看作是最盛行堕胎的国家，这个国家提倡未婚女子守身如玉，已婚的女子有不受拘束的自由，人人都自立自主，既有这种堂堂的理想在先，紧接而来的就必然是堕胎盛行了。美国把堕胎盛行的情况公之于世大概多半是出于美国人报道事情的诚实，而且认为这是社会的缺陷，要努力加以改正，姑且不论他们的这种认识是对是错，这种做法并没有在实际中显出什么真正了不起的成绩。虽然做统计学的比较有困难，但可以肯定不错的是，堕胎在英国、法国和德国都是极为平常的事情。在这个问题上国家之间的差别大概都与各自风行的社会习惯和提倡的理想不同有些关系。譬如，在德国，未婚的女子和已婚的女子都允许有相当的性自由，这在他们国家已经习以为常，堕胎的事情就不像法国那样频繁，而在法国对年轻的女孩子很苛刻地要求守身如玉，对已婚的女子则要求有追求工作和快活的自由。但是这种不同国家之间的差别，如果真有的话，也正在逐渐趋于一致，被控告犯堕胎罪的案件在德国也日渐增多；但这种增多也可能只是由于比过去更热衷于兴讼告状的缘故。

布鲁阿代尔（Brouardel）援引的一种意见认为（见同上引书，第 39 页），在纽约看到的堕胎的例子只是其中的千分之一。司科特医生本人是强烈反对搞堕胎的［见司氏著《性的本能》（J. F. Scott, *The Sexual Instinct*, Ch.viii）］，他认为如今的美国，延医堕胎都成了风气，“其比例数之大已经达到几乎教人不能相信的地步，”而且还有“不计其数的例子”肯定没有被报道出来。司科特说，“它在我们今天这一代人中滋蔓得太快了，一切知道情况严重到这种程度的有良心的人，心理都会感到震惊不已。”（下文我们将会看到，这种想当然地把赞成堕胎的人通通都推定为“没有良心的人”是错误的。）1840 年以降情况发生了变化。1881 年密歇根调查堕胎犯罪特别委员会报道说，从将近一百位医生的通讯中得知，根据他们的从业经验判断，每一百位孕妇中大概有十七位堕胎；这个委员会认为，加上医生不知道的例子，堕胎的人数还要多许多。委员会更进一步援引一位医生的未经他自己认可的话说，他认为现在对待堕胎者的舆论正在变化，在美国开始有人把她们看作是有益于社会的分子，甚至是社会的施主。

在英国，近些年来堕胎的例子似乎也在显著增加，可能特别是在干粗活的平民阶层。《英国医学杂志》的一位作者（见 *British Medical Journal*, April 9, 1904, p.865）发现，堕胎是“大规模的和故意的现象，”并且举出他四个月的行医过程中遇到的四个例子，这些妇女或者有过堕胎的打算，或者要求他帮助堕胎；她们都是已婚的妇女，通常都有一个多子女的大家庭，身体虚弱，只要能够不生孩子她们愿意忍受任何折磨。常常靠服用或企图服用一种“女用药丸”实行堕胎，这种药丸含有小量的铅，因而不论堕胎是否成功，都容易引起很严重的病象。谢菲尔德（Sheffield）的贺尔（Arthur Hall）教授特别研究过铅的这种用途[见霍氏著《增加用作堕胎剂的铅含量的问题》（“The Increasing Use of Lead as an Abortifacient”, 载 *British Medical Journal*, March 18, 1905）]，他发现这种做法近来在英国内地已经变得很平常了，看来使用的圈子还在逐渐扩大。主要是工人阶层中拉家带口的已婚妇女在经济不景气的时期这种现象尤其盛行[参阅纽曼的《婴儿死亡率》（G.Newman, *Infant Morality*, p.81）]。境况较好的社会阶层的妇女则求助于专业的堕胎人士帮助，有的人甚至漂洋过海去巴黎实行堕胎。

在法国，特别是在巴黎，近些年实行堕胎的例子也已经大量增加（见法医学学会在巴黎的一次讨论报告，载 *Archives d’Anthropologie Criminelle*, May, 1907）。多雷里斯（Doléris）[见《产科学会会报》（*Bulletin de la Société d’Obstétrique*, Feb., 1905）]

曾经指出过，在巴黎的产科医院里，妊娠的例子中流产的百分率在 1898 至 1904 的六年间翻了一番，多氏估计这些流产中有一半是人工堕胎。在法国，堕胎主要是由职业的堕胎人士操办的。其中有一位称为托马士太太（Mme Thomas）的人，1991 年被判服刑苦役，她承认在八年中帮别人做了 10000 例堕胎手术；每次手术收费两个法郎以上。她是农民的女儿，在她的一位当医生的叔叔家养大，她对叔叔家的医学和产科学的书曾经用心钻研过[见哈蒙著《1891 年的法国》（A. Hamon, *La France en 1891*, pp.629-631）]。法国的舆论对堕胎是宽容的，特别是对那些自己实行堕胎的妇女；被告上法庭的人数不多，而在被告上法庭的人中，有 40% 都被无罪释放[见博塞著《论堕胎罪》（Eugène Bausset, *L'Avortement Criminel*, Thèse de Paris, 1907）]。但是以帮别人堕胎为职业的人通常会被判刑监禁。

在德国，近年来堕胎的事似乎也增加了很多，1903 年全年因为堕胎罪被告上法庭的例子，数量比 1885 年高了一倍[还可以参阅赞今杰尔著《性和社会》（Elisabeth Zanzinger, *Geschlecht und Gesellschaft*, Bd.ii, Heft 5）；另见《性的问题》（*Sexual-Probleme*, Jan., 1908, p.23）]。

由这些事实看来，在许多文明国家里，人工堕胎已经被允许甚至受到鼓励也就不足为奇了。只有在基督教界里还在对它一味非难，那也仅仅是出于教条的空谈而已。在土耳其，平常情况下堕胎是不受惩罚的。在希腊和罗马的古典文明中，堕胎同样是允许的，但要有某些条件的限制。柏拉图承认母亲有权决定堕胎，但这个问题要尽可能在妊娠的早期解决。亚里士多德也赞成堕胎，他的意见和柏拉图一致。芝诺（Zeno）和清心寡欲学派（the

Stoics）认为胎儿是子宫的果实，出生时才获得灵魂；这和罗马法典是相合的，该法典规定胎儿只有在出生后才成为人[35]。在罗马人中堕胎已经是司空见惯的事，但是，根据早期罗马体制通行的家长制，有权决定实行堕胎的人是父亲而不是母亲。基督教根据灵魂至尊，灵魂不灭以及必须用洗礼的方法济度有原罪的人等等教条，引进了一族新的概念。我们在圣·奥古斯丁的著作中已经看到了这种新的姿态，他在讨论死在子宫里的胚胎在来世能否再生时说，"我虽然不敢妄作解人，冒昧肯定或冒昧否定，但是我不明白，如果不能排除把他们当死人看，为什么他们就不能成就死者的复活"[36]。然而很快就确定堕胎有罪了，早期皈依了基督教的皇帝和教会沆瀣一气，诰命颁布了许多古怪的和过火的刑罚来对付堕胎。在教会的影响下，这种趋势一直不受限制，直到十八世纪的人道主义运动开展之后，当贝卡里亚（Beccaria）、伏尔泰（Voltaire）、卢梭（Rousseau）和其他一些伟大的改革家成功地扭转了公众舆论的潮流，一致转向反对这些野蛮的法律时，堕胎被判处死刑的恶法终于被废除了[37]。

今天的医学科学和医生，虽然还不能说已经完全一致，但总体上的主张是处在古典法律学家和后来的基督教教会之间的中行的位置。笼统地说，如果不堕胎会危及母亲的健康时他们是赞成牺牲胎儿的。然而医学界普遍的意见至今还没有迹象准备更进一步，并且明确表示不愿意帮助父母无缘无故让母亲子宫里的胎儿流产，也还没有想根据优生的原则实行堕胎的意思。显然医学是绝不能做这件事的始作俑者的，因为医学的本分是救死扶伤。社会本身必须承担起保护种族的责任。

麦克维伊（Macvie）医生在《母子权界论》（"Mother versus

Child”, 载 *Transactions Edinburgh Obstetrical Society*, vol.xxiv, 1899）一文中，根据估计寿命值仔细推敲胎儿和作为母亲的成年人的各自的价值，他最后做结论说：“胎儿只是一个寄生者，没有一点功用，除非孩子的估计寿命能够达到一个相当的年限，使他的潜能转变成为现实，母亲和胎儿的生命的相对价值才会成为实际的相对价值而做出其潜能价值的比较。”这种说法似乎很正确很稳当。巴兰坦（Ballantyne）力图把这番话讲得更明确一点，他说，“母亲的生命有实在的价值，因为她就是实在的她，而胎儿只是一种可能的价值，要根据它能够成为什么东西而定。”[见巴氏著《妊娠病理学手册：胎儿》（*Manual of Antenatal Pathology: The Foetus*, p.459）]。

在其他一些人士中，德拉克（Durlacher）以谨小慎微的态度仔细探讨过，作为一个医生，在什么条件下为了母亲的利益应该实施堕胎，而在什么条件下又不应该[见杜氏著《人工堕胎》（Der Künstliche “Abort”, 载 *Wiener Klinik*, Aug. and Sept., 1906）]。威廉（Eugen Wilhelm）写过一篇题为《堕胎与医生消灭胎儿的特权》的文章（“Die Abtreibung und das Recht des Arztes zur Vernichtung der Leibesfrucht”，载 *Sexual-Probleme*, May and June, 1909），其中也讨论到这个问题。他进一步谈到修改法律给医生在堕胎上有更多的便宜行事的自由是否合适的问题。他做结论说，没有这个必要，这样做反而可能不当地妨碍医生的自由而更加有害。他认为，倘若遵守医学规则的指示，法律上的任何改变都只应该是指向确认消灭胎儿不属于法律意义上的堕胎问题。在提到有些医生对人工流产问题胆小怕事的时候，威廉说，即使面对当前的国家法律，医生自己要认为，就自己的知识能力所及做出判断，决定实行人工流产，即使错了都不会遭到任何法律的惩罚，而如果能够证明因为他忽略了做人工流产而造成死亡，他就大有可能犯法而必须承担法律的责任。

皮纳尔（Pinard）曾经讨论过控制胎儿性命的生死大权问题，他慷慨陈词鼓吹拯救婴儿的生命，竟然得出一个没有道理的结论，认为谁都没有决定胎儿生死的权利；他说，“婴儿的生存权是绝对不可剥夺的神圣的权利，没有任何一种势力可以从他那里夺走。”[见《妇科学年鉴》（*Annales de Gyncologie*, vols.lii and liii, 1899 and 1900）] 皮纳尔在这里犯了一个错误，除非他像托尔斯泰那样故意要和当代的文明作对。根本谈不上婴儿有什么“绝对的生存权”，在人类社会中甚至成年人都没有这种不能剥夺的权利，胎儿就更不用说了，严格地说，它根本还算不上是一个人。有的人因为他们的反社会行为而成为危险的分子，我们有权结束他们的生命，而在战争中，我们在一片狂热的鸣鼓呐喊声中蓄意结束了许多人的生命，他们都是因为身体条件和一般的效率符合战争的这个目的而被特别挑选出来的。现在却说我们没有权利掌控那些和人类社会还没有一点关系，甚至都还没有生出来的小东西的生死，这岂不是很荒唐和自相矛盾了么。这里摆在我们眼前的是古老的神学教条的痕迹，如果完全根据这种空洞的理论说话，则毫无疑问，从胚胎的“不可侵犯的权利”往前再走一步就是精虫（spermatozöon）的“不可侵犯的权利”了。两者的确都有法律惯例“不可侵犯的权利”咧。

必须承认，近些年来堕胎问题已经显示出一种新的多少有些出人意料的局面。迄今为止这个问题一直完全掌握在男人手中，最初根据罗马的传统，它掌握在基督教教会的手中，后来又掌握

在医生之类的自由职业者的手中。但这个问题实际上很大部分乃至主要部分是妇女的问题，现在，特别是在德国，妇女积极地把它揽了过去。斯特雷特贝格（Gräffin Gisela Streitberg）写了一部题名为《论剥夺胚胎生存的权利》（*Das Recht zur Beiseitigung Keimenden Lebens*）的书，她以这部书闻名于世而成为这个运动的先驱，从1897年以降，紧随其后的还有其他一些杰出的女子，她们在德国的妇女运动中占有突出的地位，例如，斯特克尔（Helene Stöcker）、奥尔贝格（Oda Olberg）、赞今杰尔（Elisabeth Zanzinger）、耶利内克（Camilla Jellinek）等等。所有这些作者都坚决主张，胎儿还不是一个独立的人，而每一个女人，凭她有主宰自己人身的权利，就有资格决定是否让它成为一个独立的人。在1905年秋举行的一次妇女大会上通过了一个决议，提出要求只有违背妊娠妇女的意愿而由他人实施的堕胎才应该受到惩罚[38]。这个决议被代表大会采纳就生动地证明了妇女现在已经很关心这个问题，并且决心不屈不挠地奋斗下去。

赞今杰尔巧妙和有力地谴责把堕胎认定为犯罪的法律。她说，“女人自己是她本人的身体和她本人的健康的唯一的合法所有者。……一个女人将她的清白的身体当作最好的礼物给了她的心上人，这种行动是她的最秘密的隐私权利，同样，如果一位妊娠的女子认为有某些有益于她的理由决定要毁掉这种行动的结果也是她自己的隐私。”这位作者力陈，一个女人毁掉的那个胚胎，如果生下来有可能成为社会的负担，或者有可能是社会的窳劣分子，那她就是在为社区做贡献了，社区应该奖励她，或许给她一些特殊的照顾，帮她教养她的其他孩子［见赞氏著“堕胎罪”（Verbrechen gegen die Leibesfrucht, 载 Geschlecht und Gesellschaft,

Bd. ii, Heft5, 1907）]。奥尔贝格在《论对胚胎生命的法律保护》（“Ueber den Juistischen Schutz des Keimenden Lebens”）这篇很有见识的论文中，尽力一一澄清所有涉及为了保护发育中的胚胎而打击或为难怀着它的身体（它的母亲）的作为，指出这些做法等于是要保护一个可怜的小东西的生命就要打击或为难它和它自己的种种本能。她认为大多数人为地终止妊娠的妇女也只是万般无奈，因为一个正常的、健康的和强壮的妇女是不情愿堕胎的。“有些妇女精神上空洞荒凉但身体上却不然，就母道而言，她们除了会生孩子之外什么也不会。这些妇女如果堕胎则纯粹是纠正大自然的一次疏忽。”她注意到，她们中有些人，因为堕胎的时间规定，被判犯了更严重的杀婴罪。至于说有些妇女堕胎只是出于虚荣或图安乐的动机，奥尔贝格则指出，这些人的社交圈子完全有办法限制她们生孩子而不必求助于堕胎。她做结论说，社会必须从各方面保护幼小的生命，包括社会卫生、制定和实施保护劳工法，提倡建立在遗传学法则基础上的新的道德等等。但是我们不需要任何法律去保护那些幼小的人而制裁它自己的母亲，因为有许多自然的势力在驱策母亲去保护她自己的孩子，而我们可以有把握地说，她如果没有充分良好的理由是不会轻易不服从这些势力的（奥氏文载 *Die Neue Gereration*, June, 1908）。耶利内克在伯勒斯劳（Breslau）举行的全德妇女联合会上发表了一篇有力的见识广博的演讲，提出了和上述奥氏的意思同样的主张[见《刑法改革》（*Die Strafrechtsreform, etc.*, Heidelberg, 1909）]。

法律界的人士和律师很快都变成在这个问题上支持妇女的诉求，因为传统的最强大最有影响力的法律界的指向一致，无疑就一定更容易形成一边倒的形势。可以断言，在意大利这个

古典的改革法律的国家，这场新的运动是从法律这方面发轫的。1888 年，巴莱斯特里尼（Balestrini）在都灵（Turin）出版了他的著作《堕胎、杀婴和弃婴》（*Aborto, Infanticidio ed Esposizione d'Infante*），他在书中主张废除对堕胎的刑罚。这是一部很详尽的有见识的书，洋溢着鼓舞人心的思想和人道主义的精神，现在虽然认识了它的重要，但却不能说已经很关心它的出版的事。近些年来，特别是在德国，法律界的人士跟随妇女改革家，主张完全或部分地废除对于堕胎的惩罚。像李斯特（Von Liszt）这样卓越的权威人士在给耶利内克（见同上引书）的一封私人信件中说，他认为对堕胎的惩罚是"很有问题的"，但他考虑完全废除行不通；他想，妊娠的最初几个月内也许可以允许堕胎，于是又回到了原来的老眼光。格罗斯（Hans Gross）发表他的意见说，堕胎不再受到惩罚的日子不会太远了[见《犯罪人类学档案》（*Archiv für Kriminal-Anthropologie,* Bd. Xii, p. 345）]。拉德布鲁赫（Radbruch）和利林达尔（Von Lilienthal）也说过同样的话。魏因贝格（Weinberg）主张修改法律[见《保护母亲》（*Mutterschutz*, 1905, Heft 8）]，希勒（Kurt Hiller）也从法律的角度主张，只有当已婚的妇女没有知会她的丈夫和征得他的同意就实行堕胎的例子才应该受到惩罚[见《新一代》（*Die Neue Generation*, April, 1909）]。

医学专家和医生主张他们有权决定是否实行堕胎，这是他们在现代跨出的第一步，目前并没有任何新的进展。它满足于确立一个原则，即如果母亲的利害和胎儿的利害冲突则必须牺牲后者。到现在还在犹豫要不要更进一步根据优生的原则来考虑堕胎的问题，当社会医学的和社会卫生的利害关系需要走这一步的时候是否要声称有权主张堕胎。这种态度是十分明智的。医学的使命历来就是救死扶伤，即使这条性命不堪造就乃至窳劣顽钝之极也不能除外；佩吉特（Sir James Paget）爵士大声疾呼："凡物都令活！凡物都令活！"医学一直把自己的任务局限在谦逊地替人治病消灾的范围内，只是到了今日才开始担当起预防这些疾病和灾祸的更伟大和更高贵的任务。

近代的一位医学作家聪明地谈起，"从杀死子宫里的孩子到谋杀出了子宫的人之间只是危险的缝隙之隔"，这句话大概是针对某些人讲的，这些人不少，他们有几分睁眼不看事实，在已经过去的漫长的千万年里，远在世界上还不知道有堕胎一事之前，人类早就越过了这条"危险的罅隙"，就是太放肆而已。

可是各处都有一些著名的医学作家主张进一步扩大实行堕胎，作为推挽优生学前进的助力。譬如，弗莱施（Max Flesch）教授赞成修改法律，允许对一些特殊的例子实施堕胎（条件是要由医生来做），诸如，遭强暴致孕，妊娠后被遗弃，或者为了社区的利益，想要防止疯狂病、犯罪、酗酒，或结核病等等不良人品的繁殖［见《新一代》（*Die Neue Generation*, April, 1909）］。

在法国，一位名叫达里卡雷尔（Jean Darricarrère）的医生写了一部小说，书名叫《堕胎的权利》（*Le Droit d'Avortement*, 1906），书的宗旨是主张妇女必须有堕胎的全权，对于她是否要忍受生产的痛苦和冒生产的危险有最终的裁定权。可是这里的问题显然不是从医学的立场而是从人道主义的和女权的立场考虑的。

我们已经看到，近年来对于堕胎的态度在理论上和在实践上都同样发生了巨大的变化。然而我们必须清楚地认识到它和用避孕的方法节制生殖不同，自由选择的堕胎还没有成为我们现行的社会道德。如果容许我插嘴说一句，我想说我认为我们的道德在这个问题上似乎很合理[39]。我坚决主张，不加限制地允许根据自己的利害关系考虑实行堕胎，或者甚至不加限制地允许社区根据种族的利害关系考虑实施堕胎，都将超越我们今天达到的文明阶段。正如爱伦·凯很有力地主张的那样，一种文明允许没有抗议地在战争中野蛮杀戮经它精心挑选出来的成年人，它就还没有资格取得从容地消灭子宫里的哪怕是最窳劣的生物的权利。一种犯有如此造次蹂躏生命罪的文明不足以信赖把这种裁决生命的职能托付给它。对于完全不可救药的和窳劣不堪的活人，甚至是还没有出生的生命都空泛地盲目地切心珍爱，很有可能是一种愚蠢的癖性，因为它往往导致难以预料的苦难甚至犯罪。但是迄今为止仍然有一个不能穿越的障碍阻止文明朝这个方向发展。在我们取得为了净化生命而从容剥夺生命的资格或权利之前，我们必须懂得怎样去保护生命，消灭种种摧残生命的势力——战争、疾病、恶劣的工业境况——这些势力无疑都存在于我们的文明国家的社会中[40]。

此外，我看还有一个由此带来的同等重要的问题要斟酌。文明的进步方向是强调未雨绸缪，加强预防，减轻由于缺乏预见的鲁莽行为铸成的痛苦。堕胎的需要正是文明发展要消灭的鲁莽行为的后果之一。同时我们也不妨承认，在文明比较健全的条件下仍然会有少数的例子宜于实施人工堕胎，看来这类例子大概会逐渐减少而不是增加。为了避免发生不得已的堕胎和抵消支持堕胎的宣传，我们主要依靠的应该是下面两件事，一是配偶双方在决定妊娠时要对前途多加考虑和增加避孕措施的知识[41]，二是要靠国家制定更好的规章和更周到的安排以保护妊娠的妇女，已婚的和未婚的都一视同仁不分轩轾，并且切实地注意母亲对社会的合理的要求[42]。在许多犯堕胎罪的案件中，真正的罪过无疑应该归咎于那些本来有责任让大家知道更自然的无害的避孕方法，而没有尽到他们的社会的和职业的责任的人，要不然就应该归咎于那些在社会上装模作样使妊娠的妇女处于尴尬的不堪忍受的地位的人。在这两个方面积极地进行社会改革，可以阻止支持堕胎的新的社会运动，或者可以认为正是这种运动有助于刺激这类改革。我们已经看到慎重的避孕已经成为我们的文明的道德，而自由选择堕胎的理论和实践也在我们的生活中有了立足之地。此外，还有第三种也是更极端的一种控制生殖的方法，就是用去势或切除生殖腺（castration）使完全不能生殖，或者做其他具有同样的阻断生殖效果的较小的手术。前述两种方法只影响单独的一次性交或该次性交的结果，但去势则影响到手术后的全部性交行为，通常会永久摧毁生殖的能力。

古代为了各种各样的社会目的和其他一些目标而在男人和动物中广泛实行去势手术。但是总的说把它用到男人身上一直有某种反对的偏见。许多民族认为性器官的完整有非常神圣的价值。在某些原始的民族中，除去这些器官被认为是特别残忍的凌辱，往往只是有如在一场战斗之后那样的群情激昂的时刻才会干出这种事情。医学一向不许对性器官做任何干涉。希腊医生的誓言明白禁止去势："吾不从事阉割"[43]。如今情况发生了很大的变化，无论对男人还是女人，在治疗一些疾病时采用去势手术已经很平常了；有人主张偶尔采用这一类的手术以期达到除去强烈的变态的性冲动的目的。近些年来，由于除劣优生学或消极优生学

(negative eugenics)的考虑而借助去势手术的势态在扩大，这是因为它和避孕或堕胎两者相比具有更加彻底的绝育的性质。

赞成实行去势的运动似乎是发轫于美国，那里的各种涉及去势手术的实验都有立法规定。哈蒙德(Hammond)，埃弗茨(Everts)，莱德斯顿(Lydston)和其他一些人最早主张采用去势仅仅是把它当作对付犯人，特别是对付那些性犯罪的人的一种惩罚。可是这种观点让人觉得不够满意，或是不大合理。有许多例子，去势对他们根本不是惩罚而是得了实际的好处。另外有一些例子，如果去势伤害了他们的意志力，可以造成很严重的精神紊乱，导致本来就有些退化或不健全的人变成疯狂、犯罪和全面反社会的倾向，比原来的状态更加危险得多。后来基于优生学的考虑而提出的实施去势的主张就健全得多了；为此实行去势并不是为了科处残酷的和贬低人格的惩罚，而是征得被去势的人的同意，为了保护社区避免增加更多的无用或有害的成员的风险。

有些人纯粹是为了个人的安逸存心寻找一种较合人意的非常有效的手术来代替性交中采用的各种避孕方法，这类事情表明去势手术已经不再专门适用于作为一种惩罚来考虑了。我现在才知道有一个例子采用这种手术的经过。这个人是一位医生(他的祖上是清净宗的新英格兰人)，我认识他已经很久了，知道他的性生活一直很正常。他现年三十九岁。儿女成群，近几年来他性交时采用了避孕的方法。接下来的事我用他本人的话来说："采用避孕措施很麻烦，要未雨绸缪，啰里啰唆，年复一年使我越来越心烦，最后，我对另一位医生提出这个办法，他保证没问题，于是我和我的太太再三斟酌之后决定绝育，不久就动了手术，从阴囊切开一个小口，用丝线把两条输精管各做两处结扎并从这两处结扎之间把输精管切断。手术是在盐酸可卡因浸润麻醉下进行的，虽然没有感到剧痛，但是（把切下的精索从切口拽出来的那一下，以及诸如此类的操作）还是觉得有点疼得难受。我照常上班没有休息过一天，也没有任何大麻烦，六天之后就把阴囊的缝线拆了，三周之后把吊阴囊的绷带也去了，当时不得不吊，因为睾丸和输精管都特别怕疼”。

“各方面都证明手术非常成功。性功能绝对丝毫不受影响。生殖道没有不舒服或不自在的感觉，我最惊讶的是，按平常的观察判断，精液的量一点也没有减少，质感也没有变化（当然，用显微镜观察就会发现它的致命伤了。）

“我的太太很高兴不用为我们的爱情担心害怕了，而最重要的是，似乎生活对我们两人来说都着实有了更多的意义。我们两人的健康偶尔似乎比往常还要好一些，特别是在我的太太这方面，她把这归功于让精液完全正常地泄在阴道里，和阴道里的分泌物混合在一起直到自然地消散，说这有安慰作用。

“这种手术比较新颖，目前除了对疯子、罪犯等之类的人采用之外，还很少用到其他人身上，我想你也许会感兴趣，如果我对人类的全部问题中的这个最重要的问题投射出一点萤烛之光……我也将由衷地感到高兴。”

这个例子，以他那十分圆满的结果，肯定值得存记留档，但目前也许还是不要推广仿效为好。

从 1893 年开始就有人主张把去势作为除劣优生学的一部分，用作特别的预防措施，以改进种族的卫生和保护社会，我知道的最早提出这个主张的人是得克萨斯州（Texas）的丹尼尔医生（Dr. F. E. Daniel）[44]。然而去势既是一种净化种族的方法，同时也可以作为一种惩罚的手段，用来对付犯有强奸罪、兽奸、鸡奸乃至习惯性手淫的人，丹氏对这两者多少有点混淆不清，此外，这种措施的原始方法很野蛮，要把性器官全部切除。近年来陆续有人主张采用多少比较公正、可行和科学的去势方法，不必切除性腺或性器官，也不把它当作一种惩罚，而单纯是为了保护社区和种族使免受生出很有可能是无用的甚至可能是危险的成员的拖累。内克（Näcke）从1899年以后反复陈述采用这种措施对于社会的种种好处。[45] 内克强调，社会的低劣成分的繁殖给家庭带来不幸，也是造成国家巨大经济损失的原因。他认为去势是预防发生这类问题的唯一有效的方法，因此，他的结论是我们有义务采用它，就像我们采用免疫接种一样，同时要注意取得接受手术者本人或者他的监护人的同意，以及政府主管部门的允许，必要时还要征求专家委员会的意见。那不勒斯（Naples）的祖卡雷利（Angelo Zuccarelli）教授自1899年以来也一直强调采用去势的办法使患癫痫、各种疯狂病、酗酒、结核病和各种天生犯罪的例子绝育的重要性，选择手术对象的事可以授权给一些专家去做，他们经常考察在校学童、各种公共事业的候选人员，或者将要结婚的人[46]。这个运动迅速流传开来。1905年在瑞士精神病学者医生的年会上，大家一致认为对癫狂病人实行绝育是很好的，同时也一致认为有必要针对这个问题立法加以管理。瑞士正是欧洲最早起步把去势作为社会卫生的预防措施的国家。维尔（Wil）地区的疯人院第十六年的年度报告（1907年）报道了他们那里的四位去势的例子，两名男子和两名女子，都是为了社会的理由，经过他们本人同意和政府当局的批准；两位女子早先曾经有过两个私生子，他们都成了社区的负担，这四个病人全都在性方面表现不

正常；手术使这几位病人获得了解救并且参加了工作，结果使有关各方都十分满意[47]。

作为除劣优生学的措施的去势手术已经简化了，现在使用的新方法已经无须冒险，不用切除睾丸或卵巢了。对男人有简单的输精管切除术，奈客和其他许多人都推荐过。对女人则有相应的几乎同样简单和无害的凯勒尔（Kehrer）氏手术，通过阴道切断和结扎输卵管，基希（Kisch）推荐过这种方法，祖卡雷利推荐的罗斯（Rose）氏手术也同样简单易行，有经验的医生几分钟就完成了。

现在大家都已经知道，人和动物反复受到X-射线照射，都同样对两性产生绝育的效果，所以从事操作X-射线工作的人必须采取各种防护措施以避免这种伤害。有人提议采用X-射线代替去势手术或许是个好办法；这种方法的效果似乎只能维持几年，对于还不能肯定要彻底绝育的例子也许是个好办法[48]。

在我看来，对于把去势看作除劣优生学的一种方法这件事太过狂热并不适当。此外，有人造次地建议立法采用它，——由于它的确不像非彻底绝育那样明显遭人讨厌——我们更应当对此十分谨慎[49]。我们也应该打消把去势当作惩罚手段的念头；因为这个事本身不仅残忍而且可耻，大概也不会有好的效果。作为推行除劣优生学的一种方法，没有征得手术对象的同意绝对不应该实行。有些例子如果不做去势手术就必须隔离，碰到这种事说服起来就比较麻烦；但是如果要顾全手术者的体面，手术前征得他的同意还是必要的。一个男人由于被迫去势而感到丢脸和痛苦，虽然对后代不会有危险，但却很有可能变成他生活着的现实社会中的一个危险分子。采取适当谨慎的态度和种种保护安全的措施，去势的应用对于提升种族的水准和改进种族的健康无疑可以起到一定的作用。

到此我们考虑过的这些方法，就其用于限制社区中的不健康的和低能的家系或血统的生殖力量来说，是优生学的方法。可是务必不要以为这就是全部的优生学，或者以为它们就是优生学的设计方案无论如何都不能缺少的措施。优生学设计是一整套提升和改善人类种族的遗传品质的积极的作业；堕胎和去势是可以用于这个目的的手段，但它们不是大家都认可的方法，也始终搞不清楚还有没有其他的方法可以收到更好的效果；无论如何它们只是除劣优生学或消极优生学的方法。此外还有择优优生学或积极优生学（positive eugenics）的领域，它关心的问题不是消除低劣的种系血统，而是要发现优秀的种系血统和增进他们的生殖的力量。

虽然要禁止生殖并不妨碍结婚，但是无论从择优优生学或从除劣优生学的角度来看，就大多数例子而言，两个人结婚是不是彼此相得都还是一个需要讲究的重要问题，因为正常的婚姻绝不可能不包括生儿育女的节目，这的确是婚姻的主要的和最惬心的目的。我们必须斟酌的问题不仅仅是那些家系血统或个人不宜于生育子女，而且还有那些家系血统或个人最宜于生育，以及在什么境况下可能产生最好的生育效果。目前我们有关这些问题的知识还是支离破碎很不完全的，这就使我们注意在考虑这些问题的时候需要格外的小心谨慎。

说到这个问题不妨提一下奥奈达公社（Oneida Community）有关建立一种科学的繁殖制度的实验，领导这个公社实验的是一位男子，直到今天大家才对他的能力和勋绩有了适当的认识，认为他是一位先进。此人名叫诺耶斯（Jone Humphrey Noyes），他太超前于他所处的时代，以致当时大家认识不到他的真正的价值；充其量也就把他看作是一个教派的精明的和有成绩的鼻祖，而他把优生学付诸生活实践的企图徒然招来旁人的讥笑和迫害，结果迫于来自公社之外的压力，这个很能增长见识的实验就匆促结束了。他的目的和宗旨都发表在大约四十年前出版的一个文件中，文件的题目是“试论科学的繁殖”（“Essay on Scientific Propagation”），它所讨论的问题现在才开始受到社会政治圈子里讲究实际的人的注意。当诺耶斯把他的活泼的重实践的思想转向优生学的问题时，这个问题还严格掌握在科学家的手中，他们对他的种种计划的实行当然是怀着科学家天生的处处胆小怕事的情绪，科学家对于他们所处的时代的习俗向来是不准备越雷池一步的。诺耶斯在奥奈达的实验标志着优生学历史的一个新的阶段；不论他的这个实验的价值如何——不能期待第一次实验就会有令人满意的结果，从柏拉图以来，优生学的种种问题就一直平静地停留在象牙塔里，因为诺耶斯它们才越过了纯学术的阶段。诺耶斯在开始实验时说：“大家逐渐明白了，科学的社会一定要以人类的科学的繁殖为堂构。”付诸行动的时候我们必须注意两件事：血缘（或遗传）与训练（教育）；而且他把血缘摆在第一位。这方面他和最近代的人体测量优生学家的意见是一致的（例如皮尔逊就喜欢说“国家年复一年地把钱花在改善‘环境’上，但是‘遗传’的效用要胜过它却易如反掌”），同时这也表明他的眼界比平常的社会改革家要宽阔，那时候这些改革家通常都是迷信教育和环境的作用的人。诺耶斯赞扬达尔文有关繁育动植物品种的论述并且超越他向前跨了一步，戈尔登也跨过了这一步。诺氏接

着评论说，当戈尔登到达必须从理论向前推进把理论提出的责任担当起来的关键时刻，他却“陷入了最谦逊的保守主义之中。”（可别忘了诺氏写这些话的时候戈尔登的事业还处在早期。）这个结论说的保守主义和诺耶斯的实干的和宗教的气质格格不入。诺氏先戈尔登着鞭把优生学看作一种宗教问题，他说：“责任是简单明白的；说起来我们应该担当——我们也想要担当，但是我们无法担当。上帝的天道敦促我们行动；但社会的法规却阻止我们前进。最险阻的路就是最安全的路。让我们用忠实和沉着的眼光注视一下这个天道，只有愚昧无知的懦弱才会以为这种责任是不切实际的。”

诺耶斯建议把研究人口繁殖的现代科学称为“种族文化”或“种族学”（Stirpiculture），其他某些人有时也跟他这样叫，用这个词来指称“优生学”。他认为种族学家的事业的目的就在于关注种族血统的数量和质量，采用掰肌分理严格挑选男子的措施就可以不必淘汰和削减人口数量而提高人口的质量。在这个问题上近年来皮尔逊和其他一些人都表示过支持诺耶斯，诺氏曾经说过，人口中只需要相对比较少一部分人去生产下一代，实际上每一代里只需有 12% 的男人就能生产出下一代的 50% 的人口。我们需要做的事情就是保证这一小部分负责生殖的人是最宜于实现这个宗旨的。按诺氏对这个问题的见解，“人口生产的数量与受胎的女子的人数成正比，而就依靠选择生产出的价值而言，则几乎与参与授精的男子的人数成反比。”在这个问题上，诺氏又比埃伦费尔斯（Ehrenfels）认识得早。有两条原则要牢记在心，一是“选最优良的做种”，二是“实行近亲繁殖”，谨慎从事纳入偶然发现的新的遗传素质和血统。[我们可以注意瑞普玛尔（Reibmayr）最近出版的一部书，书名叫《天才进化史》（*Entwicklungsgeschichte des Genics und Talentes*），他证实人种中优秀的种族和优秀的个人都是无意识地严格遵从这些原则产生的。]诺耶斯说："把优秀的家族分离出来实行近亲繁殖，就可以在人类中产生变种，这些变种可以和所有家畜种类中的纯种或良种比类而观。"他还用犹太人的早期的历史来说明他的这种见解。

诺耶斯最后批评在人口繁殖的问题上现在通行的章法，或者说没有章法。他说我们的婚姻制度是"任其在纷乱争夺中去配对"。又因为对两性在生殖能力上的巨大差别的无知，不论一个男人的性能力和它的价值如何，都"限制他只能和一位盲目选定的女人去生产她有能力生产的几个孩子"。接着他又说："实际上这种婚姻制度还是区别对待的，它有利于最坏的分子而限制了最良好的分子；因为好男人都凭他的良心遵纪守法，而坏男人则不理睬道德的规范在法外播种，有几分胆子就扩大几分播种的范围。""我们完全有把握地说，不可能把上述两条科学繁殖的原则或箴言贯彻到假称没有区别对待的制度中去，它不许压制，不给良善者比窳劣者更多的自由，而事实上这种制度是必定要以最坏的方式加以区别对待的，如果窳劣之辈孳育多生，又不肯听从科学和道德的训诫。"诺耶斯坚决主张，在改革我们的性生活的制度时务必要记住两个基本点：一是保护自由，一是保存家庭。关于人的科学繁殖的事情务必不能强迫；它必须是自主的，自制自胜的，"由那些热爱科学的人去自由选择，他们可以听从科学的训诫，'为了成就一个天国而甘愿使自己成为阉人（eunuch）'。"家庭也必须保存，因为"婚姻对男人来说就与他自己的存在一样是至上至善的"；但是家庭必须扩大，因为"如果所有的人都学

会幼吾幼以及人之幼，那么在这样的家庭中就没有任何东西来阻碍实践科学的繁殖了，这样的家远远好过现在的任何一种家。”

这本著名的小册子对于奥奈达公社采取什么样的措施来实施这些原则并没有详细的说明。据我们所知有两个基本的要点，一是男性节欲（见前文），二是扩大家庭，在这个家庭中，全部的男人都是全部的女人的实际的或可能的配偶，但是，除非经过慎重考虑的理性的决定，不会发生为了生殖而性交的事。西摩（H.J.Seymour）是这个公社开创时的成员之一，他说，“这个公社是一个家庭，和平常的家室一样与周围的社会清楚地隔开。把他们连接在一起的是永恒的，至少是和婚姻一样神圣的纽带。每一位男人的关怀，以及全部公有的财产都用来保证维持和保护妇女，抚养和教育儿童。”由奥奈达公社提供一个面面俱到的模式，然后人类社会普遍地效仿遵从，这种事情是不可能发生的。但是正如莫莱（Lord Morely）曾经指出的那样，它的成就的价值，最起码是用某些事实表明，“一直被粗俗地认为是根深蒂固本性难移的现在人类的品性，有些是可以改变的”，以及“性的趣味和情欲也可以教育和训练”（见 *Diderot*, vol.ii, p.19），把未来的文明主要寄托在这样的改造上很可能不是完全无望的[50]。

奥奈达公社在许多方面都超越了它的时代——甚至也超越了我们的时代，——但是有意思的是，在避孕或控制生育的问题上，我们的婚姻制度和奥奈达的理论与实践走到一条路上来了。当然不能说我们实行避孕总是根据优生的原则，但是这种控制已经成为大家普遍接受了的文明的习惯，这个事实使诺耶斯对于我们现代的婚姻制度的批评在某种程度上失去了它在半个世纪前曾经有过的力量。在我们的习俗中的另一个变化——主张乃至实行堕胎和去势——似乎当年没有得到他的赞许；他对这两件事都是强烈反对的，依杖的是指导他的公社的高水准的道德，没有必要靠它们去维持普遍实行了的种族文化或优生学。

奥奈达公社持续了一代人的时光，直到 1879 年末才终于结束，这并不是因为他们承认失败，而是由于明智地尊重和顺从了外部的压力。它的成员中许多人都受过高等的教育，他们仍然很怀念公社的这些实践和理想。诺耶斯·米勒（Noyes Miller）是《一位女子的净化力量》（*The Strike of a Sex*）和《朱戈桑特的发现》（*Zugassant's Discovery*）这两部书的作者，他始终深信会如他预料的那样，终有一天世界上的大部分人都会承认和采纳诺耶斯的伟大的发明。社区的另一位成员西摩很久以后写道："这是人间天国的一个预兆和不完全的缩影。"

想靠阻止某些种类的人结婚，或者靠鼓励社区里某些具有更优良的品性的人结婚，来改进种族的生物学的水准，大概是最常见的一类建议或打算了。这似乎是目前最普及型的优生学了。如果不是强迫实施而是志愿决定的结果，那么以谨慎的责任心来对待创造人类种族这样天大的严肃、神圣的事业，大家一定会举双手赞成而不会说一句反对的话。

但是如果试图用立法来限制像婚姻这样的制度就完全是另一回事了。首先，我们对遗传的原理和病理状态的遗传性都还没有足够的知识，使我们能够根据它来设计一些健全的法案。就连结核病与遗传的关系这样一个比较简单的问题都还不能肯定地说已经有了大家一致同意的答案，甚至都还不能说已经取得了可供达成共识的足够的资料。而且，假设我们在所有这些问题上的知识都比现在先进得多，我们仍然达不到一种高度，可以设计出一些总的方案，指出那些种类的人适宜或不适宜生殖。这个问题必然是独特的个人的问题，它只能是在当事人的全部境况都经过一番精确地检阅之后才能做出决定的问题。

无论如何，反对一切用立法强迫限制结婚权利的行动，比考虑我们目前的知识是否足够要重要得多。那些主张实行这类立法的人的头脑中把合法婚姻与生殖完全混为一谈。陷入这种紊乱的人对他们胆敢指手画脚的课题连入门的知识都还没学到手，他们以这种学力去搞立法，不会比连字母 A 和 B 都还分不清的孩子去阅读强到哪里去。

两个人结伴，为了互相帮助和慰藉，这是他们的自由，如果他们愿意，结婚，为了性交，这是每一个人的基本权利，只有当他们没有思考能力，有欺骗隐瞒的犯罪行为，或者有可能伤害到结婚对象等等情况时，社会才有资格出面干涉，履行它保护它的成员的责任。但是按照这种意思结婚的权利决不包含生殖的权利。因为结婚本身只影响到有关的两个人而并不影响国家，至于说到生殖方面，则它首先影响到社区，构成社区的成员终归是出生在这个社区里的人，其次才影响到生孩子的那两个人，他们是生殖的工具。所以正如结为夫妻的个人在结婚的问题上有第一位的或最高的权利一样，国家在生殖的问题上有第一位的权利。同样，国家没有资格设定婚姻的规矩，个人也没有资格去立生殖的规矩。

然而，说有些人想制定规章有选择地批准个人结婚是做蠢事还只说了一半。让我们实在勉为其难地想象一下，当婚姻注册官员对来登记结婚的人说，根据新的禁止结婚的等级一览表，他们被拒绝合法婚姻登记了，公众只得谦卑地接过这本列有各种抽象的禁婚条款的规章，再次一声不吭地回家。明白公开地禁止在婚姻内生殖，言外之意就是默许婚外生殖。这样一来，原本是在婚内最安全的境况下实行的不良的生殖，被改换到婚外风险最大的境况下去实行了，最终的结果，对社区来说还是得不偿失或有失无得。

凡是正式立法禁止某些门类的人结婚，通常似乎都会连带着要发生各种各样的不幸的事情。这种法律，一部分成为一纸具文，一部分又被人用欺骗手段逃避执行，而一部分得到遵守执行的往往又引起更糟糕的恶果。例如，在高加索（Caucasus）的捷列克（Terek）地区，根据一个医学委员会的要求，立法禁止牧师与其亲属或祖上曾经有人罹患过麻风病的人结婚。结果招致许多各种各样的恶作剧和祸害，只好匆忙撤案了事[51]。

天主教教会曾经在几千年的统治中一直忙于责成它的教士接受禁止结婚的戒律——这是一批受过教育和训练的人，他们怀着各种各样精神上的和世俗方面的动机接受这个戒律，此外还修身养性达到视禁欲为人生的最美好的理想的境界[52]，如果我们知道这些事，我们也许就能了解，企图靠颁布一些信口开河的禁令，让一些没有经过教育的、没有任何服从这种禁令的动机、又没有独身生活的理想的人，像从前的教士一样度过他的一生，岂不是荒谬绝伦么。

只靠制定一部法令禁止某些门类的人进入合法的婚姻就想实现优生改善种族卫生，像目前这种做法，是没有一点希望甚至是愚蠢荒谬的事情，它显出了有些人低估了后天环境条件在优生上的重要性，这正是他们的短处。那些断言遗传就是一切而环境什么也不是的人似乎忽视了正是处在比较下层的这些人——他们受环境的影响最大——生殖最兴旺，最不计后果，满目疮痍多灾多难。一面关注遗传节制生育，一面加强改善环境和提高社会福利，双管齐下相得益彰。可以说即使这些都注意到了，大概还是有 50% 的性交是在合法婚姻之外发生的——或许这还是生殖上最多产的一半呢，——显然禁止那些属于不宜生殖的门类的人进入合法婚姻的法令也只是把他们推到合法婚姻之外去生殖的人群中罢了。同样明摆着的是，如果我们忽视环境的因素，任由这种恶劣的环境推波助澜使下层的民众陷入愚昧无知和造次鲁莽的生活状态，则实行优生学的唯一可行的方法就只有去势和堕胎了。但是这种方法——如果必须大规模采用[53]而又不顾个人是否同意的话——是完全违背现代的民主的意向的。由此看来，那些忽视环境的重要性的优生学家是在忽视唯一的一条可以实现他们的目标的道路。注重生殖与注重环境并不是像有些人想象的那样互相对立的，它们彼此是相须相成的。关心改善环境有利于限制不计后果的胡乱生殖，而限制生殖则有利于改善环境。

婚姻的立法要收效必须发挥家庭、学校、医生咨询等各方面的作用。强迫在此无济于事；教育是必不可少的，不仅仅是晓之以理和传授知识，而且要培植自知自胜的力量与学会控制自己的感情。

法律的作用有助于推进这种教育的进行，但是不能代替教育。譬如，当进入婚姻的一方对另一方隐瞒了患有严重疾病的情况时，这种隐瞒就应当构成离婚的理由。癫痫可以作为应该禁止生殖的一宗典型的疾病，隐瞒该病而结成的婚姻等同于一宗无效婚姻[54]。在美国康涅狄格（Connecticut）州最高上诉法庭 1906 年规定，如果婚姻中有一方隐瞒患有癫痫病的情况，最高法院有权判决离婚。有人很对地说，这个分量很重的正式的意见标志着人类向前迈了一步[55]。有许多其他的严重的病理情况可以作为判决离婚的根据，或者干脆就自动离婚，如果放弃生殖则另当别论，因为在这类事情中国家不再过问他们之间的关系，除非由于隐瞒犯了诈骗罪需要惩罚。

在法国，特别规定结婚必须有医生或医院出具的健康证明书。1858 年，里昂（Lyons）的迪代（Diday）就提议，每个人无一例外必须强制具备一份健康和疾病状况证明书作卫生护照之用。1872 年，贝蒂荣（Bertillon）主张结婚注册时要将缔约双方主要的人类学和病理学特征登记在册（身高、体重、头发和眼睛的颜色、肌肉力量、头型、视力、听力等等，以及各种残疾缺陷等等），然而这不完全是为了防止不良的婚姻，而且也便利于研究和比较某些特殊时期的不同人群的人口资料［见《医学科学百科词典》的“人口学”条目（Art. Demographie, *Dictionmaire Encyclopédique des Sciences Medicales*）］。后来富尼耶（Fournier），卡萨利斯（Cazalis），和朱利安（Jullien）等人要求把这些项目大大缩减，只保留部分项目，作为结婚必备的一份合法的医学证明书[56]。在奥地利，布拉格的哈什科韦茨（Haskovec, of Prague）主张，结婚时应该出示一份医学证明书，证明当事人没有罹患结核病、酗酒、梅毒、淋病、严重的精神或神经障碍或其他有可能伤害到配偶和子女的退化的情况[57]。在美国，罗森贝格（Rosenberg）和阿斯塔姆（Aronstam）主张，每一位准备结婚的人，不论男女，都应该由有资历的医学机构做严格的健康检查，包括：（1）家庭健康背景和个人病史（梅毒、痨瘵、酗酒、神经和精神疾病），（2）目前健康状况（检查所有器官）；如果合格

就颁发结婚健康合格证明书。大家注意到，采取这类措施之后，某些州过去通过的那些针对隐瞒疾病科以罚款、监禁等法案就没有必要了。爱伦·凯也认为进入婚姻的双方都应该出示健康证明［见《爱情与婚姻》（*Liebe und Ehe*, p.436）］另外她在《儿童的世纪》（*Century of the Child*, Ch.1.）一书中又说："在我看来，婚姻要求有医学的健康合格证明书，就像参军要有合格的证明书一样，一种情况是献出生命，另一种是接受生命，然而迄今为止大家把后者看得更重要一些。"

通常都主张这种证明书是私人的事，但要办理婚姻事宜的市政和宗教当局认为是正当婚姻必需的。这一步是保护夫妻和子孙后代必需的，它牵扯到一种新的婚姻合同的法律机制。如此频繁地提出这类要求是公众的道德意识发展的重要信号，让舆论了解对它们的迫切的需要是一件好事，但是如果要把它们制定成具体的法律则在目前很不适宜，或许，永远都不该做这种事。需要做的是培植个人的责任心以及推动社会反对那些不负责任的人。我们必须努力去影响和把握的是婚姻的实质而不仅仅是它的法律形式。

依靠自主的方法是解决这一问题的唯一正确的途径。迪克洛（Duclaux）认为，准备进入婚姻的人应该持有一份健康证明，这和准备买人寿保险的人要做的事是一样的，职业保密和不容强迫的问题在这两件事情中都同样不成为什么问题。一旦大家明智地认识到婚姻中涉及个人、家庭和社会的所有重要的问题时，他们自然就会习惯于结婚前准备一份这种健康证明书，完全出于自愿而无须强迫。像戈尔登倡导的为了实现优生而提出证明的方法，将成为提升在这类事情上的道德自觉程度的手段。戈氏的优生证明主要是考虑可遗传的血统中的优秀的天生美德——“公认的高尚的天资”——但它们应当包括个人的健康和才能的情况[58]。

要求结婚时出示强制性的健康证明书在方法上真的错了。它不仅会导致逃避和反对，而且还可能唤起反作用。首先必须使大家热衷于追求健康，建立在生殖方面的道德意识，同时在科学方面引导大家养成一种普通的习惯，从出生之日起就把有关个人在人类学、心理学和病理学方面的种种资料登记在案，和结婚完全无关。迪代和贝蒂荣早些时候的主张如果这样办就会有更好的依据和更为可行。如果每个孩子从出生的那一刻起就坚持记录这些资料，结婚时就没有特别检查的必要了，附带还可以有许多其他的用处。目前要获得从出生之日起就开始记录的这类资料还有困难，而且据我所知，现在还没有建立他们这种系统的注册登记制度的打算。但是，从孩子刚上学就开始检查登记是完全可能做到的，如今在英国、美国和其他有些地方的许多中小学或大学都这样做了，尤其注意有关人类学、生理学和心理学方面的资料。对每个孩子都做一遍全面的仔细的人体测量学检查，于是就有了一份说明他的身体状况的系统的资料[59]。这项调查需要标准化和推广，而且要定期重做。负责调查卢格比学校（Rugby School）的杜克斯（Dukes）医生很对地说，“每个孩子一踏进公立学校的门槛就应该接受一次全面的仔细的检查，像买人寿保险一样。”如果这套办法从幼童开始实行，到结婚时提出一份记录就没有一点困难，欺骗的事也无机可乘了。每个人的检查记录档案都可以由国家妥为登记注册，就像对遗嘱管理已经采用的办法一样，也像对这些由国家保存的遗嘱一样，一百年以后可以公开这些档案任由学者研究。要一直坚持这样做上几个世纪，不到那个时候我们

的优生学的知识将始终处在幼稚的状态。

大体上可以不错地说，大家已经日渐认识到，对婚姻应该持优生的态度以及个人对于种族的未来应该负起责任。经常有人即将结婚前忐忑不安地就这个问题去咨询医生。厄克特（Urquhart）认为，实际上婚姻很少有因为这方面的问题而放弃的［见《精神科学杂志》（*Journal of Mental Sience*, April, 1907）］；但是这种看法似乎太过悲观，即使婚姻没有因为这个问题而取消，但绝育又何尝不是常用的一种解决办法。克劳斯顿（Clouston）强调说，打算结婚的双方各自问一下对方的人寿保险情况，向他们的父母和他们的医生打听一下有关遗传、脾气和健康的问题等等都是很重要的［见《精神卫生》（*Hygiene of the Mind*, p.74）］，他对这类咨询的结果比厄氏乐观一些。他写道："近年来，时常有一些打算结婚的青年男女或他们的父母会就这个问题向人咨询，一些明智的人士对这个问题的解决方法反复思考，我对此有深刻的印象，在过去如果有人向我咨询，我在思想深处通常都会觉得我说什么都无关紧要，说不说都一样。但现在事情正在起变化；我和其他一些医生有时就可能提出一些由于精神病医学方面的原因而不宜结婚的忠告，许多婚姻都因为听从劝告而解除了。"［见《精神科学杂志》（*Journal of Mental Science*, Oct., 1907）］

爱伦·凯也提到男女双方在结成终身伴侣的事情上越来越重视优生的问题［见《儿童的世纪》（*Century of the Child*, Ch.1）］。现在，结婚要考虑优生问题，社会和个人对于遗传的事情也留心起来，还经常有实行优生健康证明和有关登记注册制度的倡导，这些都是因为医学逐渐社会化的结果而且将继续推动它们进步，没有医学的社会化这一切都是不可能的［可以参考霭理士的《推

广国家办健康事业制度》(Havelock Ellis, *The Nationalization of Health*)]。国家医学卫生机构正在持续地稳步增长，覆盖的范围不断扩大。迪克洛说，现在这种私人开业的诊所"就像杂货铺，只要顾客高兴就可以随便进出，"这样的日子无疑很快就会过去了[见《社会卫生》(*L'Hygiène Sociale*, p.263)]。大家现在开始感觉到健康是一件太重要的事情，这不仅是用个人的眼光看，而且是站在社会的立场上看，不能放任私人为所欲为。某些阶层的人确实有一种想法，害怕将来有一天社会急急忙忙地冲到另一个极端，在医学面前顶礼膜拜，盲目顺从，就像它曾经一度对神学的态度那样。这种危险还很遥远，也许医学永远都不可能要求这种权威。众所周知，医学是主张怀疑主义而不崇尚教条的，盲目的宗教狂热者在这个领域永远只会是没有希望的一小撮罢了。

普遍提倡把个人的全部主要的健康资料——包括遗传学的、人类测量学的和病理学的资料——可靠地记录下来，必定会成为支持择优和除劣两方面的优生学的力量，因为它有助于促进生殖合格的子女，也同样有助于限制生殖不合格的子女，不用任何法律的强制措施。随着教育的发达，自然就会把这类记录看作是婚姻的事前必须的准备，就好像过去一度重视教会法典规定的律条，以及现在仍然很重视结婚对象的金钱与地位一样。女子通常不会嫁给一位没有钱又没有前程的男人；男人可以和一位社会层级比他低的女子热恋，但却难得娶她为妻。要使在婚姻中对优生的斟酌与重视具有和上述因素同样的影响力，则必须对遗传和健康的内容和含义有一个全盘的清楚的理解。

对子孙后裔的素质做掰肌分理的区别考察，用更合理的奖励高素质的孩子的办法来取代有害的单纯奖励多生的办法，有利于推行择优优生或积极优生。出生率的下降始终是文明发达的结果，到处都一样，醉心于阻止出生率下降已经造成种种很不幸的后果，其中之一就是给多子女的大家庭的为父母者以一些特殊的社会奖励或金钱的利益。由于大家庭有退化的倾向而成为社区的沉重负担，又因为接二连三地妊娠不仅严重地损耗母亲的体力，而且现在已经知道它还会严重降低子女的素质。此外还因为人口众多的大家庭中疾病多、死亡率高，所以给大家庭以任何奖励都是对社区不利的，即使父母血统良好也不该奖励多生子女。国家的利益有赖于它的公民的素质而与他们的数量没有密切的关系，不应该奖励生育子女达到某个数量的家庭，而应该奖励素质达到一定标准的儿童个人；可以根据从出生到五岁这段时间的仔细观察制定这种标准。根据这种标准奖励素质高的儿童有利于国家，就好像仅仅根据生育孩子的数量多少来颁奖有害于国家一样。

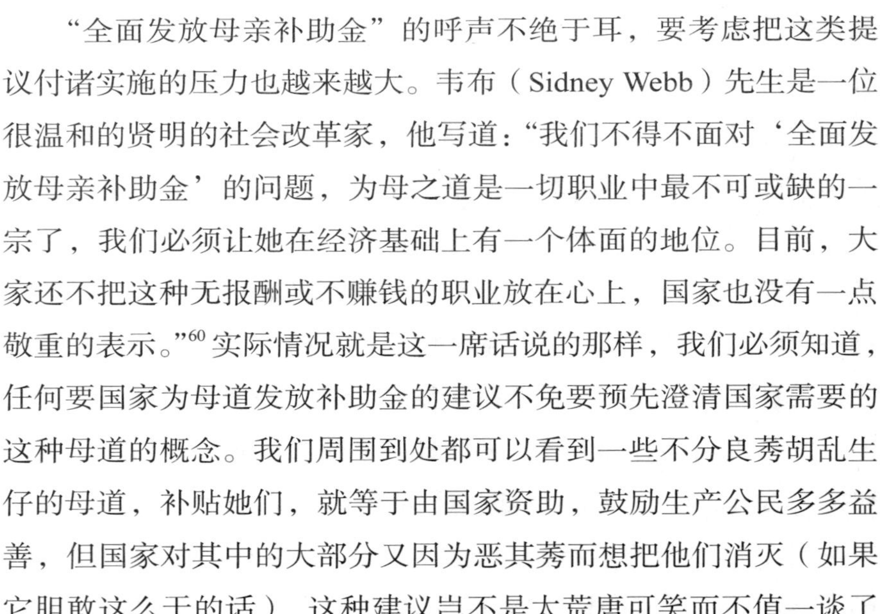

“全面发放母亲补助金”的呼声不绝于耳，要考虑把这类提议付诸实施的压力也越来越大。韦布（Sidney Webb）先生是一位很温和的贤明的社会改革家，他写道：“我们不得不面对‘全面发放母亲补助金’的问题，为母之道是一切职业中最不可或缺的一宗了，我们必须让她在经济基础上有一个体面的地位。目前，大家还不把这种无报酬或不赚钱的职业放在心上，国家也没有一点敬重的表示。”[60]实际情况就是这一席话说的那样，我们必须知道，任何要国家为母道发放补助金的建议不免要预先澄清国家需要的这种母道的概念。我们周围到处都可以看到一些不分良莠胡乱生仔的母道，补贴她们，就等于由国家资助，鼓励生产公民多多益善，但国家对其中的大部分又因为恶其莠而想把他们消灭（如果它胆敢这么干的话），这种建议岂不是太荒唐可笑而不值一谈了吗[61]。实际上，补贴母道的最合理的办法是使国家有能力为了国家自己的利益去促进自然的择优汰劣的选择作用。

至于要完全有把握地说清楚哪些素质是良善的，使国家有权在鼓励有关的母道方面给予补贴，现在还远远不到时候。消极的优生学或除劣优生学的势头超过积极的优生学或择优优生学；检测坏的血统比坐实良善的血统要容易一些。无论如何，在科学和社会两个方面，我们都开始对要达到的目的有了比较清楚的认识，对于采用什么方法达到这些目的也有了更精确的知识[62]。

即使我们对一些血统或家系已经有了很清楚的概念，也能提出证据证明可以鼓励他们担当起为国家生产良善的公民的任务，生殖的问题也并没有最后解决。在我们提出什么境况可能最有利于这些被选中的个人从事生殖的问题之前，还有一个先行的问题要解决，就是这些人是否既能生殖又有很强的性能力；因为他们的血统良善并没有为此提供担保，即使有事实证明这些被选中的人，不论男女，和别人配对时生殖不成问题，也不能完全保证他们彼此之间的性交就一定能够生殖。人口中有大量的人的性交关系直到证明有了孩子才正式成婚，用既简单又实用的办法解决了这个难题。但是，在许多国家目前的婚姻法的状况下，对于有一些类别的人来说，这还是一个严重的冒险的问题，他们通常都是在双方对能否生殖和彼此的性交能力一无所知的情况下就缔结合法的婚姻的。生殖问题能否解决与性能的是否协调则多半听天由命。又因为无子息通常不能构成离婚的理由，虽然平常都声称生殖是婚姻的目的，这个问题看上去好像相当棘手。不生殖的例子通常在 7%—15% 的范围。这些人中的很大一部分为此耿耿于怀，忧心忡忡。采取某些措施或许能够多少避免一些这类问题。例如

试婚，另外，由于孩子问题国家才过问婚姻的事，所以国家完全可以规定，合法的婚姻经过一段时间之后，如果没有生殖，夫妻中任何一方想要分手就可以离婚，等等。

从前大家以为不生殖的婚姻都是妻子的错。这个谬论早就被驳倒了，但是男人普遍很关心自己的性交能力，即性交的机械动作的能力，而不太关心自己的生殖能力，即他产生有活力的精子的能力，但这后一个情况才是造成不育的屡见不鲜的根源。库珀（Arthur Cooper）说："任何一个男人，在性方面有任何瑕疵或畸形，或生殖泌尿系统的器官生过病或受过伤，虽然比较轻微或只涉及身体一侧，即使他的性交能力没有受到损害，都应该考虑可能是不育的原因，在找到某种可以否定它的证据之前，都不能排除这种可能。"（见 *British Medical Journal*, May 11, 1907）在婚后不育的例子中，研究其可能的原因时首先就要考虑丈夫，因为检查精液查明其中是否有活动的精子比较容易。普林岑（Prinzing）在一篇对婚后不育的综合研究的论文中说："五分之二的婚后不育是男方的错；这其中三分之一是丈夫本人患有花柳病或者把性病传给了妻子。"[63] 淋病现在已经不再像前几年那样被看作是不育的重要原因了；申克（Schenk）把婚后不育的 13% 的责任归咎于它[64]。平卡斯（Pinkus）在将近五百个婚后不育的例子中，同时检查夫妻双方的问题，他发现，绝育的问题有 22.4% 的例子要直接归因于丈夫，另外 15.8% 要间接归咎于他。因为这是他把淋病传给了他的妻子造成的。[65]

如果不育是因为丈夫的精子的瑕疵造成而像平常那样在婚前又没有发现，有时会想要采用其他方法使妻子受孕。不育不可能成为离婚的理由，即使可以为此离婚，夫妇俩又都很想要一个孩

子，但通常谁都不愿意分手。在这种境况下，为了如愿以偿，又不违背广泛接受的道德规范，有时可以试试利用其他健康男子的精液实行人工授精。曾经有过各式各样名声显赫的医学界的人士，尝试过实行人工授精，从亨特（John Hunter）到施瓦尔布（Schwalbe），但这几乎始终是非常困难甚至不可能实现的。这种现象也很好解释，就是它牵扯到我们在前文曾经指出过的女子性交的兴奋程度对于他们受孕成胎的影响；显然，即使对一位很风流多情的女子，要用一个医学注射器去唤起她的性交的热情岂不是一件牛头不对马嘴的事情。例如，施瓦尔布记录过一个例子［见《德国医学周刊》（*Deutsche Medizinische Wochenschrift*, Aug., 1908, p. 510）］，由于丈夫不能生殖，妻子又切心于要一个孩子，在征得丈夫的同意后，用另一个人的精液实行人工妊娠，他很仔细地反复做过许多次尝试想要实现人工授精；但是这些尝试都没有结果，最后有关三方商量，任由他们用自然的方法性交，终于受孕成功；施氏记录的另一个例子，丈夫并非不能生殖，但苦于阳痿，曾经六次试图实行人工授精都没有成功，他们后来终于放弃了，因为夫妻双方甚至连医生都对此厌烦了。

总的说来，即使除去成功的概率很低不说，一般的舆论都是反对实行人工授精的。譬如，在法国，就有许多关于这个题目的文献，巴黎医学院在 1883 年经过一番犹豫之后，还是决定拒绝了热拉尔（Gérard）递交的关于人工授精历史的论文，后来热氏自己把它付印出版了。1883 年，波尔多（Bordeaur）法院宣布人工授精违法，认为它危害社会。1897 年，罗马教皇宫廷（Holy See）也宣布人工授精非法［见《探究人工授精》（“Artificial Fecundation before the Inquisition”，载 *British Medical Journal*,

March 5, 1898)]。除去医学、法律和教会全都认为不可的办法之外，想要孩子的人似乎肯定只有按照规矩采用自然的也是最佳的方法了，否则就死了这条心，把生殖的任务让别人去担当，因为他们没有具备适当的条件。

当我们确认两个人都属于良善和健康的家系而且又进一步肯定他们两人都有适当的生殖能力时，也还有一个问题需要考虑，就是在什么境况下他们可以实行最良好的生殖[66]。例如，常常有人要问这个问题，多大岁数是生殖的最佳年龄？

在斟酌对于这个问题的回答时有两种不同类的权衡，一种是生理学的，一种是社会学的或道德的。这就是说，一方面，身体要达到充分成熟的程度，性细胞要完全发育；同时，另一方面，还要考虑将要做丈夫的男子必须有能力支撑起一个家庭，而且配偶双方还要经受一种生活的教育和磨炼，适合于担当起养育子女的责任和应对由此带来的种种费心劳神的事情。虽然有关最佳的生殖年龄的一般意见在不同的时代有过种种变化，但总的说在欧洲许多世纪以来似乎变化不大。赫西奥德（Hesiod）的确说过，女子十五岁左右就应该结婚而男子则要到三十岁左右[67]，但是产科医生通常都断言，为父母和他们的子女双方的利益着想，生殖的日子女子应该在二十岁之后才开始而男子则应该在二十五岁以前[68]。妇女三十岁以后，男子三十五岁或四十岁以后生殖的最佳境况便仿佛开始衰退了[69]。如今在英国和其他几个文明国家里，结婚的年龄突然倾向越来越晚，平均比通常认定的开始生殖的最佳年龄要晚几年。但是，总的看，平均年龄离公认的标准不算太远，我们似乎也没有什么好的理由非要去改动这个大的趋势不可。

但这里说的标准并不是非遵循不可，在某些特殊的境况下，一些不平常的大的变异不仅可以容许，也许还是良好的。男人的生殖能力变异很宽，有些例子，大约从十三岁起直到八十岁以后都还保持旺盛不衰，而在这耄耋高龄时生殖的子女即使身体没有显得特别健壮，但也往往才华出众。[可参考的这类报道不少，例如，霭理士的《英国天才的研究》(*A Study of British Genius*, pp. 120 et seq.)]。女子的生殖年龄发轫较早（有时候八岁就开始生殖），但是结束也早，通常将近五十岁甚至更早就停止了，六十或六十开外还继续生殖的绝无仅有，非常罕见。曾经有人报道过一些五十九岁怀孕产子的例子[见期刊《柳叶刀》(*Lancet*, Aug. 5, 1905, p. 419)]。莱佩奇（Lepage）报道过一位五十七岁高龄的妇女初产的例子[见《巴黎妇产科协会论文汇编》(*Comptes-rendus Société d'Obstétrique de Paris*, Oct., 1903)]。基希在《女子的性生活》(Kisch, *Sexual Life of Woman*, Part Ⅱ)一书中提到过高龄妇女妊娠的一些例子，另外在《英国医学杂志》(*British Medical Journal*, Aug. 8, 1903, p. 325)上也登载过各种各样的有关的报道。

早孕是一个更重要的问题。有些研究者专心探讨这个问题。譬如，施皮塔（Spitta）在一篇马尔堡医院授职论文（Marburg Inaugural Dissertation, 1895）中就对马尔堡产科医院临床记载的260例18岁和18岁以下的低龄初产女子的分娩的情况做过一番评论。他发现，妊娠期间她们的身体的一般健康状况并不低于孕妇的平均状况，初生婴儿的死亡率在出生时和随后数周内也不高，而这些低龄母亲的死亡率也并不高。皮卡德（Picard）研究过三十八位年龄在十六岁以下的母亲的分娩问题。他发现，虽然幼稚的女孩骨盆肯定还没有充分发育，但关节和骨头则比成年人柔软得多，所以分娩并不比成年妇女更困难，通常都很顺利。在这些例子中，分娩的过程本身基本上是正常的，即使发生异常情况［常见的异常是胎盘粘连（low insertion of the placenta）］，这些病人显然没有像比较高龄的同样病患的妇女那样难受。她们的新生儿的平均体重为三公斤，约等于英制的 6 磅 9 哂；有时新生的婴儿出生后需要特殊护理几天，可能是因为这类例子的分娩缓慢的缘故。所有这些母亲的恢复情况都完全正常，这些年轻的母亲和较成熟的刚生过头胎的母亲相比更容易再次妊娠。这进一步说明十六岁以下分娩绝不会伤害到母亲。在布宜诺斯艾利斯（Buenos Ayres）的劳松（Rawson）医院，加舍（Gasche）曾经照料过九十一位十七岁以下的母亲分娩；她们都是所谓的拉丁种族，大部分是西班牙或意大利人的后裔。加舍发现，这些年轻的母亲绝不比年长的母亲遭受更多的流产或其他妊娠并发症的危险。只有四例盆腔轻微收缩，分娩正常，只是时间比年长的初产母亲略有延长。但是软组织极少受伤，即使受伤，经过治疗都很快痊愈。新生儿的平均体重为 3039 克或英制大约 6 又 3/4 英镑[70]。不妨注意一下，多数观察家都发现，很年轻就妊娠的女子通常都是很早就开始来月经的女子，大概都要比初次怀孕早上几年。

无论如何，我们清楚地看到年轻的母亲显然一切顺利，而且毫无疑问她们生下的婴儿通常也都很好。克莱因韦希特（Kleinwächter）还发现，母亲的年纪越轻，婴儿的个子越大。年轻的母亲生产的孩子不仅身体方面属于优等。马罗（Marro）还发现，如果父亲的年龄不太老或不太小的话，二十一岁以下的母亲所生的孩子和年长的母亲所生的孩子相比，在行为和智力两方面都要高出一筹。有一些关于这类例子的个人的详细记录，包括母子双方，都坐实这些结论。譬如，米尔纳（Milner）就记录过一名十四岁妊娠的女孩的例子[见《柳叶刀》（*Lancet*, June 7, 1902）]；分娩的疼痛很轻微，生产很顺利。美国新泽西州的威尔士（E. B. Wales, of New Jersey）曾经记录过一位十七岁时怀孕的有色人种的女孩的医案（见《医学重刊》，*Medical reprints*. Sept6. 15）。她身材中等，个子略显修瘦，但发育良好，十岁时见初潮。她怀孕时身心都健康良好，还能够干活。分娩顺利自然，没有明显延宕的情况，也没有明显难忍的疼痛，因为没有呻吟和激动的表现。婴儿是一个漂亮健康的男孩，体重不下 7 磅。母子二人真的不错，奶水很足。罗伯逊（Whiteside Robertson）记录过一位十三岁时妊娠的例子，是从英国移民南非好望角殖民地的女孩[见《英国医学杂志》（*British Medical Journal*, Jan. 18. 1902）]。这个例子有一些生殖外的其他情况值得注意。她妊娠时罹患贫血病，外表上看似乎发育不良，盆腔的轮廓体态正常则是没有问题的。也是完全自然分娩，没有一点困难和受一点伤，分娩过程一切都令人满意。婴儿长得很匀称，体重 7 又 1/2 磅。"我极少见到一位初产的母亲这样遂心地顺利分娩，"罗伯逊做结论说，"也从未见过一位妈妈像她那样心满意足地向往着前程做母亲的快乐。"

妇产科医生有关低龄早孕生殖对于母子双方结果都良好的报道还没有得到应有的注意。但是现在大家很清楚知道的许多一般的趋势，可以从旁坐实上述的报道。例如，众所周知的一件有意义的事，超过三十岁妊娠的母亲的流产和早产的比例要比年龄在十五岁到二十岁之间的母亲高出一倍，这些年轻的妈妈在这方面也优于年龄在二十岁和三十岁之间的母亲。[见《统计年鉴》(*Statistischer Jahrbuch*, Budapest, 1905)]。邓肯(Matthews Duncan)在他的高尔斯通(Goulston)讲座的报告中也证实妇女绝育的危险性随着年龄的增长而增长。此外还有一些情况说明女子的婚龄越高从结婚到初产的间隔时间就越长，这种倾向仿佛表明稚幼年轻的女子身体情况最适于生殖[见基希:《女子的性生活》(Kisch, *Sexual Life of Woman*, Part Ⅱ)]；但基希并不倾向于认为这种估计适用于二十岁以下的女子，但是其他一些产科医生观察发现，十八岁以下的母亲初产后通常隔不久又再次怀孕，这些事例很多，足以推翻基希认为这是例外的见解。不妨再指出一点，在这些非常年轻的母亲生下的孩子中男女性别的数目几乎相等，这一点也比母亲年龄较高的情况更加平衡。这似乎表明，年轻母亲的孩子两性数目的正常的平衡状态，受到母亲生殖年龄逐渐增加的干扰而倾向失衡。

大家也许会注意到，低龄母亲的分娩顺利和她们的性交同样顺利是相符的，这个事实常常被人忽略。在俄国，现在依然实行早婚，早先他们的女子结婚的时候通常不过十二岁或十三岁的年纪。古特塞特(Guttceit)在《行医三十年的经验》(*DreissigJahre Praxis*. Vol. i, p. 324)一书中说，他敢保证在这个年龄结婚的女子初次性交时不会有任何特别的困难。

毫无疑问，目前有相当多的成见反对早婚生子。一部分原因是不知道女子在性方面无论身心都要比男子早熟得多(见本书前文)。两者相差大约五年。事实上大家识别到这种差别已经有几千年的历史了。在古代的信念中，生殖的年龄女子选在二十岁上下或更小一点，而男子则选在大约二十五岁；相当晚的时候才证实，从未发现男子有过十三岁之前能够生殖的例子，而女子，偶尔可以见到八岁就怀孕的情况。（基希就援引过几个这样的例子）另一部分反对的原因是认为一个年纪轻轻的女孩子担当不起做母亲这样重大的责任，而且小小年纪不该担当那没有尽头的婚姻束缚的义务，这种怜爱的人情是很合理的。另一方面，站在同情低龄妊娠的立场上看，除了身体上相宜之外，从母亲和婴儿着想，孩子有一位年轻的母亲有好处，她能够没有旁骛地以同情之心毫无保留地照顾孩子的利益，我们常常见到一些青春稚气与活泼的心态已成明日黄花而转行母道的中年妇女，她们的习惯和兴趣已经别有去向和寄托，对孩子再也看不到低龄母亲那样同嬉戏共欢乐的感人一幕了；甚至有些最伟大的人物，像歌德，有时候都会把有一个年轻的母亲看作是上天的恩宠而感到无比的幸福。从许多例子看，如果一位女子能够在二十五岁以前就顺利结束生殖的生活有很大的好处，从此以后，她摆脱了生养的牵累，阅历日深，自由自在地进入人世间广阔的天地里，在适合自己的行业中施展自己的才华。

女子生殖生活的这种安排显然只是一种变异或变通的办法，可能并不适合于大多数的女子。每一个人必须斟酌自己的长处来判断。对多数女子来说，或许大家会一如既往地坚持认为最佳生殖年龄是二十岁左右。但像眼前这样，践行为母之道的年龄一再过分地往后拖延，这是一种不良的倾向，我们现在不得不强调，对许多例子来说，早日践行母道或适当的低龄生殖有种种好处。

还有其他一些对生殖有利或不利的境况就没有在这里详加讨论的必要了，因为在本《研究录》的前面几辑中已经都附带处理过了。例如，考虑到和季节的和月经周期的关系，就有一个选择什么时间生殖最为恰当的问题[71]。最好的生殖时间可能就是性欲最旺盛的时候，事实上，这时候珠胎暗结的情况最为多见。这个时间大概是在春季和初夏[72]，月经刚刚结束（或行将结束）。中国人观察到，月经的最后一天和随后的两天——正好是性欲旺盛的日子——是受胎成孕的最有利的时间，热那亚（Genoa）的博西（Bossi）发现，在这段时间中无论是自然交配还是人工授精绝大部分都能成功[73]。索拉纳斯（Soranus）与塔尔穆德（Talmud）两人也一致指出月经期前后是受胎成孕的最佳时间，印度的医生苏斯卢达（Susruta）说，这段时间最容易受孕，因为这时子宫口是张开的，就像阳光下的莲花一样。

我们现在终于到达人生的起点，成孕的一刹那，接下来又是孩子坐胎在它的母亲的子宫里。没有多余的话要说了，生命的神圣的循环臻于圆满，周而复始。

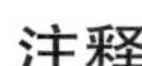

注释

1　斯宾塞和格林:《中澳洲的北方部落》（Spencer and Gillen, *Northern Tribes of Central Australia*, p. 330）。

2　见《巴黎医学会会刊》（*Academy of Medicine of Paris*, March 31, 1908）。

3　韦思特马克:《道德观念的起源与演变》（Westermarck, *The Origin and Development of the Moral Ideas*, vol. ii, p. 405）。

4　克拉肯铎尔泊:《人口和进步》（Crackanthorpe, *Population and Progress*, p. 41）。

5　参阅瑞普玛尔:《天才和天才人物进化史》（Reibmayr, *Entwicklungsgeschichte des Talentes und Genies*, Bd. Ⅱ, p.31）。

6　戈尔登爵士:《婚姻的限制》和《优生学是宗教的一个因素》（Sir FrancisGalton, “Restrictions in Marriage”, and “Eugenics as a Factor in Religion”, 载 *Sociological Papers of the Sociological Society*, vol. ii, pp. 13, 53）。

7　瓦谢·德·拉普热：《性道德的危机》（G. Vacher de Lapouge, “Die Crisis der Sexuellen Moral”，载 *Politisch Anthropologische Reuue*, No. 8, 1908）。

8　海克拉夫特在《达尔文主义和种族的进步》（Haycraft, *Darwinism and Race Progress*, p. 160）一书中说：“我们欠下已经先我们而去的那些前人的债，我们只能回报给那些继承我们而来的后人。”

9　戈氏在社会学学会上宣读的论文载 *Sociological Papers*, vols, i and ii, 1905。他在斯宾塞讲座（Herbert Spencer Lecture）上的演讲题目是“建立优生学的可能性”（“Probability the Foundation of Eugenics”，1907）。

10　例如，可参考皮尔逊在波尔讲座的演讲稿《民族优生学的科学现状的范围和重要性》（Karl Pearson’s Robert Boyle Lecture, *The Scope and Importance to the State of the Science of National Eugenics*, 1907）。

[译者附注：潘光旦先生因为西人有关优生学的定义译文不易明了，曾经参酌各种定义，别拟一新定义如下：优生学为学科之一，其所务在研究人类品性之遗传与文化选择之利弊以求比较良善之繁殖方法而谋人类之进步。（见潘光旦文集第一辑，第 254 页）。]

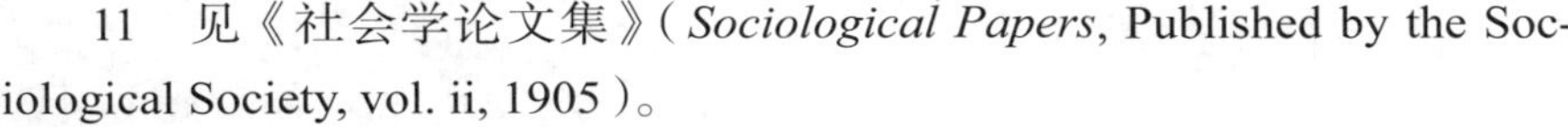

11　见《社会学论文集》（*Sociological Papers*, Published by the Sociological Society, vol. ii, 1905）。

12　马尔德吕：《一千个夜晚》（Mardrus, *Les Mille Nuits*, vol. xvi, P.158）。

13　萨默塞特：《受欢迎的儿童》（Henry Somerset, “The Welcome Child”，载，*Arena*, April, 1895）。

14　爱伦·凯：《论爱情和婚姻》（Ellen Key, *Ueber Liebe und Ehe*, pp. 14, 265）。

[译者附注：爱伦·凯也是一位始终过着独身生活的才女。这段话或许多少有一点为她自己一生没有踏上结婚生子的道路而感到遗憾和辩解吧。]

15　见斯特克尔：《爱情和妇女》一书的序言（Helene Stöcker, *Liebe und die Frauen*, 1906）。

16　韦尔斯：《社会主义和家庭》（H.G. Wells, *Socialism and the Family*, 1906）。

17　见赫士伦文，载《英国女人》（James Haslam, *Englishwoman*, June, 1909）。

18　韦布这段文字见《大众科学月刊》，此前已经在《伦敦时报》上发表过（*Popular Science Monthly*, 1906, p.526, previously published in the *London Times*, Oct. 11, 16, 1906）。在本书的第九章也讨论过"道德"一词的意义。

19　托马斯医生的话载《英国医学杂志》（*British Medical Journal*, Oct. 20, 1906, p. 1066）。

20　布维尔：《对第六戒的讨论；对婚姻管理的补充建议》（Bouvier, *Dissertatio in sextum Decalogi proeceptum;supplementumad Tracttum de Matrimonio*, 1849, pp. 179-182; 摘引自 Hans Ferdy, *Sexual-Probleme*, Aug., 1908, p. 498）。

21　见上引霭理士《英国天才的研究》第 110 页；还可以参考图卢兹《疯狂的原因》（Toulouse, *Les Causes de la Folie*, p. 91）；哈・亚历山大：《马尔萨斯人口论与退化》（Harriet Alexander, "Malthusianism and Degeneracy", 载 *Alienist and Neurologist*, Jan., 1901）。

22　譬如，在巴黎，1906 年它的富人区里的出生率为千分之十九点零九；在小康之家的社区为千分之二十二点五一；而在贫民区则为千分之二十九点七。我们由此看到，出生率随着社会阶层的不同而起落，甚至贫穷的最少节制的阶层中的出生率也只略高于广泛采用避孕措施的英国的总平均数，而远低于德国的总平均数（德国的出生率现在也迅速下降）。显然甚至在贫穷的阶层中在这个问题上也正在向较高的阶层看齐。

23　我曾经在《独立评论》（*Independent Review*, November, 1903, and April, 1904）上发表过两篇文章，对这些问题有更详尽的发挥。另外还可以参看布施的《出生率的下降及其原因》（Bushee, "The Declining Birthrate and its Causes", 载 *Popular Science Monthly*, Aug., 1903）。

24　普莱斯：《人口原理的例证》（Francis Place, *Illustrations and Proofs of the Principle of Population*, 1822, p. 165）。

25　白伦福特：《伦姆莱恩讲座：论疯狂》（Blandford, "Lumleian Lectures on Insanity", 载 *British Medical Jonrnal*, April 20, 1895）。

26　见《柳叶刀》（*Lancet*, May 17, 1902）。

27　例如，1900 年在那不勒斯举行的讨论结核病的大会上，马萨龙哥在讲述结核病和婚姻的关系时发表了这种意见（by Massalongo,at the Tuberculosis Congress,at Naples,in 1900）。

28　见基希发表在《治疗月刊》上的论文和《女子的性生活》一书（Kisch, 载 Therapeutische Monatsheft, Feb., 1898；*Sexual Life of Woman*）；维奈发表在《里昂医学》上的文章（Vinay, 载 *Lyon Medical*, Jan. 8, 1889）。

29　布莱克:《心脏病与妊娠的关系》（J. F. Blacker, "Heart Disease in Relation to Pregnancy", 载 *British Medical Journal*, May 25, 1907）。

30　可以参阅勒文菲尔德的《性生活和神经疾病》一书中的重要章节（Löwenfeld, *Sexualleben und Nervenleiden*），他是性病理学上最明智的权威专家之一。许多人都会记得，二十五年前，医科学生在受教时都听说性交时采用避孕方法会产生种种严重的后果，有百害而无一利。但是，就在当时，也有许多造次的不合适的避孕方法，其流行的广泛程度恐怕比现在有过之而无不及。

31　瑞盎:《婚姻哲学》（Michael Ryan, *Philosphy of Marriage*, p. 9）即便使"上帝的保守的力量"能够在一个男人终生分泌的巨亿的人类胚种上发挥出来，就需要一个充满女人的世界，而在女子方面也有相应的问题，困难之大完全无法应付。再造生命的程序，绝非有一个胚种就必须生一个的保守程序，而是一个严酷的选择和巨大的毁灭过程；文明造就的进步仅仅在于使这种盲目的过程变得明智罢了。

32　譬如，在比利时，1908 年（见 *Sxual-Probleme*, Feb. 1909. p. 136），一位曾经大张旗鼓地传播避孕知识的医生马斯科（Dr. Mascaux）被判监禁三个月的徒刑，罪名是"败坏道德！"斯特克尔（Helene Stöcker）医生评论说，在这样一个例子中，"道德"是无知、懦弱、虚伪、矫情、粗野和没良心等等的代名词 [见《新一代》（*Die Neue Generation*, Jan., 1900, p. 7）]。但是在剖析这个不公正的判决时，我们千万别忘了，前几年比利时在政治上一直都是牧师党占据主要的地位。

33　有人对使用避孕套有不同意见，因为它的价钱太贵，赤贫的人用不起，但费迪（Hans Ferdy）在一篇细密的论文中（见 *Sexual-Probleme*, Dec., 1908）说，最贫困的人也买得起避孕套，只要不用时把它小心保存在水中就可以多次使用。尼斯特伦（Nyström）（见 *Sexual-Probleme*, Nov., 1908, p. 736）为了方便他的病人和其他一些人，曾经印发过一种小传单，推荐避孕套和解释它的用法。

34 譬如，基希（Kisch）的《女子的性生活》（*Sexual Life of Woman*）一书里，在详细讨论了各种不同的避孕方法之后，决定支持使用避孕套。富尔布林格的结论也类似。他说，避孕套“是相对最完善的避孕良方。”（见 Senator and Kaminer, *Health and Disease in Relation to Marriage*, vol. i, pp. et seq.）佛瑞尔（*Die Sexuelle Frage*, pp. 457 et seq.）也详细地讨论过这个问题；佛氏还补充说（p. 544），任何从美学的角度反对使用避孕套的意见实际上都是由于我们还不习惯；“眼镜在美学上说并不特别美，但是生活的风流诗情并没有因为戴眼镜而有什么大碍，在许多例子中，它还是不可或缺的咧。”

35 在罗马法和有关堕胎的实施方面有一些引起争论的问题；在巴莱斯特里尼的那部名为《堕胎》的宝贵的书中有详细的讨论（Balestrini, *Aborto*, pp. 30 et seq.）。

36 圣·奥古斯丁:《神的城市》（Augustine, *De Civitate Dei*, Bk. XXII, Ch. XIII）。

37 博塞在《堕胎罪》一书中，对于有关堕胎的各种见解和法律的源流曾经有过一番探索（Engène Bausset, *L'Avortement Criminel*, Thèse de Paris, 1907）。桑姆纳在《民风》一书中对不同民族的有关堕胎的实践有一个总述（W. G. Sumner, *Folkways*, Ch. VIII.）。

38 见《新一代》（*Die Neue Generation*, May, 1908, p.192），还可以补充说一点，在英国针对妊娠初期“胎动”前堕胎的任何一条刑罚的附件全部是现代新修订的。

39 巴莱斯特里尼（Balestrini）是反对惩罚堕胎的，连他都不主张随意堕胎，他说（见同上引书第 19 页），“当堕胎一旦成为一种社会的习惯，”“它就成为一个民族的衰微堕落的外表症状，那时已经病入膏肓，要想只靠抑制外表症状祛病已经不行了”。

40 参阅爱伦·凯的《儿童的世纪》（Ellem Key, *Century of the Child*, Ch. I.）。希尔特也同样反对鼓励堕胎，但是他实际上并不赞成惩罚实行人工堕胎的妇女（见 Hirth, *Wege zum Heimat*, p. 526）。我想特别提醒大家注意帕普里茨写的一篇很有说服力的文章，题目是“剥夺胚胎的生命”（Anna Pappritz, “Die Vernichtung des Keimenden Lebens”, 载 *Sexual-Probleme*, July, 1909）。她主张，女人不是她怀养的胚胎的唯一的守护者，不论是基于社会的利益或甚至是基于她本身的利益，她都不应该有随意毁灭它的自由。帕氏承认，目前这种针对堕胎的野蛮的法律必须修改，但坚持不能把它们废除。她建议（一）大大减轻对堕胎的惩罚；（二）这种惩罚要扩大到加诸胎儿的父亲，不论是已婚还是未婚（在挪威已经实行了这样的条款，针对堕胎和杀婴两种罪行）;（三）如果有充分的理由怀疑胎儿有遗传上的退化缺陷，以及妇女遭强暴妊娠等情节，允许延请医生实行堕胎。

41　参阅希尔施医生发表在《性的问题》刊物上的文章（Max Hirsch, *Sexual-Probleme*, Jan., 1908, p. 23）。

42　博塞（Bausset）（见同前引书）建议采取各种社会措施照顾孕妇和产妇减少犯罪的堕胎案例。

43　贡珀茨:《希腊的思想家》（Gomperz, *Geek Thinkers*, vol. i, p.564）。

44　见得克萨斯州医学协会主席丹尼尔（F.E.Daniel）在1893年和1904年前后发表的两篇文章，题目分别为《允许疯子、罪犯或性变态分子生殖吗？》和《强奸的原因和防止》（“Should Insane Criminals or Sexual Perverts be Allowed to Procreate?”，载 *Medico-legal Journal*, Dec, 1893;id., “The Cause and Prebuention of Rape”，载 *Fexas Medical Journal*, May, 1904）。

45　见内克:《对某些退化的分子的实行去势与有效地保护社会》;《对某些情况的疯癫病人实行去势》（P. Näke, “Die Kastration bei Gewissen Klassen von Degenerirten als ein Wirksamer Socialer Schutz”, 载 *Archiv für Kriminalanthropogie*, Bd. Ⅲ, 1899, p. 58; id., “Kastration in Gewissen Fällen von Geisteskrankheit”, 载 *Psychistrisch-Aeurologishe Wochenschrift*, 1905, No. 29）。

46　祖卡雷利:《对退化者实行绝育的商榷》，另见祖氏《论对严重退化的人实行绝育的必要性和方法》（Angelo Zuccarelli, “Asessualizzazione o sterilizzazione dei Degenerati”, 载 *L'Anomalo*, 1898-1899, No., 6; id., “Sur la nécessité et sur les Moyens d'empêcher la Réproduction des Hommes les plus Dégénérés”, 载 *International Congress Criminal Anthropology*, Amsterdam, 1901）。

47　内克文载《中枢神经病学》（Näcke, *Neurologisches Centralblatt*, March 1, 1909）。这些手术的原始报告在《精神病治疗学-神经病学周刊》上转载（*Psychiatrisch-Neurologische Wochenschrift*, No. 2, 1909），附

有编者布雷斯勒（Bresler）医生的一篇赞许的评论。有关美国实行去势的情况，见弗洛德:《痴呆儿的去势》(Flood, “Castration of Idiot Children”，载 *American Journal Psychology*, Jan., 1899; 另见 *Alienist and Neurologist*, Aug., 1909, p.348）。

48　见《英国医学杂志》(*British Medical Journal*, Aug. 13, 1904; ib., March 11, 1905; ib., July 6, 1907）。

[译者附注：当时放射医学刚刚起步不久，对于辐射损伤的认识还很肤浅。现在已经知道，这样大剂量的辐射会造成绝育之外的许多严重的伤害。所以这不是一个不可行的绝育方法。]

49　对于弱智的例子实行去势可能会证明有些特殊的好处。特雷德戈尔德在《弱智是一种社会危险》(Tredgold, “The Feeble-Mind as a Social Danger”, 载 *Eugenics Rreview*, July, 1909）一文中说：“在萨默塞特郡（Somersetshire），我发现167位弱智的妇女中有将近五分之二（61人）都生过孩子，大多数都是私生子。此处，还有一种现象不仅常见，而且成了定则，即这些可怜的女孩子由于产子而被贫民养育院以保护母亲的名义反复收容，她们每人产下的孩子平均大约三个或四个，甚至生六个的也不少见。”特氏又在他的《精神缺陷》(*Mental Deficiency*, pp. 288-292）一书中指出，在英国精神缺陷的传播繁殖，“真是又恐怖又普遍”。

50　西摩:《奥奈达公社》(H. J. Seymour, *The Oneida Community*, 1894, p. 5）。

[译者附注：奥奈达（Oneida）是美国纽约州麦迪逊（Madison）县的一个小城镇，在奥奈达湖西南6公里左右。美国一位名字叫诺耶斯（John Humphrey Noyes, 1811—1886）的宗教家和他的一干信众于1845年在此组建了一个名为普特尼（Putney）的公司。诺伊斯出身名门，早年先后就读于达特茅斯（Dartmouth）学院，安多维（Andover）学院和耶鲁大学，专攻法律和神学。1833年获得讲道执照，宣传在现世就能成就圆满的道德，被人称为至善宗（Perfectionism）。他和一干信众建立的这个公司实际上是一个公有的组织，它实行某些宗教的和社会的原则，后来被人誉为奥奈达公社（Oneider Community），又有称为圣经公社（Bible Community）者。在他们出版的周刊上主要讨论如何使无私的灵魂遍布人间以支配人与人的关系。公社一直经营不错，但到了1873—1879年，比邻地区的一些严谨的宗教团体强烈反对这个公社所实行的复

杂的婚姻制度。1879 年 2 月 14 日纽约终于通过立法谴责该公社的这项活动。诺耶斯之前也曾反复向他的信众宣讲有必要顺从公众舆论。1879 年 8 月 20 日终于最后宣布废除他们那套复杂的婚姻制度。但鼓励他的信众不要抛弃他们的理想。公社后来也终于解散。在他们的婚姻制度中，性交自由，公社中每一位女子都是每一位男子的实际的或可能的妻子，但是子女的生产要由领袖支配，只有合乎理想者才许可生殖，不合格者纵可婚配也不许生育。诺氏称这种有选择的生殖为 Stirpiculture。这应该是在戈尔登发表优生学的主张之前。达尔文早就指出在遗传学的规律没有彻底被人发现之前实行优生的希望只是乌托邦一路的幻想（见第一章注 2）]。

51　这个例子是由莱德曼（Ledermann）在《皮肤病和婚姻》一文中提到的，其有关内容刊登在塞纳托尔和卡米纳的《和婚姻有关的健康与疾病》一书中（Senator and Kami, *Health and Disease in Relation to Marriage*）。

52　我不妨在此再次提到可以参考李（Lea）的那部有教育意义的《祭司的独身生活》（*History of Sacerdotal Celibacy*）。

53　在英国每年申请参加海军的人中有 35000 名被拒绝，虽然现在招募陆军对体格的要求极为平常，但根据莫里斯（Maurice）将军估计，至少有 60% 的新兵和自称为新兵的人因为不合格而被除名［这方面的资料不少，例如可以参考科特:《医学界在预防民族衰微中的责任》（William Coates, "The Duty of the Medical Profession in the Prevention of National Deterioration", 载 *British Medical Journal*, May 1, 1909）]，连当兵都不够格的人无法要求他们够格担当起创造未来的种族的重大任务。

54　对于癫痫病是一宗应该禁止生育的事项不是近年来才有的认识。据说在勒孔（Lucon）镇过去的档案里就有过一个记录。裁决患癫痫病是一项可以取消订婚的正当的理由（见 *Britisch Medical Journal*, Feb. 14, 1903, p.383）。

55　见 *British Medical Journal*, April 14, 1906。在加利福尼亚和其他几个州，似乎把隐瞒健康状况作为可以取消婚姻关系的一项理由。

56　富尼耶:《梅毒与婚姻》（Fournier, *Syphilis et Mariage*, 1890）；卡萨利斯:《科学与婚姻》（Cazalis, *Le Science et le Mariage*, 1890）；朱利安:《脓性卡他与婚姻》（Jullien, *Blenorrhagie et Mariage,* 1898）。

57 哈什科韦茨:《契约婚姻和公共卫生》(Haskovec, of Prague, “Contract Matrimonial et L' Hygiène Publique”, 载 *Comptes-rendus Congrès International de Mèdecine*, Lisbon, 1906, Section Ⅶ, p. 600)。

58 戈尔登爵士:《盘诘人类的才能》(Sir F. Galton, *Inquiries Into Human Faculty*, Everyman' s Library edition. pp. 211 et seq.); 参考优生教育协会最近出版的戈尔登《优生学论文集》(*Essays in Eugenics*)。

59 有关在中小学从事这项工作的方法和结果的若干说明，可以参看温德尔:《学校里的人类测量学的工作》(C. A. Windle, “Anthropometric Work in Schools”, 载 *Medical Magazine*, Feb., 1894)。

60 德国在这方面迈出了最值得注意的几步。在卡尔斯鲁厄(Karlsruhe)做了这方面的实验，有关的说明见《新一代》(*Die Neue Generation*, Dec., 1908)。

61 维特克努森(Wiethknudsen)对任何不分良莠地补贴生殖的蠢事强烈抨击，但都还不太猛烈，维氏的这番话在《性的问题》杂志上有摘引(载 *Sexual-Probleme*, Dec, 1908, p. 837)。

62 在科学方面，我们已经提到过的统计人体测量学是富有成果的方法，此外，沿着孟德尔(Mendel)开创的路线所做的遗传学方面的工作也大有希望；见贝特森《孟德尔遗传定律》(W. Bateson, *Mendel's Principles of Heredity*, 1909)，另见，洛克《关于变异，遗传和进化的研究的最新进展》和庞尼特的《孟德尔主义》(W. H. Lock, *Recent Progress in the Study of Variation, Heredity, and Evolution*, and R. C. Punnett, *Mendelism*, 1907)庞氏这本书的美国版本(1909年)有威尔希尔(Gaylord Wilshire)用社会主义的观点撰写的一篇有趣的序言。

63 普林岑:“论不育的婚姻”(Prinzing, Die Sterilen Ehen, 载 *Zeitschrift für Sozialwissenschaft*, 1904, Heft 1 and 2)。

64 参考基希:《女子的性生活》(Kisch, *The Sexual Life of Woman*)。

65 平卡斯的论文发表在《妇科学档案》(*Archiv für Gynäkologie*, 1907)。

66 探讨合适的生殖境况是一个非常古老的问题。法国有一本用通俗语言撰写的最简单的医书，书名为《身体的摄护》(*Régime du Corps*)，作者是阿莱布兰德(Alebrand of Florence)(他是给法国国王看病的御医)，出版的时间是1256年，我们现在发现，这本很古老的医书居然也用很大的篇幅来讨论这种问题，而且还提出许多健全的指导。见索阿尔哈特:《阿莱布兰德有关婴幼文化的思想》(J. B. Soalhat, *Les Idées de Maistre Alebrand de Florence sur la Puériculture*, Thèse de Paris, 1908)。

67 赫西奥德:《工作与时日》(*Works and Days*, Ⅱ, 690-700)。

68 根据舒里希收集到的两个世纪前的一些文字记录可以判断这是长久以来医学权威一直接受的意见。[见舒里希:《贞女研究》(Schurig, *Parthenologia*, pp. 22-25)]。

69 一般说来，男子的最佳生育年龄都在四十岁之前而不是之后，这种说法绝不是假定男子有一个可以和女子的绝经期（menopause）比类而观的“临界”年龄。有人有过这种说法，但没有人附和。雷蒂夫在《尼古拉先生》(Restif de la Bretonne, *Monsieur Nicolas*, vol. X, p. 176) 一书中说，到了四十岁的时候，情感就开始减弱。富尔布林格（Fürbringer）认为在男人的生活中，六十到七十岁之间或者五十五岁前后有一个决定性的转捩点，这时性欲和性交的能力都在变弱（富氏的说辞见 Senator and Kaminer, *Health and Disease in Relation to Marriage*, vol. i. p. 222）。苏德兰（Sutherland）也说，男人在大约五十五岁的时候有一个可以和妇女的绝经期比类而观的变化，但只有一定比例数的男人而不是全部男人 [见《1900 年国际医学大会论文汇编》的《精神病学》部分（*Comptes-rendus Congrés International de Médecine*, 1900, Section de Psychiatrie, p.471)]。看来大多数男人的性感觉和性交的能力衰降的过程都很缓慢，它起初的表现是自控能力的增强。

70 加什的报道刊登在《妇产科年刊》(*Annales de Gynécologie et d'Obstétrique*, Dec., 1904) 上。

71 见本《研究录》第一辑《性的周期现象》的研究。

72 常常听人说在动物中春季生产的一窝幼崽是最好的。

73 博西的结论在《犯罪人类学档案》中有一个总述（载 *Archives d'Anthropologie Criminelle*, Sept., 1891）。十三世纪法国国王的御医阿莱布兰德（Alebrand of Florence）也曾经建议在月经结束的第一天性交。

跋

“天降于我的大任现在完成了”，一位伟大的诗人在他的事业最后圆满成功时写下这句话。我虽然还没有一点资格唱 Nunc dimittis[①] 颂歌，但我心里很清楚，这项事业占去了我一生最美好的时光，它留给我将来做任何其他工作的岁月和精力已经不多了。这部《研究录》从我最初决定写作到现在收笔接近成型经过了三十多年，虽然孜孜搜讨写了许多，但问题依然朦胧不清；研究和准备的工作用去了十五年有余的时间，出版了一部题名为《男与女》的书结束这个阶段，把它作为牵挽这部主要著作的引子，而《研究录》本身从写作到出版则占去了接下来的十五年的时光。

① 这个祷告出自新约全书路加福音第二章，现将中文本圣经的有关段落摘录如下：“在耶路撒冷有一个人，名叫西米恩（Simeon），这人又公义又虔诚，素常盼望以色列的安慰者来到，他得到圣灵的启示，知道自己未死以前，必看到主所立的基督。他受了圣灵的感动，进入圣殿，正遇见耶稣的父母抱着孩子进来，要照律法的规矩办理。西面就用手接过他来，称颂神说：‘主啊！如今可以照你的话释放仆人安然去世；因为我的眼睛已经看见你的救恩，就是你在万民面前所预备的：是照亮外邦人的光，又是你民以色列的荣耀。’……西面给他们祝福，又对孩子的母亲玛丽亚说：‘这孩子被立，是要叫以色列中许多人跌倒，许多人兴起；又要作毁谤的话柄，叫许多人心里的意念显露出来；你自己的心也要被刀刺透。’……”

出类拔萃的基督耶稣降生之后，犹太人的宗教情绪综合地发挥了出来，在历史的旋涡中浸淫和统治了整个欧洲，成为西方人灵魂的寄托。霭理士的眼睛看见眼前刚刚完成的这六大部《研究录》，百感交集，心中或许涌出了一股可以和上述西面的祷告比类而观的宗教情绪吧。——译者开始我没有预见到我要走的路会如此崎岖蹭蹬，险象环生，这或许是我的运气，使我得到宁静。我完全知道对世人成见已深而一向忽略的题目另辟蹊径去做苛细的研究的人，都是要冒被人误解甚至诽谤的风险的。但是我忖度一个隐居的学者，谨慎小心地研究一些生死攸关的社会问题，又不招摇过市直接面对公众提出什么诉求，只为求教于关怀大众的贤达传道者，他把自己探赜索隐的结果写成几部专门的学术著作，发表出来供为数不多的人斟酌指教，我想像这样一位学者无论如何都是安全的，他一向以为自己一直生活在警方或政府的保护之下，不会受到他们的任何粗野的攻击的。事实证明这些揣度是一个错误。当这些《研究录》刚刚写完一辑在英国出版的时候，政府就教唆起诉，停止它在英国销售，这使我下定决心不在我自己的国家出版后来的几辑了。我不怨天尤人，我感谢德国和美国及时与宽厚地接受和出版了我的著作，我也知道，没有对当初我国政府诱导我删除的问题做任何顺从的改动，它的英文版本和世界几种主要语言的版本的流通范围才会像现在这样广泛。而且为了不想破坏我的著作，连一个字眼都没有改动。无论得益与否，我一向都走我自己的路，不达目的誓不罢休。

说来也巧，我的家族父母两系的血统都是英吉利人，他们在三百年前也曾经同样遭遇到我眼前的这些困难和危险。不过十七世纪的那场战斗是围绕着宗教问题进行的，而我今天的这场战斗则是围绕着性的问题。因为近年来我觉察到它们之间可以比类而观，所以我常常想着当时的某些知名的大人物和无名的平民百姓，他们被扫地出门，驱逐出境，掠夺，虐待，有些人是因为心中激荡着清净宗（Puritanism）的主义被教会迫害，有些人则是因为固执教会的理想而被清净宗的教徒残害，但是两造都同样泰然和毫不畏缩，双方都同样在一个战场上为了争取自由或者捍卫秩序而斗争，现在终于都成功地永远实现了，胜利往往好像是一个好的兆头，预示这些人的不肖子孙今天在另一个战场上为了自由和秩序的努力也将获得胜利。

一切先入为主的成见中没有一种像性方面的成见这样冥顽不化的了，有时真觉得要挪动一下它加在人身上的重负似乎比登天还难。如果我们更清楚地觉察到，过不了几代，所有这些成见都将腐朽而被人遗忘的话，我们或许就能保持乐观的宁静。谁效法大自然，遵守不是人类自己制定而又高于和超出人之上的法则，谁就会永远立于不败之地，使他坚忍不拔和无所畏惧。人都要死，但他们企图消灭的思想永生。我们的书可以被焚，但是它们的火焰在下一代会化为人类的灵魂。这种转化的活动到处都在进行，医生在诊所里处方，教师在学校里传道授业，牧师在教坛上布道，记者在报刊上评论报道。转化的活动正在我们周围稳步地进行着。

我深知许多人觉得不能接受我在《研究录》中对于有关性问题的状况的估计，特别是对最后的一辑中的估计。有些人认为估计得太保守，又有些人却认为太革命了。因为总有一些人热肠难换地墨守过去；又总有一些人热衷于寻找和抓住他们想象中的前途不放。但是通达明智之士则于这两者之间取其中正，并且对每一方都有所同情，懂得我们永远是处在一个过渡的阶段。在每个时代，所谓现在都仅仅是过去和将来交接的变迁点，枯荣盛衰，无限沧桑，我们又能埋怨谁责备谁呢。不可能存在没有传统的世界；也不可能存在任何静止不动的没有演变的生活。就像现代哲学肇始时赫拉克里图斯（Heracleitus）了然于心的那样，我们不可能在同一条溪流中沐浴两次，即使如我们今天知道的，这条溪流是处在无穷无尽的循环的流动中。每天都有新的黎明，没有哪一天破晓的时刻大地不洒满阳光，也没有哪一天夕阳落山就永灭不复。每当我们看见即使是最早的一线曙光，我们都最好是用平静的心去迎接它，不要过分急如星火地去亲近它，也不要无情地对待落日余晖，因为它也曾经一度是黎明的朝阳。

在道德的世界，我们自己就是光明的使者，而天工造物成就了人的七情六欲支配的血肉之躯。人的一生短暂，如果我们愿意，可以去照亮平生周围的黑暗。在留克里希阿斯（Lucretius）看来，古代的火炬赛跑就是古往今来全部人生的象征，我们在赛跑中沿路向前奔跑。很快就有人疾足追过了我们。我们全部的机智灵巧端在于把燃烧着的明亮的火炬，稳稳地交到他的手中，而我们则消失在窈窈冥冥的黑暗中，如斯逝去。

哈·霭理士

补译后记

研究性心理学的人都奉弗洛伊德和霭理士为圭臬。弗氏是精神学派的鼻祖，霭理士则是性心理学的集大成的巨擘；他的研究范围不仅覆盖了性的正常心理现象，而且涉及种种严重偏离正常的性变异的心理问题；他在研究中孜孜搜讨，援引古今，仅本辑《研究录》中参考到的各种领域里的人物就多达870余位，其中有许多睿智通达的人士，他们为后来的人提供了许多极富启发价值的经验。但他绝非随缘拼凑，而是一个融会集成的独立的思想家和个性鲜明的理想主义者。霭氏知道，人的本性，姑不论大量异常的变异，在正常的范围内变异的幅度也是很大的，任何时候，医学、法律、道德，即使在各个方面符合大多数人的需要，我们都有必要分清个人和社会的权界，把满足所有的人的完整的人格创造始终放在心上，权宜经常，使个人和社会两全其美而不是两败俱伤。他在这最后一辑的《研究录》中斟酌了个人与社会的种种关系之后，愿天下有情人皆成眷属，把个人性欲的满足终于归并到人类种族的生命循环的总目的里，说明霭理士是尊重大自然，冷静地接受大自然创造的这个世界的，这就是他的极富同情心的人道主义的理想。

他在性的问题上特别看重个人的自由和个人对社会的责任心的培养。霭氏之所以看重个人的性的自由并不是抽象的价值观念

的演绎的结果，而是因为他理解性的问题具有深刻的个性，在心理方面的放射范围广泛；每个人都只有对自己有所认识而又获得社会的宽容，才能在生活中切实地斟酌利害，截长补短，乃至创制革新以求得自己的性本能在身心两方面的满足；性冲动中占优势的成分是“有我的”，或“为我的”，但在发展成恋爱的过程里，同时也变为自觉的“无我”与“利他”的了。个人在自由地满足自己的同时也就势所必然地要产生相关的维护社会自由的责任。他强调在性的问题上所有的人每走一步都要有知识的引导，甚至连责任心的唤起都要有知识发挥作用。随着文明的演变，社会对于个人生活的控制已经无孔不入，无远弗届。但在霭理士的眼光里，个人的自由和社会的自由或者是相须相得，或者是相反相成的；个人对社会的责任心虽然要有社会的扶持，但在心理上却是具有极深刻的天赋的根底的。霭氏是一位人文学者，他对事物和价值的权衡是以人为尺度的，以人为出发点和以人为归宿。他对个人与社会的关系始终保持执两用中的态度，反对两者各走极端和不容权变的执一的立场。他批评宗教不仁，以人为刍狗；反对把人当作牺牲，用来祭祀种种教条、法律、道德和信仰。他指出，摧杀个人人格的结果，必然会使在道德上的自我制裁的本能因失去表达的自由而显得凋零败坏，也势必使社会和民族变得阴暗、平凡而终于陷入衰败的绝境。人类学中看重制度的作用的功能学派的创始人马林诺夫斯基（B. Malinowski）在评价霭理士时说过，霭氏的性心理学的研究和著作，思想敦厚，态度率真，高山景行为他所仰慕；美国的批评家门肯（H. L. Mencken）称赞他是“最文明的英国人”；想必他们都是参考到了霭理士的这种中庸的人道主义的理想吧。

霭理士又是十九世纪末二十世纪初英国的一位文艺批评家，赫赫有名的大文豪。他一生除了研究和写作性心理学之外，还写了大量的散文和文学评论。我在译书的过程中查阅韦氏大辞典时无意中就看到一些词条下引用的典型例句出自霭氏的著作，仅此一端也可见连专门咬文嚼字的文字学家也很敬重他的文字功夫。他在这辑《研究录》中，叙事不嫌烦琐，细针密缕；分析评论时又往往言简意赅，细腻含蓄，句子的节奏有点像中国的韵文，我在翻译过程中时常感到力不从心；我自知学养不足，不可能做到达意传情，把一位文采风流学识渊博的霭理士生动地介绍给读者；幸亏有潘光旦先生早年传译的两章译文可供参考，或许读者可以借助自己的智慧从中去体会霭氏的情意而弥补我的译作的不足了。

无论如何，这部书终于补译完成了；我要把这部补译完成的书用来纪念我至爱至敬的妻子潘乃穟。她在 2012 年 10 月 21 日去世。她是潘光旦先生的长女，研究植物遗传学的学者。她喜欢读书，涉猎甚广。她生前浏览这部书的时候曾经对我说过，读了这部书的人，年轻的或许这一生会省去许多痛苦和烦恼，老人则或许会从中得到启发找到困扰他一辈子的问题的答案。她还说过，性冲动的问题是人类永恒的课题，任何真知灼见都只是一种知识背景，真正切实的答案都要每个人自己去寻求。她为人厚德自强，坚毅豁达；一生勤劳敬业，以助人为乐；江河日下时她屹然如中流砥柱，一再对受难的朋友和亲人说，要坚强，要相信人间自有是非公道。说到这部书的翻译，她临终前一天还叮嘱我一定要善始善终。没有她的鼓励我多半认识不到翻译它的价值，更没有完成这项工作的勇气。如果她晚走两年，这部补译的稿件肯定会比现在这个样子好得多。接下来我家的两位后生潘胡和潘果胡将要利用全部工余课后的时间把这些笔迹潦草东涂西改的几十万字的手写稿子全部打字输入电脑，估计要用半年左右的时间才能完成，然后整理打印成纸稿的工作将由我的外甥潘宇来做，这也是对他们的母亲、祖母和姨妈在天之灵的安慰。

最后，我要感谢 Dr. Cameron Cote，他将书中的拉丁文句翻译成英文供我做中文传译时的参考。商务印书馆的编校人员始终支持这项传译工作，其中付出劳作之辛苦可想而知，对此我感激不尽。

胡寿文

2013 年 12 月 21 日中关园

图书在版编目(CIP)数据

性与社会/(英)霭理士著;潘光旦,胡寿文译.—北京:商务印书馆,2024
(汉译世界学术名著丛书:120年纪念版:珍藏本:增订本)
ISBN 978-7-100-23794-9

Ⅰ.①性… Ⅱ.①霭…②潘…③胡… Ⅲ.①性社会学 Ⅳ.①C913.14

中国国家版本馆CIP数据核字(2024)第112200号

汉译世界学术名著丛书
(120年纪念版·珍藏本·增订本)
性与社会
〔英〕霭理士 著
潘光旦 胡寿文 译

商务印书馆出版
(北京王府井大街36号 邮政编码100710)
商务印书馆发行
北京市十月印刷有限公司印刷
ISBN 978-7-100-23794-9

2024年5月第1版　　开本710×1000 1/16
2024年5月北京第1次印刷　　印张57
定价:300.00元